Mehrfach befristete Arbeitsverhältnisse

Europäische Hochschulschriften

European University Studies

Publications Universitaires Européennes

Reihe II **Rechtswissenschaft**

Series II Law

Série II Droit

Band/Volume **5817**

Markus Wiese

Mehrfach befristete Arbeitsverhältnisse

Zur Problematik der Verlängerung befristeter Arbeitsverhältnisse und der Zulässigkeit von Kettenbefristungen

PL ACADEMIC RESEARCH

Bibliografische Information der Deutschen Nationalbibliothek
Die Deutsche Nationalbibliothek verzeichnet diese Publikation in der Deutschen Nationalbibliografie; detaillierte bibliografische Daten sind im Internet über http://dnb.d-nb.de abrufbar.

Zugl.: Heidelberg, Univ., Diss., 2015

D 16
ISSN 0531-7312
ISBN 978-3-631-66934-1 (Print)
E-ISBN 978-3-653-06487-2 (E-Book)
DOI 10.3726/978-3-653-06487-2

PL Academic Research ist ein Imprint der Peter Lang GmbH.
Peter Lang – Frankfurt am Main · Bern · Bruxelles · New York · Oxford · Warszawa · Wien

Diese Publikation wurde begutachtet.

www.peterlang.com

Meinen Eltern

Inhaltsübersicht

Inhaltsverzeichnis

Abkürzungsverzeichnis

a.A.	andere Ansicht
ÄArbVtrG	Gesetz über befristete Arbeitsverträge mit Ärzten in der Weiterbildung
Abs.	Absatz
AEUV	Vertrag über die Arbeitsweise der Europäischen Union
a.F.	alte Fassung
AG	Amtsgericht
AGB	Allgemeine Geschäftsbedingungen
AGG	Allgemeines Gleichbehandlungsgesetz
AiB	Arbeitsrecht im Betrieb
Alt.	Alternative
Anm.	Anmerkung
AP	Arbeitsrechtliche Praxis
ArbRAktuell	Arbeitsrecht Aktuell
ArbG	Arbeitsgericht
AuA	Arbeit und Arbeitsrecht
AÜG	Arbeitnehmerüberlassungsgesetz
AuR	Arbeit und Recht
ARS	Arbeitsrechtssammlung; Entscheidungen des RAG und der LAG (1928–1944)
Az.	Aktenzeichen
BAG	Bundesarbeitsgericht
BAGE	Entscheidungen des Bundesarbeitsgerichts
BAT	Bundes-Angestelltentarifvertrag
BB	Betriebs-Berater
Bd.	Band
BeckOK	Beck'scher Online Kommentar
BeckEuRS	Beck-Rechtsprechung des EuGH, EuG und EuGöD
BeckRS	Beck-Rechtsprechung
BEEG	Bundeselterngeld und -elternzeitgesetz
Beil.	Beilage
BeschFG	Beschäftigungsförderungsgesetz
Beschl.	Beschluss
BErzGG	Bundeserziehungsgeldgesetz
BetrVG	Betriebsverfassungsgesetz
BGB	Bürgerliches Gesetzbuch
BGBl.	Bundesgesetzblatt
BGH	Bundesgerichtshof
BGHZ	Entscheidungen des Bundesgerichtshofs in Zivilsachen
BPersVG	Bundespersonalvertretungsgesetz

BRG	Betriebsrätegesetz v. 04.02.1920
BT-Drs.	Drucksache des Deutschen Bundestages
BVerfG	Bundesverfassungsgericht
BVerfGE	Entscheidungen des Bundesverfassungsgerichts
BVerwGE	Entscheidungen des Bundesverwaltungsgerichts
bzw.	beziehungsweise
CDU	Christlich Demokratische Union
CEEP	Europäischer Zentralverband der öffentlichen Wirtschaft
CSU	Christlich-Soziale Union
DAI	Deutsches Anwaltsinstitut e.V.
DB	Der Betrieb
ders.	derselbe
d.h.	das heißt
dies.	dieselben
DÖV	Die Öffentliche Verwaltung
DStR	Deutsches Steuerrecht
EG	Vertrag über die Europäische Gemeinschaft
EGB	Europäischer Gewerkschaftsbund
EGC	Europäische Grundrechtscharta
ELR	European Law Reporter
EuGH	Europäischer Gerichtshof
EuZW	Europäische Zeitschrift für Wirtschaftsrecht
e.V.	eingetragener Verein
EzA	Entscheidungen zum Arbeitsrecht
f.	folgende
ff.	fortfolgende
FA	Fachanwalt Arbeitsrecht
FD-ArbR	Fachdienst Arbeitsrecht
gem.	gemäß
GewO	Gewerbeordnung
GG	Grundgesetz
ggf.	gegebenenfalls
ggü.	gegenüber
GWR	Gesellschafts- und Wirtschaftsrecht
h.M.	herrschende Meinung
HRG	Hochschulrahmengesetz
Hrsg.	Herausgeber
Hs.	Halbsatz
IAB	Institut für Arbeitsmarkt- und Berufsforschung
i.d.R.	in der Regel
i.S.	im Sinne
i.S.d.	im Sinne des
i.S.v.	im Sinne von
i.V.m.	in Verbindung mit

jurisPR-ArbR	Juris PraxisReport Arbeitsrecht
Kap.	Kapitel
KommJur	Kommunaljurist
KSchG	Kündigungsschutzgesetz
LAG	Landesarbeitsgericht
LAGE	Entscheidungen der Landesarbeitsgerichte
LBG	Landesbeamtengesetz
LG	Landgericht
Ls.	Leitsatz
LT-Drs.	Drucksache des Landtages
LVPG	Landespersonalvertretungsgesetz
MDR	Monatszeitschrift für Deutsches Recht
m.E.	meines Erachtens
MuSchG	Mutterschutzgesetz
n.F.	neue Fassung
NJW	Neue Juristische Wochenschrift
NJWE-Mietrecht	NJW-Entscheidungsdienst Mietrecht
NJW-RR	NJW-Rechtsprechungsreport
Nr.	Nummer
NRW	Nordrhein-Westfalen
NZA	Neue Zeitschrift für Arbeitsrecht
NZA-RR	Neue Zeitschrift für Arbeitsrecht - Rechtsprechungsreport
NZG	Neue Zeitschrift für Gesellschaftsrecht
NZM	Neue Zeitschrift für Miet- und Wohnungsrecht
öAT	Zeitschrift für das öffentliche Arbeits- und Tarifrecht
OLG	Oberlandesgericht
PersR	Der Personalrat
PersV	Die Personalvertretung
PersVG	Personalvertretungsgesetz
RAG	Reichsarbeitsgericht
RdA	Recht der Arbeit
RGBl.	Reichsgesetzblatt
RL	Richtlinie
Rn.	Randnummer
S.	Seite
s.	siehe
SAE	Sammlung arbeitsrechtlicher Entscheidungen
SchwBeschG	Schwerbeschädigtengesetz v. 06.04.1920
SchwG	Schwerbehindertengesetz
SGB	Sozialgesetzbuch
sog.	sogenannte(r)
SPD	Sozialdemokratische Partei Deutschlands
TzBfG	Teilzeit- und Befristungsgesetz
TVöD	Tarifvertrag für den öffentlichen Dienst

TV-L	Tarifvertrag für den öffentlichen Dienst der Länder
u.a.	unter anderem, und andere
UNICE	Union der Industrie- und Arbeitgebervereinigungen Europas
Unterabs.	Unterabschnitt
usw.	und so weiter
v.	vom
vgl.	vergleiche
WissZeitVG	Wissenschaftszeitvertragsgesetz
z.B.	zum Beispiel
ZBR	Zeitschrift für Beamtenrecht
ZESAR	Zeitschrift für europäisches Sozial- und Arbeitsrecht
Ziff.	Ziffer
ZIP	Zeitschrift für Wirtschaftsrecht
ZPO	Zivilprozessordnung
ZRP	Zeitschrift für Rechtspolitik
ZTR	Zeitschrift für Tarifrecht

Einleitung und Gang der Untersuchung

Das befristete Arbeitsverhältnis stellt nicht gerade arbeitsrechtliches Neuland dar, wenn man bedenkt, dass erste Entscheidungen zu dieser Materie bereits Ende der 20er Jahre des vorangegangenen Jahrhunderts ergangen sind.[1] Allerdings ist spätestens mit dem Inkrafttreten des Teilzeit- und Befristungsgesetzes zum 01.01.2001 ein derartiger Anwendungsboom in der Arbeitswelt ausgelöst worden, dass man meinen könnte, das Befristungsrecht sei „neu" erfunden worden. So belegen die Zahlen des Instituts für Arbeitsmarkt- und Berufsforschung (IAB) der Bundesagentur für Arbeit, dass der Anteil der befristeten Verträge bei Neueinstellungen von 32 % im Jahr 2001 auf 47 % im ersten Halbjahr 2009 angestiegen ist.[2] Damit wird nach aktueller Entwicklung fast jeder zweite Arbeitnehmer in Deutschland zunächst befristet eingestellt.[3] Auch aus den Statistiken des Statistischen Bundesamtes zum Thema „Befristete Arbeitsverhältnisse in der Bundesrepublik Deutschland" geht hervor, dass sich das befristete Arbeitsverhältnis in den vergangenen Jahren gar zum beliebtesten Instrumentarium im Arbeitsvertragsrecht entwickelt hat.[4] Nach dem Erhebungs- und Hochrechnungsverfahren im Mikrozensus hatten in Deutschland im Jahr 2011 etwa 2,8 Millionen (8,9 %) der insgesamt 31,6 Millionen abhängig Beschäftigten einen befristeten Arbeitsvertrag.[5] Seit 1991 ist die Befristungsquote damit um mehr als 3 % angestiegen.[6]

Auch wenn Tageszeitungen Anfang August 2014 – unter Berufung auf neue (bislang unveröffentlichte) Auswertungen des Statischen Bundesamtes – vermeldet haben, dass die Zahl der befristet Beschäftigten im Vergleich zu den Vorjahren

1 Siehe zur Rechtsentwicklung die Ausführungen in Kap. 1 auf S. 9 ff.
2 Statistik des Instituts für Arbeitsmarkt- und Berufsforschung: http://www.iab.de/751/section.aspx/261 (zuletzt abgerufen am 31.05.2014).
3 Statistik des Instituts für Arbeitsmarkt- und Berufsforschung: http://www.iab.de/751/section.aspx/261 (zuletzt abgerufen am 31.05.2014).
4 Auswertung des Statistischen Bundesamtes 2010: https://www.destatis.de/DE/Publikationen/STATmagazin/Arbeitsmarkt/2010_03b/2010_03Beschaeftigung.html (zuletzt abgerufen am 10.09.2014).
5 Vgl. Auswertung des Statistischen Bundesamtes: https://www.destatis.de/DE/Publikationen/STATmagazin/Arbeitsmarkt/2013_05/2013_05Beschaeftigte.html (zuletzt abgerufen am 10.09.2014).
6 Vgl. Auswertung des Statistischen Bundesamtes: https://www.destatis.de/DE/ZahlenFakten/Indikatoren/QualitaetArbeit/Dimension4/4_2_BefristetBeschaeftigte.html (zuletzt abgerufen am 10.09.2014).

wieder auf 2,61 Millionen gesunken ist,[7] liegt die Befristungsquote gleichwohl seit dem Jahr 2005 stabil im Bereich zwischen 8 und 9 % der abhängig Beschäftigten.[8]

Der befristete Arbeitsvertrag ist damit aus seiner Randfunktion am Arbeitsmarkt herausgewachsen und eilt mit großen Schritten darauf zu, das unbefristete Normalarbeitsverhältnis aus seiner ursprünglich angedachten Vorherrschaftsstellung zu verdrängen. Die wirtschaftlichen Vorteile, die sich für den Arbeitgeber durch den Abschluss befristeter Arbeitsverträge ergeben, liegen auf der Hand. Er kann durch das Einstellen von befristet beschäftigten Arbeitnehmern vorübergehend auf Nachfragespitzen reagieren, ohne dauerhafte Personalreserven bereithalten zu müssen. Insbesondere kann er mit wiederkehrenden Befristungen flexibel einem vorübergehend angefallenen Vertretungsbedarf begegnen, der bspw. aufgrund der Inanspruchnahme von Elternzeit durch einen Stammarbeitnehmer oder den Eintritt einer länger andauernden Krankheit bedingt ist.[9] Damit einhergehend kommt dem Arbeitgeber auch zugute, dass er den Arbeitnehmer ohne die Beschränkungen des § 622 Abs. 2 und 3 BGB hinreichend „erproben“ kann.[10] Nach Ablauf der Befristung obliegt ihm die Entscheidung, ob er den Vertrag „auslaufen“ lässt, ihn verlängert oder den Arbeitnehmer in ein unbefristetes Arbeitsverhältnis übernimmt. Selbst eine vorzeitige Kündigung vor Ablauf des vereinbarten Enddatums kann der Arbeitgeber je nach Vertragsgestaltung erwägen.[11]

Doch bieten befristete Arbeitsverhältnisse nicht nur für den Arbeitgeber Vorteile. Für den Arbeitnehmer kann der befristete Arbeitsvertrag eine Alternative zur Arbeitslosigkeit darstellen und zugleich eine „Brücke zur Dauerbeschäftigung“[12] schaffen. Er erhält die Gelegenheit, wieder im Berufsleben Fuß zu fassen, den Betrieb kennen zu lernen, seine Eignung und Leistungsfähigkeit unter Beweis zu stellen und damit seine Chancen auf eine unbefristete Weiterbeschäftigung zu verbessern. In diesem Sinn sprach auch der damalige Bundesarbeitsminister *Norbert Blüm*: „Lieber befristet beschäftigt als unbefristet arbeitslos“.[13]

---

7 Vgl. u.a. Berliner Zeitung vom 04.08.2014: http://www.berliner-zeitung.de/wirtschaft/neue-zahlen-vom-statistischen-bundesamt-zahl-der-befristeten-arbeitsvertraege-sinken,10808230,28030934.html (zuletzt abgerufen am 10.09.2014).

8 Auswertung des Statistischen Bundesamtes: https://www.destatis.de/DE/Publikationen/STATmagazin/Arbeitsmarkt/2013_05/2013_05Beschaeftigte.html (zuletzt abgerufen am 10.09.2014).

9 Vgl. zu den Vor- und Nachteilen befristeter Arbeitsverträge: *Stoye*, Rechtsdogmatische und rechtspolitische Probleme, S. 34.

10 *Stoye*, Rechtsdogmatische und rechtspolitische Probleme, S. 34.

11 Vgl. hierzu die Ausführungen auf S. 41.

12 BT-Drs. 14/4374 S. 13 f.; BAG v. 06.04.2011 - 7 AZR 716/09, NZA 2011, 905 (908).

13 So zitiert von *Beise*, Sicherheit ist nicht mehr normal, in: Süddeutsche Zeitung, Ausgabe Nr. 63, 17.03.2010, S. 4, abrufbar unter: http://www.sueddeutsche.de/karriere/befristete-arbeitsvertraege-sicherheit-nur-in-ausnahmefaellen-1.8303 (zuletzt abgerufen am 31.05.2014).

Letztlich unterwerfen sich die Vertragsparteien durch den Abschluss eines befristeten Arbeitsverhältnisses auch den negativen Auswirkungen dieses „modernen" Vertragskonstrukts. So besteht insbesondere für den Arbeitgeber das Risiko höherer Personalfluktuation, der Verlust von Wissen sowie ein hoher Aufwand für Einarbeitung und Verwaltung.[14] Die nachteiligen Folgen für den Arbeitnehmer lassen sich insbesondere an der offenkundigen Diskrepanz zum Bestandsschutz ausmachen, die dazu führt, dass dem befristet Beschäftigten beinahe jeglicher Kündigungsschutz entzogen wird.[15] Aus diesem Grund ist es nicht verwunderlich, dass laut Angaben des Statistischen Bundesamtes vom 16.03.2010 lediglich 2,5 % der Arbeitnehmer im Mikrozensus angaben, dass die Initiative zum Abschluss eines befristeten Arbeitsvertrages von ihnen ausging.[16] Insbesondere die psychischen Belastungen, die durch eine Vielzahl von befristeten Verträgen und der ständigen Ungewissheit, ob der Vertrag auch in Zukunft um ein weiteres Mal verlängert wird, hervorgerufen werden, verdeutlichen die prekäre Situation des Arbeitnehmers zwischen Hoffen und Bangen.

Keine Aussage trifft die statistische Erhebung über die Anzahl der Verlängerungen bzw. Neuabschlüsse befristeter Anschlussverträge. Die Statistik zeigt lediglich auf, dass Arbeitgeber in ca. 47 % der Fälle von einer Erstbefristungsdauer von einem Jahr oder darüber hinaus Gebrauch machen.[17] Ein Großteil der Arbeitgeber beschränkt sich insofern auf kürzere Befristungen, welche geradezu prädestiniert sind, über Monate und/oder Jahre hinweg den Arbeitnehmer (befristet) zu beschäftigen, obwohl nach außen der Anschein eines unbefristeten Arbeitsverhältnis erweckt wird. Diese Aussage deutet dem Grunde nach den Kern der nachfolgenden Untersuchung an: Nämlich die Frage nach der Zulässigkeit von mehrfach befristeten Arbeitsverhältnissen.

Dabei ist in der Literatur und Rechtsprechung keinesfalls exakt umrissen, was unter dem Begriff der Mehrfachbefristung zu subsumieren ist. Grund dafür ist, dass anderweitige Begrifflichkeiten zur Verwendung stehen, die teilweise synonym, teilweise aber auch sinnverschieden gebraucht werden. So schien ursprünglich (und teilweise jetzt wieder) der Begriff der Mehrfachbefristung bzw. des mehrfach befristeten Arbeitsvertrages mit der sog. Kettenbefristung gleichgesetzt zu werden.[18] Dabei ist m.E. ein Gleichlaut nicht (mehr) zwingend angebracht. Eine

14 *Stoye*, Rechtsdogmatische und rechtspolitische Probleme, S. 33 ff.

15 Vgl. hierzu ausführlich: *Persch*, Kernfragen des Befristungsrechts, S. 1 ff.

16 Auswertung des Statistischen Bundesamtes: https://www.destatis.de/DE/Publikationen/STATmagazin/Arbeitsmarkt/2010_03b/2010_03Beschaeftigung.html (zuletzt abgerufen am 31.05.2014); *Kuchenbuch*, Zur Problematik der Mehrfachbefristung, S. 5.

17 Auswertung des Statistischen Bundesamtes: https://www.destatis.de/DE/Publikationen/STATmagazin/Arbeitsmarkt/2010_03b/2010_03Beschaeftigung.html (zuletzt abgerufen am 10.09.2014).

18 So bereits BAG v. 21.10.1954 - 2 AZR 25/53, NJW 1955, 78; *Dörner*, Rn. 321; wohl auch HWK-*Schmalenberg*, § 14 TzBfG Rn. 89.

Kettenbefristung bzw. ein Kettenarbeitsvertrag liegt vor, wenn mit einem Arbeitnehmer mehrere, mindestens zwei einzelne, befristete Arbeitsverträge in unmittelbarer Aufeinanderfolge abgeschlossen werden.[19] Anders als im Falle der Verlängerung, bei der es stets nur um einen Vertrag geht, liegen beim Kettenarbeitsvertrag oder Kettenarbeitsverhältnis damit mehrere selbständige Verträge vor.[20]

Würde man die Begrifflichkeiten „Kettenbefristung" und „Mehrfachbefristung" gleichstellen, hätte dies zur Folge, dass die Verlängerung eines befristeten Arbeitsverhältnisses nicht als mehrfache Befristung zu verstehen ist. Dies überzeugt allerdings nicht, zumal das BAG spätestens nach Einführung des Teilzeit- und Befristungsgesetzes selbst festgestellt hat, dass jede Verlängerung eine eigene Befristungsabrede beinhaltet, die im Ergebnis zu einer mehrfachen Befristung des Arbeitsverhältnisses führt.[21] Darüber hinaus spricht das BAG in seinem Urteil vom 10.10.2007 in einem Atemzug von der mehrfachen Verlängerung als auch dem mehrfachen Neuabschluss befristeter Arbeitsverträge.[22] Insofern dürfte der Begriff des mehrfach befristeten Arbeitsverhältnisses derart (weit) verstanden werden, dass hierunter jegliche willentlich erfolgte, befristete Weiterbeschäftigung nach Ablauf der vorherigen Befristung zu subsumieren ist.[23] Es stellt im Ergebnis den Oberbegriff sowohl für die Kettenbefristung als auch die Befristungsverlängerung dar.[24] Sachgerecht ist es – ohne dabei an dieser Stelle bereits zu sehr ins Detail gehen zu wollen – von einer Kettenbefristung allein bei sachgrundbefristeten Arbeitsverträgen zu sprechen. Der Begriff der „Verlängerung" wird überwiegend bei sachgrundlos befristeten Arbeitsverhältnissen verwendet. Zwar können bereits nach dem allgemeinen Sprachgebrauch auch Befristungen mit Sachgrund verlängert werden (z.B. Verlängerung der Probezeit gemäß § 14 Abs. 1 S. 2 Nr. 5 TzBfG);[25] gleichwohl hat die Rechtsprechung des BAG zu § 14 Abs. 2 S. 1 Hs. 2 TzBfG den Verlängerungsbegriff in den letzten Jahren derart stark geprägt, dass dieser eine juristische Vorbelastung erfahren hat und damit vorrangig mit der sachgrundlosen Befristung in Zusammenhang gebracht wird.[26]

Das Recht der mehrfach befristeten Arbeitsverhältnisse hat im Laufe der Rechtsprechung eine beachtliche Entwicklung genommen. Bedenkenlos kann man *Sowka* zustimmen, wenn er bereits vor gut 20 Jahren ausführte, dass die Judikatur des BAG

---

19 *Hunold*, NZA 1997, 741 (743).

20 *Hunold*, NZA 1997, 741 (743).

21 BAG v. 15.01.2003 - 7 AZR 535/02, NZA 2003, 1092; BAG v. 16.03.2005 - 7 AZR 289/04, NZA 2005, 923.

22 BAG v. 10.10.2007 - 7 AZR 795/06 (Rn. 22), NZA 2008, 295 (297).

23 So auch *Kuchenbuch*, Zur Problematik der Mehrfachbefristung, S. 53.

24 *Preis* verwendet den Begriff der Mehrfachbefristung und Kettenbefristung als gemeinsame (Abschnitts-)Überschrift, ohne jedoch zu verdeutlichen, ob er die Begrifflichkeiten synonym versteht, Staudinger-*Preis*, § 620 BGB Rn. 52.

25 Siehe hierzu Ausführungen auf S. 127 ff.

26 Vgl. zum Begriff der Verlängerung sachgrundlos befristeter Arbeitsverhältnisse ausführlich Kapitel 3 S. 47 ff.

zu Rechtsfragen der Befristung von Arbeitsverhältnissen bis in die neueste Zeit hinein in Bewegung geblieben ist.[27] So entflammte bereits vor Inkrafttreten des Teilzeit- und Befristungsgesetzes im Jahre 2001 eine Diskussion über die Wirksamkeitsvoraussetzungen der Verlängerung sachgrundlos befristeter Arbeitsverhältnisse und die Zulässigkeit von Kettenarbeitsverhältnissen. Die Neuordnung des Befristungsrechts konnte hieran nichts ändern. Im Gegenteil: Zwar wurde der Gesetzgeber anfangs gelobt, im Ergebnis eine in sich stimmige, systematische und ausgewogene Regelung" geschaffen zu haben;[28] doch mehrten sich wenige Zeit später im Hinblick auf den formalen Rigorismus und den von der Rechtsprechung anerkannten (ungeschriebenen) Tatbestandsmerkmalen einer Befristungsverlängerung die kritischen Stimmen in der Literatur.[29] Am Ende des ersten Jahrzehnts des 21. Jahrhundert steht das Befristungsrecht in einigen Teilbereichen gar an der Grenze zur Europarechtswidrigkeit.[30] Grund genug sowohl der Verlängerung sachgrundlos befristeter Arbeitsverhältnisse als auch der Zulässigkeit von Kettenbefristungen unter Berücksichtigung ihrer Vereinbarkeit mit Unionsrecht eine umfassende wissenschaftliche Abhandlung zu widmen.

In der vorliegenden Arbeit soll nach einer Darstellung der rechtshistorischen Entwicklung im ersten Kapitel ein Überblick über die Grundzüge des Befristungsrechts unter Darbietung der Zulässigkeitsvoraussetzungen für die Erstbefristung von Arbeitsverträgen mit und ohne Sachgrund erfolgen. Ein Schwerpunkt der Arbeit liegt in der Erörterung der rechtlichen Voraussetzungen für die Verlängerung befristeter Arbeitsverhältnisse. Unter anderem wird in diesem (dritten) Kapitel die Frage nach der Vereinbarkeit der zum größten Teil durch Richterrecht geprägten Rechtsprechung zur Verlängerung sachgrundloser befristeter Arbeitsverhältnisse mit den Vorgaben des § 14 Abs. 2 S. 1 Hs. 2 TzBfG erörtert. Streit besteht hierbei insbesondere über den Zeitpunkt der Verlängerungsabrede, deren Inhalt und Umfang sowie der Formbedürftigkeit der Befristungsabrede. Hauptaugenmerk wird auf die Frage gerichtet sein, ob die Änderung materieller Vertragsinhalte (wie z.B. Arbeitszeit/Gehalt) im Zuge der Vertragsverlängerung befristungsschädlich ist. Der zweite größere Abschnitt befasst sich mit der Schriftformproblematik des § 14 Abs. 4 TzBfG.

Das dritte Kapitel ist dadurch gekennzeichnet, dass immer wieder der Parteiwille in den Fokus der Betrachtung rückt. Diesem kommt nach der kritikwürdigen Rechtsprechung des BAG eine sehr widerstreitende Rolle innerhalb der (ungeschriebenen) Tatbestandsmerkmale des § 14 TzBfG zu. Angereichert werden die rechtlichen Ausführungen mit einer rechtsvergleichenden Untersuchung des Verlängerungsbegriffs bei einem Zeitmietvertrag i.S.d. § 575 BGB und einer umfassenden Gegenüberstellung mit der aus § 550 BGB resultierenden Schriftformproblematik.

---

27 *Sowka*, BB 1994, 1001.

28 *Preis/Gotthardt*, DB 2001, 145 (152).

29 *Preis*, NZA 2005, 714 (715).

30 Vgl. *Preis/Greiner*, RdA 2010, 148.

Innerhalb des vierten Kapitels wird im Hinblick auf die Frage nach der Zulässigkeit von Kettenbefristungen maßgeblich auf die Vorlagebeschlüsse des BAG vom 27.10./17.11.2010[31] und des LAG Köln vom 13.04.2010[32] eingegangen, die die Debatte zur Europarechtskonformität bestimmter Sachgründe nicht unerheblich angestoßen haben und letztlich ausschlaggebend für die Grundsatzentscheidung des EuGH vom 26.01.2012[33] waren.

Der Fokus wird zunächst auf die Diskussion über die unmittelbare und mittelbare Berücksichtigungsfähigkeit vergangener Befristungen innerhalb der gerichtlichen Befristungskontrolle gerichtet sein. Umfassend wird hierbei auf die „neue" Rechtsmissbrauchsprüfung des BAG bei Kettenbefristungen eingegangen, die mit den beiden Entscheidungen vom 18.07.2012 Einzug ins nationale Befristungsrecht gefunden hat.[34]

Im Anschluss daran folgt eine dezidierte Auseinandersetzung mit der Vertretungsbefristung i.S.d. § 14 Abs. 1 S. 2 Nr. 3 TzBfG, die in verschiedenen Teilbereichen sowohl nationale als auch unionsrechtliche Fragestellungen aufwirft und quasi der „Paradesachgrund" ist, wenn es um die Problematik von Mehrfachbefristungen geht. Als Schlagworte sollen an dieser Stelle die Zulässigkeit der sog. „Dauervertretung" und die Vertretungsbefristung aufgrund gedanklicher Zuordnung angeführt werden.

Das fünfte Kapitel widmet sich der befristungsrechtlichen Neuregelung in § 41 S. 3 SGB VI, welche aufgrund des Gesetzes über Leistungsverbesserungen in der gesetzlichen Rentenversicherung vom 23.06.2014 mit Wirkung zum 01.07.2014 in Kraft getreten ist.[35] Dieser – etwas „versteckt" normierte – Befristungstatbestand regelt die Voraussetzungen unter denen die Vertragsparteien eine einvernehmliche Vereinbarung über eine befristet fortgesetzte Tätigkeit nach Erreichen der Regelaltersgrenze bzw. des Renteneintrittsalters treffen können. Die Vorschrift sieht vom Wortlaut her eine zahlenmäßige Begrenzung zulässiger Befristungsverlängerungen ebenso wenig wie eine Höchstbefristungsdauer vor. Vielmehr spricht der Gesetzestext nur vom mehrfachen „Hinausschieben" des Beendigungszeitraumes, was genügend Anlass gibt, die Vorschrift im Hinblick auf die Vereinbarkeit mit der nationalen Rechtsprechung zum Verlängerungsbegriff i.S.d. § 14 Abs. 2 TzBfG, der Befristungsrichtlinie 1999/70/EG und der Gleichbehandlungsrahmen-Richtlinie 2000/78/EG zu überprüfen.

Im sechsten Kapitel folgen Ausführungen zu den kollektivrechtlichen Besonderheiten, die es bei Mehrfachbefristungen zu berücksichtigen gilt. Im Vordergrund

---

31 BAG v. 27.10.2010 - 7 AZR 485/09, NZA-RR 2011, 272; BAG v. 17.11.2010 - 7 AZR 443/09, NZA-RR 2011, 34.

32 LAG Köln v. 13.04.2010 - 7 Sa 1224/09, BeckRS 2010, 69707.

33 EuGH v. 26.01.2012 - C-586/10 (*Kücük*), NZA 2012, 135.

34 Vgl. BAG v. 18.07.2012 - 7 AZR 443/09, NZA 2012, 1351; BAG v. 18.07.2012 - 7 AZR 783/10, NZA 2012, 1359.

35 BGBl. 2014, S. 787.

steht u.a. die sog. Tariföffnungsklausel des § 14 Abs. 2 S. 3 TzBfG und deren Auswirkung auf die zulässige Anzahl und Dauer von Befristungsverlängerungen.

Der Umfang von Mitbestimmungsrechten von Vertretungsorganen (Betriebsrat/Personalrat) wird ebenfalls Gegenstand des sechsten Kapitels sein. Insbesondere soll erörtert werden, inwiefern die Nichteinhaltung der Tatbestandsvoraussetzungen des § 14 TzBfG oder die rechtsmissbräuchliche Verwendungsweise von Kettenbefristungen, Zustimmungsverweigerungsrechte des Betriebsrates bei der Vertragsverlängerung auslösen können. Dabei soll unter Berücksichtigung der aktuellen Rechtsprechung des BAG zum Verweigerungsrecht des Betriebsrates im Anwendungsbereich des Arbeitnehmerüberlassungsgesetzes (Stichwort „vorübergehende" Beschäftigung) erörtert werden, ob eine vergleichbare Interessenslage besteht, wenn ein Arbeitnehmer dauerhaft befristet beschäftigt wird.

Der Frage, ob dem befristet beschäftigten Arbeitnehmer im Falle der Nichtverlängerung seines Vertrages ein Verlängerungs- oder Wiedereinstellungsanspruch zusteht, wird in Kapitel 7 nachgegangen. Die in Betracht zu ziehenden Rechtsgrundlagen für einen derartigen Fortsetzungsanspruch sind vielfältig: So wird u.a. zu erörtern sein, ob der Allgemeine Gleichbehandlungsgrundsatz, die Vorschriften des Allgemeinen Gleichbehandlungsgesetzes, der Grundsatz von Treu und Glauben oder aber die entsprechende Anwendung des Wiedereinstellungsanspruchs, die Verpflichtung des Arbeitgebers zur Fortsetzung des befristeten Arbeitsverhältnisses bzw. zur Übernahme in ein unbefristetes Arbeitsverhältnis begründen können.

Ziel der Arbeit ist es, das für die Praxis wichtige Problem der mehrfach befristeten Arbeitsverhältnisse unter Abwägung der divergierenden Meinungen einer praxisgerechten Lösung zuzuführen. Obwohl es scheint, dass zwischenzeitlich wichtige Grundsatzfragen zum Teilzeit- und Befristungsgesetz durch höchstrichterliche Rechtsprechung beantwortet worden sind, treten immer noch Meinungsverschiedenheiten zu den unterschiedlichen Teilbereichen auf, die es zu analysieren gilt. Selbst Themenkomplexe wie die Schriftform der Befristungsabrede, zu denen es bereits umfangreiche Rechtsprechung und Literaturmeinungen gibt, sind immer noch nicht befriedigend gelöst. Eine rechtsvergleichende Betrachtung zu mietrechtlichen Vorschriften als auch zu versicherungsvertraglichen Normen soll darüber hinaus in mehreren Teilbereichen der Arbeit neue Denkanstöße für die Jurisprudenz liefern.

Weiterhin gilt es auch einen Blick in die Zukunft zu werfen. So soll unter anderem beleuchtet werden, inwiefern die bereits erwähnte Rechtsmissbrauchsprüfung weiter fortzuschreiben und deren Voraussetzung näher zu konkretisieren ist. Dabei richten sich die nachfolgend erarbeiteten Lösungsvorschläge nicht allein an die Literatur oder den für das Befristungsrecht zuständigen 7. Senat und dessen befristungsspezifische „Rechtsprechungshoheit"; vielmehr möge sich auch der Gesetzgeber herausgefordert fühlen, bei bestimmten langjährigen Streitfragen nunmehr für eine klare Gesetzeslinie zu sorgen und Rechtssicherheit für Arbeitgeber und Arbeitnehmer zu schaffen.[36]

36 Vgl. auch *Bauer*, NZA 2014, 889.

1. Kapitel – Rechtsentwicklung und Gesetzeslage

A. Einführung

Wie einleitend bereits angerissen, beschäftigt die Frage nach der Zulässigkeit von befristeten Arbeitsverhältnissen die arbeitsgerichtliche Rechtsprechung und Literatur seit der Errichtung der Arbeitsgerichtsbarkeit zum 02.07.1927.[37] Der Ursprung der Diskussion über die Zulässigkeit befristeter Arbeitsverträge fußt in der Regelung des § 620 Abs. 1 BGB, wonach das Dienstverhältnis mit dem Ablauf der Zeit endet, für die es eingegangen ist.[38] Diese Vorschrift findet auf den Arbeitsvertrag direkte Anwendung, da letzterer eine besondere Art des Dienstvertrages ist und keine besonderen Regelungen im Bürgerlichen Gesetzbuch bestehen.[39]

Der historische Gesetzgeber schien bei der Kodifikation der dienstrechtlichen Bestimmungen davon ausgegangen zu sein, dass das befristete Dienst- bzw. Arbeitsverhältnis der Regelfall und das unbefristete Arbeitsverhältnis die Ausnahme sein sollte.[40] Die Rechtsprechung des Reichsarbeitsgerichts ließ jedoch keine Zweifel aufkommen, dass allein anhand der grammatikalischen Auslegung des § 620 BGB eine solche gesetzgeberische Interpretation nicht zu rechtfertigen sei. Auch das BAG stellte stets klar, dass für das Arbeitsrecht davon auszugehen sei, dass unbefristete Arbeitsverträge sozialstaatlich gesehen den Vorzug verdienen.[41] Auf europarechtlicher Ebene hat sich der EuGH in seinen Entscheidungen vom 04.07.2006[42] („*Adeneler*"), vom 07.09.2006[43] („*Marrosu*") und vom 23.04.2009[44] („*Angelidaki*") dieser Auffassung angeschlossen und noch einmal ausdrücklich betont, dass das unbefristete Vollzeitarbeitsverhältnis als Regelarbeitsverhältnis erhalten bleiben müsse.[45]

Da abgesehen von der grundsätzlichen Anerkennung befristeter Arbeitsverträge in § 620 BGB bis zum Inkrafttreten des Beschäftigungsförderungsgesetzes im Jahre 1985 keine tatbestandlichen Voraussetzungen für die Zulässigkeit befristeter

---

37 *Thüsing*, Europäisches Arbeitsrecht, S. 158; vgl. u.a. RAG v. 19.05.1928, ARS Bd. 3, 3; RAG v. 05.01.1938, ARS Bd. 32, 174.

38 *Dörner*, Rn. 1.

39 BAG v. 26.11.1955 - 2 AZR 516/54, AP Nr. 14 zu § 1 KSchG; MüKo-*Hesse*, § 620 BGB Rn. 2; ErfK-*Müller-Glöge*, § 620 BGB Rn. 2.

40 KR-*Lipke*, § 620 BGB Rn. 55; *Säcker*, RdA 1976, 91 (92).

41 BAG v. 26.11.1955 - 2 AZR 516/54, AP Nr. 14 zu § 1 KSchG; BAG v. 09.12.2009 - 7 AZR 399/08, NZA 2010, 495 = NJW 2010, 1548.

42 EuGH v. 04.07.2006 - C-212/04, NZA 2006, 909.

43 EuGH v. 07.09.2006 - C-53/04, NZA 2006, 1265.

44 EuGH v. 23.04.2009 - C-378/07, BeckEuRS 2009, 493621.

45 Vgl. *Lipke*, Vortrag Deutscher Juristentag 2010, abgedruckt in Tagungsband DAI, S. 35 (36).

Arbeitsverhältnisse normiert waren, überließ es der Gesetzgeber der Rechtsprechung, Zulässigkeitsvoraussetzungen zu entwickeln und verbindliche Regelungen zu treffen.[46] Seit jeher ist daher das Befristungsrecht – wie *Dörner* zutreffend umschreibt – „eine Domäne der Rechtsprechung".[47]

B. Die Gesetzeslage bis 1985

I. Rechtsprechung des RAG

Alsbald nach Aufnahme seiner Rechtsprechungstätigkeit hatte das Reicharbeitsgerichts mit Urteil vom 07.03.1928 über die Wirksamkeit eines erstmalig befristeten Arbeitsverhältnisses zu befinden.[48] In seiner Entscheidung stellte es fest, dass ein Arbeitsverhältnis nach § 620 BGB als auf bestimmte Zeit geschlossen gelte, wenn ein schwerbeschädigter Tiefbauarbeiter für die Dauer bis zur Fertigstellung eines bestimmten Bauvorhabens befristet eingestellt werde. Einer Kündigung zur Beendigung des Vertragsverhältnisses bedürfe es nicht.

In der Sache nahm das Reichsarbeitsgericht eine Art zweckbefristeten Arbeitsvertrag[49] an, bei welchem für den Arbeitnehmer bereits bei Arbeitsaufnahme erkennbar war, dass seine Tätigkeit lediglich vorübergehender Natur ist und sich nur auf die betreffende Baustelle beziehen würde. Darüber hinaus befand das Reichsarbeitsgericht die besonderen Kündigungsschutzvorschriften des §§ 12, 16, 17 Schwerbeschädigtengesetz (SchwBeschG)[50] für unanwendbar.

In der Folgezeit hatte sich das Reichsarbeitsgericht vermehrt mit der Frage zu befassen, inwiefern mehrere zeitlich aneinander anschließende befristete Arbeitsverträge Auswirkung auf die Wirksamkeit der Befristungsabrede haben.[51] Im Streit stand somit nicht die Rechtfertigung der Befristung als solche, sondern allein die Frage nach der Rechtmäßigkeit von Kettenarbeitsverhältnissen.[52]

Hintergrund der zunehmenden Rechtsstreitigkeiten auf dem Gebiet der mehrfach befristeten Arbeitsverträge war die Entwicklung des Kündigungsschutzrechtes. Mit Einführung des Gesetzes über die Fristen für Kündigungen von Angestellten vom 09.07.1926[53] und des Betriebsrätegesetzes vom 04.02.1920[54] sowie des speziellen Kündigungsschutzes für Schwerbehinderte mit den Gesetzen vom 06.04.1920[55] und

---

46 Vgl. *Rauhaus*, Die Reform des Befristungsrechts, S. 3.
47 *Dörner*, NZA 2007, 57.
48 RAG v. 07.03.1928, ARS Bd. 2, 171 f.
49 Der Begriff des zweckbefristeten Arbeitsvertrages wird auf S. 19 f. näher erläutert.
50 Das SchwBeschG vom 06.04.1920 hatte in § 12 Abs. 1 angeordnet, dass Schwerbeschädigte nur mit einer Kündigungsfrist von vier Wochen entlassen werden dürfen.
51 RAG v. 19.05.1928, ARS Bd. 3, 3; RAG v. 05.01.1938, ARS Bd. 32, 174.
52 *Dörner*, Rn. 5.
53 RGBl. 1926, Nr. 46, S. 399.
54 RGBl. 1920, Nr. 26, S. 147.
55 RGBl. 1920, Nr. 63, S. 458.

12.01.1923[56] wurde die uneingeschränkte Zulässigkeit von befristeten Arbeitsverträgen in der arbeitsrechtlichen Praxis vermehrt in Frage gestellt. Insbesondere die sofortige Beendigung des Arbeitsverhältnisses mit Ablauf des befristeten Vertrages vertrug sich nicht mit den neu eingefügten Kündigungsfristen des Angestellten-Kündigungsschutzgesetzes vom 09.07.1926, wonach bei längerer Betriebszugehörigkeit längere Kündigungsfristen zu beachten waren.

Das Reichsarbeitsgericht bestätigte in seinen Folgeentscheidungen seine bisherige Rechtsprechung und erklärte die Anwendung von Vorschriften, welche die Kündigung einschränken, bei befristeten Arbeitsverträgen für unanwendbar.[57] Es stellte jedoch auch fest, dass unter Umständen eine Umgehung des Kündigungsschutzes darin liegen könne, dass die Beteiligten an Stelle eines einheitlichen dauernden Dienstverhältnisses eine Kette fortgesetzter kurzfristig bestimmter Dienstverträge schließen.[58] Voraussetzung für eine solche Umgehung war, dass vor allem der Arbeitgeber den Zeitarbeitsvertrag in der Absicht geschlossen hatte, dem Arbeitnehmer den Kündigungsschutz und den damit verbundenen Bestandsschutz zu nehmen.[59] Das RAG prüfte somit anhand subjektiver Kriterien, inwiefern dem Arbeitgeber eine Umgehungsabsicht bei Abschluss des befristeten Arbeitsvertrages nachgewiesen werden konnte, was für den beweisbelasteten Arbeitnehmer zweifellos zu erheblichen Beweisproblemen führte.[60] Eine objektive Ausschaltung der Kündigungsschutzvorschriften hatte das RAG nicht für ausreichend erachtet.[61] Die Theorie der subjektiven Umgehung kündigungsschutzrechtlicher Vorschriften war damit „geboren".

Das RAG hielt in seinen nachfolgenden Entscheidungen an seiner eher arbeitnehmerunfreundlichen Rechtsprechung und der damit einhergehenden Feststellung eines subjektiven Umgehungswillens fest.[62] So sah es einen befristeten Arbeitsvertrag eines beim Finanzamt Nürnberg angestellten Arbeitnehmers, der insgesamt achtmal verlängert bzw. erneuert wurde, nicht als nach § 134 BGB nichtig an, weil nicht bewiesen werden konnte, dass seine Entlassung aufgrund seiner Zugehörigkeit zum Betriebsrat erfolgte.[63] Das RAG stellte folglich erneut auf die Absicht des Arbeitgebers ab, ob er dem Arbeitnehmer durch die Mehrfachbefristungen den Schutz der §§ 84, 96 Betriebsrätegesetz (BRG) entziehen wollte.[64] Zwischenzeitlich

56 RGBl. 1923, Nr. 5, S. 57.

57 RAG v. 19.05.1928, ARS Bd. 3, 3 (4); vgl. auch APS-*Backhaus*, § 14 TzBfG Rn. 2.

58 RAG v. 19.05.1928, ARS Bd. 3, 3 (4); bestätigt durch RAG v. 27.06.1928, ARS Bd. 3, 114; RAG v. 09.04.1930, ARS Bd. 9, 350.

59 Vgl. RAG v. 19.05.1928, ARS Bd. 3, 3 (4); RAG v. 27.06.1928, ARS Bd. 3, 114 (115); Zusammenfassend RAG v. 05.01.1938, ARS Bd. 32, 174 (175).

60 *Frohner/Pieper*, ArbuR 1992, 97 (100).

61 RAG v. 10.09.1931, ARS Bd. 13, 42.

62 RAG v. 09.04.1930, ARS Bd. 9, 350; RAG v. 10.09.1931, ARS Bd. 13, 42; RAG v. 02.07.1932, ARS Bd. 16, 66.

63 RAG v. 09.04.1930, ARS Bd. 9, 350 (351).

64 RAG v. 09.04.1930, ARS Bd. 9, 350 (352).

benutzte das Reichsarbeitsgericht die Verletzung einer nicht näher bezeichneten Fürsorgepflicht zur Begründung dieses Ergebnisses.[65]

Für die einmalige Befristung eines Arbeitsvertrages galt nach dieser Betrachtungsweise des RAG, dass die Einmalbefristung ohne Rücksicht auf ihre Dauer allenfalls in Ausnahmefällen beanstandet werden konnte, da bei erstmaligen Befristungen die Umgehungsabsicht des Arbeitgebers schwerer zu beweisen war als bei mehrfach aufeinander folgenden Befristungen.[66]

II. Rechtsprechung des BAG

Da der Gesetzgeber auch nach Ende des zweiten Weltkrieges keine gesetzliche Regelung für das Befristungsrecht schuf, obwohl sich die Unstimmigkeiten zwischen sozialem Kündigungsschutz und Vertragsfreiheit aufgrund der Einführung des Kündigungsschutzgesetzes im Jahr 1951[67] noch vergrößert hatten, blieb es dem Bundesarbeitsgericht nach seiner Gründung überlassen, das Spannungsverhältnis aufzulösen. Im April 1954 nahm das BAG seine Rechtsprechungstätigkeit auf. Bereits im Oktober 1954 stellte es in seiner Grundsatzentscheidung fest, dass wiederholte Befristungen unwirksam seien, wenn sie dem Arbeitnehmer den Kündigungsschutz nehmen und ein verständiger Arbeitgeber einen Arbeitsvertrag auf unbestimmte Zeit abgeschlossen hätte.[68] Das BAG hielt somit im Kern zunächst an der Rechtsauffassung des RAG fest, stellte jedoch auch klar, dass „es nicht angehe, im Fall der aneinandergereihten befristeten Arbeitsverträge den Gedanken des Bestandsschutzes, der dem Arbeitnehmer im Kündigungsschutzgesetz gegenüber Kündigungen gewährt wird, grundsätzlich außer Acht zu lassen und nur im Fall der Umgehungsabsicht oder bei einer Verletzung der Fürsorgepflicht Schutz zu gewähren“.[69] *Dörner* qualifizierte diese Rechtsprechung als einen unbemerkt vollzogenen Abschied von der subjektiven Umgehungsabsicht.[70]

An demselben Tag, an dem der 2. Senat die teilweise Abkehr der Rechtsprechung des RAG in Bezug auf Kettenarbeitsverhältnisse vollzog, hatten sich die Senatsmitglieder auch mit der Problematik des einmalig befristeten Arbeitsvertrages zu befassen.[71] Die Richter urteilten, dass auch für den Fall, dass der Tatbestand der Kettenverträge nicht vorliege, die Befristung als unwirksam qualifiziert werden müsse, wenn sie dem Arbeitnehmer den Kündigungsschutz nehmen, obwohl keine besonderen Gründe, wie etwa der Anfall einer zeitlich begrenzten Arbeit, dafür

65 *Dörner*, Rn. 5.
66 KR-*Lipke*[5], § 620 BGB Rn. 73; *Säcker*, RdA 1976, 91 (94).
67 BGBl. 1951, Nr. 40, S. 499.
68 BAG v. 21.10.1954 - 2 AZR 25/53 = AP Nr. 6 zu § 620 BGB Befristeter Arbeitsvertrag; KR-*Lipke*[5], § 620 BGB Rn. 74.
69 BAG v. 21.10.1954 - 2 AZR 25/53 = AP Nr. 6 zu § 620 BGB Befristeter Arbeitsvertrag.
70 *Dörner*, Rn. 7.
71 BAG v. 21.10.1954 - 2 AZR 40/53 = BAGE 1, 136 = AP Nr. 1 zu § 620 BGB Befristeter Arbeitsvertrag.

sprechen, von der regelmäßigen Einstellung der Arbeitnehmer auf unbestimmte Zeit abzusehen.[72] Eine Befristung dürfe nicht dazu dienen, das Unternehmerrisiko auf den Arbeitnehmer abzuwälzen.[73]

Den vorläufigen Schlusspunkt und eine endgültige Zäsur in der Entwicklung der höchstrichterlichen Rechtsprechung bildete der Beschluss des Großen Senats des BAG vom 12.10.1960.[74] Der 3. Senat des BAG legte dem Großen Senat nach § 45 Abs. 2 ArbGG einen Sachverhalt vor, wonach eine aufgrund begrenzter Haushaltsmittel befristet eingestellte Arbeitnehmerin vor Ablauf der Vertragslaufzeit schwanger wurde und daraufhin auf Weiterbeschäftigung klagte. Der Große Senat entschied, dass es für die Wirksamkeit der Befristung allein auf das Vorliegen eines sachlichen Grundes bei Vertragsschluss ankäme. Weiter hindere auch eine später eintretende Schwangerschaft den Arbeitgeber nicht, sich auf die durch den Fristablauf gegebene Beendigung des Arbeitsverhältnisses zu berufen.[75]

Das BAG hat sich in diesem Beschluss somit endgültig von der subjektiven Theorie des RAG distanziert und die Zulässigkeit befristeter Arbeitsverträge lediglich anhand einer objektiven Gesetzesumgehung überprüft. Auch den Gedanken, das Problem unter dem Gesichtspunkt der Verletzung der Fürsorgepflicht zu lösen, wies der erkennende Senat als unzutreffend zurück.[76] Nach Auffassung des Senats sollte eine Gesetzesumgehung vielmehr dann vorliegen, wenn der Zweck einer zwingenden Rechtsnorm objektiv dadurch vereitelt werde, dass andere rechtliche Gestaltungsmöglichkeiten (sprich der Abschluss befristeter Arbeitsverträge) missbräuchlich verwendet werden. Eine bewusste Missachtung durch den Arbeitgeber wurde nicht mehr für notwendig erachtet.

Maßstab für die Prüfung der objektiven Gesetzesumgehung war, ob für die Befristungsabrede ein verständiger, sachlicher Grund sprach, der das Recht in sich trug, aus gutem Grund von den Kündigungsschutzvorschriften abzuweichen und den Arbeitnehmer des Bestandsschutzes zu berauben.[77] Hierzu entwickelte das BAG im Laufe der Jahre eine breit gefächerte Typologie an Sachgründen, denen jedoch kein abschließender Charakter zukommen sollte. Als sachliche Gründe hat das BAG u.a. zugelassen: Die Befristung zum Zwecke der Aushilfe oder Vertretung[78], die Befristung zu Erprobungszwecken[79] und die Befristung wegen bloß saisonalen

72 BAG v. 21.10.1954 - 2 AZR 40/53 = BAGE 1, 136 (138 f.) = AP Nr. 1 zu § 620 BGB Befristeter Arbeitsvertrag.

73 BAG v. 21.10.1954 - 2 AZR 40/53 = BAGE 1, 136 (139) = AP Nr. 1 zu § 620 BGB Befristeter Arbeitsvertrag.

74 BAG v. 12.10.1960 - 3 AZR 65/59, AP Nr. 16 zu § 620 BGB Befristeter Arbeitsvertrag.

75 BAG v. 12.10.1960 - 3 AZR 65/59, AP Nr. 16 zu § 620 BGB Befristeter Arbeitsvertrag.

76 BAG v. 14.04.1961 - 1 AZR 290/59, NJW 1961, 798 (799).

77 *Dörner*, Rn. 12.

78 BAG v. 21.03.1990 - 7 AZR 286/89, AP Nr. 135 zu § 620 BGB Befristeter Arbeitsvertrag.

79 BAG v. 30.09.1981 - 7 AZR 789/78, AP Nr. 61 zu § 620 BGB Befristeter Arbeitsvertrag.

Arbeitsbedarfs[80]; im Ergebnis also solche Sachgründe, die sich gegenwärtig in der heutigen Gesetzesfassung des § 14 Abs. 1 S. 2 TzBfG wiederfinden.

C. Die Gesetzeslage vom 01.05.1985 bis 31.12.2000

I. Das Beschäftigungsförderungsgesetz 1985

Bis Mitte der 80er Jahre überließ der Gesetzgeber das Befristungsrecht der an § 620 BGB anknüpfenden Rechtsprechung. Im Jahr 1985 erfolgte dann mit Erlass des Beschäftigungsförderungsgesetzes (BeschFG 1985), welches am 01.05.1985 in Kraft getreten war, erstmalig eine teilweise Kodifizierung des Befristungsrechts. Erklärtes Ziel des BeschFG 1985 war es, durch eine Vielzahl von arbeits- und sozialpolitischen Bestimmungen zusätzliche Beschäftigungsmöglichkeiten zu schaffen und bestehende Beschäftigungshemmnisse abzubauen.[81] Wichtigster Bestandteil des BeschFG 1985 war die Zulassung von befristeten Arbeitsverträgen für maximal 18 Monate, ohne dass es dafür eines besonderen Grundes bedurfte.[82] Die Möglichkeit befristete Arbeitsverträge auch ohne Vorliegen eines rechtfertigenden sachlichen Grundes abschließen zu können, wurde auf Grund steigender Arbeitslosenzahlen vom Gesetzgeber für zweckmäßig gehalten und sollte dem Arbeitgeber einen Anreiz geben, neue Stellen zumindest vorläufig zu besetzen. Eine Einschränkung der durch Richterrecht geprägten Rechtsprechung sollte hingegen nicht bezweckt werden.[83] Vielmehr sollte eine Zweigleisigkeit dergestalt gefahren werden, dass parallel zu den Neuvorschriften weiterhin die Möglichkeit bestehen bleiben sollte, befristete Arbeitsverträge nach den von der Rechtsprechung entwickelten Grundsätzen abzuschließen.[84]

Für Arbeitgeber, die im Zeitpunkt des Vertragsschlusses weniger als sechs Monate eine Erwerbstätigkeit aufgenommen hatten und in deren Betrieb lediglich bis zu 20 Arbeitnehmer ausschließlich der Auszubildenden beschäftigt waren, verlängerte sich der zulässige Befristungszeitraum nach § 1 Abs. 2 BeschFG 1985 auf 24 Monate. Mit dieser Ausnahmeregelung wollte der Gesetzgeber für Unternehmensgründer in der schwierigen Anfangsphase eine zusätzliche Erleichterung schaffen.[85]

Die Vorschrift des § 1 Abs. 1 BeschFG 1985 sprach ausdrücklich von einer *einmaligen* Befristung. Dies bedeutete für den Arbeitgeber, dass der erleichterte Abschluss nach dem BeschFG nur einmal erlaubt sein sollte, gleichgültig für welche Dauer der Vertrag geschlossen wurde. Dies galt auch dann, wenn durch einen befristeten

---

80 BAG v. 29.01.1987 - 2 AZR 109/86, AP Nr. 1 zu § 620 BGB Saisonarbeit.

81 BT-Drs. 10/2102, S. 15; vgl. zur politischen Bewertung auch KR-*Lipke*[5], § 1 BeschFG 1996 Rn. 1 ff.

82 *Andritzky*, NZA 1986, 385.

83 *Friedhofen/Weber*, NZA 1985, 337 (338); *Löwisch*, BB 1985, 1200 (1201).

84 *Löwisch*, BB 1985, 1200 (1201); *Otto*, NJW 1985 (1807).

85 BT-Drs. 10/2102, S. 24.

Vertrag nur zwölf Monate von den möglichen 18 Monaten „verbraucht“ wurden.[86] Eine Verlängerungsmöglichkeit war nicht vorgesehen. Durch das Verbot einer ratenweisen Verlängerung sollte ein unerwünschtes Aneinanderreihen von Zeitverträgen verhindert werden.[87] Allerdings konnte im Rahmen der ursprünglich vorgesehenen Geltungsdauer der Regelung vom 01.05.1985 bis 01.01.1990 mehrere sachgrundlos befristete Verträge mit einem Arbeitnehmer geschlossen werden. Diese Möglichkeit eröffnete § 1 Abs. 1 S. 2, 3 BeschFG 1985, wonach eine Neueinstellung im Sinne der Vorschrift nicht gegeben war, wenn zu einem vorhergehenden befristeten oder unbefristeten Arbeitsvertrag mit demselben Arbeitgeber kein enger und sachlicher Zusammenhang bestand. Ein solcher wurde unwiderleglich vermutet, wenn zwischen den befristeten Arbeitsverträgen ein Zeitraum von bis zu vier Monaten lag. Diese Vorschrift führte letztlich dazu, dass es zwar zulässig war, einen Arbeitsvertrag zunächst nach § 1 BeschFG und im Anschluss daran mit einem sachlichen Grund im Sinne der Rechtsprechung des BAG erneut zu befristen, nicht aber umgekehrt.[88] Dieser, vielfach als Widerspruch bezeichnete Umstand, sollte erst mit Einführung des BeschFG 1996 aufgehoben werden. Bis dahin veranlassten die anhaltenden Arbeitsmarktprobleme den Gesetzgeber, die ursprünglich bis zum 01.01.1990 befristete Regelung um weitere fünf Jahre bis zum 31.12.1995 zu verlängern.[89]

II. Das Beschäftigungsförderungsgesetz 1996

Die Regelungen des BeschFG 1985 wurden durch das am 01.10.1996 in Kraft getretene arbeitsrechtliche Beschäftigungsförderungsgesetz (im Folgenden: BeschFG 1996) grundlegend verändert.[90] Zur Erreichung des im Titel des Gesetzes versprochenen Zieles, Wachstum und Beschäftigung zu fördern, wurde neben Änderungen im Bereich des Kündigungsschutzes, der Entgeltfortzahlung und des Urlaubsrechts insbesondere auch die sachgrundlose Befristung von Arbeitsverhältnissen neu geregelt.[91] Die Neufassung des § 1 Abs. 1 BeschFG 1996 setzte eine Befristung von Arbeitsverträgen auf maximal zwei Jahre fest, wobei der Vertrag in diesem zeitlichen Rahmen dreimal verlängert werden konnte, ohne dass weitere Voraussetzungen hinzutreten mussten. Unter Anhebung der Höchstbefristungsdauer auf zwei Jahre für alle Arbeitgeber, wurde die bisherige Differenzierung des § 1 Abs. 2 BeschFG 1985 zwischen neugegründeten Unternehmen und Kleinunternehmen aufgegeben.[92]

Eine der wichtigsten Änderungen erfuhren die Regelungen des BeschFG 1985, indem der Gesetzgeber in § 1 Abs. 1 BeschFG 1996 auf das Erfordernis der Neu-

86 *Tschöpe*, DStR 1995, 59 (60).
87 BAG v. 06.12.1989 - 7 AZR 441/89, AP Nr. 13 zu § 1 BeschFG 1985.
88 *Preis*, NJW 1996, 3369 (3372).
89 Vgl. Gesetz v. 22.12.1989, BGBl. I, S. 2406.
90 Vgl. Gesetz v. 25.09.1996, BGBl. I, S. 1476.
91 Zu den einzelnen Änderungen: *Preis*, NJW 1996, 3369; *Löwisch*, NZA 1996, 1009; *Rolfs*, NZA 1996, 1134.
92 BT-Drs. 13/4612, S. 16; *Rolfs*, NZA 1996, 1134.

einstellung verzichtete. Hierdurch wurde den Arbeitsvertragsparteien ermöglicht, ohne Rücksicht auf das Vorliegen eines sachlichen Grundes ein befristetes Arbeitsverhältnis nach § 1 Abs. 1 BeschFG auch im Anschluss an ein vorangegangenes, aus einem sachlichen Grund heraus befristetes Arbeitsverhältnis abzuschließen.[93] Ausgeschlossen war nach § 1 Abs. 3 BeschFG 1996 lediglich, dass zwischen einem vorhergehenden unbefristeten Arbeitsvertrag oder zu einem vorhergehenden befristeten Arbeitsvertrag nach Abs. 1 mit dem demselben Arbeitgeber kein enger sachlicher Zusammenhang bestehen durfte. Durch den Verweis auf § 1 Abs. 1 BeschFG 1996 wurde klargestellt, dass von dem Anschlussverbot nur vorhergehende befristete Arbeitsverhältnisse nach dem BeschFG 1996 erfasst werden sollten, nicht hingegen solche, die mit Sachgrund im Sinne der Rechtsprechung befristet wurden.

Begründet wurde diese Änderung damit, dass dem Arbeitgeber mit dieser Regelung die Möglichkeit eröffnet werden sollte, denjenigen Arbeitnehmer, den er während der Laufzeit des mit Sachgrund befristeten Vertrages kennen und schätzen gelernt hat, weiter zu beschäftigen, auch wenn er noch nicht beurteilen konnte, ob auf Grund der Auftragslage eine Dauerbeschäftigung möglich sein würde.[94] Darüber hinaus sollte der oben bereits erwähnte Wertungswiderspruch beseitigt werden. Dieser ergab sich aus der Altregelung des § 1 BeschFG 1985 daraus, dass ein befristeter Arbeitsvertrag nach dem BeschFG 1985 im Anschluss an eine Befristung mit Sachgrund unzulässig war, während im umgekehrten Fall auf eine Befristung nach dem BeschFG ein Arbeitsverhältnis, welches aus sachlichem Grund befristet war, folgen konnte.[95] Nach der Neuregelung oblag es dem Arbeitgeber, zunächst ein befristetes Arbeitsverhältnis nach § 1 BeschFG 1996 zu begründen, danach eines – mit mindestens viermonatiger Dauer – mit Sachgrund, um im Anschluss daran erneut die Befristung auf § 1 Abs.1 BeschFG 1996 zu stützen.[96] Im Ergebnis wurde durch die Gesetzesänderungen der Abschluss von Kettenarbeitsverhältnissen entgegen der Gesetzesbegründung erleichtert.

D. Die Gesetzeslage ab 2001

I. Das Teilzeit- und Befristungsgesetz

Am 01.01.2001 ist das Gesetz über Teilzeitarbeit und befristete Arbeitsverträge (kurz: TzBfG) in Kraft getreten.[97] Es beinhaltet neben der Einführung des Teilzeitanspruchs und der Aufhebung des BeschFG von 1996 eine weitgehende Kodifikation

---

93 BT-Drs. 13/4612, S. 16 f.; BAG 22.03.2000 - 7 AZR 581/98, AP Nr. 1 zu § 1 BeschFG 1996; BAG 28.06.2000 - 7 AZR 920/98, AP Nr. 2 zu § 1 BeschFG 1996; *Hunold*, NZA-RR 2000, 505 (511).

94 BT-Drs. 13/4612, S. 17.

95 BT-Drs. 13/4612, S. 17; vgl. auch *Rolfs*, NZA 1996, 1134 (1136); *Sowka*, BB 1997, 677.

96 *Preis*, NJW 1996, 3369 (3373).

97 Gesetz vom 21.12.2000, BGBl. I, S. 1966.

des Befristungsrechts außerhalb des Bürgerlichen Gesetzbuches.[98] Im Interesse der Rechtssicherheit sollten die bisherigen Vorschriften über befristete Arbeitsverträge in den §§ 620, 623, 625 BGB und § 1 BeschFG 1996 zusammenhängend geregelt werden.[99] Lediglich die spezialgesetzlichen Regelungen, wie zum Beispiel für Hochschulen und Forschungseinrichtungen[100] sowie Ärzte in der Weiterbildung[101] sind unberührt geblieben und haben keinen Eingang in das Teilzeit- und Befristungsgesetz gefunden.

In die dienstrechtlichen Vorschriften des Bürgerlichen Gesetzbuches wurde § 620 Abs. 3 BGB angefügt, der noch heute deklaratorisch darauf hinweist, dass das Teilzeit- und Befristungsgesetz auf solche Arbeitsverträge anzuwenden ist, die auf bestimmte Zeit geschlossen werden.[102]

Mit der Einführung des Teilzeit- und Befristungsgesetzes wurden jedoch nicht nur die Regelungen des BeschFG zur Befristung sachgrundloser Arbeitsverträge ersetzt, sondern darüber hinaus die richterlichen Grundsätze zur Sachgrundbefristung gesetzlich fixiert. So wurde ein Katalog an Sachgründen in § 14 Abs. 1 TzBfG aufgenommen, welcher zuvor im Laufe der Jahre von der Rechtsprechung entwickelt und fortgeschrieben worden ist. Das Teilzeit- und Befristungsgesetz gilt ohne persönliche Einschränkungen für alle Arbeitnehmer unabhängig vom Vorliegen der Anwendungsvoraussetzungen des Kündigungsschutzgesetzes. Erfasst vom Sachgrunderfordernis des § 14 Abs. 1 TzBfG sind – im Gegensatz zum alten Recht – auch solche befristeten Arbeitsverhältnisse mit einer Dauer von nicht mehr als sechs Monaten und Befristungen in Kleinbetrieben mit fünf oder weniger Arbeitnehmern, wenn nicht eine Ausnahme nach § 14 Abs. 2 oder 3 TzBfG gegeben ist.[103] Hierdurch erfolgte letztlich auch eine Abkehr von der Verbindung zwischen Befristungsrecht und Kündigungsschutzrecht.[104]

Die Möglichkeit sachgrundlos befristete Arbeitsverträge zu verlängern, wurde ebenfalls modifiziert und vom Anwendungsbereich, wie sich im Kapitel 3 noch zeigen wird, weiter eingeschränkt.

---

98 *Kliemt*, NZA 2001, 296; *Rauhaus*, Die Reform des Befristungsrechts, S. 1.

99 BT-Drs. 14/4374, S. 14.

100 Wissenschaftszeitvertragsgesetz vom 12.04.2007 (BGBl. I, S. 506). Das Gesetz hat die bisherigen Regelungen zu der befristeten Beschäftigung von wissenschaftlichen Mitarbeiterinnen und Mitarbeitern sowie Hilfskräften in den §§ 57a ff. des Hochschulrahmengesetzes (HRG) ersetzt.

101 Gesetz über befristete Arbeitsverträge mit Ärzten in der Weiterbildung vom 15.05.1986 (BGBl. I, S. 742), das zuletzt durch Art. 3 des Gesetzes vom 12.04.2007 (BGBl. I, S. 506) geändert worden ist.

102 ErfK-*Müller-Glöge*, § 620 BGB Rn. 3.

103 BAG v. 06.11.2003 - 2 AZR 690/02, NZA 2005, 218.

104 Vgl. hierzu auch *Menssen*, AuR 2014, 452 ff.

II. Europarechtliche Einflüsse auf das Befristungsrecht

Mit der Einführung des Teilzeit- und Befristungsgesetzes ist die europarechtliche Richtlinie 1997/81/EG vom 15.12.1997 über Teilzeitarbeit[105] und die Richtlinie 1999/70/EG vom 28.06.1999 über befristete Arbeitsverhältnisse[106] in nationales Recht umgesetzt worden. Hintergrund der Umsetzung durch den nationalen Gesetzgeber war, dass das Recht der befristeten Arbeitsverträge in Deutschland bis zum Erlass der Richtlinie überwiegend nicht richtlinienkonform geregelt war.[107] Zwar war in Deutschland das Grundprinzip der Kontrolle des befristeten Arbeitsvertrages auf einen "sachlichen Grund" schon durch die Rechtsprechung des BAG anerkannt. Der EuGH verlangte für Bestimmungen in Richtlinien, die individuelle Rechtspositionen gewähren, jedoch Umsetzungsakte, die hinreichend klar und bestimmt sind, damit der Bürger seine Rechte erkennen kann.[108] Eine bloße auf Richterrecht gestützte Rechtsfortbildung widersprach dem Gedanken der Rechtssicherheit.

Bereits zu Beginn der 80er und 90er Jahre hatte sich die Kommission um eine europäische Regelung für befristete Arbeitsverhältnisse bemüht.[109] Nachdem jedoch keiner ihrer Vorschläge die Zustimmung des Rates finden konnte, entschied sich die Kommission für das nunmehr in Art. 154 und 155 AEUV (ex-Artikel 138 und 139 EG), vorgesehene kooperative Rechtsetzungsverfahren unter Mitwirkung der europäischen Sozialpartner EGB, UNICE und CEEP (Europäischer Gewerkschaftsbund, Union der Industrie- und Arbeitgeberverbände Europas und Europäischer Zentralverband der öffentlichen Wirtschaft). Ergebnis dieser Zusammenarbeit war die am 18.03.1999 geschlossene Rahmenvereinbarung über befristete Arbeitsverträge (im Folgenden: Rahmenvereinbarung) im Anhang der Richtlinie 1999/70/EG. Deren allgemeine Erwägung besteht darin, den Missbrauch durch aufeinanderfolgende befristete Arbeitsverträge oder -verhältnisse zu verhindern.[110] Art und Umfang der europarechtlichen Vorgaben gegen den Missbrauch von aufeinanderfolgenden befristeten Arbeitsverträgen sind vor allem in § 5 Abs. 1 a-c) der Rahmenvereinbarung verankert. Auf deren Inhalt wird noch im Zusammenhang mit der Problematik von Kettenarbeitsverhältnissen in Kapitel 4 einzugehen sein.

105 Amtsblatt Nr. L 14/9 v. 20.01.1998, geändert durch Amtsblatt Nr. L 131/10 v. 05.05.1998.
106 Amtsblatt Nr. L 175/43 v. 10.07.1999.
107 Staudinger-*Preis*, § 620 BGB Rn. 17.
108 EuGH v. 19.05.1999 - C-225/97 Rn. 37, BeckRS 2004, 75223; vgl. auch Staudinger-*Preis*, § 620 BGB Rn. 17.
109 Vgl. hierzu ausführlich: *Röthel*, NZA 2000, 65.
110 Vgl. APS-*Backhaus*, § 14 TzBfG Rn. 48c.

2. Kapitel – Grundzüge des Befristungsrechts

A. Grundbegriffe und Erscheinungsformen des befristeten Arbeitsvertrages

I. Begriff des befristeten Arbeitsvertrages

Mit der in § 3 Abs. 1 S. 1 TzBfG aufgenommenen Legaldefinition zum Begriff des befristet beschäftigten Arbeitnehmers hat der deutsche Gesetzgeber im Wesentlichen § 3 Nr. 1 der RL 1999/70/EG vom 28.6.1999 i.V.m der Rahmenvereinbarung über befristete Arbeitsverträge in nationales Recht umgesetzt.[111] Danach gilt ein Arbeitnehmer mit einem auf bestimmte Zeit geschlossenen Arbeitsvertrag als befristet beschäftigt. Diese recht spartanische Definition stellt die Praxis immer wieder vor Abgrenzungsschwierigkeiten selbst zum unbefristeten Arbeitsverhältnis.[112] Paradebeispiel ist eine vertragliche Vereinbarung wie „das Arbeitsverhältnis wird für den Zeitraum vom 01.01.2010 bis zum 31.12.2010 geschlossen und verlängert sich um ein weiteres Jahr, wenn der Vertrag nicht bis zum 31.10.2010 gekündigt wird". Was auf den ersten Blick zunächst als Vertrag auf bestimmte Zeit erscheint, stellt rechtlich gesehen ein Arbeitsverhältnis auf unbestimmte Zeit (mit sog. Mindestdauer) dar.[113] Grund dafür ist, dass das Arbeitsverhältnis nicht zwingend mit Erreichen eines bestimmten Endtermins, sondern ausschließlich durch Kündigung beendet werden kann.[114]

Um Abgrenzungsschwierigkeiten vorzubeugen, hält § 3 Abs. 1 S. 2 TzBfG eine weitergehende Definition bereit, unter welchen Voraussetzungen ein solcher auf bestimmte Zeit geschlossener Arbeitsvertrag vorliegt. Dies ist der Fall, wenn dessen Dauer entweder kalendermäßig bestimmt ist (kalendermäßig befristeter Arbeitsvertrag) oder sich diese aus Art, Zweck oder Beschaffenheit der Arbeitsleistung ergibt (zweckbefristeter Arbeitsvertrag). Das Gesetz unterscheidet insofern zwischen der sog. Zeitbefristung und der Zweckbefristung. Zwei befristungstypische Begrifflichkeiten, die es im Nachfolgenden genauer zu analysieren gilt.

II. Zeitbefristung, Zweckbefristung und auflösende Bedingung

Eine Zeitbefristung oder auch „Befristung nach dem Kalender" liegt vor, wenn zwischen den Parteien ein bestimmtes Enddatum („31.12.2013") vereinbart worden

111 BeckOK-*Bayreuther*, § 3 TzBfG Rn. 1; APS-*Backhaus*, § 3 TzBfG Rn. 1.

112 Zur Abgrenzung der Begrifflichkeiten Arbeitsvertrag und Arbeitsverhältnis siehe S. 69 f.

113 APS-*Backhaus*, § 3 TzBfG Rn. 32, ErfK-*Müller-Glöge*, § 3 TzBfG Rn. 7.

114 APS-*Backhaus*, § 3 TzBfG Rn. 32, ErfK-*Müller-Glöge*, § 3 TzBfG Rn. 7.

ist oder jedenfalls eine bestimmte Zeitdauer mit einem festen Anfangsdatum („ab 01.08.2013 für sechs Monate") im Vertrag enthalten ist.[115] Nicht ausreichend sind allgemeine Formulierungen wie „etwa ein Jahr" oder „für die Dauer der Kampagne".[116]

Der zweckbefristete Arbeitsvertrag kennt im Gegensatz zur Zeitbefristung keinen exakten Endzeitpunkt. Vielmehr bestimmt sich die Dauer des Arbeitsverhältnisses – wie das Gesetz selbst vorgibt – nach Art, Zweck oder Beschaffenheit der Arbeitsleistung (Urlaubsvertretung, Mitarbeit an einem bestimmten Projekt). Dabei endet das Arbeitsverhältnis mit Eintritt des von den Vertragsparteien als gewiss angesehenen Ereignisses („das Arbeitsverhältnis endet nach Abschluss des Projektes X" oder „der Arbeitnehmer X wird befristet zur Vertretung der beurlaubten Lehrerin Y eingestellt").[117]

Bei der Unterscheidung, ob ein zweckbefristeter oder ein kalendermäßig befristeter Arbeitsvertag vorliegt, kommt es nicht darauf an, inwiefern ein bestimmter Zweck mit der Befristung verfolgt wird. Entscheidendes Abgrenzungskriterium ist vielmehr, ob der Beendigungszeitpunkt durch Zweckerreichung oder Ablauf der Zeitdauer bestimmt ist. So handelt es sich beispielweise bei einer Befristung auf Probe i.S.d. § 14 Abs. 1 S. 2 Nr. 5 TzBfG, unabhängig davon, ob hiermit der Zweck verfolgt wird eine gewisse Eignung des Arbeitnehmers festzustellen, um eine kalendermäßige Befristung. Denn die Befristung auf Probe endet grundsätzlich mit einem bestimmbaren Datum (sechs Monate nach Arbeitsbeginn) und nicht erst mit der Feststellung einer bestimmten Eignung. Daraus folgt auch, dass eine Befristung mit Sachgrund keinesfalls mit der Zweckbefristung gleichzusetzen ist. So stellen zwar Zweckbefristungen immer Befristungen mit Sachgrund dar; andersherum gibt es aber Sachgründe (wie z.B. der Sachgrund der Erprobung), die einen bestimmten Zweck verfolgen, aber dennoch kalendermäßig bestimmt sind.[118]

Anstelle einer Zweckbefristung kann auch eine auflösende Bedingung im Sinne des § 158 BGB vereinbart werden. Deshalb sind die Regeln über die Zweckbefristung gemäß § 21 TzBfG weitestgehend entsprechend auf die auflösende Bedingung anzuwenden. Auflösend bedingte Arbeitsverträge unterscheiden sich von der Vereinbarung einer Zweckbefristung dadurch, dass die Beendigung des Vertrags aus Sicht der Vertragsparteien nicht wie bei einem zweckbefristeten Arbeitsverhältnisses von einem sicher erwarteten, sondern von einem vollkommen ungewissen Ereignis abhängig gemacht wird.[119] Dies kann dann der Fall sein, wenn im Zuge der Begründung des Arbeitsverhältnisses noch bestimmte Papiere, Tests oder Befähigungsnachweise vorgelegt werden müssen oder wenn noch bestimmte Prüfungen absolviert oder abgeschlossen werden müssen, deren Ausgang fraglich ist.[120]

---

115 APS-*Backhaus*, § 3 TzBfG Rn. 4.

116 *Dörner*, Rn. 39, KR-*Bader* § 3 TzBfG Rn. 18.

117 BAG v. 26.03.1986 - 7 AZR 599/84, AP Nr. 103 zu § 620 BGB Befristeter Arbeitsvertrag = NZA 1987, 238 (240).

118 *Stoye*, Rechtsdogmatische und rechtspolitische Probleme, S. 73.

119 APS-*Backhaus*, § 3 TzBfG Rn. 14; siehe auch die Legaldefinition in § 158 BGB.

120 APS-*Backhaus*, § 3 TzBfG Rn. 14; ErfK-*Müller-Glöge*, § 3 TzBfG Rn. 12.

Den Vertragsparteien obliegt es letztlich, beide Befristungsformen zu kombinieren (sog. Doppelbefristung).[121] Formulierungen wie „das Arbeitsverhältnis endet mit Erreichung des Zwecks, spätestens jedoch am 31.12.2013" oder „der Arbeitnehmer X wird befristet für die Zeit der Erkrankung des Arbeitnehmers Y eingestellt, längstens jedoch bis zum 31.12.2013", sind dabei üblich. Eine solche Kombination bietet sich deshalb an, weil häufig nicht absehbar ist, wann z.B. bei lang andauernden Krankheitsvertretungen eine Zweckerreichung eintreten wird. Nur durch die Doppelbefristung kann der Arbeitgeber verhindern, dass im Falle des Wegfallens des besonderen Zwecks, dem Entstehen eines unbefristeten Arbeitsverhältnisses vorgebeugt werden kann.[122]

B. Zulässigkeit befristeter Arbeitsverhältnisse

I. Einführung

Das vorrangig sozialpolitische Ziel des Gesetzgebers ist der Abschluss und die Förderung unbefristeter Arbeitsverträge.[123] Befristete Arbeitsverhältnisse sollen demnach die Ausnahme bilden. Aus diesem Grund soll die Befristung eines Arbeitsverhältnisses grundsätzlich nur dann zulässig sein, wenn diese durch einen sachlichen Grund gerechtfertigt ist. Dies ergibt sich unmittelbar aus § 14 Abs. 1 TzBfG. Durch diese, vielfach als Kernvorschrift[124] zur Kontrolle befristeter Arbeitsverträge bezeichnete Bestimmung, wird ein Regel-Ausnahme-Modell geschaffen, wonach nach dem Willen des Gesetzgebers nur ausnahmsweise und lediglich innerhalb der engen Tatbestandsvoraussetzungen des § 14 Abs. 2, 2a, 3 TzBfG eine Befristung ohne Sachgrund zulässig sein soll.[125]

Neben der zentralen Befristungsvorschrift des § 14 TzBfG besteht eine Reihe an gesetzlichen Spezialregelungen, die nicht Eingang in das TzBfG gefunden haben, deren Anwendbarkeit gemäß § 23 TzBfG jedoch unberührt bleibt. Die Vorschriften des Teilzeit- und Befristungsgesetzes sind diesen spezialgesetzlichen Regelungen gegenüber grds. subsidiär, ergänzen diese jedoch, soweit keine entsprechenden Bestimmungen bestehen.[126] Die wichtigsten Vorschriften finden sich unter anderem im Wissenschaftszeitvertragsgesetz (WissZeitVG), im Bundeselterngeld- und Elternzeitgesetz (BEEG) und im Gesetz über befristete Arbeitsverträge mit Ärzten in der Weiterbildung (ÄArbVtrG).

Die vorliegende Arbeit soll sich vorrangig den Tatbestandsvoraussetzungen des § 14 TzBfG widmen. Auf die spezialgesetzliche Vorschrift des § 21 BEEG, welche seit dem 01.01.2007 den inhaltsgleichen § 21 Bundeserziehungsgeldgesetz (BErzGG)

121 APS-*Backhaus*, § 3 TzBfG Rn. 30; ErfK-*Müller-Glöge*, § 3 TzBfG Rn. 13.
122 Vgl. Ausführungen zur Rechtsfolge bei Zweckfortfall auf S. 40 f.
123 BT-Drs. 14/4374, S. 12; ErfK-*Müller-Glöge*, § 1 TzBfG Rn. 3.
124 *Preis*, NZA 2005, 714 (715); Staudinger-*Preis*, § 620 BGB Rn. 37.
125 BT-Drs. 14/4374, S. 13.
126 MüKo-*Hesse*, § 23 TzBfG Rn. 2; APS-*Backhaus*, § 23 TzBfG Rn. 1.

ersetzt hat und im engen Zusammenhang mit § 14 Abs. 1 S. 2 Nr. 3 TzBfG steht, wird in Kapitel 4 noch ausführlicher einzugehen sein.

II. Befristung mit Sachgrund

1. Vorliegen eines anerkannten Sachgrundes

Wie bereits eingangs erläutert, haben sich im Verlauf der Rechtsprechungsentwicklung verschiedene Typen anerkannter Sachgründe herausgebildet, welche vor allem in § 14 Abs. 1 TzBfG kodifiziert sind. Die acht beispielhaft aufgezählten Sachgründe in Satz 2 sind keinesfalls abschließend, wie das Wort „insbesondere" zeigt.[127] Die Berücksichtigung anderer Befristungsgründe ist nicht ausgeschlossen, die Rechtsprechung nicht daran gehindert, weitere Befristungsgründe als Sachgrund anzuerkennen.

Besonders hervorzuheben und in der Praxis am häufigsten relevant sind die ausdrücklich in § 14 Abs. 1 S. 2 Nr. 1 TzBfG (vorübergehender Bedarf an Arbeitsleistung) und § 14 Abs. 1 S. 2 Nr. 3 TzBfG (Vertretung) geregelten Sachgründe. Da sich die vorbenannten Befristungsgründe gleichzeitig im Hinblick auf den mehrfachen Abschluss befristeter Arbeitsverträge als besondere Problemfälle[128] erweisen, werden deren Besonderheiten – soweit von Relevanz – innerhalb des Kapitels 4 zur „Zulässigkeit von Kettenbefristungen" dargestellt.

Darüber hinaus findet sich in § 14 Abs. 1 S. 2 Nr. 6 TzBfG ein weiterer praxisrelevanter Sachgrund, der in der Literatur auch als persönlicher Verschleißtatbestand bezeichnet wird.[129] Der Gesetzestext ist derart weit gefasst, dass zahlreiche vom BAG anerkannte Typen von Sachgründen unter die Vorschrift subsumiert werden können. Unter anderem wird in der Literatur vertreten, dass die Vereinbarung einer Altersgrenze, mit deren Erreichen das Arbeitsverhältnis automatisch enden soll, als ein in der Person des Arbeitnehmers liegender Sachgrund i.S.v. § 14 Abs. 1 S. 2 Nr. 6 TzBfG sein könne.[130]

An Aktualität hat dieser Sachgrund vor allem auch deshalb nicht verloren, weil der Gesetzgeber nunmehr in § 41 S. 3 SGB VI die Voraussetzungen normiert hat, unter denen eine befristete Weiterbeschäftigung des Arbeitnehmers auch nach Erreichen der Regelaltersgrenze vereinbart werden kann. Diesem außerhalb des § 14 TzBfG geregelten „Verlängerungstatbestand" soll im 5. Kapitel ein eigenständiger Abschnitt gewidmet werden.

---

127 Staudinger-*Preis*, § 620 BGB Rn. 45; ErfK-*Müller-Glöge*, § 14 TzBfG Rn. 5.
128 *Preis/Greiner*, RdA 2010, 148.
129 Vgl. *Dörner*, Rn. 325.
130 KR-*Lipke*, § 14 TzBfG Rn. 289; ErfK-*Müller-Glöge*, § 14 TzBfG Rn. 56 ff.; a.A. HWK-*Schmalenberg*, § 14 TzBfG Rn. 62, der einerseits von einem sonstigen Sachgrund ausgeht, andererseits es aber auch für vertretbar hält, Altersgrenzen unter § 14 Abs. 1. S. 2 Nr. 4 TzBfG zu subsumieren.

2. *Befristungskontrolle*

Im Laufe der Jahrzehnte haben sich im Befristungskontrollrecht in der höchstrichterlichen Rechtsprechung Prüfungsgrundsätze und Wertungsmaßstäbe entwickelt, die von den Arbeitsgerichten bei der Prüfung der Zulässigkeit von Sachgrundbefristungen einzubeziehen sind. Das Vorliegen eines sachlichen Grundes allein reicht dabei nicht aus. Vielmehr knüpft die Prüfung, ob die Befristung tatsächlich durch einen Sachgrund gerechtfertigt ist, auch in zeitlicher Hinsicht Voraussetzungen an die Wirksamkeit der Befristungsabrede. Insbesondere das im Nachfolgenden zu behandelnde Prognoseprinzip und auch die vertraglich vereinbarte Befristungsdauer stellen zwei nicht zu verkennende Faktoren dar, die es bei der Befristungskontrolle zu beachten gilt.

a) Prognose des Arbeitgebers

Das zukunftsorientierte Prognoseprinzip ist ein von der ständigen Rechtsprechung notwendiger, wenn auch nicht gesetzlich geregelter Teil der Befristungskontrolle, welches sich neben dem Sachgrundprinzip zu einer das Befristungsrecht tragenden Stütze entwickelt hat.[131] Dabei ist die Begrifflichkeit „neben" unscharf. Vielmehr sind Sachgrundprinzip und Prognoseprinzip nicht als eigenständig zu betrachten. Das Sachgrundprinzip hängt vielmehr vom Prognoseprinzip ab. Es ist wertender Teil des Sachgrundes und fließt in den Sachgrund ein. Es füllt den Sachgrund mit einem temporären Inhalt aus und konkretisiert diesen.[132]

Die Prognose hat sich darauf zu beziehen, ob im Zeitpunkt des Ablaufs der Befristung kein Bedarf mehr an der Weiterbeschäftigung des Arbeitnehmers besteht.[133] Dafür müssen aus ex-ante-Sicht konkrete objektive Anhaltspunkte vorliegen.[134] Absolute Gewissheit ist hingegen nicht erforderlich. Ausreichend ist, dass der Arbeitgeber mit einiger Sicherheit annehmen durfte, dass ein dauerhafter, über die Vertragsdauer hinausgehender Beschäftigungsbedarf nicht existent sein werde.[135]

Stellt sich nachträglich heraus, dass sich die Prognose als richtig erwiesen hat, wird vermutet, dass sie richtig gestellt wurde.[136] Für den Fall, dass sich die Prognose nicht bestätigen sollte, muss der Arbeitgeber eine schlüssige Begründung für das Auseinanderfallen von dem tatsächlichen Verlauf und seiner Prognose geben.[137]

---

131 *Persch*, Kernfragen des Befristungsrechts, S. 149; BAG v. 27.07.2005 - AZR 443/04, NZA 2006, 37; BAG v. 13.08.2008 - 7 AZR 513/07, NZA 2009, 27.

132 *Persch*, Kernfragen des Befristungsrechts, S. 260 f.

133 ErfK-*Müller-Glöge*, § 14 TzBfG Rn. 18; APS-*Backhaus*, § 14 TzBfG Rn. 50.

134 BAG v. 24.10.2001 - 7 AZR 542/00, AP Nr. 229 zu § 620 BGB Befristeter Arbeitsvertrag, KR-*Lipke* § 14 TzBfG Rn. 35 ff.; ErfK-*Müller-Glöge* § 14 TzBfG Rn. 18.

135 ErfK-*Müller-Glöge*, § 14 TzBfG Rn. 18; APS-*Backhaus*, § 14 TzBfG Rn. 50.

136 BAG v. 28.03.2001 - 7 AZR 701/99, NZA 2002, 666; BAG v. 13.10.2004 - 7 AZR 218/04, NZA 2005, 401; *Sievers*, RdA 2004, 291 (293).

137 BAG v. 28.03.2001- 7 AZR 701/99, NZA 2002, 666.

Je nach Sachgrund stellt das BAG unterschiedlich hohe Anforderungen an die Prognose des Arbeitgebers. Dies wird von der herrschenden Meinung gebilligt, da sich die Gewichtung der widerstreitenden Interessen von Arbeitnehmer und Arbeitgeber von Sachgrund zu Sachgrund unterscheiden.[138] Auch wurde nach früherer Rechtsprechung im Hinblick auf das steigende Bestandschutzinteresse des Arbeitnehmers vertreten, dass höhere Anforderungen an die Prognose zu stellen sind, wenn die Anzahl der wiederholten Befristungen zunimmt.[139] Mit seiner Entscheidung vom 25.03.2009 erteilte der Senat seiner bisherigen ständigen Rechtsauffassung zumindest für den Sachgrund der Vertretung i.S.d. § 14 Abs. 1 S. 2 Nr. 3 TzBfG eine Absage und stellte klar, dass selbst eine große Anzahl von befristeten Arbeitsverträgen nicht dazu führe, dass an den Sachgrund der Vertretung besonders strenge Anforderungen zu stellen sind.[140] So stehen selbst wiederholte Befristungen wegen der mehrfachen Verhinderung der zu vertretenden Stammkraft der Prognose des künftigen Wegfalls des Vertretungsbedarfs nicht entgegen.[141] Dieser Rechtsprechungswandel wurde letztlich durch den Vorlagebeschluss des LAG Köln vom 13.04.2010 aus unionsrechtlichen Gründen in Frage gestellt.[142] Kurze Zeit später zog auch das BAG mit seinem Beschluss vom 17.11.2010 nach und bat den EuGH um Entscheidung, ob es mit Unionsrecht im Einklang stehe, dass die nationalen Gerichte nicht daran gehalten sind, an den Sachgrund der Vertretung höhere Anforderungen stellen, wenn sich Anzahl und Dauer der Befristungen erhöhen.[143] Diese Problematik wird noch ausführlich in Kapitel 4 zu erörtern sein.

b) Befristungsdauer

Die Befristungsdauer nimmt im Rahmen der Befristungskontrolle ebenfalls eine gewichtige Rolle ein. Dabei war lange Zeit umstritten, ob die Befristungsdauer im Rahmen des Sachgrundes oder innerhalb der Prognose zu berücksichtigen ist.[144] Hatte in früherer ständiger Rechtsprechung das BAG neben dem sachlichen Grund für die Befristung eine sachliche Berechtigung der Befristung hinsichtlich der Zeitdauer noch geprüft[145], ist der Senat mit Urteil vom 26.08.1988 hiervon abgerückt.[146]

---

138 APS-*Backhaus*, § 14 TzBfG Rn. 50 ff.; KR-*Lipke*, § 14 TzBfG Rn. 80 f.

139 BAG v. 30.11.1977 - 5 AZR 561/76, AP Nr. 44 zu § 620 BGB Befristeter Arbeitsvertrag; BAG v. 21.04.1993 - 7 AZR 376/92, AP Nr. 149 zu § 620 BGB Befristeter Arbeitsvertrag.

140 BAG v. 25.03.2009 - 7 AZR 34/08, NJW 2009, 3180.

141 BAG v. 13.10.2004 - 7 AZR 654/03, NZA 2005, 469.

142 LAG Köln v. 13.04.2010 - 1224/09, BeckRS 2010, 69707.

143 BAG v. 17.11.2010 - 7 AZR 443/09, NZA 2011, 34.

144 Vgl. auch *Persch*, Kernfragen des Befristungsrechts, S. 282.

145 BAG v. 28.11.1963 - 2 AZR 140/63, AP Nr. 26 zu § 620 BGB Befristeter Arbeitsvertrag; BAG v. 16.06.1976 - 2 AZR 630/74, AP Nr. 40 zu § 620 BGB Befristeter Arbeitsvertrag; BAG v. 29.09.1982 - 7 AZR 147/80, AP Nr. 70 zu § 620 BGB Befristeter Arbeitsvertrag.

146 BAG v. 26.08.1988 - 7 AZR 101/88, AP Nr. 124 zu § 620 BGB Befristeter Arbeitsvertrag.

Seitdem ist es ständige Rechtsprechung, dass es außer einem sachlichen Grund für die Befristung nicht noch zusätzlich einer eigenen sachlichen Rechtfertigung auch der gewählten Dauer der Befristung bedarf.[147] Die zeitliche Komponente muss sich lediglich am Sachgrund für die Befristung orientieren und mit ihm im Einklang stehen.[148] Es muss insofern keine Kongruenz von Vertragsdauer und Befristungsgrund gegeben sein.[149]

Im Unterschied zur früheren Rechtsprechung, wonach ein befristetes Arbeitsverhältnis mit Sachgrund grundsätzlich so lange zu dauern hatte, wie der Sachgrund bestand, obliegt es dem Arbeitgeber nach der „neuen" Rechtsprechung den befristet Beschäftigten auch kürzer zu beschäftigen als es der Beschäftigungsbedarf hergibt. Dem Arbeitgeber ist es unbenommen, ob er den vorübergehenden Ausfall überhaupt durch Einstellung einer Vertretungskraft überbrückt oder den Ausfall gar nicht kompensiert.[150] Aufgrund dieser Entscheidungsfreiheit muss es ihm auch zustehen, eine Vertretungskraft für einen kürzeren Zeitraum zu beschäftigen. Zweifel sind erst dann angebracht, wenn die Dauer der Befristung derart hinter der voraussichtlichen Dauer des Befristungsgrundes zurückbleibt, dass eine sinnvolle, dem angegebenen Sachgrund der Befristung entsprechende Mitarbeit des Arbeitnehmers nicht mehr möglich erscheint.[151] Dies wird z.B. von *Müller-Glöge* für den Fall angenommen, dass bei einer vorübergehenden Projektbeschäftigung die Vertrags- und Projektdauer so weit auseinander fallen, dass eine sinnvolle Mitarbeit am Projekt durch die gewählte Vertragsdauer zweifelhaft ist.[152] Bei einer derartigen Konstellation kann sich aus der Vertragslaufzeit ergeben, dass der Sachgrund tatsächlich nicht besteht oder nur vorgeschoben ist.[153]

III. Befristung ohne Sachgrund

1. Überblick

Die sachgrundlose Befristung von Arbeitsverträgen ist in § 14 Abs. 2–4 TzBfG abschließend geregelt. Durch die erleichterte Befristung soll dem Arbeitgeber ermöglicht werden, auf eine unsichere und schwankende Auftragslage und wechselnde Marktbedingungen, also in Fällen, die von der Rechtsprechung nicht als sachliche

147 BAG v. 26.08.1988 - 7 AZR 101/88, AP Nr. 124 zu § 620 Befristeter Arbeitsvertrag; BAG v. 22.11.1995 - 7 AZR 252/95, AP Nr. 178 zu § 620 BGB Befristeter Arbeitsvertrag.

148 APS-*Backhaus*, § 14 TzBfG Rn. 46.

149 BAG v. 13.10.2004 - 7 AZR 654/03, NZA 2005, 469; ErfK-*Müller-Glöge*, § 14 TzBfG Rn. 19.

150 BAG v. 21.02.2001 - 7 AZR 200/00, NZA 2001, 1382; BAG v. 25.03.2009 - 7 AZR 34/08 Rn. 26, NZA 2010, 34 (37).

151 BAG v. 20.02.2008 - 7 AZR 950/06 Rn. 19, AP Nr. 45 zu § 14 TzBfG.

152 ErfK-*Müller-Glöge*, § 14 TzBfG Rn. 19.

153 BAG v. 25.03.2009 - 7 AZR 34/08 Rn. 26, NZA 2010, 34 (37); BAG v. 20.02.2008 - 7 AZR 950/06 Rn. 19, AP Nr. 45 zu § 14 TzBfG.

Befristungsgründe anerkannt sind, durch Neueinstellungen flexibel zu reagieren und damit ihre Wettbewerbsfähigkeit zu sichern.[154]

2. *Erscheinungsformen sachgrundloser Befristungen*

In § 14 Abs. 2–4 TzBfG sind drei Arten bzw. Erscheinungsformen von Befristungen ohne Sachgrund aufgeführt: Die Zeitbefristung bis zu zwei Jahren (Abs. 2), die Zeitbefristung bei Existenzgründern (Abs. 2a) und die Zeitbefristung bei älteren Arbeitnehmern (Abs. 3). Alle Befristungsformen setzen neben ihren allgemeinen Tatbestandsvoraussetzungen zu ihrer Wirksamkeit voraus, dass die Befristungsabrede schriftlich vereinbart wird, § 14 Abs. 4 TzBfG[155]. Darüber hinaus gilt sowohl für die Zeitbefristungen nach § 14 Abs. 2 TzBfG als auch nach § 14 Abs. 2a TzBfG das sog. Anschlussverbot, welches auf S. 28 ff. noch eingehend erörtert wird.

a) Zeitbefristung bis zu zwei Jahren, § 14 Abs. 2 TzBfG

§ 14 Abs. 2 TzBfG regelt die Voraussetzungen, unter denen eine sachgrundlose Befristung von Arbeitsverträgen im Regelfall möglich sein soll. Sie ist nach dem Wortlaut auf kalendermäßige Befristungen beschränkt. Die maximale Dauer der sachgrundlosen Befristungsabrede beträgt nach § 14 Abs. 2 TzBfG zwei Jahre. Für die Fristberechnung gelten die §§ 187 Abs. 2 BGB, 188 Abs. 2 und 3 BGB.[156]

b) Zeitbefristung bei Existenzgründern, § 14 Abs. 2a TzBfG

§ 14 Abs. 2a TzBfG enthält ein spezielles Befristungsprivileg für Existenzgründer. Die Vorschrift erlaubt Unternehmen in den ersten vier Jahren nach ihrer Gründung kalendermäßige Befristungen von Arbeitsverträgen ohne Vorliegen eines sachlichen Grundes bis zur Dauer von vier Jahren abzuschließen. Der Zwei-Jahres-Zeitraum des § 14 Abs. 2 S. 1 TzBfG wird somit um zwei weitere Jahre ausgedehnt, wodurch Existenzgründern in der schwierigen Anfangsphase der Abschluss befristeter Arbeitsverträge erleichtert werden soll.[157] Von der Möglichkeit der sachgrundlosen Befristung muss nicht bereits zu Beginn der Gründung des Unternehmens Gebrauch gemacht werden. Die befristete Einstellung eines Arbeitnehmers nach

---

154 BT-Drs. 14/4374, S. 13 f.

155 Da sich das Schriftformerfordernis sowohl auf Befristungen mit als auch ohne Sachgrund bezieht, wird dieses gesondert auf S. 83 ff. dargestellt.

156 Da nach § 187 Abs. 2 BGB der Tag der ersten geschuldeten Arbeitsleistung mit in die Fristberechnung einzubeziehen ist, endet ein am 01.08.2008 befristet abgeschlossenes Arbeitsverhältnis am 31.07.2010. Dies wird in der Praxis häufig übersehen und daher fälschlicherweise als erster Arbeitstag der 01.08.2008 und als letzter Arbeitstag der 01.08.2010 im Arbeitsvertrag vereinbart. Dies ist nicht zulässig, da am 01.08.2011 um 00.00 Uhr die Frist von 2 Jahren überschritten ist. Vgl. auch *Osnabrügge*, NZA 2003, 639 (640).

157 BT-Drs. 15/1204, S. 14.

§ 14 Abs. 2a TzBfG kann auch erst am Ende des Vierjahreszeitraumes nach der Gründung erfolgen.[158]

c) *Zeitbefristung bei älteren Arbeitnehmern, § 14 Abs. 3 TzBfG*

Um älteren Arbeitnehmern einen leichteren Zugang zum Arbeitsmarkt zu ermöglichen, hatte der Gesetzgeber bereits in § 1 Abs. 2 BeschFG 1996 die Befristung eines Arbeitsvertrags ohne weitere Einschränkung für zulässig erachtet, wenn der Arbeitnehmer bei Beginn des befristeten Arbeitsverhältnisses das 60. Lebensjahr vollendet hatte. Mit Inkrafttreten des Teilzeit- und Befristungsgesetzes am 01.01.2001 wurde die Altersgrenze gemäß § 14 Abs. 3 TzBfG auf 58 Jahre abgesenkt.[159] Bereits zwei Jahre später wurde die maßgebliche Altersgrenze auf 52 Jahre herabgesetzt. Eine Einschränkung, in welcher Anzahl und von welcher Dauer ein befristetes Arbeitsverhältnis mit älteren Arbeitnehmern abgeschlossen werden konnte, sah die Vorschrift nicht vor.

Nachdem die Vereinbarkeit von § 14 Abs. 3 TzBfG mit Unionsrecht vermehrt in Zweifel gezogen wurde,[160] erklärte der EuGH in der Rechtssache *Mangold* mit Urteil vom 22.11.2005 auf den Vorlagebeschluss des Arbeitsgerichts München, die Vorschrift wegen unzulässiger Altersdiskriminierung für unwirksam.[161] Es ordnete an, dass die deutschen Gerichte die bis dato bestehende Regelung in § 14 Abs. 3 TzBfG nicht mehr anzuwenden haben. Als Begründung für die mangelnde Europarechtskonformität führte der EuGH an, dass die Richtlinie 2000/78 EG (sog. Gleichbehandlungsrahmenrichtlinie) es zwar grundsätzlich zulasse, dass die Mitgliedstaaten eine Ungleichbehandlung wegen des Alters vorsehen können; sie sei aber nur dann nicht diskriminierend, sofern sie objektiv und angemessen und im Rahmen des nationalen Rechts durch ein legitimes Ziel, insbesondere rechtmäßige Ziele aus den Bereichen Beschäftigungspolitik und Arbeitsmarkt, gerechtfertigt sei.[162]

Der Gesetzgeber musste aktiv werden. Eineinhalb Jahre später ist § 14 Abs. 3 TzBfG durch das Gesetz zur Verbesserung der Beschäftigungschancen älterer Menschen vom 19.04.2007[163] mit Wirkung zum 01.05.2007 an die europarechtlichen Vorgaben angepasst worden. Die Anknüpfung an das Lebensalter von 52 Jahren besteht seitdem weiterhin fort. Zur bisherigen Rechtslage tritt jedoch hinzu, dass die Befristung zeitlich nur noch bis maximal fünf Jahre andauern darf. Neu angefügt wurde als weitere Voraussetzung neben dem Erreichen der Altersgrenze, dass der Arbeitnehmer unmittelbar vor Beginn des befristeten Arbeitsverhältnisses mindestens

158 ErfK-*Müller-Glöge*, § 14 TzBfG Rn. 105; *Bauer/Preis/Schunder*, NZA 2004, 195 (197); *Lembke*, DB 2003, 2702 (2703).

159 Vgl. zur Begründung auch BT-Drs. 14/4374, S. 20.

160 *Blanke*, AiB 2000, 729 (734 f.); *Däubler*, ZIP 2000, 1961 (1967); a.A. *Preis/Gotthardt*, DB 2000, 2065 (2072); *Thüsing/Lambrich*, BB 2002, 829 (832).

161 EuGH v. 22.11.05 - C 144/04 (Mangold), NZA 2005, 1345.

162 EuGH v. 22.11.05 - C 144/04 (Mangold), NZA 2005, 1345.

163 BGBl. I, S. 538.

vier Monate beschäftigungslos war oder Transferkurzarbeitergeld bezogen oder an einer öffentlich geförderten Beschäftigungsmaßnahme nach SGB II oder SGB III teilgenommen hat.[164]

Die Europarechtskonformität der Neuregelung wird überwiegend bejaht.[165] Teilweise aber auch schon wieder bezweifelt.[166] Mit Urteil vom 28.05.2014 hat das BAG entschieden, dass die Neuregelung in der ab 01.05.2007 geltenden Fassung, jedenfalls soweit es um deren erstmalige Anwendung zwischen denselben Arbeitsvertragsparteien geht, mit Unionsrecht und nationalem Verfassungsrecht vereinbar ist.[167]

Zur europarechtlichen und verfassungsrechtlichen Problematik soll hier keine Stellung bezogen werden, da sie den Rahmen der Arbeit zum einen sprengen würde und nicht im unmittelbaren Zusammenhang mit der Problematik von Mehrfachbefristungen steht. Es soll jedoch nicht unerwähnt bleiben, dass sich mit der aktuellen Fassung des § 14 Abs. 3 TzBfG bereits der 68. Juristentag in Berlin vom 21. - 24.09.2010 beschäftigt hatte und mit zum Teil eindeutigen Stimmergebnissen eine Streichung empfohlen worden ist.[168]

3. *Kein Arbeitsverhältnis zuvor mit demselben Arbeitgeber*

a) *„Zuvor"- Beschäftigung*

Nach § 14 Abs. 2 S. 2 TzBfG ist eine sachgrundlose Befristung unzulässig ist, wenn mit demselben Arbeitgeber zuvor ein befristetes oder unbefristetes Arbeitsverhältnis bestanden hat. Dieses sog. Anschlussverbot (auch Vorbeschäftigungsverbot genannt) soll der Vermeidung von Kettenbefristungen dienen.[169] Im Gegensatz zu der Regelung des § 1 Abs. 3 BeschFG 1996 hat sich der Gesetzgeber bei Kodifizierung des Teilzeit- und Befristungsgesetzes für eine Restriktion des Anschlussverbotes entschieden. Sah das BeschFG 1996 in der Vorgängerregelung einen Verstoß gegen das Anschlussverbot nur für den Fall vor, dass zwischen der streitgegenständlichen sachgrundlosen Befristung und dem vorherigen nach § 1 BeschFG befristeten oder unbefristeten Arbeitsvertrag mit demselben Arbeitgeber ein enger sachlicher Zusammenhang bestand, wurde auf letzteres Kriterium in der Neufassung vollständig verzichtet. Insofern kommt es nach § 14 Abs. 2 S. 2 TzBfG nicht mehr darauf an, ob zwischen den Arbeitsverträgen ein Zeitraum von weniger als vier Monaten liegt, welcher eine mehrmalige sachgrundlose Befristung auch außerhalb der zweijährigen Befristungshöchstgrenze zulässt.

Aus dem Gesetzeswortlaut und dem Wegfall der Negativdefinition folgerte die vorherrschende Meinung, dass für den Arbeitgeber die Möglichkeit einen sachgrundlos

---

164 ErfK-*Müller-Glöge*, § 14 TzBfG Rn. 110.

165 *Bauer*, NZA 2007, 544 (545); *Temming*, NZA 2007, 1193 (1200).

166 *Bayreuther*, BB 2007, 1113 (1114 f.); *Kast/Herrmann*, BB 2007, 1841 (1846).

167 BAG v. 28.05.2014 - 7 AZR 360/12, BeckRS 2014, 72727.

168 *Lipke*, Vortrag Deutscher Juristentag 2010, abgedruckt in Tagungsband DAI, S. 35 (36).

169 BT-Drs. 14/4374, S. 14, 19.

befristeten Arbeitsvertrag abzuschließen, praktisch nur bei der erstmaligen Einstellung des Arbeitnehmers gegeben sei.[170] Der Gesetzgeber habe mit der Vorschrift zur Vermeidung von Kettenbefristungen ein „lebenslängliches" Verbot einer Anschlussbefristung geschaffen.[171] Das Tatbestandsmerkmal „bereits zuvor" sei gleichzustellen mit „nie zuvor" oder „irgendwann in der Vergangenheit".[172]

Gegen diese Auslegung wurden frühzeitig Bedenken erhoben. Nach *Löwisch*[173] und *Müller-Glöge*[174] müsse eine teleologische Reduktion dahingehend erfolgen, dass das Anschlussverbot nur bei einem zeitlichen und einem sachlichen Zusammenhang zwischen den jeweiligen Arbeitsverhältnissen greife. *Heidl* forderte ohne nähere Begründung, das bis dahin umstrittene Tatbestandsmerkmal „bereits zuvor" durch einen Zeitraum von 36 Monaten zu ersetzen.[175]

Das BAG schloss sich zunächst der herrschenden Meinung an und vertrat in ständiger Rechtsprechung, dass auch frühere, weit zurückliegende Arbeitsverhältnisse, einen Verstoß gegen das Anschlussverbot begründen würden.[176] Eine teleologische Reduktion lehnte es ausdrücklich ab. Im Jahr 2011 kam dann – eher unerwartet – die überraschende Wende. Auf die Ankündigung im Koalitionsvertrag vom 26.10.2009[177], das Vorbeschäftigungsverbot auf eine Jahresfrist zu begrenzen, entschied das BAG quasi als Ersatzgesetzgeber[178] in Abkehr von seiner bisherigen Rechtsprechung, dass eine „Zuvor-Beschäftigung" i. S. von § 14 Abs. 2 S. 2 TzBfG nicht gegeben sei, wenn das frühere Arbeitsverhältnis mehr als drei Jahre zurückliege.[179] Dies ergebe sich zumindest aus einer an Sinn und Zweck orientierten verfassungskonformen Auslegung.[180] Denn ein uneingeschränktes Anschlussverbot würde strukturell die Gefahr in sich bergen, als arbeitsrechtliches Einstellungshindernis die durch Art. 12 Abs. 1 GG geschützte Berufsfreiheit des Arbeitnehmers unverhältnismäßig zu begrenzen.[181]

---

170 MüKo-*Hesse*, § 14 TzBfG Rn. 79; *Dörner*, Rn. 431 ff.; *Hromadka*, NJW 2001, 400 (404); *Preis/Gotthardt* DB 2000, 2065 (2072); *Richardi/Annuß*, BB 2000, 2201 (2204); a.A. *Löwisch*, BB 2001, 254; *Straub*, NZA 2001, 919 (926); *Osnabrügge*, NZA 2003, 639 (642).

171 APS-*Backhaus*, § 14 TzBfG Rn. 381; KDZ-*Däubler*, § 14 TzBfG Rn.158; KR-*Lipke*, § 14 TzBfG Rn. 375a.

172 *Schiefer*, DB 2000, 2118 (2122).

173 *Löwisch*, BB 2001, 254 (255).

174 ErfK-*Müller-Glöge*, § 14 TzBfG Rn. 99.

175 *Heidl*, RdA 2009, 297 (301).

176 BAG v. 06.11.2003 - 2 AZR 690/02, NZA 2005, 218.

177 Koalitionsvertrag von CDU, CSU und FDP vom 26.10.2009, S. 22; vgl. auch Koalitionsvertrag von CDU, CSU und SPD vom 11.11.2005, S. 37.

178 *Höpfner*, NZA 2011, 893.

179 BAG v. 06.04.2011 - 7 AZR 716/09, NZA 2011, 905.

180 BAG v. 06.04.2011 - 7 AZR 716/09, NZA 2011, 905.

181 Zur Entscheidung in verfassungsrechtlicher und methodologischer Hinsicht: *Höpfner*, NZA 2011, 893; kritisch hierzu *Lakies*, ArbRAktuell 2011, 447.

Angelehnt wurde das Sperrzeitmodell dabei an die regelmäßige zivilrechtliche Verjährungsfrist und weicht damit erheblich von der vom EuGH für ausreichend erachten Dreimonatsfrist zwischen einer vorhergehenden und einer folgenden befristeten Beschäftigung ab.[182]

Die Entscheidung des BAG ist überwiegend auf Zustimmung gestoßen.[183] *Bauer* ist der Auffassung, dass die Entscheidung im positiven Sinn überraschend, aber überzeugend sei.[184] *Wank* spricht von einer – notwendigen – Alltagsreparatur.[185] *Höpfner* begrüßt die Abkehr vom absoluten Vorbeschäftigungsverbot ebenfalls.[186] Er gibt jedoch auch zu bedenken, dass die Verfassungsgrundsätze der Gewaltentrennung, der Gesetzesbindung und des demokratischen Rechtsstaats nicht auf dem Altar einer vermeintlich oder tatsächlich überzeugenden rechtspolitischen Fallentscheidung geopfert werden dürfen.[187] Selbst *Lakies*, Richter am Arbeitsgericht Berlin, kritisiert, dass das BAG aus der Gesetzesbindung geflüchtet sei und seine eigene materielle Gerechtigkeitsvorstellung im Wege der richterlichen Rechtsfortbildung an die Stelle derjenigen des Gesetzgebers setze.[188] Das LAG Baden-Württemberg[189] und das ArbG Gelsenkirchen[190] sind den kritischen Stimmen nunmehr gefolgt. Sie sehen die Grenzen der richterlichen Rechtsfortbildung gegen den eindeutigen Wortlaut der Norm und den aus dem Gesetzgebungsverfahren erkennbaren Willen des Gesetzgebers, keine Frist in das Gesetz aufzunehmen, durch das BAG für überschritten. In diesem Sinn hoffen auch *Bissels/Haag*, dass der Gesetzgeber nicht weiter untätig bleibt und die zeitliche Begrenzung des Anschlussverbotes einer klaren gesetzlichen Regelung zuführt.[191] Bis dahin wird sich zunächst das BVerfG mit der Problematik beschäftigten müssen, da das ArbG Braunschweig ein dort anhängiges arbeitsrechtliches Verfahren gemäß Art. 100 Abs. 1 S. 1 GG und § 80 Abs. 1 BVerfG ausgesetzt und die Entscheidung des BVerfG zu der Frage eingeholt hat, ob § 14 Abs. 2 S. 2 TzBfG mit Art. 12 Abs. 1, Art. 2, Art. 3 GG unvereinbar und deshalb nichtig ist.[192] Sollte das BVerfG § 14 Abs. 2

182 EuGH v. 12.06.2008 - C-364/07 (*Vassilakis*), BeckRS 2009, 71326; vgl. hierzu auch Wank, RdA 2012, 361 (365).
183 *Weller*, GWR 2011, 396; *Baeck/Winzer*, NZG 2011, 579.
184 *Bauer*, ArbRAktuell 2011, 218.
185 *Wank*, RdA 2012, 361 (365).
186 *Höpfner*, NZA 2011, 893.
187 *Höpfner*, NZA 2011, 893 (899).
188 *Lakies*, ArbRAktuell 2011, 447; a.A. *Wank*, RdA 2012, 361 (365), der die bisherige Regelung für verfassungs- und richtlinienwidrig hält und es in dogmatischer Hinsicht begrüßt, dass das BAG zur Rechtsfortbildung im Wege einer teleologischen Reduktion gelangt.
189 LAG Baden-Württemberg v. 26.09.2013 - 6 Sa 28/13, NZA 2013, 7; vgl. auch LAG Baden- Württemberg v. 21.02.2014 - 7 Sa 64/13, BeckRS 20014, 67567.
190 ArbG Gelsenkirchen v. 26.02.2013 - 5 Ca 2133/12, BeckRS 2013, 69541.
191 *Bissels/Haag*, ArbRAktuell 2011, 261.
192 ArbG Braunschweig, Beschl. v. 03.04.2014 - 5 Ca 463/13, BeckRS 2014, 70860.

S. 2 TzBfG für nichtig erklären, wäre der Gesetzgeber unweigerlich zur Handlung gefordert, wenn die neue Rechtsprechungspraxis beibehalten werden soll.

Eine weitere erfreuliche Klarstellung hat das BAG mit Urteil vom 21.09.2011 vorgenommen, indem es den langjährigen Streit, ob ein Berufsausbildungsverhältnis ein Arbeitsverhältnis im Sinne des Vorbeschäftigungsverbots sei, entschieden hat.[193] Der Senat stellte klar, dass es der Sinn und Zweck des § 14 Abs. 2 S. 2 TzBfG nicht erfordere, Berufsausbildungsverhältnisse in das Vorbeschäftigungsverbot einzubeziehen. Die nur befristete Übernahme in ein Arbeitsverhältnis im Anschluss an die Berufsausbildung begründe wegen des Ausbildungszwecks des Berufsausbildungsverhältnisses keine Gefahr einer „Kettenbefristung“, sondern trage dazu bei, den früheren Auszubildenden – wenn auch nur zeitweilig – in den allgemeinen Arbeitsmarkt einzugliedern und ggf. eine sog. Beschäftigungsbrücke in ein unbefristetes Arbeitsverhältnis zu schaffen.[194]

b) Derselbe Arbeitgeber

Arbeitgeber i.S.d. § 14 Abs. 2 S. 2 TzBfG ist der Vertragsarbeitgeber, also die natürliche oder juristische Person, die mit dem Arbeitnehmer den Arbeitsvertrag geschlossen hat.[195] Eine Vorbeschäftigung liegt hingegen nicht vor, wenn keine Personenidentität auf Arbeitgeberseite besteht. So liegt der Fall etwa dann, wenn der befristet eingestellte Arbeitnehmer zuvor bei einem anderen Konzernunternehmen beschäftigt war.[196] War der Arbeitnehmer zuvor als Leiharbeitnehmer in den Betrieb des Arbeitgebers entliehen, mit dem nunmehr der befristete Arbeitsvertrag geschlossen wird, so bestand das vorhergehende Arbeitsverhältnis ebenfalls nicht mit demselben Arbeitgeber.[197]

Da dieser vom BAG vertretenen Ansatz zum formellen Arbeitgeberbegriff ein hohes Missbrauchsrisiko in sich birgt, bedarf es der zusätzlichen Prüfung, ob die Ausnutzung der durch das Teilzeit- und Befristungsgesetz vorgesehenen Gestaltungsmöglichkeiten rechtsmissbräuchlich ist. Das BAG nimmt einen derartigen Gestaltungsmissbrauch an, wenn mehrere rechtlich und tatsächlich verbundene Vertragsarbeitgeber in bewusstem und gewolltem Zusammenwirken mit einem Arbeitnehmer aufeinanderfolgende befristete Arbeitsverträge ausschließlich deshalb schließen, um auf diese Weise über die nach § 14 Abs. 2 TzBfG vorgesehenen Befristungsmöglichkeiten hinaus sachgrundlose Befristungen aneinanderreihen zu können.[198] Beweispflichtig hierfür ist der

---

193 BAG v. 21.09 2011 - 7 AZR 375/10, NZA 2012, 255.

194 BAG v. 21.09 2011 - 7 AZR 375/10, NZA 2012, 255.

195 BAG v. 09.03.2011 - 7 AZR 657/09, NZA 2011, 1147; BAG v. 04.12.2013 - 7 AZR 290/12, NZA 2014, 426.

196 BAG v. 09.02.2011 - 7 AZR 32/10, NZA 2011, 791.

197 BAG v. 09.02.2011 - 7 AZR 32/10, NZA 2011, 791; so auch APS-*Backhaus*, § 14 TzBfG Rn. 399; ErfK-*Müller-Glöge*, § 14 TzBfG Rn. 95.

198 BAG v. 09.03.2011 - 7 AZR 657/09, NZA 2011, 1147; BAG v. 04.12.2013 - 7 AZR 290/12, NZA 2014, 426.

Arbeitnehmer, der das Vorliegen einer missbräuchlichen Vertragsgestaltung geltend macht.[199] Kann er in einer Gesamtschau hinreichende Anhaltspunkte vortragen, aus denen sich der indizielle Schluss ziehen lässt, dass mit der Vertragsgestaltung eine nach § 14 Abs. 2 S. 1 und 2 TzBfG nicht mehr eröffnete sachgrundlose Befristungsmöglichkeit „geschaffen" werden soll, kann sich der unredliche Vertragspartner auf eine solche Befristung nicht berufen.[200]

IV. Schriftform

Seit dem 01.01.2001 bedarf die Befristung von Arbeitsverträgen zu ihrer Wirksamkeit gemäß § 14 Abs. 4 TzBfG der Schriftform. Die Vorschrift hat § 623 BGB a.F. abgelöst, der heute nur noch die Formbedürftigkeit der Kündigung und des Aufhebungsvertrages regelt. Das Schriftformerfordernis gilt gleichermaßen für den Abschluss befristeter Arbeitsverträge mit und ohne Sachgrund. Immer wiederkehrende Probleme hinsichtlich der Schriftform ergeben sich beim Umfang des Schriftformerfordernisses und beim Zeitpunkt der schriftlichen Niederlegung.

1. Umfang des Schriftformerfordernisses

a) Angabe der Befristungsgrundlage

Bezüglich des Umfangs des Schriftformerfordernisses gibt es im Befristungsrecht einige Besonderheiten zu beachten. So gilt nach der Rechtsprechung des BAG, dass die Angabe der Befristungsgrundlage im Arbeitsvertrag grundsätzlich nicht notwendig ist.[201]

Es besteht insofern kein Zitiergebot, als sich nicht aus geltenden Tarifverträgen[202] oder bestimmten Gesetzen[203] etwas anderes ergibt. Das bedeutet wiederum, dass die Wirksamkeit einer Befristung nach § 14 Abs. 1 oder Abs. 2 TzBfG von keiner entsprechenden Einigung über die Anwendung der Bestimmung oder einem entsprechenden Hinweis abhängig ist. Aus dieser Prämisse resultierend hat sich die

---

199 BAG v. 04.12.2013 - 7 AZR 290/12, NZA 2014, 426, vgl. Ausführungen auch auf S. 178.

200 BAG v. 04.12.2013 - 7 AZR 290/12 Rn. 33, NZA 2014, 426 (430).

201 ErfK-*Müller-Glöge*, § 14 TzBfG Rn. 20.

202 So war im Anwendungsbereich des Bundes-Angestelltentarifvertrages (kurz BAT) nach der Protokollnotiz Nr. 6 a zu Nr. 1 SR 2 y BAT im Arbeitsvertrag anzugeben, ob es sich um ein Arbeitsverhältnis nach § 14 Abs. 2 oder 3 TzBfG handelt. Bei Nichtbeachtung des Zitiergebots konnte der Arbeitgeber die Befristung nicht auf § 14 Abs. 2 oder 3 TzBfG stützen (vgl. BAG v. 28.03.2007 - 7 AZR 318/06, NZA 2007, 937 (938)). Da die Nachfolgeregelung zu den Befristungsbestimmungen des BAT (insbesondere § 30 TVöD) keine entsprechende Vorschrift enthält, entfällt nunmehr die Angabe der Befristungsgrundlage im Arbeitsvertrag.

203 In § 2 Abs. 4 WissZeitVG ist bspw. vorgesehen, dass im Arbeitsvertrag anzugeben ist, ob die Befristung auf den Vorschriften dieses Gesetzes beruht. Fehlt diese Angabe, kann die Befristung gemäß § 2 Abs. 4 S. 2 WissZeitVG nicht auf diese Vorschrift gestützt werden.

Frage nach der „Austauschbarkeit“ von Sachgrundbefristung und sachgrundloser Befristung herausgebildet, die in Rechtsprechung und Literatur nicht ganz unumstritten ist.[204]

Dem Grunde nach sind zwei Fallgestaltungen diskussionswürdig: Die erste zielt darauf ab, ob sich der Arbeitgeber im Falle der Unwirksamkeit einer sachgrundlosen Befristung i.S.d. § 14 Abs. 2 TzBfG „ersatzweise“ auf eine Befristung mit Sachgrund berufen kann. Die zweite Fallvariante erfasst den umgekehrten Fall, also die Frage, ob der Arbeitgeber die ursprünglich vereinbarte Befristung im Sinne des § 14 Abs. 1 TzBfG auch auf eine sachgrundlose Befristung nach § 14 Abs. 2 TzBfG stützen kann, wenn z.B. die materiell-rechtlichen Voraussetzungen der Sachgrundbefristung objektiv nicht gegeben sind.

Die Gründe für das „nachträgliche“ hilfsweise Berufen auf eine Sachgrundbefristung können unterschiedlicher Natur sein. So kann z.B. ein Verstoß gegen das in § 14 Abs. 2 S. 2 TzBfG verankerte Anschlussverbot oder die Überschreitung der zweijährigen Befristungshöchstgrenze den Arbeitgeber dazu veranlassen, der unerwünschten Rechtsfolge des § 16 TzBfG dadurch zu begegnen, dass er im Falle einer Befristungskontrollklage seine Befristung auf einen in § 14 Abs. 1 TzBfG verankerten Sachgrund stützt. Das BAG hat bereits im Rahmen des § 1 Abs. 1 BeschFG 1985 entschieden, dass sich der Arbeitgeber im Falle einer gegen ihn erhobenen Befristungskontrollklage auch dann auf eine Sachgrundbefristung berufen kann, wenn diese nicht Gegenstand der Vertragsverhandlungen der Parteien war.[205] Eine bloße Bezugnahme auf eine sachgrundlose Befristung erzeuge weder eine Selbstbindung des Arbeitgebers, noch lasse sich im Wege der Auslegung hieraus ableiten, dass die Parteien vereinbart hätten, die Zulässigkeit der Befristung ausschließlich auf diese Rechtsgrundlage zu stützen.[206] Diese vom BAG zum BeschFG 1985 erkannte Rechtslage gilt auch nach Inkrafttreten des Teilzeit- und Befristungsgesetzes unverändert weiter.[207]

Die herrschende Meinung teilt diese Auffassung.[208] Insbesondere setze die Anwendbarkeit des § 14 Abs. 2 TzBfG mangels Zitiergebots keine Vereinbarung der Parteien voraus, die Befristung auf diesen Rechtfertigungstatbestand stützen zu

---

204 Da die nachfolgenden Ausführungen insbesondere auch eine gewichtige Rolle bei der Frage spielen, inwiefern sich im Falle einer Vertragsverlängerung eine sachgrundlose Befristung an eine Sachgrundbefristung (und umgekehrt) anschließen kann, soll die Problematik bereits an dieser Stelle etwas ausführlicher dargestellt werden.

205 BAG v. 06.12.1989 - 7 AZR 441/89, NZA 1990, 741.

206 BAG v. 06.12.1989 - 7 AZR 441/89, NZA 1990, 741; BAG v. 05.06.2002 - 7 AZR 241/01, AP Nr. 13 zu § 1 BeschFG 1996.

207 BAG v. 12.08.2009 - 7 AZR 270/08, BeckRS 2009, 74191; BAG v. 29.06.2011 - 7 AZR 774/09, NZA 2011, 1151.

208 ErfK-*Müller-Glöge*, § 14 TzBfG Rn. 118; *Dörner*, Rn. 75 f.; MHH-*Meinel*, § 14 TzBfG Rn. 272 ff.; a.A. *Vossen*, NZA 2000, 704 (710).

wollen. Es reiche allein der Umstand aus, dass der Rechtfertigungsgrund für die Befristung bei Vertragsschluss objektiv vorlag.[209]

Gleiches gilt dem Grunde nach für die zweite Fragestellung. Das BAG erlaubt im Ergebnis auch in dieser Konstellation einen „Rückgriff" von einer Sachgrundbefristung zu einer Befristung ohne Sachgrund. Gesetzt den Fall, ein Arbeitnehmer wird wegen eines vorübergehenden Arbeitsmehrbedarfes nach § 14 Abs. 1 S. 2 Nr. 1 TzBfG für ein Jahr befristet eingestellt und es stellt sich nachträglich heraus, dass der Arbeitsmehrbedarf von Anfang an nicht nur vorübergehender sondern dauerhafter Natur war, kann der Arbeitgeber mangels Vorliegens eines Sachgrundes seine Befristung durch § 14 Abs. 2 TzBfG „retten" lassen. Selbst ein im Vertrag ausdrücklich genannter Sachgrund schließt die sachgrundlose Befristung im Sinne des § 14 Abs. 2 TzBfG nicht aus. § 14 Abs. 2 TzBfG komme in diesem Fall eine Art „Auffangfunktion" zu.[210]

Dem „Austausch" der beiden Rechtfertigungstatbestände sind jedoch von der Rechtsprechung auch Grenzen gesetzt worden. So obliegt es den Parteien einen Rückgriff auf einen bestimmten Befristungstatbestand vertraglich auszuschließen.[211] Dies kann sowohl ausdrücklich als auch durch schlüssiges Verhalten erfolgen. An ein konkludentes Abbedingen der sachgrundlosen Befristung nach § 14 Abs. 2 TzBfG hat der Senat jedoch hohe Anforderungen gestellt. So sei ein solcher Ausschluss erst anzunehmen, wenn der Arbeitnehmer die Erklärungen des Arbeitgebers dahin verstehen darf, dass die Befristung ausschließlich auf einen bestimmten Sachgrund gestützt werde und von dessen Bestehen abhängig sein soll.[212] Zwar könne nach Auffassung des BAG das ausdrückliche Benennen eines Sachgrunds ein Indiz für den Ausschluss hierfür sein; allein reiche dies jedoch nicht aus. Vielmehr müssten weitere Umstände hinzutreten.[213]

b) Angabe des Befristungsgrundes

Weiterhin gilt nach ständiger Rechtsprechung, dass das Schriftformerfordernis grundsätzlich nur für die Befristungsabrede, nicht jedoch für den ihr zu Grunde liegenden sachlichen Grund oder den übrigen Inhalt des Arbeitsvertrages eingreife. Da das Vorliegen eines Sachgrundes nur objektive Wirksamkeitsvoraussetzung

---

209 ErfK-*Müller-Glöge* § 14 TzBfG Rn. 118; *Dörner*, Rn. 75 f.; MHH-*Meinel*, § 14 TzBfG Rn. 272 ff.; a.A. *Vossen*, NZA 2000, 704 (710).

210 ErfK-*Müller-Glöge*, § 14 TzBfG Rn. 84; MüKo-*Hesse*, § 14 TzBfG Rn. 13; KDZ-*Däubler*, § 14 TzBfG Rn. 168.

211 Bereits zu § 1 Abs. 1 BeschFG 1996: BAG v. 05.06.2002 - 7 AZR 241/01, AP Nr. 13 zu § 1 BeschFG 1996; BAG v. 05.05.2004 - 7 AZR 629/03, AP Nr. 27 zu § 1 BeschFG 1996.

212 BAG v. 12.08.2009 - 7 AZR 270/08, BeckRS 2009, 74191; vgl. auch KR-*Lipke*, § 14 TzBfG Rn. 88; APS-*Backhaus*, § 22 TzBfG Rn. 32.

213 BAG v. 29.06.2011 - 7 AZR 774/09, NZA 2011, 1151; BAG v. 04.06.2003 - 7 AZR 489/02, NZA 2003, 1143.

für die Befristung ist, müsse der Befristungsgrund nicht einmal Gegenstand der vertraglichen Vereinbarung sein.[214]

Eine Einschränkung von diesem Grundsatz gibt allein das Gesetz vor. So sind bei einem kalendermäßig befristeten Arbeitsvertrag der Anfangs- und Endtermin schriftlich niederzulegen. Bei einer Zweckbefristung erstreckt sich das Schriftformerfordernis auch auf den konkreten Zweck, da die Vertragsdauer bei der Zweckbefristung von dem Vertragszweck abhängt und die Befristungsabrede ansonsten keinen Inhalt hätte.[215]

Die Frage, ob der vereinbarte Befristungsgrund ersetzt werden kann, wenn sich nachträglich herausstellt, dass der ursprünglich bezweckte Sachgrund objektiv bei Vertragsschluss nicht vorlag, jedoch ein anderer Sachgrund zu diesem Zeitpunkt gegeben war, beantwortet sich nach den unter Ziffer 1a) gemachten Ausführungen zur Austauschbarkeit der Befristungsgrundlage so gut wie von selbst. Das BAG lässt es in ständiger Rechtsprechung zu, dass sich der Arbeitgeber zur Rechtfertigung der Sachgrundbefristung auch auf einen anderen als den im Arbeitsvertrag genannten Sachgrund berufen kann, wenn der (vereinbarte) Sachgrund nach objektiven Kriterien zum Zeitpunkt des Abschlusses des Arbeitsvertrages nicht gegeben war.[216] Auch stehe es dem Arbeitgeber frei, die Befristung von Anfang an auf mehrere Befristungsgründe zu stützen.[217] Enthält der Arbeitsvertrag eine Begründung zur Befristung des Arbeitsverhältnisses und entfernt sich der dann später zur Rechtfertigung der Befristung geltend gemachte Grund in erheblichem Maße von der ursprünglichen Begründung, könne dies nach Auffassung des Senats lediglich ein Indiz dafür sein, dass der nunmehr geltend gemachte Grund zum Zeitpunkt des Vertragsabschlusses tatsächlich nicht vorlag.[218]

Nach gegenläufiger Ansicht von *Preis,* sei in der Angabe eines bestimmten sachlichen Grundes eine Selbstbindung des Arbeitgebers mit der Folge zu erblicken, dass nur der angegebene Grund der vereinbarte Sachgrund sein könne und damit ein Nachschieben oder Abändern von Befristungsgründen ausgeschlossen sei, wenn der angegebene Grund die Befristung nicht trägt.[219] Will der Arbeitgeber sich die spätere Berufung auf andere Sachgründe offen halten, so habe er dies ausdrücklich so zu regeln, um ein schutzwürdiges Vertrauen beim Arbeitnehmer gar nicht erst entstehen zu lassen.[220] Nur auf diese Weise könne man auch nicht in Konflikt mit der Unklarheitenregel des § 305c Abs. 2 BGB geraten.[221]

---

214 BAG v. 26.07.2006 - 7 AZR 515/05, NZA 2007, 34; BAG v. 23.06.2004 - 7 AZR 636/03, NZA 2004, 1333; BAG v. 03.09.2003 - 7 AZR 106/03, NZA 2004, 255.

215 BAG v. 21.12.2005 - 7 AZR 541/04, NZA 2006, 321 = NJW 2006, 1084.

216 BAG v. 24.04.1996 - 7 AZR 719/95, NZA 1997, 196 (199).

217 MüKo-*Hesse*, § 14 TzBfG Rn. 13.

218 BAG v. 24.04.1996 - 7 AZR 719/95, NZA 1997, 196 (199).

219 Staudinger-*Preis*, § 620 BGB Rn. 58, 179.

220 *Preis/Greiner*, RdA 2010, 148 (160).

221 *Preis/Greiner*, RdA 2010, 148 (160).

c) Stellungnahme

Die unter Ziffer 1a) und b) erörterten Problemstellungen hat das BAG in seiner Entscheidung vom 12.08.2009 weitgehend durch folgende Formulierung resümiert:

„Ebenso wie sich der Arbeitgeber bei einer Sachgrundbefristung zu deren Rechtfertigung auch auf einen anderen als den im Arbeitsvertrag genannten Sachgrund berufen oder er sich auf einen Sachgrund stützen kann, wenn im Arbeitsvertrag § 14 Abs. 2 TzBfG als Rechtfertigungsgrund für die Befristung genannt ist, kann er die Befristung mit § 14 Abs. 2 TzBfG begründen, wenn im Arbeitsvertrag ein Sachgrund für die Befristung angegeben ist.“[222]

Doch ist das BAG uneingeschränkt „ehrlich“, wenn es das Ergebnis dieses Leitsatzes als ständige Rechtsprechung verkauft und dazu noch auf die Rechtsprechung zur “Vorgängerregelung” verweist? Genau diese Frage stellt sich *Reuter* in seinem Internetbeitrag und hinterfragt, ob ein gerichtliches Intermezzo aus dem Jahre 2000 in Vergessenheit geraten sei.[223] So hieß es nach der bis dato ständigen Rechtsprechung stets, dass die Wirksamkeit der Befristung nicht davon abhängig gemacht werden könne, ob die Befristung bei Vertragsabschluss aufgrund des § 1 BeschFG 1985 oder wegen eines sachlichen Grundes vereinbart wurde.[224] In seinem Urteil vom 28.06.2000 führt der Senat hingegen aus: *Ein Vertrag ist dann nach § 1 Abs. 1 BeschFG befristet, wenn die Parteien die Befristung hierauf stützen wollten. Der entsprechende Parteiwille kann sich auch aus den Umständen ergeben.*[225]

Nach Auffassung des BAG spielte plötzlich ein subjektives Moment, sprich der Parteiwille, für die Vereinbarkeit der Befristungsgrundlage eine entscheidende Rolle.[226]

Diese – auf den ersten Blick – als „Ausreißer“ anmutende Entscheidung sollte jedoch nicht den Widerspruch zu seiner bisherigen objektivierten Betrachtungsweise herausfordern. Hintergrund war vielmehr folgender:

Wie bereits auf S. 15 f. dargestellt, verzichtete der Gesetzgeber in § 1 Abs. 1 BeschFG 1996 auf das Tatbestandsmerkmal der Neueinstellung und ließ die sachgrundlose Befristung im Anschluss an ein vorangegangenes befristetes Arbeitsverhältnis mit Sachgrund zu. Den Reiz der Neuregelung entdeckten listige Arbeitgeber schnell. Sie variierten die beiden Befristungsformen, indem sie auf eine Sachgrundbefristung eine sachgrundlose Befristung folgen ließen und umgekehrt. Das Wechselspiel wurde durch die Einführung der dreiwöchigen Klagefrist in § 1 Abs. 5 BeschFG 1996 gefördert, indem nach der damit einhergehenden Rechtsprechung des BAG lediglich

222 BAG v. 12.08.2009 - 7 AZR 270/08, BeckRS 2009, 74191.

223 Internetbeitrag von *Reuter*, abrufbar unter: http://www.reuter-arbeitsrecht.de/grundsatzliches/an-die-sachgrundlose-befristung-nach-dem-tzbfg-muss-man-nicht-einmal-denken-um-sich-spater-darauf-zu-berufensagt-jedenfalls-das-bag.html (zuletzt abgerufen am 10.07.2014).

224 BAG v. 08.12.1988 - 2 AZR 308/88, NZA 1989, 459.

225 BAG v. 28.06.2000 - 7 AZR 920/98, NZA 2000, 1110.

226 Vgl. auch BAG v. 25.10.2000 - 7 AZR 483/99, NZA 2001, 659.

der zuletzt befristete Arbeitsvertrag auf seine Rechtfertigung überprüft wurde.[227] Hierdurch ist dem Arbeitgeber förmlich in den Mund gelegt worden, sich im Falle einer Befristungskontrollklage aufgrund der niedrigeren Wirksamkeitsanforderungen auf die sachgrundlose Befristung nach § 1 Abs.1 BeschFG 1996 zu berufen.

Als die Senatsmitglieder das entstandene Dilemma erkannten, wurde die bisherige Rechtsprechung zur Vermeidung von Befristungsketten modifiziert und die Frage nach dem Parteiwillen auf die sich im Rahmen des § 1 Abs. 3 S. 1 BeschFG gestellten Frage, ob es sich bei dem vorherigen befristeten Arbeitsvertrag um einen nach dem BeschFG 1996 handelt, begrenzt.[228]

Diese Problematik ist heute obsolet geworden. § 14 Abs. 2 S. 2 TzBfG enthält kein mit § 1 Abs. 3 BeschFG vergleichbares Anschlussverbot.[229] Der Abschluss eines sachgrundlos befristeten Arbeitsverhältnis im Anschluss an eine Sachgrundbefristung ist durch das neu gefasste Vorbeschäftigungsverbot grds. untersagt.[230] Insofern ist das sog. „Intermezzo" im Jahre 2000 zu Recht in Vergessenheit geraten und die Kritik *Reuters* zurückzuweisen.

Grundsätzlich bestehen nach der hier vertretenen Auffassung an der gegenwärtig vollzogenen Handhabung des BAG zur Auswechslung von Sachgründen bzw. Befristungsgrundlagen keine erheblichen Bedenken. Fakt ist zunächst, dass es im Teilzeit- und Befristungsgesetz an einer Zitiervorschrift, wie sie sich z.B. in § 2 Abs. 4 WissZeitVG findet, nicht gibt. Insofern bleibt allein die Möglichkeit, anhand rechtsgeschäftlicher Erklärungen das Abbedingen einer anderen Rechtsgrundlage als die ursprünglich avisierte, festzustellen. Die bloße schriftliche Niederlegung eines Sachgrundes in der Befristungsabrede kann jedoch – wie bereits zuvor ausgeführt – nicht als ausreichend erachtet werden, den vertraglichen Ausschluss einer sachgrundlosen Befristung anzunehmen. Zunächst ergibt sich aus dem Schweigen grds. kein Erklärungsgehalt. Selbst wenn man den Parteiwillen erforschen würde, wird man im Zweifel annehmen müssen, dass die Vertragsparteien die entsprechende Befristungsvorschrift vornehmlich zu Beweiszwecken aufgenommen haben. Insofern überwiegt weitgehend der deklaratorische Charakter. Dementsprechend restriktiv ist der 7. Senat auch bei der Frage nach der konkludenten oder ausdrücklichen Abbedingung der Anwendbarkeit des § 14 Abs. 2 TzBfG bei Nichtvorliegen des vereinbarten Sachgrundes. So führt er aus, dass der Arbeitnehmer bei verständiger Würdigung der Sach- und Rechtslage regelmäßig nicht annehmen könne, der Arbeitgeber wolle auf die ihm gesetzlich eingeräumte Möglichkeit einer sachgrundlosen Befristung verzichten und bei Fehlen des Sachgrundes der Erprobung ein unbefristetes Arbeitsverhältnis eingehen.[231] Vereinbaren die Arbeitsvertragsparteien von Anfang an ein befristetes Arbeitsverhältnis, so ist der Regelfall, dass der Arbeitgeber

227 Siehe hierzu noch ausführlich auf S. 151 ff.
228 BAG v. 05.06.2002 - 7 AZR 241/01, NZA 2003, 149.
229 ErfK-*Müller-Glöge*, § 14 TzBfG Rn. 85.
230 Vgl. hierzu ausführlich auf S. 28 ff. und 136 ff.
231 BAG v. 29.06.2011 - 7 AZR 774/09, NZA 2011, 1151 (1153).

gerade kein unbefristetes Vertragsverhältnis anstrebt und die Befristung unter jedem möglichen rechtlichen Gesichtspunkt rechtfertigen will.[232]

Unter diesem Gesichtspunkt dürfte es höchst fragwürdig erscheinen, unter welchen Voraussetzungen der Senat überhaupt den Ausschluss eines bestimmten Befristungstatbestandes zwischen den Vertragsparteien anerkennt. Bislang hat der Senat eine Selbstbindung allein für den Fall angenommen, dass die Befristung des streitgegenständlichen Arbeitsvertrages auf ein bestimmtes Forschungsprojekt gestützt war, welches exakt auf den Arbeitnehmer zugeschnitten gewesen ist und der Arbeitgeber mit ihm zuvor über viele Jahre hinweg sachgrundbefristete Arbeitsverträge abgeschlossen hatte bzw. die erste Befristung ausdrücklich auf § 1 BeschFG 1985 gestützt worden war.[233]

Zweifelhaft ist allerdings, ob derartige Sachverhaltskonstellationen auch nach heutigem Recht dazu führen, dass dem Arbeitgeber das nachträgliche Berufen auf eine sachgrundlose Befristung zu versagen ist. Zunächst einmal ist zu berücksichtigen, dass nach § 14 Abs. 2 TzBfG (im Gegensatz zu § 1 Abs. 3 BeschFG 1996) eine sachgrundlose Befristung im Anschluss an eine Sachgrundbefristung ausgeschlossen ist. Insofern kann sich der Arbeitgeber nach einer langjährigen Projektbefristung ohnehin nicht mehr rechtswirksam auf eine sachgrundlose Befristung berufen. Das Auswechseln der Befristungsgrundlagen kommt daher nur innerhalb der Zweijahresfrist des § 14 Abs. 2 TzBfG in Betracht. In diesem Zeitraum wird auch das Vertrauen des Arbeitnehmers, welches das BAG maßgeblich bei seiner Entscheidungsfindung beeinflusst haben dürfte, nicht derart schutzwürdig bzw. gewachsen sein, dass von einer Selbstbindung des Arbeitgebers auszugehen ist. Es ist daher zu erwarten, dass derartige Konstellationen nach heutigem Recht unter anderen Gesichtspunkten zu würdigen sind.[234]

Auch dem Austausch von Sachgründen sind enge Grenzen gesetzt. So darf nicht übersehen werden, dass das Berufen auf eine Sachgrundbefristung (bei Unwirksamkeit einer sachgrundlosen Befristung) oder aber der Austausch von Sachgründen, für den Arbeitgeber auch ohne Zitiergebot, Darlegungs- und Beweisschwierigkeiten mit sich bringen dürfte. Denn das Prognoseerfordernis stellt den Arbeitgeber u.a. vor die schwierige Aufgabe, dass er im Zeitpunkt des Abschlusses des Arbeitsvertrages für die vorübergehende Natur des Sachgrundes und für seine Dauer eine Vorhersage treffen muss, die die Befristung als gerechtfertigt erscheinen lässt. Stützt der Arbeitgeber die Befristung von Anfang an auf eine sachgrundlose Befristung, wird er sich regelmäßig über eine sachgrundspezifische Prognose keine Gedanken gemacht haben und diese insofern auch nachträglich schwerlich fingieren können.

---

232 BAG v. 29.06.2011 - 7 AZR 774/09, NZA 2011, 1151 (1153).

233 BAG v. 05.06.2002 - 7 AZR 241/01, NZA 2003, 149.

234 So können z.B. Vertrauensgesichtspunkte einen Anspruch auf Fortsetzung des befristeten Arbeitsverhältnisses begründen, vgl. Kapitel 7. Denkbar ist es auch, den Wechsel von Befristungsgrundlagen oder den Austausch von Sachgründen innerhalb der „neuen“ Rechtsmissbrauchsprüfung des BAG bei Kettenbefristungen einfließen zu lassen, vgl. hierzu Kapitel 4.

Beim Austausch von Sachgründen versucht der Senat dem rückwirkenden Erzeugen einer solchen Prognose regelmäßig dadurch entgegenzuwirken, dass er diese mit erhöhter Sorgfalt prüft. So hat das BAG für den Fall entschieden, dass der Arbeitsvertrag eine Begründung zur Befristung des Arbeitsverhältnisses enthält und sich der später zur Rechtfertigung der Befristung geltend gemachte Grund in erheblichem Maße von der ursprünglichen Begründung entfernt, ein Indiz dafür sein kann, dass der nunmehr geltend gemachte Grund zum Zeitpunkt des Vertragsabschlusses tatsächlich nicht vorlag.[235] Insofern werden dem Arbeitgeber auch hierdurch Schranken auferlegt.

Erschwert wird der Wechsel letztlich dadurch, dass sich bei einer Zweckbefristung das Schriftformerfordernis auch auf den konkreten Zweck erstreckt.[236] Im Fall einer Vertretungsbefristung nach § 14 Abs. 1 S. 2 Nr. 3 TzBfG bedarf es demnach der Angabe, welcher Arbeitnehmer befristet vertreten werden soll. Ist eine solche schriftliche Niederlegung nicht erfolgt, scheitert auch der nachträgliche Übertritt zu diesem Sachgrund.

2. Zeitpunkt der schriftlichen Niederlegung

Die weitere Hürde für die wirksame Befristung eines Arbeitsvertrages ist die rechtzeitige Einhaltung der Schriftform. Hierzu sind seit Inkrafttreten des Teilzeit- und Befristungsgesetzes eine Reihe von Entscheidungen durch das BAG ergangen, die es näher zu beleuchten gilt. Da sich die von der Rechtsprechung aufgestellten Grundsätze zur zeitlichen Handhabung des Schriftformerfordernisses sowohl auf die erstmalige Befristung als auch auf die Verlängerungsabrede beziehen, wird diese Problematik zur Wahrung einer einheitlichen Gesamtdarstellung in dem Schwerpunktbereich der Verlängerungsproblematik in Kapitel 3 zusammenhängend dargestellt.

V. Rechtsfolgen

1. Rechtsfolgen einer wirksamen Befristung

a) Beendigung durch Eintritt des kalendermäßig bestimmten Endtermins

Die Rechtsfolge einer wirksam vereinbarten kalendermäßigen Befristung ist in § 15 Abs. 1 TzBfG geregelt. Hiernach endet das Arbeitsverhältnis automatisch mit Erreichen des kalendermäßig bestimmten Termins. Einer Kündigung bedarf es nicht. Eine eigenständige Mitteilung seitens des Arbeitgebers über den Ablauf der Befristung und dessen Rechtsfolge ist ebenfalls nicht erforderlich.[237] Der Arbeitgeber muss auch nicht anzeigen, dass er nicht beabsichtige, das befristete Arbeitsverhältnis zu verlängern. Eine solche Nichtverlängerungsanzeige hat regelmäßig nur deklaratorischen

---

235 BAG v. 24.04.1996 - 7 AZR 719/95, NZA 1997, 196 (199).

236 Vgl. Ausführungen auf S. 34 f.

237 ErfK-*Müller-Glöge*, § 15 TzBfG Rn. 1; BeckOK-*Bayreuther*, § 15 TzBfG Rn. 2.

Charakter und dient Beweiszwecken.[238] Sie kann allerdings für den Arbeitgeber als Widerspruchserklärung i.S.d. § 15 Abs. 5 TzBfG dienlich sein, wenn der Arbeitnehmer seine Arbeit trotz Ablauf der vereinbarten Beschäftigungslaufzeit fortsetzt.[239] Eine Ausnahme bilden teilweise Bestimmungen der Tarifverträge im künstlerischen Bereich, wie z.B. der Normalvertrag Bühne. Danach verlängert sich der Arbeitsvertrag um eine Spielzeit, wenn dem Mitarbeiter nicht rechtzeitig[240] mitgeteilt wird, dass dieser nicht verlängert werden soll.[241]

b) Beendigung durch Zweckerreichung

Ein wirksam befristeter zweckgerichteter Arbeitsvertrag hat zur Folge, dass das Vertragsverhältnis nach § 15 Abs. 2 TzBfG erst mit Erreichen des Zwecks, frühestens aber zwei Wochen nach Zugang der schriftlichen Unterrichtung des Arbeitnehmers durch den Arbeitgeber über den Zeitpunkt der Zweckerreichung, endet.

Hatte das RAG noch mit Urteil vom 07.03.1928 eine Mitteilungspflicht des Arbeitgebers über den voraussichtlichen Endzeitpunkt nur unter dem Gesichtspunkt von Treu und Glauben angenommen,[242] stellt die gegenwärtige Regelung klar, dass der Arbeitgeber die Zweckerreichung stets zur Vermeidung von Überraschungsmomenten gegenüber dem Arbeitnehmer anzuzeigen hat.[243] Durch diese Regelung soll verhindert werden, dass beispielsweise bei der zeitweisen Vertretung eines Arbeitnehmers im Sinne des § 14 Abs. 1 S. 2 Nr. 3 TzBfG das Arbeitsverhältnis automatisch und „urplötzlich" mit der Rückkehr des vertretenen Arbeitnehmers endet.

Kann der Arbeitgeber die 2-Wochen-Frist nicht einhalten, weil z.B. der vertretene Arbeitnehmer seine Arbeitsaufnahme nicht oder erst kurz vorher angekündigt hat, so endet das Arbeitsverhältnis mit dem Vertreter erst zwei Wochen nach der Mitteilung durch den Arbeitgeber. Das Arbeitsverhältnis dauert somit bis zum Ablauf der gesetzlichen Auslauffrist an. Soweit ab dem vorzeitigen Zeitpunkt des Wegfalls des Befristungszwecks für den befristet beschäftigten Arbeitnehmer die Beschäftigungsmöglichkeit entfällt, bleibt der Anspruch auf Vergütung gleichwohl bestehen, obwohl die geschuldete Arbeitsleistung nicht mehr erbracht werden kann.[244]

Schwierigkeiten können sich für den Arbeitgeber im Falle des Zweckfortfalls ergeben. *Bayreuther* nimmt für den Fall, dass sich später herausstellt, dass der mit dem Arbeitsverhältnis verfolgte Zweck nicht wie ursprünglich angenommen wegfällt,

---

238 *Stoye*, Rechtsdogmatische und rechtspolitische Probleme, S. 26.
239 Vgl. hierzu die Ausführungen auf S. 134.
240 Bühnenarbeitsverträge werden regelmäßig für eine Spielzeit – beginnend am 01.08. eines Jahres und endend am 31.07. des Folgejahres – geschlossen. Die Nichtverlängerungsanzeige hat spätestens im ersten Quartal (31.10.) der laufenden Spielzeit zu erfolgen, vgl. BAG v. 23.10 1991 - 7 AZR 56/91, NZA 1992, 925.
241 BeckOK-*Bayreuther*, § 14 TzBfG Rn. 55.
242 RAG v. 07.03.1928, ARS 2, 171 (175).
243 BeckOK-*Bayreuther*, § 15 TzBfG Rn. 3.
244 ErfK-*Müller-Glöge*, § 15 TzBfG Rn. 4.

sondern dauerhaft fortbestehen wird, das Entstehen eines unbefristeten Arbeitsverhältnisses an.[245] Richtigerweise wird man jedoch aus den bereits oben genannten Gründen im Hinblick auf die Rechtssicherheit annehmen müssen, dass bei späterem Wegfall des Befristungsgrundes gerade kein dauerhaftes Arbeitsverhältnis entsteht. Da jeder zweckbefristete Arbeitsvertrag gleichzeitig einen mit Sachgrund befristeten Arbeitsvertrag darstellt, kommt es allein auf die Prognose des Arbeitgebers im Zeitpunkt des Vertragsschlusses an. Lagen zu diesem Zeitpunkt gesicherte Erkenntnisse vor, die auf den späteren Wegfall des Grundes schließen ließen, spielt eine spätere Veränderung dieser Umstände keine Rolle hinsichtlich der Zweckerreichung.[246] Insofern scheint es sachgerecht, im Wege der ergänzenden Vertragsauslegung anzuerkennen, dass für den Fall des Zweckfortfalls/Zweckwegfalls § 15 Abs. 2 TzBfG entsprechend zur Anwendung kommt.[247]

c) Beendigung durch vorzeitige Kündigung des befristeten Arbeitsverhältnisses

aa) Ordentliche Kündigung

Neben den gesetzlich vorgesehenen Beendigungsformen durch Erreichen des Zwecks bzw. Fristablauf sieht § 15 Abs. 3 TzBfG die ordentliche Kündbarkeit befristeter Arbeitsverträge nur für den Fall vor, dass eine solche zwischen den Vertragsparteien vertraglich vereinbart worden ist. Das Kündigungsrecht gilt sowohl für den Arbeitgeber als auch für den Arbeitnehmer. Letzterer ist zwar in § 16 Abs. 1 Hs. 2 TzBfG nicht ausdrücklich benannt, wird jedoch vom Gesetz stillschweigend vorausgesetzt.[248] Für die Dauer der Kündigungsfrist und die Anwendbarkeit des Kündigungsschutzgesetzes gelten im Übrigen die allgemeinen Grundsätze.

bb) Außerordentliche Kündigung

Die außerordentliche Kündbarkeit des befristeten Arbeitsverhältnisses aus wichtigem Grund (§ 626 BGB) bleibt von den befristungsrechtlichen Bestimmungen unberührt.[249] Dies lässt sich zwar nicht unmittelbar der Bestimmung des § 15 Abs. 3 TzBfG entnehmen, folgt aber aus einem Erst-Recht-Schluss. Soweit das Teilzeit- und Befristungsgesetz bereits die Möglichkeit der ordentlichen Kündbarkeit vorsieht, muss dies argumentum a fortiori auch für die strengeren Voraussetzungen der außerordentlichen Kündigung gelten.[250]

---

245 BeckOK-*Bayreuther*, § 15 TzBfG Rn. 12; KDZ-*Däubler*, § 15 TzBfG Rn. 4.
246 ErfK-*Müller-Glöge*, § 15 TzBfG Rn. 7.
247 MüKo-*Hesse*, § 15 TzBfG Rn. 23; APS-*Backhaus*, § 15 TzBfG Rn. 3; ErfK-*Müller-Glöge*, § 15 TzBfG Rn. 2.
248 ErfK-*Müller-Glöge*, § 16 TzBfG Rn. 3; MüKo-*Hesse*, § 16 TzBfG Rn. 9.
249 ErfK-*Müller-Glöge*, § 15 TzBfG Rn. 10; APS-*Backhaus*, § 15 TzBfG Rn. 18.
250 Vgl. *Stoye*, Rechtsdogmatische und rechtspolitische Probleme, S. 29.

d) *Auswirkung von Kündigungsschutzvorschriften auf die Beendigung befristeter Arbeitsverhältnisse*

Letztlich stellt sich für sämtliche Beendigungstatbestände die Frage, welche Auswirkungen Kündigungsschutzvorschriften auf die Beendigung des befristeten Arbeitsvertrages haben.[251] Spricht der Arbeitgeber im Falle eines vertraglich vereinbarten Kündigungsrechts die ordentliche Kündigung vorzeitig aus, unterliegt diese je nach Anwendbarkeit des Kündigungsschutzgesetzes (vgl. §§ 1 Abs. 1, 23 KSchG) den allgemeinen Regelungen des Kündigungsschutzes.[252]

Nicht gänzlich unumstritten ist hingegen die Konstellation, in der der befristet Beschäftigte vor Beendigung seines Vertrages durch Zeitablauf oder Zweckerreichung in den „Genuss" von besonderem Kündigungsschutz kommt. Nach ständiger Rechtsprechung hat der nach Beginn des befristeten Arbeitsverhältnisses entstehende besondere Kündigungsschutz keinerlei Auswirkung auf das Ende des vereinbarten Befristungszeitraumes und damit auf die Beendigung des Arbeitsverhältnisses durch Zeitablauf, Zweckerreichung oder Bedingungseintritt.[253] Der Vertrag endet somit unabhängig vom Bestehen besonderer Kündigungsschutzvorschriften, da das Arbeitsverhältnis nicht durch Kündigung, sondern durch Fristablauf endet.[254] Die amtliche Gesetzesbegründung zu § 15 TzBfG hat diese Auffassung noch einmal ausdrücklich bestätigt.[255] Eine befristet beschäftigte Arbeitnehmerin kann sich insofern im Falle ihrer Schwangerschaft vor Ablauf des befristeten Arbeitsvertrages nicht auf den in § 9 MuSchG verankerten Mutterschutz berufen.[256] Gleiches gilt – wie bereits das RAG in seiner Entscheidung zur Anwendbarkeit des SchwerBeschG vom 07.03.1928 entschieden hat – für die Anwendung des § 85 SGB IX für den Kündigungsschutz von Schwerbehinderten.[257]

Verunsicherung hatte hingegen eine Entscheidung des ArbG München vom 08.10.2010 ausgelöst.[258] Der Entscheidung lag folgender Sachverhalt zu Grunde: Der klagende Arbeitnehmer, der zuvor aufgrund drei befristeter Arbeitsverträge für eine Gesamtdauer von insgesamt zwei Jahren nach § 14 Abs. 2 TzBfG befristet beschäftigt gewesen ist, wurde wenige Wochen vor Ende der vereinbarten Laufzeit in den Betriebsrat gewählt. Mit seiner Entfristungsklage machte er die unbefristete Beschäftigung mit der Begründung geltend, dass ihm als Betriebsratsmitglied auch in einem befristeten Arbeitsverhältnis der besondere Kündigungsschutz zuteil werden müsse.

---

251 Die Ausführungen zu dieser Thematik sollen bereits an dieser Stelle etwas umfassender erfolgen, da sie insbesondere in dem Kapitel 7 noch von Relevanz sind.
252 Dies galt bereits für § 1 BeschFG 1985, vgl. *Tschöpe*, DStR 1995, 59 (65).
253 Vgl. u.a. BAG v. 17.02.1983 - 2 AZR 481/81, AP Nr. 14 zu § 15 KSchG 1969.
254 MüKo-*Hesse*, § 15 TzBfG Rn. 2; APS-*Backhaus*, § 15 TzBfG Rn. 2.
255 BT-Drs. 14/4374, S. 20.
256 BAG v. 12.10.1960 - GS 1/59, NJW 1961, 798 (799).
257 Vgl. Ausführungen auf S. 10 f.
258 ArbG München v. 08.10.2010 - 24 Ca 861/10, BeckRS 2011, 68221.

Das Arbeitsverhältnis könne daher nicht mit Ablauf der vereinbarten Vertragslaufzeit enden.

Das Arbeitsgericht gab der Klage statt und verwies darauf, dass die Mitgliedstaaten nach Art. 7 der Richtlinie 2002/14/EG verpflichtet seien, dafür Sorge zu tragen, dass die Arbeitnehmervertreter bei der Ausübung ihrer Funktion einen ausreichenden Schutz und ausreichende Sicherheiten genießen, die es ihnen ermöglichen, die ihnen übertragenen Aufgaben in angemessener Weise wahrzunehmen.[259] Darüber hinaus ergebe sich aufgrund Art. 27, 30 der seit dem 01.12.2009 geltenden europäischen Grundrechtscharta (kurz: EGC), dass der Arbeitnehmer ein Recht auf Anhörung habe und jedem Beschäftigten ein Mindestbestandsschutz zustehe. Im Ergebnis sei das deutsche Arbeitsrecht insofern lückenhaft, als § 14 Abs. 2 TzBfG gewählten Betriebsräten keinen ausreichenden arbeitsrechtlichen Mindestschutz vor der Beendigung des Arbeitsverhältnisses durch Fristablauf gewährleisten würde. § 14 Abs. 2 TzBfG müsse dahingehend richtlinienkonform[260] ausgelegt werden, dass die Befristung des Arbeitsverhältnisses eines gewählten Betriebsratsmitglieds nicht ohne Sachgrund erfolgen dürfe.

Die Entscheidung des ArbG München erntete in der Literatur überwiegend Kritik[261] und lediglich vom klägerischen Prozessbevollmächtigten Zustimmung.[262] Das BAG hat sich mit Urteil vom 05.12.2012 mit der Thematik befasst und die ganz herrschende Auffassung bestätigt.[263] Die nach § 14 Abs. 2 TzBfG sachgrundlos befristeten Arbeitsverhältnisse von Betriebsratsmitgliedern enden ebenso wie diejenigen anderer Arbeitnehmer mit Ablauf der vereinbarten Befristung. Der Anwendungsbereich des § 14 Abs. 2 TzBfG sei nicht etwa aus unionsrechtlichen Gründen teleologisch zu reduzieren.[264]

Die Entscheidung des BAG ist zu begrüßen. Zunächst ist richtigerweise zu berücksichtigen, dass es für die Wirksamkeit einer Befristungsabrede nach ständiger Rechtsprechung des BAG maßgeblich auf den Zeitpunkt des Vertragsschlusses bzw. der Vertragsverlängerung ankommt.[265] Nachträgliche Veränderungen haben sowohl im positiven als auch im negativen Sinn keinen Einfluss auf die Befristung. Auch ist eine analoge Anwendung der im Kündigungsschutzrecht zu berücksichtigenden Vorschriften der §§ 78, 103 BetrVG und § 15 KSchG nicht angebracht. Diese beinhalten maßgeblich ein Benachteiligungsverbot von Betriebsratsmitgliedern,

---

259 Vgl. auch EuGH v. 11.02.2010 - C-405/08, NZA 2010, 286.

260 ArbG München v. 08.10.2010 - 24 Ca 861/10, BeckRS 2011, 68221.

261 *Ulrici*, jurisPR-ArbR 31/2011, Anm. 4; *Ulrici/Uhlig*, jurisPR-ArbR 11/2012, Anm. 1; *Ulrici/Uhlig*, jurisPR-ArbR 49/2012, Anm. 6; *Lakies*, ArbRAktuell 2011, 447; *Fuhlrott*, ArbRAktuell 2011, 619; *Deeg*, ArbRAktuell 2011, 103.

262 *Helm/Hjort/Hummel*, ArbRAktuell 2011, 397; *Helm/Bell/Huber*, ArbRAktuell 2012, 579.

263 BAG v. 05.12.2012 - 7 AZR 698/11, NZA 2013, 515, vgl. auch LAG Berlin-Brandenburg v. 04.11.2011, 13 Sa 1549/11, BeckRS 2011, 77573.

264 BAG v. 05.12.2012 - 7 AZR 698/11, NZA 2013, 515.

265 Siehe Ausführungen auf S. 23 f.

also einem Verbot der Schlechterstellung im Verhältnis zu anderen vergleichbaren Arbeitnehmern, die nicht aus sachlichen Erwägungen, sondern wegen der Amtstätigkeit erfolgt.[266] Das Ende einer Befristung gilt jedoch für sämtliche befristet Beschäftigte gleichermaßen. Es gibt insofern keine spezifische Benachteiligung wegen der Betriebsratsmitgliedschaft. So hat das BAG in einem vergleichbaren Fall festgestellt, dass sich ein Arbeitnehmer, der befristet eingestellt worden ist und dann in den Personalrat gewählt wurde, nicht auf § 15 KSchG berufen könne. Er würde nicht wegen der Personalratsmitgliedschaft aus dem Betrieb gedrängt, sondern aufgrund der Befristung, die vereinbart worden war, bevor er in den Personalrat gewählt wurde.[267]

Die Entscheidung des BAG enthält jedoch interessante Ausführungen, unter welchen Umständen dem befristet beschäftigten Betriebsratsmitglied ein (unbefristeter) Fortsetzungsanspruch zuzusprechen ist. Diese Problematik wird in Kapitel 7 noch eingehend zu untersuchen sein.

2. Rechtsfolgen einer unwirksamen Befristung

a) Fiktion eines unbefristeten Arbeitsverhältnisses

Die Rechtsfolgen einer unwirksamen Befristung sind in § 16 TzBfG geregelt. Danach gilt der befristete Arbeitsvertrag als auf unbestimmte Zeit geschlossen, soweit die Befristung rechtsunwirksam ist.[268] Die Unwirksamkeit der Befristungsabrede führt nicht zur Unwirksamkeit des gesamten Arbeitsvertrages. Anderenfalls würde der Schutzgedanke der Bestandssicherung in sein Gegenteil verkehrt werden, wenn man wegen der Nichtigkeit der Befristungsabrede auch das gesamte übrige Dienstverhältnis als nichtig ansehen und damit den zu schützenden Arbeitnehmer im Endergebnis in aller Regel nur noch schlechter stellen würde.[269]

Die Vorschrift des § 16 TzBfG lässt keine Einschränkung für bestimmte Fälle der Rechtsunwirksamkeit erkennen.[270] So führt auch die Nichteinhaltung des Schriftformerfordernisses zum Entstehen eines unbefristeten Arbeitsverhältnisses. In der Literatur wird zwar teilweise kritisch eingewendet, dass diese scharfe Sanktion im Rechtsfolgenausspruch unangemessen erscheint.[271] Der Wortlaut des § 16 TzBfG unterscheidet jedoch nicht zwischen formellen und materiellen Mängeln, sondern spricht neutral von Rechtsunwirksamkeit.[272]

Die Rechtsfolge des § 16 TzBfG ist jedoch in zeitlicher Hinsicht an die in § 17 TzBfG geregelte dreiwöchige Klagefrist gekoppelt. Das bedeutet, dass der Bestand

---

266 Vgl. ErfK-*Kania*, § 78 BetrVG Rn. 7.
267 BAG v. 17.02.1983 - 2 AZR 481/81, NJW 1983, 1927.
268 APS-*Backhaus*, § 16 TzBfG Rn. 1; MüKo-*Hesse*, § 16 TzBfG Rn. 1.
269 BeckOK-*Bayreuther*, § 16 TzBfG Rn. 1.
270 APS-*Backhaus*, § 16 TzBfG Rn. 1; ErfK-*Müller-Glöge*, § 16 TzBfG Rn. 1.
271 So u.a. *Greiner*, RdA 2009, 82 (83).
272 APS-*Backhaus*, § 16 TzBfG Rn. 1.

eines nach § 16 TzBfG begründeten unbefristeten Arbeitsverhältnisses auflösend bedingt ist durch die Versäumung der Klagefrist.[273] Erhebt der Arbeitnehmer binnen drei Wochen nach dem vereinbarten Ende des Arbeitsverhältnisses keine Klage, dass das Arbeitsverhältnis auf Grund der Befristungsvereinbarung beendet worden ist, wird das zwischenzeitlich fingierte unbefristete Arbeitsverhältnis folglich wieder aufgelöst.[274] Die Befristung gilt entsprechend § 7 KSchG als wirksam.[275]

b) Vorzeitige Kündbarkeit

Für unwirksam befristete Arbeitsverträge, welche durch die Fiktion des § 16 TzBfG als auf unbestimmte Dauer abgeschlossen gelten, bestimmt dessen Hs. 2, dass diese grundsätzlich erst mit Ablauf des vereinbarten Endes gekündigt werden können. Dabei ist klarzustellen, dass der Arbeitgeber die Kündigung selbstverständlich bereits während der Vertragslaufzeit erklären kann. Sie wirkt jedoch erst zum Ablauf der Befristungsdauer, so dass der Arbeitgeber trotz Unwirksamkeit der Befristung an die vereinbarte Laufzeit gebunden ist.

Etwas anderes gilt für den Fall, dass die Parteien gemäß § 15 Abs. 3 TzBfG die vorzeitige Kündbarkeit des Vertrages ausdrücklich vereinbart haben. Ist dies nicht der Fall, besteht gleichwohl die Möglichkeit bereits vor dem Ablauf des vereinbarten Endes gemäß § 16 S. 2 TzBfG ordentlich zu kündigen, wenn die Befristung wegen eines Schriftformmangels unwirksam ist. Hierdurch soll die scharfe Rechtsfolge des § 16 Abs. 1 S. 1 TzBfG abgemildert werden.

---

273 ErfK-*Müller-Glöge*, § 16 TzBfG Rn. 1; BeckOK-*Bayreuther*, § 16 TzBfG Rn. 2.

274 In der Praxis ist häufig die Antragsfassung üblich, „festzustellen, dass zwischen den Parteien ein unbefristetes Arbeitsverhältnis besteht" oder „... sondern darüber hinaus fortbesteht", vgl. APS-*Backhaus*, § 17 TzBfG Rn. 55, 71. Hierbei handelt es sich um einen allgemeinen Feststellungsantrag i.S.d. § 256 ZPO, der von den Gerichten regelmäßig als Befristungskontrollantrag nach § 17 TzBfG ausgelegt wird.

275 ErfK-*Müller-Glöge*, § 16 TzBfG Rn. 1.

3. Kapitel – Die Verlängerung befristeter Arbeitsverhältnisse

A. Einführung

Die Möglichkeit befristete Arbeitsverhältnisse zu verlängern, besteht bereits seit Inkrafttreten des BeschFG 1996. Dessen § 1 Abs. 1 S. 2 normierte erstmalig die dreimalige Verlängerung eines sachgrundlos befristeten Arbeitsverhältnisses innerhalb eines Zeitraumes von zwei Jahren. Nunmehr sind die Voraussetzungen weitgehend in der Zentralvorschrift des § 14 TzBfG verankert.

Nachfolgend sollen unter dem Begriff der Verlängerung befristeter Arbeitsverhältnisse folgende drei Fallgestaltungen verstanden werden:

- Ein gegenwärtig ohne Sachgrund befristetes Arbeitsverhältnis soll verlängert werden (Kapitel 3 Abschnitt B).
- Ein gegenwärtig mit Sachgrund befristetes Arbeitsverhältnis soll verlängert werden (Kapitel 3 Abschnitt C).
- Ein gegenwärtig mit oder ohne Sachgrund befristetes Arbeitsverhältnis wird trotz Ablauf der Befristung fortgesetzt (Kapitel 3 Abschnitt D).

Im Anschluss daran folgt eine Auseinandersetzung mit der Frage, ob ein Wechsel der Befristungsgrundlage im Zuge der Vertragsverlängerung möglich ist (Kapitel 3 Abschnitt E).

Ein eigenes Kapitel wird hingegen der Fallvariante gewidmet, bei der auf ein gegenwärtig mit Sachgrund befristetes Arbeitsverhältnis im Anschluss ein weiteres sachgrundbefristetes Arbeitsverhältnis folgt, sog. Kettenarbeitsverhältnis (Kapitel 4). Diese Problematik stellt aufgrund ihrer Komplexität eine eigenständige Materie dar, die durch die Frage der Europarechtskonformität ausgewählter Sachgründe und deren unionskonformer Auslegung noch erweitert wird.

B. Verlängerung befristeter Arbeitsverhältnisse ohne Sachgrund

I. Einführung

Nicht jedes befristete Arbeitsverhältnis, welches im Anschluss an eine kalendermäßige Befristung geschlossen wird, stellt eine Verlängerung im Sinne des § 14 Abs. 2 S. 1 Hs. 2 TzBfG dar. Vielmehr ist wie bei der Vorgängerregelung in § 1 Abs. 1 BeschFG 1996 zwischen dem Neuabschluss eines befristeten Arbeitsverhältnisses und der Verlängerung eines bereits bestehenden befristeten Arbeitsverhältnisses zu unterscheiden.[276]

---

276 BAG v. 15.01.2003 - 7 AZR 346/02, NZA 2003, 914 (915).

Eine Differenzierung ist vor allem aufgrund des in § 14 Abs. 2 S. 2 TzBfG verankerten Anschlussverbotes von erheblicher Bedeutung. Ist der „Anschlussvertrag" als ein Neuabschluss und nicht als eine Verlängerung des bestehenden Arbeitsverhältnisses zu qualifizieren, ist wegen des vorangegangenen befristeten Arbeitsverhältnisses mit demselben Arbeitgeber aufgrund der Vorbeschäftigung die erneute Befristung unzulässig.[277] Grund dafür ist, dass das Anschlussverbot den mehrfachen Neuabschluss hintereinander geschalteter sachgrundlos befristeter Arbeitsverhältnisse verhindern soll. Handelt es sich hingegen um eine zulässige Verlängerungsabrede, kommt ein Verstoß gegen das Anschlussverbot nicht in Betracht.[278]

Aufgrund der vorbenannten Gründe bedarf es verlässlichen Abgrenzungskriterien, welche die zulässige „Verlängerung" von einem (unzulässigen) Neuabschluss eines befristeten Arbeitsverhältnisses festsetzen. Das BAG hat bereits für das BeschFG 1996 Voraussetzungen aufgestellt, die zwingend für eine wirksame Verlängerung eingehalten werden müssen.[279] Danach setzt das Tatbestandsmerkmal der Verlängerung voraus, dass die Vereinbarung über das Hinausschieben des Beendigungszeitpunkts noch vor Abschluss der Laufzeit des bisherigen Vertrags in schriftlicher Form vereinbart wird und der Vertragsinhalt ansonsten unverändert bleibt.[280]

Diesem Leitsatz zufolge haben sich neben dem in § 14 Abs. 4 TzBfG verankerten Schriftformgebot nach der Auffassung des BAG zwei weitere im Ergebnis ungeschriebene Abgrenzungskriterien herausgebildet, die es näher zu beleuchten gilt:

- Die Verlängerung muss vor Ende des bisherigen Vertrages vereinbart werden.
- Die Arbeitsbedingungen müssen mit Ausnahme der Laufzeit gleich bleiben.

Das BAG hat nach Einführung des Teilzeit- und Befristungsgesetzes an diesen beiden Verlängerungsmerkmalen festgehalten.[281] Hinzu tritt, dass sich die Anzahl und Dauer der Verlängerungen innerhalb des gesetzlichen Rahmens bewegen müssen. Dieser Rahmen ist je nach Art der sachgrundlosen Befristung unterschiedlich gesteckt.

II. Anzahl und Dauer der Verlängerungen

1. Grundtatbestand der Verlängerung

Nach § 14 Abs. 2 S. 1 Hs.2 TzBfG kann ein sachgrundlos befristeter Arbeitsvertrag bis zu einer Gesamtdauer von zwei Jahren maximal dreimalig verlängert werden. Insgesamt sind daher höchstens vier Befristungen zulässig. Zeitliche Vorgaben für

---

277 Vgl. zum Anschlussverbot ausführlich die Ausführungen auf S. 28 ff.

278 BAG v. 15.01.2003 - 7 AZR 346/02, NZA 2003, 914; *Heidl*, RdA 2009, 297 (298).

279 BAG v. 26.07.2000 - 7 AZR 51/99, NZA 2001, 546.

280 BAG v. 26.07.2000 - 7 AZR 51/99, NZA 2001, 546; BAG v. 19.02.2003 - 7 AZR 2/02, BeckRS 2003, 40998.

281 BAG v. 19.10.2005 - 7 AZR 31/05, NZA 2006, 154; BAG v. 25.05.2005 - 7 AZR 286/04, BeckRS 2005, 43247.

die Dauer des einzelnen befristeten Arbeitsverhältnisses sind nicht vorgesehen. Der Gestaltungsfreiheit innerhalb dieses Rahmens sind keine Grenzen gesetzt. Unzählige Variationen sind möglich. So kann der Arbeitgeber sowohl vier Befristungen zu je sechs Monaten abschließen, als aber auch einer Erstbefristung von einem Jahr drei Verlängerungen von vier Monaten folgen lassen. Maßgeblich ist allein, dass durch die Verlängerung nicht der in § 14 Abs. 2 S. 1 TzBfG verankerte Zwei-Jahres-Zeitraum überschritten wird. Selbst bei einer Fehlberechnung um einen Tag ist eine Anfechtung des Arbeitsvertrages unter dem Gesichtspunkt des Erklärungs- oder Inhaltsirrtums nicht gegeben. Es liegt ein unbeachtlicher Kalkulationsirrtum vor.[282]

2. *Verlängerung bei Existenzgründern*

§ 14 Abs. 2a TzBfG enthält ein spezielles Befristungsprivileg für Existenzgründer. Danach kann ein neu gegründetes Unternehmen in den ersten vier Jahren nach Aufnahme der Erwerbstätigkeit einen kalenderbefristeten Arbeitsvertrag bis zur Dauer von vier Jahren ohne Vorliegen eines sachlichen Grundes abschließen. Bis zu dieser Gesamtdauer von vier Jahren ist gemäß S. 1 Hs. 2 auch die mehrfache Verlängerung eines kalendermäßig befristeten Arbeitsvertrages zulässig. Die Vorschrift erlaubt somit die Verlängerung befristeter Arbeitsverhältnisse in unbegrenzter Anzahl. Sogar Tagesbefristungen sind nicht ausgeschlossen.

Streitig ist, ob die Verlängerungen wirksam auf § 14 Abs. 2a S. 1 Hs. 2 TzBfG gestützt werden können, nachdem der Zeitraum von vier Jahren nach Gründung des Unternehmens abgelaufen ist. Hierzu sei als Beispiel angeführt, dass ein am 01.01.2008 gegründetes Unternehmen mit dem Arbeitnehmer eine kalendermäßige Befristung erstmalig vom 31.12.2011 bis zum 30.12.2013 vereinbart. Kurz vor Ablauf der Befristung fragt sich der Arbeitgeber, ob er den Vertrag nach § 14 Abs. 2a S. 1 Hs. 2 TzBfG verlängern kann und welchen Grenzen die Verlängerung unterliegt.

Schwierigkeiten bei der Beantwortung dieser Frage ergeben sich aus dem umstrittenen Verhältnis der in § 14 Abs. 2a S. 1 Hs. 1 und Hs. 2 TzBfG verwendeten (doppelten) Vierjahresfristen. Die „erste" Vierjahresfrist soll dem neu gegründeten Unternehmen den Abschluss befristeter Arbeitsverträge bis zu dessen „4. Geburtstag" für die Dauer von höchstens vier Jahren ermöglichen.[283] Dies bedeutet, dass eine (Erst-)Befristung mit der Höchstdauer von vier Jahren – wie in dem Beispielsfall – spätestens am 31.12.2011 vereinbart werden muss und die Arbeitsaufnahme innerhalb der nach §§ 187, 188 Abs. 2 BGB zu bestimmenden Vier-Jahres-Frist liegt.[284] Der Arbeitgeber kann insofern den Befristungszeitraum voll ausschöpfen und die Erstbefristung noch am letzten Tag auf die vierjährige Höchstbefristungsgrenze (bis höchstens 30.12.2015) stützen.[285]

---

282 LAG Mecklenburg-Vorpommern v. 17.04.2013 - 2 Sa 237/12, BeckRS 2013, 69852.

283 ErfK-*Müller-Glöge*, § 14 TzBfG Rn. 105; APS-*Backhaus* § 14 TzBfG Rn. 415k.

284 APS-*Backhaus*, § 14 TzBfG Rn. 415k.

285 So die h.M.: *Bauer/Preis/Schunder*, NZA 2004, 195 (197); *Lembke*, NJW 2006, 325 (330); *Dörner*, Rn. 497; ErfK-*Müller-Glöge*, § 14 TzBfG Rn. 105; MüKo-*Hesse*, § 14 TzBfG Rn. 97; a.A. *Bader*, NZA 2004, 76; KR-*Lipke*, § 14 TzBfG Rn. 462.

Macht er hiervon keinen Gebrauch, sondern entscheidet sich lediglich für eine zweijährige Befristung, geht ein Teil der Literatur[286] davon aus, dass er am 31.12.2013 um zwei weitere Jahre bis zum 30.12.2015 verlängern könnte. Anderenfalls würde er schlechter gestellt, als hätte er gleich um vier Jahre verlängert. Darüber hinaus wird der extensive Verlängerungszeitraum mit dem Wortlaut des § 14 Abs. 2a S. 1 Hs. 2 TzBfG gerechtfertigt.[287] Dieser knüpfe mit der Formulierung *„bis zu dieser Gesamtdauer“* an den ersten Halbsatz an, so dass Verlängerungen bis zum Erreichen der Gesamtdauer und nicht nur bis Ablauf der vierjährigen Gründungsdauer möglich sind. Begründet wird diese Ansicht damit, dass durch § 14 Abs. 2a S. 1 Hs. 2 TzBfG der Zwei-Jahres-Zeitraum für Existenzgründer erweitert werden solle. Da die zweijährige Befristungshöchstgrenze des § 14 Abs. 2 S. 1 TzBfG mit dem erstmaligen Abschluss des befristeten Arbeitsvertrages zu laufen beginnt, ist dementsprechend auch bei § 14 Abs. 2a S. 1 Hs. 2 TzBfG für den Beginn der vierjährigen Befristungshöchstgrenze auf den Vertragsschluss und nicht auf die Gründung des Unternehmens abzustellen. Da die Erstbefristung noch am letzten Tag der Vierjahresfrist möglich ist, beginnt ab diesem Zeitpunkt auch die vierjährige Verlängerungsfrist zu laufen.

Dieser Auffassung kann jedoch nicht zugestimmt werden. M.E. beginnt die in § 14 Abs. 2a S. 1 Hs. 2 TzBfG genannte Vierjahresfrist parallel mit der Gründung des Unternehmens zu laufen. Der Arbeitgeber kann von der unbegrenzten Anzahl von Verlängerungsverträgen nur innerhalb der vier Jahre nach Gründung des Unternehmens Gebrauch machen. Eine Verlängerung nach dem „4. Geburtstag“ eines Unternehmens kommt nicht in Betracht, da bei Abschluss des Verlängerungsvertrages die Voraussetzung „in den ersten vier Jahren nach der Gründung“ nicht mehr gegeben ist.[288] Daher müssen sowohl der erstmalige Abschluss wie auch die Verlängerungsabrede in den Gründungszeitraum fallen.

Die weite Auslegung würde letztlich dazu führen, dass der Arbeitnehmer bis zu einem Zeitraum von acht Jahren durch eine Vielzahl von Kurzbefristungen sachgrundlos beschäftigt werden könnte, soweit die erste Verlängerung kurz vor Ablauf des vierjährigen Gründungszeitraumes erfolgt. Eine derartige (Über-)Privilegierung ergibt sich jedenfalls nicht aus dem Wortlaut der Vorschrift.

3. Verlängerung bei älteren Arbeitnehmern

Nach § 14 Abs. 3 S. 2 TzBfG ist die mehrfache Verlängerung des Arbeitsvertrages bis zur Gesamtdauer von fünf Jahren zulässig. Die Anzahl der Verlängerungsverträge ist

286 APS-*Backhaus*, § 14 TzBfG Rn. 415k; *Bauer/Preis/Schunder*, NZA 2004, 195 (197); *Lembke*, NJW 2006, 325 (330).

287 APS-*Backhaus*, § 14 TzBfG Rn. 415k; *Bauer/Preis/Schunder*, NZA 2004, 195 (197); *Lembke*, NJW 2006, 325 (330).

288 So auch MHH-*Meinel*, § 14 TzBfG Rn. 234; ErfK-*Müller-Glöge*, § 14 TzBfG Rn. 105; MüKo-*Hesse*, § 14 TzBfG Rn. 97.

im Gegensatz zu § 14 Abs. 2 S. 1 TzBfG nicht begrenzt.[289] Die nachfolgend unter III. und V. aufgeführten Problemfelder zur Bedeutung des Begriffs der „Verlängerung“ i.S.d. § 14 Abs. 2 S. 1 Hs. 2 TzBfG betreffen hingegen auch die Vorschrift des § 14 Abs. 3 S. 2 TzBfG.

III. Zeitpunkt der Verlängerung und „nahtloser“ Anschluss der Verlängerung an das vorherige befristete Arbeitsverhältnis

1. Einführung

Wie bereits eingangs erörtert, bedarf es gewisser Kriterien, die eine wirksame Verlängerungsabrede von einem unzulässigen Neuabschluss eines befristeten Arbeitsverhältnisses abgrenzen. Als zeitliche Abgrenzungskomponente wurde in der Jurisdiktion[290] und der Literatur[291] frühzeitig diskutiert, ob die Vereinbarung über das Hinausschieben des Beendigungszeitpunkts, also die Verlängerungsabrede, noch vor Ablauf der Laufzeit des bisherigen Vertrages zu erfolgen hat.[292] Auch wurde in diesem Zusammenhang die Frage erörtert, ob sich die Verlängerungsabrede unmittelbar, dass heißt ohne zeitliche Unterbrechung an die vorherige Befristung anschließen muss.[293]

In rechtlicher Hinsicht weisen die beiden Problemfelder – wie sich nachfolgend zeigen wird – gewisse Parallelen auf. In tatsächlicher Hinsicht handelt es sich hingegen um zwei grundlegend unterschiedliche Konstellationen: Bei der Frage nach dem Zeitpunkt der Verlängerung wird maßgeblich diskutiert, ob die Einigung über die Vertragsverlängerung auch nach Ablauf der vorherigen Befristung erfolgen kann. Bei der Frage nach dem nahtlosen Anschluss der Anschlussbefristung an den zu verlängernden Vertrag kommt es hingegen nicht zwingend darauf an, wann die Vereinbarung getroffen wurde, sondern zu welchem Zeitpunkt sie wirken soll.

2. Rechtsprechung des BAG und herrschende Lehre

In der herrschenden Lehre und in der Rechtsprechung des BAG zeichnete sich in Bezug auf den Verlängerungszeitpunkt schon frühzeitig eine restriktive Auffassung ab. In seinem Grundsatzurteil vom 26.07.2000 stellte der 7. Senat ausdrücklich klar, dass eine wirksame Verlängerung nur dann vorliege, wenn sie *vor Ablauf* des zu

289 ErfK-*Müller-Glöge*, § 14 TzBfG Rn. 112a.

290 Vgl. BAG v. 26.07.2000 - 7 AZR 51/99, NZA 2001, 546; BAG v. 25.10.2000 - 7 AZR 483/99, NZA 2001, 659.

291 *Kliemt*, NZA 2001, 296 (299); *Hunold*, NZA 1997, 741 (742); *Bauer*, BB 2001, 2473 (2475).

292 Ob die Befristungsabrede darüber hinaus in schriftlicher Form vor der Fortsetzung der Arbeitstätigkeit zu erfolgen hat, soll an dieser Stelle nicht weiter diskutiert werden. Hierauf wird auf S. 83 ff. umfassend eingegangen.

293 BAG v. 26.07.2000 - 7 AZR 51/99, NZA 2001, 546 (548).

verlängernden Vertrags vereinbart worden ist.[294] Die Rechtsprechung wurde in den nachfolgenden Entscheidungen bestätigt[295] und nach Inkrafttreten des Teilzeit- und Befristungsgesetzes auf die Neuvorschriften entsprechend angewendet.[296] Argumentiert wurde insbeson-dere, dass sich bereits aus dem Wortlaut der Norm ergebe, dass nur etwas Bestehendes verlängert werden könne, während nach Beendigung des Arbeitsverhältnisses durch Fristablauf wechselseitige Rechte und Pflichten der Vertragsparteien erneut vereinbart werden müssen.[297]

Dieser schon zu § 1 Abs. 1 S. 2 BeschFG 1996 überwiegend vertretenen Auffassung[298] schloss sich die herrschende Meinung in der Literatur zu § 14 Abs. 2 TzBfG an.[299] Das Erfordernis, die Fortsetzung der Befristung vor Ablauf des zu verlängernden Vertrages zu vereinbaren, stehe mit dem Gesetzeszweck und der Gesetzessystematik im Einklang. Lediglich durch den Zwang des Arbeitgebers, sich bereits vor Auslauf des befristeten Arbeitsverhältnisses Gedanken über die befristete Fortführung des Vertragsverhältnisses zu machen, könne eine vom Gesetzgeber nicht gewollte Kettenbefristung vorgebeugt werden. An dieser Rechtsauffassung könne selbst eine kurzfristige Unterbrechung, die zwischen dem befristeten Arbeitsvertrag und der Verlängerungsvereinbarung liegt, nichts ändern. Selbst ein arbeitsfreier Tag, ein Wochenende oder gar ein Feiertag, könne nicht dazu führen, dass die Verlängerung noch nach Ablauf der Erstbefristung erfolgen könne.[300]

Mit der gleichen Argumentation wie für den Zeitpunkt der Verlängerungsvereinbarung wird von der herrschenden Meinung auch verlangt, dass sich die Anschlussbefristung *unmittelbar* an den zu verlängernden Vertrag reihen müsse.[301] Eine Vereinbarung zwischen den Vertragsparteien, dass bspw. der ursprünglich bis zum 31.10.2013 befristete Arbeitsvertrag erst ab dem 01.12.2013 für einen weiteren Zeitraum „verlängert" werden soll, sei daher mangels „lückenloser Aneinanderreihung" für unzulässig zu erklären. Diese Auffassung ergab sich für die Vorgängerregelung bereits daraus, dass anderweitig das Spannungsverhältnis zwischen der Verlängerungsmöglichkeit und dem Anschlussverbot des § 1 Abs. 3 BeschFG 1996 nicht gelöst werden konnte. Das zur damaligen Rechtslage geltende Anschlussverbot stellte – wie

---

294 BAG v. 26.07.2000 - 7 AZR 51/99, NZA 2001, 546 (548).

295 BAG v. 25.10.2000 - 7 AZR 483/99, AP Nr. 6 zu § 1 BeschFG 1996; BAG v. 21.02.2001 - 7 AZR 98/00, AP Nr. 9 zu § 1 BeschFG 1996.

296 BAG v. 19.10.2005 - 7 AZR 31/05, NZA 2006, 154; BAG v. 23.08.2006 - 7 AZR 12/06, NZA 2007, 204.

297 BAG v. 26.07.2000 - 7 AZR 51/99, NZA 2001, 546 (548); BAG v. 25.10.2000 - 7 AZR 483/99, NZA 2001, 659.

298 *Hunold*, NZA 1997, 741 (742); *Preis*, NJW 1996, 3369 (3373); *Rolfs*, NZA 1996, 1134 (1137).

299 *Heidl*, RdA 2009, 297 (301); APS-*Backhaus*, § 14 TzBfG Rn. 371; ErfK-*Müller-Glöge*, § 14 TzBfG Rn. 88.

300 KDZ-*Däubler*, § 14 TzBfG Rn. 163; *Preis*, NJW 1996, 3369 (3373).

301 *Rolfs*, NZA 1996, 1134 (1137); *Däubler*, ZIP 2001, 217 (223); *Kliemt*, NZA 2001, 296 (299).

bereits auf S. 15 erläutert – die Vermutung auf, dass aufgrund der Nichteinhaltung der vorgesehenen Vier-Monats-Frist zwischen der vorangegangenen Befristung und der sich anschließenden Befristung ein enger sachlicher Zusammenhang bestand, der eine wirksame Befristungsabrede ausschloss. Aus diesem Grund konnte auch die Wiederaufnahme zwischenzeitlich unterbrochener Arbeitsverhältnisse innerhalb dieses Befristungszeitraumes keine Verlängerung darstellen.[302] Gleiches gilt dem Prinzip nach auch seit Inkrafttreten des Teilzeit- und Befristungsgesetzes, da anderenfalls durch eine „Unterbrechung" ein schwer auflösbarer Widerspruch zum nunmehr in § 14 Abs. 2 S. 2 TzBfG verankerten Anschlussverbot entstehen würde, da im Zeitpunkt der Verlängerung eine Vorbeschäftigung existieren würde.[303]

3. Andere Auffassung

Nach anderer Auffassung, die sich vor allem nach Erlass des BeschFG 1996 auftat und im jüngeren Schrifttum kaum noch Berücksichtigung zu finden scheint, muss die Verlängerungsabrede nicht zwingend spätestens am letzten Tag des vorangegangenen Arbeitsverhältnisses geschlossen werden. Eine mehr oder weniger kurzzeitige Unterbrechung des Arbeitsverhältnisses könne der Wirksamkeit der Verlängerungsabrede nicht schaden.[304] Dabei taten sich innerhalb dieser weiten Auslegung des Verlängerungszeitpunktes unterschiedliche Meinungsbilder im Hinblick auf die Länge unschädlicher Unterbrechungen hervor.

Einige Autoren vertraten zumindest vor Erlass des Teilzeit- und Befristungsgesetzes die Auffassung, dass die Verlängerung bis zu einer Unterbrechungsdauer von vier Monaten (aufgrund des damaligen engen sachlichen Zusammenhangs i.S.d. § 1 Abs. 3 BeschFG 1996) auch nach Ablauf der vorherigen Befristung zulässig sei.[305] Begründet wurde diese Rechtsansicht damit, dass der Gesetzgeber ausdrücklich die Verlängerung im Rahmen der Höchstbefristung zugelassen habe.[306] Eine nachträgliche Verlängerung nach Ablauf der ursprünglichen Befristungsdauer müsse im Interesse der Kontinuität der Vertragsbeziehungen rechtlich zulässig sein.[307] Darüber hinaus sei nach der Auffassung von *Heise/Lessenich/Merten* kein Grund ersichtlich, die Zulässigkeit der Verlängerung allein von dem Zeitpunkt des Beginns der Fortsetzung abhängig zu machen.[308] Als Beispiel führen sie an, dass die Parteien bereits beim ersten Vertragsschluss vereinbaren können, dass der Arbeitnehmer für den Zeitraum vom 01.04.1997 bis zum 31.12.1997 und vom 01.04.1998 bis 31.12.1998 gegen Entgelt beschäftigt wird. Dies müsse für den Fall, dass sich

302 *Preis*, NJW 1996, 3369 (3373).

303 KDZ-*Däubler*, § 14 TzBfG Rn. 163; *Richardi/Annuß*, BB 2000, 2201 (2204).

304 *Sowka*, BB 1997, 677 (678).

305 *Heise/Lessenich/Merten*, Arbeitgeber 1997, 94 f.; dies. Das neue Arbeitsrecht, Rn. 343.

306 *Heise/Lessenich/Merten*, Arbeitgeber 1997, 94.

307 *Heise/Lessenich/Merten*, Das neue Arbeitsrecht, Rn. 346.

308 *Heise/Lessenich/Merten*, Das neue Arbeitsrecht, Rn. 346.

erst nach Ablauf der ersten Befristung herausstelle, dass weiterer Arbeitskräftebedarf besteht, gleichermaßen Geltung beanspruchen.[309] Im Ergebnis sei daher weder eine lückenlose Aneinanderreihung der Verträge noch eine Verlängerungsabrede vor Ablauf der ursprünglichen Befristung erforderlich. Voraussetzung sei allein, dass die Verlängerung im Hinblick auf die Befristungshöchstdauer auf das Ende der vorhergehenden Befristung zurückwirke, damit das Rechtsverhältnis für den Zwischenraum als ununterbrochen gelte.[310] Im obigen Fall würde dies dazu führen, dass trotz Unterbrechung des Vertragsverhältnisses der Befristungshöchstrahmen am 31.03.1999 erreicht wäre.

In rechtlicher Hinsicht stützen *Heise/Lessenich/Merten* ihr Ergebnis maßgeblich auf § 190 BGB und § 224 Abs. 3 ZPO.[311] Die Vorschriften regeln für das Zivil- und Prozessverfahren auf den ersten Blick etwas abstrus, dass im Falle der Verlängerung einer Frist, die neue Frist von dem Ablauf der vorigen Frist an berechnet wird. Mit anderen Worten regelt die Vorschrift, dass materiell-rechtliche Fristen auch noch nach ihrem Ablauf verlängert werden können.[312] Anhand der Vorschriften schlussfolgern *Heise/Lessenich/Merten*, dass auch die Befristung eines Arbeitsverhältnisses eine Fristbestimmung sei und damit das Arbeitsverhältnis auch noch nach Ablauf der Befristung verlängert werden könne. Die Anwendbarkeit der §§ 190 BGB, 224 Abs. 3 ZPO führe dazu, dass die Verlängerung im Hinblick auf die Höchstbefristungsdauer auf das Ende der vorhergehenden Befristung zurückwirken müsse.[313]

Sowka hält hingegen eine mehrwöchige oder gar mehrmonatige Unterbrechung mit Blick auf den Wortsinn für schädlich. Allenfalls bei einer Unterbrechung von zwei oder drei Tagen könne man noch von einer "Verlängerung" sprechen.[314]

Wisskirchen hält die Auffassung von *Heise/Lessenich/Merten* im Ergebnis ebenfalls für zu weitgehend, da eine Suspendierung von Hauptleistungspflichten während der Lücken nicht mit dem Arbeitnehmerschutzgedanken des Arbeitsrechts zu vereinbaren sei.[315] Aus diesem Grund vertritt sie eine vermittelnde Ansicht, indem sie eine Verlängerung nach Ablauf der vorherigen Befristung zulässt, gleichsam aber verlangt, dass sich die Verlängerungsvereinbarung zumindest rückwirkend an den Ablauf des zu verlängernden Vertrags anschließe.[316] Durch eine ex-tunc Wirkung würden keine Lücken zwischen den Befristungen entstehen. Der Arbeitgeber müsse mangels Arbeitsleistung durch den Arbeitnehmer zwar keine Lohnfortzahlung gewähren; die

---

309 *Heise/Lessenich/Merten*, Das neue Arbeitsrecht, Rn. 346.

310 *Heise/Lessenich/Merten*, Das neue Arbeitsrecht, Rn. 343; so auch *Schwedes*, BB 1996 Beilage 17, S. 5.

311 *Heise/Lessenich/Merten*, Arbeitgeber 1997, 94 f.; Mit Ausnahme von *Wisskirchen*, die zu dem Ergebnis auch ohne Rückgriff auf §§ 190 BGB, 224 Abs. 3 ZPO kommt.

312 Vgl. MüKo-*Grothe*, § 190 BGB Rn. 1; BGH v. 01.06.1956 - V ZB 8/56, NJW 1956, 1278.

313 *Heise/Lessenich/Merten*, Das neue Arbeitsrecht, Rn. 343.

314 *Sowka*, BB 1997, 677 (678).

315 *Wisskirchen*, DB 1998, 722 (723).

316 *Wisskirchen*, DB 1998, 722 (723); *Wohlleben*, RdA 1998, 277 (279 ff.).

sonstigen Leistungspflichten, wie z.B. die Zahlung von Jahressonderleistungen oder der Zuschuss zum Mutterschaftsgeld würden mangels umfassender Suspendierung jedoch nicht gekürzt werden.[317] Gleichwohl erkennt auch *Wisskirchen* selbstkritisch, dass bei ihrer Lösung nicht die Gefahr von der Hand zu weisen ist, dass durch eine vereinbarte Rückwirkung das damalig in § 1 Abs. 3 BeschFG geregelte Anschlussverbot unterlaufen werden könnte.[318]

Wohlleben vertritt wie *Wisskirchen* die Auffassung, dass das zugrunde liegende Beschäftigungsverhältnis ohne zeitliche Unterbrechung über den zunächst beabsichtigten Endzeitpunkt hinaus zu verlängern sei.[319] Insofern müssen sich ursprünglicher Vertrag und Verlängerung nahtlos aneinander anschließen. Auch folgt sie *Wisskirchen* in der Auffassung, dass entgegen der herrschenden Meinung eine Verlängerungsvereinbarung auch nach Ablauf der vorherigen Befristung zulässig sein müsse. Der natürliche Sprachsinn lasse die Verlängerung eines Vertrages ohne weiteres auch nachträglich zu.[320] Die Privatautonomie des Schuldrechts gebiete es den Parteien, dass sie sich auch nach Auslaufen des zunächst beabsichtigten Vertrages darauf verständigen können, ihre Rechtsbeziehungen wieder rückwirkend aufzunehmen. Verlängern im Zusammenhang mit Verträgen bedeute vom Wortsinn her „etwas zeitlich ausdehnen" oder „etwas länger gültig sein lassen"; dies betreffe jedoch nur einen bestimmten Regelungsinhalt, nicht aber den Zeitpunkt, wann dieses stattfindet.[321]

Für den Fall, dass der Wille des Arbeitgebers bei der Vertragsverlängerung darauf gerichtet sein sollte, den zwischen dem Auslauf des Vertrages und der Verlängerungsvereinbarung liegenden Zeitraum, lediglich als zeitweises Ruhen der beiderseitigen Rechte und Pflichten auszugestalten, dürfte eine Verlängerung auch nach ihrer Auffassung scheitern.[322] Dabei stellt sie für die Abgrenzung, ob eine Verlängerung des vorherigen befristeten Arbeitsverhältnisses oder aber ein Neuabschluss vorliegt, maßgeblich auf die Auslegung des Parteiwillens ab.[323] Anhand der §§ 133, 157, 242 BGB müsse der Gesamtinhalt der Vereinbarung ausgelegt werden. Ist dieser auf die Wiederbelebung des alten Vertragswerks gerichtet und soll die frühere Vereinbarung im vollen Umfang weiterwirken, ist von einer Verlängerung des befristeten Arbeitsvertrages auszugehen.[324]

Selbst in der unterinstanzlichen Rechtsprechung ist der Gedanke zum Vorrang des Parteiwillens aufgegriffen worden. So hat das LAG Köln in einer Entscheidung zu § 1 Abs. 1 S. 2 BeschFG 1996 entschieden, dass für die Frage, ob eine „Verlängerung" eines vorangegangenen Vertrags oder der Abschluss eines neuen Vertrags

317 *Wisskirchen*, DB 1998, 722 (723).
318 *Wisskirchen*, DB 1998, 722 (724).
319 *Wohlleben*, RdA 1998, 277 (278).
320 *Wohlleben*, RdA 1998, 277 (278).
321 *Ricken*, SAE 2004, 87 (89).
322 So jedenfalls im Ansatz *Wohlleben* RdA, 1998, 277 (279).
323 *Wohlleben*, RdA 1998, 277 (278).
324 *Wohlleben*, RdA 1998, 277 (278).

gewollt war, maßgeblich auf den erkennbar gewordenen Parteiwillen abzustellen ist.[325] Der sprachliche Bedeutungsinhalt des Begriffs „Verlängerung" schließe die Möglichkeit nachträglich und rückwirkend eine „Verlängerung" zu vereinbaren nicht aus. Allerdings müsse die Vereinbarung unverzüglich geschehen, da ansonsten bereits die Rechtswirkungen des § 625 BGB a.F. (heute § 15 Abs. 5 TzBfG) in Betracht kommen.

Auf den zu entscheidenden Fall bezogen, ließ es das LAG Köln für eine zulässige Verlängerung ausreichen, wenn die Vereinbarung wenige Tage nach der Weiterbeschäftigung erfolgte. Die Parteien hätten nach Auffassung des Gerichts bei Abschluss des „Anschlussvertrages" am 15.01.1997 eindeutig eine Verlängerung des am 11.01.1997 auslaufenden Vertrages gewollt, in dem sie ausdrücklich auf den vorherigen Vertrag Bezug genommen haben. Auch konnten die Rechtswirkungen des § 625 BGB a.F. noch nicht eingetreten sein, da ein zum Zeitpunkt der Vertragsverlängerung erfolgter „Widerspruch" des Arbeitgebers im Zweifel ohne weiteres noch unverzüglich gewesen wäre.[326]

4. *Stellungnahme*

Inwiefern die kritischen Stimmen in der Literatur nach Kodifikation des Teilzeit- und Befristungsgesetzes aufrecht erhalten werden, ist nicht eindeutig zu beantworten. Lediglich der Beitrag von *Ricken* ist zur aktuellen Rechtslage ergangen.[327] Durch die Verschärfung des Anschlussverbotes dürfte die von *Heise/Lessenich/Merten* geäußerte weite Auffassung, die Verlängerung sei bis zur Dauer von vier Monaten nach Ablauf der vorhergehenden Befristung möglich, spätestens seit Kodifizierung des § 14 Abs. 2 S. 2 TzBfG und der damit einhergehenden Abstandnahme von dem Kriterium des Sachzusammenhangs keine Stütze mehr finden. Das Gesetz hat mit dem Kriterium der Neueinstellung aufgezeigt, dass Befristungen ohne Sachgrund mit zwischenzeitlichem Intervall nicht (mehr) in Betracht kommen sollen. Insofern kann auch *Sowka*, der im Gegensatz zu *Heise/Lessenich/ Merten* zwar nur eine kurzfristige Unterbrechung für unschädlich hält, nicht gefolgt werden. Beiden Stimmen ist vorzuhalten, dass sie Zwischenräume auch ohne rückwirkende Verlängerungsvereinbarung zulassen.

Beizupflichten ist *Sowka* hingegen im Bezug auf seine kritischen Äußerungen zur Anwendbarkeit der § 190 BGB und § 224 ZPO. Diese beziehen sich ausschließlich auf die Verlängerung von Fristen, nicht jedoch auf die Begründung wechselseitiger vertraglicher Rechte und Pflichten.[328] Die Argumentation mit der Vorschrift des § 224 Abs. 3 ZPO verfängt auch deshalb nicht, weil Voraussetzung für die Fristverlängerung ist, dass bereits vor Ablauf der Frist ein entsprechender Antrag gestellt

325 LAG Köln v. 27.04.1999 - 13 Sa 897/98, BeckRS 1999, 31012459 – aufgehoben durch BAG v. 25.10.2000 - 7 AZR 483/99, NZA 2001, 659.

326 LAG Köln v. 27.04.1999 - 13 Sa 897/98, BeckRS 1999, 31012459.

327 *Ricken*, SAE 2004, 87 (88 f.).

328 BAG v. 26.07.2000 - 7 AZR 51/99, NZA 2001, 546; so auch *von Koppenfels*, AuR 2002, 241 (243).

wurde, über den erst nachträglich entschieden wurde.[329] Dies ist bei einem fehlenden Angebot vor Befristungsende gerade nicht der Fall.

Wohlleben und das LAG Köln in seiner Entscheidung vom 27.04.1999 lassen die Vertragsverlängerung nur dann zu, wenn sie mit Rückwirkung unverzüglich nach Vertragsende und vor allem mit dem entsprechende Parteiwillen vereinbart wurde. Die Abgrenzung, ob die Verlängerung eines vorangegangenen Vertrages oder der Abschluss eines neuen Vertrages gewollt war, erfolgt demnach in Anlehnung an die Rechtsprechung zu § 190 BGB. Hiernach gilt, dass im Wege der Auslegung des Parteiwillens geklärt werden muss, ob die nach Fristablauf getroffene Fristbestimmung als Verlängerung der früheren Frist oder aber als neue Frist anzusehen ist.[330]

Positiv ist an dieser Auffassung zunächst zu bewerten, dass durch das Erfordernis der Rückwirkung zumindest der nahtlose Anschluss der Arbeitsverhältnisse gewährleistet und damit nicht der Weg über die Suspendierung der Vertragspflichten eingeschlagen wird. Anderenfalls würde bei mehrfach befristeten sachgrundlosen Arbeitsverhältnissen bereits der äußere Schein dafür sprechen, dass es sich gerade nicht um eine nahtlos aneinandergereihte Verlängerung, sondern um mehrere befristete Einzelverträge handelt. Insofern findet der Parteiwille seine Grenzen in den objektiven Anhaltspunkten für einen Verstoß gegen das Anschlussverbot, wenn sich bereits aus der Vertragshistorie ergibt, dass eine Unterbrechung zwischen den Arbeitsverhältnissen von bspw. einer Woche oder aber auch einen Tag gegeben ist.

Soweit man die Abgrenzung „Neuabschluss" und „Vertragsverlängerung" anhand der Ermittlung des Parteiwillens vornehmen würde, kann man zwar nicht pauschal anführen, dass eine derartige Vorgehensweise zu einer nicht hinnehmbaren Rechtsunsicherheit oder zu Beweisschwierigkeiten führen würde. Regelmäßig bringen die Vertragsparteien ihren Willen zur „Verlängerung" objektiv erkennbar zum Ausdruck, indem sie die Fortsetzung des bisherigen Arbeitsverhältnisses rückdatieren oder Bezug auf den Ausgangsvertrag nehmen. Eine neue selbständige Grundlage, die auf einen Neuabschluss hindeutet, wird hierdurch nicht geschaffen.

Gleichwohl wird einer Vertragsverlängerung nach Ablauf der Befristungsdauer durch den Wortlaut des § 14 Abs. 2 S. 2 TzBfG eine enge Grenze gesetzt. Die Vorschrift besagt ausdrücklich, dass eine sachgrundlose Befristung nicht zulässig ist, wenn mit demselben Arbeitgeber bereits zuvor ein befristetes oder unbefristetes Arbeitsverhältnis *bestanden hat.* Mit Ablauf der Befristung durch Erreichen des kalendermäßig bestimmten Endtermins endet (abgesehen von wenigen arbeitsvertraglichen Nebenpflichten) die rechtliche Beziehung zwischen Arbeitnehmer und Arbeitgeber. Die wechselseitigen Rechte und Pflichten der Parteien müssen erneut vereinbart werden.[331] Ein solcher ausgelaufener Vertrag kann nicht nachträglich wieder zum Leben erweckt werden, verbunden mit der Fiktion, in der Zwischenzeit

329 Saenger-*Wöstmann*, § 224 ZPO Rn. 5.
330 MüKo-*Grothe*, § 190 BGB Rn. 1.
331 BAG v. 26.07.2000 - 7 AZR 51/99, NZA 2001, 546.

hätten die Leistungspflichten beider Parteien geruht.[332] Auch eine willentlich erfolgte rückwirkende Vereinbarung kann nichts an dem Umstand ändern, dass das Arbeitsverhältnis mit Ablauf des letzten Arbeitstages keinen Bestand mehr hat und demensprechend formell beendet ist.

Längere Unterbrechungen würde letztlich auch zu einem Wertungswiderspruch zu § 15 Abs. 5 TzBfG führen, wonach im Falle der Fortsetzung der Arbeitsleistung zwischen Ablauf der Befristung und Vertragsverlängerung das Arbeitsverhältnis als unbefristet gilt.[333] Diese Rechtsfolge tritt ein, wenn der Arbeitgeber über einen gewissen Zeitraum die Arbeitsleistung des Arbeitnehmers unwidersprochen entgegennimmt. Wird jedoch der Arbeitnehmer über die Widerspruchsfrist des § 15 Abs. 5 TzBfG hinaus beschäftigt (ein verlängertes Wochenende dürfte in zeitlicher Hinsicht nicht ausreichend sein), entsteht zwischenzeitlich ein unbefristetes Arbeitsverhältnis, welches wiederum nur nachträglich befristet werden kann. Insofern dürfte eine Befristungsabrede, die bspw. eine Woche nach der unwidersprochenen Entgegennahme der Arbeitsleistung erfolgt, lediglich als Angebot auf Abschluss einer nachträglichen Befristung und nicht als Vertragsverlängerung zu werten sein. Würde man gleichwohl den Parteiwillen erforschen, wäre § 15 Abs. 5 TzBfG weitgehend entwertet.

Die Richtigkeit der herrschenden Auffassung ergibt sich m.E. auch aus einer rechtsvergleichenden Betrachtungsweise zu entsprechenden mietrechtlichen Vorschriften. Nach ständiger Rechtsprechung können die Vertragsparteien formularmäßig eine Verlängerungsoption vereinbaren, wonach einer der Vertragspartner (i. d. R. der Mieter) das Recht haben soll, einen befristeten Vertrag *vor Ablauf der Vertragszeit* durch einseitige Erklärung auf eine weitere befristete Zeit zu verlängern.[334] Wird das Optionsrecht nicht oder verspätet ausgeübt, so endet der Mietvertrag mit dem Ablauf der ursprünglich vereinbarten Vertragszeit, es sei denn, dass sich aus § 568 BGB a.F. (§ 545 BGB n.F.) etwas anderes ergibt.[335] Für die rechtzeitige Ausübung des Optionsrechts hat bereits der BGH entschieden, dass es selbst dann *vor Ende des Mietvertrages* ausgeübt werden muss, wenn formuliert ist, dass dem Mieter die Option "nach Ablauf" des Vertrags zustehe.[336]

Letztlich stehen diesem Ergebnis auch keine Schutzgedanken entgegen. Der Arbeitgeber kann lange Zeit voraus erkennen, dass der befristete Arbeitsvertrag auslaufen wird. Er hat insofern genügend Zeit sich Gedanken zu machen, ob er den Vertrag verlängern oder auslaufen lassen will. Insofern ist es auch nicht überzeugend, dass ein arbeitsfreies Wochenende an diesem Umstand etwas ändern sollte. Was am darauffolgenden Montag erledigt werden soll, hätte genauso gut noch an

---

332 So auch *Hunold*, NZA 1997, 741 (742).

333 Auf den Tatbestand des § 15 Abs. 5 TzBfG wird auf S. 130 ff. näher eingegangen.

334 Schmidt-Futterer-*Blank*, § 542 BGB Rn. 184.

335 Schmidt-Futterer-*Blank*, § 542 BGB Rn. 187.

336 BGH v. 14.07.1982 - VIII ZR 196/81, NJW 1982, 2770; OLG Köln v. 27.02.1996 - 22 U 132/95, NJWE-MietR 1996, 200 = ZMR 1996, 433.

dem Freitag erfolgen können.[337] Dies muss selbst dann gelten, wenn der letzte Tag der ursprünglich vereinbarten Befristung auf einen Sonntag fällt, da die Vorschrift des § 193 BGB nicht zur Anwendung kommt.[338]

Gleiches gilt dem Grunde nach auch, wenn der Arbeitgeber am letzten Tag der ursprünglichen Befristungsdauer dem Arbeitnehmer die Verlängerung seines befristeten Arbeitsvertrages mündlich anträgt, dieser sich aber Bedenkzeit über das Wochenende erbittet und erst im darauffolgenden Monat seine „Annahme" erklärt oder die Arbeitstätigkeit fortführt. In dem Verlangen des Arbeitnehmers als Angebotsempfänger auf Gewährung einer Überlegungsfrist und dem (unwidersprochenen) Einverständnis des Arbeitgebers ist regelmäßig eine stillschweigende Fristverlängerung im Sinne von § 148 BGB zu erblicken. Da der Verlängerungsvertrag jedoch nicht rückwirkend zustande kommt, sondern erst mit Zugang der Annahmeerklärung, scheitert die Verlängerung am Nichtvorhandensein zweier vor Ablauf der ursprünglichen Befristung übereinstimmenden Willenserklärungen. Etwas anderes kann wiederum dann gelten, wenn sich der Arbeitgeber vorbehält, die Verlängerung von der Einhaltung des Schriftformerfordernisses i.S.d. § 14 Abs. 4 TzBfG abhängig zu machen und der Arbeitnehmer erst nach Fortführung der Arbeitstätigkeit unterzeichnet. Hierauf wird noch auf S. 94 ff. umfassend einzugehen sein.

Als Zwischenergebnis lässt sich festhalten, dass mit der ganz herrschenden Meinung für eine wirksame Vertragsverlängerung zu fordern ist, dass diese vor Ablauf der Befristung vereinbart wird und sich die Verlängerung unmittelbar an den vorherigen Vertrag anschließt. Kurzzeitige Unterbrechungen sind bereits als schädlich anzusehen. Dies gilt selbst für den Fall, dass die Parteien rechtsverbindlich vor Ablauf der Befristung über eine Vertragsverlängerung übereingekommen sind und formal fehlerhaft (wenn auch unbewusst) die Fortsetzung erst nach einem arbeitsfreien Wochenende vereinbaren.[339] In diesem Fall muss der Parteiwille im Sinne der Rechtssicherheit hinter dem objektiv Erklärten zurückstehen. Ausnahmen von diesem Grundsatz sind denkbar. Eine davon wird bereits unter der nachfolgenden Ziffer IV zu diskutieren sein.

IV. Kein Verstoß des zu verlängernden Vertrages gegen das Anschlussverbot

Eine weitere Voraussetzung für eine wirksame Vertragsverlängerung ist nach der Rechtsprechung des BAG, dass der zu verlängernde Vertrag nicht selbst gegen das

---

337 Ob man hinsichtlich der schriftlichen Niederlegung der Verlängerungsabrede großzügiger verfahren sollte, kann an dieser Stelle zunächst dahingestellt bleiben.

338 BeckOK-*Bayreuther*, § 14 TzBfG Rn. 83.

339 Um Anknüpfungsfehler zu vermeiden ist daher aus anwaltlicher Sicht anzuraten, dass die Vertragsparteien ohne nähere Konkretisierung des Verlängerungsbeginns Bezug auf den zu verlängernden Vertrag nehmen und lediglich das neue Enddatum hinausschieben.

Anschlussverbot des § 14 Abs. 2 S. 2 TzBfG verstößt.[340] Ein Ausgangsvertrag, der nach § 14 Abs. 2 S. 2 TzBfG nicht auf § 14 Abs. 2 TzBfG gestützt werden konnte, kann auch nicht nach § 14 Abs. 2 S. 1 Hs. 2 TzBfG verlängert werden. Handelt es sich bei dem der Befristungskontrolle unterliegenden Vertrag um einen Verlängerungsvertrag i.S.v. § 14 Abs. 2 S. 1 Hs. 2 TzBfG, kommt es für die Prüfung des Anschlussverbotes auf den Vertrag an, der dem auf § 14 Abs. 2 TzBfG gestützten und höchstens dreimal verlängerten Zeitvertrag vorausgeht.[341] Auf diese Weise kommt es entgegen den allgemeinen Grundsätzen[342] ausnahmsweise zu einer mittelbaren Rechtskontrolle der vorangehenden Befristung.[343]

Verdeutlicht werden kann die Problematik anhand einer Entscheidung des LAG Schleswig-Holstein.[344] Der klagende Arbeitnehmer war ursprünglich bis zum 31.12.2011 befristet beschäftigt gewesen. Am 30.01.2012 schlossen die Parteien einen gerichtlich protokollierten Vergleich, wonach das Arbeitsverhältnis mit Ablauf des 31.03.2012 enden sollte, es sei denn, die Parteien vereinbaren eine weitere Befristung. So kam es letztlich. Dem Arbeitnehmer wurde am 23.03.2012 eine Verlängerung bis zum 30.06.2012 angeboten, deren Wirksamkeit letztlich mit der Befristungskontrollklage angegriffen wurde. Das LAG Schleswig-Holstein entschied zunächst, dass die sachgrundlose Befristung vom 23.03.2012 gegen das Anschlussverbot des § 14 Abs. 2 S. 2 TzBfG verstoße, soweit der gerichtlich protokollierte Vergleich als Sachgrundbefristung i.S.d. § 14 Abs. 1 S. 2 Nr. 8 TzBfG zu qualifizieren sei.[345] Ein sachgrundlos befristetes Arbeitsverhältnis könne sich nicht an ein mit Sachgrund befristetes Arbeitsverhältnis anschließen.[346] Wenn man die gerichtlich protokollierte Befristungsabrede vom 30.01.2013 als sachgrundlose Befristung auslegen würde, handelt es sich ihrerseits nach Auffassung des LAG um keine Verlängerung i.S.v. § 14 Abs. 2 S. 1 TzBfG, weil der Vergleichsschluss nicht vor Ablauf der Vertragslaufzeit (31.12.2011) vereinbart worden ist.[347] Die Abrede vom 30.01.2013 verstößt

---

340 Bereits zur Vorgängerregelung: BAG v. 25.10.2000 - 7 AZR 483/99, NZA 2001, 659; BAG v. 19.02.2003 - 7 AZR 648/01, BeckRS 2003, 40994.

341 BAG v. 18.01.2006 - 7 AZR 178/05, NZA 2006, 605.

342 Zum Streitgegenstand der Befristungskontrolle wird auf S. 149 ff. ausführlich Stellung bezogen. Es sei jedoch soviel vorweggenommen, dass das BAG bei mehreren aufeinander folgenden befristeten Arbeitsverhältnissen regelmäßig nur die Befristung des letzten Arbeitsverhältnisses auf ihre Rechtfertigung hin überprüft.

343 BeckOK-*Bayreuther*, § 14 TzBfG Rn.93.

344 LAG Schleswig-Holstein v. 06.03.2013 - 6 Sa 346/12, BeckRS 2013, 68228.

345 Nach Auffassung des BAG ist dies allerdings abzulehnen, da ein protokollierter Vergleich nach § 278 Abs. 6 S. 1 Alt. 1 ZPO kein – die Befristung rechtfertigender gerichtlicher – Vergleich i.S.v. § 14 Abs. 1 S. 2 Nr. 8 TzBfG darstellt, BAG v. 15.02.2012 - 7 AZR 734/10, NZA 2012, 919.

346 LAG Schleswig-Holstein v. 06.03.2013 - 6 Sa 346/12, BeckRS 2013, 68228; vgl. hierzu auch die Ausführungen auf S. 136 ff.

347 Eine vergleichbare Problematik stellt sich beim gerichtlich festgestellten Fortsetzungsanspruch, vgl. hierzu die Ausführungen in Kapitel 7 auf S. 308 ff.

damit gegen das Anschlussverbot, was dazu führt, dass auch deren Verlängerung am 23.03.2013 nicht in Betracht kommt.

Das Ergebnis der Entscheidung stößt weitgehend auf Unverständnis. Es überzeugt nicht, dass ein nach § 278 Abs. 6 S. 1 Alt. 1 ZPO gerichtlich protokollierter Vergleich, auch wenn dieser vom BAG nicht als Vergleich i.S.d. § 14 Abs. 1 S. 2 Nr. 8 TzBfG qualifiziert wird, den auf S. 51 ff. dargestellten Grundsätzen zum Zeitpunkt der Vertragsverlängerung unterliegt. Denn eine vergleichsweise Einigung über die Verlängerung eines befristeten Arbeitsverhältnisses dürfte nur in den seltensten Fällen vor Ablauf des befristeten Arbeitsverhältnisses erzielt werden. Jedenfalls würde ein gerichtlich protokollierter Vergleich, der häufig sogar unter vorheriger Anregung/ Mitwirkung durch das Prozessgericht zustande kommt, faktisch dazu führen, dass der Arbeitnehmer durch eine weitere Befristungskontrollklage erfolgversprechend die unbefristete Weiterbeschäftigung geltend machen kann. Der Vergleich wäre im Ergebnis kontraproduktiv. Er würde neue Streitigkeiten fördern und nicht beenden. Aus diesem Grund ist nach der hier vertretenen Auffassung das Anschlussverbot i.S.d. § 14 Abs. 2 S. 2 TzBfG dahingehend teleologisch zu reduzieren, dass eine gemäß § 278 Abs. 6 S. 1 Alt. 1 ZPO zustande gekommene Befristungsverlängerung nicht aufgrund der zeitlichen Zäsur zur vorherigen Befristung unwirksam ist.

V. Keine Veränderung des Vertragsinhalts

1. Einführung in die Problematik

Anlässlich der Verlängerung eines sachgrundlos befristeten Arbeitsverhältnisses werden in der Praxis häufig zugleich auch materielle Arbeitsbedingungen, wie z.B. die tägliche Arbeitszeit, die Vergütung oder der Tätigkeitsbereich für den Verlängerungszeitraum abgeändert. Welche rechtlichen Konsequenzen sich aus dieser Praxis für den Arbeitgeber ergeben, wenn im Zuge der Vertragsverlängerung eine Abänderung der Arbeits- bzw. Vertragsbedingungen erfolgt, hat das BAG bereits für die Vorgängerregelung des § 1 BeschFG entschieden und in einer Vielzahl weiterer Entscheidungen konkretisiert.

2. Die Rechtsprechung des BAG

a) Grundsatz

In seinem Grundsatzurteil vom 26.07.2000 hat das BAG erstmalig entschieden, dass eine Verlängerung i.S.d. § 1 Abs. 1 S. 2 BeschFG dann nicht gegeben ist, wenn die bisherigen Vertragsbedingungen im Zuge der Vertragsverlängerung verändert werden.[348] In dem zugrunde liegenden Urteil haben die Vertragsparteien gleichzeitig mit dem Hinausschieben des Befristungszeitraumes vereinbart, dass das ursprünglich

---

348 BAG v. 26.07.2000 - 7 AZR 51/99, NZA 2001, 546 (548); bestätigend BAG v. 25.10.2000 - 7 AZR 483/99, NZA 2001, 659.

abgeschlossene Vollzeitarbeitsverhältnis als Teilzeitarbeitsverhältnis fortgesetzt werde. Das BAG hat im Ergebnis angenommen, dass der Verlängerungsvertrag aufgrund neuer Arbeitsbedingungen als eigenständiger Vertrag zu qualifizieren sei und gegen das damalig in § 1 Abs. 3 S. 1 Alt. 2 BeschFG 1996 geregelte Anschlussverbot verstoße. Diese Auffassung stützte der Senat unter anderem auf den Wortlaut der Bestimmung, wonach sich der Begriff der Verlängerung allein auf die bloße Laufzeit des Vertrages beziehe.[349] Hinzu trete der Umstand, dass aufgrund der Gesetzessystematik nur auf diese Weise eine konkrete Abgrenzung zwischen einer nach § 1 Abs. 1 S. 2 BeschFG 1996 zulässigen Verlängerung und einer verbotenen Anschlussbefristung nach § 1 Abs. 3 S. 1 Alt. 2 BeschFG 1996 vorzunehmen sei.

Nach Inkrafttreten des Teilzeit- und Befristungsgesetzes führte das BAG seine restriktive Rechtsprechung zunächst konsequent fort und übertrug die zu § 1 Abs. 1 BeschFG 1996 entwickelten Grundsätze auf die neue Gesetzesvorschrift.[350] So entschieden die Senatsmitglieder, dass selbst solche Veränderungen von Arbeitsbedingungen verlängerungsschädlich seien, die für den Arbeitnehmer vorteilhaft sind (Stundenlohnerhöhung um 0,50 Euro) und im Zuge der Vertragsverlängerung vorgenommen werden.[351]

Über die Wirksamkeit der Befristung eines Arbeitsvertrages nach einer Vertragsverlängerung hatte das BAG auch am 16.01.2008 zu entscheiden.[352] Dem Rechtsstreit lag die Verlängerung eines Arbeitsverhältnisses bei gleichzeitiger Erhöhung der Arbeitszeit zugrunde. Im Gegensatz zu seiner Grundsatzentscheidung vom 26.07.2000 hatte das BAG insofern nicht über die Verringerung sondern über die Aufstockung der geschuldeten Arbeitsleistung zu befinden. Im Ergebnis hielt es an seiner Rechtsprechung fest und gab der Befristungskontrollklage aufgrund der veränderten Vertragsbedingungen statt.

Gut einen Monat später erging zur Problematik der veränderten Vertragsbedingungen die vorerst letzte Entscheidung. Der Senat entschied, dass eine wirksame Verlängerung nicht gegeben sei, wenn im Ausgangsvertrag ein ordentliches Kündigungsrecht vereinbart werde, welches in dem nachfolgenden befristeten Arbeitsvertrag nicht mehr enthalten sei.[353] Das Urteil reiht sich insofern nahtlos in die ständige Rechtsprechung des BAG zur Befristungsverlängerung ein.

b) Ausnahmen vom Veränderungsverbot

aa) Kein Zusammenhang zwischen Verlängerung und Änderung des Vertragsinhalts

Allerdings gibt es auch eine Reihe von Entscheidungen, die eine Ausnahmeregelung vom Veränderungsverbot beinhalten. So hat das BAG mit Urteil vom 19.02.2003 u.a.

---

349 BAG v. 26.07.2000 - 7 AZR 51/99, NZA 2001, 546 (548).
350 BAG v. 19.10.2005 - 7 AZR 31/05, NZA 2006, 154.
351 BAG v. 23.08.2006 - 7 AZR 12/06, NZA 2007, 204.
352 BAG v. 16.01.2008 - 7 AZR 603/06, NZA 2008, 701.
353 BAG v. 20.02.2008 - 7 AZR 786/06, NZA 2008, 883.

entschieden, dass die Änderung von Arbeitsbedingungen *in einem laufenden befristeten Arbeitsverhältnis* ohne Veränderung der Laufzeit des befristeten Vertrags nicht der Befristungskontrolle nach § 1 BeschFG 1996 unterliege.[354] Es obliege der freien Disposition der Vertragsparteien im Wege eines Änderungsvertrages die arbeitsvertraglichen Bedingungen während des befristeten Arbeitsverhältnisses neu zu regeln, sofern das Vertragsende in diesem Zusammenhang nicht weiter hinausgeschoben werde.[355] Konkretisiert wurde diese Auffassung unter Fortführung der bisherigen Rechtsprechung nach Inkrafttreten des Teilzeit- und Befristungsgesetzes.[356] So stellte der 7. Senat ausdrücklich klar, dass es den Vertragsparteien gebühre, vor der Vertragsverlängerung die Arbeitsbedingungen gesondert zu verändern und anschließend in den Text der Vertragsverlängerung aufzunehmen.[357] Grund dafür sei, dass der Arbeitnehmer lediglich während des Verhandlungszeitraumes über die anstehende Vertragsverlängerung geschützt werden müsse, damit der Arbeitgeber die Fortsetzung des Arbeitsverhältnisses nicht von dem Fall der Akzeptanz der veränderten Arbeitsbedingungen abhängig mache.[358] Dieser Schutz bestehe hingegen nicht bei der Änderung von solchen Vertragsbedingungen, die nicht im Sachzusammenhang mit der Vertragsverlängerung stehen.

bb) Anpassung an die geltende Rechtslage

Mit Urteil vom 23.08.2006 hat das BAG festgestellt, dass es einer Verlängerung im Sinne des § 14 Abs. 2 TzBfG nicht entgegenstehe, wenn die Parteien in der Verlängerungsvereinbarung die Vertragsbedingungen des befristeten Arbeitsvertrages an die zum Zeitpunkt der Verlängerung geltenden Rechtslage anpassen.[359] So können z.B. solche Änderungen der Vertragsbedingungen, die nicht im Zusammenhang mit der Verlängerung vereinbart worden sind und dieser somit zeitlich vorgelagert waren (vgl. unter aa), in den aktuellen Vertragstext aufgenommen werden. Auch können auf diese Weise gegenstandslos gewordene Vertragsinhalte, wie z.B. die Vereinbarung einer Probezeit oder der Ausschluss einer Kündigung vor Dienstantritt im Verlängerungsvertrag unberücksichtigt bleiben, ohne die Unwirksamkeit der Befristung zu provozieren.[360] Überflüssige Vertragsbestandteile, die sich bereits aus dem Gesetz ergeben, können im Verlängerungsvertrag ebenfalls ersatzlos gestrichen werden. Gleiches gilt für Änderungen, die auf einer für das Arbeitsverhältnis anzuwendenden

354 BAG v. 19.02.2003 - 7 AZR 648/01, NJOZ 2004, 518.

355 BAG v. 19.02.2003 - 7 AZR 648/01, NJOZ 2004, 518.

356 BAG v. 25.05.2005 - 7 AZR 286/04, BeckRS 2005, 43247; BAG v. 19.10.2005 - 7 AZR 31/05, NZA 2006, 154; BAG v. 26.07.2006 - 7 AZR 514/05, NZA 2006, 1402.

357 BAG v. 19.10.2005 - 7 AZR 31/05, NZA 2006, 154; BAG 18.01.2006 - 7 AZR 178/05, NZA 2006, 605; BAG v. 23.08.2006 - 7 AZR 12/06, NZA 2007, 204.

358 BAG v. 18.01.2006 - 7 AZR 178/05, NZA 2006, 605.

359 BAG v. 23.08.2006 - 7 AZR 12/06, NZA 2007, 204.

360 *Dörner*, Rn. 477.

Kollektivvereinbarung beruhen.[361] Der BAG will hierdurch bezwecken, dass die Vertragsparteien auch im Zuge der Vertragsverlängerung Rechtssicherheit schaffen können, indem es ihnen obliegt, die ursprüngliche Befristungsabrede mit den Änderungsvereinbarungen schriftlich zu einer Vertragsurkunde zu vereinen. Auf diese Weise werde der zum Zeitpunkt der Verlängerung geltende Vertragsinhalt lediglich in der Urkunde dokumentiert und keine inhaltlich neuen „Arbeitsbedingungen" geschaffen.[362] *Dörner* spricht in diesem Fall von bloßen redaktionellen Anpassungen.[363]

cc) Diskriminierungsverbot

Weiterhin ist eine Änderung von Vertragsbedingungen im Zuge der Verlängerung zulässig, wenn die Neufassung des Vertrages Arbeitsbedingungen zum Inhalt hat, die von den Parteien vereinbart worden wären, wenn der Arbeitnehmer in einem unbefristeten Arbeitsverhältnis stünde.[364] Abgeleitet wird dies aus dem in § 4 Abs. 2 S. 1 TzBfG verankerten Diskriminierungsverbot, wonach ein befristet beschäftigter Arbeitnehmer aufgrund der Befristung nicht schlechter gestellt werden darf, als ein vergleichbarer unbefristet beschäftigter Arbeitnehmer, es sei denn, dass sachliche Gründe eine unterschiedliche Behandlung rechtfertigen.

Insofern ist die Änderung von Vertragsbedingungen (also auch die Erhöhung des Stundenlohns) im Zuge der Vertragsverlängerung zulässig, wenn der Arbeitgeber die fraglichen Arbeitsbedingungen gegenüber anderen (unbefristet beschäftigten) Mitarbeitern geändert hat. Anderenfalls würde sich der Arbeitgeber dem Diskriminierungsvorwurf des § 4 Abs. 2 TzBfG ausgesetzt sehen, der den diskriminierten Arbeitnehmer zumindest zur Geltendmachung von Schadensersatzansprüchen gegen den Arbeitgeber aus § 280 Abs. 1 BGB und §§ 823 Abs. 2 BGB i.V.m. 4 TzBfG berechtigt.[365]

dd) Gesetzlicher Anspruch

In seinem Urteil vom 16.01.2008 hat das BAG ergänzend zu seiner bisherigen ständigen Rechtsprechung festgestellt, dass solche Veränderungen des Vertragsinhalts in dem Verlängerungsvertrag vorgenommen werden können, auf die der Arbeitnehmer einen gesetzlichen Anspruch hat.[366] In dem vom BAG zu entscheidenden Fall hatte der Arbeitgeber die Arbeitnehmerin für ein Jahr ohne Sachgrund befristet eingestellt. Die Vertragsparteien verlängerten den Vertrag dann um ein weiteres Jahr und setzten zugleich die Arbeitszeit auf Wunsch der Arbeitnehmerin von 20 auf 30 Stunden herauf. Das BAG führte aus, dass die Erhöhung der Arbeitszeit im Zuge

361 BAG v. 24.01.2001 - 7 AZR 567/99, BeckRS 2001, 41067; BAG v. 23.08.2006 - 7 AZR 12/06, NZA 2007, 204.
362 BAG v. 23.08.2006 - 7 AZR 12/06, NZA 2007, 204.
363 *Dörner*, Rn. 477.
364 BAG v. 23.08.2006 - 7 AZR 12/06, NZA 2007, 204.
365 BeckOK-*Bayreuther*, § 4 TzBfG Rn. 46.
366 BAG v. 16.01.2008 - 7 AZR 603/06, NZA 2008, 701.

der Vertragsverlängerung nicht verlängerungsschädlich sei, wenn die Arbeitszeit heraufgesetzt werde, weil der Arbeitnehmer zu Recht eine Erhöhung nach § 9 TzBfG verlangt habe.[367] Letzterer verpflichtet den Arbeitgeber einen teilzeitbeschäftigten Arbeitnehmer, der ihm den Wunsch nach einer Verlängerung seiner vertraglich vereinbarten Arbeitszeit angezeigt hat, bei der Besetzung eines entsprechenden freien Arbeitsplatzes bei gleicher Eignung bevorzugt zu berücksichtigen. Voraussetzung ist jedoch, dass der Arbeitnehmer bereits zuvor oder anlässlich der Vereinbarung der Verlängerung das Erhöhungsverlangen nach § 9 TzBfG geltend gemacht hat.[368] Hingegen reiche es nicht aus, dass kurzfristig ein Arbeitsplatz mit erhöhtem Arbeitszeitvolumen freigeworden ist und das Erhöhungsverlangen insofern überwiegend im Interesse des Arbeitgebers stand. Denn in diesem Fall werde die erhöhte Arbeitszeit nur deshalb vereinbart, um betrieblichen Notwendigkeiten Rechnung zu tragen.[369]

ee) Direktionsrecht

Über die zulässige Veränderung der Arbeitsbedingungen im Zuge der Ausübung des Direktionsrechts im Sinne des § 106 GewO hat das BAG zwar noch nicht ausdrücklich entschieden, es wird aber allgemein als erlaubte Umgestaltung des Vertrages anerkannt.[370] Das Direktionsrecht berechtigt den Arbeitgeber dazu, im Rahmen der vertraglichen Grenzen unter Beachtung der Grundsätze billigen Ermessens, die Leistungspflicht nach Art, Zeit und Ort zu konkretisieren.[371] Voraussetzung hierfür ist jedoch, dass die Ausübung des Direktionsrechts durch den Arbeitgeber hinsichtlich der Vertragsänderung nicht mit der Verlängerung verknüpft ist.[372] Das bedeutet, der Arbeitgeber darf sich das Direktionsrecht nicht erst mit dem Verlängerungsvertrag zuweisen. Vielmehr muss ihm bereits im Ausgangsvertrag eine Versetzungsbefugnis zugestanden sein, von der er lediglich im Zuge der Verlängerung Gebrauch macht. Soweit ihm gestattet ist, die Versetzung des befristet Beschäftigten auch vor oder nach der Verlängerung anzuordnen, steht dem nicht das Verbot der Abänderung materieller Arbeitsbedingungen entgegen.[373]

3. Der Meinungsstand in der Literatur

Die Rechtsprechung des BAG zur unveränderlichen Übernahme der Arbeitsbedingungen ist in der Literatur sowohl auf Zustimmung als auch auf Ablehnung gestoßen.

---

367 BAG v. 16.01.2008 - 7 AZR 603/06, NZA 2008, 701.

368 So auch KR-*Lipke*, § 14 TzBfG Rn. 404.

369 BAG v. 16.01.2008 - 7 AZR 603/06, NZA 2008, 701.

370 ErfK-*Müller-Glöge*, § 14 TzBfG Rn. 88; AT-*Maschmann*, § 14 TzBfG Rn. 72; *Bauer*, BB 2001, 2473 (2475); zweifelnd APS-*Backhaus*, § 14 TzBfG Rn. 376.

371 MüKo-*Hesse*, Vor § 620 BGB Rn. 62; APS-*Künzl*, § 2 KSchG Rn. 51.

372 *Dörner*, Rn. 476; *Heidl*, RdA 2009, 297 (304).

373 *Dörner*, Rn. 476; *Heidl*, RdA 2009, 297 (304); *Stoye*, Rechtsdogmatische und rechtspolitische Probleme, S. 92.

Die schon zu § 1 Abs. 1 BeschFG 1996 herrschende Meinung verlangte im Einklang mit der Rechtsauffassung des 7. Senats des BAG, dass mit Ausnahme des vereinbarten Vertragsende die übrigen Vertragsbedingungen unverändert bleiben müssen.[374] Grund dafür sei, dass die Änderung materieller Arbeitsbedingungen im Zusammenhang mit einer Verlängerung den zu gewährleistenden Änderungsschutz innerhalb eines befristeten Arbeitsverhältnisses berühre, dem wegen des im Übrigen gelockerten Bestandsschutzes besondere Beachtung zu schenken sei.[375] Diese Auffassung hat sich auch nach Inkrafttreten des TzBfG überwiegend durchgesetzt.[376]

Gleichwohl hat sich eine nicht unerhebliche Gegenauffassung gebildet, die eine Verlängerung des befristeten Arbeitsvertrages auch bei einer Abänderung der Arbeitsbedingungen uneingeschränkt zulässt.[377] *Preis* kritisiert insbesondere, dass in das Tatbestandsmerkmal der Verlängerung zweckwidrig das Wort „unverändert" hineininterpretiert werde.[378] Insbesondere sei nicht einsichtig, warum Änderungsvereinbarungen vor und nach der Verlängerungsabrede möglich seien, während die Abänderung von Arbeitsbedingungen im Zuge der Vertragsverlängerung zur Unwirksamkeit der Befristung führe.[379] Von den Kritikern wird ferner in Frage gestellt, warum eine Verbesserung der Arbeitsbedingungen im Verlängerungsvertrag zur Unzulässigkeit der Verlängerung führe.[380] Hierdurch werde das unerwünschte Ergebnis erzielt, dass den Arbeitnehmern aus Anlass der Vertragsverlängerung Lohnerhöhungen und andere Verbesserungen nicht gewährt werden könnten. *Seifert* spricht gar davon, dass die Rechtsauffassung der arbeitsrechtlichen Praxis Steine statt Brot gebe.[381] *Bauer* erklärt die Rechtsprechungspraxis für schlicht unsinnig.[382] Als Resultat werde derjenige Arbeitgeber mit der Rechtsfolge eines unbefristeten Arbeitsverhältnisses bestraft, der die Arbeitsbedingungen zugunsten des Arbeitnehmers verbessern wollte.[383]

Teilweise ist in der Literatur mit unterschiedlichen Begründungsansätzen versucht worden eine vermittelnde Lösung zu finden. Nach Auffassung von *Seifert* und

---

374 *Wisskirchen*, DB 1998, 724; KR-*Lipke*^{5}, § 1 BeschFG 1996 Rn. 103; *Fiebig*, NZA 1999, 1086 (1087).

375 *Sowka*, BB 1997, 677 (678).

376 ErfK-*Müller-Glöge*, § 14 TzBfG Rn. 88; *Kliemt* NZA 2001, 296 (299); KDZ-*Däubler*, § 14 TzBfG Rn. 164; MüKo-*Hesse*, § 14 TzBfG Rn. 84.

377 APS-*Backhaus*, § 14 TzBfG Rn. 374; MHH-*Meinel*, § 14 TzBfG Rn. 214; *Richter/Wilke*, RdA 2011, 305.

378 *Preis*, NZA 2005, 714 (716).

379 *Preis*, NZA 2005, 714 (716); APS-*Backhaus*, § 14 TzBfG Rn. 372; MHH-*Meinel*, § 14 TzBfG Rn. 214.

380 *Preis* NZA 2005, 714 (716); MHH-*Meinel* § 14 TzBfG Rn. 214, AT-*Maschmann*, § 14 TzBfG Rn. 72.

381 *Seifert*, RdA 2007, 304 (305).

382 *Bauer*, NZA 2011, 241 (242).

383 *Bauer*, Anm. zu BAG v. 23.08. 2006 - 7 AZR 12/06, NZA 2007, 204 (208); *Preis/Greiner*, RdA 2010, 148 (158 f.).

Wank müssen eindeutig günstigere Vertragsänderungen aus dem Veränderungsverbot herausgenommen werden.[384] Insbesondere bei einer in Aussicht gestellten Lohnerhöhung müsse die Entschlussfreiheit des befristet Beschäftigten nicht geschützt werden.

Nach einer anderen vermittelnden Auffassung müssen zumindest die wesentlichen Vertragsbedingungen eingehalten werden.[385] Dies sei etwa dann der Fall, wenn zumindest der Gesamteindruck des Vertragsverhältnisses derselbe bleibe.[386] *Wisskirchen* konkretisiert das Merkmal der wesentlichen Vertragsbedingungen dahingehend, dass die Dauer einer Befristung, die Lohnhöhe und die Wochenarbeitszeit als wesentlich zu qualifizieren seien.[387]

Bayreuther knüpft wiederum an einen weiteren unbestimmten Rechtsbegriff an, indem er lediglich *gravierende* Veränderungen der Arbeitsbedingungen als Neuabschluss eines befristeten Arbeitsvertrags bewertet.[388]

4. *Auslegung des Begriffs der „Verlängerung" anhand der klassischen Methodenlehre*

Die Darstellung der Literaturansichten und die Entwicklung der Rechtsprechung haben gezeigt, dass sich eine Vielzahl unterschiedlicher Auffassungen zu diesem Komplex gebildet hat. Dabei muss man den Kritikern zunächst zugutehalten, dass keinesfalls eine bloße Richterschelte vorgenommen oder unsachliche Kritik geübt wurde, wie man es bei den zuvor dargestellten Äußerungen vermuten könnte. Kommentare wie "lebensfremde Rechtsprechung" und "skurriler richterlicher Wildwuchs"[389] sind teilweise sorgfältig mit umfangreichen Ausführungen zu den vier auf Savigny zurückgehenden Auslegungsweisen (sog. „canones") begründet worden. In diesem Sinne hat die Kritik auch den 7. Senat nicht unbeeindruckt gelassen. Er hat mehrfach klargestellt, dass seine Rechtsauffassung auf der Auslegung des Gesetzes unter Berücksichtigung seiner grammatikalischen Fassung, der Systematik der Befristungsregeln und dem Sinn und Zweck, den der Gesetzgeber mit der eingeschränkten Verlängerung befristeter Arbeitsverhältnisse verfolgt, beruhe.[390] Im Nachfolgenden soll überprüft werden, ob dieser Einschätzung zugestimmt werden kann.

---

384 *Seifert*, RdA 2007, 304 (306); *Wank*, Festschrift Adomeit, 789 (802).

385 *Wisskirchen*, DB 1998, 722 (724); *Heide/Lessenich/Merten*, Arbeitgeber 1997, S. 94; *Wohlleben*, RdA 1998, 279.

386 *Wisskirchen*, DB 1998, 722 (724).

387 *Wisskirchen*, DB 1998, 722 (724).

388 BeckOK-*Bayreuther*, § 14 TzBfG Rn. 95.

389 Beitrag Gastkommentar, „Lebensfremdes Richterrecht", in: Handelsblatt 173/2006, S. 8; vgl. auch Ausführungen von *Reus/Mühlhausen*, RdA 2013, 226 (227).

390 BAG v. 23.08.2008 - 7 AZR 12/06, NZA 2007, 204 (205).

a) *Grammatikalische Auslegung*

aa) Meinungsstand

Die Auslegung der vom Gesetzgeber verwendeten Begrifflichkeit der *„Verlängerung eines Arbeitsvertrages"* erfolgt zunächst am Wortsinn. Hierunter wird die Bedeutung eines Ausdrucks oder einer Wortverbindung im allgemeinen Sprachgebrauch oder, falls ein solcher feststellbar ist, im besonderen Sprachgebrauch des jeweils Redenden, hier in dem des betreffenden Gesetzes, verstanden.[391]

Die herrschende Meinung und Rechtsprechung folgert aus der Tatsache, dass das Gesetz in § 14 Abs. 2 S. 1 Hs. 2 TzBfG von der Verlängerung *eines Arbeitsvertrages* spricht, dass Anknüpfungspunkt für die Verlängerungsabrede nur *dieser eine* Arbeitsvertrag sein kann, dessen Arbeitsbedingungen bereits geregelt worden und damit unveränderlich seien.[392] Der Gesetzgeber habe somit bewusst davon abgesehen, den Vertragsparteien die Verlängerung des Arbeitsverhältnisses zuzugestehen. Lediglich ein Arbeitsverhältnis könne mit neuen Arbeitsbedingungen versehen werden, während ein Arbeitsvertrag gleichbleibende Klauseln enthalten müsse.

Nach *Backhaus* spricht der Wortlaut des § 14 Abs. 2 S. 1 Hs. 2 TzBfG nicht zwingend für die Auffassung der Rechtsprechung und herrschenden Lehre. Nach seiner Ansicht kann auch nach Änderung einzelner Bedingungen noch von *einem* einheitlichen Vertrag gesprochen werden.[393] Im Arbeitsleben sei es geradezu üblich, neue Arbeitsbedingungen in einem „Änderungsvertrag zum Arbeitsvertrag vom ..." zu vereinbaren, was selbst in der Laiensphäre ausdrückt, dass es sich weiterhin um denselben, neu gestalteten Vertrag handele.[394] Aus dem Begriff des Arbeitsvertrages lasse sich aufgrund der Eigenschaft eines solchen als dynamisches Dauerverhältnis jedenfalls keine Unveränderlichkeit von Arbeitsbedingungen ableiten.[395]

Sowka geht noch weiter, in dem er aufgrund des gesetzgeberischen Verzichts auf eine Formulierung wie z.B. eine „unveränderte Verlängerung" daraus schließt, dass gerade jede Art der Verlängerung zugelassen sein soll.[396] Dem entsprechend wirft auch *Preis* dem Senat vor, er habe zweckwidrig das Wort „unverändert" in § 14 Abs. 2 S. 1 Hs. 2 TzBfG hineininterpretiert.[397]

Der 7. Senat rechtfertigt hingegen seine Auffassung, in dem es eine fehlerhafte Wortlautinterpretation nicht bei sich selbst, sondern bei seinen Kritikern sieht. Diese würden den Gesetzeswortlaut unzulässig erweitern, indem sie eine dreimalige Verlängerung auch „unter Änderung von Vertragsbedingungen" zulassen.[398]

---

391 *Larenz*, Methodenlehre, S. 320.

392 BAG v. 26.07.2000 - 7 AZR 51/99, NZA 2001, 546; *Heidl*, RdA 2009, 297 (302).

393 APS-*Backhaus*, § 14 TzBfG Rn. 372.

394 APS-*Backhaus*, § 14 TzBfG Rn. 372; so auch *Richter/Wilke*, RdA 2011, 305 (306).

395 *Heidl*, RdA 2009, 297 (302).

396 *Sowka*, SAE 2007, 172 f.

397 *Preis*, NZA 2005, 714 (716).

398 *Dörner*, Rn. 466.

bb) Stellungnahme

Die Argumentation von *Preis*, es werde in § 14 Abs. 2 S. 1 Hs. 2 TzBfG das Wort „unverändert" hinzu gedeutet, kann ebenso wenig Aufschluss über die korrekte Wortlautinterpretation wie der „Konter" der Senatsmitglieder, dass die Gegenauffassung die Verlängerung unter „veränderbare Vertragsbedingungen" zulasse, geben. Es kann insofern nicht Sinn und Zweck der Wortlautauslegung sein, die gesetzliche Regelung um ungeschriebene Tatbestandsmerkmale zu ergänzen. Auf diese Weise würde die grammatikalische Auslegung stets zu dem gewünschten Ergebnis führen.

Anhaltspunkte für eine korrekte Wortlautauslegung ergeben sich m.E. anhand der gesetzgeberischen Wortwahl Arbeitsvertrag jedenfalls nicht. Richtig ist allein, dass bei einer korrekten Abgrenzung der Begrifflichkeiten das Arbeitsverhältnis den Oberbegriff darstellt. Diese wird grundsätzlich durch den Abschluss des Arbeitsvertrages begründet und gestaltet.[399] Der Abschluss des Arbeitsvertrages und der Beginn des Arbeitsverhältnisses fallen regelmäßig zusammen. Gleichwohl kann der Begriff des Arbeitsverhältnisses weiter sein, da ein solches auch vorliegen kann, wenn der Arbeitsvertrag unwirksam ist (sog. faktisches Arbeitsverhältnis).

Dennoch kann hieraus nicht abgeleitet werden, dass das Gesetz durch die Verwendung des engeren Begriffs des Arbeitsvertrages zum Ausdruck bringen wollte, dass es veränderte Arbeitsbedingungen im Zuge von Vertragsverlängerungen nicht als zulässig erachtet. Grund dafür ist, dass der Gesetzgeber an anderer Stelle eine sinngleiche Behandlung der Begrifflichkeiten vorzunehmen scheint. So ist im Gegensatz zu § 14 Abs. 2 S. 1 Hs. 2 TzBfG in § 620 Abs. 3 BGB von Arbeitsverträgen die Rede, während in den Absätzen des § 15 TzBfG abwechselnd von Arbeitsvertrag/ Arbeitsverhältnis gesprochen wird, wobei der Grund für eine differenzierte Sichtweise nicht hinreichend deutlich wird.

In der arbeitsrechtlichen Literatur werden die Begrifflichkeiten ebenfalls zum Teil synonym verwendet.[400] Auch im Unionsrecht stehen die Bezeichnungen augenscheinlich gleichwertig nebeneinander, wie sich aus §§ 1 und 2 der Rahmenvereinbarung ergibt.[401]

Die Sinnverwandtheit wird auch dadurch deutlich, dass selbst der 7. Senat im Zuge seiner Ausführungen zum Wortlautargument von der Verlängerung des Arbeitsverhältnisses spricht und dabei konkret auf § 14 Abs. 2 S. 1 Hs. 1 TzBfG verweist.[402] Insofern ist zweifelhaft, ob der Gesetzgeber bewusst den engeren Begriff des Arbeitsvertrages gewählt hat.[403]

---

399 MüKo-*Müller-Glöge*, § 611 BGB Rn. 158 ff.

400 *Reinhard*, Befristete Arbeitsverträge, S. 5; vgl. auch *Stoye*, Rechtsdogmatische und rechtspolitische Probleme, S. 30.

401 *Stoye*, Rechtsdogmatische und rechtspolitische Probleme, S. 30.

402 BAG v. 23.08.2006 - 7 AZR 12/06 Rn. 21, NZA 2007, 204 (206).

403 Ggf. kann hierüber noch die historische Auslegung Aufschluss geben (vgl. Ausführungen unter b) auf S. 72 ff.

Fraglich ist, ob sich in grammatikalischer Hinsicht an der Auslegung überhaupt etwas ändern würde, wenn der Begriff des Arbeitsvertrages vom Gesetzgeber durch den Begriff des Arbeitsverhältnisses ausgetauscht werden würde. Dies wird unter anderem von *Reus/Mühlhausen* gewünscht, die das Wortlautargument als gewichtigstes Argument des BAG sehen und die Diskussion mit einem gesetzgeberischen Federstrich für beendet erachten würden.[404]

Backhaus hält dies für unnötig.[405] Seine Argumentation, dass es in der arbeitsrechtlichen Praxis üblich sei *„Änderungsverträge zum Arbeitsvertrag vom..."* abzuschließen und hierdurch nicht der Charakter eines einheitlichen Gesamtvertrages genommen werde, greift m.E. zu kurz. Denn Änderungsverträge sind auch im Befristungsrecht, soweit sie im laufenden Arbeitsverhältnis und nicht im Zusammenhang mit der Verlängerungsabrede erfolgen, zulässig und unterliegen nicht der Befristungskontrolle. Zudem kann der „Änderungsvertrag" bereits wörtlich nicht mit dem „Verlängerungsvertrag" gleichgesetzt werden. Der Änderungsvertrag verdeutlicht explizit, dass der Vertrag bzw. dessen Arbeitsbedingungen geändert werden soll.

Jedenfalls lässt der allgemeine als auch juristisch geprägte Sprachgebrauch von Arbeitsverhältnis/Arbeitsvertrag nicht zwingend den Schluss zu, dass Änderungen nur im Zuge der Verlängerung eines *Arbeitsverhältnisses* statthaft sind. Eine eindeutige Auslegung könnte man nur erzielen, wenn der Gesetzgeber eine Gesetzesänderung vornehmen würde und dabei auf beide Terminologien verzichtet; so z.B., wenn § 14 Abs. 2 S. 1 Hs. 2 TzBfG dahingehend abgeändert würde, dass bis zu einer Gesamtdauer von zwei Jahren die höchstens dreimalige Verlängerung der kalendermäßigen *Befristung* eines Arbeitsvertrages zulässig ist. Bei einer derartigen Formulierung wäre es jedenfalls eindeutig, dass sich die Verlängerung nur auf die Dauer der *Befristung* beziehen soll und nicht auf die sonstigen materiellen Arbeitsbedingungen des Arbeitsvertrages. Eine ähnliche Wortwahl findet sich im Übrigen in § 14 Abs. 4 TzBfG, wonach lediglich die *Befristung* eines Arbeitsvertrages zu ihrer Wirksamkeit der Schriftform bedarf.

Nach der gegenwärtigen Gesetzeslage muss man m.E. schlichtweg akzeptieren, dass der Normtext im Hinblick auf die Wortwahl Arbeitsvertrag/Arbeitsverhältnis weder für die eine noch die andere Lösung spricht.[406] Ausschlaggebend könnte allerdings der Begriff der „Verlängerung" sein. Fraglich ist, ob es sich hierbei um einen juristisch unbelasteten Begriff handelt. Der Begriff der Verlängerung findet außerhalb des Arbeitsrechts – wie bereits auf S. 58 dargestellt – vor allem im Mietrecht seine Verwendung. So regelt § 575 BGB, dass ein Mietverhältnis über Wohnraum nur unter den engen Voraussetzungen des Abs. 1 auf Zeit eingegangen werden darf und lediglich unter den in Abs. 2 S. 2 bzw. Abs. 3 bezeichneten Gründen ein Verlängerungsanspruch des Mieters in Betracht kommt.

---

404 *Reus/Mühlhausen*, RdA 2013, 226 (236); so auch *Bauer*, Anm. zu BAG v. 23.08.2006 - 7 AZR 12/06, NZA 2007, 204 (209).

405 APS-*Backhaus*, § 14 TzBfG Rn. 372.

406 So auch *Wank*, Festschrift Adomeit, S. 789 (800).

Im Gegensatz zur Befristungsverlängerung i.S.d. § 14 Abs. 2 TzBfG steht es den Mietparteien im Anwendungsbereich des § 575 Abs. 2 BGB frei, eine Verlängerung auch zu geänderten Vertragsbedingungen zu vereinbaren.[407] Im Hinblick auf die grammatikalische Auslegung der in § 14 Abs. 2 TzBfG verwendeten Begrifflichkeit „Verlängerung eines Arbeitsvertrages" dürfte hierbei von Bedeutung sein, dass in § 575 Abs. 2 S. 2 bzw. Abs. 3 BGB von der Verlängerung des *Mietverhältnisses* die Rede ist. Insofern könnte dieser Aspekt für die Rechtsaufassung des BAG und der herrschenden Lehre herangezogen werden, dass sich der Gesetzgeber aufgrund einer rechtsvergleichenden Betrachtungsweise bei § 14 Abs. 2 S. 1 Hs. 2 TzBfG bewusst für die Wortwahl „Verlängerung eines Arbeitsvertrages" entschieden hat und damit keine Gleichsetzung der Begrifflichkeiten bezweckte.

Dem könnte man jedoch entgegen halten, dass § 545 BGB wiederum von einer (stillschweigenden) *Verlängerung des Mietvertrages* spricht. Es ist daher nicht auszuschließen, dass auch im Mietrecht die Begrifflichkeiten Mietverhältnis und Mietvertrag synonym verwendet werden, obwohl andererseits im Anwendungsbereich des § 545 BGB zu bedenken ist, dass aufgrund der dort geregelten gesetzlichen Verlängerungsfiktion eine rechtsgeschäftliche Vereinbarung über die Abänderung von Vertragsbedingungen nicht in Betracht kommt.

Neben den mietrechtlichen Vorschriften wird der Begriff der Verlängerung auch im Sektor des Dienstleistungsrechts verwendet. So handelt es sich z.B. bei einem Vertrag über die Nutzung eines Mobilfunknetzes um einen Dienstvertrag i.S.d. § 611 BGB. Im allgemeinen Sprachgebrauch wird von einer „Verlängerung" gesprochen, wenn sich die Vertragsparteien vor Ablauf der Vertragslaufzeit darüber einigen, dass der Vertrag um weitere 24 Monate fortgesetzt werden soll. In diesem Fall kann der Kunde entscheiden, ob er bei der Vertragsverlängerung einen neuen Tarif wählt oder in seinem bestehenden Tarif bleibt. Die Vertragsbedingungen können insofern einvernehmlich geändert werden.

Ob es sich hierbei allerdings um eine Vertragsverlängerung im Rechtssinne oder einen Neuabschluss handelt, kann mangels Relevanz in den meisten Fällen dahingestellt bleiben, da es eine gleichgelagerte Problematik wie die des Verstoßes gegen das Anschlussverbot nicht gibt. Erheblich kann die Abgrenzung lediglich bei einem Streit über das erneute „Entstehen" eines Widerrufrechts werden. In einem Urteil des Amtsgerichts Hannover heißt es hierzu: „Mobilfunkvertragsverlängerungen stellen regelmäßig eine Änderung und keine Novation des Vertrags dar."[408] Soweit die Parteien in einem laufenden Vertragsverhältnis vereinbaren, dass ein neues Telefon geliefert werden soll und der an sich bis zum Tag X laufende Mobilfunkvertrag ohne Änderung des vereinbarten Tarifes um 24 Monate verlängert wird, ist hierunter kein völlig neues Vertragsverhältnisses zu verstehen, sondern eine Modifizierung des bereits bestehenden Vertrags.

---

407 Blank/Börstinghaus-*Blank*, § 575 BGB Rn. 65.

408 AG Hannover v. 26.02.2008 - 519 C 9119/07, MMR 2008, 494.

Im Ergebnis geht das Amtsgericht Hannover somit von einer Verlängerung aus. Offen lässt es jedoch, ob eine andere Entscheidung geboten gewesen wäre, wenn der Tarif ebenfalls abgeändert worden wäre. Insofern kann auch dieses Urteil keinen Aufschluss über die grammatikalische Verwendung des Verlängerungsbegriffs geben.

Fraglich ist, ob ein Vergleich zu dem Verlängerungsbegriff der Richtlinie 1999/70/EG des Rates zur EGB-UNICE-CEEP-Rahmenvereinbarung über befristete Arbeitsverträge eine anderweitige Interpretation zulässt. Nach der Rahmenvereinbarung gilt das Wort „Verlängerung" als Synonym für jeden Arbeitsvertrag, der auf einen anderen befristeten Vertrag folgt.[409] Dieser Arbeitsvertrag kann auch einen gänzlich anderen Inhalt haben. Insofern sind nach europarechtlichem Verständnis auch weitergehende Vertragsänderungen denkbar.

Hieraus folgt jedoch nicht zwingend, dass der nationale Begriff der Verlängerung mit dem europarechtlichen Begriff identisch sein muss.[410] Das BAG hat hierzu bereits ausgeführt, dass die im nationalen Recht und im Gemeinschaftsrecht verwandten Begrifflichkeiten ihrer Bedeutung nach nicht zwingend übereinstimmen müssen.[411] So sei der nationale Gesetzgeber nicht gehindert, strengere Anforderungen an die Voraussetzungen für eine zulässige Verlängerung befristeter Arbeitsverträge zu stellen als das Gemeinschaftsrecht.[412] Aus diesem Grund ist im Ergebnis gut vertretbar, dass eine restriktive Auslegung des Begriffes der Verlängerung zumindest nicht europarechtswidrig ist.[413] Insofern kann auch die Hinzuziehung des Unionsrechts keinen Aufschluss darüber geben, wie der Wortlaut des § 14 Abs. 2 S. 1 Hs. 2 TzBfG zu verstehen ist.

b) Historische Auslegung

aa) Meinungsstand

Das BAG und die herrschende Lehre liefern für ihre restriktive Auffassung im Wesentlichen auch Argumente aus einer historischen Betrachtungsweise bzw. der Gesetzgebungsgeschichte. Die heutige Interpretation des Verlängerungsbegriffs ist erstmals zum BeschFG 1996 ergangen.[414]

Trotz der Änderungsvorschläge u.a. von *Sowka*[415] und *Schiefer*[416] hat der Gesetzgeber die Vorschrift im Wesentlichen beibehalten. Im Gesetzentwurf der Bundesregierung heißt es gar wortwörtlich, dass „wie bisher" ein Arbeitsvertrag ohne sachlichen

409 APS-*Backhaus*, § 14 TzBfG Rn. 375; *Heidl*, RdA 2009, 297 (301).
410 *Heidl*, RdA 2009, 297 (301); *Dörner*, Rn. 471.
411 BAG v. 23.08.2006 - 7 AZR 12/06, NZA 2007, 204 (207).
412 BAG v. 23.08.2006 - 7 AZR 12/06, NZA 2007, 204 (207); so Staudinger-*Preis*, § 620 BGB Rn. 192; *Dörner*, Rn. 471.
413 *Wank*, Festschrift Adomeit, S. 789 (802); Staudinger-*Preis*, § 620 BGB Rn. 192.
414 BAG v. 26.07.2000 - 7 AZR 51/99, NZA 2001, 546.
415 *Sowka*, DB 2000, 1916 (1918).
416 *Schiefer*, DB 2000, 2118 (2122).

Grund verlängert werden kann.[417] Das über die Gesetzesbegründung hinausgehende Schweigen des Gesetzgebers zur Veränderlichkeit des Verlängerungsbegriffs wertet das BAG als positive Aussage zu seinen Gunsten.[418] Der Gesetzgeber habe die Auslegung des Begriffs der Verlängerung gebilligt und keinen Anlass gesehen, die Vorschrift neu zu fassen.[419]

Gleichfalls werden an dieser Argumentation von *Seifert* Zweifel geäußert, indem er in Frage stellt, ob dem Gesetzgeber vor Kodifizierung der neuen Bestimmungen des Teilzeit- und Befristungsgesetzes bewusst gewesen sei, welche Auswirkung die nur wenige Monate vor der Gesetzesverabschiedung[420] ergangene Grundsatzentscheidung des BAG für die Zukunft haben könnte.[421]

bb) Stellungnahme

Die Argumentation, die Rechtsprechung des BAG sei laut Gesetzesbegründung „wie bisher" fortzuführen, ist m.E. zu weitgehend. Mit der Formulierung im Gesetzentwurf wollte der Gesetzgeber positiv hervorheben, dass an der – seit dem BeschFG 1996 – eingeführten Befristungshöchstgrenze von zwei Jahren und der dreimaligen Verlängerungsmöglichkeit festgehalten werden sollte. Darüber hinaus jedoch abzuleiten, dass der Gesetzgeber auch zum Ausdruck bringen wollte, dass der Begriff der Verlängerung durch das BAG korrekt ausgelegt werde, dürfte zu weit gehen. Nicht zuletzt ist es desgleichen methodisch bedenklich, wenn das BAG das Schweigen des Gesetzgebers zur Veränderlichkeit des Verlängerungsbegriffs als positive Aussage wertet.[422]

Soweit der Senat die historische Auslegung zu seinen Gunsten anführt, indem er ausführt, dass diverse Literaturansichten vom Gesetzgeber als unbeachtlich abgewiesen wurden, so sollte man sich noch einmal den zeitlichen Rahmen des Gesetzgebungsverfahren vor Augen halten. Am 05.09.2000 wurde der Entwurf erstmalig vorgelegt.[423] Der Anhörung am 13.09.2000 und Kabinettssitzung am 27.09.2000 folgte am 02.10.2000 bereits die Zuleitung an den Bundesrat.[424] Erste Lesungen im Bundestag folgten bereits gute drei Wochen später. Zu dieser Zeit erschien der Aufsatz von *Schiefer*, bei dem es sich eher um eine kritische Auseinandersetzung mit dem Gesetzesentwurf handelte, als ein Gesuch das bereits weit vorangetriebene Gesetzgebungsverfahren in andere Bahnen zu lenken. Insofern ist *Schiefer* beizupflichten, wenn er von einem *überfallartigen Gesetzgebungsverfahren* spricht.[425] Die historische Auslegung kann keine neuen Erkenntnisse liefern.

---

417 BT-Drs. 14/4374 S. 13; vgl. auch *Döner*, Rn. 467.
418 *Wank*, Festschrift Adomeit, S. 789 (802).
419 *Dörner*, Rn. 467.
420 BGBl. 2000 Teil I Nr. 59, ausgegeben zu Bonn am 28.12.2000.
421 *Seifert*, RdA 2007, 304 (306).
422 So auch *Wank*, Festschrift Adomeit, S. 789 (802).
423 abgedruckt in NZA 2000, 1045; vgl. auch *Bauer*, NZA 2000, 1039.
424 *Schiefer*, DB 2000, 2118.
425 *Schiefer*, DB 2000, 2118.

c) *Systematische Auslegung*

aa) Meinungsstand

Des Weiteren kann die systematische Stellung der Norm im Gesetz und in der gesamten Rechtsordnung als Erkenntnisquelle für Inhalt und Bedeutung der Vorschrift herangezogen werden.[426] Das BAG und die herrschende Lehre kommen hierbei zu dem Entschluss, dass sowohl eine rechtssystematische als auch eine normsystematische Auffassung für eine restriktive Handhabung des Verlängerungsbegriffs sprechen.[427]

Das BAG argumentiert, dass er den Abschluss von unbefristeten Arbeitsverhältnissen als sozialpolitisch erwünschten Normalfall verstehe.[428] Der befristete Arbeitsvertrag sei demgemäß ein Ausnahmefall von diesem normativen Leitbild, für dessen Wirksamkeit es grundsätzlich eines Sachgrundes bedarf. Anhand der Normstruktur und des bereits angesprochenen Regel-Ausnahme-Verhältnisses zwischen Sachgrundbefristung i.S.d. § 14 Abs. 1 TzBfG und der sachgrundlosen Befristung nach § 14 Abs. 2 TzBfG lasse sich erkennen, dass letztere nur unter den engen Tatbestandsvoraussetzungen des § 14 Abs. 2 TzBfG zuzulassen sei. Die Normstruktur gebiete es insofern, eine Verlängerung auf die Verschiebung des Beendigungszeitpunktes zu begrenzen.[429] Es sei mit dem gesetzgeberischen Anliegen nicht vereinbar, wenn die Verlängerung mit einer Änderung der Vertragsbedingungen verbunden werden könnte.[430]

Neben der rechtssystematischen Auslegung sprechen nach Auffassung des BAG auch normsystematische Aspekte für die enge Auslegung. Eine klare Abgrenzung zwischen einer zulässigen Verlängerung und einem unzulässigen Neuabschluss könne neben einem nahtlosen Anschluss der Arbeitsverhältnisse nur durch die Beibehaltung der Arbeitsbedingungen gewährleistet werden.[431]

bb) Stellungnahme

Soweit der Senat darauf abstellt, dass nur durch eine enge Auslegung des Verlängerungsbegriffs gewährleistet werden könne, dass das unbefristete Arbeitsverhältnis weiterhin das sozialpolitisch erwünschte Arbeitsverhältnis darstelle, so ist zu bezweifeln, ob das Zulassen von veränderten Arbeitsbedingungen diesen Grundsatz in Frage stellen könnte. M.E. wird durch die Befristungshöchstgrenze von zwei Jahren und der Einschränkung auf eine dreimalige Verlängerbarkeit, diesem Prinzip ausreichend Rechnung getragen, indem zunächst einmal ein begrenzter Zeitrahmen abgesteckt wird. Wie die Parteien innerhalb dieses Rahmens die Arbeitsbedingungen auszugestalten haben, wird vom Gesetzgeber nicht vorgegeben. So regelt § 14

---

426 *Larenz*, Methodenrecht, S. 325 f.

427 BAG v. 18.01.2006 - 7 AZR 178/05, NZA 2006, 605 (606).

428 BAG v. 23.08.2006 - 7 AZR 12/06, NZA 2007, 204 (206); so auch BT-Drs. 14/4374, S. 12.

429 BAG v. 23.08.2006 - 7 AZR 12/06, NZA 2007, 204 (206).

430 BAG v. 23.08.2006 - 7 AZR 12/06, NZA 2007, 204 (206).

431 BAG v. 23.08.2006 - 7 AZR 12/06, NZA 2007, 204 (206).

Abs. 2 S. 1 Hs. 2 TzBfG insbesondere bei sachgrundlosen Befristungen nur die Befristungshöchstgrenze und Befristungsdauer. Materielle Bedingungen, wie sie sich bei Sachgrundbefristungen finden, sieht die Vorschrift nicht vor. In diesem Sinne ist es auch nicht erforderlich, dass dem Arbeitgeber diese Form der Befristungsmöglichkeit unnötig erschwert wird. Die befristungsspezifischen Rechte des Arbeitnehmers werden durch die Änderung der Arbeitsbedingungen jedenfalls nicht beschnitten. Die Befristung soll ihm den Einstieg in ein unbefristetes Arbeitsverhältnis ermöglichen. Insbesondere wird die vom Gesetzgeber beabsichtigte „goldene Brücke zur Dauerbeschäftigung" hierdurch nicht beeinträchtigt. Im Gegenteil: Die Bereitschaft des Arbeitnehmers mit einer veränderten Konstellation umzugehen, ggf. sogar eine abweichende Tätigkeit für eine weitere Vertragslaufzeit zu akzeptieren, zeigt dem Arbeitgeber, wie flexibel der Arbeitnehmer einsetzbar ist und erhöht damit dessen Chancen dauerhaft eingesetzt zu werden. Zu bedenken ist in diesem Zusammenhang auch, dass der Arbeitgeber dem Grunde nach zu einer Vertragsverlängerung nicht verpflichtet ist.[432] Stellt sich bei der Vertragsverlängerung heraus, dass eine Weiterbeschäftigung bspw. nur unter einer Verringerung der bisherigen Arbeitszeit in Betracht kommt, bliebe bei Befolgung der Rechtsprechungsgrundsätze für den Arbeitgeber nur die Möglichkeit, anstelle einer Vertragsverlängerung einen neuen Arbeitnehmer nach § 14 Abs. 2 TzBfG befristet einzustellen. Eine „goldene Brücke zur Dauerbeschäftigung" könnte für denjenigen Arbeitnehmer, dessen Verlängerung unter diesem Aspekt abgelehnt wird, leicht zu einer „wackligen Hängebrücke" werden. Anstelle eines unbefristeten Arbeitsverhältnisses könnte die Entlassung unter Neubesetzung seiner bisherigen Position erfolgen.

Was das Argument der rechtssicheren Unterscheidung vom schädlichen Neuabschluss anbelangt, stellt sich das BAG erneut auf den Standpunkt, dass nur durch die Beibehaltung der ursprünglichen Vertragsbedingungen eine konkrete Abgrenzung zwischen einer nach § 14 Abs. 2 S. 1 Hs. 2 TzBfG zulässigen Verlängerung und einer nach § 14 Abs. 2 S. 2 TzBfG verbotenen Anschlussbefristung möglich sei. Ob dies jedoch tatsächlich notwendig ist, dürfte fraglich sein. Insbesondere ist es bedenklich, von einer objektiven Tatsache wie der Veränderung von Arbeitsbedingungen darauf zu schließen, dass hierdurch stets der Abschluss eines „neuen" Vertrages gewollt ist.

Um die systematische Abgrenzung von Verlängerung/Neuabschluss jedoch nicht nur anhand eines zeitlichen Kriteriums vorzunehmen,[433] ist es m.E. sachgerecht, eine subjektive Komponente, sprich den Parteiwillen, einfließen zu lassen. Anhand dessen kann überprüft werden, ob die Parteien durch die Abänderung der Vertragsbedingungen beabsichtigen, das Vertragsverhältnis auf eine neue Rechtsgrundlage zu stellen oder lediglich ihr bestehendes Arbeitsverhältnis zu verlängern. Wie diese Prüfung im Einzelnen ausgestaltet sein kann, soll unter Ziffer 5 auf S. 80 ff. als Lösungsvorschlag erörtert werden.

432 Unter welchen Voraussetzungen dies doch der Fall sein kann, wird in Kapitel 7 erörtert.

433 Vgl. Ausführungen auf S. 51 ff.

d) *Teleologische Auslegung*

aa) Meinungsstand

Sofern aus dem allgemeinen oder besonderen Sprachgebrauch des ergebenden Gesetzes sich ergebende Wortsinn, der Bedeutungszusammenhang des Gesetzes und die ihm zugrunde liegende begriffliche Systematik, verschiedene Deutungsweisen offen lassen, stellt sich die nachfolgend zu erörternde Frage, welchen Telos eine Rechtsnorm verfolgt.[434] Grundlegend hierfür ist, dass jeder Rechtsnorm ein Zweck innewohnt, der sich aus der zugrundeliegenden Interessenlage und der Bewertung durch den Gesetzgeber ergibt. Ziel jeder Auslegung ist es diesen Normzweck zu berücksichtigen und ihn maßgeblich einfließen zu lassen.[435]

Der 7. Senat interpretiert den Gesetzeszweck des § 14 Abs. 2 S. 1 Hs. 2 TzBfG dahingehend, dass der Arbeitnehmer bei seinem Entschluss über die Verlängerung des sachgrundlos befristeten Arbeitsverhältnisses vor der Ausnutzung einer Zwangslage durch den Arbeitgeber geschützt werden müsse. Der Arbeitnehmer dürfe nicht der Gefahr ausgesetzt werden, dass der Arbeitgeber die Fortsetzung davon abhängig macht, dass der Arbeitnehmer die geänderten Arbeitsbedingungen akzeptiert und sich damit den Druck des bevorstehenden Auslaufens der Befristung zu eigen macht.[436] Dies gelte selbst dann, wenn die angebotenen Arbeitsvertragsbedingungen für den Arbeitnehmer, gegenüber dem bisherigen Vertragsinhalt, günstiger sind.[437]

Letzterer Standpunkt ist der Grund, warum sich ein Teil der Literatur herausgefordert sah, durch eine vermittelnde Auffassung eine sachgerechte Lösung zu erzielen.[438] Die Vertreter dieser Ansicht pflichteten dem BAG insofern bei, dass der Arbeitnehmer vor einer Situation geschützt werden müsse, in der der Arbeitgeber diesen vor die Wahl stellt, den Verlängerungsvertrag zu den ungünstigeren Bedingungen anzunehmen oder sich ein neues Umfeld suchen zu müssen. Dieser Arbeitnehmerschutz sei jedoch dann ins Gegenteil verkehrt, wenn dem Arbeitnehmer die Veränderungen von solchen Arbeitsbedingungen versagt werden, die sich objektiv eindeutig zu seinen Gunsten auswirken.[439] Anderenfalls werde der Schutzgedanke des Befristungsrechts ad absurdum geführt.[440]

Der Senat tritt dieser Auffassung jedoch entgegen, indem er den Vertretern dahingehend Inkonsequenz vorwirft, als dass sie begünstigende Änderungen zulassen

434 *Larenz*, Methodenrecht, S. 328.

435 BVerfG v. 19.06.1973 - 1 BvL 39/69; 1 BvL 14/72, BVerfGE 35, 263 (278f.) = NJW 1973, 1491.

436 BAG v. 18.01.2006 - 7 AZR 178/05, NZA 2006, 605 (607).

437 BAG v. 18.01.2006 - 7 AZR 178/05, NZA 2006, 605 (607); vgl. auch *Dörner*, Rn. 469.

438 *Wank*, Festschrift Adomeit, S. 789 (802); APS-*Backhaus*, § 14 TzBfG Rn. 374; KR-*Lipke*, § 14 TzBfG Rn. 396a.

439 *Bauer*, Anm. zu BAG v. 23.08.2006 - 7 AZR 12/06, NZA 2007, 204 (208); APS-*Backhaus*, § 14 TzBfG Rn. 374; KR-*Lipke*, § 14 TzBfG Rn. 396a, 405; AT-*Maschmann*, § 14 TzBfG Rn. 72; *Richter/Wilke*, RdA 2011, 305 (310).

440 *Bauer*, NZA 2011, 241 (242).

und nachteilige verbieten[441] ohne eine methodische Begründung für dieses Günstigkeitsprinzip[442] liefern zu können.

bb) Stellungnahme

Dem Senat ist insofern zuzustimmen, dass keine allgemeine Auslegungsregel existiert, die die Statthaftigkeit für den Arbeitnehmer günstigerer Maßnahmen begründet.[443] Insbesondere kann das Günstigkeitsprinzip der vermittelnden Auffassung nicht aus dem „Umkehrschluss" des § 22 TzBfG abgeleitet werden. Diese Vorschrift dient dem Schutzinteresse des Arbeitnehmers und soll verhindern, dass von den Vorschriften des Teilzeit- und Befristungsgesetzes zuungunsten des Arbeitnehmers abgewichen wird. Die Vorschrift kann allerdings nicht dahingehend verstanden werden, dass Änderungen zugunsten des Arbeitnehmers argumentum e contrario stets zulässig sein sollen. Dies würde auch im Widerspruch zur Rechtsfolgenregelung des § 16 TzBfG stehen, der den Arbeitnehmer vor unwirksamen Befristungen, unabhängig von der positiven oder negativen Ausstrahlungswirkung einzelner Arbeitsbedingungen bewahren soll.

Gleichwohl wäre es bereits aus praktischen Erwägungen wenig sinnvoll, eine Differenzierung zwischen positiver und negativer oder gar erheblicher und unerheblicher Veränderung vorzunehmen. Solche unbestimmten Rechtsbegriffe würden im Ergebnis erneut die Kritik der Literatur herausfordern und damit die Einzelfallrechtsprechung und Rechtsunsicherheit verstärken. Dem Arbeitgeber würde aufgezwungen, unterscheiden zu müssen, ob es sich um die Änderung einer „wesentlichen" Arbeitsbedingung handelt, oder prüfen zu müssen, ob die Regelung ein „günstiges" Moment für den Arbeitnehmer darstellt. Die Rechtsunsicherheit würde darüber hinaus bei neutralen Vertragsbedingungen forciert werden. Um eine solche handelt es sich bspw., wenn die Vertragsparteien einvernehmlich vereinbaren, dass die vorzeitige Kündbarkeit des befristeten Arbeitsverhältnisses vor dessen Ablauf aus dem Vertragstext gestrichen werden soll. Je nach Sachverhaltskonstellation kann die Streichung für den Arbeitnehmer sowohl begünstigend als auch belastend sein. Will der Arbeitnehmer vor Ablauf der Befristung kündigen, ist die Entfernung eines entsprechenden Kündigungspassus für ihn nachteilig. Möchte sich der Arbeitgeber vorzeitig vom Vertrag lösen, ist die Vertragsänderung für den Arbeitnehmer positiv, wenn er auf den Bestand der Vertragslaufzeit besteht.

Als Zwischenergebnis bleibt daher festzuhalten, dass man m.E. entweder die Veränderung von Arbeitsbedingungen unabhängig von ihrer Wirkungsweise zulässt oder diese ablehnt. Hierüber entscheidet letztlich der Telos der Vorschrift. Fraglich ist, ob dieser tatsächlich darauf gerichtet ist, die Entscheidungsfreiheit des Arbeitnehmers zu schützen und ihn vor der Ausnutzung einer Zwangslage zu bewahren. Zweifel hieran

---

441 BAG v. 23.08.2006 - 7 AZR 12/06, NZA 2007, 204 (207).

442 *Wank* spricht nicht ausschließlich von Günstigkeitsprinzip, sondern von einer „arbeitnehmerbegünstigenden Dispositivität", *Wank*, Festschrift Adomeit, S. 789 (803).

443 So auch *Dörner*, Rn. 469.

hat das BAG insbesondere mit seiner Aussage aufgeworfen, dass Veränderungen der Arbeitsbedingungen, die nicht im Sachzusammenhang mit der Vertragsverlängerung stehen, zuzulassen sind.[444] Probleme bestehen vor allem, weil der Begriff des Sachzusammenhangs nicht klar umrissen ist.[445] Steht ein zweiwöchig vorab veränderter Vertragsinhalt im Sachzusammenhang mit der Vertragsverlängerung? In tatsächlicher Hinsicht wird man dies vermuten müssen, da der Arbeitgeber dem Arbeitnehmer anscheinend einen Anreiz für eine Verlängerung geben wollte. Auch die kurze Zeit später erfolgte Änderungsvereinbarung dürfte Probleme aufwerfen. Zwar entschied das BAG, dass eine wenige Tage nach der Vertragsverlängerung vorgenommene Vereinbarung über die Änderung der vertraglich geschuldeten Tätigkeit und der Vergütung nicht der Befristungsabrede den Charakter einer Vertragsverlängerung nehme;[446] doch auch der langjährige Vorsitzende des 7. Senats *Dörner* äußerte sich dahingehend, dass die vorherige Verabredung einer solchen Vorgehensweise zwischen den Parteien befristungsschädlich sein dürfte.[447] Problematisch ist dies vor allem, wenn die Veränderung der Arbeitsbedingungen nach der Vertragsverlängerung erfolgt, aber rückwirkend auf den Tag der Verlängerung gelten soll. Wie eine derartige Konstellation rechtlich zu bewerten ist, ist bislang nicht höchstrichterlich entschieden. Das BAG hat mit Urteil vom 12.08.2009 jedoch bestätigt, dass eine Abänderung von Arbeitsbedingungen, die elf Tage nach der Befristungsverlängerung schriftlich fixiert wird und rückwirkend über einen Zeitraum von ca. sechs Monaten gelten soll, nicht als verlängerungsschädlich einzustufen ist.[448] Bei einer Zeitspanne von elf Tagen könne jedenfalls kein Zusammenhang mit der Vertragsverlängerung unterstellt werden. Der Senat stellte dabei ausdrücklich auf den Tag der schriftlichen Unterzeichnung des Änderungsvertrages und nicht auf den Tag des rückwirkenden Wirksamwerdens ab.[449]

Im Ergebnis ist *Bauer* beizupflichten, wenn er den Senatsmitgliedern im Hinblick auf die Rechtsprechung zur Wirksamkeit einer Abänderung der Arbeitsbedingungen kurz vor oder nach der Verlängerung eine schwer verständliche praktische Konsequenz unterstellt.[450] Sie ermuntert den Arbeitgeber zu einer Legalisierung der Umgehung.[451] *Wank* umschreibt dies zutreffend wie folgt: „Der gut beratene Arbeitgeber nimmt die Lohnerhöhung wenige Tage vor der Vertragsverlängerung vor – mit Erfolg; der nicht oder schlecht beratene Arbeitgeber vollzieht sie gleichzeitig mit der Vertragsverlängerung – und er hat einen unerwünschten Dauerarbeitsplatz mehr."[452] Um solche Widersprüche oder Abgrenzungsschwierigkeiten

444 *Preis* spricht in diesem Zusammenhang gar von „Absurdität", Staudinger-*Preis*, § 620 BGB Rn. 194.

445 KR-*Lipke*, § 14 TzBfG Rn. 407; *Heidl*, RdA 2009, 297 (305).

446 BAG v. 26.07.2006 - 7 AZR 514/05, NZA 2006, 1402.

447 *Dörner*, Rn. 472.

448 BAG v. 12.08.2009 - 7 AZR 270/08, BeckRS 2009, 74191.

449 BAG v. 12.08.2009 - 7 AZR 270/08, BeckRS 2009, 74191.

450 *Bauer*, Anm. zu BAG v. 23.08.2006 - 7 AZR 12/06, NZA 2007, 204 (208).

451 *Wank*, Festschrift Adomeit, S. 789 (806).

452 *Wank*, Festschrift Adomeit, S. 789 (806).

von Anfang an auszuschließen, sollte an der Argumentation festgehalten werden, dass § 14 Abs. 2. S. 1 Hs. 2 TzBfG in keinerlei Hinsicht einen Vertragsinhaltsschutz gebietet. Die Vorschrift dient vorrangig der Regelung des Bestandsschutzes, nicht aber dazu, dem Schutz vor Veränderungen Rechnung zu tragen.[453] Anderenfalls dürfte das BAG solche Vertragsveränderungen, die nicht im Zusammenhang mit der Verlängerung stehen, ebenfalls nicht zulassen.

Es bleibt die Frage, ob sich eine andere Wertung unter dem Aspekt der „Drucksituation" bei einer Verlängerungsverhandlung im Gegensatz zu einer im Laufe des Arbeitsverhältnisses stattfindenden Änderung des Vertragsinhaltes ergibt. Legt man eine durchschnittliche Erstbefristungsdauer von einem Jahr zu Grunde, wird sich der Arbeitgeber bzw. die Personalabteilung spätestens nach Ablauf einer zumindest fiktiven Probezeit von ca. sechs Monaten erstmalig Gedanken über die weitergehende Beschäftigung des Arbeitnehmers machen. Ggf. wird es bereits zu diesem noch recht frühen Zeitpunkt zu einem ersten Gespräch über die Verlängerung des Arbeitsverhältnisses kommen. Vor diesem Hintergrund wird sich der Arbeitgeber regelmäßig fragen, ob die bisherige Arbeitsleistung eine Verbesserung der Arbeitsbedingungen rechtfertigt. Möchte er den Arbeitnehmer „halten" und ihn zu einer Verlängerung bewegen, wird er in Erwägung ziehen, ihm diese durch die Verbesserung von Arbeitsbedingungen schmackhaft zu machen. Erfahrungsgemäß fallen demzufolge die Verhandlungen über die Befristungsdauer und die zukünftige Änderung von Vertragskonditionen zusammen. Praxisfern ist hingegen, dass der Arbeitgeber seinem Beschäftigten im Laufe des Vertragsverhältnisses erklärt, dass er aufgrund seiner guten Leistungen mit sofortiger Wirkung eine Gehaltserhöhung erhalte, solange die Befristung und deren Bedingungen noch für eine bestimmte Zeit festgeschrieben sind. Die Rechtsprechung des BAG führt nunmehr dazu, dass der Arbeitgeber die Vertragsgestaltung und die Vertragsverlängerung künstlich zu dividieren hat. Dem juristisch wenig vorgebildeten Arbeitgeber dürfte dies sowohl unbekannt als auch wenig einleuchtend erscheinen.

Dass dem Arbeitnehmer bspw. eine Gehaltserhöhung im Zuge der Vertragsverlängerung quasi als Bonus gewährt wird, ist genauso unproblematisch zu erachten wie der umgekehrte Fall, dass der Arbeitgeber die Fortsetzung des befristeten Arbeitsverhältnisses von der Reduzierung der Vergütung oder der Arbeitszeit abhängig macht. Insbesondere ändert sich m.E. auch an der vom BAG beschriebenen „Drucksituation" mit fortschreitender Dauer der Befristung bzw. der Annäherung der Verlängerungsverhandlung an den Befristungsablauf nichts. Der befristet Beschäftigte weiß, dass sein Vertragsverhältnis aller Voraussicht nach enden wird. Er ist bereits gehalten, dem Arbeitsamt gemäß § 38 Abs. 1 SGB III Mitteilung zu machen, dass Beschäftigungslosigkeit zum Ablauf der Befristung bestehen könnte. Wird ihm nunmehr noch am letzten Tag seines Arbeitsverhältnisses ein unterschriftsreifer Verlängerungsvertrag vorgelegt, bei dem sich die Vertragskonditionen zu seinem Nachteil ändern, ist hierin keine Drucksituation zu erblicken. Entweder nimmt er

453 So auch APS-*Backhaus*, § 14 TzBfG Rn. 373.

das Angebot an oder er verweigert die Unterschrift. Der Arbeitnehmer kann nicht darauf hoffen, dass der Arbeitgeber – ohne einen Vertrauenstatbestand gesetzt zu haben[454] – den Vertrag überhaupt verlängert. Dem entsprechend kann er auch nicht darauf vertrauen, dass im Falle der Verlängerung die bisherigen Vertragskonditionen beibehalten werden.

5. Fazit und Lösungsvorschlag

Die vorherigen Ausführungen haben gezeigt, dass anhand der grammatikalischen und historischen Auslegungsmethode keine gesicherten Erkenntnisse hinsichtlich der korrekten Auslegung des Verlängerungsbegriffs gewonnen werden können.

Teleologische Aspekte wurden durch das BAG aufgrund seiner „Ausnahmerechtsprechung" selbst in Frage gestellt. Kritikfähig ist vor allem der Umstand, dass die vermeintlichen Sonderfälle zu einer nicht unerheblichen Rechtsunsicherheit führen. Insbesondere müssen die Gerichte im Hinblick auf den Zeitpunkt der Veränderung der Arbeitsbedingungen aufklären, wann diese zwischen den Parteien vereinbart worden sind und ob sie im sachlichen Zusammenhang mit der Vertragsverlängerung stehen. Bestreitet bspw. der Arbeitnehmer, dass es bereits im Laufe des Arbeitsverhältnisses zu einer Änderung der Vertragskonditionen gekommen ist, obliegt es allein dem Arbeitgeber eine solche mündliche Absprache (Schriftform ist nicht zwingend erforderlich) zu beweisen;[455] bei einem in kleineren Betrieben typischerweise erfolgten Vier-Augen-Gespräch ein schwieriges Unterfangen. Zwar wird der Arbeitgeber bspw. bei einer zwischenzeitlich gewährten Mehrvergütung anhand von Gehaltsabrechnungen noch nachvollziehbar darlegen und beweisen können, dass es eine solche Abrede tatsächlich gegeben hat; der mündlich vereinbarte Ausschluss des Kündigungsrechts oder die Erhöhung von Urlaubstagen, bringt hingegen Beweisprobleme mit sich.

Zusätzlichen Aufklärungsbedarf erfordert auch die Frage, ob und unter welchen Voraussetzungen dem Arbeitnehmer ein Anspruch auf Änderung von Arbeitsbedingungen zusteht. Dies ist gerade deshalb so sinnwidrig, weil sich ja Arbeitnehmer und Arbeitgeber über die Modifikationen geeinigt haben und nunmehr nachträglich vom Gericht überprüft werden muss, ob dies trotz eindeutigem Parteiwillen auch mit der Rechts- bzw. Gesetzeslage im Einklang steht. Es müssen insofern Inzidentkontrollen vorgenommen werden, die vollkommen unnötig sind. Erahnen lässt sich bereits, welche Auswirkungen ein weitreichendes Direktionsrecht auf die Verlängerungsabrede haben dürfte. Insbesondere im öffentlichen Dienst, wo sich das Direktionsrecht unter anderem nach § 4 TVöD bemisst, sind Abänderungen (z.B. Versetzungen, etc.) im Zuge der Vertragsverlängerung möglich, während dies in der freien Wirtschaft ausgeschlossen ist. Dem öffentlichen Arbeitgeber wird

---

454 Siehe zum Fortsetzungsanspruch wegen Vertrauensschutz und rechtsverbindlicher Zusage die Ausführungen in Kapitel 7 auf S. 306 ff.

455 Vgl. BAG v. 20.02.2008 - 7 AZR 786/06, NZA 2008, 883 (884).

hierdurch Tür und Tor geöffnet, die Änderungen von Arbeitsbedingungen anhand des Tarifvertragsrechts zu legitimieren, während dies in der Privatwirtschaft nur unter erschwerten Bedingungen möglich ist.

Die Ausnahmetatbestände zeigen letztlich auch auf, dass es nicht Sinn und Zweck einer Befristung sein kann, dem Arbeitnehmer einen dauerhaften Vertragsinhaltsschutz für die Dauer von zwei Jahren zu gewähren. Gleiches muss auch für die Vertragsverlängerung gelten, so dass eine Differenzierung zwischen positiven und negativen Änderungen nicht statthaft ist.

Damit konzentriert sich die Auslegungsfrage hauptsächlich auf systematische Aspekte. Wie bereits angedeutet, ist dem BAG insofern zuzustimmen, als dass es in dieser Hinsicht Abgrenzungskriterien bedarf, die eine zulässige Verlängerung eines sachgrundlos befristeten Arbeitsverhältnisses von dem Neuabschluss eines unzulässigen Anschlussvertrages unterscheiden. In diesem Zusammenhang sei noch einmal hervorgehoben, dass durch das zeitliche Abgrenzungskriterium der Grundstein für eine notwendige Differenzierung geschaffen worden ist. Nur die objektiv vor Befristungsablauf vereinbarte Befristungsabrede bei nahtlosem Anschluss des Arbeitsverhältnisses an das vorherige, kann die erleichterte Befristung nach § 14 Abs. 2 S. 1 Hs. 2 TzBfG ein weiteres Mal rechtfertigen. Ob allein die zeitliche Differenzierung jedoch ausreichend ist, dürfte fraglich sein. Die Ausführungen auf S. 51 ff. haben aufgezeigt, dass die „Zeitleiste" der Befristungsabrede ein greifbares Abgrenzungskriterium darstellt. Gleichwohl wurde auch angerissen, dass es sachgerecht sein dürfte, im Hinblick auf die Veränderung von Vertragsbedingungen, eine subjektive Komponente einfließen zu lassen. Entscheidend für die Frage, ob es sich um eine Verlängerung des bestehenden oder den Abschluss eines neuen Vertrages handelt, soll demnach der in dem schriftlich fixierten Vertrag zum Ausdruck gebrachte Parteiwille sein. Insofern sind unter Berücksichtigung der §§ 133, 157 BGB die auf den Vertragsschluss gerichteten Erklärungen der Vertragspartner anhand eines objektiven Empfängerhorizonts auszulegen.

Dass ein solches Konstrukt zu sachgerechten Ergebnissen kommt, zeigt ein Vergleich zum Versicherungsrecht. So entschied das OLG Saarbrücken für den Fall, dass die Parteien eines Versicherungsvertrags von ihm abweichende Vereinbarungen treffen, es sich sowohl um eine Abänderung des bestehenden Vertrags als aber auch um dessen Aufhebung und den Abschluss eines neuen Vertrags handeln könne.[456] Entscheidend für die Frage, ob das eine oder das andere anzunehmen ist, müsse wegen der weitreichenden Folgen der Ersetzung bestehenden Versicherungsschutzes durch einen neuen, eigenen Versicherungsvertrag ein dahingehender Vertragswille deutlich erkennbar zum Ausdruck kommen.[457]

Danach genügt es für die Annahme des Abschluss eines neuen Vertrages regelmäßig nicht, wenn unter Wahrung der Vertragsidentität lediglich die bisherige

456 OLG Saarbrücken v. 30.05.2007 - 5 U 704/06, NJW-RR 2008, 275.

457 OLG Köln v. 16.07.2002 - 9 U 48/01, NVersZ 2002, 469; vgl. auch Römer/Langheid-*Römer*, § 37 VVG Rn. 4 f.

Leistungspflicht des Versicherers inhaltlich oder zeitlich erweitert wird.[458] Vielmehr kommt es auf die Umstände des Einzelfalls an, wie z.B. die Frage, ob ein vollständig neuer Versicherungsantrag gestellt worden ist oder in ihrer Gesamtheit erhebliche Neuregelungen des versicherten Interesses, der Versicherungssumme, der Prämienhöhe und der Versicherungsdauer vereinbart worden sind.[459] Ähnliche Argumente könnten daher auch im Befristungsrecht herangezogen werden. So kann unter anderem ein Anhaltspunkt das verwendete Vertragskonstrukt und damit bereits die äußeren Modalitäten des Vertrages sein. Häufig wird es vorkommen, dass die Vertragsparteien auf ihren vorherigen Vertrag Bezug nehmen und das Dokument damit als Vertragsverlängerung überschreiben. Soweit sich anhand der Umstände des Einzelfalls ergibt, dass dieser ursprüngliche Vertrag weiterhin Geltung beanspruchen soll und lediglich gewisse Arbeitsbedingungen modifiziert werden sollen, dürften sowohl objektive als auch subjektive Anhaltspunkte für eine Vertragsverlängerung im Sinne des § 14 Abs. 2 S. 1 Hs. 2 TzBfG sprechen.

Wird ein gänzlicher neuer Vertrag aufgesetzt, in dem die Vertragsbedingungen vollständig aufgeführt werden, könnte dies hingegen dafür sprechen, dass die Parteien ihre Vertragsbeziehungen auf eine neue rechtliche Basis stützen wollen. Ändern die Vertragsparteien hingegen lediglich einen Teil der Vertragsbedingungen wie z.B. die Vergütung ab und sollen die sonstigen Klauseln im Übrigen unangetastet bleiben, dürfte viel für eine Vertragsverlängerung sprechen. Zur Auslegung des Parteiwillens kann ergänzend herangezogen werden, ob eine der inzwischen zahlreichen, vom BAG zugelassenen unschädlichen Ausnahmen bei einer Veränderung des Vertragstextes vorliegt. Diese können die Verlängerungsabsicht indizieren, ohne dass im Einzelfall eine umfangreiche Beweisaufnahme notwendig ist. Auch würde die Auslegung des Vertrages am Parteiwillen die Prüfungspflicht entfallen lassen, ob und in welchem Zusammenhang der Vertragsinhalt verändert wurde.

Letztlich führt das Abstellen auf den Parteiwillen in objektiver Hinsicht zu sachgerechten Ergebnissen. Leidtragende der restriktiven Rechtsprechung waren bislang die gutmütigen, aber „ungeschickten“ Arbeitgeber, die dem Arbeitnehmer die Verbesserung seiner Bedingungen gewähren wollten, obwohl sie hierzu nicht verpflichtet gewesen sind. Der Arbeitnehmer wurde im Wege eines Zufallsergebnisses mit der Entstehung eines unbefristeten Arbeitsverhältnisses beschenkt, obwohl er in Kenntnis dessen, dass er sich mit seinem Arbeitgeber über die Verlängerung seines bisherigen Arbeitsvertrages geeinigt hat, der Veränderung der Arbeitsbedingungen zustimmte.

Letztlich können durch das Abstellen auf den Parteiwillen auch Wertungswidersprüche vermieden werden, die dadurch entstehen, dass das BAG bei einer unwirksamen Sachgrundbefristung „hilfsweise“ das Vorliegen der Voraussetzungen für eine wirksame sachgrundlose Befristung prüft.[460] Der 7. Senat hatte mit Urteil

458 BGH v. 09.12.1992 - IV ZR 232/91, NJW 1993, 596 = VersR 1993, 213 (214).
459 Prölss/Martin-*Knappmann*, § 37 VVG Rn. 5.
460 Siehe Ausführungen auf S. 32 ff.

vom 16.01.2013[461] über einen Sachverhalt zu entscheiden, bei dem das Arbeitsverhältnis des klagenden Arbeitnehmers, welches am 19.08.2008 erstmalig begründet und zwischenzeitlich zweimal sachgrundlos verlängert worden ist, am 22.12.2009 erneut für den Zeitraum vom 01.01. bis zum 30.06.2010 befristet wurde. Der Arbeitnehmer sollte mit veränderten Aufgaben als Fachassistent tätig werden. Als Befristungsgrund wurde hierfür in einem Vermerk „Vertretung des anderweitig beauftragten Stelleninhabers Herrn S. gem. § 14 Abs. 1 S. 2 Nr. 3 TzBfG" angegeben. Die Sachgrundbefristung scheiterte jedoch an den Wirksamkeitsvoraussetzungen des Vertretungstatbestandes, so dass folgerichtig das BAG die sachgrundlose Befristung i.S.d. § 14 Abs. 2 TzBfG zu prüfen hatte. Hier kam der Senat schließlich zu dem Ergebnis, dass sich die Befristung zwar innerhalb des zweijährigen Befristungsrahmens bewegte, jedoch gleichwohl nicht auf § 14 Abs. 2 S. 1 Hs. 2 TzBfG gestützt werden könnte, da der Tätigkeitsbereich abgeändert worden ist. Ob der Senat zu diesem Ergebnis auch gekommen wäre, wenn er auf den Parteiwillen abgestellt hätte, dürfte fraglich sein. Dieser dürfte darauf gerichtet gewesen sein, den Vertrag erneut zu verlängern, auch wenn von der vorherigen sachgrundlosen Befristung zu einer Vertretungsbefristung „gewechselt" werden sollte. Soweit es nach Auffassung des BAG für die Wirksamkeit einer Befristung nicht darauf ankommt, für welche Befristungsform sich die Parteien (ursprünglich) entschieden haben, dürfte der Wechsel der Arbeitstätigkeit auch keinen Einfluss auf die Verlängerungsabsicht haben. Letztlich kann jedoch nur eine genauere Analyse der Vertragsgestaltung Aufschluss über den tatsächlichen Willen geben.

VI. Schriftform

1. Einführung

Wie bereits in Kapitel 2 auf S. 39 erörtert, bedarf sowohl die Begründung als auch die Verlängerung eines befristeten Arbeitsverhältnisses gemäß § 14 Abs. 4 TzBfG der Schriftform. Neben den allgemeinen Wirksamkeitsvoraussetzungen, die bereits dargestellt worden sind, führt insbesondere der Zeitpunkt der schriftlichen Fixierung zu immer wiederkehrenden Problemen in der Praxis. Nicht ohne Grund wird in der Literatur § 14 Abs. 4 TzBfG gerne auch als „Minenfeld des Befristungsrechts" bezeichnet.[462]

In der Praxis kommt es nicht selten vor, dass der Arbeitnehmer seine Arbeit bereits aufnimmt, bevor der Arbeitsvertrag unterschrieben ist.[463] Entsprechendes gilt für die Fortsetzung der Arbeitstätigkeit vor schriftlicher Fixierung eines Verlängerungsvertrages. Da § 14 Abs. 4 TzBfG für den Zeitpunkt der schriftlichen Niederlegung der Befristungsabrede keine Vorgaben macht bzw. zeitliche Grenzen definiert,

461 BAG v. 16.01.2013 - 7 AZR 662/11, NZA 2013, 611.

462 *Bauer/Krieger*, Anm. zu BAG v. 01.12.2004 - 7 AZR 198/04, in AP Nr. 15 zu § 14 TzBfG.

463 Vgl. *Straub*, NZA 2001, 919 (927).

obliegt es der rechtsprechenden Gewalt zu der Frage, wann dem Schriftformerfordernis zu genügen ist und ob die Möglichkeit besteht, die Schriftform auch noch nach Arbeitsaufnahme- bzw. Fortsetzung der Arbeitstätigkeit nachzuholen, Stellung zu beziehen.[464] Dies hat der 7. Senat des BAG in bislang vier richtungsweisenden Entscheidungen getan. Diese Entscheidungen sind sowohl zum Schriftformerfordernis bei der Erstbefristung als auch bei der Befristungsverlängerung ergangen. Auch wenn der Schwerpunkt dieser Arbeit maßgeblich auf solchen Problemfeldern liegen soll, die im Zusammenhang mit der Zulässigkeit der Verlängerung befristeter Arbeitsverhältnisse stehen, kann die Schriftformproblematik nur einheitlich für beide Bereiche erörtert werden, da es vielfach Überschneidungen in den Ausführungen des BAG und der Literatur gibt und die Grundthematik anderenfalls nicht verständlich erläutert werden könnte.

Im Nachfolgenden soll vorab die Rechtsprechungsentwicklung zu diesem komplexen Thema zusammenfassend dargestellt werden, um eine Analyse der bisher ergangenen Entscheidungen zu der Gesamtmaterie zu ermöglichen. Ein Resümee der wesentlichen Aspekte folgt im Anschluss. Die rechtlichen Gesichtspunkte und Lösungsmodelle bilden abschließend den Hauptteil der Untersuchung.

2. *Rechtsprechungsübersicht*

a) *Auswirkungen einer mündlichen Befristungsvereinbarung vor ihrer schriftlichen Niederlegung*

aa) BAG, Urteil vom 01.12.2004

Mit Urteil vom 01.12.2004 hatte sich das BAG erstmalig zu der Frage zu äußern, inwiefern eine zunächst nur mündlich vereinbarte und erst nach Arbeitsantritt schriftlich festgehaltene Befristung, Auswirkung auf die Formvorschrift des § 14 Abs. 4 TzBfG (zum damaligen Zeitpunkt noch § 623 BGB a.F.) hat.[465] In diesem Fall wurde dem Arbeitnehmer zwei Wochen vor Arbeitsantritt in einem Vorstellungsgespräch ein befristetes Arbeitsverhältnis zum 01.11.2000 für die Dauer von zwei Jahren in Aussicht gestellt. Eine schriftliche Fixierung erfolgte jedoch erst am 10.11.2000, also neun Tage nach Arbeitsantritt. Ein Sachgrund für die Befristung war nicht gegeben.

Das BAG entschied in Abweichung von den Vorinstanzen, dass ein unbefristetes Arbeitsverhältnis bereits in dem Vorstellungsgespräch Mitte Oktober entstanden sei. Die nach § 125 BGB nichtige mündliche Vereinbarung führe dazu, dass anstelle eines befristeten, ein nach § 16 TzBfG unbefristetes Arbeitsverhältnis entstanden sei. Die nachträgliche schriftliche Fixierung führe auch nicht (rückwirkend) zur Wirksamkeit der Befristung,

---

464 Die Verlängerungsvereinbarung als solche muss zwingend vor Ablauf der Befristung getroffen werden. Dies wurde bereits auf S. 51 ff. umfassend dargestellt. In diesem Abschnitt wird lediglich geprüft, wann diese Vereinbarung *schriftlich* niedergelegt werden muss.

465 BAG v. 01.12.2004 - 7 AZR 198/04, NZA 2005, 575.

da diese weder eine nachträgliche Befristung des bislang unbefristeten Arbeitsvertrages noch eine Bestätigung der formnichtigen Befristung i.S.v. § 141 BGB darstelle.[466]

bb) BAG, Urteil vom 16.03.2005

In seiner Entscheidung vom 16.03.2005 hat der 7. Senat des BAG seine Gedanken aus der Grundentscheidung vom 01.12.2004 auch auf die Verlängerung befristeter Arbeitsverhältnisse übertragen.[467] In diesem Fall wurde die klagende Arbeitnehmerin am 18.12.2002, sprich kurz vor Ablauf ihres befristeten Vertrags zum 31.12.2002, über die anstehende Vertragsverlängerung durch die Personalsachbearbeiterin telefonisch informiert. Am 02.01.2003 setzte die Arbeitnehmerin ihre Arbeit fort. Der Verlängerungsvertrag wurde hingegen erst am 08.01.2003, also sechs Tage nach der Arbeitsaufnahme unterschrieben.

Der Senat entschied zunächst, dass sich das Schriftformerfordernis nach § 14 Abs. 4 TzBfG auch auf die Verlängerung eines befristeten Arbeitsvertrags erstrecke und zwar ungeachtet der Tatsache, dass es sich bei dem befristeten Vertrag lediglich um einen unselbständigen Annexvertrag gehandelt habe. Auch ein Annexvertrag enthalte einen neuen Beendigungstermin, der ebenfalls dem Schriftformbedürfnis unterliege.[468]

Weiterhin stellte das BAG in Anlehnung an die Entscheidung vom 01.12.2004 fest, dass eine mündliche und damit nach § 14 Abs. 4 TzBfG formnichtig vereinbarte Befristung nicht durch eine nach Vertragsbeginn erfolgte schriftliche Niederlegung in einem Arbeitsvertrag rückwirkend wirksam werde.

Das BAG griff jedoch seinen bereits im vorherigen Urteil angebrachten Gedanken auf, dass es sich bei der schriftlichen Niederlegung der Befristungsabrede nach Vertragsbeginn um eine nachträgliche Befristung eines zunächst unbefristet zustande gekommenen Vertrages handeln könnte. Voraussetzung hierfür sei jedoch, dass die Vertragsparteien übereinstimmende, auf diese Rechtsfolge gerichtete Willenserklärungen abgegeben haben. Soweit bereits eine mündliche Vereinbarung über die Befristung vor Unterzeichnung vorläge (z.B. in Form eines rechtsverbindlichen Vorstellungs- oder Vertragsverlängerungsgesprächs), sei der Parteiwille jedoch dem Anschein nach auf die schriftliche Niederlegung des zuvor mündlich Vereinbarten und nicht auf eine eigenständige Befristung gerichtet.[469]

Hinsichtlich des vorherigen mündlichen Vertragsschlusses stellte das BAG in seiner Entscheidung maßgeblich darauf ab, ob in der am 18.12.2002 (fern-)mündlich erfolgten Verlängerungsvereinbarung eine rechtsverbindliche Vertragsverlängerung zu sehen sei und ob – aufgrund der besonderen Konstellationen des Sachverhalts – die Sachbearbeiterin des beklagten Arbeitgebers zur Abgabe einer solchen

466 BAG v. 01.12.2004 - 7 AZR 198/04, NZA 2005, 575 (576).
467 BAG v. 16.03.2005 - 7 AZR 289/04, NJW 2005, 3595.
468 BAG v. 16.03.2005 - 7 AZR 289/04, NJW 2005, 3595 (3596).
469 BAG v. 16.03.2005 - 7 AZR 289/04, NJW 2005, 3595 (3596).

rechtsverbindlichen Willenserklärung befugt war. Über diese Fragen habe das LAG Brandenburg weitere Aufklärung zu betreiben.[470]

Für den Fall, dass eine solche Rechtsverbindlichkeit nicht festgestellt werden könnte, rügten die Erfurter Richter, dass das LAG übersehen habe, dass dem am 08.01.2003 unterzeichneten schriftlichen Arbeitsvertrag insofern eine eigenständige Befristungsabrede zu Grunde liegen könnte. Voraussetzung hierfür sei neben dem entsprechenden Parteiwillen das Vorliegen eines sachlichen Grundes i.S.d. § 14 Abs. 1 TzBfG. Auch aus diesem Grund erfolgte eine Zurückweisung des Rechtsstreits zur weiteren Tatsachenfeststellung.[471]

cc) Zwischenergebnis

In der von *Greiner*[472] zutreffend als „Grundurteil" deklarierten Entscheidung vom 01.12.2004 setzte das BAG die Grundpfeiler für seine stark formalistisch geprägte Rechtsprechung. Denkinhalt der Entscheidung war, dass bereits die Abrede in einem Vorstellungsgespräch, den Vertrag für einen bestimmten Zeitraum befristen zu wollen, als mündlich vereinbarte Befristung zu qualifizieren sei, welche als Konsequenz einen Verstoß gegen § 14 Abs. 4 TzBfG nach sich ziehe.[473]

Die daraus resultierende – für den Arbeitgeber – harte und augenscheinlich unerwünschte Rechtsfolge des Entstehens eines unbefristeten Arbeitsverhältnisses nach § 16 TzBfG werde im Falle der Rechtsverbindlichkeit der mündlichen Abrede – aus unten noch näher zu erläuternden Gründen – nicht durch die Nachholung der Schriftform ausgeschlossen.

Von diesem Ansatz rückte das BAG in seiner Nachfolgeentscheidung vom 16.03.2005 nicht ab. Der 7. Senat stellte auch hier darauf ab, ob vor der schriftlichen Fixierung eine rechtsverbindliche mündliche Einigung über die Befristung stattgefunden habe. Konsequenterweise bedurfte es zur weiteren Aufklärung über den Inhalt des Telefonats und der Vertretungsbefugnis der Sachbearbeiterin einer Zurückverweisung an das vorinstanzliche LAG Brandenburg. Diese Vorgehensweise verdient auch Zustimmung, zumal der Senat in seinem vorherigen „Grundurteil" den mündlichen Vertragsschluss ohne nähere Begründung angenommen hatte.[474]

Widersprüchlichkeit ist dem BAG jedoch in der Literatur im Hinblick auf die Annahme einer möglichen nachträglichen Befristung vorgeworfen worden.[475]

---

470 BAG v. 16.03.2005 - 7 AZR 289/04, NJW 2005, 3595 (3597).

471 BAG v. 16.03.2005 - 7 AZR 289/04, NJW 2005, 3595 (3598 f.).

472 *Greiner*, RdA 2009, 82 (83).

473 Streiten kann man sich in diesem Zusammenhang zunächst über die Frage, ob einem Vorstellungsgespräch, dessen maßgeblicher Zweck sein dürfte, dem gegenseitigen Kennenlernen und Informationsaustausch zu dienen, rechtsbindender Charakter zukommt. Die Problematik wird auf S. 93 f. dargestellt.

474 Vgl. auch *Greiner*, RdA 2009, 82 (83), der von einer apodiktischen Bejahung des mündlichen Vertragsschlusses spricht.

475 *Greiner*, RdA 2009, 82 (85).

Hintergrund der Kritik war, dass eine nachträgliche Befristung im Urteil vom 01.12.2004 noch an dem Parteiwillen scheiterte, der darauf gerichtet war, das in dem Vorstellungsgespräch rechtsverbindlich Vereinbarte lediglich schriftlich niederlegen zu wollen. Das BAG führte hierzu aus, die Parteien hätten nicht vorgetragen, mit der schriftlichen Vereinbarung eine von der mündlichen Befristung unabhängige weitere Befristungsabrede getroffen zu haben.[476]

Wenige Monate später kam das BAG hingegen zu der Feststellung, dass in der schriftlichen Fixierung der Befristungsabrede nach dem Parteiwillen ein formwirksamer „Neuabschluss“[477] zu sehen sein könnte.

In diesem Zusammenhang wurde in der Literatur hinterfragt, worin der Senat den Unterschied zwischen den Sachverhaltskonstellationen gesehen habe.[478] *Greiner* selbst mutmaßt, dass die Parteien im Moment der schriftlichen Niederlegung keinen anderen Willen gebildet haben als in der am 01.12.2004 entschiedenen Fallgestaltung.[479] Es sei daher inkonsequent in einer Entscheidung den Parteien den Willen zur nachträglichen Befristung abzusprechen, um nur wenige Monate später das LAG Brandenburg als Vorinstanz anzuweisen, den tatsächlichen Parteiwillen zu erforschen.

Auf den ersten Blick mag die Kritik gerechtfertigt sein. Tatsächlich dürfte der Parteiwillen in beiden Fallkonstellationen darauf gerichtet gewesen sein, etwas schriftlich niederlegen zu wollen, was sie von Anfang an gewollt haben. In beiden Fällen gingen die Parteien augenscheinlich nicht davon aus, dass sie mit der Unterschrift auf dem Vertrag eine nachträgliche Befristung ihres bis dahin – unbewusst abgeschlossenen – unbefristeten Arbeitsverhältnisses erzielen.

Beim näheren Hinsehen werden die Unterschiede, die das BAG zu einer differenzierten Betrachtungsweise veranlasst haben, jedoch deutlich. Die unterschiedliche Behandlung des Parteiwillens wurde an der Frage gemessen, ob der schriftlichen Fixierung ein rechtswirksamer mündlicher Vertragsschluss vorausgegangen war. Soweit im Grundurteil ein solcher vom BAG angenommen worden ist, wurde auch der Parteiwillen dahingehend interpretiert, dass die Vertragsparteien mit der Nachholung der Schriftform lediglich Rechtsicherheit schaffen wollten. Frei nach dem Motto: Was schon vereinbart ist, muss nicht noch einmal vereinbart werden.[480] Ein Wille, der auf etwas prinzipiell Unnötiges gerichtet ist, ist den Parteien daher nicht zu unterstellen.[481]

In der Entscheidung vom 16.03.2005 konnten die Senatsmitglieder den Parteiwillen nicht aus den gegebenen Umständen ermitteln. Im Streit stand die Frage, ob die Sachbearbeiterin des Arbeitgebers abschluss- und vertretungsbevollmächtigt war. Hierüber war durch das vorinstanzliche LAG Beweis zu erheben. In diesem

476 BAG v. 01.12.2004 - 7 AZR 198/04, NZA 2005, 575 (577).

477 Das BAG wertete die schriftliche Befristungsabrede als “Neuabschluss”. In seinem Urteil vom 16.04.2008 - 7 AZR 1048/06 spricht der Senat richtigerweise von der nachträglichen Befristung eines zunächst unbefristeten Arbeitsverhältnisses.

478 *Greiner*, RdA 2009, 82 (85).

479 *Greiner*, RdA 2009, 82 (85).

480 *Nadler/von Medem*, NZA 2005, 1214 (1216).

481 *Nadler/von Medem*, NZA 2005, 1214 (1216).

Zusammenhang war es auch korrekt zu ermitteln, ob die Parteien auf die Herbeiführung einer nachträglichen Befristung gerichtete Willenserklärungen abgegeben und nicht nur die zuvor mündlich vereinbarte Befristung schriftlich festgehalten haben. Im Gegensatz zum Urteil vom 01.12.2004, wo die Parteien ihrer Darlegungslast nicht nachgekommen sind und der vorherige mündliche Vertragsschluss damit unstreitig war, hat in der darauffolgenden Entscheidung der beklagte Arbeitgeber ausdrücklich erklärt, dass er in dem besagten Telefongespräch die Sachbearbeiterin lediglich über die Verlängerung informiert habe. Insofern war nicht von vornherein ausgeschlossen – wenn m.E. aber doch sehr zweifelhaft – dass der Wille bei Vertragsschluss ggf. auf eine nachträgliche Befristung gerichtet gewesen ist.

Hinzu tritt auch der Umstand, dass in der Grundentscheidung ein näheres Eingehen auf den Parteiwillen nicht erforderlich war, weil eine nachträgliche Befristung selbst bei der Annahme von zwei übereinstimmenden Willenserklärungen mangels Vorliegen eines Sachgrundes an dem Anschlussverbot im Sinne des § 14 Abs. 2 S. 2 TzBfG gescheitert wäre.

Inkonsequent ist in diesem Zusammenhang auch nicht, dass das BAG in seiner Entscheidung vom 01.12.2004 – quasi hilfsweise für den Fall, dass die „nachgeholte" Schriftform nach dem Parteiwillen als echte nachträgliche Befristung zu qualifizieren sei – betont, dass jedenfalls ein Sachgrund von Beklagtenseite nicht vorgetragen worden ist. In seiner Folgeentscheidung macht es hingegen das vorinstanzliche LAG dafür verantwortlich, dass es nicht das Vorliegen eines Sachgrundes geprüft habe und daher der Rechtsstreit zurückverwiesen werden müsse. Der entscheidende Unterschied lag jedoch darin, dass im letzteren Fall der beklagte Arbeitgeber Umstände vorgetragen hat, die auf einen Sachgrund schließen ließen, auch wenn dieser nicht ausdrücklich benannt oder geltend gemacht worden ist. Dies ist – wie eingangs angesprochen – richtigerweise auch nicht Voraussetzung, da der Sachgrund bekanntlich nur objektiv vorliegen muss. In der Entscheidung vom 01.12.2004 sind solche Umstände hingegen in keinster Weise vorgetragen worden.

Zusammenfassend ergibt sich somit, dass das BAG mit seinem Urteil vom 16.03.2005 bei der Prüfung des Parteiwillens im Moment der schriftlichen Niederlegung keine großzügigeren Maßstäbe zugrunde legen wollte.[482] Fakt ist, dass der Senat die Konstellationen „Verstoß gegen das Schriftformgebot bei vorherigem mündlichen Vertragsschluss" und „Verstoß gegen das Schriftformgebot bei vorheriger mündlichen Vertragsverlängerung" keinesfalls unterschiedlich behandeln will. Dies ist auch konsequent, da die Verlängerungsabrede den gleichen Anforderungen unterliegt wie die Erstbefristung. Das Gespräch über die Vertragsverlängerung muss daher dem Vorstellungsgespräch weitgehend gleichgestellt werden.

Dass die Auslegung des Parteiwillens, wie sie vom BAG in den beiden Entscheidungen vorgenommen wurde, gleichwohl kritikwürdig erscheint, soll an dieser Stelle nicht vertieft werden. Diese Problematik wird noch Gegenstand der allgemeinen Lösungsmodelle auf S. 93 ff. sein.

---

482 So aber *Greiner*, RdA 2009, 82 (85).

b) *Inhaltliche Abweichung der nachträglich fixierten Befristungsabrede von der vorherigen mündlichen Befristungsvereinbarung*

In seiner Entscheidung vom 13.06.2007 hat das BAG die in dem Urteil vom 01.12.2004 aufgestellten strengen Voraussetzungen dem Grunde nach bestätigt.[483] Gleichfalls sind in Ergänzung seiner bisherigen Rechtsprechung erste Korrekturen erkennbar, die auf einen Richtungswechsel hindeuten. Der Kläger ist Arzt und verfolgt die Weiterbildung zum Facharzt für Neurochirurgie. Im Februar 2004 wurde dem Kläger durch den Personalleiter der Beklagten eine befristete Beschäftigung als Assistenzarzt zum 31.12.2004 angeboten. Im Nachfolgenden einigte sich der Kläger jedoch mit einem stellvertretenden leitenden Arzt darauf, die Befristung über den 31.12.2004 auf ein ganzes Jahr auszudehnen. Dies teilte der Kläger dem Personalleiter mit, der daraufhin eine sog. „Einstellungs- bzw. Veränderungsmitteilung" für den Betriebsrat fertigte, in welcher er nach einer erneuten Abänderung als Einstellungsdatum den 23.02.2004 und als Beendigungsdatum den 22.02.2005 einsetzte. Der Kläger nahm am 23.02.2004 die Arbeit auf. Drei Tage später schlossen die Parteien einen schriftlichen Arbeitsvertrag vom 23.02.2004 bis zum 19.02.2005 und nicht – wie zunächst vorgesehen – bis zum 22.02.2005.

Das BAG betonte zunächst in Anlehnung an sein Urteil vom 01.12.2004, dass die spätere schriftliche Niederlegung der zunächst nur mündlich vereinbarten Befristung nicht dazu führe, dass die formnichtige Befristung rückwirkend wirksam werde.[484]

Weitergehend führte der Senat jedoch aus, dass eine andere Beurteilung geboten sei, wenn die Parteien vor Unterzeichnung des schriftlichen Arbeitsvertrags *keine* mündliche oder konkludente Befristungsabrede getroffen haben oder aber – wie im vorliegenden Fall – eine mündliche Befristungsabrede getroffen haben, die inhaltlich mit der in dem später unterzeichneten Arbeitsvertrag enthaltenen Befristungsabrede nicht übereinstimme. In einem derartigen Fall werde aufgrund der Abweichung des Enddatums der Befristung in dem schriftlichen Arbeitsvertrag (19.02.2005) von der vorherigen Abrede (22.02.2005) nicht lediglich eine zuvor vereinbarte mündliche Befristung[485] schriftlich niedergelegt, sondern eine davon abweichende und damit eigenständige Befristungsabrede getroffen.[486] Diese war im Hinblick auf das in § 14 Abs. 2 S. 2 TzBfG verankerte Vorbeschäftigungsverbot auch gemäß § 1 ÄArbVtrG zum Zwecke der Weiterbildung des Klägers zum Facharzt für Neurochirurgie sachlich gerechtfertigt.

---

483 BAG v. 13.06.2007 - 7 AZR 700/06, NZA 2008, 108.

484 BAG v. 13.06.2007 - 7 AZR 700/06, NZA 2008, 108 (109).

485 In diesem Fall konnten die Senatsmitglieder offen lassen, ob es zuvor zu einer rechtsverbindlichen Einigung gekommen war, da zumindest das schriftlich Fixierte nicht mit der mündlichen Abrede übereinstimmte.

486 BAG v. 13.06.2007 - 7 AZR 700/06, NZA 2008, 108 (109).

c) Übersendung des Vertragstextes vor Arbeitsaufnahme

aa) BAG, Urteil vom 16.04.2008

In einem weiteren praxisrelevanten Fall hatte das BAG am 16.04.2008 zu entscheiden, inwiefern dem Schriftformerfordernis Genüge getan wird, wenn der Arbeitgeber dem Arbeitnehmer bereits vor Arbeitsaufnahme einen bereits von ihm vorab unterzeichneten Arbeitsvertrag übersendet und die unterschriebene Rücksendung des Vertragstextes durch den Arbeitnehmer erst nach Arbeitsantritt erfolgt.[487]

Die Erfurter Richter urteilten, dass die Willenserklärungen der Parteien in diesem Fall nach §§ 133, 157 BGB derart auszulegen seien, dass der Arbeitgeber die Wirksamkeit des Arbeitsverhältnisses ausdrücklich von der Rücksendung des unterzeichneten Arbeitsvertrages abhängig mache.[488] Der Arbeitgeber stelle mit der Übersendung des Vertragstextes den Abschluss des Vertrages unter den (konkludenten) Vorbehalt, dass dieser schriftlich erfolge und seine auf Vertragsschluss gerichtete Erklärung nur durch eine die Form des § 126 Abs. 2 BGB genügende Unterzeichnung der Vertragsurkunde(n) angenommen werden könne. Unterzeichnet der Arbeitnehmer erst nach Arbeitsaufnahme, resultiere hieraus eine eigenständige Befristungsabrede.[489]

Der Senat führte jedoch einschränkend aus, dass ein solcher bedingter Vertragsschluss nur dann anzunehmen sei, wenn die schriftliche Ausfertigung ohne „vorangegangene Absprache“ übersandt werde.[490]

Sei dies der Fall, könne der Arbeitnehmer das schriftliche Vertragsangebot des Arbeitgebers auch nicht durch bloße Arbeitsaufnahme annehmen. Es komme lediglich zu einem faktischen Arbeitsverhältnis, da es aufgrund der „Bedingung“ an zwei übereinstimmenden Willenserklärungen fehle.[491]

bb) LAG Düsseldorf, Urteil vom 30.06.2010

Das LAG Düsseldorf hat das zuvor angeführte Urteil des BAG weiter fortgeführt und damit vorläufig den Schlusspunkt zur Schriftformproblematik mit seiner Entscheidung vom 30.06.2010 gesetzt.[492] In dem zu entscheidenden Fall erhielt eine Justizangestellte aufgrund eines in der zweiten Kalenderwoche des Jahres 2008 erfolgten Vorstellungsgesprächs von dem Land Nordrhein Westfalen als beklagte Arbeitgeberin eine kurzfristige Einstellungszusage. Man einigte sich wegen der Dringlichkeit der durchzuführenden Arbeiten über eine sofortige Arbeitsaufnahme zum 15.01.2008. Die klagende Arbeitnehmerin nahm ihre Tätigkeit an dem besagten Tag auf, nachdem ihr kurz vor Arbeitsantritt versichert worden war, dass der

---

487 BAG v. 16.04.2008 - 7 AZR 1048/06, NZA 2008, 1184.
488 BAG v. 16.04.2008 - 7 AZR 1048/06, NZA 2008, 1184 (1185).
489 BAG v. 16.04.2008 - 7 AZR 1048/06, NZA 2008, 1184 (1185 f.).
490 Wie diese Einschränkung zu bewerten ist, wird auf S. 102 ff. dargestellt.
491 BAG v. 16.04.2008 - 7 AZR 1048/06, NZA 2008, 1184 (1186).
492 LAG Düsseldorf v. 30.06.2010 - 12 Sa 415/10, BeckRS 2010, 71962.

schriftliche Arbeitsvertrag noch nicht fertig sei. Im Laufe des ersten Arbeitstages wurde ihr der Arbeitsvertrag überbracht. Sie übergab ihn, nachdem sie sich kurze Bedenkzeit erbeten hatte, am nächsten Tag unterschrieben zurück.

Das LAG Düsseldorf hat in Anlehnung an das Urteil des BAG vom 16.04.2008 für den Fall entschieden, dass der Arbeitgeber dem Arbeitnehmer vor Arbeitsantritt die schriftliche Niederlegung des Vereinbarten angekündigt und ihm signalisiert habe, dass ihm der schriftliche Arbeitsvertrag alsbald zur Unterschrift vorgelegt werde, für den Arbeitnehmer ersichtlich sei, dass der Arbeitgeber dem Schriftformgebot entsprechen wolle.[493] Darüber hinaus führt es aus, dass es im öffentlichen Dienst üblich sei, Einstellungen an den obligatorischen Abschluss eines schriftlichen Arbeitsvertrags zu knüpfen und bloße mündliche Absprachen als noch nicht endgültig verbindlich anzusehen.[494] Die Arbeitnehmerin hätte aufgrund der Stellenanzeige und der vorab geführten Gespräche wissen müssen, dass nur ein befristeter Vertrag infrage kam. Einen mündlichen Vertragsschluss vor Unterzeichnung des schriftlichen Arbeitsvertrages hatte das Gericht abgelehnt. Durch die Arbeitsaufnahme vor Vertragsunterzeichnung sei kein unbefristetes, sondern lediglich ein faktisches Arbeitsverhältnis entstanden.

d) Zusammenfassung

Die dargestellten Fallgruppen zeigen über die Jahre gesehen eine beachtliche Entwicklung auf. Die Rechtsprechung zum Schriftformerfordernis ist „in Bewegung geraten". Dabei ist insbesondere in den Entscheidungen vom 13.06.2007 und 16.04.2008 ein Richtungswechsel erkennbar. *Greiner* charakterisiert diesen Richtungswechsel als eine sukzessive Aufweichung vorhergehender Formstrenge.[495] Gleichwohl attestiert er dem BAG durch dieses behutsame Zurückrudern von der bislang restriktiven Rechtsprechung zu weitgehend interessensgerechten Ergebnissen zu gelangen.[496]

Insbesondere die Frage des anzusetzenden Maßstabs für die Ermittlung des Parteiwillens findet in dem Urteil vom 13.06.2007 eine weitere Ausformung. Neben den bereits dargestellten – auf den ersten Blick etwas diffusen – Ausführungen in den Entscheidungen vom 01.12.2004 und 16.03.2005, verzichtet der 7. Senat in dieser Entscheidung vollständig auf die Ermittlung des Parteiwillens. Zwar bleibt der Parteiwille nach dem Leitsatz der Entscheidung weiterhin Voraussetzung für eine mögliche Befristung; soweit ein mündlicher Vertragsschluss vor Unterzeichnung des Arbeitsvertrages allerdings nicht festgestellt werden kann (dies hat das LAG auf Rüge der Revision vielmehr nur unterstellt) oder aber die schriftliche Niederlegung der Befristung inhaltlich von der mündlichen Vereinbarung abweicht, ist der Wille der Vertragsparteien darauf gerichtet eine nachträgliche Befristungsabrede abzuschließen.

---

493 LAG Düsseldorf v. 30.06.2010 - 12 Sa 415/10, BeckRS 2010, 71962.
494 LAG Düsseldorf v. 30.06.2010 - 12 Sa 415/10, BeckRS 2010, 71962.
495 *Greiner*, RdA 2009, 82 (83).
496 *Greiner*, RdA 2009, 82 (83).

Das Urteil des BAG vom 16.04.2008 beschäftigt sich, anstatt die Diskussion über den Parteiwillen bei der schriftlichen Niederlegung und der Anwendung von „Heilungsvorschriften“ weiter anzufachen, überwiegend mit der Frage der Rechtswirkungen des (mündlichen) Vertragsschlusses. Der Senat versucht augenscheinlich seine restriktive Rechtsprechung zur Nachholung der Schriftform „nach vorne“, nämlich auf den Zeitpunkt des Zustandekommens des Vertrages bzw. der Vertragsverlängerung zu verlagern. Das höchste Arbeitsgericht erweitert seine Rechtsprechung insofern um einen weiteren Ausnahmetatbestand,[497] indem der Arbeitgeber den Abschluss des befristeten Arbeitsvertrages von der Unterzeichnung abhängig machen kann, wenn er diesen entweder unter den Vorbehalt eines schriftlichen Vertragsschlusses stellt oder dem Arbeitnehmer die schriftliche Niederlegung des Vereinbarten ankündigt. Hierdurch will er den vor Arbeitsaufnahme erklärten Willen, dem Formgebot des § 14 Abs. 4 TzBfG gerecht werden zu wollen, honorieren.[498]

Gleichzeitig hält das BAG trotz der erneuten Einschränkungen an seinem Grundmodell fest. Insofern wird nicht versucht, Abstand von der bisherigen Rechtsprechung zu nehmen, sondern Lösungsmöglichkeiten aufzuzeigen, die verhindern sollen, dass die Vertragsparteien auf Heilungsvorschriften angewiesen sind. Vorgeworfen wird ihm dabei von seinen Kritikern, lediglich durch Einzelfallbetrachtungen zu interessengerechten Lösungen zu kommen, die teilweise durch Widersprüche und Zufälligkeiten bestimmt seien.[499] Die Senatsmitglieder würden ihre Entscheidungen auf (vermeintliche) Besonderheiten des Einzelfalls stützen.[500]

Führt man sich die oben genannten Entscheidungen noch einmal vor Augen, so sind es zumindest auf den ersten Blick tatsächlich Einzelfragen, die für das Ergebnis ausschlaggebend waren. So war Beweis zu erheben über die Frage, ob die Personalsachbearbeiterin mit Vertretungsmacht bei der Vertragsverlängerung handelte, ob die schriftliche Befristungsvereinbarung von der vorherigen mündlichen Abrede abwich oder ob der schriftliche Arbeitsvertrag (unaufgefordert) zur Vertragsunterzeichnung übersandt wurde.

Gleichwohl stellt sich die Frage, ob es sich hierbei tatsächlich um Einzelfallbetrachtungen handelt oder ob man dem BAG nicht bescheinigen muss, dass es sich mit jedem Sachverhalt rechtsgetreu unter Beachtung allgemeiner zivilrechtlicher Vorschriften auseinandersetzt.

Im Nachfolgenden sollen die von dem BAG angeführten Lösungsmodelle unter Berücksichtigung der Kritik der Literatur aufgearbeitet werden. Insbesondere soll hierbei der Frage nachgegangen werden, ob das von *Greiner* zutreffend umschriebene Zurückrudern des BAG ausreicht, um das praxisrelevante Problem angemessen

497 Dabei scheint das BAG selbst zu erkennen, dass es immer mehr Ausnahmen von seinem Grundsatz schafft, in dem vermehrt Redewendungen wie „die Rechtslage ist wiederum anders zu beurteilen, wenn...“ oder „anders verhält es sich, wenn...“ gebraucht, vgl. BAG v. 16.04.2008 - 7 AZR 1048/06, NZA 2008, 1184 (1085).

498 *Greiner*, RdA 2009, 83 (86).

499 *Greiner*, RdA 2009, 82 (83).

500 *Greiner*, RdA 2009, 82 (83).

lösen zu können oder ob nicht bereits ein „Leck im Boot“ ist, welches provisorisch von Fall zu Fall gestopft wird.

3. *Lösungsmodelle*

Bevor auf die verschiedenen Lösungsmodelle im Einzelnen eingegangen wird, sollte man sich die Quintessenz der Rechtsprechung des BAG zumindest im Grundsatz noch einmal vor Augen halten. Folgende Dogmen sind von einem rechtstreuen Arbeitgeber einzuhalten, um bei der Schriftform keine bösen Überraschungen erleben zu müssen:

- Keine rechtsverbindlichen mündlichen Vertragsabschlüsse oder Verlängerungsabreden vor Vertragsunterzeichnung.
- Keine Arbeitsaufnahme vor Vertragsunterzeichnung.
- Keine Heilung durch spätere schriftliche Niederlegung.

Für die Schriftformproblematik gibt es daraus resultierend drei wichtige Zeitpunkte. Der erste ist der Zeitpunkt des Abschlusses des befristeten Arbeitsvertrages. Bereits angesprochene Probleme sind hierbei die Rechtsverbindlichkeit eines Vorstellungs- oder Verlängerungsgesprächs oder die Frage nach einem ausdrücklichen oder konkludenten Schriftformvorbehalt. Zweiter relevanter Zeitpunkt ist die tatsächliche Arbeitsaufnahme. Hier stellt sich vor allem die Frage, ob ein in Vollzug gesetztes (faktisches) Arbeitsverhältnis im Falle eines vereinbarten Schriftformvorbehaltes einen Verstoß gegen das in § 14 Abs. 2 S. 2 TzBfG verankerte Anschlussverbot begründen kann.

Die Frage nach der schriftlichen Nachholung der Befristungsabrede stellt das dritte relevante Zeitmoment dar. Dieses ist wohl die meist diskutierte Frage in der Judikatur/Literatur und Gegenstand vielfacher Besprechungen gewesen. Für jeden dieser Zeitpunkte soll im Nachfolgenden eine nähere Betrachtung erfolgen. Lösungsmodelle, welche in der Literatur und Rechtsprechung angesprochen worden sind, sollen angeführt und eingehend beleuchtet werden.

a) Der Vertragsschluss

aa) Vorstellungsgespräch/Verlängerungsgespräch

Angefangen hat das „Dilemma“ mit der Annahme des BAG in seinem Urteil vom 01.12.2004, dass eine mündliche Abrede in einem Vorstellungsgespräch als befristeter Vertragsschluss zu werten sei, der gegen das Schriftformerfordernis des § 14 Abs. 4 TzBfG verstoße.

In der Literatur ist in diesem Zusammenhang überwiegend bezweifelt worden, ob aus der mündlichen Erklärung während eines Vorstellungsgesprächs, einen befristeten Arbeitsvertrag abschließen zu wollen, ein rechtsbindender Charakter abgeleitet werden kann.[501]

---

501 *Bahnsen*, NZA 2005, 676; *Greiner*, RdA 2009, 82 (87); *Janko*, SAE 2005, 340 (344).

M.E. ist die Kritik in der Literatur, dass in einem Vorstellungsgespräch bereits eine rechtsverbindliche Entscheidung über die Befristung ergangen ist, je nach den Umständen des Einzelfalls, nachvollziehbar. Dass das BAG ggf. vorschnell den rechtsbindenden Charakter bejaht hat, ist hingegen ohne Einblick in die vorinstanzlichen Entscheidungen schwer zu beurteilen. Gleichwohl ändert dies am Kern der Problematik nichts. Blendet man die Frage nach einem „Vertragsschluss" in einem Vorstellungsgespräch aus, sind in der Praxis sehr wohl Sachverhaltskonstellationen denkbar, in denen die Parteien bereits vollumfänglich und auch rechtsverbindlich zu einer Einigung gelangt sind. Für den Fall der mündlichen Verhandlung über eine Befristungsverlängerung dürfte ein solcher Konsens sogar mit erhöhter Wahrscheinlichkeit vorliegen. Dabei sind nicht solche (meist rechtsunverbindlichen) Gespräche zwischen „Tür und Angel" zu verstehen, in denen der Arbeitgeber oder Personalchef in einem ersten mündlichen Kontakt vorfühlen will, ob beim befristet Beschäftigten weiterhin Interesse an einer Vertragsfortführung besteht. Vielmehr sind an solche Verlängerungsgespräche zu denken, die über ein bloßes „Kennenlerngespräch" bei einer Ersteinstellung hinausgehen. Immerhin befinden sich die Vertragsparteien bei Verhandlungen über eine Verlängerung in einem laufenden Arbeitsverhältnis, in dem der Vertragsinhalt und die essentialia negotii bereits bei Vertragsabschluss geklärt worden sind. Bei einer Vertragsverlängerung sind die Anforderungen an einen Konsens im Gegensatz zum erstmaligen Vertragsschluss in einem Vorstellungsgespräch noch geringer. Ein obligatorisches „Handshaking" mit dazu gehöriger mündlicher Einigung, dass der befristete Vertrag bis zum Zeitpunkt X zu gleichen Bedingungen fortgesetzt wird, kann zum Tappen in die von der Literatur vielfach bezeichnet (Schriftform-)Tretmine führen. Das Resultat eines solchen Gesprächs ist die für beide Parteien (positiv als auch negativ) erschreckende Fiktion eines unbefristeten Arbeitsverhältnisses. Dieses Problem hat auch der 7. Senat erkannt und versucht durch den nachfolgend als „Vorbehaltsrechtsprechung" bezeichneten Relativierungskurs die Schriftformproblematik in den Griff zu bekommen.

bb) Vereinbarung eines Schriftformvorbehalts

Eine wichtige Ausnahme von dem Grundsatz, dass ein unbefristetes Arbeitsverhältnis entsteht, sofern die Vertragsparteien vor Beginn des Arbeitsverhältnisses oder vor dessen Verlängerung formlos, aber gleichwohl rechtsverbindlich, eine Erstbefristung oder befristete Weiterbeschäftigung vereinbaren und diese erst nach Arbeitsantritt in einem nachträglich unterzeichneten Arbeitsvertrag schriftlich festlegen, hat das BAG durch seine *„Vorbehaltsrechtsprechung"* anerkannt.[502] In den Entscheidungsgründen heißt es wortwörtlich:

„Hat der Arbeitgeber in den Vertragsverhandlungen der Parteien den Abschluss des befristeten Arbeitsvertrags ausdrücklich unter den Vorbehalt eines schriftlichen Vertragsschlusses gestellt oder dem Arbeitnehmer die schriftliche Niederlegung des Vereinbarten angekündigt, so ist diese Erklärung ohne Hinzutreten von außerge-

502 BAG v. 16.04.2008 - 7 AZR 1048/06, NZA 2008, 1184.

wöhnlichen Umständen nach dem maßgeblichen Empfängerhorizont (§§ 133, 157 BGB) dahingehend zu verstehen, dass der Arbeitgeber dem sich aus § 14 Abs. 4 TzBfG ergebenden Schriftformgebot entsprechen will und seine auf den Vertragsschluss gerichtete Erklärung nur durch eine die Form des § 126 Abs. 2 BGB genügende Unterzeichnung der Vertragsurkunde(n) angenommen werden kann. Dies gilt gleichermaßen, wenn der Arbeitgeber dem Arbeitnehmer, ohne vorangegangene Absprache, ein von ihm bereits unterschriebenes Vertragsformular mit der Bitte um Unterzeichnung übersendet.[503] Im Ergebnis lässt das BAG sowohl einen ausdrücklichen oder konkludenten Vorbehalt *mit* vorheriger mündlicher Abrede und einen konkludenten Vorbehalt *ohne* vorherige mündliche Übereinkunft zu.

(1) Ausdrücklicher Vorbehalt

Der ausdrückliche Vorbehalt dürfte der in der Praxis wünschenswerte Fall sein, da er für beide Parteien die augenscheinlich rechtssicherste Variante darstellt. Voraussetzung für einen ausdrücklichen Vorbehalt ist, dass dieser bereits in der mündlichen Vertragsverhandlung erklärt wird, da der Arbeitnehmer anderenfalls von dem vorbehaltlosen Abschluss des befristeten Arbeitsvertrages bzw. dessen Verlängerung ausgehen muss.

Sinngemäße Erklärungen in Verhandlungsgesprächen wie: „Wir freuen uns, dass wir mit Ihnen übereingekommen sind, den Vertrag befristet bis zum 31.12.2012 zu verlängern. Unsere Abrede erlangt aber erst Wirksamkeit, wenn Sie den Ihnen in den nächsten Tagen übermittelten Vertrag vor Arbeitsfortführung unterschreiben“, dürften Seltenheitswert haben. Gleichwohl gibt eine solche Formulierung dem Arbeitnehmer unmissverständlich zu verstehen, dass der Vertragsschluss von der schriftlichen Niederlegung abhängig gemacht wird.

(2) Konkludenter Vorbehalt

Ein konkludenter Schriftformvorbehalt ist nach der Rechtsprechung des BAG bereits dann anzunehmen, wenn der Arbeitgeber seinem Arbeitnehmer in einem (Verlängerungs-)Gespräch sinngemäß erklärt: „Der neue befristete Arbeitsvertrag wird Ihnen in den nächsten Tagen zugehen. Wenn Sie damit einverstanden sind, bestätigen Sie dies bitte mit Unterschrift und geben dieses Schreiben im Original nach Gegenzeichnung zurück“. In diesem Fall kann der Arbeitnehmer den Umständen entnehmen, dass die verbindliche Einigung unter dem Schriftformvorbehalt steht.

Schwieriger ist der konkludente Vorbehalt für die Fälle zu ermitteln, in denen ein mündlicher rechtsverbindlicher Vertragsschluss vor Übersendung des Vertragstextes nicht erfolgt ist. So bestand in der oben bereits erläuterten Entscheidung vom 16.04.2008 die Besonderheit, dass das BAG einen konkludenten Vorbehalt selbst für den Fall angenommen hat, dass es eine vorherige Absprache mit einem

503 BAG v. 16.04.2008 - 7 AZR 1048/06, NZA 2008, 1184 (1185).

abschlussbevollmächtigten Vertreter nicht gegeben habe.[504] Der Vertrag ist allein mit folgendem Anschreiben an den Arbeitnehmer übersandt worden: „Diesen Vertrag erhalten Sie in doppelter Ausfertigung. Schicken Sie uns bitte die Kopie möglichst bald unterschrieben zurück."

Wie bereits ausgeführt, entschied das BAG, dass der Arbeitnehmer das schriftliche Vertragsangebot nicht durch die Arbeitsaufnahme konkludent, sondern nur durch die Unterzeichnung der Vertragsurkunde annehmen könne. Durch die Arbeitsaufnahme vor Einreichung des gegengezeichneten Exemplars bei der Personalstelle sei "nur" ein faktisches Arbeitsverhältnis begründet worden.[505] Es werde nicht gegen Denkgesetze verstoßen, wenn man den Willen des Arbeitgebers dahingehend auslege, dass es ihm wegen der sich aus § 14 Abs. 4 TzBfG ergebenden negativen Rechtsfolgen vorrangig auf die Einhaltung des Schriftformerfordernisses ankomme.[506]

(3) Dogmatische Begründung

Hinsichtlich der dogmatischen Begründung der „Vorbehaltsrechtsprechung" werden unterschiedliche Auffassungen vertreten. Teilweise ist in der Literatur bereits frühzeitig eine Lösung der Thematik über § 154 Abs. 2 BGB diskutiert worden.[507] Nach der in § 154 Abs. 2 BGB verankerten Auslegungsregel gilt, dass bei Vereinbarung einer beabsichtigten Vertragsbeurkundung, der Vertrag im Zweifel nicht geschlossen ist, solange die Beurkundung noch nicht erfolgt ist. Die vereinbarte Beurkundung wird damit als konstitutive Voraussetzung der Vertragsvollendung angesehen.[508] Daraus resultiert als Rechtsfolge, dass der Vertrag bei Nichtbeurkundung erst gar nicht zustande kommt.[509]

Da § 154 Abs. 2 BGB lediglich eine Auslegungsregel für grundlegende Beurkundungsvereinbarungen enthält, kommt sie argumentum e contrario nicht zur Anwendung, wenn die Beurkundung nicht zwingende Voraussetzung für die Wirksamkeit des Vertrages sein soll. Mit dieser Begründung hat das BAG mit Urteil vom 16.04.2008 die *unmittelbare* Anwendbarkeit des § 154 Abs. 2 BGB abgelehnt. Die Befristungsabrede bedürfe zum einen nicht der Beurkundung, sondern unterliege nach § 14 Abs. 4 TzBfG lediglich dem Schriftformerfordernis des § 126 Abs. 2

---

504 Konkret nahm der Arbeitnehmer in dem zugrunde liegenden Fall aufgrund eines internen Arbeitsplatzwechsels nur einen Vorstellungstermin bei seinem neuen Meister, nicht jedoch beim zuständigen Personalreferenten wahr.

505 Inwiefern ein solches faktisches Arbeitsverhältnis als „Zuvor-Arbeitsverhältnis" zu qualifizieren ist, wird noch auf S. 106 f. zu diskutieren sein. Diese Frage konnte das BAG in dem vorliegenden Fall aufgrund des Vorliegens eines Sachgrundes unentschieden lassen.

506 BAG v. 16.04.2008 - 7 AZR 1048/06, NZA 2008, 1184 (1185 f.).

507 *Nadler/von Medem*, NZA 2005, 1214 (1217); *Gaumann*, FA 2002, 40 (42); *Bauer*, BB 2001, 2526 (2528).

508 BeckOK-*Eckert*, § 154 BGB Rn. 12.

509 BeckOK-*Eckert*, § 154 BGB Rn. 17.

BGB. Zum anderen habe sie keine konstitutive Wirkung. Das Vertragsverhältnis komme nach § 16 TzBfG auch ohne schriftliche Niederlegung in unbefristeter Form zustande.[510]

Doch auch eine analoge Anwendung, wie sie unter anderem in der Literatur[511] vertreten wird, wurde vom BAG zumindest für den ihm zugrunde gelegten Sachverhalt[512] abgelehnt. Begründet hat der 7. Senat seine Rechtsauffassung damit, dass die Anwendbarkeit des § 154 Abs. 2 BGB auf *gewillkürte* Schriftformerfordernisse beschränkt sei.[513] Eine Ausweitung auf das gesetzliche Formerfordernis des § 14 Abs. 4 TzBfG im Wege einer Analogie sei nicht statthaft. Zum einen unterliege das Schriftformerfordernis und die Nichtigkeitsfolge des § 125 BGB nicht der Disposition der Vertragsparteien. Zum anderen betreffe § 154 Abs. 2 BGB die Beurkundung des gesamten Vertrages, während sich das Schriftformgebot des Befristungsrechts nicht auf den gesamten Arbeitsvertrag, sondern nur auf die Vereinbarung seiner zeitlich begrenzten Dauer erstrecke.[514]

Eine eigenständige Herleitung der Vorbehaltsrechtsprechung bietet das BAG gleichwohl nicht an. Soweit das BAG lediglich von „abhängig machen" spricht, scheint es die Konstruktion auf keine ausdrückliche Grundlage stellen zu wollen.[515] Vielmehr argumentieren die Senatsmitglieder, dass die Erklärung des Arbeitgebers nach dem maßgeblichen Empfängerhorizont (§§ 133, 157 BGB) nur so verstanden werden könne, dass sein Wille ausschließlich auf einen vorbehaltenen Abschluss des Vertrages gerichtet sei.[516]

Die Auffassung zur dogmatischen Herleitung ist in der Literatur erheblich kritisiert worden. So sei die Ansicht des BAG, dass die Befristung nicht der *Beurkundung*, sondern lediglich der Schriftform bedarf, nicht korrekt. Unter den Begriff der Beurkundung i.S.d. § 154 Abs. 2 BGB falle nicht nur die notarielle Beurkundung, sondern auch jede andere Form, wie insbesondere die Schriftform.[517] Auch erfolge in der Entscheidung keine Auseinandersetzung mit einer nicht unerheblichen Anzahl an Literaturstimmen, die § 154 Abs. 2 BGB bei gesetzlichen Formvorschriften analog anzuwenden pflegt.[518] Nach dieser Auffassung ist bei Nichteinhaltung der

---

510 BAG v. 16.04.2008 - 7 AZR 1048/06, NZA 2008, 1184 (1186).

511 *Gaumann*, FA 2002, 40, 41 ff.; *Bahnsen*, NZA 2005, 676; ErfK-*Müller-Glöge*, § 14 TzBfG Rn. 122; *Janko*, SAE 2005, 340 (344); *Wank*, Festschrift Adomeit, S. 789 (793).

512 Sprich: Keine mündlichen Vertragsverhandlungen vor Übersendung des Vertrages.

513 BAG v. 16.04.2008 - 7 AZR 1048/06, NZA 2008, 1184 (1186).

514 BAG v. 16.04.2008 - 7 AZR 1048/06, NZA 2008, 1184 (1186).

515 *Greiner* spricht von einer "untechnischen" Verwendung, RdA 2009, 82 (86).

516 BAG v. 16.04.2008 - 7 AZR 1048/06, NZA 2008, 1184 (1186).

517 BeckOK-*Eckert*, § 154 BGB Rn. 13; LAG Baden-Württemberg v. 06.11.2006 - 4 Sa 28/06, BeckRS 2006, 45116.

518 Soergel-*Wolf*, § 154 BGB Rn. 12; Staudinger-*Bork*, § 154 BGB Rn. 13; OLG Düsseldorf v. 05.11.1987 - 10 U 70/87, ZMR 1988, 54.

vereinbarten und zugleich gesetzlichen Form der Vertrag nicht gemäß § 125 Satz 1 BGB nichtig, sondern im Zweifel noch gar nicht geschlossen.[519]

Des Weiteren gibt *Pallasch* zu bedenken, dass auch die Ausführungen zur freien Disposition von gesetzlichen Formvorschriften diskrepant seien.[520] Der Senat setze sich in Widerspruch zu seinem entwickelten Grundsatz, wonach der Arbeitgeber mit dem Vorbehalt eines schriftlichen Vertragsschlusses deutlich mache, dass er „dem aus § 14 Abs. 4 TzBfG ergebenden Schriftformgebot entsprechen wolle“ bzw. „der Vertrag nur bei Wahrung des Schriftformerfordernisses des § 14 Abs. 4 TzBfG zustande kommen soll.[521]

Bislang war das BAG nicht dazu gezwungen, zu der neuerlichen Kritik Stellung zu beziehen. Es ist jedoch der langjährige Senatsvorsitzende *Dörner* selbst, der zum dogmatischen Verständnis des BAG etwas Licht ins Dunkel gebracht hat.[522] *Dörner* stellt klar, dass die analoge Anwendbarkeit des § 154 Abs. 2 BGB lediglich für den Fall der fehlenden mündlichen Vertragsverhandlung *vor* Übersendung des Vertragstextes ausgeschlossen sei.[523] Grund dafür sei, wie *Pallasch* bemerkt hat, dass anderenfalls nur über eine doppelte analoge Anwendung des § 154 Abs. 2 BGB ein entsprechendes Ergebnis erzielt worden wäre. Denn zum einen ist die Beurkundung in diesem Fall nicht *verabredet* (gewillkürte Schriftform) worden und zum anderen bezieht sie sich nur auf die Befristungsabrede, nicht aber auf den gesamten Vertrag. Aus diesem Grund werde das Ergebnis mit dem Erklärungsinhalt der Willenserklärung des anbietenden Arbeitgebers gemäß §§ 133, 157 BGB begründet.

Überraschend wegweisend führt *Dörner* weiter aus, dass für den Fall der vorherigen Abrede der Schriftformvorbehalt sehr wohl auf § 154 Abs. 2 BGB analog gestützt werden könne.[524] Selbst ein gewichtiges Argument, das zuvor noch für die Nichtanwendbarkeit des § 154 Abs. 2 BGB herangezogen wurde und selbst von den Vertretern dieses Lösungsansatzes als nicht ganz unproblematisch empfunden wurde,[525] konnte von *Dörner* widerlegt werden. Bislang stützte man sich darauf, dass § 154 Abs. 2 BGB widerlegt sei, wenn die Parteien den noch nicht beurkundeten Vertrag einvernehmlich in Vollzug setzen und damit zu erkennen geben, dass der Vertrag ohne Rücksicht auf die nicht eingehaltene Schriftform wirksam werden solle.[526] Da das BAG in seiner Entscheidung ausdrücklich festgestellt hat, dass die

---

519 Bamberger/Roth-*Eckert*, § 154 BGB Rn. 13 und Rn. 17; Soergel-*Wolf*, § 154 BGB Rn. 12; Staudinger-*Bork*, § 154 BGB Rn. 13.

520 *Pallasch*, Anm. zu BAG v. 16.04.2008 - 7 AZR 1048/06, AP Nr. 46 zu § 14 TzBfG.

521 *Pallasch*, Anm. zu BAG v. 16.04.2008 - 7 AZR 1048/06, AP Nr. 46 zu § 14 TzBfG.

522 *Dörner*, Rn. 89 ff.

523 *Dörner*, Rn. 91.

524 *Dörner*, Rn. 89.

525 *Wank*, Festschrift Adomeit, S. 789 (795); *Bahnsen*, NZA 2005, 676 (677); *Pallasch*, Anm. zu BAG v. 16.04.2008 - 7 AZR 1048/06, AP Nr. 46 zu § 14 TzBfG; *Janko*, SAE 2005, 340 (344).

526 BGH v. 27.01.1997 - II ZR 213/95, NJW-RR 1997, 669 (670); BGH v. 29.09.1999 - XII ZR 313/98, NJW 2000, 354 (357).

Arbeitsaufnahme gerade keine Auswirkung auf den Vorbehalt haben soll, war dem Leitbild und der Anwendbarkeit des § 154 Abs. 2 BGB widersprochen. *Dörner* stellt jedoch klar, dass hiervon allenfalls bei lang andauernder Tätigkeit ohne die verabredete Umsetzung der Beurkundung ausgegangen werden könne.[527]

Nunmehr ist *Dörner* aus dem 7. Senat ausgeschieden. Ob die Ausführungen lediglich sein "neues" Rechtsverständnis zu § 154 Abs. 2 BGB ausdrücken oder er verdeutlicht, dass bereits der Senat eine Anwendbarkeit der Auslegungsregelung auf die Fälle der vorherigen Abrede vertreten hat, bleibt offen.

Was bleibt ist das Problem, dass § 154 Abs. 2 BGB dem Wortlaut nach nur für die gewillkürte Schriftformabrede gilt. Eine prinzipielle analoge Anwendbarkeit auf gesetzliche Formvorschriften ist m.E. abzulehnen. Würde man dies erwägen, wäre § 154 Abs. 2 BGB so zu verstehen, dass ein Vertrag bis zur erfolgten Beurkundung im Zweifel als nicht geschlossen gilt, soweit eine Beurkundung des beabsichtigten Vertrages *gesetzlich* vorgesehen ist. Eine solche Auslegung würde zunächst dazu führen, dass § 14 Abs. 4 i.V.m. § 16 TzBfG im erheblichen Umfang faktisch leerlaufen würde. Da der Zeitpunkt der schriftlichen Niederlegung die in der Praxis wohl relevanteste Fehlerquelle ist, würde ein unbefristetes Arbeitsverhältnis nur noch in wenigen Fällen entstehen.

M.E. bedarf es einer derartigen analogen Anwendbarkeit auf gesetzliche Schriftformerfordernisse nicht. Denn es wird durch ein gesetzliches Formgebot nicht ausgeschlossen, dass nicht „zusätzlich" eine gewillkürte Abrede i.S.d. § 154 Abs. 2 BGB vereinbart werden kann. Grundsätzlich gilt, dass ein Nebeneinander von gesetzlichem Formerfordernis und gewillkürter Schriftformabrede nicht unproblematisch ist. Dies zeigt bereits ein Vergleich zu § 550 BGB. Dieser bestimmt, dass Mietverträge, die für längere Zeit als ein Jahr nicht in schriftlicher Form geschlossen werden, für unbestimmte Zeit gelten. Die Wirksamkeit der Befristung ist damit – wie bei § 14 Abs. 4 TzBfG – von der Einhaltung der Schriftform abhängig. Wird ein über ein Jahr andauernder Mietvertrag nicht schriftlich niedergelegt, gilt das Mietverhältnis als unbefristet. Diese auf den ersten Blick eindeutige Rechtsfolge wird dadurch in Frage gestellt, dass sich aus der Auslegungsregelung des § 154 Abs. 2 BGB unter Umständen auch die Unwirksamkeit des Vertragsschlusses bzw. das Nichtzustandekommen des Vertrages ergeben könnte.[528] Diese Rechtsfolge soll jedoch bei einer vereinbarten, aber nicht eingehaltenen Form nur im Zweifel eintreten. Die Regel des § 154 Abs. 2 BGB greift nicht ein, wenn die Schriftform für die Parteien keine konstitutive Bedeutung hat, der Vertragsschluss also nicht mit der Beurkundung stehen und fallen soll.[529] Insofern ist zu beachten, dass ein Bestreben der Parteien, die gesetzlich vorgeschriebene Form zu wahren, anders als bei der gewillkürten nicht ohne weiteres als Vereinbarung der Beurkundung i.S.v. § 154 Abs. 2 BGB anzusehen

527 *Dörner*, Rn. 89.
528 BGH v. 08.10.2008 - XII ZR 66/06, NZM 2008, 931 (932).
529 BGH v. 08.10.2008 - XII ZR 66/06, NZM 2008, 931 (932).

ist.[530] So hat das OLG München für den Fall entschieden, dass die Parteien die Einhaltung einer gesetzlichen Schriftform vereinbart haben, deren Nichteinhaltung nicht mit Nichtigkeit sanktioniert ist (in dem Fall § 550 BGB), nicht zwingend abzuleiten sei, die Kontrahenten haben die korrekte Einhaltung der Form (um die sie sich tatsächlich bemüht haben) als konstitutiv angesehen.[531] Das OLG Düsseldorf[532] und das LG Berlin[533] scheinen hier großzügiger zu sein und nehmen die Anwendbarkeit des § 154 Abs. 2 BGB ohne nähere Begründung auch bei einem mündlichen Schriftformvorbehalt im Mietrecht an.

Die Frage nach der Anwendbarkeit des § 154 Abs. 2 BGB im Rahmen des § 550 BGB ist auch in der Literatur in keinster Weise unumstritten. *Kramer* ist der Auffassung, dass bei einer Vereinbarung über die Einhaltung einer gesetzlichen Schriftform, deren Nichteinhaltung nicht schon kraft Gesetzes mit Nichtigkeit sanktioniert wird (wie z.B. § 550 BGB), anzunehmen ist, dass die Kontrahenten die konkrete Einhaltung der Form als konstitutiv angesehen haben.[534] Dementsprechend gehe – so auch die Auffassung von *Lammel* – beim Nebeneinander von gewillkürter und gesetzlicher Formvorschrift die gewillkürte mit den entsprechenden Rechtsfolgen vor.[535]

Emmerich vertritt die Auffassung, dass § 550 BGB darauf hindeute, dass bei Mietverträgen im Zweifel von der bloßen deklaratorischen Bedeutung der Schriftformabrede auszugehen sei.[536] Rechtsfolge sei daher ein unbefristetes Mietverhältnis und nicht die Nichtigkeit.

Zuzustimmen ist m.E. der Rechtsauffassung von *Jud*, wonach für die Frage, ob die vereinbarte Form konstitutiv oder nur deklarativ wirken soll, maßgeblich auf den mit der Vereinbarung verfolgten *Formzweck* abzustellen ist.[537] Bezwecken die Parteien mit der Form eine gewisse Warnfunktion, ist entsprechend der Zweifelsregel des § 154 Abs. 2 BGB von einer konstitutiven Wirkung auszugehen. Soll durch die Form lediglich Beweissicherungszwecken entsprochen werden, ist trotz der Zweifelsregel des § 154 Abs. 2 BGB von einer deklarativen Wirkung auszugehen.[538]

Durch § 550 BGB sollte nach ständiger Rechtsprechung des BGH in erster Linie sichergestellt werden, dass ein späterer Grundstückserwerber, der kraft Gesetzes (§ 566 BGB) auf Seiten des Vermieters in ein auf mehr als ein Jahr abgeschlossenes Mietverhältnis eintritt, dessen Bedingungen aus dem schriftlichen Vertrag ersehen

530 MüKo-*Kramer*, § 154 BGB Rn.13; *Pallasch*, Anm. zu BAG v. 16.04.2008 - 7 AZR 1048/06, AP Nr. 46 zu § 14 TzBfG.
531 OLG München v. 04.12.1996 - 7 U 3752/96, NJWE-MietR 1997, 176.
532 OLG Düsseldorf v. 15.06.2009 - 24 U 210/08, BeckRS 2009, 27563.
533 LG Berlin v. 11.07.2002 - 67 S 201/01, BeckRS 2002, 30927465.
534 MüKo-*Kramer*, § 154 BGB Rn. 13.
535 Schmidt-Futterer-*Lammel*, § 550 BGB Rn. 73.
536 Staudinger-*Emmerich*, § 550 BGB Rn. 45; so auch MüKo-*Schilling*, § 550 BGB Rn. 15.
537 *Jud*, NZM 2006, 913 (915).
538 *Jud*, NZM 2006, 913 (915).

kann.[539] Hintergrund ist, dass gewerblich genutzte Immobilien beim Verkauf/ Kauf ganz überwiegend nach ihrem Ertrag im Sinne der mit den Mietern vereinbarten Mieten bewertet werden.[540] So kann die auf den Mietvertrag beruhende Vertragsbindung – je nach Mietdauer und vereinbarter Miethöhe – wirtschaftlich belastender sein als im Grundbuch eingetragene Belastungen.[541]

Dieser Warnfunktion kam ursprünglich nur eine untergeordnete Rolle zu. Grund dafür ist u.a., dass § 550 BGB in der Praxis über § 578 BGB seinen entscheidenden Anwendungsbereich bei Gewerbemietraumverhältnisse hat. Insofern sind häufig zwei Parteien am Vertragsschluss beteiligt, die aufgrund ihrer kaufmännischen Eigenschaft mit einer gewissen (Vor-)Erfahrung am Rechtsverkehr teilnehmen.[542]

Eine andere Beurteilung ergibt sich hingegen im Anwendungsbereich des § 14 Abs. 4 TzBfG. Danach soll der Arbeitnehmer bei Vertragsbeginn durch das Lesen der Vereinbarungen erkennen, dass er keinen Dauerarbeitsplatz erhalte, um gegebenenfalls den Vertragsschluss zu Gunsten anderer Angebote ablehnen zu können. Beweiszwecke sind hingegen eher nachrangig, da es bei befristeten Arbeitsverträgen mangels Dreiecksverhältnis (mit Ausnahme von Betriebsübergängen) grds. keinen Bedarf gibt, Dritte über die Dauer des Vertrages informatorisch zu unterrichten.

Letztlich kann es an dieser Stelle allerdings offen bleiben, ob § 550 BGB und § 14 Abs. 4 TzBfG bereits ihrem Sinn und Zweck nach vollständig vergleichbar sind. Jedenfalls kann man nicht pauschal argumentieren, dass die Parteien lediglich bemüht waren, dem Schriftformerfordernis des § 14 Abs. 4 TzBfG Rechnung tragen zu wollen und darüber hinaus nicht zusätzlich beabsichtigten eine konstitutive Abrede zu treffen. Dies ergibt sich auch aus den Ausführungen des BAG. Die Senatsmitglieder heben selbst hervor, welch enorme Bedeutung die Vertragsparteien der schriftlichen Niederlegung beimessen.[543]

Hinzu tritt auch der Umstand, dass der Arbeitgeber in der Praxis regelmäßig den vollständigen Arbeitsvertrag (sprich Befristungsabrede und sonstige Vertragsbedingungen) vorformuliert und dem Arbeitnehmer übersendet. Hieraus lässt sich gar die unmittelbare Anwendbarkeit des § 154 Abs. 2 BGB ableiten. Lediglich für den Fall, dass der Arbeitgeber „nur" die Befristungsverlängerung von deren Schriftform abhängig macht, ist § 154 Abs. 2 BGB entsprechend anzuwenden.

Jedenfalls überzeugt die differenzierte Betrachtungsweise von *Dörner* nicht, bei einer vorherigen mündlichen Einigung über die befristete Beschäftigung und der anschließenden Übersendung des Vertragstextes der Lösung über § 154 Abs. 2 BGB den Vorzug zu geben, während eine solche bei der Übersendung des Vertragstextes ohne vorausgehende mündliche Einigung strikt abgelehnt wird. Für den Fall der

539 BGH v. 29.04.2009 - XII ZR 142/07, NZM 2009, 515 (516); *Jakoby*, NZM 2011, 1.
540 *Leo*, NZM 2005, 688 (689).
541 *Jakoby*, NZM 2011, 1.
542 Nach neuerer Rechtsprechung wird der Warnfunktion wieder ein erhöhter Stellenwert beigemessen, vgl. BGH v. 24.02.2010 - XII ZR 120/06, NZM 2010, 319.
543 BAG v. 16.04.2008 - 7 AZR 1048/06 Rn. 14, NZA 2008, 1184 (1085).

fehlenden vorherigen Schriftformabrede präferiert *Dörner* eine Lösung über §§ 133, 157 BGB und bestätigt damit die von ihm unter seinem Senatsvorsitz ergangene Herleitung ohne nähere Konkretisierung. Letzterer Aspekt ist dabei besonders kritikwürdig. Es überzeugt nicht, auf eine dogmatische Begründung zu verzichten und an deren Stelle allein auf den Erklärungsinhalt von Willenserklärungen abzustellen. Anderenfalls wären die allgemeinen Vorschriften des Bürgerlichen Gesetzbuches bloße Makulatur und der Rechtsfortbildung keine Grenzen gesetzt, wenn man stets auf die §§ 133, 157 BGB abstellen könnte.

Auch die Auffassung von *Greiner*, wonach die Formulierung "abhängig machen" nur dergestalt verstanden werden kann, als damit eine aufschiebende Bedingung der schriftlichen Annahme im Sinne des § 158 Abs. 1 BGB gemeint ist,[544] überzeugt nicht. Eine solche Rechtsbedingung setzt voraus, dass das künftige Ereignis sowohl objektiv als auch nach der Vorstellung des Erklärenden ungewiss ist. Wollen die Parteien das Geschäft hingegen nur gelten lassen, wenn ein bestimmter Umstand vorliegt (nicht selten ausgedrückt: „...unter der Voraussetzung..."), so ist das Geschäft voll gültig, wenn sich die Umstände wie vorgesehen verhalten, ungültig, wenn es anders war. Eine schwebende Unwirksamkeit, wie sie die in § 158 BGB verankerte Rechtsbedingung vorsieht, ist in diesem Fall nicht gegeben. Der Vertrag soll bis zur schriftlichen Niederlegung ja gerade nicht "schwebend" unwirksam, sondern im Zweifel noch gar nicht geschlossen sein. Insofern wird man den Begriff der Bedingung allenfalls im Sinne einer Vertragsbedingung zu verstehen haben.[545] M.E. spricht das BAG aber bewusst nicht von einer Bedingung, damit gerade nicht die Diskussion herausgefordert wird, ob eine Bedingung im Sinne des § 158 BGB gemeint ist.

(4) Zwischenergebnis

Unabhängig von der Kritik an der dogmatischen Herleitung, zeigt die Vorbehaltsrechtsprechung des BAG einen gangbaren Weg, die Problematik eines mündlichen Vertragsschlusses oder Verlängerungsvertrages bereits auf der Ebene des Vertragsschlusses interessengerecht zu lösen. Den Vertragsparteien wird durch die Möglichkeit, einen ausdrücklichen oder konkludenten Vorbehalt zu vereinbaren ein praxistaugliches Instrument für den Fall zur Hand gereicht, dass ein schriftlicher Vertrag bei mündlicher Übereinkunft über die Befristungsabrede noch nicht vorliegt. Der Klarstellungs- und Beweisfunktion wird spätestens mit der schriftlichen Fixierung genüge getan. Die Warnfunktion mit dem Schutz des Arbeitnehmers vor Übereilung wird bis zum schriftlichen

544 *Greiner*, RdA 2009, 82 (86).

545 Die Verwendung des Wortes "Bedingung" gibt keinen Aufschluss über die rechtliche Einordnung, da es sowohl für Vertragsbedingung als auch für Bedingung im Rechtssinn gebraucht wird (Palandt-*Ellenberger*, Einf. v. § 158 BGB Rn. 3). Dies könnte das BAG auch dazu veranlasst haben, anstelle von „Bedingung" von "abhängig machen" zu sprechen, um gerade nicht die Diskussion herauszufordern, ob eine Bedingung i.S.d. § 158 BGB gemeint ist.

Vertragsschluss gewährleistet, indem dem Arbeitnehmer nach Übermittlung des Arbeitsvertrages genügend Bedenkzeit eingeräumt wird, den Vertrag zu unterschreiben.

Für den Fall, dass der Arbeitgeber entgegen einer erfolgten Ankündigung über Wochen oder Monate nach Vereinbarung des Vorbehalts die schriftliche Niederlegung treuwidrig verhindert und damit ein verlängerter Raum an Rechtsunsicherheit entsteht, wird der Arbeitnehmer ebenfalls ausreichend abgesichert. Ein nachträgliches Berufen auf die vorbehaltene Beurkundungsabrede dürfte in diesem Fall gegen Treu und Glauben verstoßen mit der Folge, dass die Schriftform nach § 14 Abs. 4 TzBfG nicht eingehalten worden ist und zwischenzeitlich ein unbefristetes Arbeitsverhältnis entstanden ist.[546]

Gleichwohl darf die "neue" Konstruktion durch eine zu extensive Handhabung nicht zu einer Umgehung der Privatautonomie und der privatrechtlichen Formfreiheit führen. Insofern ist m.E. das LAG Düsseldorf zu großzügig in seiner Annahme, wenn es einen unbedingten mündlichen Vertragsschluss mit der Begründung ablehnt, dass es im öffentlichen Dienst üblich sei, Einstellungen an den obligatorischen Vertragsschluss zu knüpfen und Bewerber dies auch wissen (müssen).[547] Anderenfalls könnte man auch im Privatsektor geneigt sein, eine vergleichbare Argumentation heranzuziehen, indem sich der Arbeitgeber darauf beruft, dass er bereits nach dem Nachweisgesetz verpflichtet sei, die wesentlichen Vertragsbedingungen schriftlich niederzulegen.

Übersehen wird vom LAG Düsseldorf bei seiner Begründung auch, dass es sich bei § 2 Abs. 1 TVöD/TV-L nach allgemeiner Auffassung nur um eine deklaratorische Vorschrift ohne rechtsbegründende Wirkung handelt.[548] Im öffentlichen Dienst sind also auch mündlich abgeschlossene Arbeitsverträge wirksam.[549]

Gleiches gilt m.E. auch für die Entscheidung des BAG vom 16.04.2008. Das „bloße" Übersenden des Vertragstextes ohne vorherige Absprache dürfte nicht der Annahme eines Schriftformvorbehaltes genügen. Sofern der Senat ausdrücklich festgestellt hat, dass der Arbeitgeber dem Arbeitnehmer regelmäßig verdeutliche, dass seine auf den Vertragsschluss gerichtete Erklärung nur durch eine der Form des § 126 Abs. 2 BGB genügende Unterzeichnung der Vertragsurkunde(n) angenommen werden kann, wenn er (der Arbeitgeber), ohne vorangegangene Absprache[550], ein von ihm bereits unterschriebenes Vertragsformular mit der Bitte um Unterzeichnung übersendet, kann nicht überzeugen. In diesem Fall kann man weder auf eine konstitutive Vereinbarung i.S.d. § 154 Abs. 2 BGB schließen, noch hieraus ableiten, dass der Wille des Arbeitgebers gemäß §§ 133, 157 BGB auf die zwingend zu erfolgende schriftliche Fixierung des Vertrages gerichtet ist. Zwar setzt ein Verabreden

546 Vgl. auch *Greiner*, RdA 2009, 82 (89), der dieses Ergebnis auf § 162 BGB stützt.
547 LAG Düsseldorf v. 30.06.2010 - 12 Sa 415/10, BeckRS 2010, 71962.
548 BeckOK-*Kuner*, § 2 TV-L Rn. 134.
549 BeckOK-*Kuner*, § 2 TV-L Rn. 134.
550 Welche Rechtsfolge sich ergibt, wenn vor der Übersendung des Vertragstextes eine unbedingte Befristungsabrede getroffen worden ist, wird noch auf S. 115 ff. zu diskutieren sein.

i.S.d. § 154 Abs. 2 BGB nicht unbedingt eine ausdrückliche Absprache zwischen den Parteien voraus, sondern kann sich auch konkludent aus dem Parteiwillen ergeben, wenn schriftliche Vertragsentwürfe ausgetauscht werden[551] oder wechselseitig eine Vertragsurkunde hergestellt wird;[552] gleichwohl darf man den Anwendungsbereich des § 154 Abs. 2 BGB nicht unnötig dadurch überstrapazieren, indem man auf ein Mindestmaß an Erklärungsinhalt verzichtet, aus dem sich die gewillkürte „Abrede" ergibt. Letztlich würde die Auffassung des BAG dazu führen, dass ein Vertragsschluss unter Abwesenden i.S.d. § 147 Abs. 2 BGB stets unter den Anwendungsbereich des § 154 Abs. 2 BGB (bzw. nach dem objektiven Empfängerhorizont gemäß §§ 133, 157 BGB) fallen würde, soweit der Arbeitgeber einen schriftlichen Vertrag übersendet. Dies überzeugt nicht.

Im Ergebnis sollte man daher bei der Auslegung, ob ein Schriftformvorbehalt erklärt worden ist, restriktiv verfahren. Soweit Erklärungen des Arbeitgebers wie „fangen Sie schon mal an, den Papierkram erledigen wir später", objektiv so zu verstehen sind, dass die schriftliche Niederlegung für den Arbeitgeber lediglich ein notwendiges Übel darstellt, kann ein wirksamer Vorbehalt ebenfalls nicht angenommen werden.[553]

Auch sind solche Aussagen nicht als ausreichend zu betrachten, die rein informatorischen Charakter haben. So z.B. die lapidare Äußerung einer Personalleiterin ggü. dem Arbeitnehmer, „er könne ruhig weiterarbeiten, der Vertrag käme noch."[554]

Haben die Parteien von Anfang an mündlich vereinbart, dass eine schriftliche Fixierung folgen soll, fragt sich, ob es zur Voraussetzung für einen wirksamen Vorbehalt gemacht werden kann, dass dem Arbeitnehmer der Vertragsentwurf bereits vor Arbeitsaufnahme/ Arbeitsfortsetzung zugeleitet werden muss. Dies ist abzulehnen. Die bloße mündliche Abrede, dass kurze Zeit nach Arbeitsaufnahme ein schriftlicher Vertrag folge, dürfte m.E. ausreichend sein. Voraussetzung für einen konkludenten Vorbehalt ist also, dass zumindest an dem Tag der Arbeitsaufnahme dem Arbeitnehmer erklärt wird, dass der Arbeitsvertrag noch nicht fertig sei, aber in Kürze folgen werde. Dies dürfte auch mit der Rechtsauffassung des 7. Senats im Einklang stehen, der – wie *Pallasch*[555] zu Recht hervorhebt – eher beiläufig erwähnt, dass die bloße Ankündigung ausreichend sei.[556] Hierdurch wird dem Arbeitnehmer verdeutlicht, dass ihm noch ein Vertragstext zur Verfügung gestellt wird, der ihm die Möglichkeit gibt, das zuvor mündlich Vereinbarte auf seine Richtigkeit zu überprüfen. Unterschreibt er den Vertrag, entsteht ein befristetes Arbeitsverhältnis. Ist er mit dem Inhalt nicht einverstanden und zeichnet er nicht gegen, entsteht gemäß § 154 Abs. 2 BGB gar kein Arbeitsverhältnis.

---

551 OLG Celle, 14.01.1960 - 7 U 86/59, MDR 1960, 398.

552 OLG Koblenz v. 04.11.1993 - 5 U 651/93, WM 1994, 1797 = VersR 1995, 662.

553 Ob bei derartigen Fällen hingegen eine Heilung durch die nachträgliche schriftliche Niederlegung erfolgen kann, wird auf S. 109 ff. erörtert.

554 Vgl. LAG Düsseldorf v. 14.05.2009 - 5 Sa 108/09, BeckRS 2009, 69092.

555 *Pallasch*, Anm. zu BAG v. 16.04.2008 - 7 AZR 1048/06, AP Nr. 46 zu § 14 TzBfG.

556 BAG v. 16.04.2008 - 7 AZR 1048/06, NZA 2008, 1184 (1085).

Es darf jedoch nicht übersehen werden, dass die Auslegungsregelung den Arbeitgeber nicht von der Beweislast für die Beurkundungsabrede entbindet. Hierüber würde auch die Vermutung des § 154 Abs. 2 BGB nicht hinweghelfen.[557] Diese führt lediglich dazu, dass bei unstreitiger Formabrede, derjenige beweispflichtig ist, der sich auf die bloße Beurkundung aus Beweiszwecken beruft.[558] Insofern sollte der Arbeitgeber bei einer ausdrücklichen mündlichen Beurkundungsabrede den Zeugenbeweis als Beweismittel heranziehen, wenn er ggü. dem Arbeitnehmer erklärt, dass ein schriftlicher Vertrag noch folgen werde. Anderenfalls wird er das Risiko eines non liquet tragen müssen.[559]

Dieses Risiko dürfte m.E. zu minimieren sein, wenn der Arbeitgeber den Vorbehalt für das Schriftformerfordernis bereits im Ausgangsvertrag für den Fall der geplanten Verlängerung aufnimmt. Der Arbeitnehmer würde auf diese Weise unzweifelhaft darauf hingewiesen, dass eine wirksame Vertragsverlängerung von einer schriftlichen Niederlegung abhängig gemacht wird. Da der Arbeitnehmer regelmäßig ein Interesse daran haben dürfte zu bestreiten, dass ein solcher Vorbehalt vereinbart worden ist, sollte der Arbeitgeber von der vorherigen Übersendung des Arbeitsvertrages mit der schriftlichen Aufforderung, den Vertrag zu unterschreiben, Gebrauch machen. Ein solcher Schriftformvorbehalt im Ausgangsvertrag dürfte auch nicht gegen § 22 TzBfG verstoßen.

Bleibt letztlich noch die Frage, innerhalb welchen Zeitraums die schriftliche Niederlegung zu erfolgen hat. Wie *Dörner* bereits angemerkt hat, kann nämlich durch eine längerfristige Aufnahme bzw. Fortsetzung der Tätigkeit, die Wirkung des § 154 Abs. 2 BGB aufgehoben werden. Insbesondere bei der vorherigen Übersendung des Vertragstextes sollte man den Arbeitgeber nicht allzu lange im Ungewissen lassen. Heranziehen kann man hierfür die allgemeinen Vorschriften des Bürgerlichen Gesetzbuches. So regelt § 147 BGB, dass ein Angebot unter Abwesenden nur bis zu dem Zeitpunkt angenommen werden kann, in welchem der Antragende den Eingang der Antwort unter regelmäßigen Umständen erwarten darf. In einer mietrechtlichen Angelegenheit urteilte das LG Stendal, dass der Anbietende die Annahme des schriftlichen Mietvertrags binnen einer Frist von zwei bis drei Wochen erwarten darf, denn diese Frist erscheint für die Übermittlung an den Angebotsempfänger und die Bearbeitung und Überlegung durch ihn hinreichend.[560] Der 5. Senat des BGH hat diese Annahmefrist nach aktueller Rechtsprechung auf bis zu vier Wochen ausgedehnt.[561] Hieran anknüpfend kann man auch die „Frist“ im Sinne des § 154 Abs. 2 BGB bestimmen.

557 Palandt-*Ellenberger*, § 154 BGB Rn. 6.
558 Palandt-*Ellenberger*, § 154 BGB Rn. 6.
559 *Dörner*, Rn. 90.
560 LG Stendal v. 29.01.2004 - 22 S 107/03, NZM 2005, 15 = NJW-RR 2005, 97.
561 BGH v. 07.06.2013 - V ZR 10/12, NZM 2013, 871 = NJW 2013, 3434.

Was schließlich verbleibt, ist die Frage, welche Auswirkung die zwischenzeitlich erfolgte Arbeitsaufnahme auf die Vorbehaltsrechtsprechung hat. Dies soll im Nachfolgenden erörtert werden.

b) Auswirkung der Arbeitsaufnahme

Trotz grundsätzlicher Zustimmung zur „Vorbehaltsrechtsprechung" darf nicht übersehen werden, dass diese weitere Probleme mit sich bringt, deren Auswirkungen sich erst auf der sog. „zweiten Ebene", also der Ebene der Tätigkeitsaufnahme bzw. -fortführung, offenbaren. Denn die Annahme des Senats, dass durch den schriftlichen Vertragsschluss nach Arbeitsaufnahme bzw. -fortsetzung eine eigenständige Befristungsabrede getroffen wird, führt unabhängig davon, welche dogmatische Herleitung die Richtige erscheint, zu folgenden Anschlussproblemen: Die Verlängerungsvereinbarung wird weder vor der Fortsetzung der Arbeitstätigkeit vereinbart noch schließt sie sich direkt an die vorherige Befristung an.

Auch stellt sich die Frage, ob das zwischenzeitlich entstandene faktische Arbeitsverhältnis eine „Zuvor-Beschäftigung" i.S.d. § 14 Abs. 2 S. 2 TzBfG darstellt. Würde man dies bejahen, liefe die Vorbehaltsrechtsprechung für den Fall der Verlängerung sachgrundloser Befristungen ins Leere. Bereits eine kurzfristige Arbeitsaufnahme von wenigen Stunden würde dazu führen, dass die Befristung gegen das Anschlussverbot verstoßen würde. Das BAG konnte die Frage bislang unentschieden lassen, da die Befristung in der Entscheidung vom 16.04.2008 nach § 14 Abs. 1 S. 2 Nr. 3 TzBfG gerechtfertigt war.

Im Ergebnis ist die Einordnung des faktischen Arbeitsverhältnisses als schädliche Vorbeschäftigung abzulehnen. Wie *Bauer* und *Greiner* richtig bemerken, kann unter einem Arbeitsverhältnis i.S.d. § 14 Abs. 2 S. 2 TzBfG nur ein solches verstanden werden, welches auf einer wirksamen vertraglichen Absprache beruht.[562] Grundlage des faktischen Arbeitsverhältnisses ist hingegen ein in Vollzug gesetztes Arbeitsverhältnis, welches nach dem Willen der Parteien erkennbar von der Schriftform abhängig gemacht werden soll. Es soll insofern noch nicht als wirksam gelten bis die Fixierung erfolgt ist. Dass ein derartiges Arbeitsverhältnis nicht unter § 14 Abs. 2 S. 2 TzBfG zu subsumieren ist, ergibt sich auch aus dem Sinn und Zweck des Anschlussverbotes. Dieser liegt darin, den Arbeitsvertragsparteien die Möglichkeit zu geben, ohne Sachgrund ein befristetes Arbeitsverhältnis von bis zu zwei Jahren begründen zu können, aber Befristungsketten unter Wechsel von Befristungen mit und ohne Sachgrund zu unterbinden.[563] Diesem Normzweck würde es nicht zuwiderlaufen, wenn man solche „Überbrückungszeiträume" als unschädlich qualifizieren

562 *Bauer*, FD-ArbR 2008, 266041; *Greiner*, RdA 2009, 82 (88); so anscheinend auch LAG Düsseldorf v. 30.06.2010 - 12 Sa 415/10, BeckRS 2010, 71962. In den Entscheidungsgründen heißt es, dass es zur wirksamen Befristung des Arbeitsvertrages keines Sachgrundes bedurfte und damit dahingestellt bleiben konnte, ob § 85a LBG a.F. einen Sachgrund liefert.

563 ErfK-*Müller-Glöge*, § 14 TzBfG Rn. 97.

würde, die lediglich darauf zurückzuführen sind, dass die Parteien das befristete Arbeitsverhältnis einvernehmlich von der Einhaltung der Schriftform machen wollten. Es wäre auch widersprüchlich, denjenigen Arbeitgeber, der nachweislich durch einen Vorbehalt dem Schriftformerfordernis nachkommen will, auf der einen Seite vor den Rechtsfolgen des § 14 Abs. 4 TzBfG zu beschützen, um ihm anschließend auf der "zweiten Ebene" die volle Härte des Anschlussverbotes spüren zu lassen. In diesem Sinne gibt es auch keinen triftigen Grund denjenigen Arbeitnehmer in den „zufälligen" Genuss eines unbefristeten Arbeitsverhältnisses kommen zu lassen, dem aufgrund vorheriger mündlicher Absprache bekannt und bewusst ist, dass es für die Wirksamkeit des Vertrages noch einer schriftlichen Fixierung der Befristungsabrede bedarf.

Gleichwohl bleibt die Problematik, wie der Umstand zu bewerten ist, dass sich im Falle der Verlängerung eines befristeten Arbeitsverhältnisses der verlängerte Vertrag und der vorherige befristete Vertrag nicht unmittelbar aneinanderreihen bzw. die Befristungsabrede nicht vor Ablauf der vorherigen Befristung geschlossen worden ist. Denn grundsätzlich gilt, dass bei einer konstitutiven Beurkundung im Sinne des § 154 Abs. 2 BGB der Vertrag im Zweifel erst mit *Zugang der Beurkundung* wirksam wird.[564] Geht man mit *Greiner* von einer Bedingung im Rechtssinne aus, tritt die von einer Bedingung abhängig gemachte Rechtsfolge nach § 158 Abs. 1 BGB ebenfalls erst mit dem Ereignis ex nunc ein.[565] Zu diesem Ergebnis kommt auch das BAG bei seiner Lösung über §§ 133, 157 BGB, indem es davon ausgeht, dass die Parteien mit der Unterzeichnung nach Arbeitsaufnahme eine „eigenständige" Befristungsabrede getroffen haben.

Die Konsequenzen hieraus lassen sich anhand folgenden Beispiels darstellen: Die Parteien schließen am 01.01.2012 eine Erstbefristung von einem Jahr bis zum 31.12.2012. Vor Ablauf der Befristung vereinbaren sie eine Befristungsverlängerung um ein weiteres Jahr (bis 31.12.2013) unter dem Vorbehalt der schriftlichen Niederlegung, die eine Woche nach Arbeitsfortsetzung durch die Unterschriftsleistung erfolgt. Die Ausführungen des Senats in seiner Entscheidung vom 16.04.2008 dürften so zu verstehen sein, dass sich die „Vertragshistorie" formell wie folgt zusammensetzt: Erstbefristung bis 31.12.2012, einwöchiges faktisches Arbeitsverhältnis, Befristungsverlängerung bis 31.12.2013. Geht man davon aus, dass der Vertrag erst mit Zugang der Beurkundung wirksam wird, schließt sich die Verlängerung nicht direkt an die vorherige Befristung, sondern lediglich an das faktische Arbeitsverhältnis an.

Zunächst könnte man erwägen, die restriktive Rechtsprechung zum Verlängerungsbegriff im Falle eines Vorbehalts in modifizierter Weise anzuwenden. Indem sich die „selbständige" Befristungsabrede zumindest direkt an das zwischenzeitlich entstandene faktische Arbeitsverhältnis anschließt und somit auch während eines laufenden Arbeitsverhältnisses vereinbart worden ist, gibt es auch keine vorübergehende zeitliche Unterbrechung des Arbeitsverhältnisses.

564 MüKo-*Kramer*, § 154 BGB Rn. 20.
565 BeckOK-*Rövekamp*, § 158 BGB Rn. 20.

Gleichwohl wirkt dieser Lösungsansatz etwas konstruiert. Regelmäßig wird der vorab übersandte Vertrag in der Praxis bereits in formeller Hinsicht direkt an den Tag der Arbeitsaufnahme bzw. -fortsetzung anknüpfen. Durch Unterzeichnung des Vertrages erkennt der Arbeitnehmer an, dass die Wirkungen der Befristungsverlängerung in unmittelbarer Folge zu dem vorherigen Vertrag eintreten sollen. Das zwischenzeitlich entstandene faktische Arbeitsverhältnis wird mit der schriftlichen Fixierung „rückwirkend" durch eine voll wirksame rechtsgeschäftliche Befristungsverlängerung überlagert. Fraglich ist nur die dogmatische Herleitung dieses Ergebnisses. Der Senat kann die Rückwirkung mit der Auslegung der übereinstimmenden Willenserklärungen gemäß §§ 133, 157 BGB begründen. *Greiner* versucht über § 159 BGB zu einem sachgerechten Ergebnis zu kommen. Er ist der Auffassung, dass die Parteien im Fall der bedingten Einigung dem Bedingungseintritt nach § 159 BGB Rückwirkung beimessen können, so dass im Zeitpunkt der Bewirkung der Schriftform der Arbeitsvertrag *ex tunc* entsteht.[566]

Gleiches könnte man bei einer Lösung über § 154 Abs. 2 BGB erwägen. Zwar gilt, dass nach § 154 Abs. 2 BGB der Vertrag im Zweifel erst mit Ableistung der Unterschrift rechtsverbindlich geschlossen ist. § 154 Abs. 2 BGB will allerdings vorrangig die Rechtsfolge bestimmen, die im Falle der unterbliebenen Unterschrift eintritt. Dies hindert jedoch die Parteien nicht daran, im Falle der Unterzeichnung den „Vertragsbedingungen" und auch der Befristung Rückwirkung beizumessen. Dieses Ergebnis dürfte dem Grunde nach auch nicht den auf S. 56 ff. dargestellten kritischen Ausführungen widersprechen, wonach die Wirksamkeit einer verspäteten Befristungsverlängerung nach einem arbeitsfreien Wochenende in Frage gestellt wird. Zunächst einmal besteht der wesentliche Unterschied darin, dass eine Verlängerung bereits aus begrifflichen Gründen nicht daran scheitert, dass die Vertragsparteien nicht mehr in einem Arbeitsverhältnis stehen. Hierfür sorgt bereits die Annahme des faktischen Arbeitsverhältnisses. Darüber hinaus begründet sich der Unterschied auch darin, dass der Vorbehalt zumindest arbeitgeberseits vor Ablauf der vorherigen Befristungen gestellt wurde und damit auch die vorherige Befristung noch nicht beendet war. Als Argumentation kann in diesem Fall zumindest der Rechtsgedanke des § 224 Abs. 3 ZPO herangezogen werden, da die Vorschrift bekanntlich nur für Fristverlängerungen gilt. Indem der Verlängerungsantrag – wie auch der Antrag auf Fristverlängerung i.S.d. § 224 Abs. 3 ZPO – vor Ablauf des Vertragsverhältnisses gestellt worden ist, reicht auch seine Wirkung im Falle der schriftlichen Unterzeichnung auf den Zeitpunkt der Antragsstellung zurück.

Überzeugender ist es, anstelle einer komplizierten Lösung über die Rückwirkung von Willenserklärungen schlichtweg die teleologische Reduktion des Anschlussverbotes im Falle eines Schriftformvorbehaltes anzunehmen. Hierfür dürften gute Gründe sprechen. Insbesondere dient die Einschränkung des BAG, dass die Befristungsabrede

566 *Greiner*, RdA 2009, 82 (88).

grds. vor Ablauf des zu verlängernden Vertrages vereinbart werden und sich die Verlängerung direkt an die vorherige Befristung anschließen muss, als objektives Zeitkriterium der Abgrenzung von zulässiger Verlängerungsabrede und unzulässigem Neuabschluss. Hat der Arbeitgeber jedoch die befristete Fortsetzung des Arbeitsverhältnisses davon abhängig gemacht, dass die Abrede schriftlich fixiert wird, bestehen bereits in objektiver Hinsicht keine Abgrenzungsprobleme zum Neuabschluss, wenn z.B. der „Verlängerungsvertrag" vorab übersandt worden ist und vom Arbeitnehmer nachträglich unterschrieben wird.

c) *Auswirkung der schriftlichen Niederlegung auf eine formlos geschlossene Befristungsabrede*

aa) Einführung

Die vorherigen Ausführungen zur Vorbehaltsrechtsprechung haben gezeigt, dass mit einer Lösung über § 154 Abs. 2 BGB für den Großteil der in der Praxis relevanten Sachverhaltskonstellationen sachgerechte Ergebnisse erzielt werden können. Gleichwohl gibt es Fallvarianten – wie die Entscheidungen des BAG vom 01.12.2004 und 16.03.2005 gezeigt haben – in denen bei der mündlichen Absprache kein Wort darüber verloren wird, dass ein schriftlicher Vertrag nach Arbeitsaufnahme bzw. -fortsetzung folgen soll. Im Ergebnis nimmt der 7. Senat an, dass eine spätere schriftliche Niederlegung keine Auswirkung auf den Verstoß gegen das Schriftformgebot des § 14 Abs. 4 TzBfG habe. Es entstehe ein unbefristetes Arbeitsverhältnis, obwohl sich die Parteien nach ihrem übereinstimmenden Willen ausdrücklich auf eine Befristung geeinigt haben.

Für den Arbeitgeber stellt sich die Frage, ob ihm tatsächlich keine Möglichkeit verbleibt, das beabsichtigte befristete Arbeitsverhältnis noch irgendwie zur Rechtswirksamkeit zu verhelfen. Auf den ersten Blick bietet das Gesetz ihm zumindest mit § 16 S. 2 TzBfG eine Notlösung. Danach kann der Arbeitgeber das Arbeitsverhältnis auch ohne ausdrückliche Vereinbarung eines Kündigungsrechts kündigen, wenn die Befristung nur wegen eines Mangels der Schriftform unwirksam ist. Als Lösungsmodell soll diese "ultima ratio" jedoch nicht verstanden werden, da sie die Vertragsparteien nur zur Auflösung des Arbeitsverhältnisses berechtigt und nicht dessen rechtswirksamen Vollzug sichert.

Das BAG hat sich in den oben angeführten Entscheidungen insbesondere mit der Möglichkeit einer wirksamen Bestätigung i.S.d. § 141 BGB und einer nachträglichen Befristung auseinandergesetzt. Darüber hinaus soll ein von *Preis/Greiner* erörterter Lösungsvorschlag in Form des Abschlusses eines nachträglichen Heilungsvertrages diskutiert werden.

bb) Lösungsmodelle

(1) Wirksame Bestätigung nach § 141 BGB

Intensiv haben sich die Literatur und Rechtsprechung mit der Frage beschäftigt, ob die nach Vertragsbeginn bzw. nach Aufnahme/Fortsetzung der Arbeitstätigkeit erfolgte schriftliche Niederlegung der mündlich vereinbarten Befristung als eine wirksame Bestätigung i.S.d. § 141 BGB zu qualifizieren ist.[567]

Die Vorschrift regelt, dass die Bestätigung eines nichtigen Rechtsgeschäfts durch denjenigen, der es vorgenommen hat, als erneute Vornahme zu beurteilen ist. Der Normzweck des § 141 Abs. 1 BGB beruht darauf, dass die am Rechtsgeschäft Beteiligten trotz der Nichtigkeit des Rechtsgeschäfts, welche durch den späteren Wegfall des Nichtigkeitsgrundes grds. nicht berührt wird, ihren Willen zum Zeitpunkt der Bestätigung neuerlich bekunden können.[568] Hierdurch bleibt ihnen die vollständige Neuvornahme des ursprünglichen Rechtsgeschäfts erspart.[569]

Einige Stimmen in der Literatur haben schon vor den oben dargestellten Entscheidungen des BAG gefordert, im Falle einer mündlich vereinbarten und damit unwirksamen Befristung, den nachträglich unterzeichneten Arbeitsvertrag als eine formwirksame Bestätigung im Sinne von § 141 BGB anzusehen.[570]

Das BAG hat sich dieser Auffassung jedoch nicht angeschlossen. Mit seinen Entscheidungen vom 01.12.2004 und 16.03.2005 hat sich der Senat gegen das Rechtsinstitut der Bestätigung entschieden. § 141 BGB sei sowohl nach dessen Wortlaut als auch nach dessen Sinn und Zweck unanwendbar.[571]

Eine Bestätigung gem. § 141 BGB setze zunächst voraus, dass die Parteien den Grund der Nichtigkeit kennen oder zumindest Zweifel an der Rechtsbeständigkeit der Vereinbarung haben müssen.[572] Fehle das Bewusstsein der möglichen Fehlerhaftigkeit des Rechtsgeschäfts, könne auch der Parteiwille nicht auf eine Bestätigung i.S. von § 141 BGB gerichtet sein.[573]

Für die Unanwendbarkeit der Vorschrift spreche ferner die in § 141 Abs. 2 BGB verankerte Rechtsfolge, die unter anderem voraussetzt, dass der zu bestätigende Vertrag *nichtig* sei.[574] Der mündlich geschlossene Arbeitsvertrag sei jedoch – abgesehen von der Befristung – von Anfang an nicht als nichtig zu qualifizieren, sondern bildet gemäß § 16 TzBfG als unbefristeter Arbeitsvertrag die rechtliche Grundlage für die daraus resultierenden Rechte und Pflichten der Parteien.

---

567 BAG v. 01.12.2004 - 7 AZR 198/04, NZA 2005, 575 (577); BAG v. 16.03.2005 - 7 AZR 289/04, NJW 2005, 3595 (3596); APS-*Backhaus*, § 14 TzBfG Rn. 477; *Nadler/von Medem*, NZA 2005, 575 (577); *Straub*, NZA 2001, 919 (927); *Greiner*, RdA 2009, 82 (84).

568 MüKo-*Busche*, § 141 BGB Rn. 1; BeckOK-*Wendtland*, § 141 BGB Rn. 1.

569 BGH v. 01.10.1999 - V ZR 168/98, NJW 1999, 3704 (3705).

570 *Straub*, NZA 2001, 919 (927); *Bauer*, BB 2001, 2526 (2528).

571 BAG v. 16.03.2005 - 7 AZR 289/04, NJW 2005, 3595 (3596); BAG v. 01.12.2004 - 7 AZR 198/04, NZA 2005, 575 (577).

572 BGH v. 11.02.2003 - XI ZR 130/02, NJW-RR 2003, 769 (770); BGH v. 10.05.1995 - VIII ZR 264/94, NJW 1995, 2290 (2291).

573 BGH v. 11.02.2003 - XI ZR 130/02, NJW-RR 2003, 769 (770).

574 BAG v. 16.03.2005 - 7 AZR 289/04, NJW 2005, 3595 (3596); BAG v. 01.12.2004 - 7 AZR 198/04, NZA 2005, 575 (577).

Dies nahm das BAG letztlich zum Anlass, eine analoge Anwendung der Vorschrift zu untersuchen. Dabei ließen sie die Frage nach dem Vorliegen einer planwidrigen Regelungslücke ausdrücklich offen. Eine analoge Anwendung scheitere bereits daran, dass nach der teleologischen Auslegung der Sinn und Zweck des Schriftformerfordernisses einer Nachholung der Schriftform entgegenstehe.[575] Der Arbeitnehmer soll vor Beschäftigungsbeginn durch das Lesen der Vertragsvereinbarungen erkennen, dass er keinen Dauerarbeitsplatz erhalte, um gegebenenfalls den Vertragsschluss zu Gunsten anderer Angebote ablehnen zu können.[576] Außerdem diene das Schriftformerfordernis der Beweiserleichterung. Dadurch solle unnötiger Streit der Parteien über das Vorliegen und den Inhalt einer Befristung vermieden werden.

Die Rechtsauffassung des BAG ist in der Literatur in dogmatischer Hinsicht überwiegend auf Zustimmung gestoßen.[577] *Nadler/von Medem* halten die Auffassung des BAG streng logisch betrachtet für nachvollziehbar.[578] *Bauer/Krieger* erklären die Argumentation dogmatisch ebenfalls für einwandfrei, auch wenn sie das Urteil im Ergebnis nicht für überzeugend halten.[579]

Einvernehmen besteht in der Literatur mit der Rechtsauffassung des BAG auch dahingehend, dass den Vertragsparteien mit der in § 141 Abs. 1 BGB verankerten Rechtsfolge nur wenig geholfen wäre. Denn eine wirksame Bestätigung führe letztlich dazu, dass das bestätigte Rechtsgeschäft erst vom Zeitpunkt der Bestätigung an ex nunc – also nicht rückwirkend – wirksam werde.[580] Hieran ändere auch die in § 141 Abs. 2 BGB verankerte schuldrechtliche Verpflichtung nichts, wonach sich die Vertragsparteien im Falle einer Bestätigung gegenseitig so zu stellen haben, als wäre der Vertrag von Anfang an wirksam.

(2) Nachträgliche Befristung

Die Vertragsparteien können den Abschluss einer sog. nachträglichen Befristung erwägen, wenn sie entweder ein von Anfang an unbefristetes in ein befristetes Arbeitsverhältnis "umwandeln" wollen oder aber einer rechtsunwirksam vereinbarten Befristung nachträglich zur neuen Geltung verhelfen wollen. Der Unterschied zur Bestätigung nach § 141 BGB liegt darin, dass letztere als erneute Vornahme des Rechtsgeschäfts zu beurteilen ist, während die nachträgliche Befristung ein völlig neues Rechtsgeschäft darstellt.[581]

---

575 BAG v. 16.03.2005 - 7 AZR 289/04, NJW 2005, 3595 (3596); BAG v. 01.12.2004 - 7 AZR 198/04, NZA 2005, 575 (577).

576 Vgl. auch BAG v. 16.09.2004 - 2 AZR 659/03, NJW 2005, 844 = NZA 2005, 162.

577 APS-*Backhaus*, § 14 TzBfG Rn. 477; MHH-*Meinel*, § 14 TzBfG Rn. 280; ErfK-*Müller-Glöge*, § 14 TzBfG Rn. 122.

578 *Nadler/von Medem*, NZA 2005, 1214 (1215).

579 *Bauer/Krieger*, Anm. zu BAG v. 01.12.2004 - 7 AZR 198/04, AP Nr. 15 zu § 14 TzBfG.

580 MüKo-*Busche*, § 141 BGB Rn. 16.

581 Vgl. *Greiner*, RdA 2009, 82 (84).

Das BAG hat mit seinem Urteil vom 16.03.2005 die grundsätzliche Möglichkeit der nachträglichen Befristung für den Fall, dass dem Schriftformerfordernis nicht Genüge getan ist, bejaht.[582] Wie jedes Rechtsgeschäft setze die nachträgliche Befristung jedoch voraus, dass der Parteiwille auf eine solche gerichtet sei. Bei Unkenntnis der Vertragsparteien von der Unwirksamkeit ihres vorherigen mündlichen Vertragsschlusses bestehe wie bei der Bestätigung i.S.d. § 141 BGB das Problem, dass ihr Wille grundsätzlich nicht auf eine "Neubefristung", sondern lediglich auf eine deklaratorische schriftliche Niederlegung gerichtet sein dürfte.[583]

Etwas anderes scheint nach der Entscheidung des BAG vom 13.06.2007 für den Fall zu gelten, dass die Vertragsparteien vor Vertragsbeginn und vor Unterzeichnung des schriftlichen Arbeitsvertrags mündlich keine Befristung vereinbart haben oder sich eine nach Arbeitsaufnahme schriftlich niedergelegte Befristungsvereinbarung nicht mit einer vor Arbeitsaufnahme mündlich vereinbarten Befristungsabrede deckt.[584] Stimmen „Vor- und Hinterher" nicht überein, geht das BAG davon aus, dass eine neue, eigenständige Befristung vorliege. Es handele sich in diesem Fall bei der schriftlichen Fixierung um einen konstitutiven Akt.

Die Entscheidung des BAG ist in zwei Punkten erheblich kritisiert worden. Diskutiert wurde unter anderem, ob die Ausführungen des Senats in einem Spannungsverhältnis zur AGB-Kontrolle stehen und mit dem Überraschungsschutz des § 305c BGB zu vereinbaren seien.[585] Der Arbeitnehmer müsse darauf vertrauen können, dass in einem einseitig vom Arbeitgeber ausformulierten Arbeitsvertrag nur das niedergelegt wird, worauf man sich vorher verständigt habe. Anderenfalls werde dem Arbeitgeber die Möglichkeit an die Hand gegeben, durch eine von der vorangegangenen mündlichen Vereinbarung abweichende Vertragsgestaltung eine „Heilung" in Form der nachträglichen Befristung zu erreichen.[586]

Ein weiterer Kritikpunkt besteht darin, dass die nachträgliche Befristung nur bei Vorliegen eines Sachgrundes zu einem sachgerechten Ergebnis führt.[587] Ist ein solcher nicht gegeben, werde die gesetzliche Formvorschrift des § 14 Abs. 4 TzBfG bei einer sachgrundlosen Befristung zu einer materiell-rechtlichen Falle.[588] Grund dafür ist, dass durch den mündlichen Vertragsschluss bzw. der Verlängerungsabrede nach der Vertragstheorie spätestens mit der Aufnahme der Arbeitstätigkeit ein unbefristetes Arbeitsverhältnis begründet werde. Die nachträgliche Befristung führe dazu, dass zwar dem Schriftformerfordernis Genüge getan werde, mangels Rückwirkung jedoch zu einem Verstoß gegen das in § 14 Abs. 2 S. 2 TzBfG verankerten Anschlussverbot

---

582 BAG v. 16.03.2005 - 7 AZR 289/04, NJW 2005, 3595.
583 So bereits BAG v. 01.12.2004 - 7 AZR 198/04, NZA 2005, 575 (576 f.).
584 BAG v. 13.06.2007 - 7 AZR 700/06, NZA 2008, 108.
585 *Greiner*, RdA 2009, 82 (86).
586 *Greiner*, RdA 2009, 82 (86).
587 Ein solcher lag in der zitierten Entscheidung in Form des § 1 ÄArbVtrG vor.
588 *Greiner*, RdA 2009, 82 (85); *Kortstock*, Anm. zu BAG v. 16.03.2005 - 7 AZR 289/04, AP Nr. 16 zu § 14 TzBfG.

führe.[589] Teilweise wird in der Literatur aus diesem Grund bei einer nachträglichen Befristung aufgrund eines vorherigen Verstoßes gegen das Schriftformerfordernis eine teleologische Reduktion des Anschlussverbotes gefordert.[590] Sinn und Zweck des Vorbeschäftigungsverbotes sei es der „Verhinderung von Befristungsketten" zu dienen.[591] Hingegen soll es nicht der Heilung von Schriftformverstößen entgegenstehen. Aus diesem Grund dürfe der grds. zu honorierende Wille des Arbeitgebers nicht durch § 14 Abs. 2 S. 2 TzBfG bestraft werden.[592]

(3) Heilungsvertrag

Neben den bereits vom BAG diskutierten Lösungsmodellen wird in der Literatur überwiegend von *Preis/Greiner* die Anerkennung eines nachträglichen Heilungsvertrages gefordert. *Preis* führt hierzu die Rechtsprechung des 12. Zivilsenats des BGH vom 14.07.2004[593] zum Mietrecht an.[594] Dem Urteil lag ein Sachverhalt zu Grunde, bei dem die Vertragsparteien im Jahr 1994 zunächst einen schriftlichen Mietvertrag über Gewerberäume für eine Dauer von ca. acht Jahren abgeschlossen hatten (bis zum 31.03.2002). Vier Jahre nach Beginn des Vertragsverhältnisses wurde zunächst mündlich eine Nachtragsvereinbarung mit Wirkung zum 01.05.1998 geschlossen, wonach der Mietvertrag um das Erdgeschoss erweitert und eine neue, gestaffelte Miete vereinbart wurde. Als der Mieter vergeblich auf eine schriftliche Fixierung der mündlichen Abrede wartete, übersandte er dem Vermieter am 05.02.1998 ein Schreiben, in dem sinngemäß stand: "Nachdem wir bis heute von Ihnen keinen neuen, respektierlich geänderten Mietvertrag erhalten haben, erlauben wir uns die mündlich getroffenen Vereinbarungen schriftlich zu bestätigen: (...)." In der Nachtragsvereinbarung wurde Bezug genommen auf den ursprünglich schriftlich abgefassten Mietvertrag. Sie wurde vom Vermieter am 26.03.1998 unterzeichnet. Gut ein Jahr später kündigte die Mieterin das Mietverhältnis vorzeitig mit der Begründung, der Nachtragsvertrag wahre nicht die Schriftform des § 550 BGB (§ 566 BGB a.F.) und berechtige sie daher zur Kündigung des Mietverhältnisses.

Der BGH entschied, dass die Vereinbarung einer festen Laufzeit des Mietvertrages bis zum 31.03.2002 wirksam und damit die von der Mieterin erklärte Kündigung unwirksam sei. Die Parteien könnten die Beurkundung eines zunächst formlos geschlossenen (Nachtrags-)Vertrages jederzeit ex tunc, d. h. mit Rückwirkung auf den Zeitpunkt des Vertragsschlusses nachholen. Der Vertrag gelte dann von Anfang an als in der gesetzlich vorgeschriebenen Form als abgeschlossen.

---

589 *Kortstock*, Anm. zu BAG v. 16.03.2005 - 7 AZR 289/04, AP Nr. 16 zu § 14 TzBfG; *Nadler/von Medem*, NZA 2005, 1214 (1217).
590 *Nadler/von Medem*, NZA 2005, 1214 (1218).
591 Vgl. *Bissels/Haag*, ArbRAktuell 2011, 261 (263).
592 *Nadler/von Medem*, NZA 2005, 1214 (1218).
593 BGH v. 14.07.2004 - XII ZR 68/02, NJW 2004, 2962 = NZM 2004, 738.
594 *Preis*, NZA 2005, 714 (717).

Für das Schriftformerfordernis gem. § 550 BGB komme es nicht darauf an, ob eine mündliche Vereinbarung bereits vor Gegenzeichnung zu Stande gekommen war.[595]

Preis fordert, dass die Liberalisierungstendenzen bei der Handhabung des Formerfordernisses auf die vergleichbaren Vorschriften des Arbeitsvertragsrechts übertragen werden müssen. Für den unbefangenen Betrachter stelle sich insbesondere die Frage, weshalb bei einer weitgehend vergleichbaren Vorschrift des Arbeitsvertragsrechts grundlegend anderes als bei § 550 BGB gelten solle.[596] *Greiner* greift die Grundidee von *Preis* auf und konkretisiert diese. Er präferiert eine sachgerechte Handhabung der Problematik, indem er den Vertragsparteien den Abschluss eines rückwirkenden Heilungsvertrages gestattet.[597] Dieser führe dazu, dass die ursprüngliche rechtsgeschäftliche Einigung der Parteien formwirksam werde und die Wirkungen der §§ 16 S. 1, 14 Abs. 2 S. 2 TzBfG rückwirkend entfallen lasse.[598]

(4) Verstoß gegen den Grundsatz von Treu und Glauben

Während die vorherigen Lösungsmodelle daran ansetzen, den Vertragsparteien durch vertragliche oder gesetzliche Konstruktionen zur Umsetzung ihres ursprünglichen Willens zu verhelfen, hat sich das BAG auch mit der Frage auseinandergesetzt, ob der Berufung auf die Formunwirksamkeit einer Befristungsabrede nicht der Grundsatz von Treu und Glauben entgegenstehen könnte.[599] Sind die Ausführungen in seinem Grundurteil vom 01.12.2004 zu einer möglichen Verwirkung und einem etwaigen widersprüchlichen Verhalten des klagenden Arbeitnehmers noch relativ sparsam, weist seine Nachfolgeentscheidung bereits im Leitsatz eine eindeutige Stellungnahme auf. Hier heißt es, dass die Geltendmachung der Formnichtigkeit einer vor Vertragsbeginn nur mündlich vereinbarten Befristung durch den Arbeitnehmer nicht deswegen gegen Treu und Glauben (§ 242 BGB) verstoße, weil er sich mit der Befristung einverstanden erklärt und nach Vertragsbeginn den die Befristung enthaltenden schriftlichen Arbeitsvertrag unterzeichnet habe.[600] Der Arbeitnehmer nutze in einem solchen Fall nicht treuwidrig eine formale Rechtsposition aus.

Nach der Auffassung des Arbeitsgerichts Berlin gilt dies selbst dann, wenn der Arbeitnehmer noch vor der Arbeitsaufnahme eine vorgefertigte Erklärung unterschreibt, wonach er sich ausdrücklich darüber im Klaren ist, dass es sich bei der Tätigkeit um einen befristeten Zeitvertrag handele.[601] Eine solche Erklärung sei lediglich als eine Wissenserklärung zu werten mit dem Inhalt, dass dem Arbeitnehmer aufgrund der vorherigen Abrede bewusst gewesen sei, dass eine Befristungsabrede

---

595 BGH v. 14.07.2004 - XII ZR 68/02, NJW 2004, 2962 = NZM 2004, 738.

596 *Preis*, NZA 2005, 714 (717); auf diese Frage wird noch auf S. 119 ff. bei der Diskussion über den Sinn und Zweck der Formvorschriften eingegangen.

597 *Greiner*, RdA 2009, 82 (90).

598 *Greiner*, RdA 2009, 82 (90).

599 BAG v. 01.12.2004 - 7 AZR 198/04, NZA 2005, 575 (577 f.).

600 BAG v. 16.03.2005 - 7 AZR 289/04, NJW 2005, 3595 (3596).

601 ArbG Berlin v. 02.11.2005 - 30 Ca 12599/05, NZA-RR 2006, 464.

getroffen worden war. Sie beinhaltet jedoch nicht den Verzicht auf eine gerichtliche Prüfung für den Fall, dass die Befristungsabrede unwirksam ist.[602]

Ein Berufen auf den Grundsatz von Treu und Glauben dürfte demzufolge nur in extremen Fallkonstellationen anerkannt sein. So zum Beispiel nach Auffassung des LAG Düsseldorf, wenn der Arbeitgeber nach Vereinbarung eines Schriftformvorbehalts, entgegen der getroffenen Absprache, dem Arbeitnehmer einen schriftlichen Vertrag nicht zuleitet oder die Rückgabe des Vertrages durch den Arbeitnehmer unterbleibt und das Arbeitsverhältnis gleichwohl von den Parteien durchgeführt wird.[603]

cc) Stellungnahme

In der Literatur und Rechtsprechung hat man auf den unterschiedlichsten Wegen versucht, Erklärungsansätze zu finden, wie man die Frage nach der Zulässigkeit der nachgeholten Schriftform einer sachgerechten Lösung zuführen kann. Die zuvor angeführten und in der Jurisprudenz bereits umfangreich diskutierten Lösungsmodelle beziehen sich dabei fast ausschließlich auf die Fallkonstellation, dass die schriftliche Fixierung nach Arbeitsaufnahme erfolgt. Doch wie verhält es sich, wenn die Parteien mündlich den Abschluss oder die Verlängerung eines befristeten Arbeitsverhältnisses vereinbart haben und der Vertragsentwurf erst einige Tage später, aber noch vor Aufnahme oder Fortsetzung der Arbeitstätigkeit übersandt wird? Dieser Frage soll vorrangig nachgegangen werden, da sie bereits wesentliche Aspekte aufgreift, die für die spätere Problemanalyse von Bedeutung sein können.

(1) Übersendung des Vertragstextes vor Arbeitsaufnahme

Die Übersendung eines Vertragstextes vor Arbeitsaufnahme muss nicht zwingend in den auf S. 94 ff. aufgeführten Anwendungsbereich des § 154 Abs. 2 BGB fallen. Dieser setzt nämlich voraus, dass vor der Übersendung des Vertragstextes *keine unbedingte* mündliche Befristungsabrede erfolgt ist. Einigen sich die Parteien mündlich und vor allem rechtsverbindlich über eine befristete Beschäftigung und besteht der Arbeitgeber erst nachträglich – aber noch vor Arbeitsaufnahme – auf einer schriftlichen Fixierung, ist der Anwendungsbereich des § 154 Abs. 2 BGB nicht eröffnet.[604] Der mündliche Vertragsschluss ist nämlich (zunächst) unbedingt erfolgt. Denn es entspricht ständiger Rechtsprechung, dass Vereinbarungen i.S.v. § 154 Abs. 2 BGB nur *vor oder bei Vertragsschluss* getroffen werden können.[605] Keine

602 ArbG Berlin v. 02.11.2005 - 30 Ca 12599/05, NZA-RR 2006, 464.
603 LAG Düsseldorf v. 30.06.2010 - 12 Sa 415/10, BeckRS 2010, 71962.
604 Vgl. auch ähnlicher Sachverhalt: ArbG Berlin v. 02.11.2005 - 30 Ca 12599/05, NZA-RR 2006, 464.
605 BGH v. 27.04.1994 - VIII ZR 34/93, NJW 1994, 2025 (2026).

Anwendung findet § 154 Abs. 2 BGB hingegen bei einer nachträglichen Beurkundungsvereinbarung.[606]

Fraglich ist daher, wie der 7. Senat des BAG den Fall rechtlich bewerten würde, bei dem sich die Parteien zunächst bedingungslos mündlich einigen und erst im Anschluss daran der Vertragstext an den Arbeitnehmer übersandt wird. Für *Müller-Glöge* scheint diese Fallvariante unproblematisch zu sein. Die formwirksame Befristungsabrede kann „in jedem Fall" noch vor Arbeitsantritt nachgeholt werden.[607] Die Begründung ist allerdings etwas missverständlich, wenn er argumentiert, dass für den Fall einer *formwirksamen Bestätigung* vor der tatsächlichen Arbeitsaufnahme, diese *nachträgliche Befristung* auch auf § 14 Abs. 2 TzBfG gestützt werden könne, da „bereits zuvor" ein Arbeitsverhältnis der Parteien noch nicht bestanden habe.[608] *Riesenhuber* scheint das Übersenden des schriftlichen Kontrakts – nach einem mündlichen vorbehaltslosen Vertragsschluss – als Angebot auf Abschluss einer nachträglichen Befristung zu qualifizieren, wobei er diese Frage unter dem Aspekt der rechtlichen Bewertung einer Änderungsvereinbarung erörtert.[609]

Die dargestellten Literaturstimmen überzeugen nicht. *Müller-Glöge* differenziert nicht ausreichend zwischen einer Bestätigung i.S.d. § 141 BGB und einer nachträglichen Befristung. Ausführungen, ob ein Bestätigungswille vorliegt oder der Wille auf eine „neue" eigenständige Befristungsabrede abzielt, fehlen. Der Bestätigungswille dürfte bereits deshalb fraglich sein, weil die Parteien die „Nichtigkeit" nicht kennen und damit im Zeitpunkt der schriftlichen Fixierung auch keine Zweifel an der Rechtsbeständigkeit des Vertrages haben.[610]

Auch ist es m.E. fernliegend, die im nahen sachlichen Zusammenhang zur mündlichen Abrede erfolgte Übersendung der Befristungsabrede als nachträgliche Befristung des Arbeitsverhältnisses zu qualifizieren. Richtig ist zwar, dass eine solche nachträgliche Befristung materiell-rechtlich nicht mit dem Vorbeschäftigungsverbot des § 14 Abs. 2 S. 2 TzBfG in Konflikt geraten würde; denn ein (befristungsschädliches) Arbeitsverhältnis entsteht nach der Vertragstheorie entweder durch den Abschluss des Arbeitsvertrages oder nach anderer Auffassung durch die „Eingliederung" des Arbeitnehmers in den Betrieb und die Aufnahme der Arbeitsleistung.[611] Vereinbaren die Parteien insofern – wie in der Praxis üblich – mündlich die Arbeitsaufnahme zu einem späteren Zeitpunkt, liegt noch kein in Vollzug gesetztes Arbeitsverhältnis vor, da dieses aufschiebend befristet ist.[612] Gleichwohl dürfte es nicht dem Parteiwillen entsprechen, eine „nachträgliche Befristung" zu vereinbaren.

---

606 BGH v. 27.04.1994 - VIII ZR 34/93, NJW 1994, 2025 (2026); MüKo-*Busche*, § 154 BGB Rn. 11.

607 ErfK-*Müller-Glöge*, § 14 TzBfG Rn. 122.

608 ErfK-*Müller-Glöge*, § 14 TzBfG Rn. 122.

609 *Riesenhuber*, NJW 2005, 2268 (2269).

610 Dies ist jedoch Voraussetzung für die Anwendbarkeit des § 141 BGB, vgl. Palandt-*Ellenberger*, § 141 BGB Rn. 6.

611 Vgl. hierzu ErfK-*Preis*, § 611 Rn. 7.

612 Richardi-*Richardi*, § 5 BetrVG Rn. 83.

Diese würde voraussetzen, dass die Parteien davon ausgegangen sind, dass aufgrund des mündlichen Vertragsschlusses gemäß § 16 TzBfG ein unbefristeter Arbeitsvertrag zustande gekommen ist. Das ist allerdings praxisfern.

Der Arbeitgeber wird aufgrund der formalistisch geprägten Rechtsauffassung des BAG vor die unlösbare Aufgabe gestellt, dass der Arbeitsvertrag (streng genommen nur die schriftliche Befristungsabrede) stets bei der rechtsverbindlichen mündlichen Einigung parat liegen muss. Dieses Ergebnis überzeugt nicht. Es ist allein dem Umstand geschuldet, dass im Befristungsrecht lediglich die Befristungsabrede, nicht aber der Arbeitsvertrag als solcher dem Schriftformgebot unterliegt. Derjenige Arbeitgeber, der nachträglich der mündlichen Abrede zur Formwirksamkeit verhelfen möchte, wird insofern vor erschwerte Bedingungen gestellt, als wenn das Gesetz Schriftform für den gesamten befristeten Arbeitsvertrag vorsehen würde; denn in diesem Fall hätte eine vorherige mündliche Einigung keine rechtsgestaltende Wirkung. Dies wird augenscheinlich auch von *Nadler/von Medem* übersehen, wenn sie kritisieren, dass man im Anwendungsbereich des § 766 BGB auch nicht ernsthaft erwägen würde, die Wirksamkeit einer schriftlich niedergelegten Bürgschaftserklärung mit der Begründung in Zweifel zu ziehen, die Parteien hätten das Geschäft schon einen Tag zuvor telefonisch vereinbart und es subjektiv als bindend angesehen.[613] Der Vergleich hinkt, da ein formunwirksames Bürgschaftsversprechen ein „rechtliches Nullum“ darstellt und im Gegensatz zu einer formunwirksamen Befristungsabrede gar keine Rechtswirkung entfaltet.

Die Rechtsauffassung des BAG lässt sich damit wie folgt zusammenfassen: Die mündliche Einigung über den Abschluss eines befristeten Arbeitsverhältnis stellt das für die Vertragsparteien maßgebliche Rechtsgeschäft dar, welches allerdings aufgrund der Formunwirksamkeit nichtig ist. Die spätere schriftliche Niederlegung wahrt zwar diese Form; sie besitzt allerdings mangels entsprechenden Parteiwillens kein Rechtsgeschäftscharakter.

Der Senat teilt damit ein aus objektiver Betrachtungsweise einheitliches Rechtsgeschäft in zwei Vorgänge auf. Dieser Auffassung kann nicht gefolgt werden. M.E. muss im Anwendungsbereich des § 14 Abs. 4 TzBfG die Wirksamkeit des Rechtsgeschäfts aus einer ex-tunc Sichtweise betrachtet werden. Insbesondere ist dabei die Frage nach der Wirksamkeit des Vertragsschlusses hinreichend von der Frage nach der Einhaltung des Schriftformerfordernisses, wie dies im Anwendungsbereich des § 550 BGB vom BGH in ständiger Rechtsprechung geschieht, zu trennen. So erfolgt die Prüfung zur Wirksamkeit eines Geschäftsraummietvertrages regelmäßig zweistufig.[614] Zuerst ist festzustellen, ob sich die Vertragsparteien aufgrund zweier vertragsbegründender Willensäußerungen rechtswirksam geeinigt haben. Erst auf der zweiten Stufe hat die Schriftform die Einigung abzubilden. Ihr kommt insoweit keine selbständige Bedeutung zu, sondern sie muss dem übereinstimmenden Parteiwillen folgen.[615] Der

613 *Nadler/von Medem*, NZA 2005, 1214 (1216).
614 Schmitt-Futterer-*Lammel*, § 550 BGB Rn. 32.
615 Schmitt-Futterer-*Lammel*, § 550 BGB Rn. 34.

ursprüngliche Rechtsbindungswille manifestiert sich damit in der schriftlichen Niederlegung.

Dabei wird auf der Ebene des Vertragsschlusses zunächst geprüft, ob der Vertragsschluss unter Anwesenden i.S.d. § 145 BGB oder Abwesenden gemäß § 147 Abs. 2 BGB zustande gekommen ist. Bei letzterer Konstellation fallen Vertragsschluss und Einhaltung der Schriftform i.S.d. § 126 Abs. 2 BGB in einem Akt zusammen, so dass auch keine Schwierigkeiten bei der Anerkennung des Rechtsgeschäftscharakters entstehen können. Dies dürfte im Befristungsrecht gleichermaßen gelten. Hingegen dürfte der Vertragsschluss unter Anwesenden insbesondere im Gewerberaummietrecht Seltenheitswert haben, da die Parteien u.a. Konsens über die Mietsache, die Miete (einschließlich der Vereinbarung über die Umlage von Nebenkosten) sowie die Mietdauer zu erzielen haben (sog. essentialia negotii).[616] Gleichwohl sieht der BGH – im Gegensatz zum BAG – einen etwaigen vorherigen mündlichen Vertragsschluss keinesfalls hinderlich für die Einhaltung der Formvorschrift des § 550 BGB an. So heißt es bereits im Leitsatz der am 14.07.2004 ergangenen BGH-Entscheidung: „Ob der Vertrag schon zuvor durch mündliche Einigung zu Stande gekommen war, durch die Gegenzeichnung zu Stande kommt oder es hierzu erst noch des Zugangs der Gegenzeichnung bedarf, ist für die Frage der Schriftform ohne Belang."[617]

M.E. sind diese Gedanken auf die schriftliche Fixierung der Befristungsabrede vor Arbeitsaufnahme bzw. der Arbeitsfortsetzung sehr gut übertragbar. Die Befristungsabrede ist wie zum Beispiel die Mietdauer beim Gewerberaummietvertrag der relevante in Schriftform zu gießende Teil des befristeten Arbeitsverhältnisses. Einigen sich nunmehr die Mietvertragsparteien rechtsverbindlich mündlich über eine mehr als einjährige Mietdauer und fixieren sie diese erst später, sieht der BGH keine Probleme bei der Einhaltung des Schriftformerfordernisses, soweit die Fixierung dem Willen der Parteien Rechnung trägt. Rechtsfolge ist in diesem Fall, dass der Mietvertrag gerade nicht auf unbestimmte Zeit, sondern über eine konkrete von den Mietparteien bestimmte Dauer läuft. Ähnlich dürfte es sich bei dem Abschluss eines befristeten Arbeitsvertrages darstellen. Sofern die beiden Vorgänge in einen engen sachlichen und zeitlichen Zusammenhang fallen, überzeugen dementsprechend die Ausführungen von *Lammel*, wonach die Schriftform dem übereinstimmenden Parteiwillen folgt. Es ist zu überprüfen, ob die Befristungsabrede einerseits und die Übersendung/Unterzeichnung des schriftlichen Vertrages andererseits unmittelbar zeitlich miteinander verknüpft sind, so dass von einem einheitlichen Rechtbindungswille auszugehen ist.[618] So wird in 99 % der Fälle von den Parteien beabsichtigt sein, durch die schriftliche Niederlegung die Brücke zwischen dem mündlichen Vertragsschluss und der Einhaltung der Wirksamkeitsvoraussetzung des § 14 Abs. 4 TzBfG zu schlagen und ein einheitliches Rechtsgeschäft zu schaffen bzw.

616 *Lindner-Figura*, NJW 2009, 1861; Jauernig-*Teichmann*, § 550 BGB Rn. 3.
617 BGH v. 14.07.2004 - XII ZR 68/02, NZM 2004, 738.
618 Vgl. *Nadler/von Medem* NZA 2005, 1214 (1216), die von einem „fortwirkenden" Rechtsbindungswillen sprechen.

zu vollenden. Insofern darf man den mündlichen Vertragsschluss und das Bemühen um die Einhaltung der Schriftform nicht künstlich auseinanderdividieren. Vielmehr sollte man an den Grundsatz des BGH anknüpfen, dass die Schriftform grds. nur dem ursprünglichen Rechtsbindungswillen folgt.

Etwas anderes kann in eng begrenzten Ausnahmefällen gelten, wenn eine umfassende zeitliche Zäsur zwischen mündlicher Befristungsvereinbarung und Übersenden der schriftlichen Fassung liegt. In diesem Fall ist davon auszugehen, dass durch die schriftliche Fixierung eine nachträgliche Befristungsabrede getroffen werden sollte. Etwas anderes kann wiederum gelten, wenn nicht nur die Übersendung der schriftlichen Befristungsabrede, sondern ein vollständiger Arbeitsvertrag übersandt wird. In diesem Fall kann hierin unter Umständen auch das (erneute) Angebot auf Abschluss eines formwirksamen befristeten Arbeitsvertrages liegen. Bei dieser Konstellation kann auch offen bleiben, ob es bereits zuvor eine (unwirksame) mündliche Einigung gegeben hat, da mangels Arbeitsaufnahme jedenfalls kein befristungsschädliches Arbeitsverhältnis begründet worden ist. Spätestens in der Übersendung des schriftlichen Arbeitsvertrages (bzw. der Befristungsabrede) wird ein Angebot auf Abschluss eines formwirksamen befristeten Arbeitsvertrages mit ggf. neuen Arbeitsbedingungen zu sehen sein, welches eine etwaige vorherige mündliche Befristungsabrede gewissermaßen „überholt". Wird dieser Vertrag vor Arbeitsaufnahme nicht unterzeichnet, hängt es vom zusätzlichen Erklärungsgehalt des ggf. mit der Übersendung gefertigten Anschreibens an den Arbeitnehmer ab, ob der Vertragsschluss unter dem Vorbehalt der schriftlichen Fixierung i.S.d. § 154 Abs. 2 BGB zu subsumieren ist.

(2) Übersendung des Vertragstextes nach Arbeitsaufnahme

Die eigentliche Diskussion über die Nachholung der Schriftform rankt sich weiterhin um die Frage, ob diese auch noch nach der Aufnahme bzw. Fortsetzung der Arbeitstätigkeit erfolgen kann. Halten wir uns die Lösungsmodelle und Denkansätze des BAG für seine restriktive Auffassung im Befristungsrecht vor Augen, ergeben sich im Wesentlichen zwei Argumentationsfelder: Der Sinn und Zweck des Schriftformerfordernisses und der Partei- und Rechtsbindungswille.

- Sinn und Zweck des Schriftformerfordernisses

Hinsichtlich des ersten Streitpunktes haben die Erfurter Richter bereits in ihrem Grundurteil vom 01.12.2004 hervorgehoben, dass seine restriktive Haltung zur Zulässigkeit der Schriftformnachholung bei § 14 Abs. 4 TzBfG der Gewährleistung größtmöglicher Rechtssicherheit geschuldet ist.[619] Der Arbeitnehmer solle bei Vertragsbeginn durch das Lesen der Vereinbarungen erkennen, dass er keinen Dauerarbeitsplatz erhalte, um ggf. den Vertragsschluss zugunsten anderer Angebote ablehnen zu können. Darüber hinaus solle durch das Schriftformerfordernis

619 BAG v. 01.12.2004 - 7 AZR 198/04, NZA 2005, 575 (577).

unnötiger Streit zwischen den Parteien vermieden werden, ob vor Arbeitsaufnahme überhaupt mündlich eine Befristung vereinbart worden ist.[620]

Letzterer Aspekt kann m.E. seit der Anerkennung der Vorbehaltsrechtsprechung zumindest in dieser Form nur noch bedingt aufrechterhalten bleiben. Indem der Senat nunmehr billigt, dass sich der Arbeitgeber die schriftliche Niederlegung der mündlichen Abrede vorbehalten kann, eröffnet er gerade Streitigkeiten zwischen den Parteien über den Zeitpunkt und Umfang ihrer mündlichen Abrede. Es wird nach Auffassung des Senats – soweit ersichtlich – auch nicht zur Voraussetzung gemacht, dass der Vertrag vorab zur Einsicht übersandt worden ist. Ausreichend ist bereits, dass der Arbeitgeber dem Arbeitnehmer die schriftliche Niederlegung „angekündigt" hat.[621] Den Vertragsinhalt bekommt der Arbeitnehmer vor Arbeitsaufnahme insofern nicht zu Gesicht.

Auch die Argumentation zur Rechtssicherheit geht m.E. fehl. Denn geschützt wird durch die schriftliche Niederlegung vor allem der Arbeitgeber. Dieser wird sich regelmäßig – abgesehen von der Frage, ob zusätzlich ein Kündigungsrecht gemäß § 15 Abs. 3 TzBfG vereinbart worden ist – auf die Beendigung des Arbeitsverhältnisses durch Ablauf der Befristung berufen. Insofern ist er darlegungs- und beweispflichtig und im Falle der Nichtbeweisbarkeit mit den Folgen des § 16 TzBfG belastet.

Die vom BAG geforderte Warnfunktion wird grds. auch durch die Vorlage eines nach Arbeitsaufnahme fertiggestellten Arbeitsvertrages nicht konterkariert. Der Arbeitnehmer kann sich durch das Lesen des Vertragsinhalts vergewissern, ob die zuvor erfolgte mündliche Abrede inhaltlich korrekt in Schriftform gegossen wurde. Bei einer Vertragsverlängerung ist der Arbeitnehmer aufgrund seiner „vorherigen" befristeten Beschäftigung ohnehin gewarnt. Auch ist zu berücksichtigen, dass Stellenausschreibungen etc., in den meisten Fällen dem Arbeitnehmer bereits vor Augen halten, dass lediglich ein befristeter Arbeitsplatz zu vergeben ist. Zu beachten gilt es auch, dass die Frage der Warn- und Beweisfunktion bei mündlichen Verträgen ein generelles und kein befristungsspezifisches Problem darstellt. Anderenfalls müsste man vertreten, dass jeder Arbeitsvertrag – unabhängig davon, ob befristet oder unbefristet – schriftlich fixiert werden müsse.

Des Weiteren dürften dem Arbeitnehmer durch die Übersendung des Vertragstextes nach Arbeitsaufnahme auch keine nachteiligen Folgen entstehen. Er befindet sich in der komfortablen Situation entscheiden zu können, ob er den Vertrag mit seiner Unterschrift signiert oder nicht. Entscheidet sich der Arbeitnehmer den Vertrag zu unterzeichnen, bestätigt er hiermit, dass er sich mit dem Vertragsinhalt einverstanden erklärt und erhält im Ergebnis die Form des Arbeitsverhältnisses, die von Anfang an vereinbart worden war: Nämlich ein befristetes Arbeitsverhältnis. Unterzeichnet er nicht, kommt gemäß § 16 TzBfG ein unbefristetes Arbeitsverhältnis zustande und zwar unabhängig davon, ob der ursprüngliche Parteiwille auf Abschluss eines befristeten Arbeitsvertrages gerichtet war. Der Arbeitnehmer ist daher

620 BAG v. 01.12.2004 - 7 AZR 198/04, NZA 2005, 575 (577).
621 BAG v. 16.04.2008 - 7 AZR 1048/06, NZA 2008, 1184 (1185).

auch nach Arbeitsaufnahme keiner Drucksituation ausgesetzt. Der Arbeitgeber trägt somit das alleinige Risiko, dass ein unbefristetes Arbeitsverhältnis begründet wird, wenn der Arbeitnehmer seine Unterschrift verweigert.

Gleichwohl darf nicht außer Acht gelassen werden, dass dieses Wahlrecht auch zu einem frühzeitigen Spannungsverhältnis zwischen Arbeitgeber und Arbeitnehmer führen kann. Denn nach gegenwärtiger Rechtsprechung kann der Arbeitnehmer den Arbeitsvertrag auch nach Arbeitsaufnahme bzw. Fortsetzung der Arbeitstätigkeit unterschreiben, ohne sein Recht auf die Erhebung einer Befristungskontrollklage treuwidrig zu „verwirken". Die Verweigerung seiner Unterschrift ist nicht notwendig. Der Arbeitnehmer kann die Übernahme in ein unbefristetes Arbeitsverhältnis selbst für den Fall geltend machen, dass er den befristeten Vertrag in Kenntnis seiner Unwirksamkeit unterzeichnet. Hierdurch wird gewährleistet, dass der Arbeitsfrieden bis zum Ablauf der Befristung nicht gestört wird.

Für den Fall, dass man die nachträgliche Unterzeichnung als schriftformwahrend erachtet, könnte der Arbeitnehmer von diesem Vorzug keinen Gebrauch mehr machen. Er müsste dem Arbeitgeber unter Berufung auf die verspätete Einhaltung der Schriftform mitteilen, dass er den (Verlängerungs-)Vertrag nicht unterschreiben werde und gleichzeitig auf seine (unbefristete) Weiterbeschäftigung bestehen. Im Zweifel wird der Arbeitgeber, der sich von seinem Arbeitnehmer aufgrund dessen besseren Rechtskenntnisse „hintergangen" fühlt, von seinem vorzeitigen Kündigungsrecht i.S.d. § 16 S. 2 TzBfG Gebrauch machen. Es kann bereits zu Beginn des Arbeitsverhältnisses zum ersten Konflikt zwischen den Vertragspartnern kommen, der dazu führt, dass das Arbeitsverhältnis sein Ende findet, bevor es richtig in Vollzug gesetzt wird. Bei der Vertragsverlängerung ist das Risiko, dass der Arbeitgeber von seinem Kündigungsrecht Gebrauch macht, von geringerer Bedeutung, da aufgrund der Vorlaufzeit des verlängerten Vertragsverhältnis die sechsmonatige „gesetzliche Probezeit" des § 1 KSchG in vielen Fällen keine Anwendung mehr findet. Insofern wird es eines Kündigungsgrundes bedürfen, soweit die Voraussetzungen zur Anwendbarkeit des Kündigungsschutzgesetzes gegeben sind.

Dem ist jedoch entgegenzuhalten, dass die frühzeitige Geltendmachung der Unwirksamkeit unter Berücksichtigung der Rechtsklarheit auch seine Vorteile haben kann. Die Wirksamkeit des Vertrages würde nicht bis zum Ablauf der Befristung in der Schwebe bleiben. Die Parteien wissen frühzeitig „woran sie sind". Der einsichtige Arbeitgeber, der sich seinen eigenen Fehler zugesteht, muss nicht zwingend mit einer Kündigung reagieren. Auch könnte man erwägen, dass der Gesetzgeber im Falle der Anerkennung der nachträglichen Schriftform eine gesetzliche Änderung des § 16 S. 2 TzBfG dahingehend vornimmt, dass das Kündigungsrecht für solche Fälle auszuschließen ist, in denen sich der Arbeitnehmer auf seine zu Recht verweigerte Unterschrift beruft. Da man für derartige Fälle aber auch die Anwendung des § 612a BGB in Betracht ziehen könnte, der ein Maßregelungsverbot für den Arbeitgeber normiert, wenn der Arbeitnehmer in zulässiger Weise seine Rechte ausübt, wäre eine Änderung der Gesetzeslage nicht einmal zwingend notwendig.

Sofern die vorherige schriftliche Fixierung nach der Auffassung des BAG auch dazu führen soll, den Arbeitnehmer dazu zu bewegen, den Vertragsschluss zu Gunsten anderer Angebote noch einmal zu überdenken, kann dieser Zweck in der Tat durch eine nachträgliche Unterzeichnung nicht mehr erfüllt werden. Regelmäßig wird der Arbeitnehmer bis dahin günstigere Angebote schon abgelehnt haben.[622] *Nadler/von Medem* wenden hiergegen jedoch zu Recht ein, dass eine derart weitgehende Zweckrichtung unangebracht erscheint, zumal die Gefahr, dass man sich für einen relativ ungünstigen Arbeitsplatz entscheidet und andere Angebote ausschlägt, bei jedem Vertragsschluss gegeben ist und keine spezifische Gefahr der Befristung darstellt.[623] Des Weiteren darf auch hier nicht übersehen werden, dass sich das Schriftformgebot nur auf die Befristung als solche bezieht. Es soll nicht gewährleisten, dass der Arbeitnehmer andere Vertragsbedingungen, wie z.B. Vergütung, etc. miteinander vergleicht. Das BAG scheint immer vom „worst case" bzw. dem Bild des „schlechten" Arbeitgebers auszugehen, der entgegen der ursprünglichen mündlichen Zusage nachträglich nur eine befristete Beschäftigung anbietet. Dass eine Abweichung vom vereinbarten Gehalt viel praxisnäher ist als eine „Täuschung" über einen nicht vorhandenen Dauerarbeitsplatz, wird in den Hintergrund gestellt.

Zusammenfassend bleibt festzuhalten, dass die Warn- und Beweisfunktion auch dann erfüllt sein dürfte, wenn die Vertragsparteien die Befristung nach der Arbeitsaufnahme bzw. Verlängerung fixieren und dadurch die Grundlage für eine spätere Beweisführung schaffen. Im Übrigen wird diese Argumentation nunmehr auch vom BGH im Falle der Nachholung der Schriftform bei § 550 BGB herangezogen.[624] In diesem Sinne führt der Senat an, dass die neben dem Informationsinteresse eines potentiellen Erwerbers bestehende Warn-und Beweisfunktion bei § 550 BGB auch bei einer verspäteten schriftlichen Niederlegung gewahrt sei. Insbesondere könne man durch die bloße Einhaltung der äußeren Form die Beweisbarkeit langfristiger Abreden sicherstellen und die Vertragsparteien vor der unbedachten Eingehung langfristiger Bindungen bewahren.[625] Der Warnfunktion sei allein dadurch Genüge getan, dass beide Parteien die Vertragsurkunde unterzeichnet haben. Da keine Partei einen Anspruch auf Unterzeichnung der Urkunde hat, bestehe auch ausreichender Schutz.[626]

- Partei- und Rechtsbindungswille

Als zweiter Aspekt, den der Senat gegen die Nachholung der Schriftform nach Arbeitsaufnahme anführt, wird der Partei- bzw. Rechtsbindungswille herangezogen. Diesem spricht er – bis auf die dargestellten Ausnahmen – den rechtgeschäftlichen Charakter ab.

---

622 *Nadler/von Medem*, NZA 2005, 1214 (1216).

623 *Nadler/von Medem*, NZA 2005, 1214 (1216).

624 Vgl. BGH v. 24.02.2010 - XII ZR 120/06, NJW 2010, 1518 (1519).

625 BGH v. 24.02.2010 - XII ZR 120/06, NJW 2010, 1518 (1519).

626 Dies gilt im Übrigen auch im Anwendungsbereich des § 550 BGB, vgl. Staudinger-*Emmerich*, § 550 BGB Rn. 39; BeckOK-*Herrmann*, § 550 BGB Rn. 17; Lindner-Figura/Oprée/Stellmann-*Lindner-Figura*, Kap. 6 Rn. 107.

Kritikwürdig an der Rechtsprechung des BAG ist hierbei vor allem, dass bereits eine juristische Sekunde erhebliche Auswirkungen auf den Parteiwillen und damit auf die Einhaltung des Schriftformgebotes haben kann. Feinheiten in den Lebenssachverhalten entscheiden darüber, ob der Parteiwille darauf gerichtet ist, den Vertragsschluss von der Schriftlichkeit abhängig machen zu wollen, der Befristungsabrede nur deklaratorische Wirkung beimessen zu wollen oder gar eine nachträgliche Befristungsabrede abschließen zu wollen, wenn der mündliche Vertragsschluss an der fehlenden Vertretungsmacht des Personalleiters scheitert. Noch verworrener wird es, wenn die schriftlich fixierte Befristungsdauer von der mündlich bereits zuvor getroffenen Abrede abweicht. In diesem Fall begreift das BAG die schriftliche Übereinkunft nach dem Parteiwillen ebenfalls als Abschluss einer nachträglichen Befristung und versucht hierdurch eine konstitutive Befristungsabrede zu „konstruieren".[627] Der Senat scheint allerdings nur eine abweichende Willensbetätigung bezüglich der Befristungsabrede, nicht aber bezüglich anderer Vertragsklauseln, als Indiz für einen eigenständigen Rechtsgeschäftscharakter heranziehen zu wollen.[628] Hätten die Parteien bspw. eine von der mündlichen Absprache abweichende Vergütung schriftlich niedergelegt, wäre hierin augenscheinlich keine abweichende Willensbetätigung zu sehen. Die mündliche Einigung über die Befristungsabrede wäre streng genommen mit der schriftlichen Fixierung der Befristungsabrede identisch gewesen.

M.E. ist diese Rechtsauffassung des BAG nicht unproblematisch. Nicht einleuchtend ist insbesondere, dass der Senat nicht den Grund dafür erforscht hat, warum der Inhalt der Befristungsabrede von der ursprünglichen Abrede abweicht. Aus den Entscheidungsgründen ist insbesondere nicht ersichtlich, warum die Vertragsdauer auf weniger als ein Jahr (23.02.2004 bis 19.02.2005) reduziert worden ist. Beruht die Abweichung augenscheinlich auf einem Versehen der Parteien, wäre es nicht vertretbar, einen auf Abschluss einer nachträglichen Befristung gerichteten Parteiwillen allein anhand der zeitlichen Umstände zu ermitteln. Dies wurde auch vom LAG Köln in einer nachfolgenden Entscheidung erkannt.[629] Auch hier wurde in dem schriftlichen Arbeitsvertrag das Befristungsende von dem 07.11.2010 auf den 05.11.2010 vorverlegt. Dies diente jedoch nach Auffassung des Senats nur dem Zweck, das Befristungsende auf den letzten Schultag (Freitag) vor der Wiederaufnahme der Tätigkeit der vertretenen Arbeitnehmerin am 08.11.2010 zu korrigieren, ohne dass sich der tatsächliche Vertretungseinsatz des Klägers dadurch änderte. Insbesondere sollte hierdurch keine nachträgliche Befristung geschaffen werden.[630]

Auch wenn die Entscheidung vom Ergebnis her überzeugt und sich das LAG Köln im Gegensatz zum BAG zurecht eingehend mit der Frage beschäftigt hat, aus welchem Grund die schriftliche von der zuvor getroffenen mündlichen Abrede abweicht, kann dies nichts an der eigentlichen Grundproblematik ändern. Die

---

627 BAG v. 13.06.2007 - 7 AZR 700/06, NZA 2008, 108.

628 *Greiner*, RdA 2009, 83 (86).

629 LAG Köln v. 18.01.2012 - 9 Sa 800/11, BeckRS 2012, 68961.

630 LAG Köln v. 18.01.2012 - 9 Sa 800/11, BeckRS 2012, 68961.

Rechtsprechung verliert sich bei der Ermittlung des Parteiwillens in einer derart differenzierten Betrachtungsweise, wie sie vom 12. Senat für Zivilrecht im Anwendungsbereich des § 550 BGB nicht einmal annähernd in Erwägung gezogen wird.[631] Zu berücksichtigen ist allerdings, dass der dem Urteil des BGH vom 14.07.2004 zugrunde liegende Sachverhalt nicht ganz mit der hier im Streit stehende Konstellation vergleichbar ist. Die hiesige Diskussion über die Nachholung der Schriftform basiert im Arbeitsvertragsrecht auf der Ausgangssituation, dass die Vertragsparteien erst nach Vertragsbeginn bzw. Vertragsfortsetzung die mündliche Abrede schriftlich niederlegen. Bei der Entscheidung des BGH vom 14.07.2004 haben die Mietparteien die Nachtragsvereinbarung hingegen am 05.02./26.03. 1998, also vor dem Wirksamwerden der neuen Vertragsbedingungen zum 01.05.1998 unterzeichnet. Dies ist auch im Befristungsrecht (zwar mit unterschiedlicher methodischer Herleitung) anerkannt. Gleichwohl wird in der (mietrechtlichen) Literatur und Rechtsprechung einhellig vertreten, dass die Einhaltung der Schriftform auch noch nach Invollzugsetzung des Vertrages (Nutzung des Gewerberaumes) „geheilt" werden kann.[632] So führte der BGH aus, dass die Parteien die Beurkundung eines zunächst formlos geschlossenen Nachtragsvertrags uneingeschränkt *jederzeit* nachholen können; der Vertrag gilt dann von Anfang an als in der gesetzlich vorgeschriebenen Form abgeschlossen.[633] Die dogmatische Herleitung wirft allerdings Fragen auf. So wird im Mietvertragsrecht keinesfalls explizit benannt, auf welche Rechtsgrundlage dieses Ergebnis gestützt wird. Teilweise wird schlichtweg von einer rückwirkenden „Heilung" des Formmangels gesprochen.[634] Diese führt letztlich gar so weit, dass durch eine Nachtragsvereinbarung noch ein insgesamt formwirksamer Mietvertrag zu Stande kommen kann, wenn dieser zunächst mangels rechtzeitiger Annahme nicht formgerecht abgeschlossen worden war.[635] *Jacoby* stimmt dieser Auffassung dem Grunde nach zu, argumentiert aber, dass sich dieses Ergebnis dogmatisch sauber nur als Bestätigung nach § 141 BGB absichern lasse.[636]

Unabhängig davon, auf welche Rechtsgrundlage die „Heilung" im Mietvertragsrecht gestützt wird, bestehen gleichwohl Bedenken, ob man die angeführte Rechtsprechung zur zeitlich grenzenlosen Nachholung auch auf das Befristungsrecht übertragen kann. Es ist nämlich zu berücksichtigen, dass es aufgrund des in § 14 Abs. 2 S. 2 TzBfG

---

631 Vgl. BGH v. 14.07.2004 - XII ZR 68/02, NZM 2004, 738.

632 Schmidt-Futterer-*Lammel*, § 550 BGB Rn. 30; Staudinger-*Emmerich*, § 550 BGB Rn. 15; *Timme/Hülk*, NJW 2007, 3313 (3316); Emmerich-*Emmerich*, § 550 BGB Rn. 11.

633 BGH v. 14.07.2004 - XII ZR 68/02, NZM 2004, 738.

634 BeckOK-*Herrmann*, § 550 BGB Rn. 17; *Timme/Hülk*, NJW 2007, 3313 (3316); Lindner-Figura/Oprée/Stellmann-*Lindner-Figura*, Kap. 6 Rn. 109.

635 BGH v. 29.04.2009 - XII ZR 142/07, NJW 2009, 2195. Eine derartige Problematik stellt sich im Befristungsrecht allerdings nicht, da der Vertragsschluss als solcher formfrei ist und nur die Befristung (diese stellt aber kein Vertrag i.S.d § 145 BGB dar) der Schriftform bedarf.

636 *Jacoby*, NZM 2011, 1 (7).

verankerten Anschlussverbotes einen wesentlichen Unterschied zwischen den Konstellationen des § 550 BGB und des § 14 Abs. 4 TzBfG gibt. Im Mietvertragsrecht können die Parteien zu jeder Zeit den Vertragsinhalt abändern oder unter Aufhebung der ursprünglichen Abrede einen ganz neuen Mietvertrag abschließen. Die Begründung, ob der Wille der Parteien auf Formvollendung eines einheitlichen Rechtsgeschäfts abzielt oder gar ein neuer Wille gebildet wird, der auf eine rückwirkende Heilung gerichtet ist, kann im Anwendungsbereich des § 550 BGB daher offen bleiben.

Dies gilt im Befristungsrecht nicht. Bei einer zeitlich unbegrenzten Nachholung des Schriftformgebotes dürften in der Tat Abgrenzungsprobleme zum unzulässigen Neuabschluss nicht auszuschließen sein. Allerdings dürften sich diese nach der hier vertretenen Auffassung – über den temporär fortgesetzten Rechtsbindungswillen – im Rahmen halten. M.E. sind nämlich die im vorherigen Abschnitt auf S. 115 ff. getätigten Ausführungen auch auf die Nachholung der Schriftform nach Arbeitsaufnahme übertragbar. In den Augen der Parteien handelt es sich bei dem, was schriftlich niedergelegt wird, und dem, was vorher schon abgesprochen war, um denselben Gegenstand, sofern ein einheitlicher Rechtsbindungswille zwischen mündlicher Befristungsabrede und Einhaltung des Schriftformgebotes besteht.[637] Die Arbeitsaufnahme kann auf die Auslegung des Rechtsbindungs- bzw. Parteiwillen grundsätzlich keinen Einfluss haben.

Die Dauer des fortwirkenden Willens ist bereits der Natur der Sache nach zeitlich zu beschränken. Als Maßstab könnten hierfür die allgemeinen Vorschriften über die Abgabe und den Zugang von Willenserklärungen herangezogen werden. Diese im allgemeinen Teil des Bürgerlichen Gesetzbuches befindlichen Normen wurden bereits im Anwendungsbereich des § 154 Abs. 2 BGB herangezogen, indem sie als Richtschnur dienen, innerhalb welchen Zeitraums die unter Vorbehalt gestellte schriftliche Niederlegung zu erfolgen hat.[638] So kann u.a. gemäß § 147 Abs. 2 BGB der einem Abwesenden gemachte Antrag nur bis zu dem Zeitpunkt angenommen werden, in welchem der Antragende den Eingang der Antwort unter regelmäßigen Umständen erwarten darf. Nach der vom 5. Senat des BGH vertretenen Auffassung ist dies bei einer schriftlichen Annahme innerhalb eines Zeitraumes von bis zu vier Wochen der Fall.[639] Anderenfalls gilt gemäß § 150 BGB die verspätete Annahme als neuer Antrag.

Überträgt man diesen Rechtsgedanken auf die Schriftformproblematik, wird man ein einheitliches Rechtsgeschäft anzunehmen haben, wenn die beiderseitige Unterschrift auf dem Vertragsdokument innerhalb von vier Wochen erfolgt. Als Anknüpfungszeitpunkt für die Berechnung der 4-Wochen-Frist wäre es sowohl denkbar, auf den Zeitpunkt der mündlichen Befristungsabrede oder den Zeitpunkt der Arbeitsaufnahme abzustellen. Letztere Variante hätte den Vorteil, dass sich dieser rechtssicher nachvollziehen lässt. Neben dem zeitlichen Aspekt sind allerdings auch weitere objektive Gegebenheiten heranzuziehen, die auf die Formvollendung

637 *Nadler/von Medem*, NZA 2005, 1214 (1215).

638 Vgl. Ausführungen auf S. 105.

639 BGH v. 07.06.2013 - V ZR 10/12, NJW 2013, 3434.

hindeuten. So kann z.B. die Bezugnahme auf den vorherigen Vertrag ein wichtiges Indiz dafür sein, dass es sich um eine unmittelbare Fortsetzung des Vertragsverhältnisses und nicht um einen Neuabschluss handeln soll.

Im Übrigen hat die Lösung über den fortgesetzten Rechtsbindungswillen keine Auswirkung darauf, dass der Arbeitgeber den Vertragsschluss weiterhin gemäß § 154 Abs. 2 BGB von der Schriftlichkeit abhängig machen kann. Dies wäre ihm letztlich auch anzuraten, da er nach der hier vertretenen Auffassung keinen Anspruch auf die (nachträgliche) Unterschriftsleistung durch den Arbeitnehmer hat und er insofern auf dessen Mitwirkung angewiesen ist.

4. Ergebnis

Die umfassende Auseinandersetzung mit der Schriftformproblematik dürfte verdeutlicht haben, dass das BAG das Spannungsverhältnis von Vertragsfreiheit und Bestandsschutz zu Lasten des Arbeitgebers löst, indem es ihm durch den selbst geschaffenen Formalismus zum Schriftformgebot praxisferne Schranken auferlegt. Gemeint ist hiermit vor allem die unbefriedigende Lösung derjenigen (praxisrelevanten) Fälle, bei denen der Arbeitgeber seinem Arbeitnehmer vorab erklärt „er solle schon einmal anfangen, da das Schriftliche später geregelt werde könnte". Da derartige Äußerungen nach hiesiger Auffassung nicht unter § 154 Abs. 2 BGB (bzw. §§ 133, 157 BGB) zu subsumieren sind, ist es zweckmäßig, solche Fallvarianten einer nachträglichen Fixierung zugänglich zu machen. Gleiches sollte letztlich auch für die Konstellation gelten, dass zuvor überhaupt keine Aussage über das „Nachschieben" eines befristeten Arbeitsvertrages erfolgt, sofern die Übersendung des Vertragsdokuments gleichwohl im nahen zeitlichen Zusammenhang erfolgt und sich damit der Abschluss des befristeten Arbeitsverhältnisses nach dessen Gesamtschau als einheitliches Rechtsgeschäft darstellt.

Die dogmatische Herleitung dieses Lösungsansatzes erfolgt über die entsprechende Anwendung von Vorschriften aus dem allgemeinen Teil des Bürgerlichen Gesetzbuches. Dies ist folgerichtig, zumal auch die Vorbehaltsrechtsprechung des BAG aus den allgemeinen Auslegungsvorschriften von Willenserklärungen gemäß §§ 133, 157 BGB hergeleitet wurde. Ausschlaggebend für diesen „Relativierungskurs" war letztlich die (weitgehend) korrekte Auslegung des Parteiwillens, welche in den ersten beiden Grundsatzurteilen noch missglückt war. Aktuelle Entscheidungen des BAG in der „neuen" Zusammensetzung des 7. Senats haben jedoch gezeigt, dass dieser keineswegs abgeneigt ist, frühere (vielfach kritisierte) Rechtsauffassungen zu revidieren.[640] Insbesondere die restriktive Ansicht im Hinblick auf die „außerordentliche" Bedeutung des Schriftformerfordernisses sollte noch einmal überdacht werden. Hierbei sollte als „Vorbild" für einen Richtungswandel die Auflockerungsrechtsprechung des BGH zum Telos des Schriftformerfordernisses im Mietrecht genommen werden.

---

640 Vgl. Entscheidung des BAG v. 06.04.2011 - 7 AZR 716/09 zur zeitlichen Einschränkung des Anschlussverbotes, NZA 2011, 905.

Sofern gleichwohl im Anwendungsbereich des § 14 Abs. 4 TzBfG keine weiteren richterlichen Relativierungen vorgenommen werden, bleibt nur zu hoffen, dass sich der Gesetzgeber der Sache annimmt und eine entsprechende Vorschrift schafft. Die Ausführungen in dieser Arbeit zum Sinn und Zweck des Schriftformgebotes und zum Parteiwillen sollen ihm hierfür zumindest einen Denkanstoß geben. Dies hätte selbstredend zum Vorteil, dass auch die Diskussion über das „Auffinden" einer geeigneten Rechtsgrundlage beendet würde. In diesem Sinne haben *Henssler/Preis* in ihrem Diskussionsentwurf eines Arbeitsvertragsgesetzes (Stand: August 2008) die Möglichkeit einer Nachholung der Schriftform binnen Monatsfrist vorgeschlagen (vgl. § 128 Abs. 2 des Entwurfs).[641] Dieser Idee hat sich auch *Bauer* angeschlossen.[642] Um eine Abgrenzung zur nachträglichen Befristung vornehmen zu können und dabei auch den Parteiwillen angemessen zu berücksichtigen, ist es m.E. allerdings sinnvoll, einen Vermutungstatbestand in § 14 Abs. 4 TzBfG zu verankern, der die Vermutung aufstellt, dass der Parteiwille innerhalb einer 4-Wochen-Frist auf Wahrung der Schriftform und nicht auf einen Neuabschluss gerichtet ist. Die Vermutung kann bspw. widerlegt werden, wenn die Parteien eine von der mündlichen Abrede abweichende schriftliche Vereinbarung treffen. Hierfür wäre allerdings der Arbeitnehmer darlegungs- und beweisbelastet.

Bis zu einer solchen wünschenswerten Gesetzesänderung liegt der Ball weiterhin beim BAG. Durch seine Vorbehaltsrechtsprechung dürfte er dem Rigorismus[643] und der Formstrenge, die ihm lange Zeit vorgeworfen wurde, zumindest im Ansatz angemessen begegnet sein. Ausreden von Arbeitgebern, dass es „nicht möglich sei einen schriftlichen Vertrag vor Arbeitsaufnahme auszuhändigen", werden in dieser Form nicht mehr zu akzeptieren sein.[644]

C. Verlängerung befristeter Arbeitsverhältnisse mit Sachgrund

I. Verlängerung nach § 14 Abs. 2 S. 1 Hs. 2 TzBfG

Nach dem vorstehend umfassend auf die Zulässigkeitsvoraussetzungen für die Verlängerung sachgrundlos befristeter Arbeitsverhältnisse eingegangen worden ist,

641 Diskussionsentwurf eines Arbeitsvertragsgesetzes: http://www.bertelsmann-stiftung.de/bst/de/media/Diskussionsentwurf_August2006.pdf (zuletzt abgerufen am 15.06.2014).

642 *Bauer*, Anm. zu BAG v. 23.08.2006 - 7 AZR 12/06, NZA 2007, 204 (209).

643 *Preis*, NZA 2005, 714.

644 Vgl. *Preis*, NZA 2005, 714 (716), der in seinem Aufsatz schildert, wie er von der Kultusbürokratie einen empörten Anruf erhalten habe, dass es insbesondere für Schulbehörden unmöglich sei, den Voraussetzungen des BAG gerecht zu werden.

stellt sich nunmehr die Frage, ob sachgrundbefristete Verträge im Sinne des § 14 Abs. 1 TzBfG ebenfalls nach § 14 Abs. 2 TzBfG zu verlängern sind.[645]

Ein praktisches Beispiel stellt die Fallgestaltung dar, dass ein Arbeitnehmer nach § 14 Abs. 1 S. 2 Nr. 3 TzBfG zunächst für einen Zeitraum von sechs Monaten zur Vertretung eines erkrankten Arbeitnehmers beschäftigt wird. Mit Ablauf der Laufzeit der Befristung stellt sich heraus, dass der aufgrund der Erkrankung vertretene Arbeitnehmer für weitere sechs Monate ausfällt. Der Arbeitgeber verlängert daraufhin den befristeten Vertrag mit der Ersatzkraft schriftlich und vereinbart im Zuge der Vertragsverlängerung eine Gehaltserhöhung.

Würde man § 14 Abs. 2 S. 1 Hs. 2 TzBfG und die hierzu ergangene Rechtsprechung des BAG konsequent auf die Vorschrift des § 14 Abs. 1 TzBfG anwenden, würde eine wirksame Verlängerung des sachgrundbefristeten Arbeitsverhältnisses aufgrund der veränderten Arbeitsbedingungen scheitern.[646] Gegen eine solche Übertragbarkeit könnte jedoch der Wortlaut des § 14 Abs. 2 S. 1 Hs. 2 TzBfG herangezogen werden, der expressis verbis von der Verlängerung eines „kalendermäßig befristeten Vertrages" spricht.[647] Nach der grammatikalischen Auslegung wäre damit allein die Verlängerung zweckbefristeter Arbeitsverträge ausgeschlossen. Dies ist auch daran auszumachen, dass begrifflich nur Zeitspannen verlängert werden können, während bei Zweckbefristungen lediglich das Erreichen des Zwecks hinausgeschoben wird. Da Sachgrundbefristungen überwiegend Zweckbefristungen darstellen, kommt die Übertragung des § 14 Abs. 2 S. 1 Hs. 2 TzBfG auf dessen Absatz 1 maßgeblich beim sog. Sachgrund der Erprobung in Betracht, der – wie auf S. 4 bereits erläutert wurde – eine kalendermäßige Sachgrundbefristung darstellt.

Fraglich ist allerdings, ob gesetzessystematische Gründe gegen eine Übertragung der restriktiven Rechtsprechung zum Verlängerungsbegriff auf § 14 Abs. 1 S. 2 Nr. 5 TzBfG sprechen. Hierbei ist vor allem zu berücksichtigen, dass die Verlängerungsvorschrift in § 14 Abs. 2 S. 1 Hs. 2 TzBfG als Halbsatz ausgestaltet ist. Insofern wird man bereits aus der Stellung im Gesetz ableiten können, dass nur ein Vertrag nach § 14 Abs. 2 S. 1 Hs. 1 TzBfG, also ein „kalendermäßig befristeter Arbeitsvertrag ohne Vorliegen eines sachlichen Grundes" verlängert werden kann.[648] Für den Fall, dass der Gesetzgeber eine Übertragung der Verlängerungsmöglichkeit auf § 14 Abs. 1 TzBfG bezwecken wollte, hätte hierfür ein eigenständiger Absatz eingefügt werden müssen.

Letztlich ist auch in teleologischer Hinsicht zu berücksichtigen, dass es dem Sinn und Zweck des § 14 Abs. 1 TzBfG widersprechen dürfte, wenn man die dreimalige Verlängerungsmöglichkeit auf die kalendermäßige Sachgrundbefristung übertragen

645 An dieser Stelle soll nicht die Frage diskutiert werden, ob eine Sachgrundbefristung sachgrundlos verlängert werden kann. Letztere Problematik befasst sich damit, ob sich ein sachgrundlos befristeter Arbeitsvertrag unmittelbar an einen befristeten Arbeitsvertrag mit Sachgrund anschließen kann. Dies wird auf S. 137 f. erörtert.

646 Vgl. Ausführungen auf S. 61 ff.

647 *Heidl*, RdA 2009, 297.

648 *Stoye*, Rechtsdogmatische und rechtspolitische Probleme, S. 219.

würde. Insbesondere im Anwendungsbereich des § 14 Abs. 1 S. 2 Nr. 5 TzBfG dürfte eine Verlängerung der Probezeit ohnehin nur in einem begrenzten Zeitrahmen in Betracht kommen, der bereits vom Telos her nicht an die zweijährige Befristungshöchstgrenze heranreichen kann.

II. Verlängerung nach § 14 Abs. 1 TzBfG

Verbleibt letztlich die Möglichkeit die Verlängerung eines befristeten Arbeitsverhältnisses mit Sachgrund direkt auf § 14 Abs. 1 TzBfG zu stützen. § 14 Abs. 1 TzBfG trifft selbst keine Aussage, inwiefern sachgrundbefristete Verträge verlängert werden können. Teilweise lässt sich aber anhand der Eigenart des Sachgrundes ableiten, ob eine Verlängerung auf § 14 Abs. 1 TzBfG gestützt werden kann. Dies hat das BAG für den Sachgrund aus § 14 Abs. 1 S. 2 Nr. 2 TzBfG ausdrücklich in seinem Urteil vom 10.10.2007 festgestellt.[649] Danach gestattet § 14 Abs. 1 S. 2 Nr. 2 TzBfG nur die Befristung des ersten Arbeitsvertrages, den der Arbeitnehmer im Anschluss an seine Ausbildung oder sein Studium abschließt. Aus dem Tatbestandsmerkmal „Anschluss" in § 14 Abs. 1 S. 2 Nr. 2 TzBfG ergibt sich, dass es sich um eine nach dem Ende der Ausbildung oder des Studiums anschließende Erstbefristung handeln muss. Eine Vertragsverlängerung kann hierauf nicht auf gestützt werden.

Ähnliches gilt für den Sachgrund der Erprobung. Zwar hat das BAG eine Verlängerung des befristeten Probearbeitsverhältnisses durch den Abschluss eines *weiteren befristeten Arbeitsverhältnisses zur Probe* nicht stets ausgeschlossen;[650] doch werden dem Arbeitgeber in analoger Anwendung der §§ 622 Abs. 3 BGB, 1 KSchG aufgrund der dort verankerten sechsmonatigen Dauer enge Grenzen gesetzt. Eine Überschreitung der Regelprobezeit in Form einer Verlängerung kommt nur dann in Betracht, wenn es sich entweder um eine derart qualifizierte Tätigkeit (so z.B. bei einem Konzertmeister im Sinfonieorchester) handelt, die eine Erweiterung der Dauer der Erprobungszeit rechtfertigt oder andere in der Person des Erprobten liegende Gründe gegeben sind.[651]

Soweit sich keine Beschränkungen aus dem Sachgrund als solchen ergeben, ist die Verlängerung eines bestehenden sachgrundbefristeten Arbeitsverhältnisses in Form eines unselbständigen Annexvertrages zulässig. Ein solcher liegt vor, wenn in dem Anschlussvertrag lediglich eine verhältnismäßig geringfügige Korrektur des im früheren Vertrag vereinbarten Endzeitpunkt vorgenommen wird. Dabei muss sich diese Korrektur am Sachgrund für die Befristung des früheren Vertrags orientieren und allein in der Anpassung der ursprünglich vereinbarten Vertragslaufzeit an erst später eintretende, zum Zeitpunkt des vorangegangenen Vertragsabschlusses nicht vorhersehbare Umstände bestehen.[652] Liegen diese Voraussetzungen nicht vor, hat dies zur Folge, dass von zwei selbständigen Arbeitsverhältnissen auszugehen ist.

649 BAG v. 10.10.2007 - 7 AZR 795/06, NZA 2008, 295.

650 BAG v. 12.09.1996 - 7 AZR 31/96, AP Nr. 27 zu § 611 BGB Musiker.

651 BAG v. 12.09.1996 - 7 AZR 31/96, AP Nr. 27 zu § 611 BGB Musiker.

652 BAG v. 25.08.2004 - 7 AZR 7/04, NZA 2005, 357; BAG v. 15.02.1995 - 7 AZR 680/94, NZA 1995, 987.

Insofern handelt es sich bei dem Anschlussvertrag nicht um eine Verlängerung, sondern um einen Neuabschluss eines weiteren befristeten Arbeitsverhältnisses.[653]

Hierbei ist jedoch zu beachten, dass die Unterscheidung zwischen Verlängerung in Form eines Annexvertrages und Neuabschluss bei weitem nicht die Relevanz besitzt, wie es bei einer sachgrundlosen Befristung der Fall ist. Grund dafür ist zum einen, dass das Anschlussverbot für Sachgrundbefristungen nicht greift. Dies führt wiederum dazu, dass an den Begriff der Verlängerung bei einer Sachgrundbefristung keine formalen Abgrenzungskriterien zu einem unzulässigen Neuabschluss gestellt werden müssen. Die Abgrenzung „Verlängerung durch unselbständigen Annexvertrag" und „Neuabschluss eines weiteren selbständigen Anschlussvertrages" spielt allenfalls für die Frage nach dem Streitgegenstand bei der Befristungskontrollklage eine Rolle.[654]

Im Ergebnis bleibt festzuhalten, dass Sachgrundbefristungen nach § 14 Abs. 1 TzBfG in Form eines Annexvertrages verlängert werden können. Der Begriff der Verlängerung orientiert sich allerdings nicht an der restriktiven Auffassung zu § 14 Abs. 2 TzBfG. Da § 14 Abs. 1 S. 2 TzBfG allerdings überwiegend Zweckbefristungen beinhaltet, die bereits dem Sinn nach nicht verlängert werden können, handelt es sich bei Anschlussverträgen überwiegend um Neubefristungen. Diese unterliegen nicht den Beschränkungen von sachgrundlosen Arbeitsverträgen. Gleichwohl werden auch Sachgrundbefristungen von der Rechtsprechung zumindest ungeschriebene Grenzen gesetzt, die es unter dem Kapitel „Zulässigkeit von Kettenbefristungen" zu erörtern gilt.

D. Verlängerung befristeter Arbeitsverhältnisse nach § 15 Abs. 5 TzBfG

I. Anwendungsbereich

Wird ein befristetes Arbeitsverhältnis mit Wissen des Arbeitgebers über den vereinbarten Beendigungszeitpunkt hinaus fortgesetzt, gilt das Arbeitsverhältnis gemäß § 15 Abs. 5 TzBfG als auf unbestimmte Zeit verlängert. § 15 Abs. 5 TzBfG normiert insofern abweichend von dem Grundsatz, dass ein wirksam befristeter Arbeitsvertrag mit Erreichung des kalendermäßig vereinbarten Endtermins oder mit Erreichung des Zwecks endet, die Rechtsfolge bei einer Fortsetzung der vertragsgemäßen Arbeitstätigkeit nach Ablauf der Vertragslaufzeit. Im Gegensatz zu der Vorschrift des § 14 Abs. 2 TzBfG wird die Verlängerung nicht rechtsgeschäftlich vereinbart, sondern durch das Gesetz fingiert. Aus diesem Grund ist es auch nicht geboten, bei § 15 Abs. 5 TzBfG von einer stillschweigenden bzw. konkludenten Verlängerung

---

653 BAG v. 25.08.2004 - 7 AZR 7/04, NZA 2005, 357; BAG v. 15.02.1995 - 7 AZR 680/94, NZA 1995, 987.

654 Siehe ausführlich zum Annexvertrag die Ausführungen unter S. 152 ff.

zu sprechen, da die Rechtsfolge unabhängig vom Willen der Parteien eintritt.[655] Da es sich bei § 15 Abs.5 TzBfG um eine dem § 625 BGB entsprechende Sonderregel für Arbeitsverhältnisse handelt, kann auf die hierzu ergangene Rechtsprechung weitgehend zurückgegriffen werden.[656]

II. Tatbestandsvoraussetzungen des § 15 Abs. 5 TzBfG

1. *Fortsetzung des Arbeitsverhältnisses*

Voraussetzung für die Anwendbarkeit des § 15 Abs. 5 TzBfG ist zunächst, dass das Arbeitsverhältnis nach Ablauf der Zeit, für die es eingegangen ist oder nach Zweckerreichung fortgesetzt wird. Als nicht ausreichend wurden nach früherer Rechtsprechung Fortsetzungshandlungen des Arbeitgebers wie die Entgeltfortzahlung an einen arbeitsunfähig erkrankten Arbeitnehmer[657] oder die Bewilligung von Erholungsurlaub über das Vertragsende hinaus[658] erachtet.[659] Diese zu § 625 BGB ergangene Rechtsprechung ist mit Kodifikation des § 15 Abs. 5 TzBfG keinesfalls mehr unumstritten. Während § 625 BGB zur Voraussetzung macht, dass das Dienstverhältnis nach dem Ablauf der Dienstzeit *von dem Dienstverpflichteten* mit Wissen des anderen Teiles fortgesetzt wird, verzichtete der Gesetzgeber in § 15 Abs. 5 TzBfG zwar nicht auf die Passivformulierung, bestimmte aber auch nicht, durch welche Vertragspartei die Fortsetzungshandlung zu erfolgen hat. In der Literatur wird hieraus teilweise geschlussfolgert, dass nicht nur die tatsächliche Arbeitsleistung durch den Arbeitnehmer als Fortsetzungshandlung, sondern auch eine Fortsetzung durch den Arbeitgeber in Betracht komme.[660] Das BAG hat in Anlehnung an seine frühere Rechtsprechung lediglich bestätigt, dass der *Arbeitnehmer* die vertragsmäßigen Dienste nach Ablauf der Vertragszeit tatsächlich ausführen müsse.[661] Auf die Frage, ob auch eine Fortsetzungshandlung durch den Arbeitgeber als ausreichend erachtet wird, musste der Senat mangels Entscheidungsrelevanz bislang nicht eingehen. Es ist jedoch zu vermuten, dass sich das BAG dieser Auffassung nicht anschließen wird. Aus der Passivformulierung kann m.E. nicht abgeleitet werden, dass dem Arbeitnehmer die Fortsetzung des befristeten Arbeitsverhältnisses ohne seine Mitwirkungshandlung aufgedrängt werden kann. § 15 Abs. 5 TzBfG soll primär

---

655 BAG v. 02.12.1998 - 7 AZR 508/97, NZA 1999, 482 = NJW 1999, 1654; BAG v. 11.07.2007 - 7 AZR 501/06, BeckRS 2007, 48596; vgl. auch *Dörner*, Rn. 741.

656 ErfK-*Müller-Glöge*, § 15 TzBfG Rn. 25.

657 LAG Hamm v. 05.09.1990 - 15 Sa 1038/90, BeckRS 1990, 07668.

658 BAG v. 20.02.2002 - 7 AZR 748/00, AP Nr. 18 zu § 620 BGB Altersgrenze.

659 So auch h.M. im Schrifttum: ErfK-*Müller-Glöge*, § 15 TzBfG Rn. 27; MüKo-*Hesse*, § 15 TzBfG Rn. 44.

660 APS-*Backhaus*, § 15 TzBfG Rn. 62; KR-*Fischermeier*, § 625 BGB Rn. 25; AT-*Maschmann*, § 15 TzBfG Rn. 18; a.A. ErfK-*Müller-Glöge* § 15 TzBfG Rn. 27; *Dörner*, Rn. 742; MHH-*Meinel*, § 15 TzBfG Rn. 53.

661 BAG v. 18.10.2006 - 7 AZR 751/05, AP Nr. 27 zu § 14 TzBfG.

eine Schutzvorschrift für den Arbeitnehmer darstellen und eine etwaige Rechtsunklarheit beseitigen. Anderenfalls müsste man dem Arbeitnehmer auferlegen, einen Widerspruch gegen die Fortsetzung zu erklären. Dies ist fernliegend. Jedenfalls können solche Handlungen des Arbeitgebers, die der Abwicklung des ausgelaufenen Arbeitsverhältnisses dienen (Urlaubsabgeltung, Zeugniserteilung) auch nur schwerlich eine Fortführung begründen.[662]

Unterbrechungen zwischen Ende des befristeten Arbeitsverhältnisses und Fortsetzung der Arbeit sind – wie bei der vertraglichen Verlängerung sachgrundlos befristeter Arbeitsverhältnisse – schädlich.[663] Erhält der Arbeitnehmer nach dem Ablauf eines befristeten Arbeitsverhältnisses Freizeit als Überstundenausgleich sowie Urlaub und nimmt er danach die Arbeit wieder auf, tritt die gesetzliche Fiktion auch nicht (nachträglich) ein.[664] Nach Auffassung des BAG kann jedoch eine nach Ablauf der Befristung gewährte Arbeitsbefreiung ein Indiz dafür sein, dass sich die Parteien vor Ablauf des Zeitvertrags bereits auf eine befristete oder unbefristete Fortsetzung des Arbeitsverhältnisses geeinigt haben. In diesem Fall ist allerdings der Anwendungsbereich des § 15 Abs. 5 TzBfG nicht eröffnet.[665]

2. Mit Wissen des Arbeitgebers

Die Fortsetzung der Arbeitsleistung muss mit dem Wissen des Arbeitgebers geschehen. Als Arbeitgeber wird bei juristischen Personen insbesondere der Vertreter in arbeitsrechtlichen Angelegenheiten, also auch der Personalleiter, verstanden.[666] Dabei ist streitig, ob sich das Wissen lediglich auf die tatsächliche Fortsetzung der Arbeit oder auch auf die Beendigung des Arbeitsverhältnisses beziehen muss. Nach wohl herrschender Ansicht, die sich vor allem am Wortlaut der Norm orientiert, kommt es nicht auf die Kenntnis von der Vertragsbeendigung an.[667] Das BAG hat sich hierzu noch nicht ausdrücklich geäußert.

---

662 So auch APS-*Backhaus*, § 15 TzBfG Rn. 63.

663 ErfK-*Müller-Glöge*, § 15 TzBfG Rn. 27; APS-*Backhaus*, § 15 TzBfG Rn. 64.

664 BAG v. 02.12.1998 - 7 AZR 508/97, NZA 1999, 482; BAG v. 11.07.2007 - 7 AZR 501/06, NZA 2008, 1207 (Ls.) = NJ 2008, 237; Boecken/Joussen-*Joussen*, § 15 TzBfG Rn. 75; a.A. APS-*Backhaus*, § 15 TzBfG Rn. 62; KR-*Fischermeier*, § 625 BGB Rn. 25; AT-*Maschmann*, § 15 TzBfG Rn. 18.

665 BAG v. 02.12.1998 - 7 AZR 508/97, NZA 1999, 482; vgl. Ausführungen unter Ziff. 3a.

666 BAG v. 11.07.2007 - 7 AZR 501/06, NZA 2008, 1207 (Ls.) = NJ 2008, 237.

667 APS-*Backhaus*, § 15 TzBfG Rn. 67; Boecken/Joussen-*Joussen*, § 15 TzBfG Rn. 78; AT-*Maschmann*, § 15 TzBfG Rn. 20; a.A. ErfK-*Müller-Glöge* § 15 TzBfG Rn. 28; *Dörner*, Rn. 743.

3. *Kein Ausschluss der gesetzlichen Fiktion*

a) Anwendungsvorrang bei rechtsgeschäftlicher Einigung

§ 15 Abs. 5 TzBfG findet keine Anwendung, wenn es vor oder nach dem Ablauf des Zeitvertrags zu einer Vereinbarung über die Verlängerung des Arbeitsverhältnisses kommt.[668] Kann also ein entsprechender Wille der Parteien zur Fortsetzung des Arbeitsverhältnisses festgestellt werden, kann und darf auf die Fiktion nicht zurückgegriffen werden.[669] Dem ist das LAG Düsseldorf entgegengetreten.[670] Bereits im Leitsatz der Entscheidung heißt es, dass eine mündliche oder konkludente Einigung über eine befristete Fortsetzung des Arbeitsverhältnisses nicht geeignet sei, die Rechtsfolgen des § 15 Abs. 5 TzBfG auszuschließen. Grund dafür sei die in § 14 Abs. 4 TzBfG geregelte unabdingbare Voraussetzung des Schriftformerfordernisses. Könne die Befristung in einem Anstellungsvertrag nur dann erfolgen, wenn zum Zeitpunkt der Invollzugsetzung des Vertrages die beiderseitigen Originalunterschriften der Arbeitsvertragsparteien vorliegen, so müsse bei Fehlen dieser Voraussetzungen angenommen werden, dass die dann festzustellende unwirksame Befristungsabrede die Rechtsfolgen des § 15 Abs. 5 TzBfG auch nicht mehr ausschließen könne.[671]

b) Widerspruch des Arbeitgebers

Die gesetzliche Fiktion des § 15 Abs. 5 TzBfG bleibt bei einem kalendermäßig befristeten Arbeitsverhältnis aus, wenn der Arbeitgeber der Fortsetzung des Arbeitsverhältnisses unverzüglich, also ohne schuldhaftes Zögern[672] widerspricht.

Der Widerspruch richtet sich primär gegen die Fortsetzung eines kalendermäßig befristeten Arbeitsverhältnisses.[673] Er unterliegt keinem Formzwang und kann ausdrücklich oder konkludent erfolgen.[674] Als nicht ausreichend wurde vom LAG Düsseldorf für einen konkludenten Widerspruch erachtet, wenn ein neuer Anstellungsvertrag sieben Tage nach Fortsetzung der Arbeitstätigkeit vorgelegt wird und keine unsichere Rechtslage vorliegt.[675]

---

668 BAG v. 18.10.2006 - 7 AZR 751/05, AP Nr. 27 zu § 14 TzBfG; BAG v. 02.12.1998 - 7 AZR 508/97, NZA 1999, 482 = NJW 1999, 1654; APS-*Backhaus*, § 15 TzBfG Rn. 57.

669 *Dörner*, Rn. 741.

670 LAG Düsseldorf v. 14.05.2009 - 5 Sa 108/09, BeckRS 2009, 69092.

671 LAG Düsseldorf v. 14.05.2009 - 5 Sa 108/09, BeckRS 2009, 69092.

672 Vgl. die Legaldefinition in § 121 BGB. Unverzüglichkeit ist auch dann gewahrt, wenn sich der Arbeitgeber vor Erklärung des Widerspruchs einen Rechtsrat einholt, vgl. BAG v. 11.07. 2007 - 7 AZR 501/06 Rn. 26, NZA 2008, 1207 (Ls.) = NJ 2008, 237.

673 BeckOK-*Bayreuther*, § 15 TzBfG Rn. 27.

674 BAG v. 03.12.1997 - 7 AZR 651/96, NZA 1998, 1000; BAG v. 26.07.2000 - 7 AZR 51/99, NZA 2001, 546 (547).

675 LAG Düsseldorf v. 14.05.2009 - 5 Sa 108/09, BeckRS 2009, 69092.

Der Widerspruch kann bereits kurz vor Ablauf des Arbeitsverhältnisses ausgesprochen werden.[676] Durch § 22 TzBfG wird dieser Möglichkeit jedoch enge Grenzen gesetzt, da ein vorher erklärter Widerspruch dem Grunde nach eine unstatthafte Abbedingung der Rechtsfolgen des § 15 Abs. 5 TzBfG darstellen kann. Aus diesem Grund hat das BAG entschieden, dass der Widerspruch nur dann vor Ablauf der vereinbarten Befristung erklärt werden könne, wenn der Arbeitnehmer an den Arbeitgeber mit einem Wunsch zur Verlängerung oder Entfristung des Arbeitsverhältnisses herangetreten sei.[677]

Hieraus folgernd dürfte es wohl auch nicht zulässig sein, dass der Widerspruch bereits in der Befristungsabrede aufgenommen wird. Insofern unterscheidet sich § 15 Abs. 5 TzBfG auch von der mietrechtlichen Vorschrift des § 545 BGB. Diese bestimmt, dass sich das Mietverhältnis auf unbestimmte Zeit verlängert, wenn der Mieter nach Ablauf der Mietzeit den Gebrauch der Mietsache fortsetzt und nicht eine Vertragspartei ihren entgegenstehenden Willen innerhalb von zwei Wochen dem anderen Teil erklärt. Nach der obergerichtlichen Rechtsprechung kann der Vermieter die Rechtsfolge des § 545 BGB ausschließen, indem er die Anwendbarkeit der Vorschrift abbedingt.[678] Da es im Mietrecht eine § 22 TzBfG entsprechende Schutzvorschrift nicht gibt, sind dort allerdings keinerlei Schranken gesetzt.

c) *Mitteilung der Zweckerreichung*

Bei einem zweckbefristeten Arbeitsverhältnis reicht der bloße Widerspruch gegen die Fortsetzung der Arbeitsleistung nicht aus. Vielmehr bedarf es der unverzüglichen Mitteilung der Zweckerreichung. Umstritten ist, ob die Mitteilung der Zweckerreichung zur Verhinderung der Fiktion *schriftlich* zu erfolgen hat.[679]

Der Wortlaut des § 15 Abs. 5 TzBfG verlangt die Schriftlichkeit nicht ausdrücklich. Im Hinblick auf die formbedürftige Mitteilungspflicht über den Eintritt der Zweckerreichung gemäß § 15 Abs. 2 TzBfG, kann dem Arbeitgeber die Einhaltung der Schriftform jedoch nur angeraten werden. Anderenfalls kann es bei Weiterarbeit durch den Arbeitnehmer nach Ablauf der Befristung zu dem kuriosen Ergebnis kommen, dass die mündliche Mitteilung zwar den Eintritt der Fiktion des unbefristeten Arbeitsverhältnisses verhindert, der zweckbefristete Arbeitsvertrag nach § 15 Abs. 2 TzBfG allerdings nicht sein Ende findet. Dieser endet nämlich erst zwei Wochen nach der *schriftlichen* Mitteilung über die Zweckerreichung.

---

676 BAG v. 03.12.1997 - 7 AZR 651/96, NZA 1998, 1000; BAG v. 26.07.2000 - 7 AZR 51/99, NZA 2001, 546 (547); BAG v. 11.07.2007 - 7 AZR 501/06, NZA 2008, 1207.

677 BAG v. 11.07.2007 - 7 AZR 501/06, NZA 2008, 1207.

678 Schmidt-Futterer-*Blank*, § 545 BGB Rn. 31.

679 pro Schriftform: *Kliemt*, NZA 2001, 302; APS-*Backhaus*, § 15 TzBfG Rn. 80; KDZ-*Däubler* § 15 TzBfG Rn. 19; MüKo-*Hesse* § 15 TzBfG Rn. 50; a.A. *Hromadka*, BB 2001, 674 (676); KR-*Fischermeier*, § 625 BGB Rn. 29; ErfK-*Müller-Glöge*, § 15 TzBfG Rn. 29; *Dörner*, Rn. 751.

III. Rechtsfolge

Liegen die Voraussetzungen des § 15 Abs. 5 TzBfG vor, wird das Arbeitsverhältnis kraft Gesetz mit den bisherigen Rechten und Pflichten auf unbestimmte Zeit fortgesetzt. Der Arbeitnehmer hat mittels allgemeiner Feststellungsklage i.S.d. § 256 ZPO geltend zu machen, es sei nach § 15 Abs. 5 TzBfG ein unbefristetes Arbeitsverhältnis zustande gekommen. § 17 TzBfG ist nicht anwendbar.[680] Der Klageantrag ist im Gegensatz zur Befristungskontrollklage nicht auf Feststellung gerichtet, dass das Arbeitsverhältnis nicht aufgrund der Befristung zum Zeitpunkt X beendet worden ist, sondern auf Feststellung, dass das Arbeitsverhältnis über den Zeitpunkt X hinaus unbefristet fortbesteht.[681] Hat der Arbeitgeber einen Widerspruch rechtzeitig erklärt oder die Zweckerreichung unverzüglich angezeigt, so entsteht auch dann kein faktisches Arbeitsverhältnis, wenn der Arbeitnehmer seine Arbeitsleistung fortsetzt.[682] Die Rückabwicklung hat vielmehr nach Bereicherungsrecht zu erfolgen.[683] Dem Arbeitgeber ist gleichwohl anzuraten, wiederholt der Weiterarbeit zu widersprechen. Es kann nicht ausgeschlossen werden, dass anderenfalls das nachträgliche Dulden der Weiterarbeit als Rücknahme des zuvor erklärten Widerspruchs ausgelegt und damit ein unbefristetes Arbeitsverhältnis nach § 15 Abs. 5 TzBfG fingiert wird.

IV. Stellungnahme

Die Vorschrift des § 15 Abs. 5 TzBfG und vor allem das Widerspruchserfordernis bei einer kalendermäßigen Befristung ist prädestiniert dafür, Diskrepanzen mit einer rechtsgeschäftlich vereinbarten Verlängerung gemäß § 14 Abs. 2 S. 1 Hs. 2 TzBfG und der restriktiven Rechtsprechung zum Schriftformerfordernis i.S.d. § 14 Abs. 4 TzBfG hervorzurufen. Insbesondere kann man sich die Frage stellen, wie eine solche Fallgestaltung zu bewerten ist, bei der der Arbeitgeber dem befristet Beschäftigten vor Ablauf der Befristung eine Vertragsverlängerung (ohne Schriftformvorbehalt) anbietet und der Arbeitnehmer seine Arbeitstätigkeit ohne vorherige schriftliche Unterzeichnung fortsetzt. Zwei unterschiedliche Rechtsfolgen sind denkbar: Entweder es entsteht aufgrund einer formunwirksamen Verlängerung des befristeten Arbeitsverhältnis ein unbefristetes Arbeitsverhältnis gemäß § 14 Abs. 4 i.V.m. § 16 TzBfG oder das Arbeitsverhältnis ist gemäß § 15 Abs. 5 TzBfG aufgrund des vorherigen konkludenten Widerspruchs seitens des Arbeitgebers als beendet zu betrachten.[684] Liegt zunächst nur ein einseitiges Angebot des Arbeitgebers auf Verlängerung des Arbeitsverhältnisses vor, bringt der Arbeitgeber hierdurch zum Ausdruck, dass für ihn nur eine weitere befristete Beschäftigung durch rechtsgeschäftliche Einigung in Betracht

---

680 BAG v. 18.10.2006 - 7 AZR 751/05, AP Nr. 27 zu § 14 TzBfG.

681 BAG v. 18.10.2006 - 7 AZR 751/05, AP Nr. 27 zu § 14 TzBfG.

682 *Nehls*, DB 2001, 2718 (2721); MüKo-*Hesse*, § 15 TzBfG Rn. 53.

683 ErfK-*Müller-Glöge*, § 15 TzBfG Rn. 35; MüKo-*Hesse*, § 15 TzBfG Rn. 53.

684 Vgl. zum Verhältnis § 625 BGB und § 623 BGB a.F., siehe *Preis/Gotthardt*, NZA 2000, 348 (360 f.); *Müller-Glöge/von Senden*, AuA 2000, 199 (203).

kommt.[685] Ein einseitiger Widerspruch gegen die Rechtsfolge des § 15 Abs. 5 TzBfG liegt damit vor. Setzt der Arbeitnehmer allerdings die Arbeit fort, erklärt er hiermit spätestens konkludent die Annahme der mündlichen Vertragsofferte. In diesem Fall verliert der Widerspruch seine Wirkung. Es entsteht ein gegen die Formvorschrift verstoßendes unbefristetes Arbeitsverhältnis gemäß §§ 14 Abs. 4, 16 TzBfG, sofern man den Vertragsparteien nicht innerhalb eines im engen sachlichen Zusammenhang begrenzten Zeitraumes die Nachholung zuspricht.[686] Letzeres – hier vertretene – Lösungsmodell setzt sich auch nicht in Widerspruch zu § 15 Abs. 5 TzBfG, da die Vorschrift bereits ihren Anwendungsbereich einbüßt, sofern ein einseitig erklärter Wille des Arbeitgebers auf Abschluss eines Verlängerungsvertrages vor Arbeitsfortführung vorliegt. Durch die Nachholung der Schriftform wird den Vertragsparteien lediglich die Möglichkeit gegeben, dass zwischenzeitlich gemäß §§ 14 Abs. 4, 16. S. 2 TzBfG fingierte unbefristete Arbeitsverhältnis mit ex-tunc Wirkung wieder aufzuheben.

Die vorstehenden Ausführungen haben aufgezeigt, dass die Rechtsauffassung des LAG Düsseldorf jedenfalls nicht überzeugen kann, wenn es ein unbefristetes Arbeitsverhältnis nach § 15 Abs. 5 TzBfG annimmt, obwohl sich die Parteien vorher – wenn auch formunwirksam – über eine weitere Befristung geeinigt haben. Auf die Frage, ob das Schriftformerfordernis bei der vorherigen Einigung eingehalten worden ist, kann es nicht ankommen. Zwar kommt das LAG zum richtigen Ergebnis (unbefristeter Arbeitsvertrag), jedoch ist die dogmatische Begründung nicht nachvollziehbar.

Die Rechtsprechung zu § 15 Abs. 5 TzBfG zeigt noch einmal auf, wie wichtig es für den Arbeitgeber nach der gegenwärtigen Rechtsprechung ist, den Verlängerungsvertrag zumindest vor Ablauf der Befristung zu übersenden. Hierdurch weist er zum einen nach, dass er die Wirksamkeit des Vertragsschlusses von der Einhaltung der Schriftform gemäß § 154 Abs. 2 BGB abhängig machen will. Zum anderen ist hierin ein nachweisbarer Widerspruch[687] gegen die unbefristete Weiterbeschäftigung gemäß § 15 Abs. 5 TzBfG zu sehen.

E. Wechsel der Befristungsform bei der Verlängerung

I. Einführung

Die nachfolgend zu behandelnde Frage, ob bei der Verlängerung eines befristeten Vertrages ein Wechsel der Befristungsform möglich ist, ist dem Grunde nach von der Frage zu trennen, ob sich der Arbeitgeber bei Unwirksamkeit des Befristungsgrundes bzw. der Befristungsgrundlage auch nachträglich auf eine sachgrundlose Befristung berufen kann oder umgekehrt. Letztere Fallgestaltung wurde bereits auf S. 32 ff. diskutiert. In diesem Zusammenhang wurde bereits darauf hingewiesen,

685 So auch MüKo-*Hesse*, § 15 TzBfG Rn. 49.
686 Vgl. Ausführungen auf S. 125 ff.
687 Die Beweislast für den Widerspruch obliegt aufgrund der Negativformulierung in § 15 Abs. 5 TzBfG („wenn nicht“) dem Arbeitgeber; vgl. APS-*Backhaus*, § 15 TzBfG Rn. 94.

dass die von der Rechtsprechung aufgezeigten Wertungen nicht unerheblichen Einfluss auf die hier dargestellte Problematik haben.

Gegenstand nachfolgender Ausführungen soll unter anderem sein, inwiefern der Arbeitgeber im Zuge der Vertragsverlängerung nach Ablauf der Befristung zwischen den Befristungstatbeständen des § 14 Abs. 1 TzBfG und der sachgrundlosen Befristung nach § 14 Abs. 2 TzBfG wechseln kann. Hierbei sind unterschiedliche Kombinationen und Fallvarianten denkbar, die es zu begutachten gilt.

II. Wechsel von Befristung ohne Sachgrund zur Befristung mit Sachgrund

Das Teilzeit- und Befristungsgesetz erlaubt den Abschluss eines sachgrundbefristeten Arbeitsverhältnisses im Anschluss an ein sachgrundlos befristetes Arbeitsverhältnisses ohne jede Einschränkung. Problemlos kann mit einem Arbeitnehmer, der zunächst für zwei Jahre sachgrundlos beschäftigt worden ist, ein befristeter Arbeitsvertrag mit Sachgrund nach § 14 Abs. 1 TzBfG geschlossen werden. Das Anschlussverbot des § 14 Abs. 2 S. 2 TzBfG greift für die Sachgrundbefristung nicht ein.

III. Wechsel von Befristung mit Sachgrund zur Befristung ohne Sachgrund

Etwas komplizierter ist die Frage, ob sich nach Ablauf eines mit Sachgrund befristeten Arbeitsvertrages, ein befristetes Arbeitsverhältnis ohne Sachgrund anschließen kann. Fallbezogen bedeutet dies, ob ein befristeter Arbeitsvertrag, der ursprünglich für die Dauer von zwei Jahren aufgrund einer Krankheitsvertretung nach § 14 Abs. 1 S. 2 Nr. 3 TzBfG abgeschlossen worden ist, sachgrundlos verlängert werden kann. Diese Fallgestaltung hat in der Rechtsprechung und insbesondere aufgrund der wechselnden Gesetzeslage eine beachtliche Wandlung vollzogen. Nach § 1 Abs. 1 BeschFG 1985 war die ohne Sachgrund erfolgende Anschlussbefristung an einen vorhergehenden befristeten Vertrag mit Sachgrund grds. nicht zulässig. Eine Ausnahme galt nur für den Fall, dass eine Neueinstellung nicht gegeben war. So etwa, wenn nach § 1 Abs. 1 S. 2 BeschFG 1985 kein enger sachlicher Zusammenhang zwischen den beiden Verträgen bestand, wovon das Gesetz bei einem zwischen den Arbeitsverträgen liegenden Zeitraum von vier Monaten ausging. Der Arbeitgeber musste insofern für einen viermonatigen Zeitpunkt auf die Dienste des befristet Beschäftigten verzichten, bevor er ihn ohne Sachgrund erneut befristet einstellen konnte.

§ 1 Abs. 1 BeschFG 1996 verzichtete auf das Erfordernis der Neueinstellung und erachtete in Abs. 3 nur solche Befristungen für unzulässig, die sich entweder an einen vorhergehenden unbefristeten Arbeitsvertrag oder einen vorhergehenden befristeten Arbeitsvertrag nach § 1 Abs. 1 BeschFG 1996 anschließen. Eine Anschlussbefristung an die bis dahin von der Rechtsprechung anerkannte Befristung mit Sachgrund war nicht ausgeschlossen.

Eine derartige Unterscheidung trifft § 14 Abs. 2 S. 1 Hs. 2 TzBfG nicht. Vielmehr hat der Gesetzgeber verdeutlicht, dass die sachgrundlose Verlängerung von sachgrundbefristeten Arbeitsverhältnissen ausgeschlossen ist. Nicht unproblematisch ist jedoch die Konstellation, bei der sich der Arbeitgeber für einen sachgrundbefristeten Vertrag entschieden hat, der unter Berücksichtigung der zweijährigen Befristungshöchstgrenze nunmehr nach § 14 Abs. 2 S. 1 Hs. 2 TzBfG verlängert werden soll. Wird beispielsweise ein Arbeitnehmer für die Dauer von sechs Monaten nach § 14 Abs. 1 S. 2 Nr. 5 TzBfG befristet zur Erprobung eingestellt und möchte der Arbeitgeber den Arbeitnehmer nach überstandener Probezeit für ein Jahr weiterbeschäftigen, stellt sich die Frage, ob eine sachgrundlose Verlängerung nach § 14 Abs. 2 S. 1 Hs. 2 TzBfG in Betracht kommt.

Auf den ersten Blick scheint für diesen Fall ein Verstoß gegen das Anschlussverbot aufgrund einer „Vorbeschäftigung“ vorzuliegen. Die Ausführungen in Kapitel 2 auf S. 34 ff. haben jedoch aufgezeigt, dass es für die Wirksamkeit einer Befristung ausreichend ist, wenn objektiv die Voraussetzungen des § 14 Abs. 2 S. 1 TzBfG vorgelegen haben. Für den Arbeitgeber entsteht kein Nachteil, wenn er in dem ersten befristeten Arbeitsvertrag oder in dem Verlängerungsvertrag einen (an sich überflüssigen) Sachgrund angegeben hat.[688] Mit der Aufnahme eines Sachgrundes in einem vorangegangenen befristeten Arbeitsvertrag wollten die Parteien in der Regel die Möglichkeit einer sachgrundlosen befristeten Weiterbeschäftigung nicht abbedingen. Diese Auffassung ergibt sich auch aus einem Erst-Recht-Schluss. Wenn die ersten sechs Monate sogar mit sachlichem Grund befristet waren, kann nach dem Gesetzeszweck die Anschlussbefristung von bis zu (weiteren) 18 Monaten ohne sachlichen Grund nicht verboten sein. Etwas anderes kann sich für den Fall ergeben, dass die Erstbefristung ausdrücklich und unter Ausschluss anderer Rechtfertigungstatbestände auf einen bestimmten Sachgrund gestützt wird. Ist dies der Fall, gilt wie für die Problematik der Austauschbarkeit von Sachgrundbefristung und sachgrundloser Befristung, dass der Arbeitgeber eine Auswahlentscheidung getroffen hat, an die er gebunden ist.

F. Zusammenfassung und Ergebnis

Wie bereits in der Einleitung angerissen, knüpfen die Problemkreise innerhalb des Themenkomplexes der Verlängerung sachgrundlos befristeter Arbeitsverhältnisse immer wieder an den Parteiwillen an. Diesem kommt, wie die umfangreichen Ausführungen gezeigt haben, eine zwiespältige Rolle zu. Für den Zeitpunkt der Befristungsabrede im Falle einer Vertragsverlängerung spielt er unter anderem aufgrund eines objektiven Abgrenzungskriteriums zum Neuabschluss keine Rolle.[689] Maßgeblich ist allein die Frage, ob die Verlängerungsabrede *vor* oder *nach* Arbeitsfortsetzung getroffen worden ist.

Bei der Veränderung von Arbeitsbedingungen im Zuge der Vertragsverlängerung soll der Parteiwille – nach der hier kritisierten Auffassung des BAG – ebenfalls

---

688 LAG Nürnberg v. 19.03.2008 - 4 Sa 673/07, BeckRS 2008, 52530.

689 Vgl. Ausführungen auf S. 56 ff.

unerheblich sein. So gilt selbst für den Fall, dass sich Arbeitgeber und Arbeitnehmer vor der Fortsetzung der Arbeitstätigkeit ausdrücklich auf eine Verlängerung ihres Vertragsverhältnisses einigen, dass die Rechtswirksamkeit der Befristung an § 14 Abs. 2 S. 2 TzBfG scheitert, wenn neben dem Hinausschieben des Befristungszeitraumes materielle Vertragsinhalte verändert werden.

Noch komplexer sind die Ausführungen zum Einfluss des Parteiwillens im Zusammenhang mit dem Schriftformerfordernis gemäß § 14 Abs. 4 TzBfG. Hier gilt nach der Auffassung des BAG, dass der Parteiwille bei der Nachholung des Schriftformgebots grundsätzlich beachtlich ist, allerdings in den meisten Fällen auf die deklaratorische Niederlegung der mündlichen Abrede gerichtet ist. Ein rechtsverbindlicher Erklärungsgehalt ist dem Parteiwillen nicht einzuräumen. Es wäre zu begrüßen, wenn das BAG zumindest im Hinblick auf die letzten beiden Voraussetzungen eine einheitliche Linie entwickeln und dem Parteiwillen einen übergeordneten Stellenwert beimessen würde. Fakt ist jedenfalls, dass die vom Senat vorgenommene Prüfung, ob eine wirksame Verlängerungsabrede gegeben ist, anhand von vermeintlich ausschlaggebenden objektiven Merkmalen derart verkompliziert worden ist, dass selbst Juristen den Überblick über die Ausnahmetatbestände verloren haben dürften.

Dabei könnte nach hiesiger Auffassung die Prüfung des § 14 Abs. 2 S. 1 Hs. 2 TzBfG relativ einfach und verständlich sein, wenn man sich von den festgefahrenen Rechtsansichten zur Auslegung des Verlängerungsbegriffs lösen würde. Anhand von drei übersichtlichen und leichtverständlichen Fragestellungen könnte man die Wirksamkeitsprüfung vollziehen, wenn der Senat die objektiven Voraussetzungen für eine Vertragsverlängerung zurückschrauben bzw. diese am Parteiwillen orientieren würde.

- Haben die Vertragsparteien die Befristungsabrede *vor* der Fortsetzung der Arbeitstätigkeit getroffen?
- Ist die Befristungsabrede im nahen zeitlichen Zusammenhang mit der Arbeitsaufnahme schriftlich fixiert worden?
- Wollten die Vertragsparteien durch die Änderung von Vertragsbedingungen ihr Arbeitsverhältnis auf eine neue Grundlage stellen?

Die erste Fragestellung ist unzweifelhaft anhand objektiver zeitlicher Anhaltspunkte zu beantworten. Soweit *Wohlleben* und auch der Senat des LAG Köln in seiner Entscheidung vom 23.08.2006 dem Parteiwillen den Vorrang auch bei „verspäteter Einigung“ einräumen wollen, streitet hier der Begriff der Verlängerung eines „bestehenden“ Arbeitsverhältnisses eindeutig gegen die Auffassung. Zudem bedarf es mindestens eines Abgrenzungskriteriums, welches allein nach objektiven Maßstäben zu beurteilen ist.

Wird die Verlängerung rechtzeitig vereinbart, befasst sich die zweite Fragestellung mit der ausgiebig dargestellten Problematik, zu welchem Zeitpunkt die schriftliche Niederlegung zu erfolgen hat. Hier sollte dem Parteiwillen eine übergeordnete Rolle zukommen. Erfolgt die schriftliche Niederlegung im nahen sachlichen und zeitlichen Zusammenhang mit der Fortsetzung der Arbeitstätigkeit, ist die schriftliche

Fixierung nach dem Willen der Parteien mehr als nur eine deklaratorische Niederlegung. Voraussetzung hierfür ist, dass die Parteien auf den vorherigen Vertrag Bezug nehmen und sich eindeutig ergibt, dass das Hinausschieben der Befristungsdauer und nicht ein Neuabschluss gewollt ist. Damit keine Wertungsprobleme bestehen, wäre es zu begrüßen, dass der Gesetzgeber ausdrücklich regelt, innerhalb welchen zeitlichen Rahmens die nachträgliche schriftliche Fixierung zu erfolgen hat.

Dies hätte u.a. den Vorteil, dass die Vorbehaltsrechtsprechung weitgehend ihren Anwendungsbereich einbüßen würde. Zwar zeigt dieses „neue" Modell auf der Ebene des Vertragsschlusses einen adäquaten Lösungsweg; doch bestehen immer noch Bedenken im Hinblick auf die dogmatische Einordnung, das Verhältnis „faktisches Arbeitsverhältnis/Anschlussverbot" und der Anwendbarkeit bei sachgrundlosen Befristungen. Indem man die generelle Nachholung der Schriftform zulassen würde, fällt zwar nicht eine etwaige Beweisaufnahme über den Zeitpunkt der Befristungsabrede weg; doch müsste in den überwiegenden Fallkonstellationen nicht mehr vom Gericht aufgeklärt werden, ob sich der Arbeitgeber die Schriftform mündlich vorbehalten oder einen Arbeitsvertrag noch vor Arbeitsfortsetzung übersendet hat.

Die dritte Fragestellung befasst sich mit der Problematik, ob Änderungen von Arbeitsbedingungen im Zuge der Vertragsverlängerung möglich sind. Die Frage ist dem Grunde nach zu bejahen. Dies gilt nach den auf S. 80 ff. gemachten Ausführungen sowohl für günstige als auch ungünstige Vertragsbedingungen. Maßgeblich für die Abgrenzung Neuabschluss/Verlängerungsvertrag ist dabei in erster Linie der Parteiwille. Zwar heben Kritiker immer wieder hervor, dass das Abstellen auf den inneren Willen der Parteien nur zu Beweisschwierigkeiten führen würde; dem ist m.E. jedoch entgegenzuhalten, dass es eine Utopie ist, wenn man meint Beweisaufnahmen durch das Hochschrauben von objektiven Tatbestandsvoraussetzungen begegnen zu können. Man würde durch das Abstellen auf den Parteiwillen sogar erreichen, dass die starre Prüfung, ob eine zulässige Form der Veränderung des Vertragsinhalts gegeben ist und zu welchem Zeitpunkt diese erfolgt ist, entfällt.

Mit Spannung bleibt abzuwarten, ob der BGH seinen Relativierungsgedanken fortführt. Insbesondere das ins Feld geführte „Direktionsrecht" oder der Anspruch des Arbeitnehmers auf „Vertragsanpassung" könnten den Vertragsparteien Einfallstore für die Abänderung von Vertragsverlängerungen bieten. Zu denken wäre bspw. an eine Art „Optionsrecht", wie es auch im Mietvertragsrecht besteht. Hierbei gilt, dass im Falle der Ausübung der Option das Mietverhältnis zu den Bedingungen verlängert wird, die für den Fall der Geltendmachung des Rechts getroffen worden sind.[690] Den Vertragsparteien obliegt es insofern bereits bei Vertragsschluss eine angemessene Anhebung der Miete für den Zeitpunkt der Ausübung der Verlängerungsoption zu vereinbaren. Fehlen konkrete Vereinbarungen und enthält der Vertrag nur eine Klausel mit dem Inhalt „1 x 5 Jahre Option zu alsdann neu zu vereinbarenden Bedingungen", obliegt es den Vertragsparteien über den Inhalt eine Einigung zu erzielen. Kann eine solche nicht erzielt werden, ist der Vermieter

---

690 Blank/Börstinghaus-*Blank*, § 542 BGB Rn. 208; BeckOK-*Ehlert*, § 542 BGB Rn. 9.

grundsätzlich berechtigt, die Mietbedingungen nach billigem Ermessen (§§ 315, 316 BGB) neu festzusetzen.[691] Nach anderer Auffassung kommt eine Anpassung nur zu den ortsüblichen Bedingungen in Betracht.[692]

Überträgt man diesen Gedanken auf das Befristungsrecht könnte dies für die Vertragsparteien ein sachgerechtes Instrument darstellen, sich bereits im „Ausgangsvertrag" die Anpassung von Vertragsbedingungen im Falle der Vertragsverlängerung vorzubehalten.

691 OLG Düsseldorf v. 02.05.2002 - 10 U 170/00, BeckRS 2002, 10570.
692 OLG Saarbrücken v. 31.10.1996 - 8 U 904/95, NJWE-MietR 1997, 104.

4. Kapitel – Die Zulässigkeit von Kettenbefristungen

A. Einführung

Die gegenwärtig wohl umstrittenste Diskussion, die sich um die Problematik von Mehrfachbefristungen rankt, hat die Rechtsprechung und Literatur schon weit vor Inkrafttreten nationaler Gesetzestexte und vor der Verabschiedung europarechtlicher Richtlinien beschäftigt: Die Zulässigkeit von Kettenbefristungen.[693] Wie bereits unter Kapitel 1 ausgeführt wurde, hatte schon das Reichsgericht im Jahre 1928 erstmalig darüber zu befinden, ob ein generelles Verbot von Kettenarbeitsverhältnissen für Befristungen mit Sachgrund besteht. Ein Jahrhundert später prägt der Begriff des Kettenarbeitsverhältnisses bzw. der Kettenbefristung das gegenwärtige Befristungsrecht wie kaum eine andere Materie. So beschreiben *Preis/Greiner* zutreffend, dass Arbeitsrechtlern stets von Nichtjuristen entgegen geschleudert wird, dass doch jedermann von der Unzulässigkeit und Sittenwidrigkeit von Kettenbefristungen wisse.[694] Diese in der Laiensphäre weit verbreitete Auffassung ist jedoch von der gelebten Rechtsprechungspraxis weit entfernt, wie die Ausführungen in diesem Kapitel zeigen sollen. Insbesondere im Bereich des öffentlichen Dienstes – so viel sei vorweggenommen – sind Kettenbefristungen ein weit verbreitetes Phänomen.

Im Gegensatz zu den Sachverhaltskonstellationen über die das Reichsarbeitsgericht zu befinden hatte, fließen nach heutigem Recht keineswegs nur noch die nationalen Vorschriften in die richterliche Bewertung ein. Vielmehr hat sich die Frage nach der Zulässigkeit von Kettenbefristungen nach nationalem Recht zu der Frage nach der Konformität von Kettenbefristungen mit europäischem Recht verschoben. Die Problematik der Zulässigkeit von Kettenbefristungen hat somit ca. 80 Jahre nach ihrer ersten gerichtlichen Auseinandersetzung eine neue Qualität erreicht, indem die europäische Ebene beschritten wurde.

I. Nationale und unionsrechtliche Vorgaben

Die eingangs dargestellte und im Volksmund weit verbreitete Rechtsauffassung, dass Kettenbefristungen generell unzulässig seien, ist durch die Einführung des Teilzeit- und Befristungsgesetzes im Jahr 2001 nicht unerheblich geprägt und forciert worden. Die Rechtsprechung des BAG zur sachgrundlosen Befristung im Sinne des § 14 Abs. 2 TzBfG und die damit einhergehende Verlängerungsproblematik haben dazu geführt, dass sich in den Köpfen vieler Arbeitnehmer eine maximale dreimalige Verlängerungsbefugnis bis zu einer Gesamtdauer von zwei Jahren manifestiert hat.

693 Zum Begriff der Kettenbefristung vgl. Ausführungen auf S. 3 f.

694 *Preis/Greiner*, RdA 2010, 148.

Übersehen wird dabei, dass das Teilzeit- und Befristungsgesetz Arbeitgebern bei Sachgrundbefristungen im Sinne des § 14 Abs. 1 TzBfG weder eine zeitliche Höchstgrenze der aufeinander folgenden Zeitverträge noch eine Höchstzahl zulässiger Vertragsverlängerungen vorschreibt. § 14 Abs. 2 S. 1 Hs. 2 TzBfG findet, wie oben bereits erörtert, auf die Sachgrundbefristung keine Anwendung.[695]

Einer sich immer wieder anschließenden Befristung mit Sachgrund durch den fortlaufenden Abschluss eines neuen befristeten Arbeitsvertrages, werden somit durch die gesetzlichen Regelungen keine Steine in den Weg gelegt. Theoretisch könnte ein Arbeitnehmer bei Vorliegen eines Sachgrundes ein Leben lang beschäftigt werden, wenn lediglich auf den Gesetzeswortlaut des § 14 Abs. 1 TzBfG abgestellt werden würde.[696] Hieraus würde sich für den Arbeitgeber die Möglichkeit ergeben, durch mehrere, immer wieder hintereinander geschaltete Sachgrundbefristungen den äußeren Schein eines befristeten Arbeitsverhältnisses hervorzurufen, während in Wahrheit ein unbefristetes Dauerarbeitsverhältnis vorliegt.

Hiervon haben die Arbeitgeber in den letzten Jahren nicht unerheblich Gebrauch gemacht. Dabei ist erschwerend zu berücksichtigen, dass sich fast ausschließlich öffentliche Institutionen der Kettenbefristung bedienten.[697] In sieben von zehn Fällen stand die Befristung einer im öffentlichen Dienst angestellten Justizangestellten, deren Befristungsgesamtdauer zwischen zwei und neun Jahren betrug, im Streit.[698] Die Befristungsketten reichen dabei über acht- bis elfmalige Verlängerungen. Das LAG Hamm hatte gar über eine vierzehnmalig hintereinander geschaltete Befristung in 14 Jahren zu entscheiden.[699] Dabei war man nach der Kodifizierung des § 14 TzBfG in Deutschland zunächst davon ausgegangen, derartigen Sachverhaltskonstellationen durch die Umsetzung der Richtlinie 1999/70/EG des Rates vom 28.06.1999 zur EGB-UNICE-CEEP Rahmenvereinbarung angemessen begegnen und Kettenbefristungen verhindern zu können. So verpflichtet § 5 Nr. 1 dieser Rahmenvereinbarung die Mitgliedstaaten eine oder mehrere Maßnahmen zur Bekämpfung missbräuchlicher Nutzung befristeter Arbeitsverträge mit folgendem Inhalt zu ergreifen:

a) Festlegung sachlicher Gründe, welche die Verlängerung eines befristeten Arbeitsvertrags rechtfertigen.
b) Festlegung der Höchstdauer aufeinander folgender befristeter Arbeitsverträge.
c) Festlegung der zulässigen Zahl der Verlängerungen eines befristeten Arbeitsvertrags.

---

695 Vgl. Ausführungen auf S. 127 ff.

696 *Preis/Greiner*, RdA 2010, 148 (149).

697 *Brose*, NZA 2009, 706 (708).

698 Vgl. u.a. BAG v. 15.02.2006 - 7 AZR 232/05, NZA 2006, 781 (6 Jahre); BAG v. 18.04.2007 - 7 AZR 293/06, NZA-RR 2008, 219 (7 Jahre); BAG v. 25.03.2009 - 7 AZR 59/08, BeckRS 2009, 69343 (9 Jahre).

699 LAG Hamm v. 01.08.2012 - 5 Sa 291/12, BeckRS 2013, 66925.

Der deutsche Gesetzgeber hatte sich für eine Kombination aller drei „Optionen" entschieden, in dem er mit § 14 Abs. 1 TzBfG die Kernvorschrift zur Kontrolle befristeter Arbeitsverträge erschaffen hat.[700] Sachliche Gründe wurden in dem Katalog des § 14 Abs. 1 S. 2 TzBfG niedergelegt. Die zulässige Anzahl an Verlängerungen, wie sie § 5 Nr. 1c) der Rahmenvereinbarung als Regelungsalternative vorsieht, hat der Gesetzgeber in Bezug auf sachgrundlos befristete Arbeitsverhältnisse in § 14 Abs. 2 TzBfG kodifiziert. Die Höchstdauer, wie sie in § 5 Nr. 1b) der Rahmenvereinbarung geregelt ist, wurde auf zwei Jahre begrenzt.

Letztere beide Umsetzungsakte treffen jedoch keine Aussage über die Zulässigkeit von Befristungen mit Sachgrund, sondern finden lediglich auf die Verlängerung sachgrundlos befristeter Arbeitsverträge Anwendung. Zwar stellt § 5 Nr. 1 der Rahmenvereinbarung ausdrücklich klar, dass der Gesetzgeber lediglich gehalten ist, eine der europarechtlichen Vorgaben in nationale Vorschriften umzusetzen; dennoch besteht insbesondere im Hinblick auf die Höchstdauer und Anzahl von befristeten Arbeitsverträgen mit Sachgrund in der arbeitsrechtlichen Literatur und der Rechtsprechung gleichwohl Streit darüber, ob damit die der Kettenbefristung zugrunde liegende Sachgrundbefristung europarechtskonform ausgebildet ist.

Diese Problematik hat auch die Instanzgerichte nicht unberührt gelassen und sie zur Klärung der Rechtslage an den EuGH „weitergereicht". Selbst der 7. Senat des BAG konnte unter Berücksichtigung seiner vormals „unantastbar" wirkenden Rechtsprechung den Weg über den Europäischen Richter nicht mehr meiden und schloss sich den Zweifeln des LAG Köln an. Herausgekommen sind dabei drei Vorlagebeschlüsse, die es im Nachfolgenden näher zu begutachten gilt und die letztendlich den Weg zum EuGH und dessen Grundsatzentscheidung vom 26.01.2013[701] geebnet haben.

II. Der Weg zum EuGH

Gleich drei streitige nationale Verfahren zur Frage der Europarechtskonformität von Kettenbefristungen sind durch die Vorlagebeschlüsse des LAG Köln vom 13.04.2010[702] und des BAG vom 27.10.2010[703] und 17.11.2010[704] zum höchsten europäischen Gericht gelangt.

Die Kammer des LAG Köln hatte dem Europäischen Gerichtshof im Wege des Vorabentscheidungsverfahrens eine Vielzahl von Fragen zur Auslegung des § 5 Nr. 1 der europäischen Rahmenvereinbarung über befristete Arbeitsverträge vorgelegt. Maßgeblich wurde die Europarechtskonformität von Kettenbefristungen im

700 *Thüsing*, Europäisches Arbeitsrecht, S. 125; Staudinger-*Preis*, § 620 BGB Rn. 38; vgl. auch BAG v. 27.10.2010 - 7 AZR 485/09, NZA-RR 2011, 272.

701 EuGH v. 26.01.2012 - C-586/10 (*Kücük*), NZA 2012, 135.

702 LAG Köln v. 13.04.2010 - 7 Sa 1224/09, BeckRS 2010, 69707.

703 BAG, Beschl. v. 27.10.2010 - 7 AZR 485/09, NZA-RR 2011, 272.

704 BAG, Beschl. v. 17.11.2010 - 7 AZR 443/09, NZA 2011, 34.

öffentlichen Dienst bezweifelt.[705] Genau genommen handelte es sich ursprünglich sogar um zwei Vorlagebeschlüsse, welche nach anfänglicher Verbundenheit[706] zur gemeinsamen Entscheidung am 07.02.2011 wieder getrennt worden sind.[707] Im Einzelnen sollte der EuGH zu der Grundsatzfrage Stellung beziehen, ob die – noch näher darzulegende – Rechtsauffassung des BAG gerechtfertigt sei, bei der Prüfung eines sachlichen Grundes für einen befristeten Verlängerungsvertrag im Sinne von § 5 Nr. 1a) der Rahmenvereinbarung nicht zu berücksichtigen, wie viele befristete Verträge diesem Vertrag bereits vorausgegangen sind. In diesem sachlichen Zusammenhang stand auch die zweite (Teil-)Frage, die das LAG Köln dem EuGH zur Entscheidung vorgelegt hatte und sich darauf bezog, ob die Anforderungen an den sachlichen Grund mit steigender Anzahl und Dauer der aufeinanderfolgenden befristeten Arbeitsverträge strenger zu beurteilen sind.[708]

Die zweite Problematik, mit der sich der EuGH zu beschäftigen hatte, ist die Frage, ob die sog. Haushaltsbefristung im Sinne des § 14 Abs. 1 S. 2 Nr. 7 TzBfG mit § 5 Nr. 1 der Rahmenvereinbarung über befristete Arbeitsverträge vereinbar ist. Explizit wurde – neben mehreren Auslegungsfragen zur Problematik der Haushaltsbefristung – gefragt, ob eine Ungleichbehandlung des privaten Sektors, für den wirtschaftliche Gründe nicht als „sachlicher Grund" anerkannt werden, im Vergleich zur Haushaltsbefristung im öffentlichen Dienst gerechtfertigt ist. Anlass für die Vorlagefrage war, dass die Klägerin aufgrund von acht befristeten Arbeitsverträgen in der Justizverwaltung des Landes Nordrhein-Westfalen beschäftigt gewesen war und die Befristungen stets mit vorübergehend freien Haushaltsmitteln gemäß § 7 Abs. 3 Haushaltsgesetzes NRW gerechtfertigt wurden.

Zu einer Entscheidung kam es in der Rechtssache C-313/10 gleichwohl nicht, da auch dieses Vorabentscheidungsersuchen aufgrund einer innerstaatlichen Erledigung des Rechtsstreits zurückgezogen wurde.[709] Die mit Spannung erwartete Entscheidung in dieser Angelegenheit, in der der Generalanwalt *Jääskinen* nur wenige Tage zuvor am 15.09.2011 seine Schlussanträge gestellt hatte, blieb folglich aus.[710]

---

705 LAG Köln v. 13.04.2010 - 7 Sa 1224/09, BeckRS 2010, 69707.

706 EuGH, Beschl. v. 01.09.2010 - C-312/10.

707 EuGH, Beschl. v. 07.02.2011 - C-312/10. Hintergrund war, dass das LAG Köln dem EuGH zuvor mitgeteilt hatte, dass in der Rechtssache Nordrhein-Westfalen gegen Melanie Klinz (LAG Köln v. 13.04.2010 - 7 Sa 1150/09) der Rechtsstreit des Ausgangsverfahrens erledigt sei und dass es daher sein Vorabentscheidungsersuchen zurückziehe. Aus diesem Grund wurde die Rechtssache C-312/10 im Register des EuGH gestrichen. Der Rechtstreit C-313/10 zwischen dem klagenden Bundesland Nordrhein-Westfalen und Sylvia Jansen war somit zunächst gesondert fortzuführen.

708 LAG Köln v. 13.04.2010 - 7 Sa 1224/09, BeckRS 2010, 69707.

709 Schriftstück des LAG Köln v. 06.10.2011, abrufbar unter.: http://curia.europa.eu/juris/document/document.jsf?text=&docid=114703&pageIndex=0&doclang=DE&mode=req&dir=&occ=first&part=1 (zuletzt abgerufen am 05.07.2014).

710 Siehe zu den Schlussanträgen des Generalanwalts auch die Ausführungen auf S. 163 f.

Das BAG hatte mit seinem Vorlagebeschluss vom 27.10.2010 seine eigene über viele Jahre hinweg verteidigte Rechtsprechung zur Haushaltsbefristung ebenfalls in Frage gestellt.[711] Bemerkenswert daran war, dass das BAG noch in seiner Entscheidung vom 17.03.2010 die Vereinbarkeit der Haushaltsbefristung im Sinne des § 14 Abs. 1 S. 2 Nr. 7 TzBfG unter seiner Auslegung aus gemeinschaftsrechtlichen Gründen noch ausdrücklich für geboten gehalten hatte.[712] Gut sieben Monate später hat sich der 7. Senat – anscheinend motiviert durch die Vorlage des LAG Köln – doch zu einer Vorabentscheidung durch den EuGH entschlossen. Das BAG griff die vorab vom LAG Köln geäußerten Bedenken auf, ob § 14 Abs. 1 S. 2 Nr. 7 TzBfG – der die öffentlichen Arbeitgeber quasi dazu ermächtigt, selbst Befristungsgründe zu schaffen – unter Berücksichtigung des allgemeinen Gleichheitssatzes mit der Rahmenvereinbarung vereinbar sei.[713] Das Vorabentscheidungsersuchen hat sich jedoch, nachdem die Klägerin und das beklagte Land den Rechtsstreit in der Hauptsache für erledigt erklärten, erübrigt. Der 7. Senat hatte folglich mit Beschluss vom 10.03.2011 nur noch über die Kosten des Rechtsstreits zu entscheiden, die gegeneinander aufgehoben wurden, weil der Ausgang des Rechtsstreits zum Zeitpunkt seiner Erledigung völlig offen war und der Generalanwalt auch noch keine Schlussanträge gestellt hatte.[714]

Drei Wochen nach dem ersten Vorlagebeschluss hat das BAG den EuGH erneut um eine weitere Vorabentscheidung ersucht.[715] Der am 15.12.2010 vorgelegte Sachverhalt ähnelte in einigen Punkten dem Sachverhalt des Vorlagebeschlusses vom 27.10.2010. Die Klägerin war als Justizangestellte im Geschäftsstellenbereich der Zivilprozessabteilung des Amtsgerichts Köln beim beklagten Land aufgrund von insgesamt 13 befristeten Arbeitsverträgen in der Zeit vom 02.07.1996 bis zum 31.12.2007 beschäftigt gewesen. Im Unterschied zum vorherigen Vorabentscheidungsgesuch wurde die Befristung jedoch nicht auf das Haushaltsrecht, sondern auf die Vertretung wegen beurlaubter, in Elternzeit befindlicher sowie erkrankter Justizangestellten gestützt. Das BAG begehrte im Hinblick auf den Sachgrund der Vertretung nach § 14 Abs. 1 S. 2 Nr. 3 TzBfG und § 21 BEEG eine Entscheidung, ob es unter Berücksichtigung des EU-Rechts uneingeschränkt an seiner Rechtsprechung zur wiederholten Befristung von Arbeitsverhältnissen in Fällen eines ständigen Vertretungsbedarfs festhalten kann. Konkret hat der 7. Senat des BAG dem EuGH die Frage vorgelegt, ob es mit § 5 Nr. 1 der EGB-UNICE-CEEP-Rahmenvereinbarung über befristete Arbeitsverträge im Anhang der Richtlinie 1990/70/EG vom 28.06.1999 vereinbar sei, die wiederholte Befristung eines Arbeitsvertrags auch dann auf den im nationalen Recht vorgesehenen Sachgrund der Vertretung zu stützen, wenn beim Arbeitgeber ein ständiger Vertretungsbedarf besteht, der auch durch unbefristete

711 BAG, Beschl. v. 27.10.2010 - 7 AZR 485/09, NZA-RR 2011, 272.

712 BAG v. 17.03.2010 - 7 AZR 843/08, NZA-RR 2010, 549.

713 BAG, Beschl. v. 27.10.2010 - 7 AZR 485/09, NZA-RR 2011, 272.

714 BAG v. 10.03.2011 - 7 AZR 485/09, BAG Pressemitteilung Nr. 19/11.

715 BAG, Beschl. v. 17.11.2010 - 7 AZR 443/09, NZA 2011, 34.

Einstellungen befriedigt werden könnte.[716] Darüber hinaus erbat der Senat den EuGH in diesem Zusammenhang – wie bereits das LAG Köln in seiner ersten Vorlagefrage – um Klärung, ob und in welcher Weise im Rahmen der Sachgrundkontrolle die Anzahl und Dauer der bereits in der Vergangenheit mit demselben Arbeitnehmer geschlossenen befristeten Arbeitsverträge im Rahmen der Missbrauchskontrolle durch die nationalen Gerichte zu berücksichtigen sind. Eine ausdrückliche Vorlagefrage formulierte er im Gegensatz zum LAG Köln nicht. Vielmehr ließ er die Thematik mittelbar in seine Erläuterung der Vorlagefragen einfließen.[717]

Für den Fall, dass die vom BAG vorgenommene Auslegung zu § 14 Abs. 1 S. 2 Nr. 3 TzBfG gegen Unionsrecht verstoße, begehrte der 7. Senat in seiner zweiten Vorlagefrage die Feststellung, ob sich an dem Ergebnis etwas ändere, wenn der Arbeitgeber die Vertretung auf § 21 BEEG stützt, der das sozialpolitische Ziel verfolgt, Arbeitgebern die Bewilligung sowie Arbeitnehmern die Inanspruchnahme von Sonderurlaub, etwa aus Gründen des Mutterschutzes oder der Erziehung, zu erleichtern.

B. Ausgewählte Problemstellungen

Im Wesentlichen haben sich aus den drei Vorlagebeschlüssen, wobei der EuGH mit Urteil vom 26.01.2012[718] lediglich über das Vorabentscheidungsersuchen des BAG vom 17.11.2010[719] zu entscheiden hatte, vier dogmatische Problemkreise in Bezug auf Kettenbefristungen herauskristallisiert:

- Berücksichtigung vorheriger Befristungen.
- Umfang der Prognoseanforderungen bei Kettenarbeitsverhältnissen.
- Mehrfachbefristungen in Vertretungsfällen.
- Die haushaltsrechtliche Befristung.

Als erstes ist der Frage nachzugehen, ob bei der Prüfung des Sachgrundes die Anzahl vorheriger befristeter Arbeitsverhältnisse zu berücksichtigen ist und ob mit steigender Anzahl und Dauer vorheriger Befristungen erhöhte Prognoseanforderungen an den Sachgrund zu stellen sind. Diese Frage ist sowohl Gegenstand des Vorlagebeschlusses des LAG Köln vom 13.04.2010 als auch des BAG von 17.11.2010 (zumindest mittelbar) gewesen. In diesem Zusammenhang ist auch der Frage nachzugehen, ob an der Rechtsprechung des BAG zum prozessualen Streitgegenstand der Rechtmäßigkeitskontrolle festgehalten werden kann. Danach unterfällt bei mehreren aufeinanderfolgenden befristeten Arbeitsverträgen in der Regel nur der letzte Vertrag der Befristungskontrolle.[720] Dem Grunde nach handelt es sich hierbei um

---

716 BAG, Beschl. v. 17.11.2010 - 7 AZR 443/09, NZA 2011, 34.

717 Vgl. BAG, Beschl. v. 17.11.2010 - 7 AZR 443/09 Rn. 36, NZA 2011, 34.

718 EuGH v. 26.01.2012 - C-586/10 (*Kücük*), NZA 2012, 135.

719 BAG, Beschl. v. 17.11.2010 - 7 AZR 443/09, NZA 2011, 34.

720 BAG v. 25.03.2009 - 7 AZR 34/08, NJW 2009, 3180; BAG v. 14.02.2007 - 7 AZR 95/06, NZA 2007, 803; BAG v. 17.01.2007 - 7 AZR 20/06, NZA 2007, 566 (568); BAG v. 13.10.2004 - 7 AZR 218/04, NZA 2005, 401 (403).

eine Problematik, die nicht nur bei dem Abschluss von „echten“ Kettenbefristungen, sondern auch bei der Verlängerung von sachgrundlos befristeten Arbeitsverhältnissen besteht; denn auch bei einer bloßen Verlängerung stellt sich in prozessualer Hinsicht die Frage, ob lediglich die zuletzt getroffene Verlängerungsabrede oder aber auch die dieser zugrunde liegende Ausgangsbefristung auf ihre Rechtmäßigkeit zu überprüfen ist.

Hauptaugenmerk wird in diesem Zusammenhang dem Urteil des EuGH vom 26.01.2012[721] gewidmet und der darauf ergangenen Reaktion des BAG durch dessen zwei Entscheidungen vom 18.07.2012.[722] Letztere setzen sich sowohl mit der Problematik der Berücksichtigungsfähigkeit vorheriger Befristung auseinander und stellen mit der Einführung einer sog. Rechtsmissbrauchsprüfung die Vorgaben der europäischen Richter auf eine neue Rechtsgrundlage.

Des Weiteren steht in materieller Hinsicht die Frage der Europarechtkonformität der Vertretungsbefristung i.S.d. § 14 Abs. 1 S. 2 Nr. 3 TzBfG zur Diskussion. Der Sachgrund der Vertretung ist Paradebeispiel für die Problematik der Mehrfachbefristungen. Insbesondere werden als spezifische Problempunkte die Zulässigkeit der sog. „Dauervertretung“ und die Vertretungsbefristung aufgrund gedanklicher Zuordnung zu diskutieren sein.

Die Erledigung der Vorlagefragen zur Haushaltsmittelbefristung hat dazu geführt, dass zu dieser Thematik „etwas Ruhe“ eingekehrt ist. Es scheint jedoch nur eine Frage der Zeit zu sein, bis die Frage zur Vereinbarkeit des § 14 Abs. 1 S. 2 Nr. 7 TzBfG mit Unionsrecht den EuGH erneut erreichen wird. Die bereits hierzu in der Literatur vorgebrachten Argumente sind allerdings derart umfangreich, dass sie vorliegend keinen Eingang in die nachfolgenden Untersuchungen gefunden haben. Darüber hinaus steht die Materie auch nicht zwingend mit der Problematik von mehrfach befristeten Arbeitsverhältnissen im Zusammenhang. Zwar führt die exzessive Anwendung des § 14 Abs. 1 S. 2 Nr. 7 TzBfG – wie sie im öffentlichen Dienst vorgenommen wird – letztlich dazu, dass Befristungen in bedenklicher Weise gefördert werden; gleichwohl handelt es sich bei der maßgeblich zu erörternden Frage, ob die Haushaltsbefristung zu einer ungerechtfertigten Privilegierung öffentlicher Arbeitgeber führt, um eine allgemeine Problematik, die sich schon bei der Zulässigkeit einer Erstbefristung stellt.

I. Berücksichtigungsfähigkeit vorheriger Befristungen und Umfang der Prognoseanforderungen bei Kettenbefristungen

1. *Problemaufriss*

Der erste Problemkreis dreht sich dem Grunde nach um die Frage, ob unter Nichtberücksichtigung der Anzahl und Dauer vorheriger befristeter Arbeitsverträge

721 EuGH v. 26.01.2012 - C-586/10 (*Kücük*), NZA 2012, 135.

722 BAG v. 18.07.2012 - 7 AZR 443/09, NZA 2012, 1351; BAG v. 18.07.2012 - 7 AZR 783/10, NZA 2012, 1359.

lediglich auf die Verhältnisse im Zeitpunkt des Abschlusses des gegenwärtig zu überprüfenden Vertrages abzustellen ist, oder, ob nicht strengere Anforderungen an den „sachlichen Grund“ zu stellen sind, je mehr aufeinanderfolgende befristete Arbeitsverträge dem im Streit stehenden Vertrag vorangegangen waren bzw. je länger der Zeitraum der vorherigen Befristung(en) war.

Bei genauer Betrachtung der Vorlagefrage(n) übergehen das LAG Köln und das BAG eine in diesem Zusammenhang stehende Problematik, die streng genommen einer derartigen mittelbaren Berücksichtigung vorheriger Befristungen vorgelagert ist; nämlich die *unmittelbare* Berücksichtigung zuvor befristeter Arbeitsverhältnisse. Unter diesem Aspekt wird in der Jurisprudenz auch die Frage nach dem Streitgegenstand der Befristungskontrollklage diskutiert. Eingangs wurde bereits angerissen, dass nach (nunmehr) ständiger Rechtsprechung lediglich die letzte Befristung der Rechtskontrolle unterliegt und damit vorherige Befristungen zumindest nicht unmittelbar, d.h. in Form einer nachträglichen (vollumfänglichen) Prüfung berücksichtigt werden. Wünschenswert wäre es gewesen, wenn die Vorlagegerichte dem EuGH auch die Frage vorgelegt hätten, ob es mit der Richtlinie 1999/70/EG vereinbar ist, innerhalb der Prüfung des im Streit stehenden gegenwärtigen Arbeitsverhältnisses (rechtsunwirksame) vorherige Befristungen unberücksichtigt zu lassen. Denn diese Thematik ist, wie die nachfolgenden Ausführungen zeigen werden, ebenfalls nicht unumstritten, obwohl die Diskussion hierzu in den vergangenen Jahren in den Hintergrund getreten ist und sich scheinbar auch die kritischen Stimmen weitgehend zurückgezogen haben. Es scheint somit, als unterstellten die Vorlagegerichte förmlich, dass ihre ständige Rechtsprechung zum Streitgegenstand der Befristungskontrollklage mit Unionsrecht vereinbar sei. Gleichwohl dieser Auslegungsfrage mangels Aktualität nicht in aller Tiefe nachgegangen werden soll, ist es für das allgemeine Verständnis, ob vorherige Befristungen wenigstens mittelbar mit in die Befristungskontrolle einfließen müssen, unerlässlich diese Diskussion zum Streitgegenstandsbegriff kurz voranzustellen.

2. Unmittelbare Berücksichtigung vorheriger Befristungen

a) Rechtsprechung

aa) Frühere Rechtsprechung

Nach früherer Rechtsprechung wurde jeder im Laufe des Arbeitsverhältnisses geschlossene befristete Vertrag auf seine sachliche Berechtigung hin überprüft.[723] Das BAG entschied, dass mehrere nacheinander abgeschlossene Zeitverträge rechtlich nicht als Einheit bewertet werden dürfen. Es müsse für jeden einzelnen Vertrag der sachliche Grund für die Befristung selbst und für deren Dauer geprüft werden.[724]

723 BAG v. 07.03.1980 - 7 AZR 177/78, AP Nr. 54 zu § 620 BGB Befristeter Arbeitsvertrag; BAG v. 30.09.1981 - 7 AZR 467/79, NJW 1982, 1172 = AP Nr. 62 zu § 620 BGB Befristeter Arbeitsvertrag.

724 So auch *Hunold*, NZA 1997, 741 (743).

Hieraus resultierte, dass im Falle der Unwirksamkeit einer vorherigen Befristungsabrede auch der zuletzt abgeschlossene Vertrag unwirksam gewesen ist. Der Senat begründete seine Auffassung damit, dass nicht ohne weiteres angenommen werden könne, der Arbeitnehmer, der sich auf einen neuen befristeten Arbeitsvertrag einlasse, wolle dadurch eine Rechtsposition aufgeben, die er infolge der Unwirksamkeit der Befristung eines vorangegangenen Arbeitsvertrages erlangt habe.[725]

bb) Heutige Rechtsprechung

Mit Einführung des BeschFG im Jahre 1985 hat das BAG von seiner extensiven und teilweise „uferlosen" Überprüfung vorheriger Befristungen Abstand genommen.[726] Unter Aufgabe der bisherigen Rechtsprechung heißt es in dem Grundsatzurteil vom 08.05.1985, dass bei mehreren aneinander gereihten selbständigen befristeten Arbeitsverträgen grundsätzlich nur die Befristung des letzten Arbeitsvertrags auf ihre sachliche Berechtigung zu überprüfen sei. Dies ist bis heute ständige Rechtsprechung.[727]

Insbesondere sei die Frage, ob vorausgegangene Verträge wirksam befristet gewesen sind, unerheblich. Selbst wenn der vorangegangene befristete Arbeitsvertrag wegen eines zwingenden Formverstoßes unwirksam sei, könne sich der Arbeitnehmer mit Ablauf der Klagefrist hierauf nicht mehr berufen.[728] Ein etwaiges unbefristetes Arbeitsverhältnis werde aufgehoben.[729] Diese Folge trete unabhängig von einem auf diese rechtliche Nebenfolge gerichteten Willen der Vertragsparteien ein.[730] Insofern komme es auch nicht darauf an, ob der Arbeitnehmer wusste, dass er mit dem Neuabschluss sein Recht auf gerichtliche Überprüfung der Befristung „verwirkt".

Begründet wird die einschränkende Auslegung damit, dass mit dem im Anschluss geschlossenen befristeten Arbeitsvertrag durch die Vertragsparteien konkludent zum Ausdruck gebracht werde, dass von nun an der neue Vertrag für ihre Rechtsbeziehungen maßgeblich sein solle.[731] Dies gelte jedenfalls dann, wenn die Vertragsparteien den weiteren Vertrag vorbehaltlos abgeschlossen haben. Grund dafür sei auch, dass der Gesetzgeber mit der Aufnahme der dreiwöchigen Klagefrist im Sinne des § 17 S. 1 TzBfG (vormals § 1 Abs. 5 BeschFG 1996) zum Ausdruck gebracht habe, dass Streitgegenstand der Befristungskontrollklage allein die Frage

---

725 Vgl. APS-*Backhaus*, § 17 TzBfG Rn. 63.

726 BAG v. 08.05.1985 - 7 AZR 191/84, NZA 1986, 569 = AP Nr. 97 zu § 620 BGB Befristeter Arbeitsvertrag; zuvor hatte bereits der 2. Senat die Auffassung des 7. Senats kritisiert, vgl. BAG v. 06.05.1982 - 2 AZR 1037/79, AP Nr. 67 zu § 620 BGB Befristeter Arbeitsvertrag.

727 Etwa BAG v. 25.03.2009 - 7 AZR 34/08, NJW 2009, 3180; BAG v. 14.02.2007 - 7 AZR 95/06, NZA 2007, 803; BAG v. 17.01.2007 - 7 AZR 20/06, NZA 2007, 566 (568); BAG v. 13.10.2004 - 7 AZR 218/04, NZA 2005, 401 (403).

728 LAG Hamm v. 19.11.2009 - 16 Sa 813/09, BeckRS 2010, 67374.

729 BAG v. 16.11.2005 - 7 AZR 81/05, NZA 2006, 784 (786).

730 BAG v. 30.10.1987 - 7 AZR 115/85, NZA 1988, 734.

731 BAG v. 25.03.2009 - 7 AZR 34/08, NJW 2009, 3180; BAG v. 14.02.2007 - 7 AZR 95/06, NZA 2007, 803.

sei, ob das Arbeitsverhältnis auf Grund einer ganz bestimmten Befristungsabrede beendet wurde.[732] Nicht anders als dies bei den §§ 4 und 7 KSchG der Fall sei, solle auch über die Wirksamkeit einer Befristung abschließende Rechtsklarheit nach Ablauf von drei Wochen bestehen. Im Falle der Versäumung der Klagefrist, werde die Wirksamkeit der Befristung unwiderleglich nach § 17 TzBfG i.V.m. § 7 KSchG vermutet. Der Fristablauf heilt insofern sämtliche Mängel.[733]

Eine Ausnahme macht das BAG nur, wenn die Parteien bei Abschluss des letzten Vertrages einen entsprechenden Prüfungsvorbehalt vereinbart haben, oder wenn es sich bei dem letzten Vertrag um einen sog. unselbständigen Annex zum vorherigen Vertrag handelt.[734] Erstere Variante liegt vor, wenn die Parteien ausdrücklich oder konkludent übereingekommen sind, dass die vorherige Befristung trotz Abschluss des „neuen" Vertrages bzw. der Verlängerungsvereinbarung nicht von der gerichtlichen Überprüfung ausgeschlossen sein soll.[735] Ein einseitig vom Arbeitnehmer geäußerter Vorbehalt ist hingegen nicht ausreichend. Vielmehr müsse der Vorbehalt vertraglich vereinbart sein.[736] Weigert sich der Arbeitgeber in eine entsprechende Vorbehaltsabrede einzuwilligen, ergebe sich hieraus nicht zwangsläufig ein Verstoß gegen das Maßregelungsverbot des § 612a BGB.[737]

Schließen die Vertragsparteien keine Vereinbarung über die nachträgliche gerichtliche Überprüfung der Befristung, so kann der Arbeitnehmer eine Befristungskontrollklage auch dann nicht erfolgreich durchfechten, wenn er trotz Einhaltung der dreiwöchigen Klagefrist zwischenzeitlich einen „neuen" befristeten Arbeitsvertrag abgeschlossen hat. Für diesen Fall geht das BAG nämlich davon aus, dass die Vertragsparteien den neuen vorbehaltlosen Vertrag als maßgeblich erachten, auch wenn die Klagefrist streng genommen noch nicht verstrichen ist.[738] Lediglich für den Fall, dass der Arbeitnehmer Klage nach § 17 TzBfG erhoben und erst anschließend einen neuen befristeten Arbeitsvertrag oder einen Verlängerungsvertrag abschließt, soll der anhängige Rechtsstreit wie ein vereinbarter Vorbehalt wirken.[739]

Eine weitere Ausnahme von dem Grundsatz, dass nur der letzte Vertrag der Befristungskontrollklage unterfällt, besteht im Falle eines unselbständigen Annexvertrages. Ein solcher liegt vor, wenn die Parteien den zwischen ihnen bestehenden Vertrag lediglich mit dem Willen modifizieren wollen, dass weiterhin der bisherige

---

732 BAG v. 09.02.2000 - 7 AZR 730/98, NZA 2000, 721.

733 BAG v. 22.03.2000 - 7 AZR 581/98, NZA 2000, 884 (885); vgl. auch ausführlich ErfK-*Müller-Glöge*, § 17 TzBfG Rn. 5; AT-*Maschmann*, § 17 TzBfG Rn. 3; Staudinger-*Preis*, § 620 BGB Rn. 41.

734 BAG v. 25.03.2009 - 7 AZR 34/08, NJW 2009, 3180 (3181).

735 BAG v. 14.02.2007 - 7 AZR 95/06, NZA 2007, 803 (805).

736 BAG v. 14.02.2007 - 7 AZR 95/06, NZA 2007, 803 (805).

737 BAG v. 14.02.2007 - 7 AZR 95/06, NZA 2007, 803 (805 f.).

738 BAG v. 14.02.2007 - 7 AZR 95/06, NZA 2007, 803 (805).

739 BAG v. 18.06.2008 - 7 AZR 214/07 NZA 2009, 35 (36).

Vertrag die Grundlage für ihre gemeinsamen Vertragsbeziehungen bilden soll.[740] Zu beachten ist jedoch, dass ein Annexvertrag nicht nur dann vorliegt, wenn der letzte und der vorletzte Vertrag in den Vertragsbedingungen übereinstimmen und die zu erfüllende Arbeitsaufgabe die gleiche bleibt. Es müssen vielmehr besondere Umstände hinzutreten. Diese sind anzunehmen, wenn der Anschlussvertrag lediglich eine verhältnismäßig geringfügige Korrektur des im früheren Vertrag vereinbarten Endzeitpunkts betrifft, diese Korrektur sich am Sachgrund für die Befristung des früheren Vertrags orientiert und allein in der Anpassung der ursprünglich vereinbarten Vertragslaufzeit an erst später eintretende, zum Zeitpunkt des vorangegangenen Vertragsschlusses nicht vorhersehbare Umstände besteht.[741] Den Parteien darf es nur darum gegangen sein, die Laufzeit des alten Vertrags mit dem Sachgrund der Befristung in Einklang zu bringen.[742]

Eine feste zeitliche Grenze, wann von einer geringfügigen Korrektur des Endzeitpunktes auszugehen ist, hat das BAG bislang nicht gezogen. Der 7. Senat hat jedoch entschieden, dass bei Verträgen mit einer Mindestlaufzeit von einem Jahr das Hinausschieben des Vertragsendes um mehr als ein Drittel wegen fehlender Geringfügigkeit nicht von einem bloßen Annex auszugehen ist.[743] Entscheidend ist nach der Auffassung des Senats bei der Frage der Geringfügigkeit nicht auf die Dauer der *insgesamt* befristeten Beschäftigungszeit abzustellen, sondern allein auf den vorherigen Vertrag. Bestätigt hat das BAG diese Ansicht mit Urteil vom 25.03.2009.[744] Auch hier haben die Senatsmitglieder angenommen, dass die zweimonatige Verlängerung der Vertragslaufzeit keine geringfügige Korrektur darstelle, wenn der vorausgegangene Vertrag lediglich eine Laufzeit von einem Monat hatte.

b) Literatur

Nachdem anfangs die „neue“ Rechtsprechung des BAG zunächst auf Kritik gestoßen war,[745] hat die Einführung der Klagefrist dazu geführt, dass heute nur noch wenige Stimmen eine unmittelbare rückwirkende Überprüfbarkeit vertreten.[746] Die überwiegende Mehrheit spricht sich für die gegenwärtige Rechtsprechung aus.[747] Gespaltener Ansicht sind unter anderem *Preis/Greiner*. Beide erkennen zwar an, dass gegen die Rechtsprechung des BAG in dogmatischer Hinsicht nichts einzuwenden

740 BAG v. 25.08.2004 - 7 AZR 7/04, NZA 2005, 357 (358); BAG v. 15.02.1995 - 7 AZR 680/94, NZA 1995, 987 (988).

741 BAG v. 15.02.1995 - 7 AZR 680/94, NZA 1995, 987 (988); BAG v. 01.12.1999 - 7 AZR 236/98, NZA 2000, 374 (375).

742 BAG v. 01.12.1999 - 7 AZR 236/98, NZA 2000, 374 (375).

743 BAG v. 07.11.2007 - 7 AZR 484/06, NZA 2008, 467.

744 BAG v. 25.03.2009 - 7 AZR 34/08, NZA 2010, 34 (35).

745 *Klevemann/Ziemann*, DB 1989, 2608; *Hartmann*, SAE 1995, 335; *Fiebig*, NZA 1999, 1086.

746 MünchArbR-*Wank*, § 95 Rn. 136.

747 ErfK-*Müller-Glöge*, § 17 TzBfG Rn. 5; KR-*Bader*, § 17 TzBfG Rn. 51 ff.; MHH-*Meinel*, § 17 TzBfG Rn. 24.

sei; gleichwohl könne insbesondere das Phänomen von Kettenarbeitsverträgen nur erfasst werden, wenn sich die Rechtsprechung nicht "künstlich blind" stelle, indem sie nur auf den zuletzt geschlossenen Vertrag abstellt.[748] Insofern müsse diese vorrangig prozessrechtliche bzw. prozessökonomische Sichtweise zurückstehen.[749] *Bayreuther* und *Backhaus* vertreten eine vermittelnde Auffassung, in dem sie die Überprüfung der vorherigen Befristung nach Abschluss einer Anschlussbefristung auch ohne Vorbehalt zulassen, soweit die dreiwöchige Klagefrist nicht überschritten werde.[750] In diese Richtung tendiert auch *Plander*. Danach könne der Arbeitgeber die Vertragserklärung des Arbeitnehmers zur Begründung der neuen Befristung nach Treu und Glauben nicht dahingehend verstehen, der Arbeitnehmer wolle einen Verzicht auf den Bestandsschutz leisten.[751]

c) Stellungnahme

Die Komplexität und Kritikwürdigkeit der Rechtsprechung des BAG lässt sich anschaulich anhand eines in der Praxis alltäglich vorkommenden Beispielfalls erläutern: Arbeitgeber und Arbeitnehmer schließen für den Zeitraum vom 01.01.2012 bis 31.05.2012 einen befristeten Arbeitsvertrag. Am 10.04.2012 kommen die Vertragsparteien überein, die Befristung bis zum 31.12.2012 zu verlängern. Will der Arbeitnehmer die ursprüngliche Befristung auf ihre Rechtmäßigkeit hin überprüfen, stellt sich zunächst die Frage, bis zu welchem Zeitpunkt eine hiergegen gerichtete Befristungskontrollklage fristwahrend möglich ist. Dem Grunde nach könnte man drei Zeitpunkte für den Beginn der dreiwöchigen Frist zur Erhebung der Befristungskontrollklage in Erwägung ziehen. Entweder drei Wochen nach Ablauf des Arbeitsverhältnisses zum 31.12.2012, drei Wochen nach Ablauf der Erstbefristung zum 31.05.2012 oder drei Wochen nach Abschluss des Verlängerungsvertrages am 10.04.2012. Stellt man auf den Wortlaut der Norm ab, muss der Arbeitnehmer die Rechtsunwirksamkeit der Befristung eines Arbeitsvertrages innerhalb von drei Wochen nach dem vereinbarten Ende des befristeten Arbeitsvertrages gerichtlich geltend machen. Das Gesetz knüpft den Beginn der Frist insofern an das Ende des (vereinbarten) *Arbeitsvertrages* und nicht an das Ende des *Arbeitsverhältnisses* an. Mit der herrschenden Meinung ist es m.E. damit richtig, dass jede Befristungsabrede als eigenständiger Arbeitsvertrag separat betrachtet nur drei Wochen nach dem jeweiligen Befristungsende gerichtlich überprüft werden kann; denn grds. stellt jeder Verlängerungsvertrag (abgesehen von dem Annexvertrag) einen eigenständigen Arbeitsvertrag dar.

Gegen eine extensive Auslegung der Vorschrift, wonach der jeweilige vorherige Arbeitsvertrag auch noch nach Ablauf der letzten Befristung überprüft werden

---

748 *Preis/Greiner*, RdA 2010, 148 (149); kritisch auch Staudinger-*Preis*, § 620 BGB Rn. 43; BeckOK-*Bayreuther*, § 17 TzBfG Rn. 5.

749 *Preis/Greiner*, RdA 2010, 148 (149).

750 BeckOK-*Bayreuther*, § 17 TzBfG Rn. 5; APS-*Backhaus*, § 17 TzBfG Rn. 65.

751 *Plander*, AiB 1987, 104 (107).

könnte, spricht bereits der Sinn und Zweck der Norm. Wie bei der in § 4 KSchG verankerten Ausschlussfrist von ebenfalls drei Wochen, in der der Arbeitnehmer nach Zugang der schriftlichen Kündigung Klage beim Arbeitsgericht auf Feststellung erheben muss, dass das Arbeitsverhältnis durch die Kündigung nicht aufgelöst ist, besteht auch im Befristungsrecht eine der Rechtssicherheit dienende vergleichbare Interessenlage. Dem Arbeitnehmer soll prozessual die Initiative zum Handeln auferlegt werden, indem er sich gegen eine ganz bestimmte Befristung zur Wehr setzt, bei der er der Auffassung ist, dass diese rechtsunwirksam ist. Hiergegen könnte man zwar einwenden, dass sich der gekündigte und der vom Auslauf der Befristung benachteiligte Arbeitnehmer nicht in einer vergleichbaren Situation befinden; denn der Unterschied liegt darin, dass im Falle einer Kündigungsschutzklage dem Arbeitnehmer kein neues Arbeitsverhältnis in Aussicht gestellt wird und es ihm daher zumutbar ist, innerhalb von drei Wochen gegen die Kündigung für den Erhalt seines Arbeitsplatzes gerichtliche Schritte in die Wege zu leiten. M.E. kann jedoch aus dem Umstand, dass dem befristet Beschäftigten ein Verlängerungsangebot vorliegt, nicht geschlossen werden, dass man ihn hierdurch von einer Eigeninitiative innerhalb der 3-Wochen-Frist freistellen müsste. Das Interesse, im Wege einer Befristungskontrollklage zu einem unbefristeten Arbeitsverhältnis zu gelangen, anstatt erneut „nur" befristet beschäftigt zu werden, sollte genügend Antrieb sein, innerhalb der Frist aktiv zu werden.

Eines extensiven Verständnisses des § 17 TzBfG, dass Mehrfachbefristungen nur ordnungsgemäß überprüft werden können, wenn jeder einzelne Vertrag nachträglich noch einer gerichtlichen Überprüfung unterzogen werden kann, bedarf es auch aus unionsrechtlichen Erwägungen nicht. Argumente in dieser Hinsicht sind im Zuge der Überprüfung der nationalen Rechtsprechung zur mittelbaren Berücksichtigung vorheriger Befristungen von *Persch* laut geworden.[752] Dieser bezweifelt, dass die Rechtsauffassung des BAG zum Prüfungsgegenstand der Entfristungskontrolle mit der Befristungsrichtlinie 1999/70/EG zu vereinbaren sei und favorisiert ein extensives Verständnis der Streitgegenstandstheorie, um die Überprüfung vorangehender Verträge zu ermöglichen. In Anlehnung an das Urteil des BAG vom 06.04.2011 vertritt *Persch* die Auffassung, dass die unmittelbar gerichtliche Überprüfbarkeit vergangener Befristungen innerhalb einer 3-Jahres-Frist möglich sein sollte.[753]

Diese Auffassung ist jedoch abzulehnen. Unabhängig davon, dass der EuGH in seiner Entscheidung vom 26.01.2012 keinerlei Einwände erhoben hat, dass sich nach nationalem Recht die Prüfung des Sachgrundes ausschließlich auf den zuletzt geschlossenen Arbeitsvertrag bezieht, steht eine derartige Auffassung nicht mit dem Sinn und Zweck der Rahmenvereinbarung im Einklang. Diese soll dem Arbeitnehmer Schutz vor der Verwendung rechtsmissbräuchlicher Kettenbefristungen gewähren, ihm aber nicht die Möglichkeit eröffnen, formelle Fehler grenzenlos überprüfen zu lassen. Insofern muss man unterscheiden zwischen einer unwirksamen

752 *Persch*, NZA 2011, 1068.
753 *Persch*, NZA 2011, 1068 (1071).

Einzelbefristung, die bspw. gegen das Schriftformgebot des § 14 TzBfG verstößt und einem befristeten Arbeitsverhältnis, welches aufgrund seiner Anzahl und Dauer von Einzelbefristungen in seiner Gesamtheit als rechtsmissbräuchlich einzustufen ist. Indem man über einen Zeitraum von mehreren Jahren eine nachträgliche Überprüfung von Befristungen zuließe, würde man zwar die Chance des Arbeitnehmers erhöhen, dass eine der Befristungen bspw. aufgrund einer fehlerhaften Dokumentation eines Sachgrundes als unwirksam einzustufen ist; § 5 Nr. 1 der Rahmenvereinbarung will jedoch präventiv vor Mehrfachbefristungen schützen und nicht den Arbeitgeber aufgrund der Nichteinhaltung der Tatbestandsvoraussetzungen des § 14 TzBfG sanktionieren.

Gleichwohl dem Senat dahingehend zuzustimmen ist, dass vorherige Befristungen nicht uferlos in die gerichtliche Überprüfung einfließen können, bleibt Kritik an der von ihm vorgenommenen Auslegung des § 17 TzBfG bestehen. Denn das BAG verlangt für eine Wirksamkeitskontrolle der vorherigen Befristung nicht nur die Einhaltung der Klagefrist, sondern *zusätzlich* die Vereinbarung eines Vorbehalts bei Abschluss des Folgevertrags. Der Senat wird hierbei von dem Grundgedanken geleitet, dass bereits durch den Abschluss eines weiteren befristeten Arbeitsvertrags die Parteien ihr Arbeitsverhältnis auf eine neue Rechtsgrundlage stellen wollen, die künftig für ihre Rechtsbeziehungen allein maßgebend ist.

Im Ergebnis führt dies dazu, dass die 3-Wochen-Frist, welche sich zumindest nach dem Wortlaut der Vorschrift ab dem *vereinbarten Ende des befristeten Arbeitsvertrages* berechnet, bei fehlender Verwahrung der gerichtlichen Kontrolle vollkommen leerläuft. Deutet man die Ausführungen des BAG richtig, verliert der Arbeitnehmer seinen Rechtsanspruch bereits mit der Annahme des Verlängerungsangebots. Dies führt in dem vorbenannten Beispielfall dazu, dass der Arbeitnehmer bereits ab dem 10.04.2012 keine Befristungskontrollklage mehr einreichen kann.

Dies lässt jedoch unberücksichtigt, dass der neue Vertrag seine Rechtswirkung erst ab dem 01.06.2012 entfalten soll. Insofern müsste man konsequenterweise annehmen, dass das Arbeitsverhältnis – basierend auf dem Verlängerungsvertrag – erst ab dem Eintritt dieser Rechtswirkung auf eine neue Rechtsgrundlage gestellt wird. Anderenfalls würde man dem Arbeitgeber auch eine nicht zu rechtfertigende Missbrauchsmöglichkeit eröffnen, indem er dem Arbeitnehmer bereits wenige Tage nach dem Abschluss des Vertrages eine vorzeitige Verlängerung anbietet. Auf diese Weise könnte die nach gegenwärtiger Rechtsprechung bestehende Schriftformproblematik „geheilt" werden.

Aus diesem Grund wird man dem Arbeitnehmer zumindest bis zur ursprünglich vereinbarten Laufzeit, trotz Abschluss eines Verlängerungsvertrages, die Überprüfung der Befristung nicht verwehren dürfen. Entgegen der Auffassung des BAG wird man selbst über den Ablauf der anzufechtenden Befristung hinaus bis zu einem Zeitpunkt von 3 Wochen dem Arbeitnehmer die Erhebung der Befristungskontrollklage zugestehen müssen. *Bayreuther* und *Backhaus* kritisieren zu Recht, dass dem Wortlautargument des § 17 TzBfG nicht ausreichend Rechnung getragen wird. Danach kann eine Befristung innerhalb von drei Wochen nach ihrem Auslaufen ohne Rücksicht darauf, ob die Parteien das zu Grunde liegende Arbeitsverhältnis mittlerweile fortgesetzt haben oder nicht, gerichtlich angegriffen werden.[754] Darüber hinaus ist es auch nicht haltbar, den Parteiwillen des Arbeitnehmers dahingehend auszulegen, dass er durch den neuen Vertragsschluss konkludent auf die Rechtsansprüche aus dem vorherigen Vertrag verzichtet.[755] Dies hat das BAG im Falle der sachgrundlosen Befristung i.S.d. damaligen § 1 Abs. 1 S. 1 BeschFG 1996 in einer Entscheidung vom 26.07.2000 selbst angenommen.[756] In dem zu entscheidenden Fall war der Arbeitnehmer vom 05.07.1996 bis zum 31.12.1996 befristet beschäftigt gewesen. Am 16.12.1996 schlossen die Vertragsparteien einen Verlängerungsvertrag vom 01.01.1997 bis zum 27.03.1997. Mit Klage vom 17.01.1997 und Erweiterung vom 12.02.1997 hat der Arbeitnehmer die Unwirksamkeit beider Befristungen geltend gemacht.

In den Entscheidungsgründen heißt es zunächst in Anlehnung an die ständige Rechtsprechung, dass die Vertragsparteien durch den vorbehaltlosen Abschluss eines Folgevertrags regelmäßig ihre Vertragsbeziehungen auf eine neue Rechtsgrundlage stellen und ein etwa unbefristetes früheres Arbeitsverhältnis aufheben.[757] Ein vertraglicher Verzicht, sich insbesondere auch im Rahmen der Überprüfung des Folgevertrags auf die Unwirksamkeit der Befristung des vorangegangenen Vertrags zu berufen, liege darin aber regelmäßig nicht. Dies gelte umso mehr, als der Gesetzgeber nunmehr für die Geltendmachung der Unwirksamkeit einer Befristung die Frist des § 1 Abs. 5 BeschFG 1996 eingeführt hat. Soll gleichwohl bereits vor Ablauf dieser Frist vertraglich auf die Geltendmachung der Unwirksamkeit der Befristung verzichtet werden, so müsse dies in der vertraglichen Vereinbarung unmissverständlich zum Ausdruck kommen.[758]

Zunächst darf nicht verkannt werden, zu welcher Problematik die Entscheidung ergangen ist. Im Streit stand nämlich die zum damaligen Zeitpunkt relevante Frage, ob der Vertrag vom 16.12.1996 gegen das Anschlussverbot des § 1 Abs. 3 S. 1 Alt. 1 BeschFG 1996 verstoße. Hierzu wurde bereits auf S. 19 ausgeführt, dass nach § 1 Abs. 3 Satz 1 BeschFG 1996 eine Befristung im Sinne des § 1 Abs. 1 und 2 BeschFG 1996 unzulässig war, wenn zu einem vorhergehenden unbefristeten Arbeitsvertrag oder zu einem vorhergehenden befristeten Arbeitsvertrag nach Abs. 1 mit demselben Arbeitgeber ein enger sachlicher Zusammenhang bestand. Ein vorhergehender unbefristeter Arbeitsvertrag konnte auch ein unwirksam befristeter Arbeitsvertrag sein. Aus letzterem Grund war das BAG verpflichtet zu überprüfen, ob der vorherige Vertrag wirksam befristet worden ist. Doch nahm der Senat in dem zu entscheidenden Fall nicht nur eine Inzidentprüfung[759] der Befristung vom 05.07.1996 innerhalb

754 BeckOK-*Bayreuther*, § 17 TzBfG Rn. 5.
755 APS-*Backhaus*, § 17 TzBfG Rn. 65.
756 BAG v. 26.07.2000 - 7 AZR 43/99, NZA 2001, 264.
757 BAG v. 26.07.2000 - 7 AZR 43/99, NZA 2001, 264.
758 BAG v. 26.07.2000 - 7 AZR 43/99, NZA 2001, 264 (265).
759 Eine Inzidentprüfung, ob der zu verlängernde Vertrag seinerseits gegen das Anschlussverbot verstößt, ist im Übrigen auch nach heutigem Recht allgemein anerkannt, wie die Ausführungen auf S. 59 ff. gezeigt haben.

der Wirksamkeit des Verlängerungsvertrages vom 16.12.1996 vor, sondern prüfte diese gesondert.

Im Ergebnis ist die Entscheidung zwar zu einer Problematik ergangen, die nach heutigem Recht aufgrund der Neufassung des Anschlussverbotes bekanntlich nicht mehr besteht. Die Auslegung der Willenserklärung bleibt gleichwohl von Bedeutung. Diese ergab, dass aus dem bloßen Neuabschluss eines befristeten Vertrages gerade nicht unmissverständlich zum Ausdruck kommt, die vorherige Befristungsabrede innerhalb der Klagefrist nicht (mehr) gerichtlich überprüfen lassen zu wollen.

Die Auslegung eines solchen Parteiwillens ergibt sich auch aus folgenden Überlegungen: Ein ausdrücklicher Vorbehalt im „nachfolgenden" Vertrag dürfte die Ausnahme sein, zumal dem Laien die Problematik des vorbehaltlosen Neuabschlusses keineswegs bekannt sein dürfte und sich auch nicht aus dem Wortlaut des Gesetzes ergibt. Erschwerend kommt für den Arbeitnehmer hinzu, dass er auch im Falle der Kenntnis von der Rechtslage nicht einmal einen Anspruch auf Aufnahme eines Vorbehalts hat. Dies gilt nach Auffassung des BAG selbst für den Fall, dass der Arbeitgeber den Arbeitnehmer vor die Wahl stellt, entweder die Verlängerungsvereinbarung vorbehaltlos zu unterzeichnen oder aber gar keinen Vertrag zu erhalten.[760] Dem Arbeitnehmer bleibt letztlich nur die Möglichkeit das Risiko einer Entfristungsklage einzugehen und auf die Verlängerung zu verzichten.[761]

Die Unterschrift unter der Verlängerungsvereinbarung führt letztlich auch bei Unwissenheit des Arbeitnehmers von der Unwirksamkeit der Befristung dazu, dass ihm sein kündigungsschutzrechtlicher Bestandsschutz entzogen wird.[762] Aus diesem Grund ist in der Literatur teilweise gefordert worden, demjenigen Arbeitnehmer, der unbewusst seine Rechte aus dem unbefristeten Vertrag aufgibt, ein Anfechtungsrecht wegen Irrtums nach § 119 Abs. 1 BGB zuzusprechen.[763] Das BAG ist dem nicht gefolgt.[764] Ein Grund mehr, dem Arbeitnehmer zumindest die Möglichkeit zu eröffnen, den Verlängerungs- bzw. Anschlussvertrag unterschreiben zu können, ohne auf seine weitergehenden Rechte zu verzichten.

Als Zwischenergebnis lässt sich damit festhalten, dass unabhängig von der Vereinbarung eines Vorbehalts, der Zeitpunkt für die Berechnung der Frist stets der Ablauf der anzugreifenden Befristung sein muss. Auf den Ausgangsfall bezogen, würde die 3-Wochen-Frist am 21.06.2012 um 24.00 Uhr enden.

Obwohl die Rechtsprechung des Senats zur Vereinbarung eines „Prüfungsvorbehalts" gefestigt scheint, hat er sich in seiner Entscheidung vom 18.07.2012 unerwartet

---

760 BAG v. 14.02.2007 - 7 AZR 95/06, NZA 2007, 803.

761 *Reuter* ist hingegen der Auffassung, der Arbeitnehmer brauche das Risiko, dass der Arbeitgeber ihm einen Anschlussvertrag in Aussicht gestellt hat, den er im Falle einer Klageerhebung möglicherweise aus „Vergeltung" nicht erhalten würde, nicht zu schrecken, wenn er der Auffassung ist, dass sein bisheriger Vertrag unwirksam befristet wurde, NZA 1998, 1321 (1323).

762 Vgl. auch BeckOK-*Bayreuther*, § 17 TzBfG Rn. 5.

763 KDZ-*Däubler*, § 14 TzBfG Rn. 33.

764 BAG v. 30.10.1987 - 7 AZR 115/87, NZA 1988, 734 = AP Nr. 8 zu § 119 BGB.

ein „Hintertürchen“ für atypische Fälle offen gelassen. Das BAG führt aus, dass ein Arbeitnehmer grds. nicht daran gehindert sei, auch frühere Befristungsabreden – freilich unter Beachtung der 3-Wochen-Frist des § 17 Satz 1 TzBfG – im Klageweg anzugreifen. Insbesondere dürfe die Formulierung in früheren Entscheidungen, prinzipiell unterliege nur die in dem letzten Vertrag vereinbarte Befristung der Rechtskontrolle, nicht dahin (miss-)verstanden werden, der Arbeitnehmer könne eine frühere Befristung nicht zum Gegenstand einer Befristungskontrollklage machen.[765] Vielmehr haben die vom Senat in früheren Entscheidungen aufgestellten Voraussetzungen und Bedingungen eines beachtlichen „Vorbehalts“ nur typisierenden Charakter und seien nicht als zwingende, die Tatsachengerichte bindende Auslegungsregeln zu verstehen. Ob die Arbeitsvertragsparteien mit dem Abschluss eines Folgevertrags einen vorherigen Vertrag aufheben, bestimme sich allein nach dem Inhalt der auf den Vertragsschluss gerichteten Willenserklärungen.[766] Dieser ist vom Gericht der Tatsacheninstanz durch Auslegung der bei Abschluss des Folgevertrags abgegebenen ausdrücklichen und konkludenten Erklärungen der Parteien zu ermitteln. Insofern bleibt zu erwarten, ob das BAG seine Rechtsprechung zumindest bei atypischen Fällen liberalisieren wird.

3. *Mittelbare Berücksichtigung vorheriger Befristungen*

Unter Berücksichtigung der vorherigen Ausführungen gewinnt die erste Grundsatzfrage, welche dem EuGH aufgrund der Vorlagebeschlüsse des LAG Köln vom 13.04.2010 und des BAG vom 17.11.2010 vorgelegt worden ist, an zusätzlicher Brisanz. Denn festzuhalten bleibt nach dem zuvor Erörterten, dass vorherige Befristungen aufgrund des punktuellen Streitgegenstandsbegriffs nicht *unmittelbar* auf ihre Wirksamkeit zu überprüfen sind. Allein der letzte befristete Arbeitsvertrag ist bis auf die dargestellten Ausnahmen für die Wirksamkeitskontrolle ausschlaggebend.

Insofern bleibt die Frage, ob vorherige Befristungen zumindest auf „indirektem Weg“, also mittelbar, Berücksichtigung finden müssen, um den Missbrauch von Kettenbefristungen zu verhindern. Das LAG Köln hat im Gegensatz zum BAG, losgelöst von seinen sonstigen Vorlagefragen und insbesondere ohne Bezug zu einem bestimmten Sachgrund, seine Fragestellung wie folgt formuliert:

- Ist es mit dem Sinn und Zweck von § 5 Nr. 1 der Rahmenvereinbarung über befristete Arbeitsverträge im Anhang der Richtlinie 1999/70/EG des Rates vom 28.06.1999 zu vereinbaren, bei der rechtlichen Überprüfung, ob im Einzelfall ein befristeter Verlängerungsvertrag durch sachliche Gründe im Sinne von § 5 Nr. 1a) der Rahmenvereinbarung gerechtfertigt ist, ausschließlich auf die Verhältnisse im Zeitpunkt des Abschlusses dieses Verlängerungsvertrages abzustellen, ohne zu berücksichtigen, wie viele befristete Verträge diesem Vertrage bereits vorangegangen waren, <u>*oder*</u>

765 BAG v. 18.07.2012 - 7 AZR 443/09 Rn.12, NZA 2012, 1351 (1352).
766 BAG v. 18.07.2012 - 7 AZR 443/09 Rn.12, NZA 2012, 1351 (1352).

- gebietet es der Sinn und Zweck von § 5 Nr. 1a) der Rahmenvereinbarung, der darin besteht, missbräuchliche Kettenarbeitsverträge zu verhindern, um so strengere Anforderungen an den „sachlichen Grund“ zu stellen, je mehr aufeinanderfolgende befristete Arbeitsverträge dem jetzt zu überprüfenden bereits vorangegangen waren bzw. je länger der Zeitraum war, während dessen der betroffene Arbeitnehmer bereits zuvor aufgrund aufeinanderfolgender befristeter Verträge beschäftigt wurde?

Formell genommen – und so auch vom Landgericht Köln in seinem Vorlagebeschluss zum Ausdruck gebracht – setzt sich die Vorlagefrage aus zwei Problemfeldern zusammen:

- Sind bei der Prüfung des im Streit stehenden gegenwärtigen Arbeitsverhältnisses die Anzahl und Dauer vorheriger Befristungen zu berücksichtigen?
- Sind mit steigender Anzahl und Dauer von „Vorbefristungen“ strengere Anforderungen an den „sachlichen Grund“ zu stellen?

Die erste Problematik zielt insofern auf die Frage nach dem „ob“ der Berücksichtigung vorheriger Befristungen ab. Die zweite Frage ist darauf gerichtet „wie“ vorherige Befristungen zu berücksichtigen sind. Das BAG trifft ebenfalls eine derartige Unterscheidung in seinem Vorlagebeschluss. Gleichwohl fragt es hinsichtlich des zweiten Problemfeldes schlicht nach der „Art und Weise“ der Berücksichtigung. Das LAG Köln konkretisiert hingegen die Frage nach dem „wie“, indem es explizit danach fragt, ob die Beachtung vorheriger Befristungen anhand von erhöhten Sachgrundanforderungen zu erfolgen hat. Obwohl beide Vorlagegerichte eine Trennung der Vorlagefragen vornehmen, wird die Problematik in der Rechtsprechung und Literatur einheitlich diskutiert.

a) Rechtsprechung des BAG

aa) Frühere Rechtsprechung

Um den Rechtsmissbrauch durch sich immer wieder anschließende befristete Arbeitsverträge keinen Vorschub zu leisten, hat die Rechtsprechung frühzeitig vertreten, dass vorherige Befristungen zu berücksichtigen sind und mit zunehmender Anzahl an Befristungen die Anforderungen an den sachlichen Grund steigen.[767] Dies rechtfertigte sich nach Auffassung des erkennenden Senats damit, dass das Interesse des Arbeitnehmers an einem Dauerbestand seines Arbeitsverhältnisses mit der Zahl der Befristungen steige.[768] Der Arbeitgeber müsse nach langjähriger Beschäftigung bei einer ins Auge gefassten weiteren Befristung besonders sorgfältig

767 BAG v. 30.11.1977 - 5 AZR 561/76, AP Nr. 44 zu § 620 BGB Befristeter Arbeitsvertrag; BAG v. 21.01.1987 - 7 AZR 265/85, AP Nr. 4 zu § 620 BGB Hochschule; BAG v. 21.04.1993 - 7 AZR 376/92, AP Nr. 149 zu § 620 BGB Befristeter Arbeitsvertrag.

768 BAG v. 30.09.1981 - 7 AZR 602/79, AP Nr. 63 zu § 620 BGB Befristeter Arbeitsvertrag.

prüfen, ob nicht schutzwürdige Interessen des Arbeitnehmers eine Dauerbeschäftigung gebieten.[769]

Ursprünglich schien es somit, dass die Rechtsprechung bei Mehrfachbefristungen einen strengeren Maßstab anlegen wollte als bei einfachen Befristungen.[770] Insofern gab es bis 1985 gar eine doppelte Kontrolle. Zum einen wurden vorherige Verträge auf ihre Wirksamkeit überprüft. Zum anderen hing die Intensität der Kontrolle des letzten Vertrages von der Dauer und der Häufigkeit der vorangegangenen Befristungen ab. Vorausgegangene befristete Arbeitsverhältnisse wurden dementsprechend unmittelbar als auch mittelbar berücksichtigt. Mit Aufgabe der Rechtsprechung zum prozessualen Streitgegenstand blieb letztere die einzige Einschränkung. So stellte das BAG fortan ausdrücklich fest, dass die begrenzte gerichtliche Kontrolle auf den letzten Arbeitsvertrag keineswegs dazu führe, dass die früheren Vertragsbeziehungen zwischen den Parteien ausgeklammert werden. Insbesondere dürfe nicht ausgeblendet werden, dass sich die den vorangegangenen befristeten Arbeitsverträgen jeweils zugrunde liegende Prognose des Arbeitgebers, nach dem jeweils vorgesehenen Vertragsablauf werde kein Bedürfnis mehr an Weiterbeschäftigung des Arbeitnehmers bestehen, mit steigender Zahl der befristeten Arbeitsverträge immer häufiger als letztlich unzutreffend herausgestellt hat.[771] Daher müsse die neuerliche Prognose einer verschärften Prüfung standhalten.[772]

bb) Rechtsprechung des BAG bis zum Vorlagebeschluss

Das BAG hat mit Urteil vom 25.03.2009 seiner früheren restriktiven Rechtsauffassung eine endgültige Absage erteilt.[773] In der Entscheidung vertritt der Senat die Auffassung, dass weder die Anzahl und Dauer der bereits in der Vergangenheit mit demselben Arbeitnehmer geschlossenen befristeten Arbeitsverträge bei einer Missbrauchskontrolle zu berücksichtigen noch besonders strenge Anforderungen an den jeweiligen Sachgrund bei einer größeren Zahl befristeter Arbeitsverträge zu stellen seien. Der Abschluss einer Vielzahl befristeter Verträge sei auch nicht rechtsmissbräuchlich, wenn bei der letzten Vertretung der Sachgrund objektiv vorlag.[774] Mit dieser Entscheidung vollzog der Senat (jedenfalls im Hinblick auf die Vertretungsbefristung) eine endgültige Kehrtwende.

Die Entscheidung stellte auch klar, dass es für die Beurteilung, ob die Voraussetzungen für das Vorliegen eines bestimmten Sachgrundes erfüllt sind, unerheblich sein soll, ob der befristet eingestellte Arbeitnehmer bereits zuvor im Rahmen befristeter Arbeitsverträge bei dem Arbeitgeber beschäftigt gewesen ist oder nicht. Die

---

769 BAG v. 30.11.1977 - 5 AZR 561/76, AP Nr. 44 zu § 620 BGB Befristeter Arbeitsvertrag.

770 BAG v. 21.04.1993 - 7 AZR 376/92, AP Nr. 149 zu § 620 BGB Befristeter Arbeitsvertrag; BAG v. 21.01.1987 - 7 AZR 265/85, AP Nr. 4 zu § 620 BGB Hochschule.

771 BAG v. 21.01.1987 - 7 AZR 265/85, AP Nr. 4 zu § 620 BGB Hochschule.

772 BAG v. 21.01.1987 - 7 AZR 265/85, AP Nr. 4 zu § 620 BGB Hochschule.

773 BAG v. 25.03.2009 - 7 AZR 34/08, NJW 2009, 3180.

774 BAG v. 25.03.2009 - 7 AZR 34/08, NJW 2009, 3180.

Anforderungen an einen Sachgrund sollen auch dann nicht steigen, wenn bereits zuvor zwischen den Vertragsparteien eine Vielzahl von befristeten Arbeitsverträgen bestanden hat.[775]

Anhand einer Art „Missbrauchskontrolle" versuchte der Senat die Zulässigkeit von Kettenbefristungen gleichwohl einzuschränken, indem er ausführt, dass die steigende Anzahl und Dauer vorheriger Befristungen ein Indiz dafür sein könne, dass der Sachgrund der Befristung nur vorgeschoben ist.[776] Im Ergebnis schraubt das BAG die Anforderungen an den Sachgrund nicht in die Höhe, sondern nimmt eine Gesamtbetrachtung auf der Ebene der „Treuwidrigkeit" oder „Rechtsmissbräuchlichkeit" vor. Dabei hat der Senat den Umstand, dass die klagende Arbeitnehmerin u.a. elf befristete Arbeitsverträge in einem Jahr erhalten hatten, nicht als entscheidendes Indiz dafür gesehen, dass der Sachgrund der Vertretung nur vorgeschoben sei.

b) Kritik

In der arbeitsrechtlichen Literatur wurde die „neue" Rechtsauffassung des BAG heftig kritisiert. Nach *Backhaus* müsse die zunehmende Dauer der Beschäftigung eine gewisse Relevanz besitzen, weil mit ihr die Abhängigkeit des Arbeitnehmers wachse und es für ihn schwerer werde, anderweitig Arbeit zu finden.[777] Gleiches gelte für die steigende Anzahl befristeter Arbeitsverhältnisse, zumal das Gesetz keine zeitliche Höchstgrenze für Befristungen vorsehe.

Müller-Glöge führt hierzu aus, dass wiederholte Befristungen in der Vergangenheit Ausdruck davon sein können, dass sich Prognosen der vorliegenden Art in der Vergangenheit als unzutreffend erwiesen haben.[778] Insofern fordert auch er, dass die Anforderungen an weitere Prognosen mit jedem neuen Vertrag ansteigen.[779]

Preis wirft dem BAG vor, dass es Kurzbefristungen in einem Ausmaß legitimiere, welches der Gesetzgeber selbst bei der Möglichkeit der sachgrundlosen Befristung nach § 14 Abs. 2 TzBfG nicht für angebracht gehalten habe.[780] Lediglich in den Fällen des § 14 Abs. 2a und 3 TzBfG und § 2 WissZeitVG sei auch eine Vielzahl an kurzzeitigen Verlängerungen zulässig und dann auch lediglich im Rahmen von vier bis sechs Jahren.[781]

Die restriktive Rechtsprechung des BAG stößt selbst in der unterinstanzlichen Rechtsprechung nicht ausschließlich auf Gegenliebe. Das LAG Niedersachsen[782] fasst als Vorinstanz des Urteils vom 25.03.2009 das „Dilemma" im Hinblick auf eine Vielzahl von mehrfach befristeten Arbeitsverhältnissen wie folgt zusammen: „Für

775 BAG v. 25.03.2009 - 7 AZR 34/08, NJW 2009, 3180 (3182).
776 BAG v. 25.03.2009 - 7 AZR 34/08, NJW 2009, 3180 (3182).
777 APS-*Backhaus*, § 14 TzBfG Rn. 58.
778 ErfK-*Müller-Glöge*, § 14 TzBfG Rn. 9.
779 So auch Staudinger-*Preis*, § 620 BGB Rn. 54.
780 *Preis/Greiner*, RdA 2010, 148 (152).
781 *Preis/Greiner*, RdA 2010, 148 (152).
782 LAG Niedersachsen v. 27.11.2007 - 13 Sa 622/07, BeckRS 2009, 67939.

die Kammer handelt es sich nicht um eine sachgerechte Vertragsgestaltung. Selbst bei einem anerkennenswerten Streben nach flexiblem Personaleinsatz ist es nicht nachvollziehbar, dass Vertretungsbefristungen bei Beurlaubungen im Zwei-Jahres-Bereich, monats- bzw. zweimonatsweise vereinbart werden müssen. Man mag diese Form der Vertragsgestaltung als unfair bezeichnen, rechtliche Auswirkungen sind aber nicht ersichtlich."[783]

Mit den Ausführungen wollte die 13. Kammer des LAG Niedersachsen anscheinend verdeutlichen, dass ihr bei der Urteilsfindung die Hände gebunden sind. Umso „erstaunlicher" muss es für die Kammermitglieder gewesen sein, dass das BAG die Tatsacheninstanz für seine Entscheidungsfindung verantwortlich gemacht hat. Das BAG führte nämlich aus, dass es schließlich die Vorinstanz selbst war, die zwar Unbehagen über die Mehrfachbefristungen geäußert, aber letztendlich die Vertragsgestaltung als nicht rechtsmissbräuchlich deklariert habe.[784]

Das LAG Köln hat sich letztlich der Problematik, welches das LAG Niedersachsen zwar erkannt, jedoch ungelöst gelassen hat, angenommen. Zur Art und Weise der Berücksichtigung führt es im Hinblick auf den Sinn und Zweck von § 5 Nr. 1 der Rahmenvereinbarung aus, dass ein Missbrauch durch mehrfach befristete Arbeitsverhältnisse nur vermieden werden könne, wenn umso strengere Anforderungen an den ‚sachlichen Grund' gestellt werden, je mehr aufeinanderfolgende befristete Arbeitsverträge dem jetzt zu überprüfenden bereits vorangegangen waren bzw. desto länger der Zeitraum war, während dessen der betroffene Arbeitnehmer bereits zuvor aufgrund aufeinanderfolgender befristeter Arbeitsverträge beschäftigt wurde.[785] Daneben macht das Vorlagegericht einen Alternativvorschlag, der darauf abzielt, dass bei der Überprüfung des sachlichen Grundes abschließend eine konkrete Abwägung der Interessen des betroffenen Arbeitnehmers einerseits und des Arbeitgebers andererseits vorgenommen werde. Dem Interesse des Arbeitnehmers muss ein stärkeres Gewicht zukommen, je länger sich der Arbeitnehmer bereits in einem Kettenarbeitsverhältnis befindet.[786]

c) *Rechtsauffassung des Generalanwalts Jääskinen*

Der Generalanwalt *Jääskinen* hat in seinen Schlussanträgen in der Rechtssache Sylvia Jansen gegen das Land Nordrhein-Westfalen zunächst festgestellt, dass sich der EuGH tatsächlich noch nicht zu der Frage geäußert habe, ob zeitliche Gegebenheiten über den letzten befristeten Vertrag hinaus, bei der Prüfung der Frage, ob für die Befristung eines Arbeitsverhältnisses ein sachlicher Grund im Sinne von § 5 Nr. 1a) der Rahmenvereinbarung vorliegt, zu berücksichtigen sind oder nicht.[787] Insofern

783 LAG Niedersachsen v. 27.11.2007 - 13 Sa 622/07, BeckRS 2009, 67939.
784 BAG v. 25.03.2009 - 7 AZR 34/08 Rn. 26, NJW 2009, 3180 (3183).
785 LAG Köln v. 13.04.2010 - 7 Sa 1224/09, BeckRS 2010, 69707.
786 LAG Köln v. 13.04.2010 - 7 Sa 1224/09, BeckRS 2010, 69707.
787 Schlussantrag des Generalanwalts v. 15.09.2011 - C-313/10 Rn. 36, BeckRS 2011, 81466.

bestehe Bedarf an einer klarstellenden Entscheidung. Er selbst vertrete – wie auch die Kommission – die Auffassung, dass § 5 Nr. 1a) der Rahmenvereinbarung seine praktische Wirksamkeit verlieren würde, wenn man sich darauf beschränken würde, allein die Situation zum Zeitpunkt des Abschlusses des letzten Arbeitsvertrags zu prüfen.[788]

Hieran ändere auch das Vorbringen der Deutschen Regierung nichts, mit Kodifizierung des § 14 TzBfG „alles Erforderliche" getan zu haben und eine Einschränkung ihres Ermessensspielraums bei der Wahl der Form und Mittel nicht erfolgen dürfe.[789] *Jääskinen* gibt hierzu zu bedenken, dass die Mitgliedstaaten gemäß Art. 288 Abs. 3 AEUV (früher Art. 249 Abs. 3 EG) auch in den ihnen verbleibenden Zuständigkeitsbereichen im Einklang mit dem Inhalt und den Zielen des Unionsrechts handeln müssen.[790] Der Mitgliedstaat sei durch die bloße Umsetzung der in § 5 Nr. 1 der Rahmenvereinbarung vorgesehenen Maßnahmen nicht davon befreit, den Zweck oder die Zielsetzung bzw. die praktische Wirksamkeit der Rahmenvereinbarung nicht zu gefährden. Die nationalen Stellen dürften einen ihnen überlassenen Spielraum nicht so nutzen, dass eine Situation entstehe, die zu Missbräuchen Anlass gibt und damit diesem Ziel zuwiderlaufen kann.[791]

Nach Auffassung von *Jääskinen* habe die Art und Weise wie vorherige Befristungen zu berücksichtigen sind, dahingehend zu erfolgen, dass bei Mehrfachbefristungen strengere Kriterien an den Sachgrund zu stellen sind.[792] Weiter führt er aus, dass nur auf diese Weise verhindert werden könne, dass der befristet Beschäftigte zu lange in einer prekären Lage verbleibe, die ihm denjenigen Schutz nehme, welche ein unbefristetes Arbeitsverhältnis mit samt seinen Kündigungsschutzvorschriften dem Arbeitnehmer biete.[793] Im Ergebnis greift er die Argumentation auf, die bereits das BAG nach früherer Rechtsprechung dazu verleitet hat, den Maßstab zu erhöhen.

d) Entscheidung des EuGH vom 26.01.2012

Der EuGH hat in seinem Urteil vom 26.01.2012 in der Sache *Kücük* entschieden, dass die Mitgliedstaaten im Rahmen ihrer jeweiligen Zuständigkeiten verpflichtet seien, alle Umstände des Einzelfalles, einschließlich der Zahl und der Gesamtdauer, der in der Vergangenheit mit demselben Arbeitgeber geschlossenen befristeten Arbeitsverträge

788 Schlussantrag des Generalanwalts v. 15.09.2011 - C-313/10 Rn. 39, BeckRS 2011, 81466.

789 Schlussantrag des Generalanwalts v. 15.09.2011 - C-313/10 Rn. 30, BeckRS 2011, 81466.

790 Schlussantrag des Generalanwalts v. 15.09.2011 - C-313/10 Rn. 31, BeckRS 2011, 81466.

791 EuGH v. 04.07.2006 - C-212/04 Rn. 82 (*Adeneler*), BeckRS 2006, 70506.

792 Schlussantrag des Generalanwalts v. 15.09.2011 - C-313/10 Rn. 37, BeckRS 2011, 81466.

793 Schlussantrag des Generalanwalts v. 15.09.2011 - C-313/10 Rn. 37, BeckRS 2011, 81466.

oder -verhältnisse zu berücksichtigen.[794] Auch wenn sich die Beurteilung des geltend gemachten sachlichen Grundes aufgrund des punktuellen Streitgegenstandes einer Befristungskontrollklage auf die Verlängerung des zuletzt geschlossenen Arbeitsvertrags beziehen müsse, könne sich das Vorliegen, die Zahl und die Dauer derartiger aufeinanderfolgender Verträge, die in der Vergangenheit mit demselben Arbeitgeber geschlossen wurden, im Rahmen dieser umfassenden Prüfung als relevant erweisen.[795] Der EuGH verlangt insofern quasi als Minus zur unmittelbaren Berücksichtigung vorheriger Befristungen, dass eine Art „Missbrauchskontrolle" durchgeführt werden müsse. Zur Art und Weise, wie dies zu geschehen hat, trifft das Urteil des EuGH keine aussagekräftigen Ausführungen.

e) Rechtsprechung des BAG seit dem 18.07.2012

Nachdem der EuGH dem BAG einen Entscheidungsspielraum eingeräumt hatte, wurde allseits mit Spannung erwartet, inwiefern der 7. Senat die unionsrechtlichen Vorgaben konkretisieren werde.

Mit seiner Entscheidung vom 18.07.2012 (zu dem Az. 7 AZR 443/09) hob das BAG das Urteil des LAG Köln – welches die Klage der mehrfach befristeten Arbeitnehmerin abgewiesen hatte – auf und verwies den Rechtsstreit an die Vorinstanz zurück.[796] Als Begründung führte der Senat an, dass nach den „neuen" Ausführungen des EuGH nicht ausgeschlossen werden könne, dass die Befristung trotz Vorliegens eines sachlichen Grundes wegen rechtsmissbräuchlicher Ausnutzung der an sich eröffneten rechtlichen Gestaltungsmöglichkeit unwirksam sein könnte.[797] Der Senat stellte fest, dass die Gerichte sich bei der Befristungskontrolle nicht auf die Prüfung des geltend gemachten Sachgrunds der Vertretung beschränken dürfen. Sie müssen zusätzlich alle Umstände des Einzelfalls prüfen und dabei namentlich die Gesamtdauer und die Zahl der mit derselben Person zur Verrichtung der gleichen Arbeit geschlossenen aufeinanderfolgenden befristeten Verträge berücksichtigen, um auszuschließen, dass Arbeitgeber missbräuchlich auf befristete Arbeitsverträge zurückgreifen.[798] Diese zusätzliche Prüfung sei im deutschen Recht nach den Grundsätzen des institutionellen Rechtsmissbrauchs (§ 242 BGB) vorzunehmen.[799]

Im Übrigen hält der 7. Senat an seiner bisherigen Rechtsprechung fest: Allein die große Anzahl der mit einem Arbeitnehmer abgeschlossenen befristeten Arbeitsverträge oder die Gesamtdauer der "Befristungskette" führten nicht dazu, dass an den entsprechenden Sachgrund "strengere Anforderungen" zu stellen sind. Gleiches gelte

794 EuGH v. 26.01.2012 - C-586/10 Rn. 40 (*Kücük*), NZA 2012, 135 (138).
795 EuGH v. 26.01.2012 - C-586/10 Rn. 40 (*Kücük*), NZA 2012, 135 (138).
796 BAG v. 18.07.2012 - 7 AZR 443/09 Rn. 49, NZA 2012, 1351 (1358).
797 BAG v. 18.07.2012 - 7 AZR 443/09 Rn. 49, NZA 2012, 1351 (1358).
798 BAG v. 18.07.2012 - 7 AZR 443/09 Rn. 37, NZA 2012, 1351 (1356).
799 BAG v. 18.07.2012 - 7 AZR 443/09 Rn. 38, NZA 2012, 1351 (1356 f.).

für die Anforderungen an die Prognose des Arbeitgebers über den voraussichtlichen Wegfall des Vertretungsbedarfs durch die Rückkehr des vertretenen Mitarbeiters.[800]

Im Ergebnis sei jedenfalls bei einer Gesamtdauer von mehr als elf Jahren und 13 Befristungen eine missbräuchliche Gestaltung indiziert, während in der am selben Tag vom Senat zu dem Aktenzeichen 7 AZR 783/10 ergangenen Entscheidung bei einer Gesamtdauer von sieben Jahren und neun Monaten sowie vier Befristungen, Anhaltspunkte für einen Gestaltungsmissbrauch noch nicht angenommen wurde.[801]

f) Stellungnahme

Dass die Zeichen auf Abkehr von der vielfach kritisierten Rechtsauffassung des BAG standen, konnte man bereits mutmaßen, nachdem der Generalanwalt *Jääskinen* in seinem Schlussantrag in der Sache Nordrhein-Westfalen gegen Sylvia Jansen hinsichtlich der Nichtberücksichtigung vorheriger Befristungen seine Bedenken geäußert hatte. Mit der Entscheidung des EuGH vom 26.01.2012 ist nunmehr Gewissheit eingetreten. Die Rechtsauffassung des BAG war im Hinblick auf Unionsrecht nicht mehr haltbar. Würde man allein darauf abstellen, dass lediglich die im letzten Arbeitsvertrag festgelegte Befristung durch einen sachlichen Grund gerechtfertigt sein müsste und vorherige Befristungen ausgeblendet werden könnten, wäre die EU-Richtlinie bzw. die Rahmenvorschrift vollkommen ad absurdum geführt. Anders ausgedrückt: Müsste sich der Arbeitgeber lediglich auf die Frage beschränken, ob allein die gegenwärtige Situation eine erneute Befristung rechtfertige, würde § 5 Nr. 1a) der Rahmenvereinbarung seine praktische Relevanz und vor allem seine „Daseinsberechtigung“ verlieren; denn die Rahmenvereinbarung soll gerade erst dann greifen, wenn mehrere befristete Arbeitsverträge gegeben sind. Auf die einmalige Befristung soll sie hingegen keine Anwendung finden.[802]

- Mittelbare Einbeziehung vorheriger Befristungen dem Grunde nach

Die Frage, „ob“ vorherige Befristungen zumindest mittelbar zu berücksichtigen sind, ist vom Generalanwalt und EuGH sowie schließlich auch vom BAG zustimmend beantwortet worden, obgleich die Gründe hierfür in dogmatischer Hinsicht divergieren. Interessant sind vor allem die Ausführungen des Generalanwalts *Jääskinen* zum Verhältnis der in § 5 Nr. 1 a-c) der Rahmenvereinbarung verankerten Maßnahmen zueinander. Der EuGH hatte hierzu bislang gefordert, dass die Mitgliedstaaten mindestens eine Maßnahme in nationales Recht übernehmen müssen.[803] Auch eine Gleichwertigkeit der Maßnahmen, wie sich bereits aus dem Wortlaut der Vorschrift ergibt, ist bereits vom EuGH bestätigt worden.[804] Ist man bislang allerdings davon ausgegangen, dass sie in einem Alternativverhältnis zueinander stehen, verdeutlichte

800 BAG v. 18.07.2012 - 7 AZR 443/09 Rn. 19, NZA 2012, 1351 (1353).
801 BAG v. 18.07.2012 - 7 AZR 783/10 Rn. 44, NZA 2012, 1359 (1365).
802 EuGH v. 23.04.2009 - C-378/07 Rn. 190 (*Angelidaki*), BeckEuRS 2009, 493621.
803 EuGH v. 04.07.2006 - C-212/04 Rn. 80 (*Adeneler*), BeckRS 2006, 70506.
804 EuGH v. 15.04.2008 - C-268/06 (*Impact*), NZA 2008, 581.

Jääskinen, dass er nicht den Eindruck habe, dass die Rahmenvereinbarung die drei Arten von Maßnahmen zur Vermeidung von Missbrauch aufspalten wolle.[805] Vielmehr sollen sie sich gegenseitig ergänzen oder sogar allesamt kumuliert werden können, um das angestrebte Ziel der Vermeidung von Missbrauch zu erreichen.[806]

Im Prinzip ist den Ausführungen des Generalanwalts zuzustimmen. So ist m.E. zwischen der gesetzlichen Umsetzungsverpflichtung und der Verpflichtung der nationalen Gerichte zur Überwachung und Verhinderung missbräuchlicher Befristungsformen zu differenzieren. Einem befristet beschäftigten Arbeitnehmer wäre wenig geholfen, wenn der Gesetzgeber des Mitgliedstaates lediglich die Höchstbefristungsdauer im innerstaatlichen Recht regeln müsste und die Gerichte eine offensichtlich missbräuchliche Gesamtanzahl von Befristungen mit der Argumentation ausblenden könnten, die Legislative habe bereits ihrer Mindestumsetzungspflicht im Sinne des § 5 Nr. 1 der Rahmenvereinbarung Genüge getan. Eine andere Auslegung würde dazu führen, dass der Mitgliedstaat gesetzliche Regelungen treffen könnte, die eine Befristung von Arbeitsverhältnissen von mehreren Jahren zuließen, es aber auf die Anzahl der Arbeitsverträge in diesem Zeitraum nicht ankäme. Dies würde mit dem Sinn und Zweck der Vorschrift nicht im Einklang stehen. In diesem Sinne hat der EuGH bereits in der Sache *Adeneler* und *Angelidaki* entschieden, dass, welche Maßnahme letztlich auch immer gewählt werde, eine wirksame Verhinderung von Missbrauch durch befristete Arbeitsverträge oder -verhältnisse sichergestellt sein müsste.[807]

Auch hieraus ist zu schlussfolgern, dass die Rahmenvereinbarung zwar drei Alternativen vorgibt, von denen eine zwingend in nationales Recht umgesetzt werden müsse; soweit der Gesetzgeber jedoch nur dieses Mindestmaß erfüllt, bedeutet dies nicht, dass bei der Bemessung der Rechtsmissbräuchlichkeit von Kettenbefristungen die nicht umgesetzten Varianten des § 5 Nr. 1 a-c) von den Instanzgerichten vollständig ausgeblendet werden können. Der EuGH verdeutlicht dies, indem er feststellt, der Umstand, dass die Zahl oder die Dauer der befristeten Verträge Gegenstand der in § 5 Nr. 1 b) und c) der Rahmenvereinbarung über befristete Verträge vorgesehenen Präventivmaßnahmen ist, nicht bedeute, dass diese Kriterien keine Auswirkung auf die Beurteilung der in § 5 Nr. 1 a) angesprochenen sachlichen Gründe haben können, die als Rechtfertigung für die Verlängerung aufeinanderfolgender befristeter Verträge angeführt werde.[808]

Insofern ist es richtig, dass – unabhängig von dem einschlägigen Sachgrund – die Befristungsdauer und die Anzahl der Befristungen im Rahmen der Befristungskontrolle bei Mehrfachbefristungen nicht unberücksichtigt bleiben dürfen. Die vom BAG ursprünglich formulierte Erkenntnis, dass mit zunehmender Dauer der Anstellung

---

805 Schlussantrag des Generalanwalts v. 15.09.2011 - C-313/10 Rn. 44, BeckRS 2011, 81466.

806 Schlussantrag des Generalanwalts v. 15.09.2011 - C-313/10 Rn. 44, BeckRS 2011, 81466.

807 EuGH v. 04.07.2006 - C-212/04 Rn. 101 f. (*Adeneler*), BeckRS 2006, 70506; EuGH v. 23.04.2009 - C-378/07 Rn. 94 (*Angelidaki*), BeckEuRS 2009, 493621.

808 EuGH v. 26.01.2012 - C-586/10 Rn. 41 (*Kücük*), NZA 2012, 135 (138).

die soziale und wirtschaftliche Abhängigkeit des Arbeitnehmers steige, muss wieder Beachtung finden.[809] Aufgrund der langjährigen Betriebszugehörigkeit wächst ein schützenswerter Bestandsschutz heran, auch wenn sich der Arbeitnehmer formal gesehen nur in einem befristeten Arbeitsverhältnis befindet. Zwar ist es bislang nicht auf Vertrauensgesichtspunkte aufgrund des objektiven Maßstabs der Befristungskontrolle angekommen;[810] gleichwohl scheint es nicht widersprüchlich zu sein, subjektive Maßstäbe und vor allem das Arbeitsverhältnis des Einzelnen weiter in den Vordergrund zu rücken. Der Arbeitgeber trägt eine soziale Verantwortung für seine Arbeitnehmer. Er muss eingehend prüfen, ob nicht schutzwürdige Interessen des Arbeitnehmers eine unbefristete Beschäftigung gebieten. Dies kann nur erfolgen, wenn er sich bei der Befristung das bisherige „Gesamtpaket" vor Augen halten muss.

- Art und Weise der mittelbaren Einbeziehung vorheriger Befristungen

Während die Frage nach der Berücksichtigungsfähigkeit vergangener Befristungen dem Grunde nach sowohl von EuGH, Generalanwalt und schließlich auch vom BAG anerkannt worden ist, bestehen im Hinblick auf das Berücksichtigungsverfahren erhebliche Divergenzen und unterschiedliche Lösungsansätze. Insbesondere wurde vom EuGH keine eindeutige Aussage darüber getroffen, auf welche Art und Weise die mittelbare Einbeziehung vorheriger Befristungen zu erfolgen hat.[811] Die unter Ziffer 41 der Entscheidung gemachten Ausführungen ließen zunächst darauf schließen, dass zurückliegende befristete Arbeitsverhältnisse und insbesondere deren Anzahl und Dauer auf die Sachgrundprüfung als solche Einfluss nehmen können.[812] In der Literatur vermutete man aus diesem Grund auch, dass nach der Entscheidung des EuGH und vor allem nach den Ausführungen des Generalanwalts *Jääskinen*, auch das BAG – wie in früherer Rechtsprechung vertreten – zum erhöhten Anforderungsprofil an den Sachgrund bei Mehrfachbefristungen zurückkehren werde.[813]

---

809 Ob dies im Wege einer Erhöhung der Prognoseanforderungen an den Sachgrund oder durch eine Missbrauchskontrolle zu geschehen hat, wird noch zu diskutieren sein.

810 Vgl. hierzu noch die Ausführungen zum Anspruch auf Verlängerung/Fortsetzung eines befristeten Arbeitsverhältnisses in Kapitel 7.

811 Der EuGH hat hierüber auch nicht zu befinden. Es entspricht der Konzeption des Vorabentscheidungsverfahrens nach Art. 267 AEUV, dass die Würdigung des Einzelfalls sowie die unionskonforme Ausgestaltung den mitgliedstaatlichen Gerichten vorbehalten bleibt.

812 EuGH v. 26.01.2012 - C-586/10 Rn. 41(*Kücük*), NZA 2012, 135 (138).

813 *Wendeling-Schröder*, AuR 2012, 92 (96), die von einer Art „je-desto"-Regel spricht, wonach der Sachgrund der Vertretung um so weniger greifen kann, je mehr befristete Verträge bereits abgeschlossen wurden und je länger die Gesamtdauer ist; a.A. *Preis/Loth*, Anm. zu EzA Nr. 80 zu § 14 TzBfG, S. 39, die als fairsten und schonendsten Weg bereits frühzeitig vertreten haben, Indizien für eine missbräuchliche Nutzung befristeter Arbeitsverträge aufzustellen; so auch *Temming*, ELR 2012, 43 (48 f.).

Diese Erwartungen wurden jedoch mit den beiden Entscheidungen des BAG vom 18.07.2012 enttäuscht. Der Senat bestätigte seine vielfach kritisierte Rechtsprechung, dass die große Anzahl der mit einem Arbeitnehmer abgeschlossenen befristeten Arbeitsverträge oder die Gesamtdauer der „Befristungskette" nicht dazu führe, dass an den Sachgrund der Vertretung oder die Prognose des Arbeitgebers über den voraussichtlichen Wegfall des Vertretungsbedarfs „strengere Anforderungen" zu stellen sind.[814] Um jedoch den Vorgaben des EuGH gerecht zu werden, fügte der Senat seinen Rechtsprechungsgrundsätzen einen neuen Leitsatz hinzu, wonach *ergänzend* zur Sachgrundprüfung eine darüber hinausgehende Rechtsmissbrauchskontrolle i.S.d. § 242 BGB stattzufinden habe. Der Senat scheint seine Rechtsauffassung aus Ziffer 51 der Entscheidung des EuGH abzuleiten. Dort heißt es, dass das Vorliegen eines sachlichen Grundes i.S. von § 5 Nr. 1 a) der Rahmenvereinbarung einen Missbrauch grundsätzlich ausschließt, es sei denn, eine umfassende Prüfung der mit der Verlängerung der betreffenden befristeten Arbeitsverhältnisse verbundenen Umstände zeigt, dass ein nicht nur vorübergehender Bedarf an den vom Arbeitnehmer zu erbringenden Leistungen besteht.[815] Der Senat versteht die Ausführungen dahingehend, dass Sachgrundprüfung und Rechtsmissbrauchsprüfung voneinander getrennt in zwei Stufen zu erfolgen haben.

Unabhängig von der weiter unten noch anzuführenden Kritik an dieser Betrachtungsweise, ist es auf den ersten Blick doch überraschend, dass sich das BAG als Anknüpfungspunkt für die Prüfung einer rechtsmissbräuchlichen Verwendungsweise für die Anwendbarkeit der innerstaatlichen Norm des § 242 BGB entschieden hat. Der Senat führt dabei selbst aus, dass die Gerichte aus „unionsrechtlichen Gründen" verpflichtet seien, die Umstände des Einzelfalls in die Wirksamkeitskontrolle einfließen zu lassen. Naheliegender wäre es gewesen, wenn der Senat direkt auf § 5 Nr. 1 i.V.m. § 1b) der Rahmenvereinbarung abgestellt hätte, wonach die Diskriminierung befristeter Arbeitsverhältnisse zu bekämpfen und der *Missbrauch* durch aufeinanderfolgende befristete Arbeitsverträge oder -verhältnisse zu verhindern ist. Das Prinzip der Verhinderung des Missbrauchs von Kettenarbeitsverhältnissen entspringt bereits dem Gemeinschaftsrecht, das von den Mitgliedstaaten stets vorrangig zu beachten ist.[816] Der Grundsatz der unionsrechtskonformen Auslegung verlangt gerade, dass die nationalen Gerichte unter Berücksichtigung des gesamten nationalen Rechts und unter Anwendung ihrer Auslegungsmethoden alles tun, was in ihrer Zuständigkeit liegt, um die volle Wirksamkeit der fraglichen Richtlinie zu gewährleisten und zu einem Ergebnis zu gelangen, das mit dem von der Richtlinie verfolgten Ziel übereinstimmt.[817] Aus diesem Grund war auch nach der Entscheidung in Sachen *Adeneler* in ständiger Rechtsprechung des BAG anerkannt, dass der Sachgrundbegriff

814 BAG v. 18.07.2012 - 7 AZR 443/09 Rn. 19, NZA 2012, 1351 (1353).

815 EuGH v. 26.01.2012 - C-586/10 Rn. 51 (*Kücük*), NZA 2012, 135 (138).

816 *Persch*, NZA 2011, 1068 (1070).

817 EuGH v. 05.10.2004 - C-397/01 bis C-403/01 Rn. 115, 116, 118 und 119 (*Pfeiffer*), EuZW 2004, 691 (696); EuGH v. 04.07.2006 - C-212/04 Rn. 111 (*Adeneler*), BeckRS 2006, 70506.

im nationalen Recht dahingehend zu konkretisieren sei, dass lediglich genau bezeichnete, konkrete Umstände, die eine bestimmte Tätigkeit kennzeichnen eine befristete Beschäftigung rechtfertigen können.[818] Insofern hätte man konsequenterweise die Prüfungskriterien für den sachlichen Grund um zeitliche Aspekte erweitern können, die in § 5 Nr. 1 b und c) bereits ihre Anerkennung erfahren haben.

Demzufolge überzeugt es nicht, dass das BAG die Rechtsmissbrauchsanalyse auf § 242 BGB stützt und dementsprechend auf einem der eigentlichen Sachgrundprüfung nachrangigem Prüfungsplateau vornimmt, die losgelöst von den unionsrechtlichen Vorgaben zur Sachgrundprüfung des § 5 Nr. 1 erfolgt.[819] Dieses Ergebnis ist wohl auch dem Umstand geschuldet, dass das BAG im Gegensatz zu dem nicht zur Entscheidung gekommenen Vorlagebeschluss des LAG Köln, keine hinreichend explizite Vorlagefrage gestellt hat. Zur Erinnerung: Das LAG Köln stellte dem EuGH in seinem Vorabentscheidungsersuchen vom 13.04.2010 ausdrücklich die Frage, ob es mit dem Sinn und Zweck von § 5 der Rahmenvereinbarung über befristete Arbeitsverträge im Anhang der Richtlinie 1999/70/EG zu vereinbaren ist, bei der rechtlichen Überprüfung, ob im Einzelfall ein befristeter Verlängerungsvertrag durch sachliche Gründe gerechtfertigt ist, ausschließlich auf die Verhältnisse im Zeitpunkt des Abschlusses dieses Verlängerungsvertrags abzustellen, ohne zu berücksichtigen, wie viele befristete Verträge diesem Vertrag bereits vorangegangen waren. Das BAG war es hingegen, das die Frage zur Berücksichtigungsfähigkeit vorheriger Befristungen lediglich mittelbar in sein Vorabentscheidungsverfahren vom 17.11.2010 hat einfließen lassen. Insofern hatte der EuGH die Frage des BAG nur innerhalb des Anwendungsbereiches der Vertretungsbefristung i.S.v. § 14 Abs. 1 S. 2 Nr. 3 TzBfG zu beantworten und war demzufolge nicht zu einer ausdrücklichen Tenorierung berufen. Nicht abzusehen ist daher, ob das BAG eine Lösung über § 242 BGB auch dann aufgegriffen hätte, wenn der EuGH bereits auf die konkrete Vorlagefrage des LAG Köln klargestellt hätte, dass es mit Sinn und Zweck von § 5 der Rahmenvereinbarung gerade nicht zu vereinbaren ist, bei der rechtlichen Überprüfung, ob im Einzelfall ein befristeter Arbeitsvertrag durch einen sachlichen Grund gerechtfertigt ist, die Anzahl und Dauer vorangegangener Befristungen unberücksichtigt zu lassen.

Genau dieser Aspekt wurde vom Generalanwalt *Jääskinen* aufgegriffen, indem er in seinem Schlussantrag feststellte, dass sich der EuGH noch nie zu der Frage geäußert habe, ob zeitliche Gegebenheiten über den letzten befristeten Vertrag hinaus bei der Prüfung der Frage, ob für die Befristung eines Arbeitsverhältnisses *ein sachlicher Grund* im Sinne von § 5 Nr. 1a) der Rahmenvereinbarung vorliegt, zu berücksichtigen sind oder nicht.[820] Dementsprechend führt auch der EuGH in

818 EuGH v. 04.07.2006 - C-212/04 Rn. 69 (*Adeneler*), BeckRS 2006, 70506.

819 *Bayreuther*, NZA 2013, 23 (24); kritisch hierzu auch: *vom Stein*, NJW 2015, 369 (371), der im Ergebnis den Ansatz des BAG mit der Entscheidung des EuGH für vereinbar hält, auch wenn eine andere dogmatische Lösung ebenfalls in Betracht gekommen wäre.

820 Schlussantrag des Generalanwalts v. 15.09.2011 - C-313/10 Rn. 36, BeckRS 2011, 81466.

seinem Leitsatz aus, dass bei der Beurteilung der Frage, ob die Verlängerung befristeter Arbeitsverträge oder -verhältnisse durch einen solchen *sachlichen Grund* gerechtfertigt ist, die Behörden der Mitgliedstaaten im Rahmen ihrer jeweiligen Zuständigkeiten alle Umstände des Falles einschließlich der Zahl und der Gesamtdauer der in der Vergangenheit mit demselben Arbeitgeber geschlossenen befristeten Arbeitsverträge oder -verhältnisse berücksichtigen müssen.[821] Er verweist somit ausdrücklich auf die Auswirkung von Mehrfachbefristungen auf das Sachgrunderfordernis. Von einer zusätzlichen Prüfung, die neben dem Sachgrunderfordernis zu erfolgen hat, ist hingegen keine Rede.

Gleichwohl überzeugt es m.E. zumindest gedanklich die Prüfung auf zwei Stufen vorzunehmen: Streitgegenstand und damit Anknüpfungspunkt für die „erste" Stufe bleibt zunächst einmal der regelmäßig der gerichtlichen Prüfung unterfallende letzte befristete Vertrag. Für die hier maßgeblich zu erörternde Frage, ob ein Vertretungsfall und damit ein Sachgrund im engeren Sinn[822] gegeben ist, werden vorherige Befristungen zunächst ausgeblendet. Bis dahin unterscheidet sich die Auffassung nicht vom BAG. Zu prüfen ist allein, ob der streitige Sachverhalt „dem Grunde" nach geeignet ist, eine Sachgrundbefristung i.S.d. § 14 Abs. 1 S. 2 Nr. 3 TzBfG zu begründen. An den Sachgrund sind auf dieser ersten Stufe – wie vom BAG auch gehandhabt – keine erhöhten Prognoseanforderungen zu stellen. Zum einen ist an dieser Konstruktion berechtigterweise dahingehend Kritik geäußert worden, dass sie eine unbrauchbare Leerformel darstellt.[823] Insbesondere gibt es kein Richtmaß, wie die gegenüber dem Regelfall gesteigerten Prüfungsanforderungen an den Sachgrund auszusehen hat. Zum anderen bedarf es einer Lösung über einen erhöhten Prüfungsmaßstab gar nicht. Es macht nach der hier vertretenen Auffassung einen begründeten Unterschied, ob die Anforderungen an ein Tatbestandsmerkmal (z.B. Rückkehrprognose im Falle der Vertretungsbefristung) mit zunehmender Dauer und Anzahl erhöht werden sollen oder ob an das Merkmal des Sachgrundes bzw. dessen Rechtfertigung auch weitere, sprich zeitliche Kriterien zu stellen sind; denn die Frage, „ob" zeitliche Komponenten zu berücksichtigen sind und auf welche Art und Weise dies zu geschehen hat, bezieht sich nicht auf eine zukunftsorientierte Prognose, sondern ist vielmehr von rückblickender Natur.

Nach der Sachgrundprüfung im Sinne der nationalen Vorschriften haben auf zweiter Ebene die Wertungen und Vorgaben des EuGH Berücksichtigung zu finden. Dies jedoch nach richtiger Auffassung nicht im Wege einer Rechtsmissbrauchsprüfung gemäß § 242 BGB, sondern auf einem der nachfolgend skizzierten Lösungswegen. Einerseits hätte man die Ausführungen des EuGH dahingehend interpretieren können, dass sich an die „enge" Sachgrundprüfung im nationalen Recht gedanklich eine

821 EuGH v. 26.01.2012 - C-586/10 (*Kücük*), NZA 2012, 135.

822 Unter Vertretung im engeren Sinn soll verstanden werden, dass zunächst einmal unabhängig von vergangenen Befristungen geprüft wird, ob für den konkreten Fall die Voraussetzungen für eine unmittelbare/mittelbare Vertretung gegeben sind.

823 Vgl. *Dörner*, Rn. 308a.

„weite“ Sachgrundprüfung auf Basis der Rahmenvereinbarung anzuschließen hat. Diese führt zu einer „Erweiterung“ des Begriffs des Sachgrundes, indem die Anzahl und Dauer vorheriger Befristungen Einfluss auf seine Wirksamkeit nehmen. Auf diesem Weg hätte der Begriff des Sachgrunds – wie bereits bei der Entscheidung in der Rechtssache *Adeneler* – eine Erweiterung um die Berücksichtigung vergangener zeitlicher Aspekte erfahren müssen.

Andererseits hätten die Ausführungen des EuGH aber auch derart verstanden werden können, dass über das Tatbestandsmerkmal der „Rechtfertigung“ vorherige Befristungen einzufließen haben. Insofern ist nicht ausreichend, dass ein Sachgrund dem Grunde nach gegeben ist; vielmehr muss dieser die Verlängerung auch *rechtfertigen.* Dies ergibt sich ausdrücklich aus der Rahmenvereinbarung. So sieht deren § 5 Nr. 1a) vor, dass die von den Mitgliedstaaten benannten sachlichen Gründe die Verlängerung befristeter Arbeitsverhältnisse rechtfertigen müssen. Auch § 14 Abs. 1 S. 1 TzBfG spricht davon, dass der sachliche Grund die Befristung rechtfertigen muss. Das Gesetz und die Rahmenvereinbarung lassen insofern nicht das bloße Vorliegen eines sachlichen Grundes ausreichen, woraus abzuleiten ist, dass zwischen der „Existenz des sachlichen Grundes“ als Tatbestandsmerkmal und dem Merkmal der „Rechtfertigung der Verlängerung“ zu unterscheiden ist. Letztere Begrifflichkeit ist für den Bereich des Arbeitsrechts zwar eher unüblich. Sie findet sich lediglich in wenigen Regelungen des Allgemeinen Gleichbehandlungsgesetzes (vgl. § 3 Abs. 2 AGG), aber auch im Teilzeit- und Befristungsgesetz wieder (vgl. § 4 Abs. 1 TzBfG).

Im Anwendungsbereich des § 14 TzBfG gab es eine derartige Unterscheidung bislang nicht. Rechtfertigung und Sachgrund wurden nicht getrennt voneinander betrachtet. Das Vorliegen eines Sachgrundes rechtfertigte quasi auch dessen Verlängerung. Nach der hier vertretenen Auffassung könnte man jedoch den Begriff der Rechtfertigung als Einfallstor für die zeitlichen Vorbefristungen nehmen, so dass man nicht gezwungen gewesen ist, auf die Rechtsmissbräuchlichkeit gemäß § 242 BGB abzustellen. Im Ergebnis wäre die Mehrfachbefristung – je nach Anzahl und Dauer vorheriger Befristungen – nicht gerechtfertigt. Dies steht auch im Einklang mit der bisherigen Rechtsprechung des BAG, wonach der Sachgrund als solcher nicht in Frage gestellt wird. Dieser würde, sofern von ihm in der Vergangenheit in Übermaß Gebrauch gemacht worden ist, trotz seiner grundsätzlichen Anerkennung, nur die erneute Verlängerung des Arbeitsverhältnisses nicht rechtfertigen.

In diesem Sinne ergeben auch die Ausführungen des EuGH in Ziffer 51 einen Sinn: Danach schließt das Vorliegen eines sachlichen Grundes im Sinne von § 5 Nr. 1a) der Rahmenvereinbarung über befristete Verträge einen Missbrauch grundsätzlich aus, es sei denn, eine umfassende Prüfung der mit der Verlängerung der betreffenden befristeten Arbeitsverträge oder -verhältnisse verbundenen Umstände zeigt, dass ein nicht nur vorübergehender Bedarf an den vom Arbeitnehmer zu erbringenden Leistungen besteht.[824] Es sollte hiermit verdeutlicht werden, dass

824 EuGH v. 26.01.2012 - C-586/10 Rn. 51 (*Kücük*), NZA 2012, 135 (138).

das Vorliegen eines sachlichen Grundes grundsätzlich die Befristung als solche rechtfertigt, es sei denn, dass der Einzelfall eine abweichende Wertung zulässt.

Im Ergebnis dürfte die dogmatische Herleitung der Berücksichtigungsfähigkeit vergangener Befristungen nur von geringer Relevanz sein. Wichtiger ist es, dass man in Anknüpfung an die Entscheidungen des BAG vom 18.07.2012 der vom Senat präferierten Lösung Konturen verleiht. Weil die Generalklausel des § 242 BGB keine inhaltlichen Anforderungen an eine Missbrauchskontrolle stellt, bedürfen Reichweite und Ausmaß der Prüfung einer näheren Konkretisierung, welche nachfolgend in Augenschein genommen werden soll.

4. *Die institutionelle Rechtsmissbrauchsprüfung des BAG*

a) Inhalt der Rechtsmissbrauchsprüfung

Bereits vor der Entscheidung des Senats wurde in der Literatur gemutmaßt, wie nach den Vorgaben des EuGH eine Missbrauchsprüfung ausgestaltet sein könnte.[825]

Brose/Sagan haben gleich zwei denkbare Wege aufgezeichnet: Als eine Variante führen sie die reine Missbrauchskontrolle an, bei der im Rahmen einer umfassenden Gesamtabwägung unterschiedliche Aspekte, wie z.B. die Laufzeit der einzelnen befristeten Arbeitsverträge und die Kontinuität der ausgeübten Tätigkeit berücksichtigt werden.[826]

Als weitere Variante präferieren *Brose/Sagan* eine abgestufte Missbrauchskontrolle. Bei dieser soll anhand von unterschiedlichen (Zeit-)Stufen differenziert werden, ob aufgrund der Dauer der Befristung ein Missbrauch indiziert sei. Sie vertreten die Auffassung, dass man in Anlehnung an die Höchstbefristungsdauer des § 14 Abs. 2 TzBfG bis zur Dauer von zwei Jahren auf eine ergänzende Missbrauchskontrolle gänzlich verzichten könnte. Bei Überschreiten einer Höchstdauer von 5 Jahren i.S.d. § 14 Abs. 2 S. 2 TzBfG müsste man nach der Wertung des Gesetzgebers hingegen die Befristung in aller Regel als missbräuchlich bewerten, es sei denn der Arbeitgeber könne eine Ausnahmesituation darlegen und beweisen.[827]

Das BAG hat sich, wenn auch in abgewandelter Form, für die von *Brose/Sagan* aufgezeigte zweite Variante entschieden. Zunächst einmal erkennt der Senat an, dass die Gesamtdauer und/oder die Anzahl der befristeten Verträge in quantitativer Hinsicht eine grobe Orientierungshilfe geben können. Anstelle einer festen zeitlichen Staffelung zieht er jedoch die Festlegung einer noch näher zu definierenden Grenze in Erwägung, bei deren Überschreitung eine rechtmissbräuchliche Verwendungsweise *indiziert* sei.[828]

---

825 Vgl. u.a. *Persch*, ZTR 2012, 268 (272); *Gooren*, ZESAR 2012, 225 (228); *Temming*, ELR 2012, 43 (49).

826 *Brose/Sagan*, NZA 2012, 308 (310).

827 *Brose/Sagan*, NZA 2012, 308 (310).

828 BAG v. 18.07.2012 - 7 AZR 783/10 Rn. 38, NZA 2012, 1359 (1364 f.); BAG v. 18.07.2012 - 7 AZR 443/09 Rn. 43, NZA 2012, 1351 (1357).

Insofern hat das BAG in seinen beiden Entscheidungen vom 18.07.2012 verdeutlicht, dass es lediglich ansatzweise seinen früheren kritischen Äußerungen zur Festlegung fester zeitlicher Vorgaben beipflichtet. Der Senat hat mit seiner Lösung einen Mittelweg beschritten: Er erkennt an, dass das Überschreiten einer noch näher zu bestimmenden Grenze zu einer rechtsmissbräuchlichen Verwendungsweise führen kann. Um jedoch seinem Grundsatz treu zu bleiben, dass bei einer umfassenden Befristungskontrolle stets die Besonderheiten des Einzelfalls zu berücksichtigen sind, wird die Rechtsmissbräuchlichkeit nicht allein anhand starrer Grenzen bemessen, sondern kann bei einem gravierenden Ausmaß an befristeten Arbeitsverhältnissen allenfalls indiziert sein. Auf diese Weise wird der Arbeitgeber in die Lage versetzt, den „Anschein" einer unwirksamen Befristung durch das Vorbringen besonderer Umstände zu entkräften.

Grundsätzlich ist der vom BAG gewählte Ansatz notwendig und auch richtig. Das Festlegen starrer Fristen, die zwingend auf einen Rechtsmissbrauch schließen lassen und nicht lediglich Indizwirkung entfalten, würde ein zweischneidiges Schwert darstellen. Einerseits würde die zwingende Bestimmung einer bestimmten Höchstbefristungsdauer oder -anzahl zu einer nicht zu unterschätzenden Rechtssicherheit führen. Der Arbeitgeber weiß positiv, dass er seinen langjährig angestellten Arbeitnehmer nicht über einen Zeitraum von mehr als „X" Jahren bei einer Anzahl von „X" Arbeitsverträgen befristet beschäftigen darf. Die Gerichte können dementsprechend ihre Entscheidung an diesen Grenzen ausrichten und bundesweit eine einheitliche Rechtsprechung erzielen.

Andererseits läuft man bei starren Fristen aber auch Gefahr, eine gewisse Flexibilität in der Entscheidungsfindung zu verlieren. Jeder Befristungssachverhalt ist anders geartet, was unter anderem auch daran liegt, dass man nicht stets von dem „recht eindeutig" gelagerten Sachverhalt ausgehen kann, bei dem der Arbeitnehmer über Jahre hinweg ausschließlich aufgrund eines bestimmten Befristungsgrundes (z.B. stets als Vertretungskraft im Krankheitsfall i.S.d. § 14 Abs. 1 S. 2 Nr. 3 TzBfG) beschäftigt gewesen ist. In der Praxis wird vom Arbeitgeber nicht selten von unterschiedlichen Sachgründen Gebrauch gemacht. So werden die Befristungen abwechselnd auf einen vorübergehenden Vertretungsbedarf, auf eine neue Haushaltsrichtlinie oder auf ein zeitlich begrenztes Projekt gestützt. In diesen Fällen ist es schwer auszumachen, ab welcher Befristung und vor allem ab welchem Zeitpunkt der Rechtsmissbrauch indiziert sein soll.

Gleichwohl gilt es, die bereits andeutungsweise bestimmten Bezugsgrößen näher auszugestalten bzw. zu konkretisieren.[829] Dies verdeutlicht ein Blick auf die frühere Rechtsprechung zu dieser Thematik. So urteilte der 7. Senat noch wenige Monate vor seinem Vorlagebeschluss, dass die steigende Anzahl und Dauer vorheriger Befristungen – neben anderen Umständen – ein Indiz dafür sein könne, dass der Sachgrund der Befristung nur vorgeschoben ist.[830] In dem dieser Entscheidung zugrundeliegenden

829 Vgl. Ausführungen auf S. 176 ff.
830 BAG v. 25.03.2009 - 7 AZR 34/08, NZA 2010, 34 (37).

Sachverhalt schloss der Arbeitgeber mit der klagenden Arbeitnehmerin innerhalb eines Jahres insgesamt elf befristete Arbeitsverträge zur Vertretung einer Mitarbeiterin, obwohl dieser jeweils für die Dauer von zwei Jahren, zunächst bis zum 15.04.2006, danach bis zum 15.04.2008 Urlaub ohne Bezüge bewilligt worden war. Diese Umstände hat das vorinstanzliche LAG Niedersachsen trotz seines geäußerten Unbehagens über die von dem Arbeitgeber gewählte Vertragsgestaltung nicht als ausreichend für die Annahme angesehen, dass die von der Beklagten gewählte Vertragsgestaltung als rechtsmissbräuchlich anzusehen ist.[831] Auch das BAG hat diese tatrichterliche Würdigung revisionsrechtlich nicht beanstandet.[832]

Die Entscheidung zeigt zweierlei auf: Das BAG hat einerseits vor seinen „Grundsatzurteilen" vom 18.07.2012 bereits eine indizielle Betrachtungsweise herangezogen. Im Gegensatz zu früheren Entscheidungen hebt es nunmehr jedoch die Anzahl und Dauer von vorherigen Befristungen ausdrücklich hervor. Die beiden zeitlichen Komponenten stellen nicht mehr lediglich ein „Indiz" dafür dar, dass der Sachgrund vorgeschoben ist, sondern führen bei einem gravierenden Ausmaß gar dazu, dass der Rechtsmissbrauch indiziert ist. Die Festlegung der Rechtsfolge („indiziert") ist insofern als ein „Mehr" gegenüber der bloßen Einordnung als Indizien zu qualifizieren.

Des Weiteren zeigt die Entscheidung vom 25.03.2009 auf, dass der Senat nach der bis dato vertretenen Rechtsauffassung zur Festlegung einer bestimmten Befristungshöchstgrenze, bei deren Überschreitung zu vermuten ist, dass die Sachgrundbefristung vorgeschoben ist, anscheinend bewusst keine Aussage treffen wollte. Vergeblich sucht man Ausführungen, aus welchem Grund elf Befristungen in einem Jahr nicht die Annahme eines Rechtsmissbrauchs rechtfertigen bzw. ab der wievielten Befristung die Erheblichkeitsschwelle überschritten ist. Die leerformelartigen und floskelartigen Leitsätze erinnern dabei ein wenig an die früher vertretene Ansicht zu den erhöhten Prognoseanforderungen. Auch hier bedurfte es grds. eines Anknüpfungspunktes, ab welcher Befristungsdauer oder -anzahl „strengere Prüfungsanforderungen" an den Sachgrund zu stellen sind. Dies hatte der Senat abgelehnt, soweit die Befristung der vorangegangenen Arbeitsverträge nur ein Jahr betragen hatte.[833] Erst bei einer mehr als fünfjährigen Beschäftigung vor Abschluss des letzten Arbeitsvertrages wurde vom Senat in Erwägung gezogen, die Anforderungen zu erhöhen.[834] Feste zeitliche Grenzen oder zumindest ein grober Rahmen wurde zur Verunsicherung vieler Arbeitgeber, aber auch der Instanzgerichte nicht festgelegt.

Um sich ein derartiges Dilemma nicht erneut zu schaffen, hat das BAG in seinen beiden Entscheidungen vom 18.07.2012 zumindest erste Bezugsgrößen genannt. Diese

---

831 LAG Niedersachsen v. 27.11.2007 - 13 Sa 622/07, BeckRS 2009, 67939; vgl. hierzu bereits Ausführungen auf S. 162 f.

832 BAG v. 25.03.2009 - 7 AZR 34/08, NZA 2010, 34.

833 BAG v. 03.12.1986 - 7 AZR 354/85, AP Nr. 110 zu § 620 BGB Befristeter Arbeitsvertrag.

834 BAG v. 21.06.1983 - 7 AZR 295/81, NZA 1984, 265 = AP Nr. 79 zu § 620 BGB Befristeter Arbeitsvertrag.

will der Senat im Laufe seiner Rechtsprechungsentwicklung nach eigener Aussage weiter konkretisieren.[835] In diesem Zusammenhang ist auch zu begrüßen, bei Erreichen einer bestimmten Bezugsgröße von einem indizierten Rechtsmissbrauch auszugehen. Hierdurch kann gesichert werden, dass den Instanzgerichten die Entscheidungsfindung erleichtert wird, ohne ihnen die für den Einzelfall notwendige Flexibilität zu nehmen. Denn die Grenzen, bei deren Überschreiten von einer Indizwirkung für die rechtsmissbräuchliche Verwendungsweise ausgegangen wird, stellen gerade kein unumstößliches Dogma dar. Vielmehr obliegt es dem Arbeitgeber, die Annahme des indizierten Gestaltungsmissbrauchs durch den Vortrag besonderer Umstände zu entkräften. Hierdurch wird vermieden, dass durch starre Fristen eine Entscheidung getroffen wird, welche die Besonderheiten des Einzelfalls ausblendet.

Was verbleibt sind Zweifel, ab welcher Bezugsgröße (Anzahl/Dauer) von einem indizierten Rechtsmissbrauch auszugehen ist. Das BAG hat eine grobe Einordnung bereits vorgenommen. Nachfolgend ist zu untersucht werden, wie eine nähere Konkretisierung ausgestaltet sein könnte.

b) Maßstab der Rechtsmissbrauchsprüfung

Ungeklärt ist bislang die Frage, wie der Maßstab für die Missbrauchsprüfung konkretisiert werden kann. Ab welcher Anzahl oder Dauer von Befristungen ist ein indizierter Rechtsmissbrauch anzunehmen? Welche sonstigen Umstände sind in die Missbrauchskontrolle einzubeziehen? Dies sind Fragen mit denen sich unterschiedliche Stimmen in der Literatur bereits beschäftigt haben. So kritisiert *Bruns*, dass der Gesichtspunkt des institutionellen Rechtsmissbrauchs konturlos und kein brauchbarer Kontrollmaßstab sei.[836] Die vom BAG genannten Indizien seien schlichtweg willkürlich. Doch ist diese Kritik berechtigt? Erste Anhaltspunkte gibt uns der Senat in seinen beiden Grundsatzentscheidungen vom 18.07.2012. Danach kann für die Bestimmung der Schwelle einer rechtsmissbräuchlichen Gestaltung von Sachgrundbefristungen an die gesetzlichen Wertungen des § 14 Abs. 2 S. 1 TzBfG angeknüpft werden. Das erhebliche Überschreiten der 2-Jahres-Grenze bei Sachgrundbefristungen führe dazu, dass der Schluss auf eine rechtsmissbräuchliche Gestaltung nahe liegt.[837] Insbesondere bei einem alternativen oder kumulativen mehrfachen Überschreiten sei eine umfassende Missbrauchskontrolle geboten, in deren Rahmen es Sache des Arbeitnehmers sei, noch weitere für einen Missbrauch sprechende Umstände vorzutragen. Werden die in § 14 Abs. 2 S. 1 TzBfG genannten Grenzen alternativ oder insbesondere kumulativ in besonders gravierendem Ausmaß überschritten, könne eine missbräuchliche Ausnutzung der an sich eröffneten Möglichkeit zur Sachgrundbefristung indiziert sein.[838]

---

835 BAG v. 18.07.2012 - 7 AZR 783/10 Rn. 38, NZA 2012, 1359 (1364 f.).

836 *Bruns*, NZA 2013, 769 (771).

837 BAG v. 18.07.2012 - 7 AZR 783/10 Rn. 43, NZA 2012, 1359 (1365); so auch *Gooren*, ZESAR 2012, 225 (228).

838 BAG v. 18.07.2012 - 7 AZR 783/10 Rn. 43, NZA 2012, 1359 (1365).

- Voraussetzungen für die Annahme eine indizierten Rechtsmissbrauchs

Das BAG hat insofern – wie bereits oben festgestellt – zwar kein festes zeitliches Stufenmodell entwickelt; es arbeitet gleichwohl mit zwei auslegungsbedürftigen Rechtsbegriffen (erhebliches bzw. mehrfaches Überschreiten / gravierendes Ausmaß an Überschreitungen), die unterschiedliche Anforderungen an den Prüfungsumfang festlegen. Bei einem gravierenden Ausmaß kommt der Senat zu dem Ergebnis, dass der Rechtsmissbrauch indiziert sei und der Arbeitgeber diesen anhand besonderer Umstände allenfalls widerlegen kann.[839] Bei einem mehrfachen Überschreiten muss hingegen der Arbeitnehmer weitere Tatsachen vortragen, die auf einen Rechtsmissbrauch schließen lassen.

Den „besonderen Umständen" kommt mithin eine Doppelrolle zu. Einerseits können sie entlastende bzw. widerlegende Wirkung haben; andererseits können sie den Vortrag des Arbeitnehmers untermauern, dass trotz Nichterreichung einer gravierenden Anzahl und Dauer vorheriger Befristungen gleichwohl eine missbräuchliche Verwendungsweise vorliegt. Hinzu kommt, dass die „besonderen Umstände" im Gegensatz zu den zeitlichen Komponenten eine Berücksichtigung des Einzelfalles zulassen. Sie stellen insofern das flexible Moment in der Missbrauchsprüfung dar.

Hintergrund der abgestuften Kontrollintensität ist, dass in der Praxis häufig zu befürchten steht, dass dem Arbeitnehmer die unternehmensinternen Hintergründe für die Befristung verborgen bleiben und ihm regelmäßig der Einblick in die Vertragsverhältnisse der sonstigen Belegschaft fehlt. Aus diesem Grund hält es der Senat für sachgerecht, bei Erreichen eines gravierenden Ausmaßes an Zuvor-Befristungen die Indizwirkung zugunsten des Arbeitnehmers anzunehmen und ihm hierdurch die Darlegungs- und Beweislast zu erleichtern.

Wird ein gravierendes Ausmaß an vorherigen Befristungen nicht erreicht, bleibt es grundsätzlich bei der allgemeinen Beweislastverteilung des § 242 BGB. Danach trägt die Darlegungs- und Beweislast derjenige, der sich auf ein rechtsmissbräuchliches Verhalten beruft.[840] Dies führt grundsätzlich dazu, dass der Arbeitgeber lediglich das Vorliegen eines Sachgrundes darzutun und zu beweisen hat,[841] während der Arbeitnehmer die Umstände vorzutragen hat, die auf einen Gestaltungsmissbrauch hindeuten.

---

839 Aus diesem Grund wurde der Rechtsstreit *Kücük* gegen das Bundesland Nordrhein-Westfalen auch an das vorinstanzliche LAG Köln zurückverwiesen, da dem Arbeitgeber bislang nicht die Möglichkeit eröffnet wurde, die Indizwirkung zu entkräften. In dem Fall *Kücük* waren die Kölner Richter jedenfalls nicht mehr dazu berufen, die Angelegenheit abschließend aufzuklären. Bereits wenige Wochen nach der Entscheidung lenkte das Land Nordrhein-Westfalen ein und erkannte den unbefristeten Arbeitsvertrag an, siehe: http://m.faz.net/aktuell/berufschance/befristete-arbeitsverhaeltnisse-gefangen-im-zeitvertrag-11850355.html (zuletzt abgerufen am 15.07.2014).

840 MüKo-*Roth/Schubert*, § 242 BGB Rn. 84.

841 KDZ-*Däubler*, § 14 TzBfG Rn. 192d; APS-*Backhaus*, § 14 TzBfG Rn. 76.

Das BAG geht allerdings bei einer missbräuchlichen Gestaltung einer Befristungsabrede im Falle einer Vertragsgestaltungs- oder Umgehungskontrolle von einer abgestuften Darlegungs- und Beweislast aus.[842] Danach genügt zunächst, dass der Arbeitnehmer – soweit er die Überlegungen des Arbeitgebers, die zu der Befristung geführt haben, nicht kennt – einen Sachverhalt vorträgt, der die Missbräuchlichkeit der Befristung nach § 242 BGB indiziert. Das BAG prüft anhand objektiver Umstände, ob ein erkennbar systematisches Zusammenwirken von bisherigem und neuem Arbeitgeber gegeben ist. Derartige Umstände können z.B. der nahtlose Anschluss des mit dem neuen Vertragsarbeitgeber geschlossenen befristeten Arbeitsvertrages an den befristeten Vertrag mit dem vormaligen Vertragsarbeitgeber oder eine ununterbrochene Beschäftigung auf demselben Arbeitsplatz zu im Übrigen unveränderten Arbeitsbedingungen sein.[843] Der Arbeitgeber muss sich sodann gemäß § 138 Abs. 2 ZPO im Einzelnen auf diesen Vortrag einlassen. Er kann einzelne Tatsachen konkret bestreiten oder Umstände vortragen, welche den Sachverhalt in einem anderen Licht erscheinen lassen. Trägt der Arbeitgeber nichts vor oder lässt er sich nicht substanziiert ein, gilt der schlüssige Sachvortrag des Arbeitnehmers als zugestanden, § 138 Abs. 3 ZPO.[844]

Übertragen auf die institutionelle Rechtsmissbrauchsprüfung zur Verhinderung von Kettenbefristungen bedeutet dies, dass das BAG es ebenfalls für ausreichend erachten wird, wenn der Arbeitnehmer Umstände vortragen kann, die auf einen Gestaltungsmissbrauch hindeuten.[845] Insofern dürfte dem Arbeitnehmer auch bei Nichtvorliegen eines gravierenden Ausmaßes an Vorbefristungen eine weitere Darlegungs- und Beweislasterleichterung zu gute kommen.

Was verbleibt ist die Frage nach der Abgrenzung einer „mehrfachen Überschreitung" und einer „Überschreitung in einem besonders gravierenden Ausmaß". Auch hier dienen als Ausganspunkt die groben Orientierungshilfen des BAG:

Bei einer Gesamtdauer von elf Jahren und 13 befristeten Arbeitsverträgen ist der Rechtsmissbrauch indiziert.[846]

Bei einer Gesamtdauer von sieben Jahren und neun Monaten und einer Anzahl von vier Befristungen ist der Rechtsmissbrauch nicht indiziert.[847]

Dabei kann man zunächst kritisch hinterfragen, worin der Senat den entscheidungsrelevanten Unterschied zwischen den beiden Sachverhalten ausgemacht hat und wie vor allem solche Sachverhalte zu bewerten sind, die in Bezug auf Anzahl und Dauer von Befristungen einen Grenzfall darstellen.[848]

---

842 BAG v. 04.12.2013 - 7 AZR 290/12, NZA 2014, 426; vgl. Ausführungen auf S. 32.
843 BAG v. 04.12.2013 - 7 AZR 290/12 Rn. 26, NZA 2014, 426 (429).
844 BAG v. 04.12.2013 - 7 AZR 290/12 Rn. 26, NZA 2014, 426 (429).
845 Welche Umstände auf einen etwaigen Gestaltungsmissbrauch hindeuten können, wird noch auf S. 187 ff. zu erörtern sein.
846 BAG v. 18.07.2012 - 7 AZR 443/09, NZA 2012, 1351.
847 BAG v. 18.07.2012 - 7 AZR 783/10, NZA 2012, 1359.
848 Dies fragt sich auch *Bayreuther*, NZA 2013, 23 (25).

Das BAG ist im ersten Fall davon ausgegangen, dass die Grenzen des § 14 Abs. 2 TzBfG *insbesondere* kumulativ in einem besonders gravierenden Ausmaß überschritten worden sind. Im zweiten Fall wird es hingegen die Gesamtdauer von knapp acht Jahren entweder isoliert betrachtet oder mangels kumulativer Zusammenwirkung (lediglich vier Befristungen) nicht als besonders gravierendes Ausmaß gewertet haben. Für die Annahme eines mehrfachen Überschreitens der Zwei-Jahres-Grenze war die achtjährige Gesamtbefristungsdauer hingegen ausreichend, so dass es nach der Auffassung des Senats weiterer vom Arbeitnehmer vorzutragender Umstände für die Darlegung und den Beweis eines Gestaltungsmissbrauchs bedurfte.

Aus den beiden Entscheidungen lässt sich zunächst ableiten, dass bei einer Reihe sog. Kurzbefristungen nur in absoluten Ausnahmefällen auf einen indizierten Rechtsmissbrauch zu schließen ist. Denn bei einem Sachverhalt, wonach elf Befristungen innerhalb von zwölf Monaten abgeschlossen werden, fehlt es regelmäßig an der kumulativen Überschreitung der Befristungsgrenzen. Zudem bedarf es m.E. auch aus teleologischen Gründen einer derartigen Indizwirkung bei Kurzbefristungen nicht. Sinn und Zweck der indizierten Betrachtungsweise soll vor allem sein, dem Langzeitarbeitnehmer, der über mehrere Jahre befristet beschäftigt wird, die Darlegungs- und Beweislast für die Rechtsmissbräuchlichkeit zu erleichtern. Er ist lediglich gehalten, die Anzahl und Dauer der vorherigen Befristungen aufzuzeichnen und muss nicht die gesamte Vertragshistorie nebst sämtlicher Sachgründe rekonstruieren. Bei einer Vielzahl von Kurzbefristungen in einem relativ knapp bemessenen Zeitraum fällt dieser „Begünstigungsaspekt“ weg. Die zeitlichen Abläufe dürften dem Arbeitnehmer eher präsent sein als bei langjährigen Vertragsverhältnissen. Die Aussicht, dass der Arbeitnehmer anhand der ihm vorliegenden schriftlichen Vertragsdokumente die einzelnen Befristungsabreden lückenlos darlegen kann, dürfte ebenfalls grösser sein. Insofern fällt es dem Arbeitnehmer bei Kurzbefristungen naturgemäß einfacher, weitere Umstände vorzutragen bzw. zu beweisen, die die Rechtsmissbräuchlichkeit indizieren. Ein solcher kann u.a. darin bestehen, dass die vereinbarte Befristungsdauer zeitlich hinter dem zu erwartenden Vertragsbedarf zurückbleibt. Zwar hat der Senat bereits entschieden, dass es dem Arbeitgeber aufgrund seiner Entscheidungsfreiheit zustehen muss, eine Vertretungskraft auch für einen kürzeren Zeitraum zu beschäftigen, als es der Beschäftigungsbedarf hergibt;[849] gleichwohl hat er für den Fall anerkannt, dass trotz eines tatsächlich zu erwartenden langen Vertretungsbedarfs in rascher Folge mit demselben Arbeitnehmer eine Vielzahl kurzfristiger Arbeitsverhältnisse vereinbart wird, die Gefahr des Gestaltungsmissbrauchs näher liegt, als wenn die vereinbarte Befristungsdauer zeitlich nicht hinter dem prognostizierten Vertretungsbedarf zurückbleibt.[850] In diesem Sinne hat auch das LAG Rheinland-Pfalz einer Befristungskontrollklage wegen eines indizierten Rechtsmissbrauchs stattgegeben, weil die Laufzeit der einzelnen Verträge kürzer ausgefallen war als nötig und bei Vertragsabschluss jeweils schon

849 Siehe hierzu Ausführungen auf S. 25.
850 BAG v. 18.07.2012 - 7 AZR 443/09 Rn. 46, NZA 2012, 1351 (1358).

klar gewesen ist, dass die vertretene Arbeitnehmerin so früh nicht an ihren Arbeitsplatz zurückkehren werde.[851]

Letztlich sprechen neben den beweisrechtlichen Gesichtspunkten auch andere praktische Erwägungen gegen die indizierte Annahme eines Rechtsmissbrauchs bei Kurzbefristungen. So sind viele Arbeitgeber bereits branchenspezifisch häufig gar auf Tagesbefristungen angewiesen (Spargelernte, etc.). In solchen Fällen einen indizierten Rechtsmissbrauch anzunehmen, würde der Missbrauchskontrolle nicht gerecht werden.

Bayreuther scheint der Anzahl der vorherigen Befristungen für die Frage nach dem indizierten Rechtsmissbrauch überhaupt keinen Stellenwert beizumessen. So vertritt er die Auffassung, dass das BAG „ganz prominent" auf die Gesamtdauer der bisherigen Befristungen abstellen sollte, da es für den Arbeitnehmer weniger entscheidend sei, wie häufig er befristet wurde, sondern vielmehr, wie lange er bereits für ein- und denselben Arbeitgeber tätig ist.[852] Dieser Auffassung kann nur eingeschränkt zugestimmt werden. Die These, dass kurzzeitige Mehrfachbefristungen weniger einschneidend sind, dürfte gewagt sein. Insbesondere wirken sie sich psychisch belastend auf den Arbeitnehmer aus, indem sie ihn im Ungewissen lassen, ob er bspw. auch noch im nächsten Monat beschäftigt wird oder nicht. Es würde auch den Ausführungen des BAG widersprechen, wenn man der Befristungsgesamtdauer einen derart hohen Stellenwert einräumen würde, dass diese bei der Frage nach der Rechtsmissbräuchlichkeit das (weitgehend) alleinige Kriterium darstellen soll. Zwar reicht es nach Auffassung des Senats grds. aus, wenn nur eine Komponente für sich separat betrachtet in einem besonders gravierenden Ausmaß überschritten wird; gleichwohl wird durch die Ergänzung „insbesondere" zum Ausdruck gebracht, dass auch das BAG primär (erst) bei einem kumulativen Überschreiten der Grenzen des § 14 Abs. 2 TzBfG eine indizierter Betrachtungsweise annimmt.

Verdeutlicht werden kann dies auch an einer Entscheidung des LAG Nürnberg. Die 4. Kammer entschied, dass der Missbrauch der befristungsrechtlichen Gestaltungsmöglichkeit i.S.v. § 242 BGB ausscheidet, wenn die Gesamtdauer von drei befristeten Verträgen elf Jahre und vier Monate beträgt.[853] Bereits aus dem Umstand, dass mit der Klägerin insgesamt „nur" drei befristete Verträge abgeschlossen worden sind, lässt sich ein Rechtsmissbrauch nicht ableiten.[854]

Nach der Auffassung von *Bayreuther* dürfte aufgrund der von ihm vertretenen „Vormachtstellung" der Befristungsgesamtdauer letzteres Argument unerheblich sein, sofern er die zeitliche Dauer von mehr als elf Jahren als ein gravierendes Ausmaß qualifiziert. Dies würde m.E. jedoch außer Acht lassen, dass die geringe Anzahl der Befristungen aufgrund der einzelnen konkreten Forschungsprojekte das

851 LAG Rheinland-Pfalz v. 11.01.2013 - 9 Sa 366/12, BeckRS 2013, 67504.

852 *Bayreuther*, NZA 2013, 23 (25). Ob er hiermit jedoch meint, dass die Gesamtdauer „ausschließliches" Kriterium sein soll, wird nicht ganz deutlich.

853 LAG Nürnberg, 11.07.2012, 4 Sa 82/12, BeckRS 2012, 75235.

854 LAG Nürnberg, 11.07.2012, 4 Sa 82/12, BeckRS 2012, 75235.

langjährige befristete Arbeitsverhältnis in einem anderen Licht erscheinen lässt.[855] Mangels kumulativer Wirkung hat das LAG Nürnberg richtigerweise einen indizierten Missbrauch abgelehnt.

Als Zwischenergebnis wird man festhalten müssen, dass erst das Zusammenspiel von Befristungsgesamtdauer und Befristungsanzahl zu einem indizierten Rechtsmissbrauch führen kann. Erst „Extremfälle" dürften dazu führen, dass lediglich eine Komponente für die Annahme einer Indizwirkung ausreichend ist.

- Aktuelle Tendenzen der Instanzgerichte zum Rechtsmissbrauch

Bislang haben die jeweiligen Kammern der Instanzgerichte ein recht gutes „Gespür" bewiesen, ob und ab wann ein Zusammenspiel von Anzahl und Dauer der Befristungen die Grenzen des § 14 Abs. 2 TzBfG im Übermaß überschritten haben. So entschied die 10. Kammer des LAG Rheinland Pfalz in Anlehnung an die groben Orientierungshilfen des 7. Senats, dass bei einer Gesamtdauer von sechs Jahren und elf Monaten und einer Anzahl von acht Befristungen der Rechtsmissbrauch nicht indiziert sei.[856] Wenige Wochen später lag der 9. Kammer das LAG Rheinland-Pfalz ein Sachverhalt vor, der sie bei einer Gesamtdauer von neun Jahren und fünf Monaten und einer Anzahl von insgesamt 17 Befristungen zur Annahme eines indizierten Rechtsmissbrauchs veranlasste.[857] Über einen sog. Grenzfall dürfte hingegen das LAG Schleswig-Holstein entschieden haben. Im Ergebnis reichten neun Befristungen bei einer Gesamtdauer von sieben Jahren und drei Monaten für einen indizierten Rechtsmissbrauch nicht aus.[858] Die Kammer war sich jedoch ihrer Sache auch nicht ganz sicher und so führte sie rein vorsorglich an, dass selbst wenn der Gestaltungsmissbrauch bereits indiziert wäre, besondere Umstände vorlägen, die einen solchen entkräften würden.[859]

Doch gibt es auch zwei vermeintliche Ausreißer, die kritisch beleuchtet werden sollen. So entschied das LAG Hamm, dass bei einer Befristungsdauer von 14 Jahren und einer Anzahl von insgesamt 14 Befristungen der Rechtsmissbrauch nicht indiziert sei.[860] Im Hinblick auf die Vorgaben des BAG dürfte diese Auffassung nur schwer vertretbar sein, da ein „gravierendes Ausmaß", insbesondere aufgrund des massiven Überschreitens der Befristungsdauer und Befristungsanzahl unstreitig erreicht sein dürfte. Ein Blick auf das Verkündungsdatum der Entscheidung relativiert jedoch die indizielle Einordnung. Im Zeitpunkt der Urteilsverkündung am

---

855 LAG Nürnberg, 11.07.2012, 4 Sa 82/12, BeckRS 2012, 75235.

856 LAG Rheinland-Pfalz v. 13.12.2012 - 10 Sa 359/12, BeckRS 2013, 65718.

857 LAG Rheinland-Pfalz v. 11.01.2013 - 9 Sa 366/12, BeckRS 2013, 67504, wobei neben Anzahl und Dauer der Vorbefristungen auch die gleichbleibende Beschäftigung und Inkongruenz von zu erwartender Dauer des Vertretungsbedarfs und Dauer der jeweils vereinbarten Befristungen berücksichtigt worden sind.

858 LAG Schleswig-Holstein v. 19.12.2012, 6 Sa 62/12, BeckRS 2013, 66219.

859 LAG Schleswig-Holstein v. 19.12.2012, 6 Sa 62/12, BeckRS 2013, 66219.

860 LAG Hamm v. 01.08.2012 - 5 Sa 291/12, BeckRS 2013, 66925.

01.08.2012 lagen die Entscheidungsgründe des BAG noch nicht vor. Zwar erfolgt eine Auseinandersetzung mit der bis dato vorliegenden Pressemitteilung; doch wird die Indizwirkung anhand der Gesamtbefristungsdauer bzw. Anzahl der Vorbefristungen nicht thematisiert.[861] Die Kammer lehnt einen Gestaltungsmissbrauch i.S.d. § 242 BGB allein damit ab, dass die dauerhafte Vertretung einer Person kein Indiz für das eigentliche Vorhandensein eines Mehrbedarfs an Personal sei. Im Ergebnis wäre es wohl richtig gewesen, den indiziellen Rechtsmissbrauch zunächst anzunehmen, der durch den Vortrag des Arbeitgebers zu den besonderen Umständen des Einzelfalls ausgeräumt worden ist.[862]

Besonderer Aufmerksamkeit soll der Entscheidung des LAG Rheinland-Pfalz vom 24.01.2013 gewidmet werden. Dieses entschied, dass bei einer Gesamtdauer von fünf Jahren und sechs Monaten und einer Anzahl von acht Befristungen der Rechtsmissbrauch indiziert sei.[863] Hintergrund der Entscheidung war, dass als Maßstab für die Frage nach einem gravierenden Ausmaß nicht § 14 Abs. 2 TzBfG, sondern § 33 des Tarifvertrags für die Arbeitnehmerinnen und Arbeitnehmer der Bundesagentur für Arbeiten (TV-BA) als lex specialis herangezogen worden ist. Die Vorschrift regelt in Abs. 3, dass ein befristeter Arbeitsvertrag ohne sachlichen Grund in der Regel zwölf Monate nicht unterschreiten soll; die Vertragsdauer muss mindestens sechs Monate betragen. Das LAG Rheinland-Pfalz hat hieraus abgeleitet, dass § 33 Abs. 3 TV-BA als Regelfall nur die einmalige Verlängerung vorsehe. Da der Arbeitgeber den befristeten Arbeitsvertrag in dem streitgegenständlichen Fall jedoch achtmal verlängerte, sei die zulässige Anzahl in einem besonders gravierenden Ausmaß überschritten und der Rechtsmissbrauch daher indiziert.

M.E. ist die Überlegung, dass die Rechtsprechung des BAG im Anwendungsbereich von tarifvertraglichen Regelungen zu modifizieren ist, grds. nachvollziehbar und korrekt. Dies ergibt sich bereits aus § 14 Abs. 2 S. 3 TzBfG. Insofern können bei Tarifverträgen unter Umständen abweichende Maßstäbe gelten. Gleichwohl sind die Ausführungen des LAG Rheinland-Pfalz nicht vertretbar. Denn was das „Nichtunterschreiten" von zwölf Monaten betrifft, handelt es sich um eine bloße Sollvorgabe, an deren Nichteinhaltung keine Rechtsfolgen geknüpft sind.[864] Der Arbeitgeber ist rechtlich nicht gehindert, sachgrundlos befristete Arbeitsverträge lediglich für sechs Monate abzuschließen und dreimalig jeweils für sechs weitere Monate zu verlängern.[865] Darüber hinaus sind die acht „Verlängerungen" nicht ausschließlich sachgrundlos erfolgt, und für sachgrundbefristete Verträge gelten die Grenzen des § 33 Abs. 3 TV-BA gerade nicht.

Die angerissenen Entscheidungen zeigen auf, dass die Instanzgerichte zumindest bemüht sind, die Vorgaben des BAG adäquat umzusetzen und die Wertungen

861 LAG Hamm v. 01.08.2012 - 5 Sa 291/12, BeckRS 2013, 66925.
862 LAG Hamm v. 01.08.2012 - 5 Sa 291/12, BeckRS 2013, 66925.
863 LAG Rheinland-Pfalz v. 24.01.2013, 11 Sa 344/12, BeckRS 2013, 67503.
864 KR-*Bader*, § 30 TVöD Rn. 8.
865 ArbG Berlin v. 16.11.2011 - 60 Ca 8266/11, BeckRS 2012, 65779.

im Bedarfsfall, wenn auch im Ergebnis nicht immer rechtskonform, zu modifizieren. Gleichwohl hat man den Eindruck, dass sich die Landesarbeitsgerichte bei der Festlegung der maßgeblichen Grenze bislang auch auf ihr „Bauchgefühl" verlassen haben. Jedenfalls finden sich in den Entscheidungsgründen nur spärliche Ausführungen, anhand welcher (zahlenmäßigen) Faktoren sie den Maßstab für den indizierten Rechtsmissbrauch ermittelt haben. Insofern wird man einerseits gespannt sein dürfen, ob die vom Senat in quantitativer Hinsicht gegebenen Orientierungshilfen von den Instanzgerichten verfeinert bzw. näher begründet werden. Andererseits wird man sich nach der Analyse der bisherigen Entscheidungen auch die Frage stellen müssen, ob es überhaupt sinnvoll ist, eine weitere numerische Eingrenzung vorzunehmen ist.

In der Literatur finden sich hierzu bereits einige Ansatzpunkte. So vertreten *Bruns* und *Lakies* die Auffassung, dass die Grenze für die Höchstbefristungsdauer erst ab dem 8. Jahr überschritten sein dürfte.[866] *Grolms* ist der Auffassung, dass bei einer Beschäftigungsdauer von mehr als zehn Jahren und einer Anzahl von zehn oder mehr befristeten Arbeitsverträgen vom Vorliegen eines Rechtsmissbrauchs ausgegangen werden kann.[867] Auch *Persch* stellt auf einen relevanten Zeitraum von neun bis zehn Jahren ab. Als Begründung führt er an, dass man auf die vom BAG zum Arbeitsentgelt entwickelte 25%-Regelung zurückgreifen könnte.[868] Unter Zugrundelegung der aktuellen durchschnittlichen Lebensarbeitszeit von ca. 37 Jahren errechnet er hieraus eine zulässige Gesamtbefristungsdauer von zehn Jahren.[869]

Aus der bislang ergangenen Judikatur wird man zumindest ableiten können, dass in zeitlicher Hinsicht bei Befristungen von bis zu acht Jahren ein indizierter Rechtsmissbrauch abzulehnen ist, sofern die Anzahl der Befristungen in einem ausgewogenen bzw. angemessenen Verhältnis zur Gesamtbefristungsdauer steht. Selbst das geringe Überschreiten der Befristungsanzahl zur Befristungsdauer (neun Befristungen in sieben Jahren und drei Monaten) deutet nicht zwingend auf einen Gestaltungsmissbrauch hin.[870] In zeitlicher Hinsicht dürfte insofern das vierfache Überschreiten der in § 14 Abs. 2 TzBfG geregelten Gesamtdauer von zwei Jahren zumindest ein sachgerechter und verhältnismäßiger Anknüpfungspunkt für eine indizierte Betrachtungsweise sein. Gleiches gilt dem Grunde nach für die Anzahl der Befristungen. So sieht 14 Abs. 2 S. 1 Hs. 2 TzBfG die dreimalige Verlängerung des befristeten Arbeitsverhältnisses vor. Multipliziert mit dem Faktor 4 ergibt sich eine Befristungsanzahl von zwölf Befristungen (sog. Faktor-4-Formel). Es ist daher gut vertretbar anhand dieser Formel solche Konstellationen als rechtsmissbräuchlich zu qualifizieren, bei denen der befristet Beschäftigte über einen Zeitraum von acht Jahren zwölf befristete Arbeitsverträge erhalten hat. Dabei ist diese Berechnungsweise

866 *Bruns*, NZA 2013, 769 (771); *Lakies*, PersR 2013, 54 (56).
867 *Grolms*, AiB 2013, 66 (68).
868 *Persch*, ZTR 2012, 268 (272).
869 *Persch*, ZTR 2012, 268 (272).
870 Vgl. LAG Schleswig-Holstein v. 19.12.2012, 6 Sa 62/12, BeckRS 2013, 66219.

keinesfalls starr zu verstehen. Vielmehr können an dieser Stelle die oben angeführten Wertungen von *Bayreuther*, wenn auch nicht in vollem Umfang, einfließen. Danach ist im Zweifelsfall der Gesamtbefristungsdauer ggü. der Anzahl der Befristungen ein höherer Stellenwert einzuräumen. Dies kann letztlich dazu führen, dass das Ansteigen der Gesamtbefristungsdauer unter Absinken der Anzahl der zulässigen Befristungen, gleichwohl eine rechtsmissbräuchliche Verwendungsweise indizieren kann.

Dies ergibt sich aus den Wertungen der Sonderbefristungstatbestände der §§ 14 Abs. 2a und 3 TzBfG. Hier hat der Gesetzgeber lediglich der Befristungsdauer eine Höchstgrenze gesetzt, während die Anzahl der Befristungen bei älteren Arbeitnehmern und bei Existenzgründern keinerlei Einschränkung erfahren hat. Selbst eine Vielzahl von Verlängerungen hat innerhalb dieser beiden Vorschriften keinen Einfluss auf die Wirksamkeit der Befristung. Zwar führt dies nach den obigen Ausführungen nicht dazu, dass für die Rechtsmissbrauchsprüfung die Anzahl der Befristungen vollständig auszublenden ist; gleichwohl ist es gut vertretbar, in Zweifelsfällen der Gesamtbefristungsdauer ggü. der Gesamtbefristungsanzahl einen höheren Stellenwert beizumessen. Auf diese Weise können auch Grenzfälle, wie z.B. zehn Befristungen in 8,5 Jahren zur Annahme eines indizierten Rechtsmissbrauchs führen.

c) *Auswirkung zeitlicher Unterbrechungen auf den Maßstab der Rechtsmissbrauchsprüfung*

Während die Feststellung der Anzahl der Befristungen in der Praxis wenig Schwierigkeiten bereiten dürfte, wirft die Berechnung der Gesamtbefristungsdauer jedoch Fragen auf. So wird in rechtlicher Hinsicht noch zu klären sein, wie sich mehr oder weniger kurzzeitige Unterbrechungen zwischen den Vertragsverlängerungen auf die Berechnung der Gesamtbefristungsdauer auswirken. Das BAG hatte bislang lediglich entschieden, dass eine dreijährige Unterbrechung gegen die Annahme von „aufeinanderfolgenden Arbeitsverhältnissen" bzw. „Befristungsketten" spreche.[871] Die zitierte Entscheidung bezieht sich jedoch ausschließlich auf die Frage nach einem Verstoß gegen das Anschlussverbot bei der Aneinanderreihung von sachgrundlosen Befristungen. Das Verbot der „Zuvor-Beschäftigung" soll den Arbeitnehmer davor schützen, in einem Zeitfenster von drei Jahren bei Ausschöpfung einer zweijährigen Befristungsdauer erneut sachgrundlos beschäftigt zu werden. Hingegen wird man aus der Entscheidung des BAG nicht ableiten können, dass diese 3-Jahres-Grenze auch auf die vorliegende Problematik zu übertragen ist und demzufolge erst bei einer entsprechend langen Unterbrechung von einer Neuberechnung der Gesamtbefristungsdauer auszugehen ist.

Mit Urteil vom 10.07.2013 hatte sich das BAG mit der Frage auseinanderzusetzen, inwiefern Unterbrechungszeiten in einer langjährigen Befristungskette, Auswirkungen auf eine rechtsmissbräuchliche Inanspruchnahme des Rechtsinstituts der Vertretungsbefristung haben können.[872] Die klagende Arbeitnehmerin war zunächst

871 BAG v. 06.04.2011 - 7 AZR 716/09 Rn. 25, NZA 2011, 905 (908).
872 BAG v. 10.07.2013 - 7 AZR 761/11, NZA 2014, 26.

von November 2000 bis August 2002 – teilweise mit mehrmonatigen Unterbrechungen – aufgrund vier befristeter Verträge bei der Beklagten angestellt. Das Arbeitsverhältnis wurde letztlich durch Auflösungsvertrag vom 30. 08.2002 beendet. Es folgten ab dem 03.08.2004 zwei weitere befristete Arbeitsverhältnisse bis einschließlich 31.07.2005. Vom 01.03.2006 bis zum 31.12 2009 wurde die Arbeitnehmerin erneut aufgrund von vier befristeten Verträgen durchgehend beschäftigt. Das BAG entschied, dass bei isolierter Beurteilung dieses (letzten) Zeitabschnitts eine Missbrauchsprüfung weder durch die gesamte Dauer der befristeten Arbeitsverhältnisse (unter vier Jahren) noch durch die Anzahl der Befristungen veranlasst sei; gleichwohl sei sie nicht entbehrlich, da das Landesarbeitsgericht als Tatsachengericht auch die früheren befristeten Arbeitsverhältnisse in seine Gesamtwürdigung einbeziehen müsse.[873] Dabei können nicht unerhebliche Unterbrechungszeiten gegen eine rechtsmissbräuchliche Verwendungsweise von Kettenbefristungen sprechen. Ob dies vorliegend der Fall sei, habe die Vorinstanz zu entscheiden.[874]

In der Literatur und unterinstanzlichen Rechtsprechung finden sich bereits einige Lösungsansätze zu voranstehenden Problematik. Nach *Bruns* dürfte die Grenze zu einer „schädlichen" Unterbrechung wie bei der Unterbrechung der Wartezeit nach § 1 Abs. 1 KSchG gehandhabt werden.[875] Hierzu hat das BAG entschieden, dass für den Fall, dass zwischen befristeten Arbeitsverhältnissen immer wieder mehrere Monate liegen, eine Anrechnung der Dauer des vorausgegangenen Arbeitsverhältnisses auf die Wartezeit des § 1 Abs. 1 KSchG für die Geltung des Kündigungsschutzgesetzes nicht in Betracht komme.[876] Nur wenn zwischen dem alten und dem neuen Arbeitsverhältnis ein enger sachlicher Zusammenhang bestehe, der regelmäßig bei drei Wochen liegt, könne regelmäßig eine Anrechnung stattfinden.[877] In diesem Sinne hat auch das LAG Düsseldorf entschieden, dass es keinen Anlass dafür gebe, bei der Prüfung, ob Kettenbefristungen den Rückschluss auf einen Dauerbedarf zulassen, einen anderen Maßstab anzulegen.[878]

Anhaltspunkte, wie viele Tage zwischen den mehrfach befristeten Arbeitsverhältnissen liegen müssen, damit sie nicht als aufeinanderfolgend i.S.d. § 5 der Rahmenvereinbarung gelten, können auch die Entscheidungen des EuGH in Sachen *Adeneler* und *Fiamingo* liefern.[879] Die Luxemburger Richter entschieden im Fall *Adeneler*, dass § 5 der Rahmenvereinbarung über befristete Arbeitsverträge dahin auszulegen sei, dass er einer nationalen Regelung entgegensteht, nach der als „aufeinanderfolgend" im Sinne dieses Paragrafen nur die befristeten Arbeitsverhältnisse gelten, die

873 BAG v. 10.07.2013 - 7 AZR 761/11 Rn. 30, NZA 2014, 26 (30).
874 BAG v. 10.07.2013 - 7 AZR 761/11 Rn. 30, NZA 2014, 26 (30).
875 *Bruns*, NZA 2013, 769 (771).
876 BAG v. 22.09.2005 - 6 AZR 607/04, NZA 2006, 429 (430).
877 BAG v. 22.09.2005 - 6 AZR 607/04, NZA 2006, 429 (430).
878 LAG Düsseldorf v. 13.01.2012 - 6 Sa 1238/11, BeckRS 2013, 70235.
879 EuGH v. 04.07.2006 - C-212/04 (*Adeneler*), BeckRS 2006, 70506; EuGH v. 03.07.2014 - C-362/13 (*Fiamingo*), BeckRS 2014, 81092; vgl. auch *Bruns*, NZA 2013, 769 (771).

höchstens 20 Werktage auseinanderliegen[880] Im der Rechtssache *Fiamingo* wurde hingegen eine Vorschrift des italienischen Rechts, wonach ein Arbeitsverhältnis als ununterbrochen gilt, wenn die befristeten Arbeitsverträge höchstens 60 Tage auseinander liegen, grds. als unionsrechtskonform eingestuft.[881] Letztlich obliege es jedoch dem vorlegenden Gericht, zu überprüfen, ob die tatsächliche Anwendung dieser Regelung eine Maßnahme bildet, die geeignet ist, den missbräuchlichen Einsatz aufeinanderfolgender befristeter Arbeitsverhältnisse zu verhindern und zu ahnden.[882]

M.E. ist die Gefahr einer Umgehung der Rechtsmissbrauchslösung zu groß, wenn man bereits bei einer Unterbrechung von knapp drei Wochen die Neuberechnung bzw. den Neulauf der Befristungsdauer vertreten würde.[883] Dies hat auch der EuGH in der Rechtssache *Adeneler* erkannt.[884] Vielmehr wäre es angemessen, erst längere Unterbrechungen als befristungsunschädlich einzustufen, damit dem Arbeitgeber erst gar kein Instrument in die Hand gegeben wird, durch eine mehrwöchige „Betriebspause“ die Uhren für neue Befristungen „auf Null“ zu stellen. Ob bei langjährigen Kettenbefristungen bereits eine Unterbrechung von 60 Tagen zwischen den Arbeitsverhältnissen als ausreichend für eine Neuberechnung der Gesamtbefristungsdauer ist, dürfte fraglich sein. M.E. ist die Entscheidung auf die hiesige Problematik nur bedingt übertragbar. In der Rechtssache *Fiamingo* ging es maßgeblich um die Frage, welche Auswirkungen zeitliche Unterbrechungen zwischen zwei Arbeitsverträgen auf die Berechnung einer einjährigen Höchstbefristungsdauer haben. War der Arbeitnehmer auf Grundlage mehrerer Arbeitsverträge länger als ein Jahr „ununterbrochen“ befristet beschäftigt, sah die italienische Rechtsvorschrift über befristete Arbeitsverträge von Seeleuten, die Umwandlung in ein unbefristetes Arbeitsverhältnis vor.[885] Dabei darf m.E. nicht unberücksichtigt bleiben, dass die befristete Einstellung der Seeleute pro Reise lediglich bis zu einer Dauer von höchstens 78 Tagen erfolgte.[886] Eine Unterbrechung von 60 Tagen zwischen zwei Arbeitsverträgen steht damit in einem angemessen Verhältnis zu der kurzen Dauer der Einzelbefristung.

Sofern im nationalen Recht teilweise langjährig mehrfach befristete Arbeitsverhältnisse abgeschlossen werden, ist der Zeitrahmen zwischen den einzelnen Verträgen großzügiger zu bemessen, um den Missbrauch von Kettenbefristungen wirksam begegnen zu können. M.E. ist zu erwägen, als Anknüpfungspunkt den Rechtsgedanken der früheren Bestimmung in § 1 Abs. 3 S. 2 BeschFG 1985 heranzuziehen. Dieser regelte – wie bereits auf S. 14 ausgeführt – die Frage, wann zu einem vorhergehenden befristeten oder unbefristeten Arbeitsvertrag mit demselben Arbeitgeber ein enger und sachlicher Zusammenhang bestand. Ein solcher wurde unwiderleglich vermutet, wenn zwischen den befristeten Arbeitsverträgen ein Zeitraum von bis zu

880 EuGH v. 04.07.2006 - C-212/04 (*Adeneler*), BeckRS 2006, 70506.
881 EuGH v. 03.07.2014 - C-362/13 (*Fiamingo*), BeckRS 2014, 81092.
882 EuGH v. 03.07.2014 - C-362/13 (*Fiamingo*), BeckRS 2014, 81092.
883 Vgl. auch *Preis/Sagan*, Europäisches Wirtschaftsrecht, § 9 Rn. 172.
884 Vgl. EuGH v. 04.07.2006 - C-212/04 Rn. 85 (*Adeneler*), BeckRS 2006, 70506.
885 EuGH v. 03.07.2014 - C-362/13 (*Fiamingo*), BeckRS 2014, 81092.
886 EuGH v. 03.07.2014 - C-362/13 Rn. 20 (*Fiamingo*), BeckRS 2014, 81092.

vier Monaten lag. Insofern ist es sachgerecht, dass die Gesamtbefristungsdauer erst dann der Neuberechnung unterliegt, wenn zwischen den befristeten Arbeitsverhältnissen ein Zeitraum von mehr als vier Monaten besteht. Dieser Zeitspanne nähert sich auch (ohne dogmatische Begründung) das LAG Rheinland-Pfalz an, wonach zumindest kurzzeitige Unterbrechungen von gut zwei Monaten nicht ausreichend sind, um an einer durchgängigen Kettenbefristung zu zweifeln.[887]

d) Weitere Komponenten der Rechtsmissbrauchsprüfung

Sind Befristungsdauer und -anzahl erst einmal bestimmt und damit die erste Hürde für eine objektivierte Missbrauchsprüfung überwunden, bleibt es letztlich den Instanzgerichten überlassen, den indizierten Rechtsmissbrauch anzunehmen oder nicht. Dabei ist das Risiko einer „Rechtszersplitterung" aufgrund geringfügig abweichender Befristungsmaßstäbe innerhalb der Instanzgerichte als unwesentlich einzuschätzen. So wie der Arbeitgeber nicht mit hundertprozentiger Sicherheit voraussagen sagen, ob die Vielzahl seiner Befristungen der Annahme eines indizierten Rechtmissbrauchs standhalten wird, ist auch dem Kündigungsrecht immanent, dass die Frage nach der Wirksamkeit einer Kündigung im Kündigungsschutzverfahren einem „Lotteriespiel" gleicht.[888] Denn auch hier führen Begrifflichkeiten wie Unzumutbarkeit, Interessenabwägung, Verhältnismäßigkeitsgrundsatz, ultima-ratio- und Prognoseprinzip dazu, dass die unterschiedliche Gewichtung der einzelnen Merkmale bei der Kündigung zu differierenden Entscheidungen führen kann.[889] Niemand fordert im Kündigungsrecht ernsthaft, feste Maßstäbe dergestalt zu bilden, dass bei einem Diebstahl von 10,00 € aus der Geschäftskasse stets von der Wirksamkeit einer fristlosen Kündigung auszugehen ist, während diese bei der unbefugten Herausnahme von 1,00 € nicht verhältnismäßig wäre. Immer dort, wo Angemessenheitsprüfungen vorzunehmen sind und der individuelle Sachverhalt in den Fokus rückt, kann man keine „feste" Konsequenz oder Rechtsfolge bestimmen.

Im Zweifel sollte die Judikative bei Grenzfällen, bei denen die „magische" Schwelle zum indizierten Rechtsmissbrauch nicht überschritten scheint, dem Arbeitnehmer aufgeben, zur Untermalung seines Vortrages weitere Umstände vorzutragen. Dabei ist dieser Gedanke auch im Befristungsrecht keineswegs neu. Denn die vorzunehmende Gesamtbetrachtungsweise erinnert ein wenig an die früher vertretene Rechtsprechung des BAG „zum äußeren Anschein" unwirksamer Sachgrundbefristungen.[890] Nach der damaligen Auffassung des Großen Senats oblag dem Arbeitnehmer die Darlegungs- und Beweislast dafür, dass für den Abschluss des befristeten Arbeitsvertrages keine sachlich vernünftigen Gründe vorgelegen haben.[891] Da jedoch der Beweis einer

887 LAG Rheinland-Pfalz v. 11.01.2013 - 9 Sa 366/12, BeckRS 2013, 67504.

888 Vgl. *Stückmann/Kohlepp*, RdA 2000, 331.

889 *Stückmann/Kohlepp*, RdA 2000, 331.

890 BAG v. 04.02.1971 - 2 AZR 144/70, AP Nr. 35 zu § 620 BGB Befristeter Arbeitsvertrag.

891 BAG, Beschl. v. 12.10.1960 - GS 1/59, AP Nr. 16 zu § 620 BGB Befristeter Arbeitsvertrag = NJW 1961, 798.

negativen Tatsache erfahrungsgemäß besondere Schwierigkeiten bereitet, wurde es schließlich als ausreichend erachtet, wenn der befristet Beschäftigte auf solche Tatsachen hingewiesen hat, die zumindest den ersten Anschein rechtfertigen, die Befristung des abgeschlossenen Arbeitsvertrages entbehre der sachlichen Berechtigung.[892]

Nach heutiger Rechtsprechung hat der Arbeitgeber lediglich das Vorliegen eines Sachgrundes zu beweisen. Er muss dessen rechtsmissbräuchliche Verwendungsweise nur dann widerlegen, wenn aufgrund der Anzahl und Dauer vorherigen Befristungen ein besonders gravierendes Ausmaß erreicht ist. Im Übrigen obliegt dem Arbeitnehmer die Beweislast. Da auch hier Schwierigkeiten für den Arbeitnehmer bestehen, den Vollbeweis des Rechtsmissbrauchs zu erbringen, hilft ihm der Senat, indem er neben den zeitlichen, weitere für einen Missbrauch sprechende objektive Umstände vorzutragen hat. Insofern rückt – wenn auch in einem anderen Zusammenhang – der äußere Anschein der Befristung zurück in den Vordergrund.

Dabei wurde bereits vor der Grundsatzentscheidung des BAG vom 18.07.2012 gemutmaßt, welche Komponenten bei der Missbrauchsprüfung berücksichtigungsfähig sein können. *Brose/Sagan*[893] und *Persch*[894] haben ein Bündel objektiver und transparenter Kriterien genannt, die je nach Einzelfall als prüfungsrelevant zu erachten sind:

- Laufzeit der einzelnen befristeten Arbeitsverträge.
- Differenz zwischen der Dauer des jeweils prognostizierten Vertretungsbedarfs und der Laufzeit der befristeten Arbeitsverträge.
- Kontinuität der ausgeübten Tätigkeit.
- Arbeitsvertragliche Gleichwertigkeit von Vertreter und Vertretenem.
- Deckung eines dauerhaften Vertretungsbedarfs mit befristeten Arbeitsverträgen.
- Anzahl der zu vertretenen oder vertretenden Arbeitnehmer.
- Räumliche Entfernung der Arbeitsplätze des Vertretenen und des Vertreters.[895]

Das BAG hat sich einige der vorbenannten Inhalte zu Eigen gemacht und näher konkretisiert. Danach kann unter anderem von Bedeutung für die Missbrauchsprüfung sein, ob der Arbeitnehmer stets auf demselben Arbeitsplatz mit denselben Aufgaben beschäftigt wird, oder ob es sich um wechselnde, ganz unterschiedliche Aufgaben handelt.[896] Diesen wichtigen Aspekt hatte bereits *Jääskinen* in seinem Schlussantrag aufgegriffen und verdeutlicht, dass für den Fall, dass der befristet Beschäftigte ähnliche Aufgaben wahrgenommen hat, die zu den gewöhnlichen Daueraufgaben des Arbeitgebers gehören, und dies mehrere Jahre hintereinander, ein Missbrauch

892 BAG v. 04.02.1971 - 2 AZR 144/70, AP Nr. 35 zu § 620 BGB Befristeter Arbeitsvertrag.

893 *Brose/Sagan*, NZA 2012, 308 (310).

894 *Persch*, ZTR 2012, 268 (271).

895 Diese von *Persch* in ZTR 2012, 268 (271) genannte Komponente, wird vor allem noch bei den Ausführungen der Vertretungsbefristung aufgrund gedanklicher Zuordnung Berücksichtigung finden.

896 BAG v. 18.07.2012 - 7 AZR 443/09 Rn. 45, NZA 2012, 1351 (1358).

naheliegen kann.[897] Zahlreiche weitere Gesichtspunkte können bei der Gesamtwürdigung ebenfalls eine Rolle spielen.[898] Eine abschließende Bezeichnung aller zu berücksichtigenden Umstände ist kaum möglich.[899] Vor allem ist es – entgegen teilweise in der Literatur vertretenen Auffassungen – gar nicht notwendig, dass die berücksichtigungsfähigen Umstände abschließend festgelegt oder untereinander nach ihrer Relevanz gewichtet werden sollten. Bereits dem BAG war bewusst, dass die Konkretisierung ein evolutionärer Prozess ist, der im Laufe der Rechtsprechung fortzuentwickeln ist.

Gleichwohl sind eine Reihe von Entscheidungen veröffentlicht worden, in denen eine nähere Konkretisierung zu finden ist. Hervorstechend ist dabei vor allem das Urteil der 11. Kammer des LAG Rheinland-Pfalz vom 24.01.2013.[900] Zur Bewertung, ob neben der Anzahl und Dauer vorheriger Befristungen weitere Umstände auf einen Rechtsmissbrauch hindeuten, führt die Kammer an, dass zwei der neun befristeten Arbeitsverträge gemäß § 14 Abs. 1 S. 2 Nr. 7 TzBfG auf haushaltsrechtliche Erwägungen gestützt worden sind, obwohl die Befristungsabreden nach der Rechtsprechung des BAG unwirksam gewesen seien.[901] Das LAG hat damit eine weitere Komponente, nämlich die Unwirksamkeit vorheriger Befristungen, ins Feld geführt und diese für die Missbrauchsprüfung herangezogen. Das Kuriose an der Entscheidung ist auch, dass gut einen Monat zuvor die 10. Kammer des LAG Rheinland-Pfalz entschieden hatte, dass von der klagenden Arbeitnehmerin frühere Befristungsabreden nicht im Klageweg angegriffen worden sind und daher die Tatsache, dass die Rechtfertigung des befristeten Arbeitsverhältnisses nicht auf den Sachgrund der haushaltsrechtlichen Befristung gestützt werden durfte, keine Berücksichtigung finden könne. Eine vorherige unwirksame Befristungsabrede stelle nämlich keinen Umstand dar, der neben einer Beschäftigungsdauer von sechs Jahren und sieben Monaten und vier Befristungen auf einen Rechtsmissbrauch hindeute.[902]

Im Ergebnis ist die von der 11. Kammer vertretene Auffassung im Hinblick auf § 17 TzBfG i.V.m. § 7 KSchG kaum tragbar. Das LAG geht bei seinen Ausführungen rechtsirrig davon aus, dass Umstände aus vorherigen Befristungen, die nicht innerhalb der 3-Wochen-Frist angegriffen worden sind, gleichwohl bei der Rechtsmissbrauchsprüfung Berücksichtigung finden können.[903] M.E. verkennt diese Rechtsansicht den Sinn und Zweck der Missbrauchsprüfung. Diese soll gerade nicht über § 17 TzBfG hinaus eine Überprüfung des materiellen Inhalts vorheriger Befristungen ermöglichen. Anderenfalls würde die Theorie über den Streitgegenstand ad absurdum geführt werden. Aus einem Verstoß gegen die Voraussetzungen einer

---

897 Schlussantrag des Generalanwalts v. 15.09.2011 - C-313/10 Rn. 38, BeckRS 2011, 81466.
898 BAG v. 18.07.2012 - 7 AZR 443/09 Rn. 47, NZA 2012, 1351 (1358).
899 BAG v. 18.07.2012 - 7 AZR 443/09 Rn. 38, NZA 2012, 1351 (1356 f.).
900 LAG Rheinland-Pfalz v. 24.01.2013 - 11 Sa 344/12, BeckRS 2013, 67503.
901 LAG Rheinland Pfalz v. 24.01.2013 - 11 Sa 344/12, BeckRS 2013, 67503.
902 LAG Rheinland Pfalz v. 13.12.2012 - 10 Sa 359/12, BeckRS 2013, 65718.
903 LAG Rheinland Pfalz v. 24.01.2013 - 11 Sa 344/12, BeckRS 2013, 67503.

Befristungsnorm kann man nicht rückwirkend ableiten, dass die Befristungsabrede als solche rechtsmissbräuchlich gewesen ist. Anderenfalls könnte selbst ein einfacher oder mehrfacher Verstoß gegen die zwingende Formvorschrift des § 14 Abs. 4 TzBfG dazu führen, dass er als Anhaltspunkt für einen Gestaltungsmissbrauch herangezogen wird.

Fragwürdig an der Entscheidung ist auch der Umstand, dass das LAG Rheinland-Pfalz von einer intransparenten Vertragsgestaltung spricht, weil bei einer vorherigen Befristung die Angabe des Befristungsgrundes fehlte.[904] Im Hinblick auf ein gesetzlich nicht geregeltes Zitiergebot im deutschen Befristungsrecht kann dieser Faktor nach richtiger Auffassung innerhalb der Missbrauchsprüfung gar nicht berücksichtigungsfähig sein. Da der Arbeitgeber im Falle eines indizierten Rechtsmissbrauchs ohnehin gehalten ist, sich durch die Darlegung der einzelnen Sachgründe zu entlasten, kann ihm ein fehlender Vermerk über den Befristungsgrund ohnehin erhebliche Schwierigkeiten bereiten. Insofern bedarf es der pauschalen Annahme einer intransparenten Vertragsgestaltung gar nicht.

Gespannt wird man letztlich sein können, ob das BAG bei einem Sachgrund nach § 21 BEEG einen geringeren Missbrauchsmaßstab ansetzt als bei Mehrfachbefristungen, die auf § 14 Abs. 1 S. 2 Nr. 3 TzBfG gestützt werden. Hierzu wurde eingangs bereits angeführt, dass nach einer früher vertretenen Auffassung im Anwendungsbereich des § 21 BEEG der richterlich entwickelte und später aufgegebene Grundsatz, dass mit zunehmender Dauer und Anzahl befristeter Verträge die Anforderungen an den sachlichen Grund steigen, keine Anwendung findet.[905] Konsequenterweise wird man vertreten können, dass im Falle einer Befristung nach § 21 BEEG die vom BAG angeregten Befristungsgrenzen für den indizierten Rechtsmissbrauch höher angelegt werden.[906] Eine aktuelle Entscheidung des BAG vom 29.04.2015 dürfte hierauf hindeuten.[907] Zwar ist vom 7. Senat bei einer Gesamtdauer von fast 15 Jahren und einer Anzahl von 10 befristeten Verträgen ein indizierter Rechtsmissbrauch angenommen worden; doch konnte der Arbeitgeber trotz dieses besonders gravierenden Ausmaßes die Annahme des Gestaltungsmissbrauchs widerlegen, da die wiederholte Befristung auf der Abwesenheit der Stammarbeitnehmerin aufgrund der Geburt von drei Kindern und dem daraus resultierenden Mutterschutz, Erziehungsurlaub und Elternzeit, basierte.[908]

Im Ergebnis steht diese Entscheidung auch im Einklang mit den Ausführungen des EuGH. Dieser hat bereits mehrfach bestätigt, dass er für einen sachlichen Grund

---

904 LAG Rheinland-Pfalz v. 24.01.2013 - 11 Sa 344/12, BeckRS 2013, 67503.

905 Vgl. hierzu auch noch die Ausführungen auf S. 199 f.

906 Nach *Dörner* sei ein solches ergebnisorientiertes Denken mit den dogmatischen Überlegungen unvereinbar und daher widersprüchlich. Eine Differenzierung hinsichtlich der Motivation für die Arbeitsbefreiung der Vertretenen sei zwar nach seiner Auffassung sympathisch, finde aber in den §§ 1 und 2 der Rahmenvereinbarung zur Richtlinie 96/34/EG keine rechtliche Grundlage, *Dörner*, Rn. 323j.

907 BAG v. 29.04.2015 – 7 AZR 310/13, NZA 2015, 928.

908 BAG v. 29.04.2015 – 7 AZR 310/13 Rn. 29, NZA 2015, 928 (931).

i.S.d. § 5 Nr. 1a) der Rahmenvereinbarung genau bezeichnete, konkrete Umstände verlangt, die sich u.a. auch aus der Verfolgung eines legitimen sozialpolitischen Ziels ergeben können.[909] In diesem Sinne greift er in seiner Entscheidung vom 26.01.2012 diesen Ansatz auf: So heißt es unter Randziffern 31 ff.: „In einer Verwaltung, die wie das Land über eine große Zahl von Mitarbeitern verfügt, ist es unvermeidlich, dass insbesondere aufgrund des Ausfalls von Beschäftigten, die u. a. Krankheits-, Mutterschafts- oder Elternurlaub in Anspruch nehmen, häufig vorübergehende Vertretungen erforderlich sind (...). Dies gilt umso mehr, wenn mit der nationalen Regelung, die die Verlängerung befristeter Arbeitsverträge im Fall der vorübergehenden Vertretung rechtfertigt, ebenfalls Ziele verfolgt werden, die als legitime sozialpolitische Ziele anerkannt sind."[910]

5. *Fazit*

Die vergangenen zwei bis drei Jahre haben aufgezeigt, dass sich die Rechtsprechung des BAG zumindest im Hinblick auf die Berücksichtigungsfähigkeit vorheriger Befristungen auf einem guten Weg befindet. Mit einer Vielzahl der in der Literatur kritisch beäugten Fragestellungen hat sich der Senat – wenn auch zwangsweise – auseinandergesetzt. Herausgekommen ist, dass hinsichtlich der Frage nach der unmittelbaren/mittelbaren Berücksichtigung von befristeten Vorbeschäftigungen weitgehend vertretbare Lösungsansätze erzielt worden sind.

Keine Einwendungen hat der EuGH gegen die nationale Rechtsprechung vorgebracht, dass nur der zuletzt abgeschlossene Vertrag der Befristungskontrolle unterliegt. Mit Spannung wird zu erwarten sein, ob das BAG seine Rechtsprechung zur vorbehaltlichen Überprüfung des zu verlängernden Vertrages überdenkt und den Parteiwillen, wie hier vertreten, einer arbeitnehmerfreundlicheren Auslegung unterwirft. Sofern der Senat seine Argumentation aufrechterhält, dass der Parteiwille seine Grenze im Wortlaut des Gesetzes findet,[911] wäre es nur konsequent, dem Arbeitnehmer die gerichtliche Kontrolle innerhalb der 3-Wochen-Frist unabhängig von der Erklärung eines Vorbehalts zu gewähren und § 17 TzBfG uneingeschränkt anzuwenden.

Im Ergebnis führt die Rechtsprechung zur unmittelbaren Überprüfung vergangener Befristung zwar weiterhin dazu, dass in prozessualer Hinsicht der Kontrolle befristeter Arbeitsverhältnisse relativ kurze Überprüfungsfristen gesetzt sind, doch ändert dies nichts daran, dass gleichwohl vergangene Tatsachen – auch ohne Vorbehalt – innerhalb der zuletzt abgeschlossen Befristung berücksichtigungsfähig sind. Dies auf zwei Wegen: Für den sachgrundlos befristeten Vertrag gilt, dass innerhalb des zuletzt geschlossenen Vertrages zu überprüfen ist, ob der zu verlängernde Vertrag seinerseits gegen das in § 14 Abs. 2 S. 2 TzBfG verankerte Anschlussverbot

909 EuGH v. 23.04.2009 - C-378/07 (*Angelidaki*), BeckEuRS 2009, 493621.
910 EuGH v. 26.01.2012 - C-586/10, NZA 2012, 135.
911 So argumentiert der Senat im Hinblick auf die zeitliche Abfolge sachgrundloser Befristungsverlängerungen, vgl. Ausführungen auf S. 51 ff.

verstößt.[912] Richtigerweise handelt es sich hierbei nicht um eine „Ausnahme“ von dem Grundsatz der Überprüfbarkeit der letzten Befristung. Streitgegenstand bleibt letztlich der letzte Vertrag in der Kette. Der vorherige Vertrag muss gleichwohl in die Kontrolle einbezogen werden, da nur solche Befristungen verlängert werden können, die nicht ihrerseits gegen das Anschlussverbot verstoßen. Auf diese Weise können wesentliche Streitpunkte, wie zum Beispiel die Frage, ob bereits bei der vorherigen Befristung im Zuge der Verlängerung Vertragsbedingungen geändert worden sind, noch in die streitgegenständliche Prüfung einfließen.

Darüber hinaus hat das BAG für befristete Arbeitsverhältnisse mit Sachgrund anerkannt, dass ein wesentlicher Teil der „Vorgeschichte“ nunmehr innerhalb der Missbrauchskontrolle zu berücksichtigen ist. Durch diese Form der mittelbaren Berücksichtigung wird gewährleistet, dass sich der Richter nicht gegenüber solchen Befristungskonstruktionen „künstlich blind“[913] stellen muss, denen die Rechtsmissbräuchlichkeit auf die Stirn geschrieben steht.[914] M.E. darf diese „neue“ Form der „Geschichtsbetrachtung“ aber nicht dahingehend missverstanden werden, dass nunmehr sämtliche Aspekte, die aufgrund der Streitgegenstandstheorie nicht mehr isoliert anfechtbar sind, gemäß § 242 BGB einzufließen haben. Insbesondere kann selbst ein mehrfacher Verstoß gegen das Schriftformgebot nicht ohne weitere Anhaltspunkte die Vermutung der Rechtsmissbräuchlichkeit nach sich ziehen.

Auch wenn letztlich Zweifel über die dogmatische Herleitung der Missbrauchsprüfung bestehen, muss man sich eingestehen, dass die vom BAG vorgenommene Missbrauchsprüfung sogar über das von § 5 Nr. 1 der Rahmenvereinbarung vorgegebene Maß hinausgeht. Der EuGH hätte in der Rechtssache *Jansen* gegen das Landes Nordrhein-Westfalen aufgrund der konkreten Vorlagefrage allenfalls zu dem Ergebnis kommen können, dass es mit dem Sinn und Zweck von § 5 der Rahmenvereinbarung nicht zu vereinbaren ist, bei der rechtlichen Überprüfung, ob im Einzelfall ein befristeter Verlängerungsvertrag durch sachliche Gründe gerechtfertigt ist, ausschließlich auf die Verhältnisse im Zeitpunkt des Abschlusses dieses Verlängerungsvertrags abzustellen, ohne zu berücksichtigen, wie viele befristete Verträge diesem Vertrag bereits vorangegangen waren. Das BAG nimmt mit dem Weg über § 242 BGB eine umfassendere Prüfung vor; denn die Einbeziehung weiterer Kriterien führt letztlich dazu, dass neben den zeitlichen Komponenten auch sonstige Merkmale, wie z.B. Prognosefehler bei früheren Befristungen, einfließen können. Diese Vorgaben hätten vom EuGH aufgrund seiner eingeschränkten Weisungskompetenz gar nicht gemacht werden können.

Dass das BAG seine Rechtsprechung zum Missbrauchsmaßstab in Zukunft weiter konkretisieren wird, ist zu erwarten. Dabei ist es als vollkommend ausreichend anzusehen, wenn die maßgeblichen Komponenten der Missbrauchsprüfung fortgeschrieben und näher definiert werden. Insofern ist es auch nicht notwendig, dass

912 Siehe Ausführungen auf S. 59 ff.
913 *Preis/Greiner*, RdA 2010, 148 (148).
914 *Greiner*, NZA-Beil. 2011, 117 (118).

sich der Gesetzgeber der Materie annimmt und eine Befristungshöchstdauer bzw. -anzahl in § 14 TzBfG normiert. Dass diese Frage gleichwohl noch Gegenstand einer Gesetzesinitiative sein könnte, ist im Hinblick auf die Konkretisierungsabsichten zu § 1 Abs. 2 AÜG nicht auszuschließen. Dieser regelt in der Fassung vom 01.12.2011, dass die Überlassung von Arbeitnehmern an den Entleiher lediglich *vorübergehend* zu erfolgen hat. In der Literatur ist dabei umstritten, was hierunter zu verstehen ist.[915] Teilweise wird vertreten, dass der Einsatz eines Leiharbeitnehmers nur dann vorübergehend ist, wenn bei hypothetischer Betrachtung in Bezug auf den zu besetzenden Arbeitsplatz das Vorliegen eines Sachgrundes für eine Befristung entsprechend § 14 Abs. 1 S. 2 Nr. 1 und Nr. 3 TzBfG bejaht werden könnte.[916] Da letztlich erhebliche Auslegungsschwierigkeiten hinsichtlich der Begrifflichkeit „vorübergehend" bestehen, haben mehrere Abgeordnete und die Fraktion der SPD am 19.02.2013 angeregt, dass man eine konkrete Höchstdauer für einen Leiharbeitseinsatz festlegen sollte, um die alten Dumping-Strategien der Unternehmen zu durchkreuzen.[917] Genaue „Zahlen" sind bislang nicht benannt worden, zumal in der vorherigen Gesetzesinitiative noch argumentiert wurde, der Begriff „vorübergehend" im Sinne der Leiharbeitsrichtlinie sei als flexible Zeitkomponente zu verstehen und auf bestimmte Höchstüberlassungsfristen solle verzichte werden.[918] Ob hieran im Anwendungsbereich des Arbeitnehmerüberlassungsgesetzes festzuhalten ist, kann offen bleiben. Es bestehen allerdings signifikante Unterschiede zum Befristungsrecht. Denn durch die Rechtsmissbrauchskontrolle i.S.d. § 242 BGB gibt es eine Vielzahl wertender Komponenten, die es bei der Frage einer zulässigen Dauerbeschäftigung nach § 1 S. 2 AÜG nicht zu beachten gilt. Aus diesem Grund besteht auch keine vergleichbare Interessenslage im Hinblick auf die Festschreibung zahlenmäßiger Grenzen.

Im Ergebnis kann man den Arbeitgebern, soweit man die Rechtsprechung der Instanzgerichte einer bisherigen Analyse unterwerfen kann, nur anraten, befristete Arbeitsverhältnisse nicht über einen Zeitraum von mehr als acht Jahren bei einer Anzahl von ca. zwölf Befristungen abzuschließen. Darüber hinaus sollte jeder Vertragsabschluss bzw. jeder Sachgrund ordnungsgemäß dokumentiert werden. Anderenfalls droht dem Arbeitgeber bei einem indizierten Rechtsmissbrauch die Gefahr, sich nicht entlasten zu können. Zwar darf die Missbrauchsprüfung im Ergebnis nicht dazu führen, ein gesetzlich nicht geregeltes Zitiergebot zu schaffen; gleichwohl kann die Gesamthistorie einer Befristungskette nur dann lückenlos vom Arbeitgeber dargestellt werden, wenn er zu den einzelnen Befristungsgründen sachlich Stellung beziehen kann.

Schließlich sei noch klargestellt, dass sich die Missbrauchsprüfung ausschließlich auf das streitgegenständliche Vertragsverhältnis bezieht.

Insbesondere ist den Überlegungen von *Bitsch/Drosdeck* eine Absage zu erteilen, wenn sie hinterfragen, ob sich an der rechtlichen Würdigung eines befristeten

915 Zum Streitstand: *Teusch/Verstege*, NZA 2012, 1326.
916 *Bartl/Romanowski*, NZA 2012, 845.
917 BT-Drs. 17/12378, S. 3.
918 BT-Drs. 17/4804, S. 8.

Arbeitsverhältnisses allein dadurch etwas ändert, dass der Arbeitgeber einen tatsächlich dauerhaft bestehenden Beschäftigungsbedarf fortwährend zwar mit befristeten Arbeitsverhältnissen deckt, diese aber nicht jeweils mit demselben, sondern mit unterschiedlichen Arbeitnehmern abschließt.[919] Diesen Gedanken spinnen sie fort, indem sie Überlegungen anstellen, ob nicht auch in die Gesamtabwägung eingestellt werden müsse, in welchem Umfang ein Arbeitgeber insgesamt von befristeten Arbeitsverträgen Gebrauch mache. M.E. sind derartige Überlegungen nicht tragfähig. Der EuGH hat mehrfach bestätigt, dass er Befristungen als solche nicht verbieten will. Insofern wird man den Begriff der Kettenbefristung auch nicht vertragsübergreifend bemessen können. Im Vordergrund steht das individuelle Vertragsgerüst des langjährig befristeten Arbeitnehmers. Für die Beurteilung, ob dessen konkrete Beschäftigung als rechtsmissbräuchlich einzustufen ist, kann es insofern nur auf das eigene Vertragsverhältnis ankommen.

II. Die „Ketten"-Vertretungsbefristung

1. Einführung

Der Sachgrund der Vertretung findet sich sowohl in der zentralen Befristungsnorm des § 14 Abs. 1 S. 2 Nr. 3 TzBfG, als auch in der spezialgesetzlichen Regelung des § 21 BEEG wieder. Beide Vertretungstatbestände sollen als prädestinierte „Kettensachgründe" Gegenstand der nachfolgenden Untersuchung sein, wobei vorrangig die in der Praxis relevantere Vorschrift des § 14 Abs. 1 S. 2 Nr. 3 TzBfG behandelt werden soll. Auch das BAG lässt in seinem Vorlagebeschluss eine gewisse Rangfolge erkennen. So begehrt es erst für den Fall der Unvereinbarkeit seiner zu § 14 Abs. 1 S. 2 Nr. 3 TzBfG entwickelten Rechtsprechungsgrundsätze mit Unionsrecht, in seiner zweiten Frage Auskunft darüber, ob sich an dem Ergebnis etwas ändert, wenn die Vertretung auf § 21 BEEG und dem damit einhergehenden sozialpolitischen Ziel, Arbeitgebern die Bewilligung und Arbeitnehmern die Inanspruchnahme von Sonderurlaub etwa aus Gründen des Mutterschutzes oder der Erziehung zu erleichtern, gestützt werde.[920]

Um dem Verständnis für die aufgekommenen Zweifel an der Europarechtskonformität Rechnung zu tragen, sollen die nachfolgend aufgeführten Rechtsprechungsgrundsätze zunächst einen groben Überblick zur Vertretungsbefristung geben. Grund dafür ist, dass die Rechtsprechung und insbesondere die dogmatische Begründung der Vertretungsbefristung sehr umfassend ist. Selbst *Dörner* muss anerkennen, dass es zu diesem Prototypen aller Sachgründe eine kaum zu überblickende Rechtsprechung des BAG gibt.[921] Aus diesem Grund soll nachfolgend auch das Hauptaugenmerk auf diejenigen Rechtsprechungsgrundsätze gelegt werden, die vor allem für die Kettenbefristung als solche von Relevanz sind.

---

919 *Bitsch/Drosdeck*, NJW 2013, 1345 (1347 f.).
920 BAG, Beschl. v. 17.11.2010 - 7 AZR 443/09 Rn. 37, NZA 2011, 34 (38).
921 *Dörner*, Rn. 296.

2. Rechtsprechungsgrundsätze

Grundsatz des Sachgrundes der Vertretung ist, dass der Arbeitgeber zu einem vorübergehend an der Arbeitsleistung verhinderten Arbeitnehmer in einem Rechtsverhältnis steht und mit der Rückkehr dieses Arbeitnehmers rechnet.[922] Bis zu dieser Rückkehr besteht ein zeitlich begrenztes Bedürfnis des Arbeitgebers, die Arbeitsaufgaben des ausfallenden Arbeitnehmers zeitweilig durch einen anderen Arbeitnehmer wahrnehmen zu lassen.[923] Im Unterschied zum Befristungsgrund nach § 14 Abs. 1 S. 2 Nr. 1 TzBfG ändert sich bei der Vertretung nicht der Umfang der Arbeitsleistung. Vielmehr soll eine vorübergehende Lücke in der Personaldecke geschlossen werden.[924]

§ 21 BEEG konkretisiert den Vertretungstatbestand des § 14 Abs. 1 S. 2 Nr. 3 TzBfG, indem er explizit eine befristete Einstellung zur Vertretung eines Arbeitnehmers für die Dauer eines Beschäftigungsverbotes nach dem Mutterschaftsschutzgesetz, einer Elternzeit, einer auf Tarifvertrag, Betriebsvereinbarung oder einzelvertraglicher Vereinbarung beruhenden Arbeitsfreistellung zur Betreuung eines Kindes erlaubt. Der Sachgrund des § 21 BEEG stellt somit einen Spezialtatbestand dar, ohne jedoch einen Anwendungsvorrang innezuhaben.

a) Formen der Vertretung

Als Vertretungstatbestände haben sich im Laufe der Zeit vier „klassische“ Gestaltungsformen herauskristallisiert.[925] Die wohl praxisrelevantesten sind die unmittelbare und mittelbare Stellvertretung. Daneben haben sich die beiden Fallgruppen der Gesamtvertretung und der Vertretung nach Umorganisation „etabliert“.[926] Eine besondere Stellung hat hingegen die sog. Zuordnungsvertretung eingenommen. Diese könnte man einerseits aufgrund ihrer zunehmenden praxisrelevanten Bedeutung in der Rechtsprechung sowohl als fünfte Form der Vertretungsbefristung, als auch als eine abgewandelte Variante der mittelbaren Stellvertretung charakterisieren. Teilweise wird sie aber auch als spezieller Fall der Organisationsvertretung verstanden.[927] Im Hinblick auf die Frage nach der Vereinbarkeit mit EU-Recht steht

---

922 BAG v. 22.11.1995 - 7 AZR 252/95, NZA 1996, 878; BAG v. 06.12.2000 - 7 AZR 262/99, NZA 2001, 721.

923 BAG v. 05.06.2002 - 7 AZR 201/01, AP Nr. 235 zu § 620 BGB Befristeter Arbeitsvertrag.

924 ErfK-*Müller-Glöge*, § 14 TzBfG Rn. 34; MüKo-*Hesse*, § 14 TzBfG Rn. 20.

925 *Brose*, NZA 2009, 706 ff.; APS-*Backhaus*, § 14 Rn. 337; ErfK-*Müller-Glöge*, § 14 Rn. 37; *Eisemann*, NZA 2009, 1113, zählt die Gesamtvertretung nicht zu den klassischen Gestaltungsformen, sondern führt an deren Stelle die Vertretung nach gedanklicher Zuordnung an.

926 Auf die Gesamtvertretung soll nachfolgend aufgrund ihrer Spezialität im Schulrecht nicht eingegangen werden. Die Vertretung nach Umorganisation wird innerhalb der Zuordnungsvertretung erläutert.

927 *Brose*, NZA 2009, 706 ff.

die gedankliche Zuordnung bei ihren Kritikern an vorderster Stelle. Grund genug dieser Vertretungsform besondere Aufmerksamkeit zu widmen.

aa) Unmittelbare Stellvertretung

Eine unmittelbare Vertretung nach § 14 Abs. 1 Satz 2 Nr. 3 TzBfG liegt vor, wenn der befristet Beschäftige die vorübergehend ausgefallene Stammkraft unmittelbar vertritt, d.h., die von ihr ausgeübten Aufgaben ohne Umgestaltungen übernimmt.[928] Die unmittelbare Stellvertretung wird in der Literatur und Rechtsprechung als weitgehend unproblematisch beurteilt. Es finden sich auch nur wenige kritische Entscheidungen zu dieser klassischen Form der Vertretung. Grund dafür ist, dass für den Vertreter der Aufgabenbereich klar definiert ist und ihm durch einen namentlichen Bezug zum Vertretenen aufgezeigt wird, für wen und in welchem Umfang er die Vertretung übernimmt.

bb) Mittelbare Stellvertretung

Bei einer mittelbaren Vertretung (auch Vertretungskette[929] genannt) wird die Tätigkeit des ausfallenden Arbeitnehmers nicht unmittelbar von dem befristet eingestellten Vertreter übernommen, sondern von einem oder mehreren anderen Stammarbeitnehmern.[930] Die Aufgaben der Stammbelegschaft werden im Gegenzug zumindest teilweise auf den „neuen" Vertreter übertragen, so dass dieser unter Umständen Aufgaben aus einem Arbeitsbereich wahrnimmt, die dem ausgefallenen Arbeitnehmer zu keinem Zeitpunkt zugewiesen waren.[931] Das BAG hält aufgrund der Formulierung im Gesetz, dass der „Arbeitnehmer zur Vertretung *eines anderen Arbeitnehmers* beschäftigt wird" eine Identität des Aufgabengebiets nicht für erforderlich.[932] Zudem ergebe sich aus dem Sinn und Zweck der Vorschrift, dass der Arbeitgeber nicht in seiner Entscheidungsfreiheit eingeschränkt werden kann, ob er den Arbeitsausfall überhaupt überbrücken will, ob er im Wege der Umverteilung die von dem zeitweilig verhinderten Arbeitnehmer zu erledigenden Arbeitsaufgaben anderen Mitarbeitern zuweist oder ob er dessen Aufgaben ganz oder teilweise von einer Vertretungskraft erledigen lässt.[933] Insofern bleiben die Umsetzungs- und Versetzungsbefugnisse des Arbeitgebers durch die Vertretung unberührt.[934]

---

928 BAG v. 15.02.2006 - 7 AZR 232/05, NZA 2006, 781.

929 BAG v. 06.11.2013 - 7 AZR 96/12, NZA 2014, 430 f.; BAG v. 15.02.2006 - 7 AZR 232/05, NZA 2006, 781 (782).

930 BAG v. 15.02.2006 - 7 AZR 232/05, NZA 2006, 781 (782).

931 BAG v. 25.10.2007 - 8 AZR 917/06, NZA-RR 2008, 219; *Brose*, NZA 2009, 706 (707).

932 BAG v. 24.05.2006 - 7 AZR 640/05, BeckRS 2009, 67940; BAG v. 15.02.2006 - 7 AZR 232/05, NZA 2006, 781 (782).

933 BAG v. 21.02.2001 - 7 AZR 107/00, AP Nr. 228 zu § 620 BGB Befristeter Arbeitsvertrag.

934 BAG v. 20.01.1999 - 7 AZR 640/97, NZA 1999, 928 (929); BAG v. 25.08.2004 - 7 AZR 32/04, NZA 2005, 472 (473).

cc) Rechtsfigur der gedanklichen Zuordnung (Zuordnungsbefristung)

Erstmalig hat das BAG in zwei Entscheidungen aus dem Jahr 2001 angeführt, dass es für die Rechtmäßigkeit einer Vertretungsbefristung unerheblich sei, ob und ggf. in welcher Weise der Arbeitgeber anlässlich der befristeten Einstellung eine Umverteilung der Aufgaben tatsächlich vornimmt.[935] Insbesondere bedürfe es für die Feststellung des erforderlichen Kausalzusammenhangs zwischen dem vorübergehenden Ausfall eines Mitarbeiters und der Einstellung einer Ersatzkraft keines Entschlusses des Arbeitgebers, den ausfallenden Mitarbeiter in den von der Vertretungskraft wahrzunehmenden Arbeitsbereich umzusetzen. Vielmehr könne die Konzeption des Arbeitgebers, wie anlässlich des zeitweiligen Ausfalls eines Mitarbeiters die Arbeitsaufgaben umzuverteilen sind, auch darin bestehen, den zu vertretenden Beschäftigten einem neuen Aufgabenbereich zuzuordnen, von seiner tatsächlichen Umsetzung aber abzusehen.[936] Der Arbeitgeber müsse lediglich rechtlich und tatsächlich die Möglichkeit gehabt haben, den ausfallenden Mitarbeiter in den Arbeitsbereich des Vertreters umzusetzen.[937]

In seinen Urteilen vom 15.02.2006[938] und 24.05.2006[939] hat das BAG diese „neue" Erscheinungsform der Vertretung, bei der dem befristet Beschäftigten die Aufgaben des Vertretenen weder unmittelbar noch mittelbar übertragen werden, konkretisiert.[940] Die heute als (gedankliche) Zuordnungsbefristung umschriebene weitere Form der Vertretung sei dadurch gekennzeichnet, dass der Arbeitgeber dem Vertreter Tätigkeiten zuweist, die bislang von dem vertretenen Arbeitnehmer zu keiner Zeit ausgeübt worden sind, zu deren Übertragung er aber aufgrund seines Direktions- und Organisationsrechts im Sinne des § 106 GewO rechtlich und tatsächlich in der Lage gewesen wäre.[941] Der Arbeitgeber müsse somit nach den Vorschriften des Arbeitsvertrages berechtigt sein, dem vorübergehend abwesenden Arbeitnehmer bei seiner Weiterarbeit nicht dessen bisherige Tätigkeiten, sondern den Aufgabenbereich des Vertreters zuzuweisen. Es handelt sich insofern um einen Fall der hypothetischen Umsetzungsentscheidung.[942]

Hieraus können dem befristet Beschäftigten sowohl vollständig neue betriebliche Aufgaben als auch solche Aufgaben, die bislang von anderen Arbeitnehmern der Stammbelegschaft ausgeführt worden sind, übertragen werden. Diese Vertretungsform nimmt daher eine Zwitterstellung sein. Zum einen handelt es sich nicht um eine unveränderte Übertragung der bisherigen Aufgaben wie bei der unmittelbaren

935 BAG v. 21.02.2001 - 7 AZR 107/00, NZA 2001, 1069 (1070); BAG v. 15.08.2001 - 7 AZR 263/00, NZA 2002, 85 (87).
936 BAG v. 15.08.2001 - 7 AZR 263/00, NZA 2002, 85 (87).
937 BAG v. 21.02.2001 - 7 AZR 107/00, NZA 2001, 1069 (1070).
938 BAG v. 15.02.2006 - 7 AZR 232/05, NZA 2006, 781.
939 BAG v. 24.05.2006 - 7 AZR 640/05, BeckRS 2009, 67940.
940 BAG v. 15.02.2006 - 7 AZR 232/05, NZA 2006, 781 (782).
941 BAG v. 15.02.2006 - 7 AZR 232/05, NZA 2006, 781 (782).
942 *Mennemeyer/Keysers*, NZA 2008, 670 (671).

Stellvertretung. Zum anderen liegt auch keine mittelbare Stellvertretung im klassischen Sinn vor, da die bisherigen Aufgaben des Vertretenen nicht an die Stammbelegschaft übertragen werden und der Vertreter nicht zwingend Aufgaben der Stammbelegschaft wahrnehmen muss.

b) Kausalzusammenhang

Als Voraussetzung für die Zulässigkeit einer Vertretungsbefristung wird vom BAG in ständiger Rechtsprechung gemacht, dass sichergestellt wird, dass ein sog. Kausalzusammenhang zwischen der Beschäftigung des befristet eingestellten Arbeitnehmers und der vorübergehenden Abwesenheit des vertretenden Stammarbeitnehmers besteht.[943] Die Anforderungen an den ursächlichen Zusammenhang richten sich nach der Form der Vertretung.[944] Bei einer unmittelbaren Vertretung ist der Kausalzusammenhang meist unproblematisch zu bestimmen, da dem Vertreter die Aufgaben und der Arbeitsplatz des Vertretenen exakt zugewiesen werden.[945] Im Fall der mittelbaren Vertretung muss die Zuordnung anhand einer lückenlosen Vertretungskette kenntlich gemacht werden.[946] Das bedeutet, dass der Arbeitgeber zunächst die bisher dem vertretenen Arbeitnehmer übertragenen Aufgaben darstellen muss. Weiter hat er die Neuverteilung dieser Aufgaben auf einen oder mehrere andere Stammarbeitnehmer zu schildern.[947] Schließlich ist darzulegen, dass sich die dem Vertreter zugewiesenen Tätigkeiten aus der geänderten Aufgabenzuweisung ergeben, dass also der befristet Beschäftige nunmehr Aufgaben anderer Stammarbeitnehmer wahrnimmt.[948] Insofern ist es zweckmäßig, nicht aber zwingend erforderlich, dass der Arbeitgeber schriftlich dokumentiert, welcher interne Stammarbeitnehmer die Aufgaben des Vertretenen wahrnimmt und welche Aufgaben des Stammarbeitnehmers nunmehr von dem befristet zur Vertretung Beschäftigten übernommen werden.

Schwieriger ist der Kausalitätszusammenhang bei der Zuordnungsvertretung zu beurteilen. Überträgt der Arbeitgeber dem befristet beschäftigten Arbeitnehmer Tätigkeiten, die der vertretene Arbeitnehmer zu keiner Zeit ausgeübt hat, besteht der für den Sachgrund der Vertretung notwendige Kausalzusammenhang, wenn der Arbeitgeber bei Vertragsschluss mit dem Vertreter dessen Aufgaben einem oder mehreren vorübergehend abwesenden Beschäftigten gedanklich zuordnet.[949] Diese gedankliche Zuordnung des Arbeitgebers muss erkennen lassen, welchem vorübergehend abwesenden Arbeitnehmer die vom Vertreter ausgeübten Tätigkeiten übertragen werden könnten. Der Begriff der „gedanklichen Zuordnung" ist dabei nicht

---

943 BAG v. 24.05.2006 - 7 AZR 640/05, BeckRS 2009, 67940.

944 BAG v. 15.02.2006 - 7 AZR 232/05, NZA 2006, 781 (782); *Brose*, NZA 2009, 706.

945 *Brose*, NZA 2009, 706.

946 *Mennemeyer/Keysers*, NZA 2008, 670 (671).

947 *Mennemeyer/Keysers*, NZA 2008, 670 (671).

948 BAG v. 15.02.2006 - 7 AZR 232/05, NZA 2006, 781 (782).

949 BAG v. 14.04.2010 - 7 AZR 121/09, NZA 2010, 942 (943); BAG v. 15.02.2006 - 7 AZR 232/05, NZA 2006, 781 (782).

dergestalt zu verstehen, dass diese lediglich im Kopf des Arbeitgebers stattzufinden hat. Da insbesondere bei einer Vielzahl an Vertretungsfällen in Großbetrieben hinsichtlich einer imaginären Zuordnung Beweisprobleme entstehen könnten, verlangt die Rechtsprechung, dass diese durch eine entsprechende Angabe im Arbeitsvertrag oder im Rahmen der Beteiligung der Arbeitnehmervertretung bei der Einstellung nach außen hin erkennbar gemacht wird.[950] Das BAG hat es als ausreichend erachtet, dass die vertretene Mitarbeiterin namentlich im Arbeitsvertrag der befristet beschäftigten Klägerin bezeichnet war und die vertretene Arbeitnehmerin nach dem Vortrag des Arbeitgebers bei ihrer Rückkehr an diejenige Dienststelle, bei der die vorübergehend beschäftigte Vertretungskraft eingesetzt wurde, abgeordnet hätte werden können.[951] Eine gewisse Einarbeitungszeit stehe dem Kausalzusammenhang nach Auffassung des 7. Senats grds. nicht entgegensteht. Der Ausfall der Stammkraft sei aber dann nicht mehr kausal für die befristete Einstellung der Vertretungskraft, wenn die Stammkraft die gesamte Zeit des befristeten Arbeitsverhältnisses benötigen würde, um durch Fortbildung und Einarbeitung die Kenntnisse für die zu übertragende Tätigkeit zu erwerben.[952] Stellt sich somit heraus, dass die Vertretene während der Vertretungsdauer auf Grund ihrer Ausbildung und fachlichen Qualität nicht in der Lage gewesen wäre, die Tätigkeit des Vertreters ordnungsgemäß auszuüben, fehlt es am Kausalitätsmerkmal und die Befristung ist nicht durch den Sachgrund der Vertretung gerechtfertigt.[953]

c) (Rückkehr-)Prognose

Unabhängig von der Form der Vertretung muss der Arbeitgeber eine Prognose dahingehend erstellen, ob eine Rückkehr des vertretenen Arbeitnehmers zu erwarten ist und ob durch die Rückkehr des Vertretenen der Vertretungsbedarf wieder entfallen wird.[954] Das ergibt sich bereits daraus, dass über den Wortlaut des § 14 Abs. 1 S. 2 Nr. 3 TzBfG hinaus verlangt wird, dass die Vertretungsbefristung nur bei einem vorübergehenden Bedarf zulässig ist.[955] Nicht erforderlich ist hingegen, dass sich die Rückkehrprognose auch auf den Zeitpunkt dieser Rückkehr und damit auf die Dauer des Vertretungsbedarfs erstreckt.[956]

Eine wiederholte Befristung wegen einer sich immer wieder anschließenden Verhinderung der Stammkraft steht dem künftigen Wegfall des Bedarfs nicht zwingend

---

950 BAG v. 14.04.2010 - 7 AZR 121/09, NZA 2010, 942 (943); BAG v. 25.03.2009 - 7 AZR 34/08, NZA 2010, 34 (36).

951 BAG v. 24.05.2006 - 7 AZR 640/05, BeckRS 2009, 67940.

952 BAG v. 14.04.2010 - 7 AZR 121/09, NZA 2010, 942 = NJW 2010, 2684.

953 So im Ergebnis BAG v. 14.04.2010 - 7 AZR 121/09, NZA 2010, 942 = NJW 2010, 2684.

954 ErfK-*Müller-Glöge*, § 14 TzBfG Rn. 35.

955 *Gaenslen/Heilemann*, KommJur 2012, 81 (84).

956 ErfK-*Müller-Glöge*, § 14 TzBfG Rn. 35; BAG v. 21.02.2001 - 7 AZR 200/00, AP Nr. 226 zu § 620 BGB Befristeter Arbeitsvertrag = NZA 2001, 1382.

entgegen.[957] Auch kann der Arbeitgeber bei Beurlaubungen und Erkrankungen grds. davon ausgehen, dass der Vertretene seine Arbeit mit deren Ablauf bzw. Genesung wieder aufnehmen wird. Erst wenn der Arbeitgeber erhebliche Zweifel hat, die die Annahme rechtfertigen, dass die zu vertretende Stammkraft überhaupt wieder ins „Arbeitsleben" zurückkehren wird, kann dies dafür sprechen, dass der Sachgrund der Vertretung nur vorgeschoben ist.[958]

Im Vergleich zu § 14 Abs. 1 S. 2 Nr. 3 TzBfG sind die Anforderungen an die Prognose bei § 21 BEEG nach herrschender Auffassung geringer.[959] So hat der Gesetzgeber für die in § 21 BEEG geregelten Vertretungsfälle ausdrücklich normiert, das die Befristung auch „für Teile" der Vertretungszeit erfolgen kann. Zwar bedarf die vertraglich vereinbarte Befristungsdauer auch bei der allgemeinen Vertretungsbefristung keiner eigenen sachlichen Rechtfertigung. Doch kann nach ständiger Rechtsprechung hier das Zurückbleiben der Befristungsdauer hinter dem zu erwartenden Vertretungsbedarf – neben anderen Umständen – darauf hinweisen, dass der Sachgrund für die Befristung vorgeschoben ist.[960]

3. Aktuelle Problemkreise der Vertretungsbefristung

Die Rechtsprechungsgrundsätze haben an so manchen Stellen bereits angedeutet, dass es genügend „Zündstoff" gibt, der in Rechtsprechung und Literatur Anlass zu Meinungsverschiedenheiten und Diskussionen geführt hat.

Dabei ist vor allem die Frage nach der europarechtskonformen Ausgestaltung des § 14 Abs. 1 S. 2 Nr. 3 TzBfG in den Vordergrund gerückt. Ein wesentlicher Problemkreis stellt die Frage nach der Vereinbarkeit der nationalen höchstrichterlichen Rechtsprechung zur Zulässigkeit der Vertretungsbefristung bei „ständigem und dauerhaftem Bedarf" mit Unionsrecht dar. Hierzu hat der EuGH mit seiner Entscheidung vom 26.01.2012 in der Sache *Kücük* gegen das Bundesland Nordrhein-Westfalen ausführlich Stellung bezogen.[961]

Zu der Diskussion um die Europarechtskonformität der Vertretungsbefristung aufgrund „gedanklicher Zuordnung" liegt bislang keine Entscheidung aus Luxemburg vor. Allerdings hat sich das BAG mit dieser Problematik bereits umfassend

---

957 BAG v. 25.03.2009 - 7 AZR 34/08, NZA 2010, 34 (35).

958 BAG v. 25.03.2009 - 7 AZR 34/08 Rn. 12, NZA 2010, 34 (35); BAG v. 13.06.2007 - 7 AZR 747/05, AP Nr. 3 zu § 14 TzBfG. Das BAG stellt diesen Grundsatz allerdings selbst in Frage, indem es „erhebliche Zweifeln" erst dann annimmt, wenn der vertretene Arbeitnehmer *verbindlich* erklärt, dass er die Arbeit nicht wieder aufnehmen werde, vgl. hierzu kritische Ausführungen von *Preis/Greiner*, RdA 2010, 148 (151).

959 Vgl. APS-*Backhaus*, § 21 BEEG Rn. 4; *Dörner* Rn. 653; ErfK-*Müller-Glöge*, § 21 BEEG Rn. 8.

960 BAG v. 11.11.1998 - 7 AZR 328/97, AP Nr. 204 zu § 620 BGB Befristeter Arbeitsvertrag, BAG v. 06.12.2000 - 7 AZR 262/99, NZA 2001, 721 (722).

961 EuGH v. 26.01.2012 - C-586/10 (*Kücük*), NZA 2012, 135.

auseinandergesetzt.[962] Der 7. Senat hat letztlich aber davon abgesehen, seinen Vorlagebeschluss vom 27.11.2010 um diese Materie zu erweitern, obwohl die streitgegenständliche Befristung explizit auf diese Unterform des Vertretungstatbestandes gestützt worden ist und das vorinstanzliche LAG Köln[963] berechtigte Zweifel geäußert hatte.

a) Vertretungsbefristung bei ständigem und dauerhaftem Bedarf

In seinem Vorlagebeschluss vom 17.11.2010 hat das BAG explizit danach gefragt, ob es mit § 5 Nr. 1 der Rahmenvereinbarung über befristete Arbeitsverträge vereinbar ist, § 14 Abs. 1 S. 2 Nr. 3 TzBfG dahin auszulegen und anzuwenden, dass ein die wiederholte Befristung eines Arbeitsvertrages rechtfertigender sachlicher Grund auch im Falle eines ständigen Vertretungsbedarfs gegeben ist, obwohl dieser Vertretungsbedarf auch durch eine unbefristete Einstellung des Arbeitnehmers gedeckt werden könnte, der Arbeitgeber sich aber vorbehält, jeweils neu zu entscheiden, wie er auf den konkreten Ausfall von Arbeitnehmern reagiert.[964]

aa) Rechtsprechung des BAG

Nach der älteren Rechtsprechung des 7. Senats (vor Inkrafttreten des Teilzeit- und Befristungsgesetzes) rechtfertigte eine sog. „Dauervertretung" bzw. „Daueraushilfe" die Befristung eines Arbeitsvertrags nicht, wenn bei Abschluss des Arbeitsvertrages eine über den Endtermin der Befristung hinausgehende Beschäftigung des Arbeitnehmers bereits *vorgesehen* war.[965] Bei einer derartigen Sachlage hat es der Senat für unangemessen erachtet, das Arbeitsverhältnis nur auf die Dauer des gerade anstehenden Vertretungsfalls zu befristen, da in diesen Fällen die ständige Arbeitsaufgabe des Arbeitnehmers wie bei einem sog. „Springer" darin zu sehen sei, vorübergehend ausfallende Mitarbeiter zu vertreten.[966] Dieser Grundsatz wurde allerdings erheblich eingeschränkt, indem der Senat die Annahme einer unzulässigen Dauervertretung ablehnte, wenn im Zeitpunkt des Abschlusses eines der befristeten Arbeitsverträge mit hinreichender Sicherheit lediglich *voraussehbar* war, dass über das vorgesehene Ende der Frist hinaus ein neuer, die Weiterbeschäftigung

962 BAG v. 14.04.2010 - 7 AZR 121/09, NZA 2010, 942 (943).

963 LAG Köln v. 08.05.2009 - 10 Sa 231/08, BeckRS 2009, 66805.

964 Erstaunlich ist, dass es selbst der 7. Senat des BAG nicht schafft, eine wirksam formulierte Vorlagefrage zu stellen. Der EuGH entscheidet im Rahmen von Art. 267 AEUV nicht über die Vereinbarkeit von nationalem Recht mit Unionsrecht, sondern allein über die Auslegung von Verträgen. Vgl. zur richtigen Tenorierung die Entscheidung des EuGH vom 26.01.2012 unter cc) auf S. 203.

965 BAG v. 07.05.1980 - 5 AZR 593/78, AP Nr. 36 zu § 611 BGB Abhängigkeit; BAG v. 03.10.1984 - 7 AZR 192/83, NZA 1985, 561; BAG v. 26.06.1996 - 7 AZR 662/95, BeckRS 1996, 41230.

966 BAG v. 03.10.1984 - 7 AZR 192/83, NZA 1985, 561.

dieses Arbeitnehmers ermöglichender Vertretungsbedarf vorhanden sein werde;[967] denn es liege in der freien Entscheidung des Arbeitgebers, ob er bei einem neuen nach Ablauf der ersten Befristung eintretenden Vertretungsfall wiederum für eine Vertretung sorgt, er einen anderen Arbeitnehmer mit der Vertretung betraut, oder sich überhaupt in anderer Weise behilft.[968]

In seiner Entscheidung vom 25.03.2009 hat das BAG die Anforderungen an eine unzulässige Dauervertretung noch einmal konkretisiert. Danach liegt eine zur Unwirksamkeit der Befristung führende „Dauervertretung" erst dann vor, wenn der Arbeitnehmer von vornherein nicht lediglich zur Vertretung eines bestimmten, vorübergehend an der Arbeitsleistung verhinderten Arbeitnehmers eingestellt wird, sondern bereits bei Vertragsschluss *beabsichtigt* ist, ihn für eine zum Zeitpunkt des Vertragsschlusses noch nicht absehbare *Vielzahl von Vertretungsfällen* auf Dauer zu beschäftigen.[969] In diesem Fall kann der Sachgrund der Vertretung vorgeschoben und daher unbeachtlich sein. Die bloße Erwartung, dass über das vorgesehene Ende der Vertragslaufzeit hinaus ein neuer, die Weiterbeschäftigung des Arbeitnehmers ermöglichender, Vertretungsbedarf vorhanden sein werde, reiche nicht aus.[970]

Zweifel an diesen Rechtsprechungsgrundsätzen kamen dem BAG anscheinend erst als der EuGH in der Rechtssache *Angelidaki* ausdrücklich hervorgehoben hatte, dass es zu den Wesensmerkmalen einer Befristung gehöre, dass sie nicht auf Dauer angelegt, sondern von vorübergehender Natur sei.[971] Aus diesem Grund könne eine nationale Regelung dem Sinn und Zweck des § 5 der Rahmenvereinbarung zuwiderlaufen, wenn durch sie in Wirklichkeit der damit gedeckte Bedarf faktisch kein zeitweiliger, sondern ganz im Gegenteil ein „ständiger und dauernder" ist.[972]

Der Senat verdeutlichte jedoch bereits in seinem Vorlagebeschluss, dass er dazu neige, an seiner Rechtsprechung trotz der *Angelidaki*-Entscheidung festzuhalten. Für einen „ständigen Vertretungsbedarf" könne es nicht ausreichen, dass in einem Betrieb oder einer Dienststelle erfahrungsgemäß und prognostisch ständig Arbeitnehmer fehlen, diese aber aufgrund ihrer unterschiedlichen Qualifikationen und Anforderungsprofile nicht durch ein und dieselbe Vertretungskraft ersetzt werden können. Vielmehr sei ein Verstoß gegen Unionsrecht erst dann zu erwägen, wenn die regelmäßig ausfallenden Stammkräfte die gleichen oder vergleichbare Aufgaben verrichten und es dem Arbeitgeber rechtlich möglich und tatsächlich zumutbar wäre, einem unbefristet zur Abdeckung des Vertretungsbedarfs eingestellten Arbeitnehmer die Aufgaben der jeweils gerade ausfallenden Stammkraft zu übertragen.[973]

---

967 BAG v. 03.10.1984 - 7 AZR 192/83, NZA 1985, 561.

968 BAG v. 03.10.1984 - 7 AZR 192/83, NZA 1985, 561.

969 BAG v. 25.03.2009 - 7 AZR 34/08 Rn. 22, NZA 2010, 34 (36).

970 BAG v. 25.03.2009 - 7 AZR 34/08 Rn. 22, NZA 2010, 34 (36).

971 Die Entscheidung in der Rechtssache *Angelidaki* (EuGH v. 23.04.2009 - C-378/07) ist ca. einen Monat nach der Entscheidung des BAG ergangen.

972 EuGH v. 23.04.2009 - C-378/07 (*Angelidaki*), BeckEuRS 2009, 493621.

973 EuGH v. 23.04.2009 - C-378/07 (*Angelidaki*), BeckEuRS 2009, 493621.

bb) Literatur

Die Entscheidung des BAG vom 25.03.2009 war in der Literatur vielfach auf Kritik gestoßen. *Preis/Greiner* kritisieren vor allem, dass durch das Urteil die Rechtsprechung nicht unerheblich modifiziert werde. Indem der Arbeitgeber nunmehr beabsichtigen müsse, den Arbeitnehmer für eine zum Zeitpunkt des Vertragsschlusses noch nicht absehbare Vielzahl von Vertretungsfällen auf Dauer zu beschäftigen, kehre der Senat seine bislang vertretene Sicht geradezu um.[974] Die Modifizierung der Rechtsprechung des BAG zur Dauervertretung habe zur Folge, dass der befristet beschäftigte Arbeitnehmer Anhaltspunkte dafür vortragen muss, dass der Arbeitgeber bereits im Zeitpunkt des Vertragsschlusses beabsichtigt hatte, ihn dauerhaft und nicht nur zur Vertretung *eines* bestimmten Arbeitnehmers zu beschäftigen.[975] Für den Arbeitnehmer stelle es ein kaum zu bewältigendes Unterfangen dar, hierfür den Beweis zu führen, zumal das BAG solche „Anhaltspunkte“ bereits dann für nicht gegeben erachtet, wenn der Arbeitgeber im Arbeitsvertrag die zu vertretene Stammkraft namentlich benennt und damit die Kausalität für die Abwesenheit darlegt.[976]

Bayreuther ist hingegen der Auffassung, dass es weder in rechtlicher noch in praktischer Hinsicht möglich wäre, Vertretungsbefristungen immer dann zu untersagen, wenn im Unternehmen ein Gesamtvertretungsbedarf in einem Umfang besteht, dass sich alternativ zur Beschäftigung befristeter Vertreter auch „Stammarbeitsplätze“ schaffen ließen.[977]

cc) Entscheidung des EuGH vom 26.01.2012

Mit Urteilsspruch vom 26.01.2012 hat der EuGH entschieden, dass § 5 Nr. 1a) der Rahmenvereinbarung über befristete Arbeitsverhältnisse im Anhang der Richtlinie 1999/70/EG des Rates vom 28.06.1999 dahin auszulegen sei, dass die Anknüpfung an einen vorübergehenden Bedarf an Vertretungskräften in nationalen Rechtsvorschriften einen sachlichen Grund i.S. dieser Bestimmung darstellen kann. Hieran ändere grundsätzlich auch der Umstand, dass ein Arbeitgeber gezwungen sein mag, wiederholt oder sogar dauerhaft auf befristete Vertretungen zurückzugreifen, und dass diese Vertretungen auch durch die Einstellung von Arbeitnehmern mit unbefristeten Arbeitsverträgen gedeckt werden könnten, nichts.[978]

Zur Begründung führt der EuGH aus, dass allein aus dem Umstand, dass befristete Arbeitsverträge zur Deckung eines ständigen oder wiederkehrenden Bedarfs des Arbeitgebers an Vertretungskräften geschlossen werden, nicht ausgeschlossen werden könne, dass jeder dieser Verträge für sich genommen geschlossen wurde, um eine vorübergehende Vertretung sicherzustellen.[979] Auch wenn die Vertretung

---

974 *Preis/Greiner*, RdA 2010, 148 (151).
975 APS-*Backhaus*, § 14 TzBfG Rn. 339a.
976 BAG v. 25.03.2009 - 7 AZR 59/08 Rn. 27, AP Nr. 58 zu § 14 TzBfG.
977 *Bayreuther*, NZA 2013, 23 (24).
978 EuGH v. 26.01.2012 - C-586/10 (*Kücük*), NZA 2012, 135 (139).
979 EuGH v. 26.01.2012 - C-586/10 (*Kücük*), NZA 2012, 135 (137).

insofern einen ständigen Bedarf deckt, als der mit einem befristeten Vertrag eingestellte Arbeitnehmer genau festgelegte Aufgaben wahrnimmt, die Teil der gewöhnlichen Tätigkeiten des Arbeitgebers oder des Unternehmens sind, bleibe der Bedarf an Vertretungskräften gleichwohl vorübergehend, da zu erwarten ist, dass der vertretene Arbeitnehmer nach Beendigung seines Urlaubs, der den Grund dafür darstellt, dass er zeitweilig daran gehindert ist, diese Aufgaben selbst wahrzunehmen, seine Tätigkeit wieder aufnehmen wird.[980]

Des Weiteren führt der EuGH aus, dass der Arbeitgeber bei einer anderen Betrachtungsweise gezwungen wäre, eine ständige Personalreserve für kurz- oder auch langfristige Ausfälle zu bilden. Dies wäre nur bei größeren Unternehmen möglich. Die unternehmerische Entscheidungsfreiheit des Arbeitgebers müsse gewahrt bleiben, da er über die Zweckmäßigkeit und die Modalitäten des Rückgriffs auf eine solche Reserve zur Bewältigung eines wiederkehrenden Bedarfs an Vertretungskräften entscheiden können müsse.[981] Automatisch den Abschluss unbefristeter Verträge zu verlangen, wenn die Größe des betroffenen Unternehmens oder der betroffenen Einrichtung und die Zusammensetzung des Personals darauf schließen lassen, dass der Arbeitgeber mit einem wiederholten oder ständigen Bedarf an Vertretungskräften konfrontiert ist, ginge über die Ziele hinaus, die mit der Rahmenvereinbarung über befristete Verträge und der Richtlinie 1999/70/EG verfolgt werden, und würde den Wertungsspielraum verletzen, den sie den Mitgliedstaaten und gegebenenfalls den Sozialpartnern einräumen.[982]

dd) Stellungnahme

Von erheblicher Bedeutsamkeit ist es, die der Entscheidung des EuGH vom 26.01.2012 zugrunde liegenden zwei Problemkreise („wiederholte Befristungen" einerseits, „ständiger Vertretungsbedarf" andererseits) getrennt voneinander zu betrachten.[983] Genau genommen geht es einerseits um die Frage, welchen Einfluss (allgemein) eine Vielzahl vergangener Befristungen auf die streitgegenständliche Befristung hat und andererseits um die Frage, welche Auswirkung ein ständiger und dauerhafter Bedarf an Vertretungspersonal (spezifisch) auf den Sachgrund des § 14 Abs. 1 S. 2 Nr. 3 TzBfG hat. Gewiss spielen beide Problemkreise bei der langjährigen Vertretungsbefristung eine gemeinsame Rolle, denn sie wollen beide die „Dauervertretung" im weitesten Sinn verhindern. Gleichwohl müssen die Ausführungen des EuGH differenziert betrachtet werden:

---

980 EuGH v. 26.01.2012 - C-586/10 Rn. 38 (*Kücük*), NZA 2012, 135 (137); bestätigt durch: EuGH v. 13.03.2014 - C-190/13 Rn. 57 (*Samohano*), NZA 2014, 475 (480).

981 EuGH v. 26.01.2012 - C-586/10 Rn. 22 (*Kücük*), NZA 2012, 135 (136).

982 EuGH v. 26.01.2012 - C-586/10 Rn. 54 (*Kücük*), NZA 2012, 135 (139).

983 *Dörner* weist zu Recht daraufhin, dass hieran das BAG nicht ganz unschuldig ist. Denn wie bereits erläutert, hat es im Gegensatz zum LAG Köln in seiner Vorlagefrage versäumt, die Problemfelder voneinander getrennt vorzulegen, *Dörner*, Rn. 323d.

Die allgemeine Kontrolle erfolgt nach Klarstellung durch das BAG nunmehr dahingehend, ob eine „rechtsmissbräuchliche" Verwendungsweise eines Sachgrundes i.S.d. § 242 BGB wegen der Nichtberücksichtigung von Altbefristungen gegeben ist. Im Fokus dieser Betrachtungsweise stehen damit vergangene Arbeitsverhältnisse. Der Arbeitgeber hat einen „Blick zurück" auf seine bisherigen Befristungen zu werfen. Diese hat er mittelbar, wie auf S. 159 ff. ausführlich erläutert, in die Prüfung der Wirksamkeit der streitgegenständlichen Befristung einzubeziehen. Eine derartige rückschauende Analyse ist bei sämtlichen Sachgründen vorzunehmen und damit nicht spezifisch auf die Vertretungsbefristung beschränkt. Mit dieser Kontrolle soll insofern nicht nur die „Dauervertretung", sondern allgemein formuliert die „Dauerbefristung", sprich die Mehrfachbefristung von Arbeitsverhältnissen, eingeschränkt werden.

Unter dem Begriff der „unzulässigen Dauervertretung" im engeren Sinn versteht man allein die hier erörterte Frage, wie sich die Tatsache, dass ein ständiger Vertretungsbedarf in dem Betrieb besteht, auf den Sachgrund der Vertretung auswirkt. Im Blickfeld stehen überwiegend die Anforderungen an eine „zukünftige" Betrachtungsweise, die bereits bei der Erstbefristung zu berücksichtigen sind. Die maßgebliche Frage lautet: Beabsichtigt der Arbeitgeber bereits bei Vertragsabschluss, den Arbeitnehmer für eine Vielzahl von Vertretungsfällen dauerhaft befristet zu beschäftigen?

Um Widersprüchlichkeiten und Abgrenzungsprobleme zu vermeiden, soll nachfolgend nicht von der Zulässigkeit der „Dauervertretung", sondern der Zulässigkeit von Vertretungsbefristungen bei „ständigem und dauernden Bedarf" gesprochen werden. Das BAG verwendet nunmehr in seinem Urteil vom 13.02.2013 die Begrifflichkeit „Dauervertretungsbedarf".[984] Dies ist zu begrüßen, weil hierdurch zum einen der Bezug zur Vertretungsbefristung hergestellt und zum anderen verdeutlich wird, dass das Hauptfeld der Problematik der „Bedarf" an mehrfach befristeten Arbeitsverhältnissen ist.

- Vereinbarkeit eines Dauervertretungsbedarfs mit § 5 Nr. 1a) der Rahmenvereinbarung

Die Problematik des „Dauervertretungsbedarfs" lässt sich – wie sich bereits aus der Darstellung der Literaturauffassung und Rechtsprechung gezeigt hat – sowohl anhand nationaler als auch anhand unionsrechtlicher Vorschriften diskutieren. In der Entscheidung des EuGH wurde aufgrund der eingeschränkten Prüfungskompetenz der EU-Richter lediglich die Frage erörtert, ob die im Ausgangsverfahren in Rede stehende nationale Regelung (sprich § 14 Abs. 1 S. 2 Nr. 3 TzBfG) dem Ziel des § 5 Nr. 1a) der Rahmenvereinbarung zuwider läuft, wenn der in Wirklichkeit gedeckte Bedarf an einer Vertretungskraft faktisch kein vorübergehender, sondern ein dauerhafter ist. In der Rechtssache *Angelidaki* wurde hierzu ausgeführt, dass es bereits in der Natur der Befristung liege, lediglich einen zeitweiligen und keinen dauerhaften Bedarf zu decken. In der Tat konnte man anhand dieser Formulierungen

984 BAG v. 13.02.2013 -7 AZR 225/11, NZA 2013, 777 (782).

nicht ausschließen, dass der EuGH seine allgemein gehaltenen Rechtsausführungen auch auf den Sachgrund der Vertretung übertragen haben wollte und einen dauerhaften und ständigen Vertretungsbedarf in einem Großbetrieb ebenfalls als befristungsfeindlichen „Dauerbedarf" i.S.d. § 5 Nr. 1a) der Rahmenvereinbarung auffassen werde.

In seiner Entscheidung vom 26.01.2012 erfolgte nunmehr die Klarstellung. Der EuGH hält zunächst an seiner grundsätzlichen Position fest, dass die Befristung aufgrund eines „Dauerbedarfs" der Prämisse der Rahmenvereinbarung über befristete Verträge, dass unbefristete Arbeitsverträge die übliche Form der Beschäftigungsverhältnisse sind, unmittelbar zuwider laufe.[985] Aus dem bloßen Umstand, dass befristete Arbeitsverträge zur Deckung eines ständigen oder wiederkehrenden Bedarfs des Arbeitgebers an Vertretungskräften geschlossen werden, könne hingegen nicht geschlussfolgert werden, dass nicht jeder dieser Verträge für sich genommen geschlossen wurde, um eine vorübergehende Vertretung sicherzustellen.[986] Was auf den ersten Blick etwas widersprüchlich klingt, löst sich jedoch bei genauerer Analyse der Entscheidungen auf. Der Rechtssache *Angelidaki* lag eine Befristungsabrede zugrunde, die nach nationalem Recht auf den Sachgrund des vorübergehenden Bedarfs nach § 14 Abs. 1 S. 2 Nr. 1 TzBfG zu stützen gewesen wäre. Die klagende Arbeitnehmerin wurde aufgrund einer gesetzlichen Vorschrift befristet beschäftigt, die dem Staat und den juristischen Personen des öffentlichen Rechts einräumte, Personal mit befristeten Teilzeitarbeitsverträgen zur Deckung eines zeitlich nicht beschränkten Bedarfs einzustellen, der die Erbringung von Dienstleistungen sozialer Art gegenüber den Bürgern betraf.[987]

Dass sich in einem derartigen Fall ein Verstoß gegen § 5 Nr. 1a) der Rahmenvereinbarung geradezu aufdrängen musste, lag auf der Hand, da ein Grund für die lediglich vorübergehende Erbringung der Dienstleistungen nicht angeführt wurde. Vielmehr wurde die klagende Arbeitnehmerin befristet mit solchen Aufgaben betraut, die dauerhaft und ständig angefallen sind. Bei einer derartigen Sachlage hat auch der 7. Senat im Einklang mit der *Angelidaki*-Entscheidung festgestellt, dass es an einem Sachgrund im Sinne von § 14 Abs. 1 S. 2 Nr. 1 TzBfG fehlt, wenn ein Betrieb nicht ausreichend personell ausgestattet ist und dem zur Reduzierung von Bearbeitungsrückständen befristet eingestellten Arbeitnehmer Daueraufgaben übertragen werden.[988] Der der Entscheidung zugrunde liegende Sachverhalt basierte darauf, dass sich bei der beklagten Arbeitsagentur erhebliche Rückstände bei der Bearbeitung von Widersprüchen eingestellt hatten, die das tägliche Arbeitsaufkommen betrafen und mit dem vorhandenen Personal nicht abgebaut werden konnten. Vor diesem Hintergrund hatte die Arbeitsagentur die klagende Arbeitnehmerin befristet

985 Vgl. bereits zuvor EuGH v. 23.04.2009 - C-378/07 (*Angelidaki*), BeckEuRS 2009, 493621.

986 EuGH v. 26.01.2012 - C-586/10 (*Kücük*), NZA 2012, 135 (137).

987 EuGH v. 23.04.2009 - C-378/07 Rn. 29, 101 (*Angelidaki*), BeckEuRS 2009, 493621.

988 BAG v. 17.03.2010 - 7 AZR 640/08, NZA 2010, 633.

wegen vorübergehenden betrieblichen Bedarfs an der Arbeitsleistung eingestellt. Das BAG lehnte gleichwohl die Anwendbarkeit des § 14 Abs. 1 S. 2 Nr. 1 TzBfG ab. Denn ein vorübergehender Bedarf an zusätzlichen Arbeitskräften sei dann nicht anzunehmen, wenn das regelmäßig anfallende Arbeitspensum mit dem vorhandenen Stammpersonal dauerhaft nicht bewältigt werden könne und deshalb nach dem Ausscheiden der zum Abbau von Rückständen befristet beschäftigten Arbeitnehmer jeweils neue Bearbeitungsrückstände entstehen, zu deren Abbau erneut zusätzliche Arbeitskräfte benötigt werden.[989]

In dem Fall *Kücük* gegen das Land Nordrhein-Westfalen ging es jedoch nicht um den dauerhaften betrieblichen Bedarf an der Arbeitsleistung, sondern um einen dauerhaften Bedarf an einer Vertretungskraft. Der EuGH entschied richtigerweise, dass diese Bedarfsfrage allein am konkreten Vertretungsfall und damit anhand der vorübergehenden Abwesenheit des individuellen Arbeitnehmers auf einem konkreten Arbeitsplatz zu bemessen sei.[990] Hingegen komme es nicht auf den betrieblichen Dauerbedarf an Vertretungskräften an. Vor diesem Hintergrund bleibe das Bedürfnis an einer Vertretungskraft auch für den Fall vorübergehend, dass die Größe des betroffenen Unternehmens und die Zusammensetzung des Personals bei kollektiver Betrachtung darauf schließen lassen, dass der Arbeitgeber mit einem wiederholten oder ständigen Bedarf an Vertretungskräften im Betrieb oder in der Einrichtung konfrontiert ist. Solange nämlich der Arbeitgeber erwarten kann, dass der vertretene Arbeitnehmer nach Beendigung des Urlaubs oder der Elternzeit seine Tätigkeit wieder aufnehmen werde, liege nur ein begrenzter Überbrückungszeitraum vor, so dass ein vorübergehender Bedarf im Hinblick auf die konkrete vakante Stelle gegeben ist.[991]

Die Ausführungen stehen im Einklang mit der ständigen Rechtsprechung des BAG, wonach der Sachgrund der Vertretung darin liegt, dass der Arbeitgeber bereits in einem Rechtsverhältnis zu *einem* anderen Arbeitnehmer steht, mit *dessen* Rückkehr er rechnet.[992] Insofern steht bei der Vertretungsbefristung das „Schicksal" eines konkreten Arbeitnehmers im Vordergrund, während bei der Befristung nach § 14 Abs. 1 S. 2 Nr. 1 TzBfG die betrieblichen Belange im Ganzen betrachtet werden müssen.

Aus diesem Grund unterliegen die beiden Befristungstatbestände hinsichtlich Prognose und Kausalität nach nationalem Recht auch unterschiedlichen Anforderungen[993], auch wenn das BAG immer wieder betont, dass die Vertretungsbefristung ein Unterfall des vorübergehenden Bedarfs an der Arbeitsleistung sei.[994] Jedenfalls ist das Pendant zu der bei der Vertretungsbefristung erörterten Rückkehrprognose bei der Befristung i.S.d. § 14 Abs. 1 S. 2 Nr. 1 TzBfG die sog. Bedarfsprognose. Letztere hat sich darauf zu beziehen, ob im Zeitpunkt des Ablaufs der Befristung mit

989 BAG v. 17.03.2010 - 7 AZR 640/08 Rn. 18, NZA 2010, 633 (635).
990 So auch *Brose/Sagan*, NZA 2012, 307 (309).
991 EuGH v. 26.01.2012 - C-586/10 (*Kücük*), NZA 2012, 135 (137).
992 BAG v. 22.11.1995 - 7 AZR 252/95, NZA 1996, 878.
993 *Dörner*, Rn. 298.
994 BAG v. 16.01.2013 - 7 AZR 662/11 Rn. 19, NZA 2013, 611 (613).

hinreichender Wahrscheinlichkeit kein Bedarf mehr an der Weiterbeschäftigung des Arbeitnehmers besteht.[995] Es muss sich insofern um eine zeitlich begrenzte Arbeitsaufgabe handeln. Die Rückkehrprognose hat sich hingegen auf die Rückkehr des Vertretenen und den künftigen Wegfall des konkreten Vertretungsbedarfs zu beziehen. Wäre der EuGH zu dem Ergebnis gekommen, auch im Bereich der Vertretungsbefristung eine zusätzliche Bedarfsprognose zu verlangen, hätte dies zu einem nicht unerheblichen Einschnitt in die dem Arbeitgeber gewährte Entscheidungsfreiheit geführt, die ihm grds. garantieren soll, nach seiner Wahl auf den Personalausfall zu reagieren. Denn das Verbot einer betriebsbezogenen „Dauervertretung" hätte zur Folge, dass der Arbeitgeber nicht mehr entscheiden könnte, ob er bei einem weiteren Vertretungsbedarf erneut den bisherigen Vertreter oder einen anderen Arbeitnehmer mit der Vertretung betraut oder sich in sonstiger Weise behilft. Zudem sollte man sich einmal die praktischen Auswirkungen einer derartigen Entscheidung vor Augen halten: Müsste der Arbeitgeber prognostizieren, dass keine andere Stelle in seinem "Betrieb" eine erneute Vertretung rechtfertigt, würde die Vertretungsbefristung in 99 % der Fälle ihren Anwendungsbereich verlieren. Insbesondere in Großbetrieben oder Verwaltungen hätte dies zur Folge, dass man dem durch Sonderurlaub bedingten Ausfall von Stammarbeitnehmern nur mit dem Aufbau einer unbefristet eingestellten Personalreserve begegnen könnte. Hierzu hatte der EuGH jedoch ausdrücklich klargestellt, dass das Verlangen nach einer derartigen „zweiten Reihe" über die Schutzwirkung des § 5 Nr. 1 der Rahmenvereinbarung hinausgehe.

- Auswirkung der *Kücük*-Entscheidung auf die nationale Rechtsprechung zum Dauervertretungsbedarf

Die Ausführungen des EuGH haben gleichwohl einen ganz entscheidenden Einfluss auf die Rechtsprechung des BAG zur Zulässigkeit des Dauervertretungsbedarfs. Wir erinnern uns an die Einschränkungen, die der 7. Senat in seinem Vorlagebeschluss vom 17.11.2010 hat einfließen lassen. Dort heißt es: „Ein „ständiger Vertretungsbedarf", dessen Abdeckung durch aufeinanderfolgende befristete Arbeitsverträge möglicherweise das Unionsrecht entgegensteht, kommt vielmehr nach dem Verständnis des Senats erst dann in Betracht, wenn die regelmäßig ausfallenden Stammkräfte die gleichen oder vergleichbare Aufgaben verrichten und es dem Arbeitgeber rechtlich möglich und tatsächlich zumutbar wäre, einem unbefristet zur Abdeckung des Vertretungsbedarfs eingestellten Arbeitnehmer die Aufgaben der jeweils gerade ausfallenden Stammkraft zu übertragen."[996]

Das BAG hat insofern geprüft, ob es dem Arbeitgeber rechtlich möglich und tatsächlich zumutbar sei, eine unbefristete Personalreserve zu bilden. Ähnliche Ausführungen ließen sich bereits in einer Entscheidung vom 06.10.2010 finden. Danach kommt ein unzulässiger Dauervertretungsbedarf nur dann in Betracht,

995 BAG v. 28.03.2001 - 7 AZR 701/99, AP Nr. 227 zu § 620 BGB Befristeter Arbeitsvertrag.

996 BAG v. 17.11.2010 - 7 AZR 443/09 Rn. 33, NZA 2011, 34 (38).

wenn bei dem Arbeitgeber ein ständiger Vertretungsbedarf an Lehrern vorhanden ist, den er statt durch den wiederholten Abschluss befristeter Arbeitsverträge auch durch die unbefristete Einstellung eines Lehrers abdecken könnte.[997] Dies würde aber voraussetzen, dass der unbefristet – quasi als „Springer" – eingestellte Lehrer nach der vom Arbeitgeber (im speziellen Fall das Bundesland) vorgegebenen Organisation tatsächlich fachlich, örtlich und zeitlich in der Lage wäre, jeweils eine der regelmäßig ausfallenden Stammkräfte zu vertreten. Hieran sei insbesondere zu denken, wenn in einem Betrieb oder in einer Dienststelle regelmäßig Stammkräfte mit denselben Aufgaben ausfallen, die unschwer auch von einem zusätzlich dauerhaft als Personalreserve eingestellten Arbeitnehmer wahrgenommen werden könnten.[998]

Derartige Einschränkungen sind in den Entscheidungen des BAG vom 18.07.2012 weitgehend entfernt worden. Grund dafür ist, dass der EuGH selbst dann eine unbefristete Personalreserve nach Unionsrecht nicht für erforderlich erachtet, wenn dem Arbeitgeber aufgrund der Größe des Betriebs die Beschäftigung von unbefristeten Vertretungskräften zumutbar wäre. Das BAG hat diese Ausführungen mit Wohlwollen aufgenommen und sämtliche Gedanken aus seinen Entscheidungsgründen verbannt, unter welchen Voraussetzungen das Bereitstellen einer Personalreserve unter Umständen verhältnismäßig sein könnte. War der Senat bislang davon ausgegangen, dass unter den vorbenannten Gegebenheiten in einem Großbetrieb „möglicherweise" ein Verstoß gegen Unionsrecht gegeben sein könnte, hat er diese Auffassung nunmehr wieder aufgebeben. Damit steht fest, dass der Senat zu seiner bereits in den 80er Jahren schrankenlos vertretenen Rechtsauffassung zurückgekehrt ist, dass vom Arbeitgeber das Vorhalten einer – unbefristet beschäftigten – „Ersatzmannschaft" nicht verlangt werden könne.[999]

Gleichwohl finden sich die früheren Überlegungen nunmehr an anderer Stelle in den Entscheidungsgründen wieder. So führt der Senat aus, dass der Dauervertretungsbedarf zwar nicht dem Sachgrund der Vertretung als solchen entgegensteht, aber sehr wohl als ein Aspekt in die Missbrauchskontrolle einzustellen ist.[1000] Insbesondere könne es bei zunehmender Anzahl und Dauer der jeweils befristeten Beschäftigung des Arbeitnehmers eine missbräuchliche Ausnutzung der an sich rechtlich eröffneten Befristungsmöglichkeit darstellen, wenn der Arbeitgeber gegenüber einem bereits langjährig beschäftigten Arbeitnehmer trotz der tatsächlich vorhandenen Möglichkeit einer dauerhaften Einstellung immer wieder auf befristete Verträge zurückgreift.[1001] Insofern ist zu erwarten, dass zumindest bei Mehrfachbefristungen der Umstand, dass es dem Arbeitgeber rechtlich möglich und tatsächlich zumutbar ist, einen Arbeitnehmer unbefristet als Vertretungskraft für regelmäßig

---

997 BAG v. 06.10.2010 - 7 AZR 397/09, NZA 2011, 1155 (1158).

998 BAG v. 06.10.2010 - 7 AZR 397/09, NZA 2011, 1155 (1158).

999 BAG v. 06.06.1984 - 7 AZR 458/82, AP Nr. 83 zu § 620 BGB Befristeter Arbeitsvertrag; APS-*Backhaus*, § 14 TzBfG Rn. 338.

1000 BAG v. 13.02.2013 -7 AZR 225/11 Rn. 40, NZA 2013, 777 (782).

1001 BAG v. 18.07.2012 - 7 AZR 443/09 Rn. 45, NZA 2012, 1351 (1358).

abwesende Stammkräfte einzustellen, innerhalb der Rechtsmissbrauchskontrolle der Vertretungsbefristung als weitere Komponente zu berücksichtigten ist.

Als Zwischenergebnis wird man festhalten können, dass die Rechtssache *Kücük* zwar zu einer für den Arbeitnehmer positiven Einschränkung befristeter Arbeitsverhältnisse durch die mittelbare Berücksichtigung vergangener Befristung geführt hat; die Voraussetzungen unter denen von einem unzulässigen Dauervertretungsbedarf auszugehen ist, sind hingegen zulasten des Arbeitnehmers wesentlich erschwert worden. Denn durch die Klarstellung des EuGH, dass nur das konkrete Arbeitsverhältnis in den Fokus rückt und der betriebliche Dauerbedarf an Vertretungskräften auszublenden ist, darf sich das BAG in seiner bisherigen Rechtsprechung bestätigt fühlen. Objektive Anhaltspunkte, wie z.B. die bloße Voraussehbarkeit weiterer Vertretungsfälle, werden ausgeblendet. Dies ist auch korrekt. Man wird dem Arbeitgeber in objektiver Hinsicht nur schwerlich aufzwingen können, den Arbeitnehmer über die Befristung hinaus zu beschäftigen, nur weil „aller Voraussicht nach" auch in Zukunft in dem Betrieb weiterer Bedarf an Vertretungskräften besteht.

Die Entscheidung des EuGH führt letztlich dazu, dass selbst der objektive Bedarf an einer „Springertätigkeit" die Annahme einer unzulässigen „Dauervertretung" nicht rechtfertigen kann. Wie nach bisheriger Rechtsprechung bereits vertreten, kann Anknüpfungspunkt für die Unzulässigkeit allenfalls die Absichtserklärung des Arbeitgebers sein, den Arbeitnehmer für eine zum Zeitpunkt des Vertragsschlusses noch nicht absehbare Vielzahl von Vertretungsfällen auf Dauer zu beschäftigen. Die Prüfung beschränkt sich damit auf eine rein subjektive Komponente. Als befristungsschädlich könnte nach dem derzeitigen Standpunkt des 7. Senats folgende (überspitzte) Erklärung des Arbeitgebers einzustufen sein:

> *„Sehr geehrter Herr X, hiermit stelle ich Sie befristet als Vertretungskraft für den abwesenden Arbeitnehmer Y bis zum 31.12.2013 ein. Ich beabsichtige bereits jetzt, Sie nach Ablauf der Befristung auf anderen frei werdenden Stellen als Vertretungskraft befristet weiter zu beschäftigen."*

Ob man hieraus allerdings ableiten kann, dass der Sachgrund der Befristung wegen einer beabsichtigten Dauervertretung „vorgeschoben" ist, dürfte fragwürdig sein. Ist aus einer bloßen Absichtsbekundung zu schlussfolgern, dass die gegenwärtige Befristung unwirksam ist? M.E. würde dies über den Sinn und Zweck des Verbots von auf Dauer befristeten Arbeitsverhältnissen hinausgehen. Dies ergibt sich aufgrund der Ausführungen des EuGH in der Entscheidung vom 26.01.2012 auch aus einem Erst-Recht-Schluss. Die Luxemburger Richter haben hervorgehoben, dass allein der bloße Umstand, dass befristete Arbeitsverträge zur Deckung eines ständigen oder wiederkehrenden Bedarfs des Arbeitgebers an Vertretungskräften geschlossen werden, nicht ausreiche, um auszuschließen, dass jeder dieser Verträge für sich genommen geschlossen wurde, um eine vorübergehende Vertretung sicherzustellen. Wenn man selbst objektive Anhaltspunkte (Dauerbedarf im Betrieb) nicht für die Annahme einer unzulässigen Dauervertretung als ausreichend erachtet, dann kann die subjektive Einschätzung des Arbeitgebers für die Zukunft argumentum a fortiori ebenfalls nicht genügend sein. Es ist im Zeitpunkt des Vertragsschlusses trotz Absichtserklärung noch gar nicht absehbar, dass jede zukünftige Befristung nicht aufgrund eines eigenständigen Sachgrunds gerechtfertigt ist. Ähnliche Überlegungen haben anscheinend das BAG bereits in seiner Entscheidung vom 25.03.2009 dazu verleitet, zu bezweifeln, ob die bisherige Rechtsprechung zur „Dauervertretung" nach dem Inkrafttreten des Teilzeit- und Befristungsgesetzes aufrechtzuerhalten ist oder ob dem entgegensteht, dass nach § 14 Abs. 1 S. 2 Nr. 3 TzBfG stets ein Sachgrund für die Befristung vorliegt, wenn die Beschäftigung zur Vertretung eines anderen Arbeitnehmers erfolgt. Nunmehr dürfte das BAG Gewissheit haben.

Absichtserklärungen können des Weiteren auch an anderer Stelle berücksichtigt werden. Hat der Arbeitgeber bereits bei Vertragsschluss einen (konkreten) Vertretungsfall ins Auge gefasst hat (also nicht pauschal eine Springertätigkeit bei einer Vielzahl von Vertretungsfällen vorgesehen), wird man ihm zwar nicht vorwerfen können, die Befristung sei „vorgeschoben"; allerdings können entsprechende Äußerungen – je nach Erklärungsgehalt – für den Arbeitnehmer dahingehend zu verstehen sein, er werde nach Ablauf der Befristung für die sodann abwesende Stammarbeitskraft X weiterbeschäftigt. Derartige Fälle können insofern als verbindliche Befristungszusage gewertet werden.[1002] In diesem Fall wäre es m.E. korrekt, dem Arbeitnehmer aufgrund eines konkreten Vertrauenstatbestands einen Weiterbeschäftigungsanspruch zuzusprechen und nicht die Befristung wegen eines Dauerbefristungsbedarfs als unzulässig zu qualifizieren.

b) Zulässigkeit der Vertretungsbefristung aufgrund „gedanklicher Zuordnung"

Die Vertretungsform der „gedanklichen Zuordnung" hat nicht nur zu vielfachen Diskussionen in der Literatur geführt, sondern ist auch in der Rechtsprechung immer wieder ausgiebig thematisiert worden. Eingangs wurde auf S. 197 ff. bereits erläutert, dass Kern der „Zuordnungsvertretung" ein Befristungstatbestand ist, bei dem der Arbeitgeber den befristet Beschäftigten auf einem Arbeitsplatz einsetzt, den er dem Abwesenden ohne Änderung seines Arbeitsvertrags im Rahmen des Direktionsrechts hätte zuweisen können. Dieser Form der Befristung wohnt nach Auffassung ihrer Kritiker damit aufgrund ihrer geringeren Kausalitätsanforderungen eine potentielle Eignung zur Förderung rechtswidriger Kettenbefristungen inne, die sie letztlich wohl zur umstrittensten Variante der Vertretungsbefristung macht. Dies gilt sowohl im Hinblick auf ihre Vereinbarkeit mit nationalem Recht als auch mit Unionsrecht.

aa) Literatur

In der Literatur hat sich eine beachtliche Ansammlung an Stimmen gebildet, die an der vom BAG entwickelten Rechtsfigur der Vertretungsbefristung aufgrund „gedanklicher Zuordnung" umfassende Kritik übt.[1003]

1002 Siehe Ausführungen zum Weiterbeschäftigungsanspruch in Kapitel 7.
1003 *Brose*, NZA 2009, 706 (707); *Eisemann*, NZA 2009, 1113 (1114 f.); Staudinger-*Preis*, § 620 BGB Rn. 113.

Insbesondere wurde Unverständnis geäußert, dass mit der Zuordnungsbefristung nicht mehr zwingend die Darlegung eines detaillierten Vertretungskonzepts erforderlich sei und damit die Kausalität der Vertretung aufgegeben werde.[1004] Auch werde – wie bei den anderen Vertretungstatbeständen – kein Nachweis verlangt, wie und in welcher Form die bisher tatsächlich vom Vertretenen wahrgenommenen Aufgaben jetzt von einem oder mehreren anderen erledigt werden. Vielmehr begnügt sich das BAG mit der Feststellung, dass die dem Vertreter obliegenden Arbeitsaufgaben dem Vertretenen im Rahmen des Direktionsrechts hätten zugewiesen werden können.[1005] Es komme nicht mehr darauf an, was der Vertretene bisher getan hat, sondern allein darauf, was er tun könnte. Dass die Arbeiten, die der Vertretene bis dato ausgeübt hat, ggf. liegen bleiben, habe nicht zu interessieren. *Brose* schlussfolgert daraus, dass die Art und Weise, wie § 14 Abs. 1 S. 2 Nr. 3 TzBfG durch die Rechtsprechung des BAG ausgelegt werde, kein Sachgrund i.S. von § 5 Nr. 1a) der Rahmenvereinbarung darstelle.[1006]

Insbesondere der öffentliche Arbeitgeber könne durch eine weitreichende Weisungsbefugnis die Zuordnungsbefristung dazu rechtlich missbrauchen, den Tätigkeitsbereich des befristet Beschäftigten immer wieder neuen ausfallenden Stammarbeitnehmern zuzuordnen und damit die Möglichkeit eines dauerhaft befristet beschäftigten Springers zu nutzen.[1007] In diesem Sinne beanstandet *Eisemann* ebenfalls, dass der Arbeitnehmer durch die Zuordnungsbefristung über viele Jahre hinweg auf ein und demselben Arbeitsplatz befristet eingesetzt werden könne und der Arbeitgeber ihm immer neue (ausfallende) Arbeitnehmer gedanklich zuordnen könnte. Dies führe zu einer virtuellen Ausübung des Direktionsrechts.

Meinel ist hingegen der Auffassung, dass an der „hypothetischen Vertretungsbefristung" ein unabweisbarer praktischer Bedarf insbesondere bei der langfristigen Vertretung einzelner Arbeitnehmer bestehe.[1008] Wenn es sozialpolitisch erwünscht sei, auch lange Zeiträume des Ausfalls am Arbeitsplatz, etwa im Rahmen von Elternzeiten, zu ermöglichen, müsse der Arbeitgeber die Möglichkeit haben, diesen Arbeitsplatz bei geänderten betrieblichen Anforderungen zu ändern und gleichwohl rechtssicher befristet besetzen zu können.[1009]

1004 *Eisemann*, NZA 2009, 1113 (1114).
1005 *Eisemann*, NZA 2009, 1113 (1114), *Brose*, NZA 2009, 706 (707).
1006 *Brose*, NZA 2009, 706 (709).
1007 *Brose*, NZA 2009, 706 (709).
1008 MHH-*Meinel*, § 14 TzBfG Rn. 82.
1009 MHH-*Meinel*, § 14 TzBfG Rn. 82.

bb) Rechtsprechung

Der Senat hat sich zur Frage der Vereinbarkeit seiner Rechtsprechung mit Unionsrecht umfassend in seinen Entscheidungen vom 20.01.2010[1010] und 14.04.2010[1011] auseinandergesetzt.

Im Ergebnis bejahte der erkennende Senat die Europarechtskonformität. Die zum Sachgrund der Vertretung vom BAG entwickelten Grundsätze entsprächen in vollem Umfang den gemeinschaftsrechtlichen Vorgaben der Richtlinie 1999/70/EG. Dies gelte einschließlich für die Fallgestaltungen, in denen nach der Rechtsprechung des Senats der Sachgrund der Vertretung vorliegt, obwohl dem befristet Beschäftigten – ohne tatsächliche Umorganisation der im Betrieb anfallenden Tätigkeiten – nicht die Aufgaben übertragen werden, die der Vertretene bislang verrichtet hat.[1012] Denn durch das Kriterium der „gedanklichen Zuordnung" werde verhindert, dass der Arbeitgeber den Ausfall einer Stammkraft missbraucht, um einen oder mehrere Arbeitnehmer befristet in einem zeitlichen Umfang einzustellen, der über den Umfang der Tätigkeit der vorübergehend abwesenden Stammkraft hinausgeht.[1013]

In einer aktuellen Entscheidung vom 18.07.2012 geht das BAG erneut von der Europarechtskonformität seiner für Vertretungsbefristungen entwickelten Rechtsfigur der gedanklichen Zuordnung aus.[1014] Ergänzend führt der Senat an, dass insbesondere die Anforderung des EuGH, objektive und transparente Kriterien an die Sachgrundprüfung zu stellen, erfüllt sei. Durch die erforderliche Dokumentation der gedanklichen Zuordnung werde verhindert, dass der Arbeitgeber die Aufgaben des Vertreters im Nachhinein einer anderen Stammkraft zuordnet, wenn sich etwa herausstellen sollte, dass der bezeichnete Arbeitnehmer die Aufgaben des Vertreters nicht hätte wahrnehmen können.[1015]

Neben den bereits eingangs erwähnten Einschränkungen zur fachlichen und rechtlichen Austauschbarkeit hat die Zuordnungsvertretung eine weitere Restriktion durch die Entscheidung des BAG vom 16.01.2013 erfahren. In dem Urteil hat der 7. Senat zunächst festgestellt, dass der Sachgrund der Vertretung auch dann gegeben sei, wenn der Vertretungsbedarf infolge der Abordnung einer Stammkraft entstanden ist.[1016] Eine Vertretung i.S.d. § 14 Abs. 1 S. 2 Nr. 3 TzBfG setze nicht zwingend voraus, dass der Vertretene betrieblich abwesend sein müsse. Dies war lange Zeit umstritten.[1017] Anders als bei der Vertretung eines abwesenden Arbeitnehmers reiche es allerdings nicht aus, dass der befristet eingestellte Arbeitnehmer der abwesenden

---

1010 BAG v. 20.01.2010 - 7 AZR 753/08, NJOZ 2010, 1647.

1011 BAG v. 14.04.2010 - 7 AZR 121/09, NJW 2010, 2684.

1012 BAG v. 20.01.2010 - 7 AZR 753/08, NJOZ 2010, 1647 (1648).

1013 BAG v. 14.04.2010 - 7 AZR 121/09, NJW 2010, 2684 (2686).

1014 BAG v. 18.07.2012 - 7 AZR 443/09, NZA 2012, 1351 (1354 f.).

1015 BAG v. 15.02.2006 - 7 AZR 232/05, NZA 2006, 781 (782).

1016 BAG v. 16.01.2013 - 7 AZR 662/11, NJW 2013, 1755.

1017 Vgl. LAG Mecklenburg-Vorpommern. v. 26.05.2010 - 2 Sa 321/09, BeckRS 2010, 71575; LAG Köln v. 16.03.2011 - 9 Sa 1308/10, BeckRS 2011, 73208.

Stammkraft gedanklich in dem Sinne zugeordnet werden kann, dass die Stammkraft auch auf der Position des befristet Beschäftigten eingesetzt werden könnte und sich die gedankliche Zuordnung auf Grund einer Dokumentation – zum Beispiel im Arbeitsvertrag – hinreichend feststellen lässt.[1018] Denn in diesem speziellen Fall hat der Arbeitgeber von seinen Versetzungs- und Umsetzungsbefugnissen bereits dadurch Gebrauch gemacht, dass er die von ihrem Arbeitsplatz vorübergehend abwesende Stammkraft anderweitig eingesetzt hat. Auf Grund derselben organisatorischen Entscheidung kann eine Kausalität zur befristeten Einstellung eines Arbeitnehmers daher nicht dadurch begründet werden, dass der Arbeitgeber die Stammkraft auch mit der Tätigkeit des befristet eingestellten Arbeitnehmers hätte betrauen können. Der Arbeitgeber könne von seiner Versetzungs- und Umsetzungsbefugnis – bei identischem Anlass – nur einmal Gebrauch machen.[1019]

cc) Stellungnahme

Die Problematik der gedanklichen Zuordnung wird seit Anfang 2009 vermehrt unter dem Gesichtspunkt der unionsrechtlichen Vereinbarkeit diskutiert. Etwas überspitzt formuliert könnte man meinen, dass sich seitdem eine Tendenz abzeichnet, nationale Fragestellungen auf eine höhere Ebene zu verlagern. Abgesehen von der *Mangold*-Entscheidung im Jahr 2005 war es im deutschen Befristungsrecht auf europäischer Ebene bislang ruhig geblieben. Das BAG versuchte vielmehr die nationalen Problemfälle selbst zu lösen und im Zweifel seine Rechtsprechung europarechtskonform auszugestalten.[1020]

- Vereinbarkeit der Zuordnungsbefristung mit § 5 Nr. 1a) der Rahmenvereinbarung

Nachdem im Jahr 2006 das Rechtsinstitut der gedanklichen Befristung vom BAG erstmalig herangezogen worden war, wurden wesentliche Bedenken zur Unvereinbarkeit mit Unionsrecht erst Jahre später durch *Eisemann* und *Brose* hervorgebracht, die die Problematik der Zuordnungsbefristung stets im Kontext mit der Dauervertretung und der Rechtsmissbräuchlichkeit von Kettenbefristungen diskutierten. Das BAG sah jedoch trotz der konstruktiven Kritik davon ab, die Vereinbarkeit seiner Rechtsprechung mit Unionsrecht im Wege des Vorabentscheidungsverfahrens vom EuGH überprüfen zu lassen. Dabei hätte das BAG seinen Vorlagebeschluss vom 17.11.2010 zum Anlass nehmen können auch diese Problematik unionsrechtlich klären zu lassen. Es sah jedoch, wohlmöglich auch aufgrund der Ausführungen des

---

1018 BAG v. 16.01.2013 - 7 AZR 662/11, NJW 2013, 1755 (1757).

1019 BAG v. 16.01.2013 - 7 AZR 662/11, NJW 2013, 1755 (1757).

1020 Vgl. BAG 18.10.2006 - 7 AZR 419/05, NZA 2007, 332 zur Vereinbarkeit der Haushaltsmittelbefristung nach § 14 Abs. 1 S. 2 Nr. 7 TzBfG mit der europäischen Befristungsrichtlinie.

vorinstanzlichen LAG Köln[1021] und seiner eigenen umfassend dargestellten Rechtsauffassung in seiner Entscheidung Anfang 2010, hiervon ab.

Zweifel über die unionsrechtliche Vereinbarkeit scheinen m.E. dann berechtigt, wenn durch die Anwendbarkeit der Rechtsfigur der gedanklichen Zuordnung derart niedrige Anforderungen an den Sachgrund der Vertretungsbefristung gestellt werden, dass Kettenbefristungen nicht mehr angemessen i.S.d. § 5 der Rahmenvereinbarung verhindert werden können.[1022] Maßgeblich müsste sich der EuGH mit folgender fiktiven Vorlagefrage beschäftigen: Ist § 5 Nr. 1a) der am 18.03.1999 geschlossenen Rahmenvereinbarung über befristete Arbeitsverhältnisse im Anhang der Richtlinie 1999/70/EG des Rates vom 28.06.1999 zu der EGB-UNICE-CEEP-Rahmenvereinbarung über befristete Arbeitsverträge dahin auszulegen, dass ein sachlicher Grund i. S. dieser Rahmenvereinbarung nicht gegeben ist, wenn dem befristet Beschäftigten – ohne tatsächliche Umorganisation der im Betrieb anfallenden Tätigkeiten – Aufgaben übertragen werden, die der Vertretene bislang nicht verrichtet hat, die ihm aber aufgrund des Direktionsrechts des Arbeitgebers hätten zugewiesen werden können?

Der EuGH hat bislang stets hervorgehoben, dass trotz der grundsätzlichen Anerkennung der Vertretungsbefristung als Sachgrund i.S.v. § 5 Nr. 1a) der Rahmenvereinbarung, die zuständigen nationalen Stellen darüber zu wachen haben, dass die konkrete Anwendung dieses sachlichen Grundes unter Berücksichtigung der Besonderheiten der betreffenden Tätigkeit und der Bedingungen ihrer Ausübung den Anforderungen der Rahmenvereinbarung über befristete Verträge entspricht.[1023] Die Anforderungen an die Vertretungsbefristung nach nationalem Recht müssen dementsprechend streng genug sein, um Kettenbefristungen zu verhindern.

Ob durch das Anerkennen der gedanklichen Zuordnung ausreichende Restriktionen im nationalen Recht begründet werden, dürfte fraglich sein. M.E. bestehen bereits Zweifel, ob bei einer derartigen Konstellation nach dem allgemeinen Sprachgebrauch überhaupt noch von einer „Vertretung" die Rede sein kann. Selbst *Linsenmeier* hält dies als (ehemals) Vorsitzender Richter am BAG[1024] jedenfalls „nicht ohne Weiteres" für selbstverständlich.[1025] Denn im Gegensatz zu den dargestellten Varianten der unmittelbaren und mittelbaren Vertretung, als auch der Organisationsvertretung fällt der Tätigkeitsbereich der Stammkraft gänzlich weg bzw. wird auch nicht einem anderen Mitarbeiter zugeordnet. Zwar wird auch bei einer Organisationsvertretung der befristet Beschäftigte auf einem Arbeitsplatz eingesetzt, der nach der bisherigen Arbeitsorganisation noch nicht vorhanden war; doch werden auch bei dieser Variante die Aufgaben des zeitweilig ausfallenden Mitarbeiters einem dritten Mitarbeiter übertragen.[1026] Insofern ist *Linsenmeier* dahingehend beizupflichten, dass zumindest

---

1021 LAG Köln v. 15.05.2009 - 4 Sa 877/08, BeckRS 2009, 68637.

1022 So auch *Linsenmaier*, RdA 2012, 193 (199).

1023 EuGH v. 23.04.2009 - C-378/07 Rn. 106 (*Angelidaki*), BeckEuRS 2009, 493621.

1024 Seit dem 01.10.2014 ist er im Senatsvorsitz von Frau Edith Gräfl abgelöst worden.

1025 *Linsenmaier*, RdA 2012, 193 (199).

1026 BAG v. 24.05.2006 - 7 AZR 640/05, BeckRS 2009, 67940; BAG v. 21.03.1990 - 7 AZR 286/89, AP Nr. 135 zu § 620 BGB Befristeter Arbeitsvertrag.

der Begriff der Vertretung in der Laiensphäre so zu verstehen ist, dass eine Vertretungskraft während der Abwesenheit des Stammarbeitnehmers nicht nur die Person als solche ersetzt, sondern der *bisherige* Tätigkeitsbereich entweder von dem Vertreter selbst übernommen wird oder aber – wie bei der mittelbaren Stellvertretung – anderen Stammkräften zugeordnet wird. Einem juristisch nicht vorbelasteten Arbeitnehmer dürfte nur schwer zu vermitteln sein, dass er als Vertreter für den abwesenden X eingesetzt wird, obwohl sich Tätigkeitsbereich oder gar Arbeitsort unterscheiden. Er führt auch keinerlei Arbeiten fort, wie man das bei einer zeitweisen Vertretung vermuten dürfte, sondern wird mit ganz neuen Aufgaben betraut.

Was verbleibt, ist jedoch die Zuordnungsbefristung als Vertretung im Rechtssinne zu akzeptieren.[1027] Doch auch hier bestehen zumindest auf den ersten Blick Bedenken, diesen Grundsatz mit so mancher Sachverhaltskonstellation in Einklang zu bringen. Beispielhaft sei eine Entscheidung vom 10.10.2012[1028] angeführt, in der das Kultusministerium den Arbeitgeber anwies, vermehrt Stellen für das Lehrfach „Werte und Normen“ zu besetzen. Das beklagte Land kam dem nach, indem es den Beschäftigen B (Kläger) befristet für den Religionsunterricht einstellte und seine Tätigkeit einer in Elternzeit befindlichen Stammarbeitnehmerin zuordnete.

Subsumiert man diese Konstellation unter nachfolgendem wiederkehrenden Leitsatz des BAG, kommen Bedenken hinsichtlich der Kausalität auf. Der Senat fordert: *„Nimmt der Arbeitgeber den Vertretungsfall zum Anlass für eine befristete Beschäftigung, ist auf Grund der Umstände bei Vertragsabschluss zu beurteilen, ob der Bedarf für die Beschäftigung des Vertreters auf die Abwesenheit des zeitweilig ausgefallenen Arbeitnehmers zurückzuführen ist.“*[1029]

Der Kausalzusammenhang wird vorliegend in Frage gestellt, weil der Bedarf für die Beschäftigung des „Vertreters“ allenfalls mittelbar auf die Abwesenheit des Stammarbeitnehmers zurückzuführen ist. Die Vertretungssituation wirkt konstruiert, da der eigentliche Bedarf für die Ausübung des Unterrichtsfachs „Werte und Normen“ nicht zwingend aufgrund der Abwesenheit der Stammarbeitnehmerin, die im Übrigen Informatik und Wirtschaft unterrichtete, entstanden ist. Tatsächlich nimmt man die Abwesenheit der Stammkraft – quasi wie einen kostengünstigen Glücksgriff – zum Anlass, der Verpflichtung durch das Kultusministerium zur Schließung der Lücke im Unterrichtsfach Werte und Normen nachzukommen. Die Kausalität scheint daher „künstlich“ hergestellt. Überspitzt gesagt, läuft die Vertretungssituation wie folgt ab: Der Arbeitgeber bekommt die Anordnung von „oben“, einen bestimmten Arbeitsplatz zu besetzen. Er denkt jedoch gar nicht daran, eine Neueinstellung vorzunehmen, sondern wirft einen Blick auf seinen Personalstamm. Befindet sich jemand in Elternzeit? Ist der Stammarbeitskraft bereits ein Vertreter zugewiesen worden? Wenn dies nicht der Fall ist, ordnet der Arbeitgeber die neue

1027 So auch *Linsenmaier*, RdA 2012, 193 (199).
1028 BAG v. 10.10.2012 - 7 AZR 462/11, NZA-RR 2013, 185.
1029 BAG v. 15.02.2006 - 7 AZR 232/05, NZA 2006, 781 (782).

Stelle einfach dem abwesenden Stammarbeitnehmer zu und besetzt diese durch einen befristet Beschäftigten.

Obwohl diese fingiert wirkende Vertretungskonstellation auf Missbehagen stößt, wird man den Kausalzusammenhang letztlich nicht mit der vorgenannten Argumentation verneinen können. Zwar unterliegt die Einstellung des befristet Beschäftigen bei einer Anordnung von „oben" letztlich nicht gänzlich dem freien Willensentschluss des Arbeitgebers, doch kann dies keine Auswirkung darauf haben, dass die Vertretungsbefristung als solche *wegen* der Abwesenheit der Stammarbeitskraft erfolgt ist. Es obliegt allein der Entscheidungsfreiheit des Arbeitgebers, ob er den Arbeitsausfall sofort mit dem Ausscheiden des Stammarbeitnehmers kompensiert oder erst bei einem späteren Bedarf, auch wenn dieser von höherer Stelle begründet wird.

Auch kann bei einer derartigen Konstellationen nicht verlangt werden, dass der Arbeitgeber darzulegen hat, wie und in welcher Form die *bisher* tatsächlich vom Vertretenen wahrgenommenen Aufgaben jetzt von einem oder mehreren anderen erledigt werden. Hierauf kommt es im Anwendungsbereich der „gedanklichen Zuordnung" nicht an. Würde man dies zur Voraussetzung machen, befände man sich bereits im Anwendungsbereich der Organisationsvertretung, da durch die Verteilung des bisher von der Stammarbeitskraft ausgeübten Tätigkeitsbereiches (Lehre von Informatik und Wirtschaft) auf das sonstige Lehrpersonal, ohnehin ein neuer Arbeitsplatz geschaffen werden kann. Die Organisationsvertretung dürfte bei ähnlich gelagerten Sachverhalten ohnehin die praxisnähere Variante darstellen, sofern mit dem Ausfall einer Stammarbeitskraft, der Bedarf an der Neubegründung einer bislang nicht vorhandenen Stelle besteht. Denn letztlich ist es nur schwer vorstellbar, dass der Ausfall einer Lehrkraft, die über Jahre hinweg Informatik und Wirtschaft gelehrt hat, aufgrund ihrer Abwesenheit keine Personallücke für diese Lehrfächer hinterlässt, die nunmehr vom Kollegium geschlossen werden muss. Vielmehr ist davon auszugehen, dass es zumindest vorübergehend zur Änderung des Unterrichtsverteilungsplans kommt, der zur Übertragung der unterrichteten Fächer auf das Stammpersonal führt. In diesem Fall wäre der Rückgriff auf die Zuordnungsbefristung gar nicht notwendig, da die Organisationsvertretung bereits als anerkannte Vertretungsform dem Interesse aller Beteiligten gerecht werden würde.

- Anforderungen an den Kausalitätsnachweis der Zuordnungsbefristung

Der Senat hebt stets hervor, dass die Auslegung von § 14 Abs. 1 S. 2 Nr. 3 TzBfG geeignet ist, den gemeinschaftlichen Vorgaben gerecht zu werden, sofern folgende Einschränkungen zur Kausalität der Zuordnungsbefristung beachtet werden:

- Der Arbeitgeber muss in tatsächlicher Hinsicht dem Vertretenen die Aufgaben des Vertreters zuweisen können.
- Der Arbeitgeber muss in rechtlicher Hinsicht dem Vertretenen die Aufgaben des Vertreters zuweisen können.
- Der Arbeitgeber muss den zugewiesenen Aufgabenbereich dem Vertretenen gedanklich zuordnen und dies kenntlich machen.

M.E. bergen die vom Senat aufgestellten Anforderungen ein enormes Streitpotential, da sie innerhalb ihrer Merkmale ihre Tücken aufweisen. Dabei wird man annehmen müssen, dass die erste Komponente, also die fachliche Austauschbarkeit von Vertretenem und Vertreter, grds. die wenigsten Probleme bereiten dürfte. Das Streitgericht hat zu prüfen, ob der Vertretene ausreichend qualifiziert ist bzw. wäre, die dem Vertreter übertragenen Aufgaben nach seiner Rückkehr auszuführen. In den Fokus der Betrachtungsweise rückt damit der abwesende Stammarbeitnehmer mit seiner beruflichen Erfahrung und Ausbildung. Dies ist der erste wesentliche Unterschied zu den anderen Vertretungsformen und birgt damit auch ein Risiko für Kettenbefristungen. Bei der unmittelbaren Vertretung steht der Vertreter im Vordergrund. Will man den befristet Beschäftigen über Jahre hinweg immer wieder für neue ausfallende Stammkräfte beschäftigen, setzt dies in gewisser Hinsicht voraus, dass er qualifiziert genug ist, unterschiedliche Tätigkeitsbereiche auszufüllen. Hat der befristet Beschäftigte insofern erst den Arbeitnehmer X in der Serviceeinheit A vertreten, wird sich der Arbeitgeber fragen, ob er diesen weiterbeschäftigt, wenn nunmehr in der Serviceeinheit B jemand ausfällt. Häufig wird der Arbeitgeber, wenn die Einarbeitungszeit nicht allzu lang ist, einen qualifizierteren Arbeitnehmer einstellen.

Bei der gedanklichen Zuordnung ist der Sachverhalt genau umgekehrt. Der befristet Beschäftigte übernimmt eine neue (Dauer-)Aufgabe, die der Arbeitgeber besetzen muss oder aber schon immer besetzen wollte, für die aber ggf. keine Planstelle vorgesehen ist und ordnet dem abwesenden Mitarbeiter diese Tätigkeit (gedanklich) zu. Dies führt letztlich dazu, dass der Vertretene über eine längere Zeit die gleiche Arbeit auszuführen hat, soweit sich immer wieder abwesende Stammarbeitnehmer finden, denen der Arbeitgeber in rechtlicher und fachlicher Hinsicht die Tätigkeit übertragen könnte. Das Problem des Springers stellt sich bei der gedanklichen Befristung daher nicht im üblichen Sinn. Virtuell wird der neue Tätigkeitsbereich nur den Vertretenen zugeordnet. Es dreht sich das Personalkarussell, während die „Arbeit" dem Grunde nach identisch bleibt. Damit dies nicht überhand nimmt, wird für die Frage der Austauschbarkeit eine objektive Betrachtungsweise herangezogen, da anderenfalls bei einer subjektiven Einschätzung es der Vertretene in der Hand hätte, durch seine Zeugenaussage über die Wirksamkeit der Befristung zu entscheiden. Doch kann ein Gericht anhand objektiver Kriterien (ohne sich selbst ein persönliches Bild von dem Vertretenen zu machen) eine Aussage treffen, ob er in der Lage wäre, die dem Vertreter zugewiesenen Arbeiten sachgerecht auszuführen? Erschwert wird die Prüfung dadurch, dass eine angemessene Einarbeitungsphase die Annahme der fachlichen Austauschbarkeit nicht hindert. Dieser Ansatzpunkt wirkt zunächst systemfremd, da das Befristungsrecht grundsätzlich auf den Zeitpunkt der Befristungsabrede abstellt und spätere Entwicklungen außer Betracht zu bleiben haben. Gleichwohl darf nicht der Blickwinkel für die Prüfung des Kausalzusammenhangs außer Acht gelassen werden. Der Senat prüft allein, ob die Stammkraft tatsächlich an der Stelle des Vertreters arbeiten könnte. Dies wird verneint, wenn sie die gesamte Zeit des befristeten Arbeitsverhältnisses benötigen würde, um durch Fortbildung und Einarbeitung die Kenntnisse für die zu übertragende Tätigkeit erst zu erwerben.[1030] Zwar könnte man argumentieren, dass es letztlich in der Entscheidungskompetenz des Arbeitgebers steht, ob er eine fachlich qualifizierte Kraft als Vertretung einstellt oder nicht bzw. diese mit einer neuen Arbeitstätigkeit betraut. Andererseits muss man aber auch anerkennen, dass ohne Prüfung eines fachlichen Kausalzusammenhangs das Missbrauchsrisiko bei der Zuordnungsbefristung zu groß wäre und er faktisch jede abwesende Arbeitskraft dem Vertreter zuordnen könnte.

Komplizierter wird es hingegen bei der rechtlichen Austauschbarkeit. Diese bemisst sich am Direktionsrecht des Arbeitgebers, wonach dieser gemäß § 106 GewO[1031] Inhalt, Ort und Zeit der Arbeitsleistung nach billigem Ermessen bestimmen kann, soweit Arbeitsverträge, Betriebsvereinbarungen, Tarifverträge oder Gesetze keine Grenzen vorgeben.[1032] Berechtigt ist zunächst die Kritik, dass dem Arbeitgeber durch die Zuordnungsbefristung die Möglichkeit eröffnet wird, den Vertreter bei einem umfassenden Direktionsrecht auf jegliche Stelle einzusetzen, an der er diesen beschäftigen möchte. Je weiter das Direktionsrecht des Arbeitgebers ausgestaltet ist, umso umfangreichere Gestaltungsspielräume stehen ihm bei der Vertretungsbefristung zu. Insbesondere im Hinblick auf das Direktionsrecht in großen Verwaltungen, wo dem Arbeitgeber so gut wie keine Schranken gesetzt werden, besteht daher eine Vielfalt an Beschäftigungsmöglichkeiten. Hinzu tritt der Umstand, dass insbesondere im öffentlichen Dienst für den Arbeitnehmer eine grundsätzliche Verpflichtung besteht, jede ihm zugewiesene und zumutbare Tätigkeit verrichten zu müssen, die dem Merkmal seiner Vergütungsgruppe entspricht.[1033]

Verdeutlicht werden soll diese Problematik anhand zweier Komponenten des Weisungsrechts: Der Bestimmung der Arbeitstätigkeit und des Tätigkeitsorts bei öffentlichen Angestellten.

Der Tätigkeitsort ist nämlich keinesfalls auf den im Arbeitsvertrag genannten Ort beschränkt. Zwar sehen die meisten Musterarbeitsverträge des öffentlichen Dienstes einen bestimmten Dienst- oder Einsatzort vor. In der Regel nehmen diese aber ergänzend Bezug auf § 4 TVöD. Hiernach können Beschäftigte aus dienstlichen oder betrieblichen Gründen versetzt oder abgeordnet werden. Insofern spricht der Verweis auf die Tarifverträge des Öffentlichen Dienstes im Regelfall dafür, dass das tarifvertragliche Direktionsrecht des Arbeitgebers durch den Einzelarbeitsvertrag nicht begrenzt werden sollte.[1034]

Durch die gedankliche Zuordnung besteht für den Arbeitgeber somit die Möglichkeit, den befristet beschäftigten Vertreter in einer anderen Dienststelle zu beschäftigen, als der vertretene Mitarbeiter angehörte. Auch wenn man diese weite Form

1030 BAG v. 14.04.2010 - 7 AZR 121/09 Rn. 25, NZA 2010, 942 (944).

1031 § 106 GewO gilt nur für Arbeitnehmer; bei Beamten sind entsprechende beamtenrechtliche Grundsätze heranzuziehen.

1032 Vgl. auch *von Steinau-Steinrück*, NJW-Spezial 2008, 658.

1033 *Von Steinau-Steinrück*, NJW-Spezial 2008, 658 f.

1034 BAG v. 21.01.2004 - 6 AZR 583/02, NZA 2005, 61 (62).

der behördenübergreifenden Austauschbarkeit noch als Vertretung im Rechtssinne qualifizieren mag, kann sie nach der hier vertretenen Ansicht einen Sachgrund i.S.d. § 5 Nr. 1 a) der Rahmenvereinbarung nur darstellen, wenn bei der hypothetischen Ausübung des Direktionsrechts auch die individuellen Belange und Verhältnisse der Vertretenen berücksichtigt werden. Entgegen der Auffassung des BAG, wonach bei der Prüfung des fiktiven Umsetzungsprozesses nur generalisierende Umstände zu würdigen sind,[1035] bedarf es nach richtiger Auffassung einer umfassenden (Inzident-) Kontrolle des Inhalts und Umfangs des Direktionsrechts. Wenn zur Voraussetzung gemacht wird, dass der Arbeitgeber rechtlich und tatsächlich in der Lage sein muss, dem Vertretenen – sofern er anwesend wäre – die dem Vertreter übertragenen Aufgaben zuzuweisen, wird man dies schlussendlich objektiv und nicht allein aus der Sicht des Arbeitgebers aufzuklären haben. Aus diesem Grund wäre es nur konsequent zu prüfen, ob die persönlichen Belange der Vertretenen der Ausübung des Direktionsrechts entgegenstehen würden. Anderenfalls könnte der Arbeitgeber seine Umsetzungs- oder Versetzungsbefugnis allein an formalen Voraussetzungen, nämlich am bloßem Bestehen einer vertraglichen Grundlage, festmachen. Dies überzeugt nicht. Die Ausübung des Weisungsrechts hat nach billigem Ermessen zu erfolgen.[1036] Dies setzt voraus, dass die wesentlichen Umstände des Einzelfalles abgewogen und die beiderseitigen Interessen angemessen berücksichtigt werden. Bei einer Versetzung oder Abordnung resultiert hieraus die Verpflichtung des Arbeitgebers, dass gemäß § 4 Abs. 1 S. 2 TVöD der Beschäftige vorher zu hören ist, wenn er an eine Dienststelle oder einen Betrieb außerhalb des bisherigen Arbeitsortes versetzt oder voraussichtlich länger als drei Monate abgeordnet werden soll.[1037] Das BAG macht es sich zu einfach, wenn es bei seiner Entscheidung keine Gesamtbetrachtung in Bezug auf divergierende Vermögens- und Einkommensverhältnisse, sowie soziale Lebensverhältnisse und familiäre Pflichten der für die Versetzung in Betracht kommenden Arbeitnehmer vornimmt. Dementsprechend müsste man innerhalb der Befristungskontrollklage eine inzidente Prüfung vornehmen, in der der hypothetischen Versetzung auf einen anderen Arbeitsplatz ein besonderes Augenmerk gewidmet wird. Ggf. muss auch die Vertretene als Zeugin vernommen werden oder der Arbeitgeber muss – wie bei einer Sozialauswahl – darlegen, dass er den abwesenden Stammarbeitnehmer vorrangig vor anderen Kollegen (hypothetisch) versetzen dürfte. Gemeint ist damit, dass der Arbeitgeber zwar nicht darlegen und beweisen muss, dass er den Arbeitnehmer bei seiner Anwesenheit tatsächlich versetzt hätte, er aber befugt gewesen wäre, die Versetzung im Zweifelsfall arbeitsvertraglich erfolgreich durchzusetzen. Insbesondere bei einem Vertretungsbedarf aufgrund einer langjährigen Krankheit des Stammarbeitnehmers

1035 Vgl. BAG v. 14.04.2010 - 7 AZR 121/09 Rn. 23, NZA 2010, 942 (944).

1036 ErfK-*Preis*, § 106 GewO Rn. 6; BAG v. 10.07.2013 - 10 AZR 915, NZA 2005, 61 (63).

1037 Vgl. auch § 12 MTA-O (Tarifvertrag zur Anpassung des Tarifrechts - Manteltarifliche Vorschriften v. 10.12.1990), BAG v. 10.07.2013 - 10 AZR 915/12, NZA 2005, 61.

ergibt sich ein erhöhter Aufklärungsbedarf, da in diesem Fall für den Arbeitgeber engere Grenzen hinsichtlich der Versetzung erkrankter Angestellter bestehen dürften.

Auch würde eine hypothetische Betrachtungsweise bei größeren Unternehmen dazu führen, dass man eine Zustimmung des Betriebsrates fingieren müsste. Dieser ist nämlich gemäß § 99 BetrVG i.V.m. 95 Abs. 3 BetrVG bei Versetzungen zu beteiligen und besitzt u.U. ein Zustimmungsverweigerungsrecht. Ob ein Gericht inzidenter prüfen würde, ob der Betriebsrat der Versetzung hypothetisch zugestimmt hätte, dürfte zu bezweifeln sein.

Die Bestimmung der Arbeitstätigkeit ist ein weiterer Problempunkt. Zu beachten ist nämlich, dass der Angestellte im öffentlichen Dienst regelmäßig nicht für eine bestimmte Tätigkeit eingestellt wird, sondern für einen allgemein umschriebenen Aufgabenbereich, der lediglich durch die Nennung der Vergütungsgruppe bezeichnet ist.[1038] Das Direktionsrecht des Arbeitgebers im öffentlichen Dienst erstreckt sich bei dieser Vertragsgestaltung nach ständiger Rechtsprechung des BAG auf alle Tätigkeiten, die die Merkmale der Vergütungsgruppe erfüllen, in die der Arbeitnehmer eingestuft ist.[1039] Dem Grunde nach kann der Arbeitgeber dem Vertretenen sämtliche Aufgaben zuweisen, die in seine Vergütungsgruppe fallen. Doch damit nicht genug: Denn nicht jeder einzelne Tätigkeitsbereich, der dem Arbeitnehmer zugewiesen wird, muss den Merkmalen der jeweiligen Vergütungsgruppe entsprechen. Dies ergibt sich z.B. aus § 12 Abs. 1 TV-L (früher § 22 Abs. 2 Unterabs. 2 BAT), wonach die gesamte auszuübende Tätigkeit den Tätigkeitsmerkmalen einer Vergütungsgruppe entspricht, wenn zeitlich mindestens zur Hälfte Arbeitsvorgänge anfallen, die für sich genommen die Anforderungen eines Tätigkeitsmerkmals oder mehrerer Tätigkeitsmerkmale dieser Vergütungsgruppe erfüllen.[1040] Der Arbeitgeber hat insofern einen derart weiten Spielraum, dass der Vertreter gar in eine niedrigere Vergütungsgruppe als der des vertretenen Arbeitnehmer eingruppiert werden könnte, soweit er dem Stammarbeitnehmer zu einem gewissen prozentualen Anteil die neuen Aufgaben hätte zuweisen können.

Es fragt sich, wie lange es noch dauern wird, bis der Senat die hypothetische Betrachtungsweise auch noch auf andere Merkmale ausweiten wird. In der oben zitierten Entscheidung wurde betont, dass die Übertragung der Arbeitstätigkeit auch im Hinblick auf die mit der Vertretenen vereinbarten *Arbeitszeit* vertragskonform ist. Doch wie werden in der Zukunft solche Fälle behandelt, in denen die Vertretene eine Vollzeitstelle innegehabt, aber bereits vor ihrer Abwesenheit eine Teilzeitbeschäftigung geltend gemacht hat, auf die sie unter bestimmten Umständen einen Anspruch i.S.d. § 8 TzBfG gehabt hätte? Wird das Gericht den Umstand zu prüfen

1038 BAG v. 30.08.1995 - 1 AZR 47/95, NZA 1996, 440 = AP Nr. 44 zu § 611 BGB Direktionsrecht.

1039 Vgl. BAG v. 30.08.1995 - 1 AZR 47/95 - NZA 1996, 440 = AP Nr. 44 zu § 611 BGB Direktionsrecht; BAG v. 21.11.2002 - 6 AZR 82/01, AP Nr. 63 zu § 611 BGB Direktionsrecht.

1040 BAG v. 15.02.2006 - 7 AZR 232/05, NJW 2006, 3451.

haben, ob die Vertretene den Anspruch hätte erfolgreich durchsetzen können oder stellt es in diesem Fall auf die gegenwärtigen Verhältnisse ab? Die Frage wäre für den Umfang der Vertretungstätigkeit von erheblicher Bedeutung. Kann der Vertreter auf Basis der (bisherigen) Vollzeitstelle oder „nur“ für die geltend gemachte Teilzeitstelle befristet beschäftigt werden? Wenn das BAG prüft, ob der Arbeitgeber eine Arbeitstätigkeit hypothetisch dem Abwesenden zuweisen bzw. hypothetisch eine Versetzung anordnen kann, müsste es konsequenterweise auch prüfen, in welchem zeitlichen Umfang die Arbeitszeit ausgeschöpft werden kann. Dies würde allerdings zu einer weiteren Unsicherheit führen.

Wie nahe die fachliche und rechtliche Austauschbarkeit teilweise miteinander verknüpft sind, zeigt ebenfalls das weiter oben angerissene Urteil des BAG vom 10.10.2012. So entschied der Senat, dass dem befristet Beschäftigen die Lehre des Schulfachs Werte und Normen nur übertragen werden könne, wenn der vertretenen Lehrerin, die vor ihrer Abwesenheit Informatik und Wirtschaft gelehrt hat, nach Vorbildung oder bisheriger Tätigkeit zugemutet werden könne, Unterricht auch in anderen Fächern zu erteilen und dies für den geordneten Betrieb der Schule erforderlich sei.[1041] Die Frage der fachlichen Austauschbarkeit resultiert in diesem Fall aus § 51 Abs. 1 S. 2 des Niedersächsischen Schulgesetzes (NSchG), der damit dem Direktionsrecht auch in rechtlicher Hinsicht seine Grenzen setzt. Interessant ist dabei auch, dass S. 3 der Vorschrift gar eine „Anhörungspflicht“ des Arbeitgebers statuiert. Es bleibt daher fraglich, ob es im Falle der gedanklichen Zuordnung allein auf die objektive Betrachtungsweise ankommt oder der Vertretene zu seiner hypothetischen Versetzung befragt werden müsste.

Die größten Diskussionen bestehen immer noch über die zu stellenden Anforderungen an den Kausalitätsnachweis im Hinblick auf die Kenntlichmachung der „gedanklichen Zuordnung“. Dies ist notwendige Voraussetzung, damit der Arbeitgeber nicht mehrere befristete Arbeitnehmer einstellt und den Tätigkeitsbereich in mehrfacher Hinsicht virtuell zuordnet. Als ausreichend sind von der Rechtsprechung bislang folgende Varianten angesehen worden:

- Es besteht eine arbeitsvertragliche Angabe:

  „Die Arbeitnehmerin wird als Vertretung für Frau X, die sich in der Zeit vom 01.07.2010 bis zum 30.06.2013 in Elternzeit befindet, befristet eingestellt.“

- Es erfolgt eine Mitteilung an den Betriebsrat nach § 99 BetrVG:

  „Das Unternehmen beabsichtigt, Frau Y zum 01.07.2010 für die Dauer der Elternzeit von Frau X, also bis zum 30.06.2013, als Vertretung einzustellen. Der Betriebsrat wird gebeten, der Einstellung zuzustimmen.“

Beide Varianten haben gemeinsam, dass der Wille des Arbeitgebers nach außen hin aufgrund der schriftlichen Niederlegung manifestiert wird. Dass es sich hierbei

1041 BAG v. 10.10.2012 - 7 AZR 462/11, NZA-RR 2013, 185 (187).

jedoch nach Auffassung des BAG um eine „besondere zusätzliche Voraussetzung" für die Wirksamkeit der gedanklichen Zuordnung handelt, kann nicht nachvollzogen werden. Bei der Vertretungsbefristung handelt es sich um eine Zweckbefristung, bei der die Vertragsdauer grundsätzlich vom Verwendungszweck abhängig ist.[1042] Die bloße Abrede, der Arbeitnehmer X werde zur Vertretung befristet eingestellt, ohne den Namen des Vertretenen schriftlich zu fixieren, dürfte mangels Bestimmtheit unwirksam sein, da Unsicherheiten über das Befristungsende entstehen könnten. Dies gilt erst recht, wenn z.B. in einer organisatorischen Einheit mehrere Arbeitnehmer gleichzeitig in Elternzeit gehen. Insofern werden bei der gedanklichen Zuordnung keine höheren Anforderungen gestellt, als bei der „normalen" Vertretung. Insbesondere muss der Arbeitgeber keine schriftlichen Angaben machen, warum er meint, dass er den „neuen Tätigkeitsbereich" der Stammarbeitskraft zurechnen könnte.

Hieraus resultierend erübrigt sich auch die von *Maaß* diskutierte Frage, ob das BAG es auch als genügend erachten würde, wenn der Arbeitgeber seinen Stammarbeitnehmer von der geplanten Änderung unterrichtet und damit nach außen hin erkennbar eine Zuordnung vollzieht.[1043] So z.B., wenn der Arbeitgeber vor der Abwesenheit der Stammkraft dieser erklärt, dass die Stelle zwischenzeitlich von Arbeitnehmer X übernommen werde, welcher einen neuen Tätigkeitsbereich erhält, der ggf. nach der Rückkehr von dem Vertretenen fortzuführen ist. *Maaß* deutet an, dass dies als ausreichend erachtet werden müsste.[1044] Nach den vorherigen Ausführungen kann dieser Auffassung jedoch im Hinblick auf § 3 Abs. 1 S. 2 i.V.m. § 14 Abs. 4 TzBfG nicht gefolgt werden.

Im Ergebnis bleibt festzuhalten, dass § 5 Nr. 1a) der am 18.03.1999 geschlossenen Rahmenvereinbarung über befristete Arbeitsverhältnisse im Anhang der Richtlinie 1999/70/EG des Rates vom 28.06.1999 zu der EGB-UNICE-CEEP-Rahmenvereinbarung über befristete Arbeitsverträge dahin auszulegen ist, dass ein sachlicher Grund i.S. dieser Rahmenvereinbarung auch dann gegeben sein kann, wenn dem befristet Beschäftigten – ohne tatsächliche Umorganisation der im Betrieb anfallenden Tätigkeiten – Aufgaben übertragen werden, die der Vertretene bislang nicht verrichtet hat, die ihm aber aufgrund des Direktionsrechts des Arbeitgebers hätten zugewiesen werden können. Um den Missbrauch durch aufeinanderfolgende befristete Arbeitsverhältnisse zu vermeiden, bedarf es im Anwendungsbereich der „Zuordnungsbefristung" zur Feststellung des Kausalzusammenhangs zwischen der zeitweiligen Arbeitsverhinderung der Stammkraft und der Einstellung der Vertretungskraft, einer lückenlosen Darlegungs- und Beweispflicht des Arbeitgebers, dass die vom Vertreter übernommenen Aufgaben, dem Vertretenen nach seiner Rückkehr einseitig durch den Arbeitgeber tatsächlich und rechtlich zugewiesen werden könnten. Entgegen der Auffassung des BAG beschränkt sich die Prüfung

1042 Vgl. die Ausführungen zur Angabe der Befristungsgrundes auf S. 34 f. und zur Dauer der Befristung auf S. 24 f.

1043 *Maaß*, ArbRAktuell 2010, 187 (189).

1044 *Maaß*, ArbRAktuell 2010, 187 (189).

des fiktiven Umsetzungsprozesses keineswegs nur auf generalisierende Umstände. Vielmehr ist eine umfassende (Inzident-)Kontrolle durch die Gerichte erforderlich, ob der hypothetischen Ausübung des Direktionsrechts die individuellen Belange und Verhältnisse der Vertretenen entgegenstehen.

Dass selbst bei konsequenter Überprüfung des Kausalzusammenhangs aufgrund des hohen Missbrauchspotentials ein ungutes Gefühl bei dieser Form der Vertretungsbefristung bleibt, ist letztlich nicht von der Hand zu weisen. Insofern ist zu hoffen, dass die Zuordnungsbefristung zumindest bei Mehrfachbefristungen, die in den Anwendungsbereich der Missbrauchsprüfung fallen, als ein „Missbrauchskriterium" Berücksichtigung findet. Auf diese Weise kann man zumindest solche Fallgestaltungen als rechtsmissbräuchlich einstufen, in denen der Arbeitgeber tatsächlich in einer unverhältnismäßigen Dauer und Anzahl eine befristet beschäftigte Vertretungskraft auf einen neu geschaffenen Arbeitsplatz einsetzt und dieser über einen längeren Zeitraum immer wieder andere zeitweise ausfallende Stammarbeitnehmer zuordnet. Vor allem liegt aber dann ein Rechtsmissbrauch nahe, wenn der Arbeitgeber den Vertreter auf immer wieder neu geschaffenen Stellen einsetzt und er das wechselnde Aufgabengebiet oder den Einsatzort gleichwohl immer derselben Stammarbeitnehmerin, die z.B. ihren Antrag auf Elternzeit wiederholt verlängert hat, zuordnet. In diesem Fall macht der Arbeitgeber unter Umständen von seinem Direktionsrecht in Überhand Gebrauch. Die Zuordnungsbefristung soll als eine Art „ultima-ratio-Vertretungsform" verstanden werden, so dass der Arbeitgeber im Falle einer indizierten Betrachtungsweise zu seiner Entlastung darzulegen hat, warum er den vorübergehenden Ausfall der Stammarbeitskraft nicht durch eine unmittelbare/mittelbare Vertretung oder aber auch durch eine Organisationsvertretung überbrücken konnte.

5. Kapitel – Befristete Fortsetzung des Arbeitsverhältnisses nach Erreichen des Renteneintrittsalters

A. Einleitung

In der Praxis ist mitunter die Rechtsauffassung anzutreffen, dass ein Arbeitnehmer „automatisch“ aus dem Betrieb ausscheidet, wenn er das 65. bzw. 67. Lebensjahr[1045] vollendet hat und Altersrente beziehen kann. Eine derartige Auflösung des Arbeitsverhältnisses von Gesetzes wegen sieht das deutsche Arbeitsrecht jedoch nicht vor. Vielmehr ist der Arbeitgeber selbst bei Eintritt des Arbeitnehmers in das Rentenalter gehalten, entweder mit ihm eine einvernehmliche Aufhebung des Arbeitsverhältnisses zu erzielen oder eine (betriebsbedingte) Kündigung auszusprechen. Das Erreichen einer bestimmten Altersgrenze bzw. die Möglichkeit des Arbeitnehmers, Altersrente beziehen zu können, ist für sich genommen gemäß § 41 S. 1 SGB VI kein Kündigungsgrund.

Um Streitpunkte bei der Abwicklung des Arbeitsverhältnisses mit Erreichen des Renteneintrittsalters zu vermeiden, findet sich in Tarifverträgen, Betriebsvereinbarungen und Arbeitsverträgen häufig ein Passus, welcher vorschreibt, dass das Arbeitsverhältnis mit Eintritt in das gesetzliche Regelrentenalter endet, ohne dass es einer Kündigung des Arbeitsverhältnisses bedarf.[1046] Wollen Arbeitgeber und Arbeitnehmer das Arbeitsverhältnis ungeachtet einer solchen vertraglich geregelten „Zwangspensionierung“[1047] nach Erreichen des Regelrentenalters fortsetzen, stellt sich die in diesem Kapitel zu erörternde Frage nach der dogmatischen Grundlage einer derartigen Vereinbarung.

Der praktische Nutzen, den die befristete Fortsetzung[1048] des Arbeitsverhältnisses nach Eintritt in das Rentenalter hat, dürfte im Hinblick auf den demografischen

1045 Gemäß § 35 S. 2 SGB VI wird die Regelaltersgrenze bei Vollendung des 67. Lebensjahres erreicht. Die frühere Regelaltersgrenze von 65 Jahren wird nach der Übergangsvorschrift des § 235 Abs. 2 SGB VI schrittweise aufgehoben.

1046 Vgl. *Dörner*, Rn. 326; *Persch*, NZA 2010, 77; zur Wirksamkeit einer derartigen Regelung vgl. Ausführungen auf S. 230 ff.

1047 Vgl. *Bauer/von Medem*, NZA 2012, 945.

1048 Ganz bewusst ist vorliegend der Terminus „befristete Fortsetzung“ und nicht „befristete Verlängerung“ eines Arbeitsverhältnisses gewählt worden, da hierdurch auch solche Konstellationen erfasst werden, bei denen zwischen Beendigung und Abschluss eines neuen befristeten Arbeitsverhältnisses eine zeitliche Zäsur liegt. Auch wird durch die weitergehende Formulierung der Neuabschluss eines befristeten Arbeitsverhältnisses nach Beendigung eines zuvor unbefristeten Arbeitsverhältnisses erfasst. Vgl. zur begrifflichen Differenzierung auch die Ausführungen in Kapitel 7 zum Fortsetzungsanspruch bei befristeten Arbeitsverhältnissen auf S. 277 ff.

Wandel auf der Hand liegen. Das Ausscheiden eines Arbeitnehmers mit dem Erreichen des Rentenalters führt regelmäßig dazu, dass hochqualifizierte und berufserfahrene Arbeitnehmer ausscheiden und der Arbeitgeber einen schwerwiegenden Verlust von Fachwissen zu verzeichnen hat.[1049] Der Arbeitgeber dürfte häufig ein berechtigtes Interesse daran haben, über das Renteneintrittsalter hinaus sich das Know-how älterer Beschäftigter zu erhalten oder aber mit deren Hilfe die Nachfolge seines Unternehmens durch die Einweisung von Berufsanfängern in die Arbeitsabläufe zu sichern.[1050]

Doch auch der Arbeitnehmer kann von einer Fortsetzung des Arbeitsverhältnisses nach Erreichen des Rentnerstatus profitieren. Neben ideellen Gründen dürfte u.a. das stetig sinkende Rentenniveau einen Anreiz für den Arbeitnehmer geben, seine Arbeitskraft weiterhin zur Verfügung zu stellen, um dadurch seine Rentenbezüge durch zusätzliche Einnahmen aufzubessern.[1051]

Um gleichwohl nicht an Flexibilität zu verlieren und ggf. auch kurzfristig auf einen Leistungsabfall des älteren Arbeitnehmers reagieren zu können, dürfte der Abschluss eines weiteren unbefristeten Arbeitsvertrages für den Arbeitgeber im Hinblick auf die hohen Anforderungen an die Wirksamkeit einer altersbedingten Kündigung und unter Berücksichtigung finanzieller Risiken (Abfindungsregelungen) nur wenig attraktiv sein. Die Weiterbeschäftigung in Form eines befristeten Arbeitsvertrages kann daher eine reizvollere Vertragsgestaltung darstellen. An dessen Abschluss werden jedoch im Falle einer „Zuvor-Beschäftigung“ bei demselben Arbeitgeber bereits von Gesetzes wegen erhöhte Anforderungen gestellt. So scheidet eine sachgrundlose Befristung i.S.d. § 14 Abs. 2 TzBfG im Anschluss an ein unbefristetes Arbeitsverhältnis aufgrund des in Satz 2 verankerten Anschlussverbotes aus, sofern zwischen der unbefristeten Vorbeschäftigung und der Befristung nicht ein Zeitraum von mehr als drei Jahren liegt.[1052]

Inwiefern sich im Teilzeit- und Befristungsgesetz gleichwohl geschriebene als auch ungeschriebene Befristungstatbestände finden, auf welche die befristete Fortsetzung des Arbeitsverhältnisses nach Erreichen des Renteneintrittsalters gestützt werden kann, soll im Nachfolgenden erörtert werden. Darüber hinaus wurde nunmehr in § 41 S. 3 SGB VI eine befristungsrechtliche Spezialvorschrift verankert, welche die Materie seit dem 01.07.2014 explizit aufgreift. Diese wird im Abschnitt C gesondert dargestellt.

1049 *Sediq*, NZA 2009, 524.
1050 Vgl. *Stoffels*, Befristung und Kündigungsschutz jenseits der Altersgrenze, S. 55.
1051 *Sediq*, NZA 2009, 524.
1052 Vgl. Ausführungen auf S. 28 ff.

B. Die Altersbefristung nach dem Teilzeit- und Befristungsgesetz

I. Befristung mit älteren Arbeitnehmern gem. § 14 Abs. 3 TzBfG

§ 14 Abs. 3 TzBfG hält einen erleichterten Befristungstatbestand bereit, der es dem Arbeitgeber erlaubt, ein befristetes Arbeitsverhältnis mit älteren Arbeitnehmern bis zu einer Gesamtdauer von fünf Jahren sachgrundlos abzuschließen. Im Gegensatz zu § 14 Abs. 2 TzBfG findet das Anschlussverbot auf diese Befristungsalternative keine Anwendung, so dass selbst ein vormals bestehendes unbefristetes Arbeitsverhältnis nicht befristungsschädlich wäre.[1053] Innerhalb der Gesamtbefristungsdauer von fünf Jahren ist die mehrfache Verlängerung des Arbeitsverhältnisses möglich.

Der Abschluss eines befristeten Arbeitsverhältnisses nach § 14 Abs. 3 TzBfG stellt jedoch für die Konstellation, dass der Arbeitnehmer direkt nach Eintritt in das Rentenalter weiterbeschäftigt werden soll, keine befriedigende Lösungsvariante dar. Die Befristung kommt nämlich nur dann in Betracht, wenn der Arbeitnehmer bei Beginn des befristeten Arbeitsverhältnisses das 52. Lebensjahr vollendet hat und unmittelbar vor Beginn des befristeten Arbeitsverhältnisses mindestens vier Monate beschäftigungslos gewesen ist, Transferkurzarbeitergeld bezogen oder an einer öffentlich geförderten Beschäftigungsmaßnahme teilgenommen hat. Von dieser Vorschrift nicht erfasst sind insofern solche Konstellationen, bei denen die Vertragsparteien nahtlos die befristete Fortsetzung des Arbeitnehmers nach Erreichen der Regelaltersgrenze vereinbaren wollen.

Anderenfalls ist es auch nicht praxisfern, dass eine gesetzlich geregelte viermonatige Zwangsunterbrechung für den Arbeitnehmer nach einer jahrzehntelangen Beschäftigungsdauer auch in seinem Interesse (z.B. wegen einer längeren Erholungsreise) liegen kann. In diesem Fall stellt sich die Frage, wie der Begriff der Beschäftigungslosigkeit i.S.d. § 14 Abs. 3 TzBfG zu verstehen ist. Der Verweis auf § 138 Abs. 1 Nr. 1 SGB III verdeutlicht, dass die Vorschrift bewusst auf den ggü. der Arbeitslosigkeit umfassenderen Begriff der Beschäftigungslosigkeit abstellt. Damit sollen auch die Arbeitnehmer gefördert werden, die aus persönlichen Gründen nicht arbeitsuchend gemeldet sind.[1054] Auf diese Weise werden auch Zeiten einer Beschäftigungslosigkeit berücksichtigt, in denen der ältere Mensch aus persönlichen Gründen daran gehindert war, einer Erwerbstätigkeit nachzugehen, z. B. wegen Pflege kranker Angehöriger, Teilnahme an Rehabilitationsmaßnahmen oder vorübergehender Erwerbsunfähigkeit.[1055] Aus diesem Grund dürfte es als ausgeschlossen erscheinen, das bloße Rentnerdasein als Zeit der Beschäftigungslosigkeit

1053 BT-Drucks 16/3793, S. 8.
1054 ErfK-*Müller-Glöge*, § 14 TzBfG Rn. 111a; vgl. auch BT-Drs. 16/3793 S. 16 ff.
1055 APS-*Backhaus*, § 14 TzBfG Rn. 427.

zu werten; denn die bloße Rentnereigenschaft hindert nicht die Ausübung einer Erwerbstätigkeit.[1056]

II. Befristung wegen vorübergehenden Arbeitskräfte- oder Vertretungsbedarfs gem. § 14 Abs. 1 S. 2 Nr. 1, 3 TzBfG

Als Rechtsgrundlage für eine befristete Fortsetzung des Arbeitsverhältnisses nach Erreichen des Renteneintrittsalters ist ferner § 14 Abs. 1 TzBfG in Betracht zu ziehen. Der dort unter Satz 2 aufgeführte Katalog an gesetzlich vorgesehenen Sachgründen kann unabhängig vom Rentnerstatus und Lebensalter des Arbeitnehmers stets als Befristungsgrundlage dienen.[1057] Dies gilt selbst für den Fall, dass die Vertragsparteien bereits zuvor in einem unbefristeten Arbeitsverhältnis gestanden oder aber ursprünglich eine Vereinbarung über das Ausscheiden aus dem Arbeitsverhältnis nach Erreichen des gesetzlichen Rentenalters getroffen haben. Nähert sich für den Arbeitnehmer das Renteneintrittsalter und muss der Arbeitgeber erkennen, dass er sich dessen Dienste aufgrund eines vorübergehenden Arbeitskräftebedarfs (Abschluss eines Projekts oder Einarbeitung eines neuen Arbeitnehmers) weiterhin für einen begrenzten Zeitraum sichern möchte, so können die Parteien die Fortsetzung des Arbeitsverhältnisses in Form eines befristeten Vertrages i.S.d. § 14 Abs. 1 S. 2 Nr. 1 TzBfG beschließen.[1058] Dies gilt selbstredend auch für den Fall, dass der Arbeitnehmer schon aus dem Unternehmen ausgeschieden war und erst später wieder reaktiviert werden soll.

Eine Vertretungsbefristung i.S.d. § 14 Abs. 1 S. 2 Nr. 3 TzBfG kommt ebenfalls nach den allgemeinen Grundsätzen in Betracht. Arbeitnehmer und Arbeitgeber können vereinbaren, dass eine befristete Beschäftigung auch nach Erreichen des Renteneintrittsalters erfolgen soll, wenn bspw. eine krankheitsbedingte Personallücke festzustellen ist, die durch eine Vertretung vorübergehend geschlossen werden soll. In diesem Fall bietet es sich insbesondere für den Arbeitgeber an, eine ihm bekannte und geschätzte Arbeitskraft über den Rentnerstatus hinaus weiterzubeschäftigen anstatt neues Personal einzustellen, welches ggf. noch auf der Position des Vertretenen eingearbeitet werden muss.

III. Befristung auf Wunsch des Arbeitnehmers gem. § 14 Abs. 1 S. 2 Nr. 6 TzBfG

Des Weiteren ist zu erwägen, ob die befristete Fortsetzung des Arbeitsverhältnisses auch auf § 14 Abs. 1 S. 2 Nr. 6 TzBfG gestützt werden kann. So könnte im Falle der Altersbefristung die Befristung aus "in der Person des Arbeitnehmers liegenden

---

1056 *Stoffels*, Befristung und Kündigungsschutz jenseits der Altersgrenze, S. 62.

1057 Vgl. auch *Sediq*, NZA 2009, 524 (525).

1058 *Sediq*, NZA 2009, 524 (525); *Stoffels*, Befristung und Kündigungsschutz jenseits der Altersgrenze, S. 63.

Gründen" gerechtfertigt sein, wenn es dem ausdrücklichen Wunsch des Arbeitnehmers entspricht, sich neben dem Bezug seiner Altersrente über einen begrenzten Zeitraum noch etwas hinzuzuverdienen. Allerdings müssen zum Zeitpunkt des Vertragsabschlusses objektive Anhaltspunkte für den Wunsch des Arbeitnehmers vorliegen, die den Schluss erlauben, dass dieser an einer Befristung des Arbeitsvertrags interessiert ist.[1059] Dabei darf der Wunsch des Arbeitnehmers an der Befristung nicht mit dem Interesse an einer Beschäftigung als solche verwechselt werden. Entscheidend ist vielmehr, ob der Arbeitnehmer auch bei einem Angebot des Arbeitgebers auf Abschluss eines unbefristeten Arbeitsvertrags nur ein befristetes Arbeitsverhältnis vereinbart hätte.[1060]

Stellt man allein auf das Interesse des Arbeitnehmers ab, dürfte dies fraglich sein. Maßgeblich wird es ihm darauf ankommen, seinen bisherigen Lebensstandard durch eine Weiterbeschäftigung aufrechtzuerhalten. Aufgrund regelmäßig gleichbleibender Kündigungsfristen für den Arbeitnehmer gemäß § 622 Abs. 1 BGB, sprechen keine zwingenden Gründe gegen eine unbefristete Fortsetzung der Arbeitstätigkeit nach Erreichen des Rentenalters.

IV. Befristung durch Vereinbarung einer Rentenaltersklausel

1. *Einführung*

Wie bereits eingangs erwähnt, findet sich in den Arbeits- und Tarifverträgen häufig eine Vereinbarung, nach der das Arbeitsverhältnis mit der Vollendung eines bestimmten Lebensjahres enden soll. Solche Beendigungs- bzw. Rentenaltersklauseln stellen aufgrund der Gewissheit über das Erreichen der Altersgrenze keine auflösende Bedingung i.S.d. § 21 TzBfG, sondern eine kalendermäßige Befristung dar.[1061] Das Arbeitsverhältnis wird also mit Erreichen der Altersgrenze zeitlich limitiert.[1062] Die Vereinbarung einer Regelaltersgrenze im Arbeitsvertrag führt letztlich zu dem kuriosen Ergebnis, dass ein eigentlich unbefristetes Arbeitsverhältnis rechtlich wie ein befristetes Arbeitsverhältnis zu behandeln ist.[1063]

Sofern das Arbeitsverhältnis nach Erreichen der Regelaltersgrenze befristet fortgesetzt werden soll, stellt sich die Frage nach einer geeigneten Rechtsgrundlage für die Verlängerungsabrede. Die Beantwortung dieser Frage bemisst sich wiederum danach, ob und unter welchen Voraussetzungen die Vereinbarung einer Regelaltersgrenze im Arbeitsvertrag rechtswirksam getroffen werden kann. In einem

1059 BAG v. 11.12.1991 - 7 AZR 128/91, NZA 1993, 354 (355); *Stoffels*, Befristung und Kündigungsschutz jenseits der Altersgrenze, S. 64.

1060 BAG v. 19.01.2005 - 7 AZR 115/04, NZA 2005, 896; APS-*Backhaus*, § 14 TzBfG Rn. 351.

1061 BAG v. 14.08.2002 - 7 AZR 469/01, NZA 2003, 158; BAG v. 19.11.2003 - 7 AZR 296/03, NZA 2004, 1336.

1062 *Persch*, NZA 2010, 77.

1063 *Persch*, NZA 2010, 77 (79).

zweiten Schritt wäre dann im Falle der grundsätzlichen Anerkennung von derartigen Beendigungsklauseln im Wege eines Erst-Recht-Schlusses zu erwägen, die dortigen Argumente auf eine erneute verlängerte Befristungsabrede zu übertragen. Anders ausgedrückt: Ist die Vereinbarung einer automatischen Beendigung des Arbeitsverhältnisses mit Erreichen des 67. Lebensjahres zulässig, könnte auch eine Verlängerungsabrede, welche die Beendigung bei Erreichung eines höheren Alters als das gesetzlich in § 41 S. 2 SGB VI vorgesehene Renteneintrittsalters vorsieht, argumentum a fortiori ebenfalls als wirksam zu betrachten sein. Insofern gilt es zunächst die wesentlichen befristungs-, verfassungs- und unionsrechtlichen Aspekte von Beendigungsklauseln darzustellen, um im Anschluss daran die entsprechenden Schlussfolgerungen für die Wirksamkeit einer befristeten Fortsetzung des Arbeitsverhältnisses nach Erreichen des Renteneintrittsalters knüpfen zu können.

2. *Grundsätzliche Zulässigkeit von Rentenaltersklauseln*

a) *Befristungsrechtliche und verfassungsrechtliche Zulässigkeit von Rentenaltersklauseln*

Das BAG vertritt in ständiger Rechtsprechung, dass eine auf das 65. Lebensjahr abstellende Altersgrenzenregelung in Kollektivnormen und individualvertraglichen Abmachungen sachlich gerechtfertigt sein kann.[1064] Voraussetzung für eine derartige Vereinbarung sei das Vorliegen eines sachlichen Grundes i.S.d. § 14 Abs. 1 TzBfG.[1065] Der Sachgrund erschöpft sich dabei nach Auffassung des BAG aber nicht bloß im Erreichen eines bestimmten Lebensalters.[1066] Vielmehr sei das wechselseitige Interesse der Arbeitsvertragsparteien an der Fortsetzung des Arbeitsverhältnisses einerseits und seiner Beendigung andererseits gegeneinander abzuwägen.[1067] Dabei müsse auf Seiten des Arbeitnehmers berücksichtigt werden, dass das Arbeitsverhältnis die wirtschaftliche Existenzgrundlage des Arbeitnehmers bildet und ihm die berufliche Selbstverwirklichung ermöglicht.[1068] Der Arbeitnehmer könne insofern ein berechtigtes Interesse daran haben, seine wirtschaftlichen und ideellen Anliegen auch nach Erreichen des 65. Lebensjahres weiter zu verfolgen. Andererseits sei aber auch zu berücksichtigen, dass mit Erreichen der Regelaltersgrenze grds. eine gewisse wirtschaftliche Absicherung für den Arbeitnehmer bestehe und damit sein

1064 BAG v. 20.11.1987 - 2 AZR 284/86, NZA 1988, 617; BAG v. 11.06.1997 - 7 AZR 186/96, NZA 1997, 1290; BAG v. 19.11.2003 - 7 AZR 296/03, NZA 2004, 1336.

1065 BAG v. 19.11.2003 - 7 AZR 296/03, NZA 2004, 1336 (1337).

1066 BAG v. 18.06.2008 - 7 AZR 116/07, NZA 2008, 1302 (1304).

1067 BAG v. 19.11.2003 - 7 AZR 296/03, NZA 2004, 1336 (1337); BAG v. 18.06.2008 - 7 AZR 116/07, NZA 2008, 1302 (1304); BAG v. 21.09.2011 - 7 AZR 134/10, NZA 2012, 271 (272).

1068 BAG v. 19.11.2003 - 7 AZR 296/03, NZA 2004, 1336 (1337). BAG v. 18.06.2008 - 7 AZR 116/07, NZA 2008, 1302 (1304); BAG v. 21.09.2011 - 7 AZR 134/10, NZA 2012, 271 (272).

Interesse an der Fortführung seines Arbeitsverhältnisses nach einem langjährigen Berufsleben nur von begrenzter Dauer sein dürfte.[1069]

Der Arbeitgeber habe hingegen das Bedürfnis an der Sicherung einer ausgewogenen Altersstruktur und einer sachgerechten und kalkulierbaren Personal- und Nachwuchsplanung.[1070] Eine Altershöchstgrenze führe unter Berücksichtigung des vermehrten Ausscheidens von Arbeitnehmern zu einer Verbesserung der betrieblichen Altersstruktur sowie der Aufstiegschancen für den Nachwuchs.[1071]

Im Rahmen der Gesamtabwägung hält das BAG eine Altersgrenzenregelung für zulässig, wenn der Arbeitnehmer nach dem Vertragsinhalt und der Vertragsdauer eine Altersversorgung in der gesetzlichen Rentenversicherung erwerben kann oder bei Vertragsschluss bereits die für den Bezug einer Altersrente erforderliche rentenrechtliche Wartezeit erfüllt hat.[1072] Auf die konkrete wirtschaftliche Absicherung des Arbeitnehmers bei Erreichen der Altersgrenze komme es hingegen nicht an, da es dem Befristungsrecht gerade immanent sei, allein auf die Verhältnisse bei Abschluss des befristeten Arbeitsverhältnisses abzustellen.[1073] Im Übrigen sei für den Arbeitnehmer die sich aus der Beitragszahlung ergebende Versorgung vorhersehbar, zumal der Zeitpunkt des Eintritts in den Ruhestand bei Vertragsschluss bereits feststehe und es dem Arbeitnehmer obliege, seine Lebensplanung auf die zu erwartenden Versorgungsbezüge einzustellen.[1074]

Das BVerfG hat sich mehrfach mit tariflichen Altersgrenzenregelungen auseinandergesetzt, welche ohne konkreten Bezug zur gesetzlichen Rentenversicherung eine Beschäftigungsmaximaldauer vorsehen (bspw. in der Luftfahrbranche). Dabei misst es in ständiger Rechtsprechung Beendigungsklauseln, die als subjektive Zulassungsbeschränkungen die berufliche Betätigung betreffen und maßgeblich durch Sicherheitserwägungen motiviert sind, an Art. 12 Abs. 1 GG.[1075] Ihre Vereinbarkeit mit der Berufsfreiheit setze voraus, dass sie zur ordnungsgemäßen Erfüllung des Berufs oder zum Schutz eines besonders wichtigen Gemeinschaftsguts, das der Freiheit des Einzelnen vorgeht, erforderlich sein müssen und zum angestrebten Zweck nicht außer Verhältnis stehen sowie keine übermäßigen unzumutbaren Belastungen enthalten dürfen.[1076] Derartige Erwägungen führen im Ergebnis dazu, dass inhaltlich gegen die Festlegung einer Altersgrenze von 65 Jahren für den Einsatz von Verkehrspiloten bei

1069 BAG v. 19.11.2003 - 7 AZR 296/03, NZA 2004, 1336 (1337); BAG v. 21.09.2011 - 7 AZR 134/10, NZA 2012, 271 (272).

1070 BAG v. 20.11.1987 - 2 AZR 284/86, NZA 1988, 617 (619); BAG v. 11.06.1997 - 7 AZR 186/96, NZA 1997, 1290 (1292).

1071 BAG v. 20.11.1987 - 2 AZR 284/86, NZA 1988, 617 (619).

1072 BAG v. 18.06.2008 - 7 AZR 116/07, NZA 2008, 1302 (1305).

1073 BAG v. 18.06.2008 - 7 AZR 116/07, NZA 2008, 1302 (1305).

1074 BAG v. 18.06.2008 - 7 AZR 116/07, NZA 2008, 1302 (1305).

1075 BVerfG v. 26.01.2007 - 2 BvR 2408/06, BeckRS 2009, 31386.

1076 BVerfG v. 26.01.2007 - 2 BvR 2408/06, BeckRS 2009, 31386.

gewerbsmäßigen Flugunternehmen[1077], von 70 Jahren für Notare[1078] und von 68 Jahren für Vertragsärzte[1079] mit Art. 12 Abs. 1 GG vereinbar gehalten werden. In verfassungsrechtlicher Hinsicht wird vom BVerfG als Argument für die Zulässigkeit von derartigen Regelaltersgrenzen u.a. herangezogen, dass durch sie der durchschnittlichen altersbedingten Abnahme der Leistungsfähigkeit generalisierend Rechnung getragen werde.[1080] Auch werde durch die Altersgrenzenregelung eine gerechte Verteilung der Berufschancen zwischen den Generationen bezweckt.[1081]

b) Vereinbarkeit von Rentenaltersklauseln mit Unionsrecht

Zur Frage der Vereinbarkeit von Altersgrenzenregelungen mit Unionsrecht finden sich sowohl eine Reihe von BAG-Urteilen als auch Entscheidungen des EuGH.

aa) Auffassung des BAG

Relativ umfassend hat sich das BAG in seinem Urteil vom 18.06.2008 mit der Frage auseinandergesetzt, ob eine tarifvertraglich geregelte Altersgrenze mit Unionsrecht vereinbar ist.[1082] Die Erfurter Richter kommen zwar zu dem Ergebnis, dass eine in einem Tarifvertrag enthaltene Befristung des Arbeitsverhältnisses auf den Zeitpunkt, in dem der Arbeitnehmer eine beitragsbezogene Regelaltersrente beanspruchen kann, zwar eine Ungleichbehandlung wegen des Lebensalters darstelle; diese sei aber durch legitime Ziele i.S. des Art. 6 Abs. 1 der Richtlinie 2000/78/EG gerechtfertigt.[1083] Insbesondere diene die Beendigung von Arbeitsverhältnissen aufgrund des Erreichens einer Regelaltersgrenze dem beschäftigungs- und arbeitsmarktpolitischen Ziel, jüngeren Arbeitnehmern eine Beschäftigungschance zu eröffnen und der Entlastung des Arbeitsmarkts zu dienen.[1084]

Eine Auseinandersetzung mit der Frage, ob die Vereinbarung einer Regelaltersgrenze dem Verbot der Altersdiskriminierung i.S.d § 7 Abs. 1, § 1 AGG entgegenstehe,

---

1077 BVerfG v. 26.01.2007 - 2 BvR 2408/06, BeckRS 2009, 31386; der EuGH hat hingegen in der Rechtssache *Prigge* v. 13.09.2011 - C 447-09 eine tarifliche Regelung der Deutschen Lufthansa AG für altersdiskriminierend erachtet, nach der Piloten nur bis zum Alter von 60 Jahren beschäftigt werden dürfen und welche vom BVerfG zuvor als unbedenklich eingestuft wurde, vgl. BVerfG v. 25.11.2004 - 1 BvR 2459/04, BB 2005, 1231.

1078 BVerfG v. 29.10.1992 - 1 BvR 1581/91, NJW 1993, 1575.

1079 BVerfG v. 31.03.1998 - 1 BvR 2167/93, NJW 1998, 1776.

1080 BVerfG v. 26.01.2007 - 2 BvR 2408/06, BeckRS 2009, 31386.

1081 BVerfG v. 05.01.2011 - 1 BvR 2870/10, NJW 2011, 1131 (1132).

1082 BAG v. 18.06.2008 - 7 AZR 116/07, NZA 2008, 1302.

1083 BAG v. 18.06.2008 - 7 AZR 116/07, NZA 2008, 1302.

1084 BAG v. 18.06.2008 - 7 AZR 116/07, NZA 2008, 1302. Da diese Entscheidung einen Fall betraf, der sich vor Inkrafttreten des Allgemeinen Gleichbehandlungsgesetzes (in Kraft seit dem 18.08.2006) ereignete, hatte sich das BAG nicht mit der Frage auseinanderzusetzen, ob die Vereinbarung einer Regelaltersgrenze ein Verstoß gegen das Allgemeine Gleichbehandlungsgesetz nach sich zieht.

erfolgte in der Entscheidung des BAG vom 21.09.2011.[1085] Das BAG stellte auch hier fest, dass eine Beendigungsklausel zwar grds. mit einer unmittelbaren Benachteiligung wegen des Alters verbunden, diese aber durch § 10 S. 3 Nr. 5 AGG gerechtfertigt sei.[1086] Letztere Vorschrift besagt, dass eine Vereinbarung, die die Beendigung des Beschäftigungsverhältnisses ohne Kündigung zu einem Zeitpunkt vorsieht, zu dem der oder die Beschäftigte eine Rente wegen Alters beantragen kann, eine unterschiedliche Behandlung wegen des Alters rechtfertigen kann. Diese Norm stehe unter Berücksichtigung der Entscheidung des EuGH in der Rechtssache *Rosenbladt* vom 12.10.2010[1087] auch mit Unionsrecht im Einklang.[1088]

bb) Auffassung des EuGH

Der EuGH hat in wenigen grundlegenden Entscheidungen zur Wirksamkeit von Altersgrenzenregelungen Stellung bezogen. So heißt es in der bereits zuvor zitierten *Rosenbladt*-Entscheidung des EuGH vom 12.10.2010, dass Art. 6 Abs. 1 der Richtlinie 2000/78/EG des Rates vom 27. November 2000 zur Festlegung eines allgemeinen Rahmens für die Verwirklichung der Gleichbehandlung in Beschäftigung und Beruf dahin auszulegen ist, dass er einer nationalen Bestimmung wie § 10 Nr. 5 des Allgemeinen Gleichbehandlungsgesetzes, wonach Klauseln über die automatische Beendigung von Arbeitsverhältnissen bei Erreichen des Rentenalters des Beschäftigten zulässig sind, nicht entgegensteht, soweit zum einen diese Bestimmung objektiv und angemessen und durch ein legitimes Ziel der Beschäftigungs- und Arbeitsmarktpolitik gerechtfertigt ist und zum anderen die Mittel zur Erreichung dieses Ziels angemessen und erforderlich sind.[1089] Mit dieser Entscheidung knüpft der EuGH an seine bereits drei Jahre zuvor getätigten Ausführungen zu dem spanischen Vorlagefall *Palacios de la Villa* an.[1090] Bereits hier hatte der Gerichtshof anerkannt, dass die Mitgliedstaaten zur Festlegung von Maßnahmen im Bereich der Arbeits- und Sozialpolitik über einen weiten Ermessensspielraum verfügen.[1091] Insbesondere können sich die betreffenden nationalen Stellen auf Grund politischer, wirtschaftlicher, sozialer, demografischer und/oder haushaltsbezogener Erwägungen und in Anbetracht der konkreten Arbeitsmarktlage veranlasst sehen, besondere Bestimmungen über den Eintritt in den Ruhestand zu treffen.[1092]

1085 BAG v. 21.09.2011 - 7 AZR 134/10, NZA 2012, 271.

1086 BAG v. 21.09.2011 - 7 AZR 134/10, NZA 2012, 271 (273).

1087 EuGH v. 12.10.2010 - C-45/09 (*Rosenbladt*), NZA 2010, 1167.

1088 BAG v. 21.09.2011 - 7 AZR 134/10, NZA 2012, 271 (273); vgl. nachfolgende Ausführungen unter bb).

1089 EuGH v. 12.10.2010 - C-45/09 (*Rosenbladt*), NZA 2010, 1167.

1090 EuGH v. 16.10.2007 - C-411/05 (*Palacios de la Villa*).

1091 EuGH v. 16.10.2007 - C-411/05 Rn. 68 (*Palacios de la Villa*), NZA 2007, 1219 (1222).

1092 EuGH v. 16.10.2007 - C-411/05 Rn. 69 (*Palacios de la Villa*), NZA 2007, 1219 (1222).

In der *Hörnfeld*-Entscheidung hat der EuGH seine Rechtsauffassung noch einmal bestätigt.[1093] Sofern eine Altersgrenzenregelung nicht nur auf das Erreichen eines bestimmten Alters abstelle, sondern auch berücksichtige, dass dem Arbeitnehmer bei seinem Ausscheiden aus dem Arbeitsverhältnis ein Anspruch auf Altersrente zustehe, sei sie aus unionsrechtlicher Sicht nicht zu beanstanden.[1094]

c) Rechtliche Bewertung und Zwischenergebnis

Die Rechtsprechung zur Wirksamkeit von Beendigungsklauseln scheint durch die jüngsten Entscheidungen des BAG und EuGH derart gefestigt zu sein, als dass ihre Vereinbarkeit mit nationalem und höherrangigem Recht für die nachfolgenden Erwägungen als gegeben angesehen werden kann. Unklar ist bislang, auf welche Rechtsgrundlage die Altersgrenzenregelung gestützt wird. In der Literatur wird weit überwiegend die Auffassung vertreten, dass Beendigungsklauseln aufgrund des Alters unter § 14 Abs. 1 S. 2 Nr. 6 TzBfG zu subsumieren sind.[1095] Als Begründung wird herangezogen, dass durch das Anknüpfen der Beendigung des Arbeitsverhältnisses an das Alter des Arbeitnehmers und damit (mittelbar) an dessen Rentenberechtigung, von einer personenbezogenen Zulässigkeit auszugehen ist.[1096] Dies gelte umso mehr, wenn man darüber hinaus die in vorgerücktem Alter generell nachlassende Leistungsfähigkeit des Arbeitnehmers in Rechnung stellt.[1097]

Das LAG Berlin-Brandenburg führt aus, dass auch in der Rechtsprechung allgemein anerkannt sei, dass die Vereinbarung von Altersgrenzen ein in der Person des Arbeitnehmers liegender Sachgrund im Sinne von § 14 Abs. 1 S. 2 Nr. 6 TzBfG sein kann.[1098] Das BAG sah sich bislang noch nicht veranlasst, die Subsumtion einer Beendigungsklausel unter einen konkreten Sachgrund vorzunehmen; vielmehr hat es bis dato generalisierend angenommen, dass eine auf das 65. Lebensjahr abstellende Altersgrenzenregelung in Kollektivnormen und individualvertraglichen Abmachungen gemäß § 14 Abs. 1 S. 1 TzBfG sachlich gerechtfertigt sein kann.[1099] Nunmehr weist eine aktuelle Entscheidung des BAG vom 11.02.2015 eine erste Tendenz auf. In dieser heißt es, dass der Bezug von gesetzlicher Altersrente allein die Befristung des Arbeitsverhältnisses aus in der Person des Arbeitnehmers liegenden

---

1093 EuGH v. 05.07.2012 - C-141/11 (*Hörnfeldt*), NZA 2012, 785.

1094 EuGH v. 05.07.2012 - C-141/11 (*Hörnfeldt*) Rn. 42, NZA 2012, 785 (787).

1095 KR-*Lipke*, § 14 TzBfG Rn. 289; *Stoffels*, Befristung und Kündigungsschutz jenseits der Altersgrenze, S. 64; ErfK-*Müller-Glöge*, § 14 TzBfG Rn. 56 ff.; LS-*Schlachter*, § 14 TzBfG Rn. 75; a.A. HWK-*Schmalenberg*, § 14 TzBfG Rn. 62, der einerseits von einem sonstigen Sachgrund ausgeht, andererseits es aber auch für vertretbar hält, Altersgrenzen unter § 14 Abs. 1 S. 2 Nr. 4 TzBfG zu subsumieren.

1096 KR-*Lipke*, § 14 TzBfG Rn. 289; *Stoffels*, Befristung und Kündigungsschutz jenseits der Altersgrenze, S. 64.

1097 KR-*Lipke*, § 14 TzBfG Rn. 289; *Stoffels*, Befristung und Kündigungsschutz jenseits der Altersgrenze, S. 64.

1098 LAG Berlin-Brandenburg v. 20.11.2012 - 12 Sa 1303/12, BeckRS 2013, 66631.

1099 BAG v. 18.06.2008 - 7 AZR 116/07, NZA 2008, 1302 (1304).

Gründen (§ 14 Abs. 1 S. 2 Nr. 6 TzBfG) nicht rechtfertige; erforderlich sei in diesem Fall vielmehr zusätzlich, dass die Befristung einer konkreten Nachwuchsplanung des Arbeitgebers diene.[1100]

Hieraus ist zu schlussfolgern, dass der Befristungssenat zumindest dem Grunde nach keine Einwände gegen die Subsumtion einer Altersgrenzenregelung unter § 14 Abs. 1 S. 2 Nr. 6 TzBfG erhebt. Letztlich ist die Subsumtion der Rentenaltersklausel unter einen bestimmten Sachgrund ohne eigene rechtliche Relevanz, da der Sachgrundkatalog des § 14 Abs. 1 S. 2 TzBfG nicht abschließend ist und eine dogmatische Einordnung regelmäßig dahingestellt bleiben kann.[1101] Es spricht nach der Entscheidung des BAG sowie den überzeugenden Argumenten von *Stoffels* und *Lipke* allerdings viel dafür, Beendigungsklauseln unter § 14 Abs. 1 S. 2 Nr. 6 TzBfG zu fassen.

3. Befristete Fortsetzung über die Regelaltersgrenze hinaus

a) Übertragung der Rechtfertigungsgründe

Es stellt sich nunmehr die Frage, inwiefern die zuvor ausgeführten Argumente zur grundsätzlichen Zulässigkeit von Altersgrenzenregelungen Aufschluss über die Zulässigkeit der Fortsetzung des befristeten Arbeitsverhältnisses nach Erreichen des Renteneintrittsalters geben können. Eingangs wurde bereits angerissen, dass argumentum a fortiori zu erwägen sein könnte, dass bei der grundsätzlichen Anerkennung von Beendigungsklauseln, eine erneute Befristungsabrede, welche die Beendigung bei Erreichung eines höheren Alters als das gesetzlich in § 41 S. 2 SGB VI vorgesehene Renteneintrittsalters vorsieht, erst recht zulässig sein müsste. Anders ausgedrückt: Wenn eine Vereinbarung über die Beendigung des Arbeitsverhältnisses mit 67 Jahren zulässig ist, muss dies ebenfalls für eine Abrede 67 plus x gelten.

Ob die vom EuGH und vom BAG angeführten Argumente jedoch auf die Beurteilung von Befristungsabreden für die Zeit nach Erreichen des Renteneintrittsalters ausstrahlen, wird man zunächst aus befristungsrechtlicher Sicht zu beurteilen haben. Wie bei der Frage nach der Wirksamkeit von Beendigungsklauseln als solche, ist darauf abzustellen, ob ein wechselseitiges Interesse der Arbeitsvertragsparteien an der Fortsetzung des Arbeitsverhältnisses durch den Abschluss eines weiteren sachgrundbefristeten Arbeitsvertrages gegeben ist. Aus Sicht des Arbeitnehmers, der zum Verlängerungszeitpunkt bereits ein langes Berufsleben hinter sich hat, wird man zunächst annehmen dürfen, dass das Interesse an der Fortführung seiner beruflichen Tätigkeit aller Voraussicht nach nur noch für eine begrenzte Zeit besteht.[1102] Aufgrund des absehbaren Eintritts in das Rentenalter zum Zeitpunkt der Befristungsverlängerung ist auch die von der Rechtsprechung geforderte wirtschaftliche Absicherung gegeben.[1103]

1100 BAG v. 11.02.2015 - 7 AZR 17/13, NJW 2015, 2682.

1101 So auch APS-*Backhaus*, § 14 TzBfG Rn. 97.

1102 BAG v. 18.06.2008 - 7 AZR 116/07, NZA 2008, 1302.

1103 So auch *Stoffels*, Befristung und Kündigungsschutz jenseits der Altersgrenze, S. 66.

Arbeitgeberseits wird man heranziehen können, dass sein Anliegen nach einer berechenbaren Personal- und Nachwuchsplanung unverändert gegeben, wenn nicht sogar gestiegen ist. Im Gegensatz zum Zeitpunkt bei Abschluss der vertraglichen Altersgrenzenregelung, kann der Arbeitgeber bei deren Verlängerung besser einschätzen, in welchem zeitlichen Umfang der vorübergehende Bedarf an der Fortführung des Arbeitsverhältnisses besteht. Dies gilt insbesondere dann, wenn zum Zeitpunkt des Renteneintrittsalters keine geeignete Nachwuchskraft am Arbeitsmarkt zur Verfügung steht und er sich die Dienste des Arbeitnehmers weiterhin sichern will.[1104] Darüber hinaus wird durch die Befristung des Arbeitsvertrages auch eine gerichtliche Auseinandersetzung über den Fortbestand der Leistungsfähigkeit vermieden, zumal die Gefahr eines leistungsbedingten Arbeitsausfalls auf Grund des höheren Lebensalters des Rentners in noch höherem Maße besteht.[1105] Die einseitige Beendigung des Arbeitsverhältnisses im fortgeschrittenen Alter unter erniedrigenden Bedingungen wird damit vermieden.[1106] Insofern lassen sich diejenigen Gründe, welche bereits die Zulässigkeit von Beendigungsklauseln als solche rechtfertigen, auch auf eine befristete Fortsetzung des Arbeitsverhältnisses nach Eintritt in das Rentenalter übertragen.

b) Einzelfallbezogene Prüfung der Rechtfertigungsgründe

Allerdings wird anhand der vorherigen Erwägungen auch der wesentliche Unterschied zwischen der Frage nach der Wirksamkeit einer Beendigungsklausel und der Wirksamkeit einer Fortsetzungsvereinbarung deutlich: Während der Zeitpunkt der Vereinbarung einer Beendigungsklausel regelmäßig mehrere Jahrzehnte vor dem Eintritt in das Rentenalter liegt, fallen Befristungsabrede und Erreichen des gesetzlichen Rentenalters faktisch zusammen.[1107] Insofern stellt sich die Frage, ob die abstrakte Betrachtungsweise, die das BAG zur Legitimation von Altersgrenzen heranzieht, auch bei der Fortsetzung des befristeten Arbeitsverhältnisses greift. Dabei bestehen im Hinblick auf die Rechtsprechung des EuGH in der Rechtssache *Georgiev* ohnehin Bedenken, ob die nationalen Stellen nicht bereits bei Vereinbarung der Beendigungsklausel konkret darzulegen haben, ob die Arbeitsmarktlage, Personal- und Nachwuchsplanung und wirtschaftliche Absicherung des Arbeitnehmers branchenabhängig die Befristung rechtfertigt.

In seiner das bulgarische Recht betreffenden Entscheidung *Georgiev* vom 18.11.2010 hatte der EuGH über eine gesetzliche Verrentungsvorschrift für Universitätsprofessoren zu entscheiden, die einerseits eine auf 65 Jahre festgelegte Zwangsversetzung in den Ruhestand vorsieht und andererseits regelt, dass Professoren ihre Tätigkeit ab Vollendung des 65. Lebensjahrs nur noch auf Grund eines auf ein Jahr befristeten und höchstens zweimal verlängerbaren Vertrages fortsetzen

---

1104 Vgl. *Sediq*, NZA 2009, 524 (527).
1105 Vgl. *Sediq*, NZA 2009, 524 (526 f.).
1106 So auch *Stoffels*, Befristung und Kündigungsschutz jenseits der Altersgrenze, S. 66.
1107 *Sediq*, NZA 2009, 524 (527).

können.[1108] Der EuGH entschied, dass eine derartige Regelung grundsätzlich ein zulässiges sozialpolitisches Ziel i.S.d. Art. 6 Unterabs. 1 der Richtlinie 2000/78/EG verfolge, da sie – angesichts des staatlich regulierten Marktes für Professoren und Dozenten – der gerechten Verteilung der zur Verfügung stehenden Stellen auf die Generationen diene und die Qualität der Lehre und der Forschung sichert, indem der Lehrkörper durch Einstellung jüngerer Professoren erneuert werde.[1109] Das nationale Gericht habe jedoch die tatsächliche Lage zu prüfen und zu klären, ob die von der Universität und der bulgarischen Regierung angeführten Ziele den Tatsachen entsprechen.[1110] *Georgiev* hatte nämlich erklärt, dass das Durchschnittsalter der Universitätsprofessoren bei 58 Jahren liege und ihre Gesamtzahl bei nicht mehr als 1000, so dass hieraus abzuleiten sei, dass die streitgegenständliche Vorschrift nicht dazu diene, die Einstellung jüngerer Personen zu fördern.[1111]

Die Entscheidung schien zunächst darauf hinzudeuten, dass der EuGH einen strengeren Maßstab anzusetzen gedenkt, indem er dem nationalen Gericht aufgibt zu überprüfen, ob Altersgrenzen und deren befristete Verlängerung dem Anliegen gerecht werden, die angeführten Ziele in kohärenter und systematischer Weise zu erreichen.[1112] In seiner Folgeentscheidung in Sachen *Hörnfeldt* wurde dieser Ansatz jedoch relativiert. Danach dürfe es *nicht unvernünftig* sein, wenn die Mitgliedstaaten auf nationaler Ebene die Auffassung vertreten, dass eine Maßnahme wie die 67-Jahre-Regel, zur Erreichung des vorgenannten Ziels angemessen sein kann.[1113] Weiter heißt es, dass es für den EuGH ebenso *vorstellbar* ist, dass der Zugang jüngerer Personen zum Arbeitsmarkt erleichtert wird.[1114] Hieraus lässt sich wohl entnehmen, dass es grundsätzlich keiner einzelfallbezogenen Betrachtung bedarf, ob eine Beendigungsklausel im Hinblick auf die konkreten Branchengegebenheiten gerechtfertigt erscheint.[1115] Insbesondere wäre es dem Arbeitgeber oder den Tarifpartnern praktisch unmöglich, bereits bei Vereinbarung der Beendigungsklausel festzustellen, ob sich die Altersgrenze in der jeweiligen Branche für die jeweilige Berufsgruppe auch wirklich im Hinblick auf arbeitsmarktpolitische Belange rechtfertigen lasse.[1116]

Diese Auffassung entspricht letztlich auch dem befristungsrechtlichen Prognoseprinzip, wonach an die zukunftsorientierte Betrachtung des Sachgrunderfordernisses im Hinblick auf den Abschluss einer oftmals jahrzehntelang fortdauernden Befristungsabrede keine allzu hohen Anforderungen gestellt werden dürfen. Insofern erweisen sich die Einschränkungen des EuGH, dass sich die Regelung nicht als

---

1108 EuGH v. 18.11.2010 - C-250, 268/09 (*Georgiev*), EuZW 2011, 116.
1109 EuGH v. 18.11.2010 - C-250, 268/09 (*Georgiev*), EuZW 2011, 116.
1110 EuGH v. 18.11.2010 - C-250, 268/09 Rn. 48 (*Georgiev*), EuZW 2011, 116 (118).
1111 EuGH v. 18.11.2010 - C-250, 268/09 Rn. 47 (*Georgiev*), EuZW 2011, 116 (118).
1112 EuGH v. 18.11.2010 - C-250, 268/09 Rn. 53 (*Georgiev*), EuZW 2011, 116 (119).
1113 EuGH v. 05.07.2012 - C-141/11 Rn. 32 (*Hörnfeldt*), NZA 2012, 785 (787); so auch bereits EuGH v. 12.10.2010 - C-45/09 Rn. 69 (*Rosenbladt*), NZA 2010, 1167 (1171).
1114 EuGH v. 05.07.2012 - C-141/11 Rn. 34 (*Hörnfeldt*), NZA 2012, 785 (787).
1115 So auch *Bayreuther*, NJW 2011, 19 (20).
1116 So auch *Bayreuther*, NJW 2011, 19 (20).

unvernünftig erweisen dürfe oder die Beendigungsklausel allein dem Grunde nach aus arbeitsmarktpolitischen Erwägungen eine gewisse Flexibilität in der Personalplanung schaffen müsse, als gut vertretbar.

Während man bei Vereinbarung der Beendigungsklausel eine „abstrakte" Betrachtungsweise zulässt, vertritt *Sediq* im Falle einer Vertragsfortsetzung nach Erreichen des Renteneintrittsalters, die Auffassung, dass der Arbeitgeber konkrete Umstände in die Interessensabwägung einzubeziehen habe.[1117] So seien neben der wirtschaftlichen Absicherung des Beschäftigten alle sonstigen bekannten Umstände des konkreten Einzelfalls zu berücksichtigen, wie zum Beispiel die vorhandene Leistungsfähigkeit des Beschäftigten und der von ihm gewünschte zeitliche Umfang der Fortführung des Beschäftigungsverhältnisses.[1118] Auch sei auf die Personal- und Nachwuchsplanung zum konkreten Zeitpunkt abzustellen.[1119]

Der Auffassung von *Sediq* ist zuzustimmen. Richtig ist es, bei der Fortsetzung des befristeten Arbeitsverhältnisses einen strengeren Maßstab bei der Interessensabwägung anzusetzen. Das vom BAG in Bezug auf starre Altersgrenzen entwickelte Argument, wonach es aufgrund des zeitlichen Auseinanderfallens von Befristungsabrede und Rentenbezug mangels Vorhersehbarkeit nicht auf die künftige wirtschaftliche Absicherung ankommen könne, kann im Falle der befristeten Fortsetzung des befristeten Arbeitsverhältnisses nicht greifen.[1120] Vielmehr ändert sich der Prüfungsmaßstab dahingehend, dass der Arbeitnehmer nunmehr bei Abschluss des Verlängerungsvertrages eine rentenrechtliche Versorgung bezieht bzw. beziehen könnte.

Es stellt sich jedoch die Frage, ob im Hinblick auf die wirtschaftliche Absicherung des Rentners nunmehr die konkrete Rentenhöhe bzw. der Bezug einer angemessenen Rente über die Wirksamkeit der Befristung entscheidet.[1121] Die Ermittlung der konkreten Rentenhöhe könnte zum einen dazu führen, dass derjenige Arbeitnehmer, der nur eine geringe Rente bezieht bzw. beziehen kann, um die Fortsetzung seines befristeten Arbeitsverhältnisses bangen muss. Zum anderen würde sich die Frage stellen, welche Rentenhöhe bezogen auf den individuellen Lebensstandard des Arbeitnehmers als adäquat zu betrachten ist. Genau dieser Gedanke wurde vom BAG zumindest bei der Frage nach der grundsätzlichen Wirksamkeit von Beendigungsklauseln verworfen. Das verfassungsrechtliche Untermaßverbot erfordere keine an den subjektiven Bedürfnissen des Arbeitnehmers orientierte Altersversorgung.[1122] Der sich aus Art. 12 GG ergebenden Schutzpflicht sei bereits dann genügt, wenn der befristet beschäftigte Arbeitnehmer nach dem Vertragsinhalt und der Vertragsdauer eine Altersversorgung in der gesetzlichen Rentenversicherung erwerben könne.[1123]

1117 *Sediq*, NZA 2009, 524 (527).
1118 *Sediq*, NZA 2009, 524 (527).
1119 *Sediq*, NZA 2009, 524 (527).
1120 So auch *Klösel/Reitz*, NZA 2014, 1366 (1369).
1121 So auch *Klösel/Reitz*, NZA 2014. 1366 (1369).
1122 BAG v. 27.07.2005 - 7 AZR 443/04 Rn. 30, NZA 2006, 37 (39).
1123 BAG v. 27.07.2005 - 7 AZR 443/04 Rn. 30, NZA 2006, 37 (39 f.).

Der EuGH hat sich mit dieser Thematik bislang etwas undurchsichtig auseinandergesetzt. Zunächst hieß es in der Rechtssache *Palacios de la Villa* noch, dass die Höhe des Rentenbezugs zumindest nicht als *unangemessen* betrachtet werden dürfe.[1124] In der knapp drei Jahre später ergangenen *Rosenbladt*-Entscheidung sucht man eine diesbezügliche Konkretisierung jedoch vergebens, obwohl die klagende Arbeitnehmerin gerade einmal eine Rente aus der gesetzlichen Altersversorgung in Höhe von monatlich 253,19 Euro brutto erhielt.[1125] Schließlich hat es der EuGH in der Rechtssache *Hörnfeld* gar als ausreichend erachtet, dass der Arbeitnehmer ab Vollendung des 65. Lebensjahrs anstelle einer einkommensbezogenen Altersrente eine Rente in Form einer Grundversorgung beziehen könne, die in einer Garantierente, Wohngeld und/ oder einer Unterhaltsbeihilfe für ältere Menschen besteht.[1126]

Im Ergebnis ist zu erwarten, dass das BAG die konkrete Höhe des Rentenbezuges bzw. dessen Angemessenheit im Rahmen der befristeten Fortsetzung des Arbeitsverhältnisses nicht völlig außer Acht lassen wird. Anderenfalls würde es sich in Widerspruch zu seiner Argumentation stellen, dass der Beschäftigte aufgrund seiner „wirtschaftlichen Absicherung" nur ein begrenztes Interesse an der Vertragsfortführung hat. Insofern wird in Anlehnung an die *Hörnfeld*-Entscheidung innerhalb der Interessensabwägung zumindest zu berücksichtigen sein, ob der Arbeitnehmer einen konkreten Anspruch auf eine Grundsicherung[1127] hat, welche nicht erkennbar als völlig unangemessen einzustufen ist. (Stichwort: „Altersarmut").[1128] Die hieran zu stellenden Anforderungen dürften allerdings gering sein, zumal der Arbeitgeber hinsichtlich der Erwerbsbiografie, die der Arbeitnehmer vor Eintritt in das betreffende Arbeitsverhältnis hatte, nicht verantwortlich ist.[1129] Im Übrigen besteht das legitime wirtschaftliche Interesse des Arbeitnehmers an einer Verlängerung gerade darin, sich über einen zeitlich begrenzten Raum zumindest einen „Hinzuverdienst" zu verschaffen. Würde man ihm diese Chance aufgrund des Bezuges einer zu geringen Rente verwehren, wäre die staatliche Schutzpflicht i.S.d. Art. 12 GG ins Gegenteil verkehrt.

Dass der Bezug von Rente alleine die Befristung nicht rechtfertigen kann, dürfe nunmehr durch eine aktuelle Entscheidung des BAG vom 11.02.2015 klargestellt sein.[1130] Dem Sachverhalt lag eine Befristungsabrede zugrunde, die nach Eintritt in das Rentenalter vereinbart wurde und der keine vertraglich vereinbarte Beendigungsklausel vorausgegangen ist. Der Abschluss des befristeten Arbeitsverhältnisses war insofern

---

1124 EuGH v. 16.10.2007 - C-411/05 Rn. 73 (*Palacios de la Villa*), NZA 2007, 1219 (1223).

1125 EuGH v. 12.10.2010 - C-45/09 (*Rosenbladt*), NZA 2010, 1167.

1126 EuGH v. 05.07.2012 - C-141/11 Rn. 44 (*Hörnfeldt*), NZA 2012, 785 (787).

1127 Bei der Grundsicherung muss es sich zwingend um eine staatlich gewährte Leistung handeln. Anderweitige finanzielle Absicherung infolge einer Schenkung, Erbschaft oder Lottogewinn, stellen keinen hinreichenden Grund für die Befristung dar, vgl. *Stoffels*, Befristung und Kündigungsschutz jenseits der Altersgrenze, S. 67.

1128 *Klösel/Reitz*, NZA 2014, 1366 (1369).

1129 *Bauer/von Medem*, NZA 2012, 945 (947).

1130 BAG v. 11.02.2015 - 7 AZR 17/13, NJW 2015, 2682.

zu einem Zeitpunkt ergangen, in dem der Arbeitnehmer bereits einen Anspruch auf eine gesetzliche Regelaltersrente hatte und zuvor bereits aus dem langjährigen unbefristeten Arbeitsverhältnis mit demselben Arbeitgeber durch Aufhebungsvertrag ausgeschieden war. Das vorinstanzliche LAG Berlin-Brandenburg entschied, dass die Befristung aus in der Person des Arbeitnehmers liegenden Gründen gemäß § 14 Abs. 1 S. 2 Nr. 6 TzBfG gerechtfertigt sei.[1131] Die Gründe für die Zulässigkeit der Vereinbarung von Altersgrenzen bezogen auf das Erreichen der Regelaltersgrenze gelten in einem solchen Falle gleichermaßen.[1132]

Das BAG hat diese Entscheidung nicht im vollen Umfang bestätigt. Der Bezug von gesetzlicher Altersrente allein rechtfertige die Befristung des Arbeitsverhältnisses aus in der Person des Arbeitnehmers liegenden Gründen gemäß § 14 Abs. 1 S. 2 Nr. 6 TzBfG nicht.[1133] Eine sachliche Rechtfertigung setze vielmehr voraus, dass die befristete Fortsetzung des Arbeitsverhältnisses zusätzlich der Einarbeitung einer Nachwuchskraft diene.[1134] Hierüber habe das vorinstanzliche LAG noch weitere Feststellungen zu treffen.

Die Entscheidung des BAG verdeutlicht, dass der Bezug von Altersrente nur eine Komponente innerhalb der Sachgrundprüfung des § 14 Abs. 1 S. 2 Nr. 6 TzBfG darstellt. Als weiterer Bestandteil ist eine umfassende Interessensabwägung der Vertragsparteien vorzunehmen. Es ist im Hinblick auf die Pressemitteilung zu erwarten, dass das BAG auch bei der Fortsetzung des Arbeitsverhältnisses grds. dem Interesse des Arbeitgebers, beizeiten geeigneten Nachwuchs einzustellen oder bereits beschäftigte Arbeitnehmer fördern zu können, der Vorrang vor dem Bestandsschutzinteresse des Arbeitnehmers einräumt.[1135] Voraussetzung hierfür ist allerdings, dass der Arbeitgeber das Bedürfnis an einer sachgerechten und berechenbaren Personal- und Nachwuchsplanung konkret darlegen kann. Dies ist u.a. der Fall, wenn die befristete Fortsetzung des Arbeitsverhältnisses zusätzlich zur Einarbeitung einer Nachwuchskraft dient.[1136] Jedoch dürfen m.E. keine zu hohen Anforderungen an den zeitlichen Umfang oder die Art der Tätigkeit gestellt werden. Anderenfalls könnte der Arbeitgeber aufgrund des vorübergehenden Bedarfs an der Arbeitsleistung die Befristung auch auf § 14 Abs. 1 S. 2 Nr. 1 TzBfG („Aufgaben von begrenzter Dauer") stützen und die Rentnerbeschäftigung i.S.d. § 14 Abs. 1 S. 2 Nr. 6 TzBfG wäre faktisch überflüssig. Insofern ist zu erwarten, dass das BAG im Hinblick auf den Kausalzusammenhang und das Prognoseerfordernis weit weniger streng bei der Sachgrundprüfung ist, als im Anwendungsbereich des § 14 Abs. 1 S. 2 Nr. 1 TzBfG.

1131 LAG Berlin-Brandenburg v. 20.11.2012 - 12 Sa 1303/12, BeckRS 2013, 66631.
1132 LAG Berlin-Brandenburg v. 20.11.2012 - 12 Sa 1303/12, BeckRS 2013, 66631.
1133 BAG v. 11.02.2015 - 7 AZR 17/13, NJW 2015, 2682.
1134 BAG v. 11.02.2015 - 7 AZR 17/13, NJW 2015, 2682 (2684).
1135 Vgl. BAG v. 16.08.2008 - 7 AZR 116/07, NZA 2008, 1302 (1304).
1136 BAG v. 11.02.2015 - 7 AZR 17/13, NJW 2015, 2682 (2684).

c) *Unionsrechtliche Schranken*

Schließlich dürften auch keine wesentlichen unionsrechtlichen Aspekte gegen die Wirksamkeit einer Vereinbarung über die befristete Fortsetzung des Arbeitsverhältnisses nach Erreichen des Renteneintrittsalter sprechen. Ein Verstoß gegen das Diskriminierungsverbot ist nicht ersichtlich. In der Rechtssache *Georgiev* hat der EuGH bereits bestätigt, dass die Richtlinie 2000/78/EG des Rates vom 27.11.2000 dahin auszulegen ist, dass sie einer nationalen Regelung wie der in den Ausgangsverfahren fraglichen nicht entgegenstehe, wonach Universitätsprofessoren ihre Tätigkeit ab Vollendung des 65. Lebensjahrs nur auf Grund eines auf ein Jahr befristeten und höchstens zweimal verlängerbaren Vertrags fortsetzen können.[1137] Die befristete Weiterbeschäftigungsmöglichkeit verfolge ebenso wie die Altersgrenze als solche das legitime Ziel, die Chancen Jüngerer zu erhöhen.[1138]

Die Anzahl und Dauer der Verlängerung befristeter Arbeitsverhältnisse nach Erreichen des Renteneintrittsalters sind im Hinblick auf die Richtlinie 1999/70/EG und § 5 Nr. 1 der Rahmenvereinbarung zur Verhinderung von Kettenbefristungen allerdings zu begrenzen. *Bauer/von Medem* vertreten die Auffassung, dass die Zahl und Dauer wie im Fall *Georgiev* beschränkt werden müssen.[1139] Dabei geht aus ihrem Beitrag nicht eindeutig hervor, ob sie allgemein für eine zahlenmäßige Begrenzung der Befristungen plädieren oder aber die Grenzen aus dem bulgarischen Recht, wonach der Arbeitnehmer seine Tätigkeit ab Vollendung des 65. Lebensjahrs nur auf Grund eines auf ein Jahr befristeten und höchstens zweimal verlängerbaren Vertrags fortsetzen kann, konkret für angemessen erachten.

Richtig ist, dass die befristete Weiterbeschäftigung nicht uferlos erfolgen kann. Auch dürfte einleuchtend sein, dass die in Kapitel 4 dargestellten Richtwerte für die Begrenzung von rechtsmissbräuchlichen Kettenbefristung nicht übertragbar sind, da beispielhaft acht Befristungen bei einer Dauer von zwölf Jahren – bemessen ab dem 67. Lebensjahr – weit über das zulässige Maß hinausgehen dürften. Im Übrigen ist auch nicht zu erwarten, dass eine rechtsmissbräuchliche Verwendungsweise von Mehrfachbefristungen nach Erreichen des Renteneintrittsalters auf eine übermäßig lange Gesamtdauer von Befristungen zurückzuführen ist. Aufgrund des fortgeschrittenen Alters und die verringerte Leistungsfähigkeit des Arbeitnehmers ist nicht zu erwarten, dass in der Praxis befristete Arbeitsverhältnisse mit Arbeitnehmern, die das 70. Lebensjahr weit überschritten haben, noch im Übermaß abgeschlossen werden. Vielmehr dürfte es aus unionsrechtlicher Sicht geboten sein, der Anzahl von Kurzbefristungen ein besonderes Augenmerk zu widmen. In diesem Sinne vertritt auch *Stoffels* die Auffassung, dass es vor allem unangemessen kurzen und/oder überaus häufigen Verlängerungen entgegenzuwirken gilt.[1140] Eine feste Größe wie

1137 EuGH v. 18.11.2010 - C-250, 268/09 (*Georgiev*), EuZW 2011, 116.

1138 EuGH v. 18.11.2010 - C-250, 268/09 (*Georgiev*), EuZW 2011, 116.

1139 *Bauer/von Medem*, NZA 2012, 945 (951).

1140 *Stoffels*, Befristung und Kündigungsschutz jenseits der Altersgrenze, S. 66; *Bayreuther*, NJW 2012, 2758 (2760).

sie das bulgarische Recht für die Weiterbeschäftigung von Professoren vorsieht, bedarf es hingegen nicht. Auch dürfte die Annahme eines indizierten Rechtsmissbrauchs – durch Zusammenspiel von unverhältnismäßiger Anzahl und Dauer von Mehrfachbefristungen – bei einer Altersbefristung i.S.d § 14 Abs. 1 S. 2 Nr. 6 TzBfG aufgrund der vorgenannten Erwägungen nahezu ausgeschlossen sein. Allenfalls dann, wenn neben einer Vielzahl von Kurzbefristungen weitere Umstände[1141] hinzutreten, können Rückschlüsse auf eine rechtsmissbräuchliche Verwendungsweise gezogen werden.

C. Die Altersbefristung nach dem Sozialgesetzbuch

I. Anwendungsbereich und Tatbestandsvoraussetzungen des § 41 S. 3 SGB VI

Wie bereits eingangs erwähnt, ist mit Wirkung zum 01.07.2014 mit § 41 S. 3 SGB VI eine gesetzliche Neuregelung in Kraft getreten, die es Arbeitgebern erlaubt, mit Arbeitnehmern eine befristete Verlängerung des Arbeitsverhältnisses über den Zeitpunkt der Regelaltersgrenze hinaus zu vereinbaren. Der Gesetzgeber hat die unter Abschnitt B. dargestellte unsichere Rechtslage zum Anlass genommen, einen eigenen „Verlängerungstatbestand" zu schaffen, der es den Vertragsparteien ermöglicht, den Beendigungszeitraum nach Erreichen der Regelaltersgrenze mehrfach hinauszuschieben. § 41 S. 3 SGB VI stellt damit eine anderweitige gesetzliche Regelung über die Befristung von Arbeitsverträgen i.S.d. § 23 TzBfG dar.[1142] Im Nachfolgenden sollen die Voraussetzungen dieser Neuregelung näher beleuchtet und ihre Vereinbarkeit mit Unionsrecht geprüft werden.

1. *Vereinbarung einer Regelaltersgrenze*

Voraussetzung für die Anwendbarkeit des § 41 S. 3 SGB VI ist zunächst, dass die Vertragsparteien eine Vereinbarung getroffen haben, die eine Beendigung des Arbeitsverhältnisses mit Erreichen der Regelaltersgrenze in der gesetzlichen Rentenversicherung vorsieht. Die Vereinbarung kann durch Arbeitsvertrag, Tarifvertrag oder Betriebsvereinbarung getroffen werden.[1143] Die nach altem Recht geltende Altersgrenze mit Vollendung des 65. Lebensjahres gilt nach § 235 Abs. 2 S. 1 SGB VI nur noch für gesetzlich Versicherte, die vor dem 01.01.1947 geboren sind. Die neue allgemeine Altersgrenze mit Vollendung des 67. Lebensjahres greift für Versicherte, die nach dem 31.12.1963 auf die Welt gekommen sind. Sofern Vertragsklauseln (insbesondere in veralteten Musterverträgen) pauschal auf das Erreichen einer allgemeinen Altersgrenze von 65 Jahren abstellen, ist durch Auslegung zu ermitteln,

---

1141 Vgl. zu den einzelnen Komponenten, die innerhalb der Rechtsmissbrauchsprüfung zu berücksichtigen sind, die Ausführungen auf S. 187 ff.

1142 *Bader*, NZA 2014, 749.

1143 *Kleinebrink*, DB 2014, 1490 (1491).

ob die Parteien die Beendigung des Arbeitsverhältnisses an das Erreichen der individuellen Regelaltersgrenze knüpfen wollten.[1144] Auch kann sich die rechtswirksame Vereinbarung einer Regelaltersgrenze aus der gesetzlichen Fiktion des § 41 S. 2 SGB VI ergeben. Die Vorschrift sieht für den Arbeitnehmer eine Wahlfreiheit vor entweder zu dem vereinbarten Termin (Vollendung des 65. Lebensjahres) auszuscheiden oder aber das Arbeitsverhältnis entsprechend der Fiktion bis zum Erreichen der gesetzlichen Regelaltersgrenze fortzusetzen.[1145]

2. *Zeitpunkt der Vereinbarung*

Bereits nach dem Wortlaut der Vorschrift findet § 41 S. 3 SGB VI nur dann Anwendung, wenn die Parteien *während* des Arbeitsverhältnisses das Hinausschieben des Beendigungszeitraumes vereinbaren. Die Vereinbarung muss daher spätestens am letzten Tag des Monats, mit dessen Ende die Regelaltersgrenze erreicht ist, getroffen werden.[1146] Ist das Arbeitsverhältnis infolge der Befristung auf die Regelaltersgrenze bereits beendet, können die Parteien nur nach den unter Abschnitt B. dargestellten Grundsätzen nach Maßgabe des § 14 Abs. 1 TzBfG ein neues (befristetes) Arbeitsverhältnis begründen.

3. *Hinausschieben des Beendigungszeitpunktes*

§ 41 S. 3 SGB VI sieht weiter vor, dass die Vertragsparteien den Beendigungszeitpunkt, gegebenenfalls auch mehrfach, hinausschieben können. Dabei stellt sich zunächst die Frage, was unter dem Begriff des „Hinausschiebens" zu verstehen ist. Wollte der Gesetzgeber durch die Wortwahl zum Ausdruck bringen, dass die Parteien nur die zeitliche Komponente des Arbeitsverhältnisses modifizieren können, während der sonstige Vertragsinhalt zwingend unverändert zu bleiben hat?

Nach Auffassung von *Kleinebrink* entspricht der Begriff des „Hinausschiebens" des Beendigungszeitpunkts demjenigen der „Verlängerung" des befristeten Arbeitsverhältnisses. Es könne folglich auf die Rechtsprechung zu § 14 Abs. 2 TzBfG, § 14 Abs. 2a S. 1 und § 14 Abs. 3 S. 2 TzBfG zurückgegriffen werden.[1147] Rechtlich zulässig sei daher nur die Vertragslaufzeit zu verlängern, während eine Gestaltungsfreiheit beim Inhalt der Verlängerungsvereinbarung nicht bestehe.[1148]

Allerdings ist in der Literatur keinesfalls unumstritten, ob es sich bei § 41 S. 3 SGB VI überhaupt um einen Befristungstatbestand handelt, der eine *sachgrundlose* Verlängerung befristeter Arbeitsverhältnisse regelt. So gehen *Klösel/Reitz* von einer kalendermäßigen Befristung mit Sachgrund aus, da die gesetzliche Neuregelung an eine zuvor vereinbarte starre Altersgrenze zum Erreichen des gesetzlichen Rentenalters

1144 *Kleinebrink*, DB 2014, 1490 (1491).
1145 *Kleinebrink*, DB 2014, 1490 (1491).
1146 So auch *Bader*, NZA 2014, 749 (751).
1147 *Kleinebrink*, DB 2014, 1490 (1491).
1148 *Kleinebrink*, DB 2014, 1490 (1491).

anknüpft.[1149] Auch *Bader* ist der Auffassung, dass § 41 S. 3 SGB VI eine kalendermäßige Befristung mit Sachgrund regelt.[1150] Zwar benenne die Vorschrift nicht ausdrücklich einen Sachgrund, knüpfe aber in Text und Begründung ausdrücklich an die Befristung auf den Zeitpunkt des Erreichens der Regelaltersgrenze an und sei daher – als Spezialregelung – dem Befristungsgrund in § 14 Abs. 1 S. 2 Nr. 6 TzBfG zuzuordnen.[1151] Da sich aber vom Ansatzpunkt her auch eine Parallele zur Rechtsprechung des BAG zur Verlängerung des befristeten Arbeitsvertrages nach § 14 Abs. 2 TzBfG erkennen lasse, sei das Arbeitsverhältnis grundsätzlich mit dem Inhalt fortzusetzen, den es im Zeitpunkt des Erreichens der Regelaltersgrenze hat.[1152]

M.E. handelt es sich bei § 41 S. 3 SGB VI um einen Befristungstatbeststand, der die sachgrundlose Verlängerung eines zuvor mit Sachgrund befristeten Arbeitsverhältnisses regelt. Bereits vom Wortlaut her knüpft der Verlängerungstatbestand an eine Vereinbarung an, welche die Beendigung des Arbeitsverhältnisses mit dem Erreichen der Regelaltersgrenze vorsieht. Hierdurch nimmt der Gesetzgeber Bezug auf die auf S. 229 ff. dargestellte Rechtsprechung des BAG, wonach eine Befristung des Arbeitsverhältnisses auf den Zeitpunkt des Erreichens des Regelrentenalters sachlich gerechtfertigt i.S.d. § 14 Abs. 1 TzBfG ist, wenn der Arbeitnehmer nach dem Vertragsinhalt und der Vertragsdauer eine Altersversorgung in der gesetzlichen Rentenversicherung erwerben kann oder bei Vertragsschluss bereits die für den Bezug einer Altersrente erforderliche rentenrechtliche Wartezeit erfüllt hat.[1153] Würde man nunmehr § 41 S. 3 SGB VI als Sachgrundbefristung begreifen, wäre zu prüfen, ob im Zeitpunkt der Verlängerung der Regelaltersgrenze die Voraussetzungen für das Vorliegen des Sachgrundes konkret gegeben sind. Die Wirksamkeitsvoraussetzungen einer zulässigen Befristungsverlängerung gemäß § 41 S. 3 SGB VI wären nahezu identisch mit den vom BAG zu § 14 Abs. 1 S. 2 Nr. 6 TzBfG aufgestellten Merkmalen. § 41 S. 3 SGB VI hätte keinen eigenständigen Regelungsgehalt mehr und wäre damit ausschließlich deklaratorischer Natur.[1154] Im Übrigen hätte der Gesetzgeber die Notwendigkeit eines Sachgrundes im Normtext verdeutlichen müssen (zum Beispiel durch die Ergänzung „unter den Voraussetzungen des § 14 TzBfG"), wenn er tatsächlich gewollt hätte, dass ein Sachgrund für die Befristung nötig ist.[1155] Anderenfalls wäre ein Verstoß gegen § 5 Nr. 1 a) der Rahmenvereinbarung auch offensichtlich. Erst aktuell hat der EuGH entschieden, dass eine nationale Regelung nicht mit Unionsrecht im Einklang stehe, wenn ihr keine objektiven und transparenten Kriterien für die Prüfung zu entnehmen sind, ob die Verlängerung

---

1149 *Klösel/Reitz*, NZA 2014, 1366.
1150 *Bader*, NZA 2014, 749.
1151 *Bader*, NZA 2014, 749 (751).
1152 *Bader*, NZA 2014, 749 (751).
1153 BAG v. 18.06.2008 - 7 AZR 214/07, NZA 2009, 35.
1154 *Poguntke*, NZA 2014, 1372 (1373); so auch ErfK-*Rolfs*, § 41 SGB VI Rn. 23; *Klösel/Reitz*, NZA 2014, 1366 (1369).
1155 *Poguntke*, NZA 2014, 1372 (1374).

dieser Verträge tatsächlich einem echten Bedarf entspricht und zur Erreichung des verfolgten Ziels geeignet und erforderlich ist.[1156]

Als Zwischenergebnis ist daher festzuhalten, dass es sich bei § 41 S. 3 SGB VI um eine von Gesetzes wegen anerkannte Form der sachgrundlosen Verlängerung eines zuvor sachgrundbefristeten Arbeitsverhältnisses handelt. § 41 S. 3 SGB VI ist als lex specialis zu § 14 TzBfG zu verstehen.[1157] Dies führt letztlich auch dazu, dass das in § 14 Abs. 2 S. 2 TzBfG verankerte Vorbeschäftigungsverbot, welches grundsätzlich auch den Abschluss sachgrundloser Verträge im Anschluss an ein mit Sachgrund befristetes Arbeitsverhältnis verbietet, keine Anwendung findet bzw. verdrängt wird. Dies wird in § 41 S. 3 SGB VI dadurch verdeutlicht, dass die Vorschrift explizit das Hinausschieben der Altersgrenzenregelung während des laufenden Arbeitsverhältnisses vorsieht und damit die mehrfache Verlängerung des befristeten Arbeitsverhältnisses legitimiert. Ein nach Ablauf des befristeten Arbeitsverhältnis erfolgtes Hinausschieben des Verlängerungszeitpunkts scheitert bereits am zeitlichen Anwendungsbereich des § 41 S. 3 SGB VI. Hiervon unberührt bleibt die Wirksamkeit der befristeten Fortsetzung des Arbeitsverhältnisses nach Erreichen des Renteneintrittsalters auf § 14 Abs. 1 S. 2 Nr. 6 TzBfG zu stützen, welcher im Falle der verspäteten Vereinbarung quasi als Auffangtatbestand dienen kann.[1158]

Sofern man – wie nach der hier vertretenen Auffassung – § 41 S. 3 SGB VI als eine sachgrundlose Befristungsverlängerung begreift, stellt sich ferner die Frage, ob die vom BAG vertretene restriktive Rechtsprechung zum Verlängerungsbegriff i.S.d. § 14 Abs. 2 Hs. 2 TzBfG Anwendung findet. Wenig überzeugend ist jedenfalls, wie von *Bader* vertreten, einerseits § 41 S. 3 SGB VI als Sachgrundbefristung zu begreifen und andererseits das vom BAG vertretene Änderungsverbot von Arbeitsbedingungen auf die Spezialvorschrift zu übertragen. Qualifiziert man § 41 S. 3 SGB VI als einen sachgrundbefristeten Verlängerungstatbestand, kann auch konsequenter Weise die auf S. 61 ff. dargestellte Rechtsprechung des BAG zu § 14 Abs. 2 Hs. 2 TzBfG keine Anwendung finden.

Die Gesetzesbegründung gibt keinen Aufschluss darüber, ob eine inhaltliche Änderung des Arbeitsvertrages im Zuge der Vertragsverlängerung zulässig ist. Sie hebt lediglich hervor, dass durch das Hinausschieben des Beendigungszeitpunktes die sonstigen im jeweiligen Arbeitsverhältnis geltenden Arbeitsbedingungen von der Neuregelung unberührt bleiben.[1159] Hieraus lässt sich jedoch nicht ableiten, dass die Vertragsparteien nicht gleichwohl sonstige Änderungen im Vertragsinhalt vereinbaren können.

1156 EuGH v. 26.11.2014 - C-22/13, C-61/13, C-62/13, C-63/13, C-418/13, NZA 2015, 153.

1157 A.A. *Klösel/Reitz*, NZA 2014, 1366 (1369), die einen Rückgriff auf die Rechtsprechung zu § 14 Abs. 1 TzBfG oder § 14 Abs. 1 S. 2 Nr. 6 TzBfG mit dem Argument für ausgeschlossen halten, dass anderenfalls die gesetzliche Neuregelung überflüssig gewesen wäre und für § 41 S. 3 SGB VI kein eigenständiger Anwendungsbereich verbleibe.

1158 Vgl. BT-Drs. 18/1489, S. 25.

1159 BT-Drs. 18/1489, S. 25.

Der Wortlaut der Vorschrift lässt ebenfalls keine eindeutigen Rückschlüsse zu. Im Unterschied zu § 14 Abs. 2 S. 1 Hs. 2 TzBfG spricht die Vorschrift nicht von der Verlängerung eines befristeten Arbeitsvertrages, sondern vom Hinausschieben des Beendigungszeitpunktes des Arbeitsverhältnisses. Hieraus kann man zwei konträre Schlussfolgerungen ziehen. Indem der Gesetzgeber explizit vom Hinausschieben des Beendigungszeitpunktes spricht, wollte er verdeutlichen, dass eine Vereinbarung über sonstige Vertragsbedingungen nicht möglich sein soll. Andererseits kann man auch argumentieren, dass der Gesetzgeber bewusst den Begriff des „Hinausschiebens" anstelle der „Verlängerung" gewählt hat, um hiermit zu verdeutlichen, dass die restriktive Rechtsprechung des BAG auf § 41 S. 3 SGB VI nicht zu übertragen ist.

Als Anknüpfungspunkt für die Wortlautauslegung kann ferner berücksichtigt werden, dass der Gesetzgeber – anders als in § 14 Abs. 2 TzBfG – in § 41 S. 3 SGB VI das Wort „Arbeits*verhältnis*" statt „Arbeits*vertrag*" gewählt hat. Nach Auffassung von *Bauer* ist dies ein deutlicher Hinweis darauf, dass der Gesetzeber bei zu unterstellender Kenntnis von der auf S. 68 ff. dargelegten Wortlaut-Problematik, ein Zeichen „pro inhaltliche Änderung von Arbeitsbedingungen" setzen wollte.[1160]

Die Argumentation von *Bauer* überzeugt nicht. Das Ende eines Arbeits*vertrages* kann bereits begrifflich nicht hinausgeschoben werden. Im Übrigen wurde auf. S. 69 ff. bereits dargelegt, dass sich nach der hier vertretenen Auffassung auch im Anwendungsbereich des § 14 Abs. 2 S. 1 Hs. 2 TzBfG keineswegs etwas daran ändern würde, wenn die Begrifflichkeit „Arbeitsvertrag" durch „Arbeitsverhältnis" ersetzt werden würde. Es sprechen keine Argumente dagegen, dass auch die Arbeitsbedingungen eines Arbeits*vertrages* bspw. durch den Abschluss einer Änderungsvereinbarung, modifiziert werden können.

In systematischer Hinsicht ist zunächst zu berücksichtigen, dass § 41 S. 3 SGB VI außerhalb des Teilzeit- und Befristungsgesetzes kodifiziert wurde. Hieraus könnte man zunächst schlussfolgern, dass auch der Gesetzgeber davon ausgegangen ist, dass es sich zumindest nicht um eine Sachgrundbefristung handelt. Anderenfalls hätte man die ohnehin schon diffuse Rechtslage zur befristeten Rentnerbeschäftigung zum Anlass nehmen können, entweder in den Katalog des § 14 Abs. 1 S. 2 TzBfG oder in § 41 SGB VI einen eigenständigen Sachgrund zu fixieren, der sowohl die Voraussetzungen für die Erstbefristung als auch für die Fortsetzung des Arbeitsverhältnisses nach Erreichen des Renteneintrittsalters regelt.

Auffällig ist auch, dass der Gesetzgeber davon abgesehen hat, in § 41 S. 3 SGB VI einen konkreten Verweis auf die Vorschriften des Teilzeit- und Befristungsgesetzes aufzunehmen. So nehmen bspw. andere befristungsrechtliche Spezialtatbestände wie z.B. § 1 Abs. 1 S. 5 WissZeitVG und § 1 Abs. 5 ÄArbVtrG ausdrücklich darauf Bezug, dass die arbeitsrechtlichen Vorschriften und Grundsätze über befristete Arbeitsverträge und deren Kündigung ergänzend anzuwenden sind. Hieraus könnte man schlussfolgern, dass der Gesetzgeber zum Ausdruck bringen wollte, dass § 14 Abs. 2 S. 1 Hs. 2 TzBfG und die hierzu ergangene Rechtsprechung auf § 41 S. 3 SGB

1160 *Bauer*, NZA 2014, 889 (890).

VI keine entsprechende Anwendung finden soll. Allerdings stellt § 21 BEEG ebenfalls eine befristungsrechtliche Sondervorschrift dar, die im Gegensatz zu den zuvor genannten Befristungstatbeständen keinen ausdrücklichen Verweis auf das Teilzeit- und Befristungsgesetz beinhaltet; gleichwohl werden nach einhelliger Auffassung die allgemeinen Vorschriften u.a. zu § 14 Abs. 4 und § 15 TzBfG für anwendbar erachtet.[1161]

Zusammenfassend überzeugt es dennoch, wie bereits auf S. 245 angeführt, § 41 S. 3 SGB VI als eine befristungsrechtliche Spezialvorschrift zu verstehen, welche u.a. den Tatbestand der sachgrundlosen Verlängerung befristeter Arbeitsverhältnisse gemäß § 14 Abs. 2 S. 1 Hs. 2 TzBfG in dessen Anwendungsbereich vollständig verdrängt.[1162] Der Gesetzgeber hat mit § 41 S. 3 SGB VI eine eigenständige Befristungsgrundlage schaffen wollen, die in systematischer Hinsicht bewusst fernab von § 14 Abs. 2 S. 1 Hs. 2 TzBfG verankert wurde und keinen direkten Bezug zum „Grundtatbestand" der sachgrundlosen Befristungsverlängerung aufweist.

Darüber hinaus dürften auch teleologische Aspekte dafür sprechen, die restriktive Rechtsprechung des BAG zum Verlängerungsbegriff nicht auf § 41 S. 3 SGB VI zu übertragen. Hierzu sollte man sich noch einmal das wesentliche Argument vor Augen halten, durch welches sich das BAG veranlasst sah, die Änderung von Arbeitsbedingungen im Zuge der Befristungsverlängerung nicht zuzulassen. Der Arbeitnehmer soll nämlich nach Auffassung des BAG nicht der Gefahr ausgesetzt sein, dass der Arbeitgeber die Fortsetzung des Arbeitsverhältnisses davon abhängig macht, dass der Arbeitnehmer die geänderten Arbeitsbedingungen akzeptiert.[1163]

Eine derartige Drucksituation besteht im Anwendungsbereich des § 41 S. 3 SGB VI jedoch nicht. Regelmäßig hat das Arbeitsverhältnis bereits über viele Jahre angedauert und sich ein Vertrauensverhältnis zwischen Arbeitgeber und Arbeitnehmer entwickelt. Der Arbeitgeber hat im Gegensatz zum Anwendungsbereich des § 14 Abs. 2 S. 1 Hs. 2 TzBfG häufig ein gesteigertes Interesse daran, den berufserfahrenen Arbeitnehmer bspw. zur Einarbeitung von neuem Personal weiterzubeschäftigen. Diese Wertschätzung dürfte er im Zweifel dadurch kundtun, dass er dem Arbeitnehmer sogar eine Verbesserung der Arbeitsbedingungen anbietet. Auf der anderen Seite dürfte der Arbeitnehmer durch das Erreichen des Renteneintrittsalters zumindest in wirtschaftlicher Hinsicht abgesichert sein und sich zumindest einer wirtschaftlichen Drucksituation ausgesetzt sehen. Die Verlängerung über das 67. Lebensjahr stellt damit für beide Parteien grundsätzlich eine Win-win Situation dar.

Im Übrigen wird der Arbeitnehmer aufgrund der vertraglichen Beendigungsklausel regelmäßig seit längerer Zeit Kenntnis über das Austrittsdatum haben. Er kann sich darauf einrichten, dass das Arbeitsverhältnis enden wird. Auch hierin liegt ein wesentlicher Unterschied zu § 14 Abs. 2 S. 1 Hs. 2 TzBfG, wo der Befristungszeitraum mit höchstens zwei Jahren relativ kurz bemessen ist und der Arbeitnehmer aufgrund der

1161 APS-*Backhaus*, § 21 BEEG Rn. 8; ErfK-*Müller-Glöge*, § 21 BEEG Rn. 3; LS-*Schlachter*, § 21 BEEG Rn. 2.

1162 So auch *Poguntke*, NZA 2014, 1372 (1376).

1163 BAG v. 18.01.2006 - 7 AZR 178/05, NZA 2006, 605 (607).

begrenzten Verlängerungsanzahl stets in Sorge sein muss, ob er eine neue Befristung erhalten wird oder er sich auf dem Arbeitsmarkt neu orientieren muss.

Schließlich dürfte noch ein wesentlicher Aspekt sein, dass die Vertragsparteien vor dem Hinausschieben des Beendigungszeitraumes häufig den Wunsch verspüren dürften, einvernehmlich die ursprünglich geregelte Arbeitszeit (wegen verringerter Leistungsfähigkeit / geringerer Bedarf an der Arbeitskraft) reduzieren zu wollen.[1164] Die konsequente Anwendung der restriktive Rechtsprechung des BAG auf § 41 S. 3 SGB VI hätte zur Folge, dass eine derartige Vereinbarung nicht im Zuge der Befristungsverlängerung erfolgen dürfte, da anderenfalls aufgrund der – selbst einvernehmlichen – Änderung der Arbeitsbedingungen ein unbefristetes Arbeitsverhältnis entstehen würde. Dies überzeugt aus den auf S. 80 ff. dargelegten Gründen nicht. Insbesondere würde es auch dem Willen des Gesetzgebers widersprechen, mit der Neuregelung einen Befristungstatbestand zu schaffen, wonach die Vertragsparteien das Arbeitsverhältnis für einen von vornherein bestimmten Zeitraum *rechtssicher* fortsetzen können.[1165]

4. Schriftform

Bader ist der Auffassung, dass eine Befristungsvereinbarung i.S.d. § 41 S. 3 SGB VI dem Schriftformgebot des § 14 Abs. 4 TzBfG unterfällt.[1166] *Rolfs* hält hingegen eine bestimmte Form nicht für notwendig.[1167] Auch *Poguntke* ist der Auffassung, dass es für ein wirksames Hinausschieben aus systematischen Gründen (Regelung in einem anderen Gesetz, kein Verweis auf Vorschriften des Teilzeit- und Befristungsgesetzes) *nicht* der Einhaltung der Schriftform des § 14 Abs. 4 TzBfG bedarf.[1168] Letzteres Argument wurde bereits unter dem vorherigen Abschnitt als nicht überzeugend abgelehnt. So unterliegt auch eine Befristung gemäß § 21 BEEG der Schriftform, obwohl eine konkrete Bezugnahme auf die allgemeinen Vorschriften fehlt.

Letztlich handelt es sich bei § 41 S. 3 SGB VI um eine Spezialvorschrift, welche durch die allgemeinen befristungsrechtlichen Vorschriften ergänzt wird. Anderenfalls müssten *Rolfs* und *Poguntke* konsequenterweise auch vertreten, das bspw. die Vereinbarung eines ordentlichen Kündigungsrechts i.S.d. § 15 Abs. 3 TzBfG oder aber die Klagefrist zur Erhebung einer befristungsrechtlichen Kontrollklage gemäß § 17 TzBfG mangels ausdrücklicher Bezugnahme auf § 41 S. 3 SGB VI keine Anwendung findet. Dies überzeugt. Schließlich dürfte es dem Willen des Gesetzgebers entsprechen, dass aufgrund der Beweis- und Warnfunktion des Schriftformgebotes sämtliche Befristungen § 14 Abs. 4 TzBfG unterfallen sollen. Im Übrigen handelt es sich bei § 41 S. 3 SGB VI um eine Vorschrift, welche die sachgrundlose Befristung eines nach § 14 Abs. 1 S. 2 TzBfG mit Sachgrund befristeten Arbeitsverhältnisses

1164 Vgl. *Poguntke*, NZA 2014, 1372 (1376).

1165 BT-Drs. 18/1489, S. 25.

1166 *Bader*, NZA 2014, 749 (751); so auch KassKomm-*Gürtner*, § 41 SGB VI Rn. 21.

1167 ErfK-*Rolfs*, § 41 SGB VI Rn. 23.

1168 *Poguntke*, NZA 2014, 1372 (1374).

regelt. Da die Vereinbarung einer Renteneintrittsklausel bereits nach § 14 Abs. 4 TzBfG schriftlich zu erfolgen hat, gibt es keinen überzeugenden Grund, warum man die Verlängerung von dem Schriftformgebot befreien sollte.[1169]

II. Europarechtskonformität des § 41 S. 3 SGB VI

1. Vereinbarkeit mit der Richtlinie 2000/78/EG

Die Richtlinie 2000/78/EG soll einen allgemeinen Rahmen schaffen, der gewährleistet, dass jeder „in Beschäftigung und Beruf" gleich behandelt wird, indem sie dem Betroffenen einen wirksamen Schutz vor Diskriminierungen aus einem der in ihrem Art. 1 genannten Gründen – darunter auch das Alter – bietet.[1170] So hat der EuGH in der Rechtssache *Mangold* nationale Rechtsvorschriften, wonach die betreffenden Arbeitgeber mit Arbeitnehmern, die das 52. Lebensjahr vollendet haben, unterschiedslos – gleichgültig, ob und wie lange sie vor Abschluss des Arbeitsvertrags arbeitslos waren – befristete Arbeitsverträge abschließen dürfen, im Hinblick auf das verfolgte Ziel, nämlich die Förderung der Eingliederung arbeitsloser älterer Arbeitnehmer, geprüft.[1171] Wie bereits auf S. 233 f. dargestellt, ist der EuGH zu dem Ergebnis gekommen, dass Rechtsvorschriften, welche das Alter des betroffenen Arbeitnehmers als einziges Kriterium für die Befristung des Arbeitsvertrages festlegen, ohne dass nachgewiesen wäre, dass die Festlegung einer Altersgrenze als solche unabhängig von anderen Erwägungen im Zusammenhang mit der Struktur des jeweiligen Arbeitsmarktes und der persönlichen Situation des Betroffenen zur Erreichung des Zieles der beruflichen Eingliederung arbeitsloser älterer Arbeitnehmer objektiv erforderlich ist, über das hinausgehen, was zur Erreichung des verfolgten Zieles angemessen und erforderlich ist.[1172] In letzterem Punkt unterscheidet sich § 41 S. 3 SGB VI von der für unionswidrig erklärten Vorschrift des § 14 Abs. 3 TzBfG a.F. Zwar knüpft § 41 S. 3 SGB VI auch an das Erreichen eines bestimmten Alters (65. bzw. 67. Lebensjahr) an; weitere Voraussetzung für eine Befristungsverlängerung ist allerdings, dass der Beschäftige einen Anspruch auf Altersrente erworben hat und in wirtschaftlicher Hinsicht dementsprechend abgesichert ist. Dieser Aspekt hat letztlich auch den EuGH dazu veranlasst, Altersgrenzenregelungen dem Grunde nach nicht für altersdiskriminierend zu erachten.[1173] Darüber hinaus kann das Hinausschieben des Beendigungszeitraumes geeignet sein, einer Beschäftigungspolitik zu entsprechen, die die Einstellung und übergangsweise Einarbeitung jüngerer Arbeitnehmer begünstigt.

1169 Vgl. auch *Bader*, NZA 2014, 749 (750).
1170 EuGH v. 18.11.2010 - C-250, 268/09 Rn. 26 (*Georgiev*), EuZW 2011, 116 (117).
1171 EuGH v. 22.11.2005 - C 144/04 (*Mangold*), NZA 2005, 1345.
1172 EuGH v. 05.07.2012 - C-141/11 (*Hörnfeldt*) Rn. 42, NZA 2012, 785 (787); EuGH v. 22.11.2005 - C 144/04 Rn. 65 (*Mangold*), NZA 2005, 1345 (1347).
1173 EuGH v. 12.10.2010 - C-45/09 Rn. 48 (*Rosenbladt*), NZA 2010, 1167 (1169); vgl. Ausführungen auf S. 233 f.

Insofern ist § 41 S. 3 SGB VI auch angemessen und erforderlich, um legitime Ziele der nationalen Arbeits- und Beschäftigungspolitik zu erreichen.[1174]

Im Übrigen dürfte ein weiterer Aspekt aus der Rechtssache *Hörnfeld* auf § 41 S. 3 SGB VI zu übertragen sein, welcher ebenfalls gegen eine Altersdiskriminierung spricht. So hat der EuGH entschieden, dass der Arbeitgeber, wenn das Arbeitsverhältnis beendet werde, dem betreffenden Arbeitnehmer ein befristetes Arbeitsverhältnis anbieten könne. Der Arbeitgeber und der Arbeitnehmer könnten die Dauer dieses Verhältnisses frei vereinbaren und es erforderlichenfalls auch verlängern.[1175] Der EuGH argumentiert im Hinblick auf die Zulässigkeit von Beendigungsklauseln damit, dass deren Vereinbarung keinesfalls zwingend zu einem endgültigen Ausscheiden des Arbeitnehmers führen müsse. Gleiches dürfte insofern auch hinsichtlich der Verlängerung des Beendigungszeitpunktes gelten.

2. Vereinbarkeit mit der Richtlinie 1999/70/EG

§ 41 S. 3 SGB VI sieht dem Wortlaut nach weder eine zeitliche Dauer für die vereinbarte Verlängerungsabrede noch eine Begrenzung der Anzahl zulässiger Befristungsverlängerungen vor. Vielmehr legt die Vorschrift fest, dass der vereinbarte Beendigungszeitpunkt eines Beschäftigungsverhältnisses *mehrfach* über das Erreichen der Regelaltersgrenze hinausgeschoben werden kann. Im Hinblick auf § 5 Nr. 1 der Rahmenvereinbarung werden in der Literatur überwiegend Bedenken geäußert, dass die Vorschrift kein hinreichendes Instrumentarium darstelle, den missbräuchlichen Abschluss aufeinanderfolgender befristeter Arbeitsverträge zu verhindern.[1176] Auch *Rolfs* geht davon aus, dass § 41 S. 3 SGB VI mit der Befristungsrichtlinie 1999/70 EG unvereinbar sei, zumal selbst der Extremfall der Kurzbefristung (jeweils von Tag zu Tag) keine Begrenzung in der Neuregelung erfahre.[1177]

In der Tat sieht 41 S. 3 SGB VI keine „Missbrauchs-Maßnahmen" i.S.d. § 5 Nr. 1 b) und c) der Rahmenvereinbarung vor. Dabei geht bereits aus der Gesetzesbegründung hervor, dass durch die Vorschrift vor allem gewährleistet werden soll, dass durch das Hinausschieben des Beendigungszeitpunktes laufende Projekte erfolgreich zum Abschluss gebracht oder neue eingestellte, jüngere Kollegen in ihre Tätigkeit eingearbeitet werden.[1178] Der Gesetzgeber geht insofern selbst von einem zeitlich begrenzten Interesse der Vertragsparteien an einer befristeten Fortsetzung aus.[1179] Allerdings spiegelt sich dieser vorübergehende Bedarf an der Weiterbeschäftigung des rentenberechtigten Arbeitnehmers nicht im Gesetzestext wider. Im Gegenteil: Indem die Vorschrift das mehrfache Hinausschieben des Beendigungszeitpunktes

1174 EuGH v. 12.10.2010 - C-45/09 Rn. 51 (*Rosenbladt*), NZA 2010, 1167 (1169).
1175 EuGH v. 05.07.2012 - C-141/11 Rn. 41 (*Hörnfeldt*), NZA 2012, 785 (787).
1176 *Klösel/Reitz*, NZA 2014, 1366 (1367); *Bader*, NZA 2014, 749 (752).
1177 ErfK-*Rolfs*, § 41 SGB VI Rn. 22.
1178 BT-Drucks. 18/1489, S. 25.
1179 So auch *Bader*, NZA 2014, 749 (752).

zulässt, stellt sie sich konkret in Widerspruch zu den Anforderungen, die der EuGH an die Einhaltung der Voraussetzungen des § 5 Nr. 1 b) und c) der Rahmenvereinbarung stellt.[1180] Insbesondere wird durch die gesetzgeberische Legitimation des „mehrfachen" Hinausschiebens einer rechtsmissbräuchlichen Verwendungsweise von Kettenbefristungen Tür und Tor geöffnet. In diesem Punkt unterscheidet sich § 41 S. 3 SGB VI auch im Wesentlichen von der Befristungsgrundlage in der Rechtssache *Georgiev*. Hier hat der EuGH noch ausdrücklich festgestellt, dass die Norm den Anforderungen des § 5 Nr. 1 der Rahmenvereinbarung genügt, weil sie eine konkrete Beschränkung des befristeten Vertrages auf die Dauer von einem Jahr und eine höchstens zweimalige Verlängerung dieses Vertrages regelt.[1181] Im Gegensatz dazu ist § 41 S. 3 SGB VI durch die unbestimmte Begrenzung von Anzahl und Dauer zulässiger Befristungen als intransparent zu qualifizieren.

Letztlich ist in § 41 S. 3 SGB VI auch kein sachlicher Grund für eine Befristung i.S.d. § 5 Nr. 1 a) der Rahmenvereinbarung geregelt. Zwar knüpft die Vorschrift an die wirksame Vereinbarung einer Renteneintrittsklausel und damit an eine Sachgrundbefristung i.S.d. § 14 Abs. 1 S. 2 Nr. 6 TzBfG an; allerdings wird im Gegensatz zu den Ausführungen auf S. 236 ff. im Anwendungsbereich des § 41 S. 3 SGB VI gerade nicht zur Voraussetzung gemacht, dass eine konkrete Interessensabwägung der Arbeitsvertragsparteien bzgl. der Befristungsverlängerung nach Erreichen des Renteneintrittsalters durchzuführen ist.

Im Ergebnis bleibt der Gesetzgeber gefordert, § 41 S. 3 SGB VI neu zu fassen und unionsrechtskonform auszugestalten. Eine unionsrechtskonforme Auslegung scheidet mangels konkreter Kriterien für eine Eingrenzung der Norm aus.[1182] *Bauer* hält es für angemessen, das Hinausschieben auf einen überschaubaren Zeitraum, von z.B. fünf Jahren zu beschränken und in dieser Zeitspanne etwa fünf Verlängerungen zuzulassen.[1183] Im Hinblick auf § 14 Abs. 3 TzBfG und den allgemeinen Erwägungen zum Umfang der Missbrauchskontrolle bei Sachgrundbefristungen, dürfte dieser Vorschlag nicht unangemessen erscheinen.

D. Ergebnis

Bislang war es dem Arbeitgeber nach der bis zum 01.07.2014 geltenden Rechtslage nur unter erschwerten Voraussetzungen möglich, das Arbeitsverhältnis nach Erreichen der Regelaltersgrenze durch den Abschluss eines (weiteren) befristeten Arbeitsvertrages fortzusetzen. So konnte nach Auffassung des BAG die befristete Fortsetzung des Arbeitsverhältnisses nach Eintritt in das Rentenalter allein dann auf § 14 Abs. 1 S. 2 TzBfG gestützt werden, wenn ein wechselseitiges Interesse

---

1180 Vgl. EuGH v. 23.04.2009 - C-378/07 (*Angelidaki*), BeckEuRS 2009, 493621; siehe auch die Ausführungen auf S. 166 ff.

1181 EuGH v. 18.11.2010 - C-250, 268/09 Rn. 65 (*Georgiev*), EuZW 2011, 116 (119).

1182 So auch *Bader*, NZA 2014, 749 (752).

1183 *Bauer*, NZA 2014, 889 (890).

der Arbeitsvertragsparteien an der befristeten Fortsetzung des Arbeitsverhältnisses gegeben ist. Hierzu bedarf es nach der hier vertretenen Ansicht einer Gesamtabwägung, in welche – im Wege eines Erst-Recht-Schlusses (argumentum e fortiori) – diejenigen Argumente einzufließen haben, welche vom BAG bereits zur Begründung der Wirksamkeit von Renteneintrittsklauseln angeführt werden. Die abstrakte Betrachtungsweise, die das BAG aufgrund des zeitlichen Auseinanderfallens von Befristungsabrede und Rentenbezug zur Legitimation von Altersgrenzen heranzieht, wird im Falle der befristeten Fortsetzung des befristeten Arbeitsverhältnisses nach Eintritt in das Rentenalter dadurch ersetzt, dass neben dem Bezug einer nicht völlig unangemessenen Grundsicherung des befristet Beschäftigten alle sonstigen bekannten Umstände des konkreten Einzelfalls zu berücksichtigen sind.

Die Neuregelung in § 41 S. 3 SGB VI bringt dahingehend eine erhebliche Rechtssicherheit mit sich, als dass eine derartige konkrete Angemessenheitsprüfung, wie sie im Rahmen des § 14 Abs. 1 S. 2 Nr. 6 TzBfG durchzuführen ist, nunmehr entbehrlich wird. Der Vorteil besteht unzweifelhaft darin, dass der Arbeitgeber u.a. nicht das Risiko trägt, dass die Wirksamkeit der Befristung an einem inadäquaten Rentenbezug scheitert oder er keine Anhaltspunkte vortragen kann, dass die Befristung einer konkreten Nachwuchsplanung dient.

Für die Reaktivierung Ausgeschiedener kann § 41 S. 3 SGB VI hingegen nicht herangezogen werden.[1184] Insofern ist der zeitliche Anwendungsbereich dahingehend begrenzt, dass das Hinausschieben während des laufenden Arbeitsverhältnisses zu erfolgen hat. In der Literatur wird teilweise gefordert, den zeitlichen Anwendungsbereich von § 41 S. 3 SGB VI auszudehnen.[1185] Hiergegen bestehen allerdings Bedenken. Denn ist das Arbeitsverhältnis aufgrund der Wirkung der Renteneintrittsklausel erst einmal beendet, kommt eine „Verlängerung" des befristeten Vertrages bzw. ein Hinausschieben des Beendigungszeitraumes bereits vom Wortlaut her nicht merhr in Betracht.[1186] Im Übrigen knüpft § 41 S. 3 SGB VI an die wirksame Vereinbarung einer Rentenaltersklausel an. Sofern der Arbeitnehmer nach Beendigung des Arbeitsverhältnisses den Arbeitgeber wechselt, kann dieser aber nicht mit Vertragsbedingungen seines „Vorgängers" belastet werden. Insbesondere kann eine unwirksame Beendigungsklausel nicht dazu führen, dass diese auf die Zulässigkeit des darauf folgenden befristetes Arbeitsverhältnisses mit dem neuen Arbeitgeber ausstrahlt. Der Gesetzgeber wäre insofern gehalten, einen mit § 41 S. 3 SGB VI vergleichbaren Befristungstatbestand für Rentner schaffen, der eine befristete Beschäftigung nach Erreichen des Rentenalters ohne Angabe von sachlichen Gründen zuließe. Aber auch dies ist abzulehnen. Das BAG hat bereits entschieden, dass der Bezug von gesetzlicher Altersrente die Befristung des Arbeitsverhältnisses allein nicht rechtfertigen könne.[1187] Im Übrigen dürfte ein derartige Regelung

1184 So auch *Poguntke*, NZA 2014, 1372 (1376).
1185 *Bauer*, NZA 2014, 889 (990).
1186 Vgl. hierzu die Ausführungen auf S. 56 ff.
1187 BAG v. 11.02.2015 - 7 AZR 17/13, Pressemitteilung des BAG Nr. 5/15.

auch altersdiskriminierend sein, da als Anknüpfungspunkt für die Wirksamkeit der Befristung allein auf das Erreichen des Rentnerstatus abgestellt würde, ohne zu berücksichtigen, ob sie zur Erreichung eines legitimen Zieles „angemessen und erforderlich" ist.[1188]

1188 Vgl. EuGH v. 22.11.2005 - C 144/04 Rn. 65 (*Mangold*), NZA 2005, 1345 (1347).

6. Kapitel – Kollektivrechtliche Besonderheiten

A. Einführung

Im Fokus des sechsten Kapitels stehen die kollektivrechtlichen Besonderheiten, die es bei der mehrfachen Befristung von Arbeitsverhältnissen zu beachten gilt. Probleme bestehen insbesondere hinsichtlich des Inhalts und Umfangs der Mitbestimmungsrechte von Vertretungsorganen (Betriebsrat/Personalrat) bei Vertragsverlängerungen und der Anwendbarkeit der sog. Tariföffnungsklausel i.S.d. § 14 Abs. 2 S. 3 TzBfG. Letztere eröffnet den Tarifvertragsparteien die Möglichkeit, eine von § 14 Abs. 2 S. 1 Hs. 2 TzBfG abweichende Regelung zur Verlängerung oder Verkürzung der Befristungsdauer und -anzahl zu treffen, ohne jedoch zeitliche oder zahlenmäßige Beschränkungen zu normieren.

B. Mitbestimmungsrechte von Vertretungsorganen

I. Mitbestimmungsrecht des Betriebsrates

1. *Mitbestimmungsrecht des Betriebsrates bei der Verlängerung befristeter Arbeitsverhältnisse*

§ 99 Abs. 1 S. 1 BetrVG regelt, dass der Arbeitgeber den Betriebsrat in Unternehmen mit in der Regel mehr als zwanzig wahlberechtigten Arbeitnehmern bei den dort näher bezeichneten personellen Maßnahmen zu beteiligen hat. Im Gegensatz zur bloßen Anhörungspflicht des Betriebsrates im Falle der Kündigung gemäß § 102 BetrVG, statuiert § 99 BetrVG für den Akt der Einstellung, Eingruppierung, Umgruppierung und Versetzung ein sog. Zustimmungserfordernis. Die in der Praxis wohl relevanteste mitbestimmungspflichtige Angelegenheit dürfte dabei die Einstellung eines Arbeitnehmers sein, wobei für die Beteiligungspflicht gleichgültig ist, ob dieser unbefristet, befristet, zur Probe oder zur Aushilfe eingestellt wird.[1189]

Keine ausdrücklichen Regelungen enthält § 99 BetrVG im Hinblick auf die Mitbestimmung des Betriebsrates bei der Verlängerung befristeter Arbeitsverhältnisse. Schon frühzeitig war jedoch anerkannt, dass unter einer Einstellung nicht nur die rechtliche Neubegründung eines Arbeitsverhältnisses, sondern auch die zeitlich damit zusammenfallende, vorhergehende oder auch nachfolgende Arbeitsaufnahme in einem bestimmten Betrieb zu verstehen ist.[1190] So wurde unter anderem die Weiterbeschäftigung eines Arbeitnehmers über das 65. Lebensjahr hinaus als Einstellung und damit zustimmungsbedürftige Maßnahme gewertet, wenn ein Tarifvertrag

1189 ErfK-*Kania*, § 99 BetrVG Rn. 5.
1190 BAG, Beschl. v. 14.05.1974 - 1 ABR 40/73, AP Nr. 2 zu § 99 BetrVG 1972.

bestimmt, dass das Arbeitsverhältnis mit Erreichen der Altersgrenze endet und es darüber hinaus fortgesetzt werden soll.[1191]

Bekräftigt hat das BAG diese Auffassung wenige Jahre später, indem es bereits im Leitsatz klarstellte, dass es sich bei der Verlängerung eines befristeten Arbeitsverhältnisses um eine Sonderform der Einstellung handelt.[1192] Da es bei einer Befristungsverlängerung dem Grunde nach um die Frage geht, ob der Arbeitnehmer länger als zunächst vorgesehen im Betrieb verbleiben soll, kann dieser Umstand Zustimmungsverweigerungsgründe i.S.v. § 99 Abs. 2 BetrVG auslösen, die bei der ersten Einstellung unter Umständen nicht vorgelegen haben.[1193] Möglicherweise ist die Tatsache, dass ein Arbeitnehmer nur vorübergehend (auf bestimmte Zeit) im Betrieb beschäftigt werden soll, sogar ausschlaggebend dafür gewesen, dass der Betriebsrat der Einstellung zugestimmt hat.[1194] Seit jeher ist diese Auffassung ständige Rechtsprechung.[1195]

Die Rechtsprechung des BAG wird von der herrschenden Literatur weitgehend geteilt.[1196] Nur wenige Stimmen im Schrifttum kritisieren die Rechtsprechung als reinen Formalismus.[1197] *Stoffels* ist gar der Auffassung, dass sich die Rechtsprechung des BAG über den klaren Wortlaut des § 99 Abs. 1 BetrVG hinwegsetze.[1198] Dem entsprechend sei auch eine Analogie nicht zu befürworten.[1199] Schließlich gehe es bei einer Vertragsverlängerung allein um die Dauer einer Beschäftigung, welche nach der Auffassung des BAG der Mitbestimmung gerade nicht unterliegen solle.[1200] Auch dürfe es nicht in der Hand des Betriebsrates liegen, durch seine Zustimmungsverweigerung zu bewirken, dass der Arbeitnehmer durch eine verweigerte Vertragsverlängerung seinen Arbeitsplatz verliert. Dies hätte zur Konsequenz, dass der Betriebsrat seinem Auftrag zur Beschäftigungssicherung (§ 80 Abs. 1 Nr. 8 BetrVG) zuwider handeln würde.[1201]

1191 BAG, Beschl. v. 18.07.1978 - 1 ABR 79/75, AP Nr. 9 zu § 99 BetrVG 1972.

1192 BAG v. 28.10.1986 - 1 ABR 16/85, NZA 1987, 531.

1193 BAG v. 15.04.1986 - 1 ABR 44/84, NZA 1986, 688 = AP Nr. 35 zu § 99 BetrVG 1972; BAG v. 07.08.1990 - 1 ABR 68/89, NZA 1991, 150 (151).

1194 BAG, Beschl. v. 07.08.1990 - 1 ABR 68/89, NZA 1991, 150 (151).

1195 BAG, Beschl. v. 28.10.1986 - 1 ABR 16/85, AP Nr. 32 zu § 118 BetrVG 1972; BAG, Beschl. v. 07.08.1990 - 1 ABR 68/89, NZA 1991, 150 (151); BAG, Beschl. v. 23.06. 2009 - 1 ABR 30/08, NZA 2009, 1162.

1196 WPK-*Preis*, § 99 BetrVG Rn.11; *Fitting*, § 99 BetrVG Rn. 38; LK-*Kaiser*, § 99 BetrVG Rn. 10; LS-*Schlachter*, § 14 TzBfG Rn. 182.

1197 Richardi-*Thüsing*, § 99 BetrVG Rn. 34 ff.; HWGNRH-*Huke*, § 99 BetrVG Rn. 31; *Stege/ Weinspach*, §§ 99 bis 101 BetrVG Rn. 19 f.; *Hunold*, NZA 1997, 741 (745).

1198 *Stoffels*, Befristung und Kündigungsschutz jenseits der Altersgrenze, S. 68.

1199 *Stoffels*, Befristung und Kündigungsschutz jenseits der Altersgrenze, S. 68.

1200 So ErfK-*Kania*, § 99 BetrVG Rn. 6.

1201 HWGNRH-*Huke*, § 99 BetrVG Rn. 31; *Stege/Weinspach*, §§ 99 bis 101 BetrVG Rn. 19 f., *Stoffels*, Befristung und Kündigungsschutz jenseits der Altersgrenze, S. 68.

2. *Mitbestimmungsrecht des Betriebsrates bei der Umwandlung eines befristeten in ein unbefristetes Arbeitsverhältnis*

Das BAG hat bereits frühzeitig entschieden, dass auch die Umwandlung eines befristeten Arbeitsverhältnisses in ein unbefristetes Arbeitsverhältnis als „Einstellung" zu werten ist und damit ebenfalls der Mitbestimmung des Betriebsrates unterliegt.[1202] Als Ausnahme von diesem Grundsatz hat es anerkannt, dass die Mitwirkungspflicht des Betriebsrates entfällt, wenn ein befristetes Probearbeitsverhältnis nach Ablauf der Probezeit in ein unbefristetes Arbeitsverhältnis umgewandelt werden soll und dem Betriebsrat bereits vor der Einstellung auf Probe mitgeteilt worden ist, dass der Arbeitnehmer bei Bewährung auf unbestimmte Zeit weiterbeschäftigt werden soll.[1203] In diesem Fall sei die Weiterbeschäftigung keine Einstellung.[1204]

Begründet wird die Ansicht damit, dass mit dem Zustimmungsverweigerungsrecht des Betriebsrates bei Einstellungen und Befristungsverlängerungen in erster Linie die Belange der übrigen Belegschaft geschützt werden sollen.[1205] So können bei einer Verlängerung der Beschäftigung die Belegschaftsinteressen in der Weise beeinträchtigt werden, dass es im Hinblick auf die Position der übrigen Arbeitnehmer einen erheblichen Unterschied machen kann, ob ein befristetes Arbeitsverhältnis verlängert wird oder auf Dauer mit einem Betriebsangehörigen oder einem Betriebsfremden besetzt wird.[1206] Beabsichtigt der Arbeitgeber jedoch, den Arbeitnehmer bei Bewährung im Anschluss an die Probezeit auf unbestimmte Zeit weiter zu beschäftigen, so weiß der Betriebsrat bei seiner Beteiligung vor Begründung des befristeten Probearbeitsverhältnisses, dass der befristet Beschäftigte bei Bewährung auf Dauer im Betrieb bleiben soll und kann bei seiner Entscheidung kollektive Interessen berücksichtigen.[1207]

3. *Umfang des Zustimmungsverweigerungsrechts*

§ 99 Abs. 1 S. 1 BetrVG bestimmt, dass der Arbeitgeber dem Betriebsrat die erforderlichen Bewerbungsunterlagen vorzulegen und Auskunft über die Person der Beteiligten zu geben hat. Der Betriebsrat ist gleichzeitig über die Auswirkung der geplanten Maßnahme zu informieren.[1208] Der Betriebsrat hat daraufhin dem Arbeitgeber unter Angabe von Gründen gemäß § 99 Abs. 3 S. 1 BetrVG innerhalb von einer Woche nach seiner Unterrichtung schriftlich mitzuteilen, ob er der personellen Maßnahme zustimmt. Er kann die Zustimmung nach § 99 Abs. 2 BetrVG verweigern,

---

1202 BAG, Beschl. v. 07.08.1990 - 1 ABR 68/89, NZA 1991, 150.
1203 BAG, Beschl. v. 07.08.1990 - 1 ABR 68/89, NZA 1991, 150.
1204 Richardi-*Thüsing*, § 99 BetrVG Rn. 34.
1205 BAG, Beschl. v. 07.08.1990 - 1 ABR 68/89, NZA 1991, 150 (151); vgl. auch *Brugger*, NJW-Spezial 2012, 370 f.
1206 Vgl. BAG v. 11.11.1997 - 1 ABR 29/97, NZA 1998, 319 (320).
1207 BAG, Beschl. v. 07.08.1990 - 1 ABR 68/89, NZA 1991, 150 (151).
1208 Zu den einzelnen Informationen siehe *Oelkers*, NJW-Spezial 2007, 450.

wenn bestimmte, im Gesetz genannte Voraussetzungen vorliegen. Das Zustimmungsverweigerungsrecht dürfte bei einer beabsichtigten Vertragsverlängerung vor allem dann in der Praxis relevant werden, wenn die personelle Maßnahme „gegen ein Gesetz" i.S.d. § 99 Abs. 2 Nr. 1 BetrVG verstößt. Ein Gesetzesverstoß liegt jedoch nach der Ansicht des BAG nicht vor, wenn lediglich die vertraglich vorgesehene Befristung des Arbeitsverhältnisses wegen Fehlens eines die Befristung sachlich rechtfertigenden Grundes unzulässig ist.[1209] Begründet wird die Auffassung damit, dass in einem solchen Fall die Einstellung bzw. die Verlängerung nicht als solche gegen ein Gesetz verstoße, sondern lediglich einzelne vereinbarte Arbeitsbedingungen. Da es sich bei dem Zustimmungsverweigerungsrecht i.S.d. § 99 BetrVG um kein Instrument einer umfassenden Vertragsinhaltskontrolle handele, könne die Rechtsunwirksamkeit einer Befristung vom Betriebsrat auch nicht als Argument für einen Gesetzesverstoß herangezogen werden.[1210] Der Arbeitgeber ist bei der befristeten Einstellung von Arbeitnehmern nach der Auffassung des BAG auch nicht verpflichtet, dem Betriebsrat mitzuteilen, ob die Befristung mit oder ohne Sachgrund erfolgen soll.[1211] Grund dafür ist nach dem zuvor Gesagten, dass der Betriebsrat ohnehin nicht befugt sei, einer vorgesehenen Befristung mit der Begründung zu widersprechen, dass er diese für sachlich nicht gerechtfertigt hält. Mangels Prüfungskompetenz bedarf es insofern auch nicht der konkreten Mitteilung des Befristungsgrundes. Der Betriebsrat benötige diese Informationen nicht, um sein Recht zur Stellungnahme nach § 99 Abs. 2 BetrVG sachgerecht ausüben zu können.[1212]

In der Literatur ist diese Auffassung weitgehend auf Zustimmung gestoßen.[1213] Kritisiert wird teilweise, dass der Betriebsrat ohne Mitteilung des Befristungsgrundes nicht in der Lage sei zu beurteilen, ob die Einstellung Nachteile für bereits im Betrieb beschäftigte Arbeitnehmer mit sich bringe.[1214] Dem hat das BAG entgegnet, dass das Mitbestimmungsrecht des Betriebsrats bei Einstellungen zwar den kollektiven Interessen der Belegschaft diene; diesem Interesse sei mit der Information, ob

1209 BAG, Beschl. v. 20.06.1978 - 1 ABR 65/75, AP Nr. 8 zu § 99 BetrVG 1972; BAG, Beschl. v. 27.10.2010 - 7 ABR 86/09, NZA 2011, 418.

1210 BAG, Beschl. v. 20.06.1978 - 1 ABR 65/75, AP Nr. 8 zu § 99 BetrVG 1972; BAG, Beschl. v. 16.07.1985 - 1 ABR 35/83, NZA 1986, 163; BAG, Beschl. v. 28.06.1994 - 1 ABR 59/93, NZA 1995, 387; BAG, Beschl. v. 27.10.2010 - 7 ABR 86/09, NZA 2011, 418.

1211 BAG v. 16.03.1989 - 2 AZR 325/88, NZA 1989, 719 (720); BAG, Beschl. v. 27.10.2010 - 7 ABR 86/09, NZA 2011, 418; anders hingegen BAG v. 27.09.2000 - 7 AZR 412/99, NZA 2001, 339 (340); BAG v. 16.01.2008 - 7 AZR 916/06 Rn. 21, AP Nr. 5 zu § 14 TzBfG Haushalt (beides allerdings Entscheidungen zum Personalvertretungsrecht der Länder).

1212 BAG, Beschl. v. 27.10.2010 - 7 ABR 86/09, NZA 2011, 418.

1213 AT-*Maschmann*, § 14 TzBfG Rn. 93; *Stege/Weinspach*, § 99 bis 101 BetrVG Rn. 56; Staudinger-*Preis*, § 620 BGB Rn. 289; LS-*Schlachter*, § 14 TzBfG Rn. 177.

1214 So die Argumentation des Betriebsrates in BAG, Beschl. v. 27.10.2010 - 7 ABR 86/09, NZA 2011, 418.

der Arbeitnehmer befristet oder unbefristet eingestellt würde, jedoch ausreichend Rechnung getragen.[1215]

4. Rechtsfolge

a) Unterlassene Beteiligung

Unterlässt es der Arbeitgeber, vor der Verlängerung eines befristeten Arbeitsverhältnisses oder dessen Umwandlung in ein unbefristetes Arbeitsverhältnis den Betriebsrat zu beteiligen, so kann der Betriebsrat nach § 101 BetrVG und/oder nach § 23 Abs. 3 BetrVG klagen.[1216] Der Antrag des § 23 Abs. 3 BetrVG ist je nach Fallgestaltung darauf gerichtet, dem Arbeitgeber gerichtlich zu untersagen, ohne Zustimmung des Betriebsrats *künftig* befristete Einstellungen/Verlängerungen vorzunehmen.

§ 101 BetrVG verleiht dem Betriebsrat hingegen die Befugnis beim Arbeitsgericht zu beantragen, dem Arbeitgeber die Aufhebung der personellen Maßnahme aufzugeben, soweit er diese ohne Zustimmung des Betriebsrats durchgeführt hat. Die Vorschrift zielt insofern darauf ab, den gegenwärtigen betriebsverfassungswidrigen Zustand zu beseitigen.[1217] Beide Rechtsvorschriften finden gleichwertig nebeneinander Anwendung.[1218]

b) Zustimmungsverweigerung

Verweigert der Betriebsrat seine Zustimmung, so kann der Arbeitgeber das Zustimmungsersetzungsverfahren nach § 99 Abs. 4 BetrVG durchführen.[1219] Der Arbeitgeber hat beim Arbeitsgericht zu beantragen, dass die Zustimmung des Betriebsrats gerichtlich ersetzt wird. Sieht der Arbeitgeber hiervon ab und führt die personelle Maßnahme ohne Zustimmung des Betriebsrates durch, gewährt § 99 i.V.m. § 101 BetrVG dem Betriebsrat das Recht, die gerichtliche Aufhebung der mitbestimmungswidrig durchgeführten Einzelmaßnahme zu verlangen und dies gegebenenfalls durch Zwangsgeld durchzusetzen.

Liegt hingegen eine offensichtlich unbeachtliche Zustimmungsverweigerung vor, greift die Zustimmungsfiktion des § 99 Abs. 3 S. 2 BetrVG ein. Ein Verfahren

---

1215 BAG, Beschl. v. 27.10.2010 - 7 ABR 86/09 Rn. 22, NZA 2011, 418 (419).

1216 Neben § 23 Abs. 3 BetrVG besteht im Zusammenhang mit Einstellungen und Versetzungen nach § 99 Abs. 1 BetrVG kein unabhängiger, allgemeiner Unterlassungsanspruch bei erstmalig drohenden Verstößen, BAG, Beschl. v. 23.06.2009 - 1 ABR 23/08, NZA 2009, 1430. Der Betriebsrat kann das Bestehen seines Mitbestimmungsrechts jedoch bei einem erstmaligen Verstoß gem. § 256 Abs. 1 ZPO feststellen lassen, vgl. *Hexel/Lüders*, NZA 2010, 613 (615).

1217 Richardi-*Thüsing*, § 101 BetrVG Rn. 3.

1218 Richardi-*Thüsing*, § 101 BetrVG Rn. 4.

1219 BAG, Beschl. v. 16.07.1985 - 1 ABR 35/83, NZA 1986, 163. Dem Arbeitgeber bleibt die Möglichkeit nach § 100 BetrVG die personelle Maßnahme im Sinne des § 99 Abs. 1 S. 1 BetrVG vorläufig durchzuführen, soweit dies aus sachlichen Gründen dringend erforderlich ist.

nach § 99 Abs. 4 BetrVG ist entbehrlich. Grund dafür ist, dass der Betriebsrat die Zustimmung in einer Vielzahl gleichgelagerter Fälle nicht mit einer Begründung verweigern darf, von der "allgemein anerkannt" ist, dass sie eine Zustimmungsverweigerung nicht rechtfertigt. Eine solche wiederholte Zustimmungsverweigerung ist rechtsmissbräuchlich und daher unbeachtlich.[1220]

II. Mitbestimmungsrecht des Personalrates

1. Mitbestimmungsrecht auf Bundesebene

Für die Mitbestimmungsrechte des Personalrates auf Bundesebene gelten (bis auf die Rechtsfolgen) dem Grunde nach die vorherigen Ausführungen entsprechend. Dort heißt es in § 75 Abs. 1 Nr. 1 BPersVG, dass dem Personalrat ein Mitbestimmungsrecht bei der Einstellung von Angestellten und Arbeitern obliegt. Eine Parallelvorschrift für die Einstellung von Beamten enthält § 76 Abs. 1 Nr. 1 BPersVG.

Der personalvertretungsrechtliche Begriff der Einstellung entspricht dem des betriebsverfassungsrechtlichen Wortgebrauchs, so dass hierunter nicht nur die erstmalige Eingliederung in den Betrieb, sondern auch die Entscheidung über die Verlängerung eines befristeten Arbeitsverhältnisses zu verstehen ist.[1221] Demzufolge ist das Zustimmungsverweigerungsrecht des Personalrates gemäß § 77 Abs. 2 Nr. 1 BPersVG wie beim Betriebsrat auf die Frage nach einem Gesetzesverstoß beschränkt. Die Modalitäten des Arbeitsvertrages unterliegen nicht der Zustimmungsverweigerung.[1222] Der Arbeitsvertrag muss auch nicht den Bewerbungsunterlagen beigefügt werden.[1223] Daraus folgernd hat das BVerwG im Einklang mit dem Beschluss des BAG vom 20.06.1978[1224] entschieden, dass der Personalrat die Zustimmung zu einer Einstellung nicht mit der Begründung verweigern darf, dass der Arbeitsvertrag wegen Fehlens eines sachlichen Grundes nicht befristet abgeschlossen werden darf.[1225] Insofern hat der Personalrat weder nach § 75 Abs. 1 Nr. 1 BPersVG noch nach § 68 Abs. 1 Nr. 2 BPersVG ein Mitbestimmungsrecht bei der Befristung.[1226] Das Schrifttum hat sich dieser Auffassung ebenfalls angeschlossen.[1227]

1220 BAG, Beschl. v. 16.07.1985 - 1 ABR 35/83, NZA 1986, 163.

1221 BVerwG, Beschl. v. 13.02.1979 - 6 P 48.78, BVerwGE 57, 280 = BeckRS 1979, 30430133; BVerwG, Beschl. v. 01.02.1989 - 6 P 2.86, AP Nr. 28 zu § 75 BPersVG.

1222 RDW-*Kaiser*, § 77 BPersVG Rn. 38.

1223 RDW-*Kaiser*, § 75 BPersVG Rn. 23.

1224 BAG, Beschl. v. 20.06.1978 - 1 ABR 65/75, AP Nr. 8 zu § 99 BetrVG 1972.

1225 BVerwG v. 12.08.1983 - 6 P 29.79, PersV 1985, 246 = BeckRS 1983, 31271011.

1226 BAG v. 29.06.2011 - 7 AZR 774/09, NZA 2011, 1151.

1227 RDW-*Kaiser*, § 75 BPersVG Rn. 25; Ilbertz/Widmaier/Sommer-*Sommer*, § 75 BPersVG Rn. 5.

2. *Mitbestimmungsrecht auf Landesebene*

Die Personalvertretungsgesetze der meisten Länder (nachfolgend LVPG) haben sich im Hinblick auf das Merkmal der Einstellung weitgehend am Standard des Bundespersonalvertretungsgesetzes orientiert. Beispielhaft seien die Länder Sachsen (§ 80 Abs. 1 Nr. 1 LPVG Sa.), Hamburg (§ 87 Abs. 1 Nr. 2 LPVG Hmb.) und Berlin (§ 87 Abs. 1 Nr. 1 LPVG Berlin) genannt.

Hingegen gibt es aktuell sieben Landespersonalvertretungsgesetze, die in unterschiedlichem Maße Mitbestimmungsregelungen enthalten.[1228] So finden sich u.a. in den Ländern Bremen (§ 52 LPVG Brem.), Schleswig-Holstein (§ 51 LVPG SH), Brandenburg (§ 62 Nr. 1 LPVG Bbg) und Niedersachsen (§ 64 Abs. 1 Nr. 1 LVPG Nds.) Generalklauseln, wonach der Personalrat bei allen personellen, sozialen, organisatorischen und sonstigen innerdienstlichen Maßnahmen, die die Beschäftigten der Dienststelle insgesamt, Gruppen von ihnen oder einzelne Beschäftigte betreffen oder sich auf sie auswirken, mitbestimmt.

Teilweise werden diese Generalklauseln durch konkrete Mitbestimmungskataloge ergänzt (vgl. § 65 Abs. 1 und 3 LPVG Brem., § 64 Abs. 3 i.V.m. § 65 Abs. 2 LPVG Nds.). Für das LVPG Bremen hat das Bundesverwaltungsgericht bereits explizit entschieden, dass ungeachtet der bestehenden Generalklausel das Mitbestimmungsrecht des Personalrats nicht die Frage einschließt, ob der Arbeitsvertrag befristet oder unbefristet abzuschließen ist.[1229]

Ausdrückliche Spezialregelungen enthalten u.a. die Landespersonalvertretungsgesetze von Brandenburg (§ 63 Abs. 1 Nr. 4 LVPG Bbg), Baden-Württemberg (§ 75 Abs. 1 Nr. 2 LPVG BW) und Nordrhein-Westfalen (§ 72 Abs. 1 Nr. 1 LPVG NRW), welche alle ausdrücklich die Befristung von Arbeitsverhältnissen der Mitbestimmung des Personalrates unterwerfen. Insbesondere Nordrhein-Westfalen hat im Hinblick auf § 72 Abs. 1 Nr. 1 LPVG NRW eine beachtliche Entwicklung vollzogen. Nachdem das Bundesverwaltungsgericht nämlich mit Beschluss vom 19.09.1983[1230] erklärt hatte, dass die Mitbestimmung des Personalrats bei der Einstellung eines Beschäftigten sich nicht auf die Frage erstrecke, ob der Arbeitsvertrag befristet oder unbefristet abzuschließen sei, fügte der Landesgesetzgeber in 72 Abs. 1 Nr. 1 LVPG NRW den Mitbestimmungstatbestand "Befristung von Arbeitsverhältnissen" hinzu. Über das Mitbestimmungsrecht des Personalrats bei der Einstellung eines Arbeitnehmers hinaus, sollte sich die Prüfungskompetenz insofern auch auf die inhaltliche Ausgestaltung des Arbeitsvertrags erstrecken.[1231] Der Personalrat sollte dementsprechend zu prüfen haben, ob die beabsichtigte Befristung nach den Grundsätzen der arbeitsgerichtlichen Befristungskontrolle wirksam sei.[1232] Die ab

1228 Vgl. auch *Hauck-Scholz*, öAT 2013, 221.

1229 BverwG v. 17.08.1989 - 6 P 11.87, BVerwGE 82, 288 = PersV 1990, 226.

1230 BVerwG, Beschl. v. 19.09.1983 - 6 P 32.80, BeckRS 1983, 30442368.

1231 BAG v. 20.02.2002 - 7 AZR 707/00, NZA 2002, 811; BAG v. 18.06.2008 - 7 AZR 214/07, NZA 2009, 35.

1232 BAG v. 18.06.2008 - 7 AZR 214/07, NZA 2009, 35.

dem 17.10.2007 geltende Neufassung sah ein derartiges Mitbestimmungsrecht nicht mehr vor. Seit dem 16.11.2011 hat sich der Gesetzgeber hingegen wieder für das Mitbestimmungsrecht ausgesprochen und mit der Novellierung weitgehend den Rechtszustand vor der Gesetzesänderung aus dem Jahr 2007 wiederhergestellt.[1233] Begründet wurde dieser Schritt damit, dass aufgrund der Novelle im Jahr 2007, die Beteiligungsrechte der Personalräte durch Angleichung an bundesrechtliche Regelungen stark eingeschränkt worden sind, so dass in vielen Bereichen eine wirksame Interessenvertretung nicht mehr möglich gewesen sei.[1234]

In § 63 Abs. 1 Nr. 4 des Personalvertretungsgesetzes des Landes Brandenburg (LVPG Bbg) ist der ausdrückliche Mitbestimmungstatbestand bereits frühzeitig aufgenommen und seitdem nicht mehr beschränkt worden.[1235] Das BAG hat hierzu entschieden, dass der Arbeitgeber seiner Unterrichtungspflicht genügt, wenn er dem Personalrat den Sachgrund für die Befristung seiner Art nach mitteilt. Er sei hingegen nicht verpflichtet, unaufgefordert das Vorliegen des Sachgrundes im Einzelnen zu begründen.[1236]

Nach § 64 Abs. 3 i.V.m. 65 Abs. 2 Nr. 4 LVPG Nds. hat der Personalrat bei der Verlängerung befristeter Arbeitsverhältnisse mitzubestimmen. Dieses Mitbestimmungsrecht bezieht sich jedoch nicht auf die in einem Verlängerungsvertrag vereinbarte *Befristung*, sondern lediglich auf die mit der Verlängerung verbundene Einstellung des Arbeitnehmers.[1237] Aufgrund der ständigen Rechtsprechung des BVerwG, dass auch eine Verlängerung als Einstellung im Sinne der Personalvertretungsgesetze zu qualifizieren ist, hätte es dieser Vorschrift grds. nicht bedurft. Insofern hat die Ziffer 4 lediglich klarstellenden Charakter. Gleiches gilt gemäß § 68 Abs. 1 Nr. 8 LVPG MV für das Land Mecklenburg-Vorpommern und gemäß § 75 Abs. 1 Nr. 3 LVPG Thür. für das Land Thüringen.

3. *Rechtsfolge*

Hinsichtlich der Rechtsfolgenfrage ist zu differenzieren, ob dem Personalrat lediglich ein Mitbestimmungsrecht im Hinblick auf die Einstellung bzw. Verlängerung eines befristeten Arbeitsvertrages oder aber eine materielle Prüfungskompetenz hinsichtlich der Befristung als solche zukommt.

Soweit auf Bundesebene gemäß § 75 Abs. 1 BPersVG und in einigen Ländern lediglich ersteres vorgesehen ist, führt die verweigerte Zustimmung des Personalrates bei mitbestimmungspflichtigen Maßnahmen grds. dazu, dass die Einigungsstelle zu entscheiden hat, soweit zuvor zwischen der obersten Dienstbehörde und der bei ihr bestehenden zuständigen Personalvertretung kein Konsens erzielt werden konnte.

1233 LT-Drs. 15/1644/82, S. 2.

1234 LT-Drs. 15/1644/82, S. 1.

1235 BAG v. 27.09.2000 - 7 AZR 412/99, NZA 2001, 339; gleiches gilt heute für das Bundesland Rheinland-Pfalz, § 78 Abs. 2 Nr. 2 LPVG RPf.

1236 BAG v. 27.09.2000 - 7 AZR 412/99, NZA 2001, 339.

1237 BAG v. 05.05.2004 - 7 AZR 629/03, NZA 2004, 1346.

Dies ergibt sich für die Personalvertretungen in Bundesbehörden aus § 69 Abs. 3 und 4 BPersVG. Für die Landesgesetzgebung enthält § 104 BPersVG eine Rahmenvorschrift über die Gestaltung des Mitbestimmungsverfahrens. Die landesrechtlichen Regelungen bieten dabei kein einheitliches Bild.[1238] Sie sind jedoch, teilweise mit abweichenden Fristen im Mitbestimmungsverfahren, weitgehend an die Vorschrift des § 69 Abs. 3 und 4 BPersVG angelehnt.[1239]

Bezieht sich die Zustimmungsverweigerung des Personalrates ausschließlich auf die Befristung des Arbeitsverhältnisses, so ist der Dienststellenleiter nicht zur Einleitung des Einigungsverfahrens gemäß § 69 Abs. 3 und 4 BPersVG verpflichtet.[1240] Das BVerwG führt hierzu aus, dass die Darlegung einer Rechtsauffassung oder der Vortrag von Tatsachen seitens des Personalrates, aus denen sich ersichtlich keiner der im Gesetz abschließend geregelten Verweigerungsgründe i.S.d. § 77 Abs. 2 BPersVG ergibt, nicht anders behandelt werden kann als das Fehlen einer Begründung.[1241]

Soweit einige Länder in ihren Personalvertretungsgesetzen vorsehen, dass der Personalrat auch eine materielle Prüfungskompetenz hinsichtlich der Rechtmäßigkeit der Befristung besitzt, führt ein Verstoß hiergegen z.B. aufgrund fehlender Angaben zur Befristungsdauer und zum Befristungsgrund zur Unwirksamkeit der Befristung.[1242]

III. Stellungnahme

Die vorherigen Ausführungen haben gezeigt, dass es im Hinblick auf die Beteiligung von Vertretungsorganen bei mehrfach befristeten Arbeitsverhältnissen zwei wesentliche Problempunkte gibt: Nämlich die Frage nach dem „Ob“ der Beteiligung und die Frage nach der materiellen Prüfungskompetenz des Vertretungsorgans.

- Beteiligungsrecht bei Befristungsverlängerungen

Der Begriff der Einstellung ist im Gegensatz zur Versetzung (vgl. § 95 Abs. 3 BetrVG) in § 99 Abs. 1 BetrVG nicht legaldefiniert. Die Auslegung des Gesetzes nach dem Wortlaut dürfte zunächst berechtigte Zweifel daran aufkommen lassen, ob die Verlängerung eines bereits bestehenden Arbeitsverhältnisses als “Einstellung” verstanden werden kann; denn grundsätzlich wird man nach dem allgemeinen Sprachgebrauch als “Einstellung” nur die erstmalige Eingliederung in den Betrieb bzw. den erstmaligen Abschluss eines Arbeitsverhältnisses begreifen. Das BAG sieht dies anders. Nach richtiger Auffassung des 7. Senats ist eine mitbestimmungspflichtige Einstellung immer dann anzunehmen, wenn Personen in den Betrieb eingegliedert werden, um

1238 RDW-*Weber*, § 69 BPersVG Rn. 134; vgl. u.a. § 61 Abs. 1 LPVG Bbg bzw. § 66 LPVG NRW.

1239 RDW-*Weber*, § 69 BPersVG Rn. 135 ff.

1240 BVerwG v. 15.11.1989 - 6 P 2.87, DÖV 1990, 577.

1241 Vgl. BVerwG, Beschl. v. 27.07.1979 - 6 P 38.78, ZBR 1980, 355.

1242 BAG v. 27.09.2000 - 7 AZR 412/99, NZA 2001, 339.

zusammen mit den im Betrieb schon beschäftigten Arbeitnehmern den arbeitstechnischen Zweck des Betriebs durch weisungsgebundene Tätigkeit zu verrichten.[1243] Dabei sei keineswegs nur auf die erstmalige Eingliederung abzustellen, sondern darauf, ob der Fortsetzung des Arbeitsverhältnisses eine neue Arbeitgeberentscheidung zugrunde liegt.[1244]

Diese Auffassung steht auch nicht im Widerspruch zum Gesetzeswortlaut. Der Begriff der Einstellung i.S.d. 99 Abs. 1 BetrVG ist weit auszulegen. Zunächst umfasst er bereits begrifflich die "Wiedereinstellung" in den Betrieb nach Ablauf des (befristeten) Arbeitsverhältnisses. Darüber hinaus widerspricht es auch nicht dem Wortlaut der Vorschrift, die Fortsetzung des Anstellungsverhältnisses unter den Begriff der Einstellung zu subsumieren; denn die Vorschrift begrenzt die „Einstellung" gerade nicht auf die „Neueinstellung" oder die „Ersteinstellung". Da im Übrigen jede Verlängerung eines befristeten Arbeitsverhältnis – ebenso wie der Neuabschluss eines weiteren befristeten Arbeitsvertrags – eine eigenständige neue Befristung enthält[1245], ist die Verlängerung in betriebsverfassungsrechtlicher Sicht als Weiterbeschäftigung und damit als erneute Einstellung zu bewerten. Dies ergibt sich auch aus teleologischen Gründen. Es kann bereits nach dem Sinn und Zweck der Vorschrift keinen Unterschied machen, ob der Arbeitgeber eine Befristung „auslaufen" lässt, um im Anschluss daran mit einem anderen Arbeitnehmer ein befristetes Arbeitsverhältnis zu begründen oder ob er ein bereits bestehendes befristetes Arbeitsverhältnis mit dem gleichen Arbeitnehmer verlängert. Anderenfalls könnte bereits eine juristische Sekunde darüber entscheiden, ob ein Zustimmungsrecht des Betriebsrates besteht oder nicht. Da sowohl die Wiedereinstellung als auch die Verlängerung eines befristeten Arbeitsverhältnis gleichermaßen als einschneidende Maßnahme in die Personalstruktur zu bewerten ist, gilt es dem Betriebsrat ein Beteiligungsrecht zuzusprechen.

Ausnahmen von der Beteiligungspflicht sind in zwei Konstellationen denkbar: So zum Beispiel für den Fall, dass dem Vertretungsorgan vom Arbeitgeber bereits bei Abschluss des befristeten Arbeitsverhältnisses die Verlängerungsabsicht unter Vorbehalt angezeigt worden ist. Wie bei der Entscheidung des BAG zur Umwandlung eines befristeten Probearbeitsverhältnisses in ein unbefristetes,[1246] könnte man bei einer derartigen Konstellation eine erneute Beteiligung des Betriebsrates aus reinem Formalismus für nicht erforderlich halten. So weiß das Vertretungsorgan (entsprechend der Kenntnis von der angekündigten Übernahme in ein unbefristetes Arbeitsverhältnis) bereits im Zeitpunkt der Einstellung von der Verlängerungsabsicht bis hin zur Befristungshöchstgrenze und kann in seine Entscheidung einbeziehen wie lange und in welchem Umfang Arbeitnehmerinteressen beeinträchtigt werden.

1243 BAG v. 27.10.2010 - 7 ABR 86/09, NZA 2011, 418 (419); BAG v. 23.06.2010 - 7 ABR 1/09, NZA 2010, 1302.

1244 ErfK-*Kania*, § 99 BetrVG Rn. 6.

1245 Vgl. BAG v. 10.10.2007 - 7 AZR 795/06 Rn. 21, NZA 2008, 295 (297).

1246 Vgl. BAG, Beschl. v. 07.08.1990 - 1 ABR 68/89, NZA 1991, 150.

In diesem Sinn vertritt *Hunold* die Auffassung, dass im Falle der sachgrundlosen Verlängerung – analog zu dem vom BAG entschiedenen Fall zur Übernahme nach einem befristeten Probearbeitsverhältnis – eine Information des Betriebsrates nach § 92 BetrVG genüge.[1247]

M.E. macht es gleichwohl einen erheblichen Unterschied, ob der Arbeitgeber von Anfang an eine befristete Einstellung von 24 Monaten vornimmt oder sich vorbehält den Vertrag dreimal bis zur Höchstbefristungsgrenze zu verlängern. Zunächst einmal überzeugt es nicht, dass *Hunold* die erneute Beteiligung des Vertretungsorgans nur im Falle der Verlängerung einer sachgrundlosen Befristung für nicht erforderlich hält. Konsequenterweise müsste nach seiner Auffassung auch die von Beginn an vorbehaltene Fortsetzung eines sachgrundbefristeten Vertrages die Einholung der Zustimmung entbehrlich machen, wenn der Arbeitgeber bereits von Beginn an plant, im Falle des längeren Ausfalls eines Stammarbeitnehmers, eine erneute Vertretungsbefristung abzuschließen. Da das Vertretungsorgan nach der ständigen Rechtsprechung des BAG ohnehin keinen Anspruch auf Mitteilung des zugrundeliegenden Sachgrundes hat, kann es auch nicht darauf ankommen, welche Befristungsform der vorbehaltenen Befristungsverlängerung zugrunde liegt.

Darüber hinaus kann der Auffassung von *Hunold* auch dem Grunde nach nicht beigepflichtet werden. Dem Betriebsrat/Personalrat darf im Falle einer Vertragsverlängerung die erneute Prüfungskompetenz nicht entzogen werden, ob andere bereits im Betrieb seit längerer Zeit Beschäftigte vorrangig auf der befristeten Stelle zu berücksichtigten sind. Dies kann insbesondere der Fall sein, wenn einem Mitarbeiter betriebsbedingt gekündigt worden ist und diesem u.U. ein Beschäftigungs- oder Wiedereinstellungsanspruch aufgrund einer betriebsbedingten Kündigung zusteht. Dieser Gedanke ergibt sich auch aus der gesetzgeberischen Intention des § 99 Abs. 2 Nr. 3 BetrVG, der seit dem 27.07.2001 eine Ergänzung des zweiten Halbsatzes erfahren hat. In diesem ist geregelt, dass der Betriebsrat die unbefristete Einstellung eines externen Mitarbeiters mit der Begründung verweigern kann, dass die damit verbundene Nichtberücksichtigung eines bisher befristeten Arbeitnehmers für diesen ein Nachteil darstelle.[1248] Die Vorschrift verdeutlicht, dass dem Arbeitgeber aufgezeigt werden soll, dass „vorrangig" bereits im Betrieb angestellte Mitarbeiter bei der Besetzung einer unbefristeten Stelle zu berücksichtigen sind.[1249] Bei entsprechender Anwendung der Vorschrift auf die Verlängerung von befristeten Arbeitsverhältnissen wird man dem Vertretungsorgan ein Zustimmungsverweigerungsrecht zusprechen müssen, wenn der Arbeitgeber die Verlängerung begehrt,

1247 *Hunold*, NZA 1997, 741 (745).

1248 *Dörner*, Rn. 682.

1249 Zu berücksichtigen ist jedoch auch, dass die Rechte des befristet Beschäftigten hierdurch kaum verbessert werden, da die Zustimmungsverweigerung nicht zu einem Anspruch des Benachteiligten auf ersatzweise Übernahme auf die unbefristete Stelle führt.

obwohl er zuvor oder gleichzeitig die Kündigung eines unbefristet beschäftigten Stammarbeitnehmers ausspricht.[1250]

Letztlich sind die beiden Konstellationen – Übernahme in ein unbefristetes Arbeitsverhältnis nach Ablauf der Probezeit / Befristungsverlängerung – nur schwerlich miteinander vergleichbar. Im ersten Fall kommt es dem Arbeitgeber bereits bei der Einstellung vorrangig darauf an, den Arbeitnehmer unbefristet zu beschäftigen. Die Voraussetzungen für eine Übernahme sind damit von Anfang an klar umrissen. Das Vertretungsorgan weiß darum, dass eine unbefristete Beschäftigung beabsichtigt ist, wenn sich der Arbeitnehmer bewährt. Eine vorbehaltene Verlängerung eines befristeten Arbeitsverhältnisses hängt hingegen von vielen ggf. auch noch unbestimmten Faktoren ab, die eine erneute Beteiligung im Ergebnis rechtfertigen.

Letztlich ist auch fraglich, ob die im Jahr 1990 ergangene Entscheidung des BAG nach Inkrafttreten des Teilzeit- und Befristungsgesetzes vom Senat überhaupt aufrechterhalten bleibt, da Wertungswidersprüche zu befürchten sind. Denn letztlich wird derjenige Arbeitgeber, der das befristete Arbeitsverhältnis zunächst auf § 14 Abs. 1 S. 2 Nr. 5 TzBfG (Befristung auf Probe) gestützt hat, von der erneuten Beteiligungspflicht befreit, während der Arbeitgeber, der von Beginn an eine sachgrundlose Befristung für die Dauer von sechs Monaten nach § 14 Abs. 2 TzBfG gewählt hat, den Betriebsrat vor der unbefristeten Weiterbeschäftigung erneut zu beteiligen hat.

Eine Ausnahme könnte man schließlich für solche Vertragsverlängerungen erwägen, die nicht über eine „wesentliche" Beschäftigungsdauer hinausgehen und die damit einhergehend, die Interessen der sonstigen Belegschaft nicht unverhältnismäßig beeinträchtigen. So hatte das LPVG Baden-Württemberg in § 75 Abs. 1 Nr. 2 LPVG BW in seiner bis zum 10.12.2013 geltenden Fassung eine entsprechende Regelung aufgenommen, die vorsieht, dass bei einer *Einstellung* von voraussichtlich bis zu drei Monaten der Dienststellenleiter von einer Zustimmungsverpflichtung gegenüber der Personalvertretung befreit ist. Die Vorschrift ist seit dem 01.01.2014 dahingehend geändert worden, dass nunmehr der Personalrat in Personalangelegenheiten (u.a. auch bei der Zeit- oder Zweckbefristung eines Arbeitsverhältnisses) der Beschäftigten mitzubestimmen hat, die voraussichtlich länger als zwei Monate Beschäftigte sein werden.

Eine derartige Regelung findet sich auf Bundesebene zwar nicht; doch hat das BVerwG bereits entschieden, dass Interessen der in der Dienststelle Beschäftigten erst dann berührt werden und der Arbeitnehmer i.S.d. § 75 Abs. 1 Nr. 1 BPersVG als in die Dienststelle eingegliedert gilt, wenn es zu dessen langfristigen betrieblichen und sozialen Bindung an die Dienststelle kommt.[1251] Ein Zustimmungsverweigerungsrecht

1250 Soweit man eine entsprechende Anwendung des § 99 Abs. 2 Nr. 3 BetrVG ablehnt, muss man dem Vertretungsorgan gleichwohl die Möglichkeit geben, die Zulässigkeit der Verlängerung anhand von Diskriminierungsverboten ggü. anderen Mitarbeitern zu überprüfen. Bei den Vorschriften des Allgemeinen Gleichbehandlungsgesetzes handelt es sich um ein Gesetz i.S.d. § 99 Abs. 2 Nr. 1 BetrVG.

1251 BVerwG, Beschl. v. 27.11.1991 - 6 P 15/90, NVwZ-RR 1993, 149.

bestehe daher nicht bei bloß vorübergehenden Tätigkeiten. Es spreche eine Vermutung dafür, dass eine Tätigkeit vorübergehend und geringfügig ist, wenn sie von vornherein auf die Dauer von nicht mehr als zwei Monaten im Jahr begrenzt ist.[1252] *Kaiser* geht darüber noch hinaus und hält es für naheliegend, die für die Abordnung und Zuweisung nach § 75 Abs. 1 Nr. 4 und 4a BPersVG geltende Drei-Monats-Grenze, im Wege der teleologischen Reduktion auch auf Einstellungen anzuwenden.[1253]

Gleichwohl es zur Verringerung von „unnötigem" Verwaltungsaufwand wünschenswert erscheint, in zeitlicher Hinsicht unwesentliche Beschäftigungsverhältnisse von dem Zustimmungserfordernis auszunehmen, kann ein derartiger Ausnahmetatbestand auf die Verlängerung befristeter Arbeitsverhältnisse m.E. nicht übertragen werden. Anderenfalls hätte es der Arbeitgeber in der Hand, aufgrund der gesetzlich vorhergesehenen dreimaligen Verlängerungsmöglichkeit, den Arbeitnehmer für eine Dauer von einem Jahr (4 x 3 Monate) ohne Zustimmung des Personal- bzw. Betriebsrates befristet einzustellen bzw. weiter zu beschäftigen. Geht man gar davon aus, dass es sich um eine Befristung mit Sachgrund handelt, könnte der Arbeitgeber diese Frist dazu nutzen, um bspw. Vertretungskräfte für den kurzen Zeitraum einzustellen, ohne dass dem Personalrat ein Verweigerungsrecht zustehen würde. Insofern sind die Kollektivinteressen der Arbeitnehmer bei mehrfachen Befristungen insgesamt schützenswerter, als bei einer von Anfang an beabsichtigten unbefristeten Einstellung. Im Ergebnis bedeutet dies, dass man mit Ausnahmekonstellationen von dem Zustimmungserfordernis sehr restriktiv umgehen sollte.

Geht man von der grundsätzlichen Beteiligungspflicht des Vertretungsorgans aus, stellt sich auf der zweiten Stufe die Frage nach deren Inhalt und Umfang. Wie bereits oben ausgeführt, lehnt der Senat eine inhaltliche Mitteilungspflicht (z.B. hinsichtlich des zugrundeliegenden Sachgrundes) mit dem Argument ab, dass das Mitbestimmungsrecht des Betriebsrates bei Einstellungen (und damit auch bei Verlängerungen) vornehmlich den kollektiven Interessen der Belegschaft diene.[1254] Für diese sei es von Bedeutung, ob ein Arbeitnehmer auf Dauer oder nur vorübergehend eingestellt werden soll. Ob die mit dem einzustellenden Arbeitnehmer vereinbarte Befristung hingegen den Voraussetzungen des § 14 Abs. 1 bis 4 TzBfG entspreche, sei für das Mitbestimmungsrecht unerheblich.

Soweit der Senat darauf abstellt, dass die Befristung als solche nicht das Kollektivinteresse berühre, überzeugt diese Auffassung nicht vollends. Denn mittelbar können auch durch die Nichteinhaltung der Tatbestandsvoraussetzungen des § 14 TzBfG die Interessen der Stammbelegschaft nachhaltig beeinträchtigt werden, sofern der Arbeitnehmer die Unwirksamkeit der Befristung gerichtlich geltend macht und der Arbeitsvertrag nach § 16 TzBfG als auf unbestimmte Zeit geschlossen gilt. Dem Arbeitgeber wäre Tür und Tor geöffnet, unter dem Deckmantel einer unwirksamen Befristungsabrede, ein unbefristetes Arbeitsverhältnis herbeizuführen,

1252 BVerwG, Beschl. v. 27.11.1991 - 6 P 15/90, NVwZ-RR 1993, 149.
1253 RDW-*Kaiser*, § 75 BPersVG Rn. 11.
1254 BAG v. 25.01.2005 - 1 ABR 59/03, NZA 2005, 945.

obwohl der Betriebsrat nur einer vorübergehenden und gerade keiner dauerhaften Beschäftigung zustimmen würde.

Der Senat hat sich mit dieser Problematik ebenfalls auseinandergesetzt und führt hierzu aus: „Dem steht auch nicht der Umstand entgegen, dass nach § 16 S. 1 TzBfG im Falle der – vom Arbeitnehmer rechtzeitig nach § 17 S. 1 TzBfG geltend gemachten – Unwirksamkeit der Befristung der befristete Arbeitsvertrag als auf unbestimmte Zeit geschlossen gilt. Führt der Arbeitgeber in einem solchen Fall die zunächst befristete Eingliederung des Arbeitnehmers wegen einer individualrechtlichen Verpflichtung fort, liegt hierin kollektivrechtlich eine Einstellung. An dieser ist der Betriebsrat nach § 99 Abs. 1 S. 1 und 2 BetrVG erneut zu beteiligen."[1255]

Zweifelhaft ist an dieser Argumentation, ob und welche Verweigerungsgründe das Vertretungsorgan bei seiner erneuten Beteiligung vorbringen kann, wenn das Befristungskontrollverfahren bereits rechtskräftig abgeschlossen und gerichtlich festgestellt worden ist, dass der Vertrag auf unbestimmte Zeit geschlossen gilt? Es ist kaum vorstellbar, dass der Betriebsrat/Personalrat über eine „nachträgliche" Zustimmungsverweigerung die gerichtliche Entscheidung dadurch torpedieren kann, indem er der Einstellung aus den unter § 99 Abs. 2 Nr. 1 BetrVG genannten Gründen widerspricht. Wo für den Arbeitgeber nichts zu entscheiden ist, gibt es für den Betriebsrat nichts mitzubestimmen.[1256] Insofern ist es gut vertretbar, zumindest bei offensichtlichen Verstößen gegen die Voraussetzungen des § 14 TzBfG dem Vertretungsorgan ein Zustimmungsverweigerungsrecht zuzusprechen.

- Zustimmungsverweigerungsrecht bei Kettenbefristungen

Diskussionswürdig ist schließlich, ob der Senat seine ständige Rechtsprechung auf den Fall überträgt, dass der Arbeitgeber über einen nicht unerheblichen Zeitraum rechtsmissbräuchliche Kettenbefristungen abschließt. Anders ausgedrückt: Kann ein Verstoß gegen § 242 BGB i.V.m. § 5 Nr. 1a) der Rahmenvereinbarung Zustimmungsverweigerungsrechte des Betriebsrats begründen? Hierfür könnte zunächst sprechen, dass in diesem Fall nicht „nur" – wie vom BAG an anderer Stelle vorgebracht – eine einzelne Vertragsbedingung der Norm zuwiderläuft.[1257] Im Gegensatz zu § 14 TzBfG, der als befristungsrechtliche Zentralvorschrift die tatbestandlichen Voraussetzungen für eine wirksame Befristungsabrede normiert, soll durch die Anwendbarkeit des Grundsatzes von Treu und Glauben gemäß § 242 BGB der wiederholte Rückgriff auf befristete Arbeitsverträge, der als eine Quelle potenziellen Missbrauchs zu Lasten der Arbeitnehmer gesehen wird, eingegrenzt werden.[1258] Die Vorschrift soll damit Umfang und Dauer der Befristung in zeitlicher Hinsicht beschränken.

1255 BAG, Beschl. v. 27.10.2010 - 7 ABR 86/09, NZA 2011, 418.

1256 BAG, Beschl. v. 23.06.2009 - 1 ABR 30/08, NZA 2009, 1162.

1257 BAG v. 28.06.1994 - 1 ABR 59/93, NZA 1995, 387.

1258 BAG v. 18.07.2012 - 7 AZR 443/09, NZA 2012, 1351; EuGH v. 26.01.2012 - C-586/10 Rn. 25 (*Kücük*), NZA 2012, 135.

Einer vergleichbaren Konstellation sieht sich aktuell das BAG im Anwendungsbereich des Arbeitnehmerüberlassungsgesetzes gegenüber. Dort regelt § 14 Abs. 3 S. 1 AÜG zunächst allgemein, dass der Betriebsrat des Entleiherbetriebs nach § 99 BetrVG vor der Übernahme eines Leiharbeitnehmers zu beteiligen ist. Wie im Befristungsrecht gilt nach der Rechtsauffassung des Senats auch hier, dass die Verlängerung eines Einsatzes von Leiharbeitnehmern als Einstellung i.S.d. § 99 Abs. 2 Nr. 1 BetrVG, § 14 Abs. 3 AÜG zu qualifizieren ist.[1259] Begründet wird diese Auffassung damit, dass die im Interesse der Belegschaft bestehenden Mitbestimmungsrechte des Betriebsrates bei der Einstellung von Arbeitnehmern weitgehend entwertet würden und nicht sinnvoll wahrzunehmen wären, wenn sie sich auf die Aufnahme eines Leiharbeitnehmers in einen Stellenpool oder seinen erstmaligen Einsatz beschränken würden und völlig offen wäre, wie oft, wie lange und in welchen zeitlichem Umfang er künftig eingesetzt werde.[1260]

Interessant wird die vergleichende Betrachtungsweise bei einem Blick in § 1 Abs. 1 S. 2 AÜG. Dieser besagt, dass die Überlassung von Arbeitnehmern an den Entleiher *vorübergehend* erfolgt. Beabsichtigt der Entleiher, einen Leiharbeitnehmer länger als *vorübergehend* zu beschäftigen, kann der Betriebsrat des Entleiherbetriebs nach § 14 Abs. 3 AÜG, § 99 Abs. 2 Nr. 1 BetrVG die Zustimmung zur Übernahme verweigern.[1261] Im Ergebnis leitet der Senat aus § 1 Abs. 1 S. 2 AÜG im Falle der nicht nur vorübergehenden Beschäftigung Zustimmungsverweigerungsrechte des Betriebsrates ab und qualifiziert die Vorschrift als Verbotsgesetz i.S.d. § 99 Abs. 2 Nr. 1 BetrVG.[1262]

Überträgt man die Rechtsprechung zu § 1 Abs. 1 S. 2 AÜG auf das Befristungsrecht, so muss man zunächst konstatieren, dass auch § 242 BGB i.V.m. § 5 der Rahmenvereinbarung den dauerhaften Einsatz von befristet Beschäftigten unterbinden will. Um dies zu gewährleisten, sollen die Gerichte stets alle Umstände des Einzelfalls prüfen und dabei namentlich die Zahl der mit derselben Person oder zur Verrichtung der gleichen Arbeit geschlossenen, aufeinanderfolgenden befristeten Verträge berücksichtigen, um auszuschließen, dass Arbeitgeber missbräuchlich auf befristete Arbeitsverhältnisse zurückgreifen. Dass die nationale Vorschrift des § 242 BGB den dauerhaften Abschluss von Kettenbefristungen nicht ausdrücklich untersagt, spielt für die generelle Einordung als Verbotsgesetz keine Rolle. Ausreichend für die Anerkennung eines Verbotsgesetzes ist bereits die Auslegung der Norm. Dass sich aus § 242 BGB ein Verbotsgesetz ableiten lässt, ist bereits gerichtlich entschieden. So hat das LAG Niedersachsen im Anwendungsbereich des Arbeitnehmerüberlassungsgesetzes geurteilt, dass die Einstellung von Leiharbeitnehmern mit der Absicht Personalkosten dauerhaft zu senken, unter Berücksichtigung aller Umstände des

1259 BAG, Beschl. v. 23.01.2008 - 1 ABR 74/06, NZA 2008, 603.

1260 BAG, Beschl. v. 23.01.2008 - 1 ABR 74/06, NZA 2008, 603 (605).

1261 BAG v. 10.07.2013 - 7 ABR 91/11, NZA 2013, 1296.

1262 So auch *Bartl/Romanowski*, NZA 2012, 845 (846); *Brors*, AuR 2013, 108 (113); *Düwell*, ZESAR 2011, 449 (455).

Einzelfalls, als institutioneller Rechtsmissbrauch ein Zustimmungsverweigerungsrecht des Betriebsrates nach § 99 Abs. 2 Nr.1 BetrVG begründen kann.[1263]

Gleichwohl kann § 242 BGB im Zusammenhang mit der rechtsmissbräuchlichen Verwendungsweise von Mehrfachbefristungen nur ein Verbotsgesetz darstellen, wenn die personelle Maßnahme bei einem Verstoß per se untersagt ist. Dies ist jedoch nicht der Fall. Vielmehr gilt, wie bei einem Verstoß gegen § 14 Abs. 1 - 4 TzBfG, dass allenfalls die Befristung als solche rechtsmissbräuchlich ist und gemäß § 16 TzBfG ein unbefristetes Arbeitsverhältnis fingiert wird. Lediglich im allgemeinen Sprachgebrauch spricht man von einem Verbot von Kettenbefristungen. Insofern wird man auch hier die Argumentation heranziehen müssen, dass es nicht zu den Aufgaben des Betriebsrats gehören kann bzw. darf, den Eintritt dieser Rechtsfolge zu verhindern.[1264]

Doch verwundern in diesem Zusammenhang gleichwohl die Ausführungen des BAG zu § 1 S. 2 AÜG. Der Senat hat hierzu entschieden, dass es unerheblich sei, ob in Fällen der nicht mehr nur vorübergehenden Arbeitnehmerüberlassung ein Arbeitsverhältnis zwischen dem Entleiher und dem Leiharbeitnehmer entsteht oder nicht.[1265] Auch wenn das unter bestimmten Umständen der Fall sein sollte, stünde das einem Zustimmungsverweigerungsrecht des Betriebsrats im Entleiherbetrieb nicht entgegen. Diese Auffassung steht im Widerspruch zur Argumentation des 7. Senats im Befristungsrecht, wonach es nicht zu den Aufgaben des Betriebsrates gehöre, den Eintritt eines unbefristeten Arbeitsverhältnisses zu kontrollieren oder gar zu verhindern. Genau dies würde der Betriebsrat im Anwendungsbereich des Arbeitnehmerüberlassungsgesetzes allerdings machen, wenn der Senat das unbefristete Arbeitsverhältnis mit dem Entleiherbetrieb als Rechtsfolge eines Verstoßes gegen § 1 S. 2 AÜG anerkennen würde. Beide Konstellationen wären dann vergleichbar.

Zwischenzeitlich ist die Diskussion hierüber durch die Entscheidung des BAG vom 10.10.2013 jedoch erledigt. Der 9. Senat entschied, dass zwischen einem Leiharbeitnehmer und einem Entleiher kein Arbeitsverhältnis zustande komme, wenn der Einsatz des Leiharbeitnehmers entgegen der Regelung in § 1 Abs. 1 S. 2 AÜG nicht nur vorübergehend erfolge.[1266] Insofern hat sich damit auch eine etwaige Gegensätzlichkeit der unterschiedlichen Handhabe der beiden Senate abgetan.

Letztlich würde es auch nicht überzeugen, § 242 BGB im Anwendungsbereich von Mehrfachbefristungen als Verbotsgesetz auszulegen. Das Anerkennen eines beachtlichen Zustimmungsverweigerungsrechts würde zu einem erheblichen Wertungswiderspruch führen. Die Vorschrift will – wie auch § 14 TzBfG – gewährleisten, dass das unbefristete Arbeitsverhältnis das Normalarbeitsverhältnis sein soll, während der Abschluss des befristeten Arbeitsverhältnisses nur unter „erschwerten" Bedingungen gestattet sein soll. Insofern gibt es bereits keinen triftigen Grund unterschiedliche Auffassungen hinsichtlich der Annahme eines Verbotsgesetzes

---

1263 LAG Niedersachsen, Beschl. v. 19.09.2012 - 17 TaBV 124/11, BeckRS 2012, 74786.

1264 BAG, Beschl. v. 27.10.2010 - 7 ABR 86/09, NZA 2011, 418.

1265 BAG v. 10.07.2013 - 7 ABR 91/11, NZA 2013, 1296 (1301).

1266 BAG v. 10.12.2013 - 9 AZR 51/13, NZA 2014, 196.

zu vertreten. Eine hiervon abweichende Rechtsauffassung würde letztlich auch dazu führen, dass der Senat seine gesamte Rechtsprechung neu überdenken müsste. Denn der Betriebsrat könnte über das materielle Zustimmungsverweigerungsrecht im Falle eines etwaigen Rechtsmissbrauchs nur entscheiden, wenn ihm zuvor die „Sachgrundhistorie" übermittelt würde. Der Betriebsrat würde letztlich bei Mehrfachbefristungen mit einer komplexen Angemessenheits- und Verhältnismäßigkeitsprüfung konfrontiert werden. Letzteres Argument führt letztlich dazu, in Frage zu stellen, ob umfassende Kontrollbefugnisse – wie sie bspw. § 72 Abs. 1 Nr. 3 LPVG NRW vorsieht – förderlich oder eher rechtslähmend sind.

Einerseits wird man vertreten können, dass die erweiterte Kontrolle durch den Personalrat bzw. Betriebsrat dazu führen würde, dass die Grundsätze einer arbeitsgerichtlichen Befristungskontrolle bereits auf der Verwaltungsebene Beachtung finden. Die Arbeitsgerichte könnten hierdurch eine Entlastung erfahren. Häufig wird es jedoch zwischen dem Arbeitgeber und dem Vertretungsorgan zum Streit über die Rechtmäßigkeit der Zustimmungsverweigerung kommen. Die Befristungskontrolle würde im Falle der Versagung durch den Betriebsrat in das gerichtliche Verfahren auf Zustimmungsersetzung gemäß § 99 Abs. 4 TzBfG vorverlagert. Soweit dem Arbeitgeber Recht zugesprochen wird, bindet dies nach Ablauf der Befristung das für die Befristungskontrollklage zuständige Arbeitsgericht nicht, sofern der Arbeitnehmer seinerseits die Wirksamkeit der Befristung gerichtlich überprüfen lässt.

Dementsprechend könnte das umfassende Mitbestimmungsrecht nicht nur zu einer Lähmung der Entscheidungsfreiheit des Arbeitgebers, sondern auch zu einer möglichen Doppelbelastung der Rechtsorgane führen.

Darüber hinaus fordert die bisherig zur materiellen Prüfungskompetenz ergangene Rechtsprechung den Widerspruch zur allgemeinen im Befristungsrecht geltenden Judikatur heraus. Letztere ist dadurch geprägt, dass sich der Arbeitgeber im Falle des gerichtlichen Verfahrens auch dann auf eine Befristung ohne Sachgrund berufen kann, wenn die Voraussetzungen des § 14 Abs. 1 TzBfG nicht gegeben sind. Gleiches gilt im umgekehrten Fall. In Bezug auf den Umfang der Beteiligungspflicht hat das LAG Berlin-Brandenburg allerdings Abweichendes entschieden. Dort heißt es: „Muss der Personalrat dem Abschluss eines befristeten Arbeitsvertrags zustimmen (hier §§ 61 Abs. 1, 63 Abs. 1 Nr. 4 PersVG Bbg) und teilt der Arbeitgeber dem Personalrat einen bestimmten Sachgrund mit, dann ist es dem Arbeitgeber später verwehrt, sich auf eine sachgrundlose Befristung zu berufen".[1267] Eine ähnliche Entscheidung war nur wenige Tage durch eine andere Kammer des LAG Berlin-Brandenburg ergangen: „Eine vom Personalrat erklärte Zustimmung zum Abschluss eines befristeten Arbeitsvertrags betrifft nur die ihm mitgeteilten Angaben zum Befristungsgrund und zur Befristungsdauer. Daher ist es dem Arbeitgeber im Prozess verwehrt, sich nachträglich auf einen dem Personalrat nicht mitgeteilten Befristungsgrund zu berufen. Das gilt auch für die Befristung nach § 14 Abs. 2 TzBfG."[1268]

1267 LAG Berlin-Brandenburg v. 01.10.2008 - 15 Sa 1036/08, NZA-RR 2009, 287.
1268 LAG Berlin-Brandenburg v. 04.09.2008 - 14 Sa 932/08, NZA-RR 2009, 454.

Die beiden Entscheidungen zeigen auf, dass die formellen Aspekte des Beteiligungsverfahrens die Rechtsprechung des BAG zur materiellen Rechtmäßigkeit der Befristungsabrede aus den Angeln heben könnte. Dies überzeugt nicht, zumal man sich letztlich auch vor Augen halten muss, welche Konsequenz die verweigerte Zustimmung des Betriebsrates für den Arbeitnehmer hätte: Würde man das Zustimmungsverweigerungsrecht des Betriebsrates auch auf den Fall der unwirksamen Sachgrundbefristung ausdehnen und hierdurch einen Gesetzesverstoß i.S.d. § 99 Abs. 2 Nr. 1 BetrVG begründen, hätte dies für den einzustellenden Arbeitnehmer zur Folge, dass er aufgrund der fehlenden Zustimmung des Betriebsrates keine (befristete) Einstellung erhalten würde. Da der Arbeitgeber in einem solchen Fall nicht verpflichtet wäre den Arbeitnehmer unbefristet zu beschäftigten, würde die Schutzfunktion des § 99 BetrVG konterkariert.

C. Tariföffnungsklausel, § 14 Abs. 2 S. 3 TzBfG

§ 14 Abs. 2 S. 3 TzBfG ermöglicht den Tarifpartnern, durch eigene Regelungen im Tarifvertrag die Anzahl der Verlängerungen *oder* die Höchstdauer der Befristung divergierend von Abs. 2 Hs. 2 zu regeln. Das Wort *„oder“* ist unter Berücksichtigung der Begründung zum Gesetzentwurf über Teilzeitarbeit und befristete Arbeitsverträge nicht im Sinne von *„entweder...oder“* zu verstehen.[1269] Vielmehr soll es nach der Gesetzesbegründung den Vertragsparteien kumulativ obliegen, sowohl von der Anzahl der Verlängerungen als auch von der Höchstbefristungsdauer abzuweichen.[1270]

Die Tarifvertragsparteien können im Gegensatz zu den Vorgängermodellen des BeschFG 1985[1271] und 1996 Abweichungen sowohl zu Gunsten als auch zu Lasten des Arbeitnehmers vereinbaren. Dies ergibt sich zum einen daraus, dass nach § 22 TzBfG von der Vorschrift des § 14 Abs. 2 S. 3 und 4 TzBfG auch zu Ungunsten des Arbeitnehmers abgewichen werden kann; zum anderen wird auf Seite 20 der Gesetzesbegründung klargestellt, dass sowohl eine höhere oder niedrigere Anzahl von zulässigen Verlängerungen, *sowie* eine andere kürzere oder längere Höchstbefristungsdauer eines befristeten Arbeitsvertrages ohne sachlichen Grund vereinbart werden kann.[1272]

Im Geltungsbereich eines Tarifvertrages können auch nicht tarifgebundene Arbeitgeber und Arbeitnehmer die Anwendung der tariflichen Regelungen vereinbaren, § 14 Abs. 2 S. 4 TzBfG. Auch aus diesem Grund wird die Vorschrift in der Literatur unter anderem als sog. win/win-Regelung für Arbeitnehmer und Arbeitgeber angesehen.[1273]

1269 BT-Drs. 14/4374, S. 14; APS-*Backhaus*, § 14 TzBfG Rn. 403; ErfK-*Müller-Glöge* § 14 TzBfG Rn. 128.

1270 So heißt es auf S. 14 der Gesetzesbegründung, dass durch Tarifvertrag von der Höchstbefristungsdauer *und* der Höchstzahl der Verlängerungen eines befristeten Arbeitsvertrages abgewichen werden kann; vgl. auch BAG v. 15.08.2012 - 7 AZR 184/11, NZA 2013, 45.

1271 Vgl. BAG v. 25.09.1987 - 7 AZR 315/86, NZA 1988, 358.

1272 BT-Drs. 14/4374, S. 20.

1273 *Francken*, NZA 2010, 305.

Francken spricht gar von einer gesetzgeberischen Nischenlösung, sofern die Öffnungsklausel mit Bedacht umgesetzt wird.[1274] Als Beispiel für eine solche im beiderseitigen Interesse stehende tarifvertragliche Regelung, führt er den am 15.09.2009 zwischen dem Verband der Metall- und Elektroindustrie Baden-Württemberg e.V., Stuttgart – Südwestmetall – und der Industriegewerkschaft Metall, Bezirk Baden-Württemberg geschlossenen Tarifvertrag zu Kurzarbeit, Qualifizierung und Beschäftigung (kurz TV KQB) an. Der TV KQB hat die Möglichkeit geschaffen, sachgrundlose Befristungen bei einer sechsmaligen Verlängerung auf maximal 48 Monate zu verlängern.[1275]

Von der gesetzlichen Öffnungsklausel wurde auch in den §§ 30 ff. TVöD Gebrauch gemacht. Der Anwendungsbereich erstreckt sich jedoch nur auf Beschäftigte, auf die die Regelungen des Tarifgebiets West Anwendung finden und deren Tätigkeit vor dem 01.01.2005 der Rentenversicherung der Angestellten unterlegen hätte. Soweit dies der Fall ist, sind kalendermäßig befristete Arbeitsverträge *mit* sachlichem Grund nach § 30 Abs. 2 TVöD nur zulässig, wenn die Dauer des einzelnen Vertrages fünf Jahre nicht übersteigt.[1276]

Für befristete Arbeitsverträge ohne sachlichen Grund gilt nach dessen Abs. 3, dass sie in der Regel zwölf Monate nicht unterschreiten sollen; die Vertragsdauer muss mindestens sechs Monate betragen. Die Regelung enthält jedoch keine abweichende tarifliche Regelung hinsichtlich der Höchstdauer und Anzahl der Verlängerungen.[1277]

Inwiefern durch diese Regelung tatsächlich eine win/win-Situation geschaffen wird, dürfte nicht unumstritten sein. *Francken* stellt allein darauf ab, dass die durch § 14 Abs. 2 S. 3 TzBfG vorgesehene Möglichkeit der Verlängerung der Höchstbefristungsdauer für den Arbeitnehmer den vorläufigen Erhalt seines Arbeitsplatzes begründen könne.[1278] Vernachlässigt wird die nachteilige Wirkung, vor allem dass der Abschluss von Kettenbefristungen angekurbelt wird, ohne auf das Vorliegen eines Sachgrundes abzustellen. Unklar ist vor allem, wo die Öffnungsklausel ihre Grenze findet. Dieses Problem hat auch das BAG erkannt, eine endgültige Entscheidung aber noch nicht getroffen. Es führt allerdings aus, dass sowohl der systematische Gesamtzusammenhang und der Sinn und Zweck des Teilzeit- und Befristungsgesetzes, als auch verfassungs- und unionsrechtliche Gründe eine immanente Beschränkung der durch § 14 Abs. 2 S. 3 TzBfG eröffneten Dispositionsbefugnis der Tarifvertragsparteien gebieten.[1279] Der Streitfall verlangte vom Senat jedoch keine Stellungnahme, wo die Grenzen der den Tarifvertragsparteien durch § 14 Abs. 2 S. 3 TzBfG eröffneten

---

1274 *Francken*, NZA 2010, 305.

1275 Der Tarifvertrag ist abgedruckt in NZA 2010, 321.

1276 Die Vorschrift ist ungenau gefasst. Unter § 30 Abs. 2 TVöD sollen nicht nur kalendermäßige Sachgrundbefristungen, welche ohnehin nur einen geringen Anwendungsbereich haben (siehe Ausführungen auf S. 19 ff.), sondern auch zweckbefristete Sachgrundbefristungen fallen, vgl. Bredemeier/Neffke-*Bredemeier*, § 30 TVöD Rn. 7.

1277 APS-*Backhaus*, § 30 TVöD Rn. 6.

1278 *Francken*, NZA 2010, 305 (306).

1279 BAG v. 15.08.2012 - 7 AZR 184/11, NZA 2013, 45.

Regelungsbefugnis zu ziehen sind. Jedenfalls seien eine tarifvertragliche Festlegung der zulässigen Höchstdauer von 42 Monaten für die kalendermäßige Befristung eines Arbeitsvertrags ohne Vorliegen eines sachlichen Grundes und die in diesem Rahmen vorgegebene höchstens viermalige Vertragsverlängerung weder nach der Systematik und dem Zweck des TzBfG noch aus verfassungs- oder unionsrechtlichen Gründen bedenklich.[1280]

M.E. ist es korrekt, dass eine immanente Begrenzung des § 14 Abs. 2 S. 3 TzBfG stattzufinden hat, damit die Tarifvertragsparteien die Voraussetzungen des § 14 Abs. 2 Hs. 2 TzBfG nicht gänzlich aus den Angeln heben können. Schwierigkeiten dürften im Hinblick auf die Festlegung der mit Unionsrecht zu vereinbaren Befristungshöchstgrenzen bestehen. Knüpft man an die obigen Ausführungen zur Missbrauchskontrolle bei Kettenbefristungen an, dürfte der anzusetzende Maßstab bei sachgrundlosen Befristungen im Anwendungsbereich des § 14 Abs. 2 S. 3 TzBfG erheblich unter der Grenze von acht Jahren und ca. zwölf Befristungsverlängerungen liegen. Hinsichtlich der Befristungshöchstdauer könnte man sich an § 30 Abs. 2 TVöD orientieren, der die einmalige Sachgrundbefristung auf fünf Jahre begrenzt. Knüpft man daran an, dass die Tarifvertragsparteien zumindest bei Sachgrundbefristungen eine zeitliche Einschränkung von fünf Jahren für eine Erstbefristung als angemessen erachtet, kann man diese auf die Gesamtdauer bei kalendermäßigen Befristungen übertragen. Schwieriger ist es hingegen die zulässige Anzahl an Befristungen in diesem Zeitraum zu bestimmen, zumal der Senat selbst einräumt, dass die tarifliche Öffnungsklausel darauf abzielt, branchenspezifische Lösungen zu erleichtern.[1281] Insofern wird man annehmen können, dass die Grenze – je nach Berufszweig – insbesondere im Hinblick auf die zulässige Anzahl an Befristungen differieren kann. Andererseits kann man auch im Hinblick auf die Höchstzahl der Befristungen, die tarifvertraglichen Wertungen des § 30 TVöD heranziehen. Dieser regelt unter Abs. 3, dass die sachgrundlose Befristung die Dauer von zwölf Monaten nicht unterschreiten soll. Insofern wäre es denkbar, die Anzahl der Befristungen in dem Fünf-Jahres-Zeitraum auf fünf zu begrenzen. Hierdurch würde man jedoch unberücksichtigt lassen, dass es sich bei § 30 Abs. 3 TVöD nur um eine Soll-Vorschrift handelt und damit auch kürzere Befristungszeiten vereinbart werden können. Auch würden im Hinblick auf § 14 Abs. 2 S. 1 Hs. 2 TzBfG, der bereits vier Befristungen in zwei Jahren als zulässig erachtet, Wertungswidersprüche entstehen. Im Ergebnis wird man die Höchstbefristungsanzahl etwas höher, nämlich bei ca. acht Befristungen anzusetzen haben. Dieser Ansatz führt quasi auch zur Bildung eines „Mittelwertes", wenn man bedenkt, dass tarifvertragliche Regelungen mit einer Höchstgrenze von 3,5 Jahren bei einer viermaligen Befristungsverlängerung vom BAG aus unions- und verfassungsrechtlicher Sicht als unschädlich eingestuft worden sind, während bei zwölf Befristungen innerhalb von acht Jahren ein Gestaltungsmissbrauch angenommen wurde.

1280 BAG v. 15.08.2012 - 7 AZR 184/11, NZA 2013, 45.
1281 BAG v. 15.08.2012 - 7 AZR 184/11, NZA 2013, 45.

Zusammenfassend ist daher festzuhalten, dass im Anwendungsbereich des § 14 Abs. 2 S. 3 TzBfG eine tarifvertragliche Festlegung der zulässigen Gesamthöchstdauer sachgrundloser Befristungen auf bis zu fünf Jahre bei einer Anzahl von acht befristeten Arbeitsverträgen als verfassungsgemäß und europarechtskonform anzusehen ist.

7. Kapitel – Fortsetzungsanspruch bei befristeten Arbeitsverhältnissen

A. Einführung

In (zumeist größeren) Unternehmen bzw. mittelständischen Betrieben ist in der Praxis immer wieder zu beobachten, dass aufgrund von Nachfragespitzen eine Vielzahl an befristeten Arbeitsverträgen mit verschiedenen Arbeitnehmern zeitgleich für einen bestimmten Bereich abgeschlossen wird. Zeigt sich vor Ablauf der Befristung, dass der Mehrbedarf nicht ganz so „vorübergehend" ist wie ursprünglich angenommen, kann es im Interesse des Arbeitgebers liegen, auf das bewährte Personal zurückzugreifen und die von ihm abgeschlossenen Arbeitsverträge um eine weitere Periode zu verlängern.[1282] Doch wie ist zu verfahren, wenn der Arbeitgeber feststellen muss, dass er aufgrund der Auftragslage nur einen Teil der befristeten Beschäftigen oder sogar nur einen einzelnen Arbeitnehmer weiter beschäftigen kann, aber sämtliche Arbeitnehmer an einer Fortsetzung der befristeten Tätigkeit interessiert sind? Regelmäßig stellen sich für die Vertragsparteien je nach Blickwinkel folgende Fragen: Der Arbeitgeber fragt sich, inwiefern ihm ein Wahlrecht bei der Auswahl desjenigen Arbeitnehmers zusteht, dessen Vertrag er verlängern möchte. Für den Arbeitnehmer, dessen Befristung im Gegensatz zu den ebenfalls befristet eingestellten Kollegen nicht verlängert wurde, drängt sich die Frage auf, ob und unter welchen Umständen ihm ein durchsetzbarer Anspruch auf Fortsetzung des befristeten Arbeitsverhältnisses zusteht.

Die beiden Fragestellungen haben zunächst gemeinsam, dass sie voraussetzen, dass mindestens zwei Arbeitnehmer, zumeist mit gleichlautenden Vertragsbedingungen, in einem Arbeitsverhältnis zum Arbeitgeber stehen. Insofern liegt es nahe, dass in dieser Konstellation häufig Diskriminierungs- und Gleichbehandlungsaspekte eine erhebliche Rolle für das Auswahlverfahren spielen können.

Neben der Frage nach einem Verlängerungsanspruch im „Mehrpersonenverhältnis" ist vor allem diejenige Fallvariante von Relevanz, bei der ein einziger Arbeitnehmer ohne Konkurrenzsituation bei Ablauf der Befristung einen Fortsetzungsanspruch geltend macht. Gestützt wird dieser häufig darauf, dass der Arbeitgeber dem befristet Beschäftigten eine Vertragsverlängerung oder gar eine Übernahme in ein unbefristetes Arbeitsverhältnis vor Auslauf seines Vertrages in Aussicht gestellt hat, deren Realisierung aber letztlich scheitert. Enttäuschtes Vertrauen, eine rechtsverbindliche Zusage oder gar Rechtsmissbrauch, könnten in diesem Fall den Anspruch des Arbeitnehmers rechtfertigen.

Neben den bereits angerissenen Fallgestaltungen sind verschiedene Sachverhaltsvariationen denkbar, die es zu untersuchen gilt. So z.B. die Frage nach einer

1282 Vgl. *Strecker*, RdA 2009, 381.

vorrangigen Berücksichtigung von solchen Arbeitnehmern, die bei Ablauf der Befristung dem besonderen Kündigungsschutz (bspw. aufgrund einer eingetretenen Schwangerschaft oder der Aufnahme einer Betriebsratstätigkeit) unterfallen oder die Frage, ob der Arbeitgeber die Belange des befristet Beschäftigten und dessen Wunsch nach Verlängerung vorrangig vor einer Neueinstellung zu berücksichtigen hat.

Im engen sachlichen Zusammenhang mit dem Verlängerungsanspruch, steht auch die in der Praxis relevante Fallgestaltung, dass der befristet beschäftigte Arbeitnehmer nach Ablauf der Befristung einen Wiedereinstellungsanspruch geltend macht. Letztere Problematik findet sich häufig in der Sachverhaltskonstellation wieder, bei der sich im laufenden Arbeitsverhältnis oder zu dessen Ende entgegen der ursprünglich bei Vertragsschluss gestellten Prognose des Arbeitgebers herausstellt, dass z.B. nach § 14 Abs. 1 S. 2 Nr. 1 TzBfG ein weiterer Bedarf an der Arbeitskraft besteht oder entgegen einer anfänglichen Einschätzung neue finanzielle Mittel für eine erneute Befristung zur Verfügung gestellt werden. Der Wiedereinstellungsanspruch steht damit in enger Beziehung mit der Sachgrundbefristung.

Zusammenfassend ist festzuhalten, dass vielseitige Konstellationen und Sachverhaltsvariationen denkbar sind, die allumfassend gar nicht abgehandelt werden können und auch nicht müssen. Vielmehr soll Ziel der nachfolgenden Ausführungen sein, ein Grundverständnis für den Verlängerungs- oder Wiedereinstellungsanspruch zu vermitteln. Die begriffliche Unterscheidung resultiert aus dem Zeitpunkt des geltend gemachten Anspruchs. Vor Ablauf der Befristung kann auch im Anwendungsbereich des § 14 Abs. 1 TzBfG von einer Verlängerung gesprochen werden, auch wenn diese nicht im Sinne der restriktiven Rechtsprechung zur sachgrundlosen Befristung zu verstehen ist.[1283] Nach Ablauf der Befristung und der damit einhergehenden Beendigung des Arbeitsverhältnisses wandelt sich dieser Anspruch begrifflich in einen Wiedereinstellungsanspruch. Unabhängig vom Zeitpunkt der Geltendmachung dürfte es m.E. auch vertretbar sein, beide Konstellationen unter dem Begriff des Fortsetzungsanspruchs zu subsumieren.

B. Arbeitsrechtlicher Gleichbehandlungsgrundsatz

I. Einführung

Die erste Fallkonstellation befasst sich mit der im sog. Mehrpersonen- bzw. Dreipersonenverhältnis auftauchenden Frage, ob einem befristet beschäftigten Arbeitnehmer aus dem arbeitsrechtlichen Gleichbehandlungsgrundsatz ein Anspruch auf Verlängerung seines befristeten Vertrages zusteht, wenn dieser im Gegensatz zu vergleichbaren Arbeitnehmern nicht verlängert wird.

Der arbeitsrechtliche Gleichbehandlungsgrundsatz wird heutzutage als ein auf die Besonderheiten des Arbeitsrechts abgestimmter Gleichheitssatz i.S.d. Art 3 Abs.1 GG

1283 Vgl. Ausführungen auf S. 127 ff.

verstanden.[1284] Er verbietet es dem Arbeitgeber, einzelne Arbeitnehmer oder Gruppen von Arbeitnehmern ohne sachlichen Grund von allgemein begünstigenden Regelungen des Arbeitsverhältnisses auszunehmen und schlechter zu stellen als andere Arbeitnehmer in vergleichbarer Lage.[1285]

Das BAG hat sich mit dem Anspruch des Arbeitnehmers auf Verlängerung seines befristeten Arbeitsverhältnisses aus dem arbeitsrechtlichen Gleichbehandlungsgrundsatz bereits in seiner „Grundsatzentscheidung" vom 13.08.2008 auseinandergesetzt.[1286] Die klagende Arbeitnehmerin wurde in diesem Fall mit 18 weiteren befristet Beschäftigten nach § 14 Abs. 2 TzBfG eingestellt, wovon kurz vor Ablauf der Befristung sämtlichen Mitarbeitern – mit Ausnahme der Klägerin – eine Vertragsverlängerung angeboten wurde. Eine Weiterbeschäftigung der Klägerin erfolgte nicht, so dass sie gerichtlich beantragte, festzustellen, dass das Arbeitsverhältnis nicht aufgrund der Befristung zum 30.09.2006 geendet habe, hilfsweise auf Verlängerung des Arbeitsverhältnisses bis zum 22.01.2008.[1287] Das BAG lehnte in Übereinstimmung mit den Vorinstanzen (auch) den hilfsweise gestellten Antrag auf Verlängerung des befristeten Arbeitsvertrages ab.[1288] Dabei könne unentschieden bleiben, ob der arbeitsrechtliche Gleichbehandlungsgrundsatz für den Arbeitnehmer überhaupt als Anspruchsgrundlage auf Abschluss eines Arbeitsvertrages[1289] herangezogen werden könne. Aus dem Gleichbehandlungsgrundsatz ergebe sich

---

1284 ErfK-*Preis*, § 611 BGB Rn. 574. Das BAG spricht von einer privatrechtlichen Ausprägung des in Art. 3 Abs. 1 GG statuierten Gleichheitssatzes, vgl. BAG v. 22.12.2009 - 3 AZR 136/08, NZA-RR 2010, 541. In dem Urteil vom 09.11.1972 - 5 AZR 224/72, AP Nr. 36 zu § 242 BGB Gleichbehandlung, hieß es noch, dass es nicht Aufgabe des Gerichts sei, eine theoretische Streitfrage ohne konkrete Notwendigkeit zu erörtern.

1285 ErfK-*Preis*, § 4 TzBfG Rn. 13; Däubler/Bertzbach-*Schrader/Schubert*, § 2 AGG Rn. 145.

1286 BAG v. 13.08.2008 - 7 AZR 513/07, NZA 2009, 27.

1287 Der Primärantrag war bereits deshalb erfolglos, weil die Befristung nach § 14 Abs. 2 TzBfG gerechtfertigt war und es für die Wirksamkeit der Befristung keine Rolle spielt, ob die Beklagte verpflichtet war, mit der Klägerin einen Verlängerungsvertrag zu vereinbaren.

1288 BAG v. 13.08.2008 - 7 AZR 513/07, NZA 2009, 27.

1289 Erst in den Entscheidungsgründen wurde die Frage dahingehend konkretisiert, ob der Gleichbehandlungsgrundsatz Anspruchsgrundlage für einen „weiteren befristeten oder unbefristeten" Arbeitsvertrag sein kann. Zuletzt wurde die Frage, ob der Allgemeine Gleichbehandlungsgrundsatz Anspruchsgrundlage für den Abschluss eines (unbefristeten) Arbeitsvertrages sein kann, in der Entscheidung des BAG vom 19.02.2003 - 7 AZR 67/02, NZA 2003, 1271 offengelassen. Der Grund dafür lag darin, dass es um eine Weiterbeschäftigung im öffentlichen Dienst ging, für die Art. 33 Abs. 2 GG als speziellere Norm die Voraussetzungen abschließend regeln und damit den Gleichbehandlungsgrundsatz verdrängen könnte. Da jedoch kein Anspruch auf Wiederholung eines unrechtmäßigen Verwaltungshandelns bestehe, blieb die Frage unentschieden.

regelmäßig kein Anspruch auf Verlängerung eines sachgrundlos befristeten Arbeitsvertrages nach § 14 Abs. 2 TzBfG.[1290]

Diese Aussage wirft in dogmatischer Hinsicht mehrere Fragen auf. So heißt es an einer Stelle: Der Allgemeine Gleichbehandlungsgrundsatz sei *nicht geeignet*, einen Verlängerungsanspruch zu begründen.[1291] An anderer Stelle heißt es: Es ergebe sich *keine Verpflichtung* des Arbeitgebers zur Verlängerung.[1292] Darüber hinaus wird unter Verweis auf frühere Rechtsprechung ausgeführt, der arbeitsrechtliche Gleichbehandlungsgrundsatz sei *nicht anwendbar*, wenn Leistungen oder Vergünstigungen individuell vereinbart werden.[1293]

Sinnvoll ist es m.E. zwischen dem persönlichen (zeitlichen) und sachlichen Anwendungsbereich des arbeitsrechtlichen Gleichbehandlungsgrundsatzes zu unterscheiden. Des Weiteren wird man bei der Frage nach der Anwendbarkeit des Gleichbehandlungsgrundsatzes differenzieren müssen, ob diesem ein mit oder ohne Sachgrund befristetes Arbeitsverhältnis zugrunde liegt.

II. Persönlicher (oder zeitlicher) Anwendungsbereich

In persönlicher Hinsicht gilt für die Anwendbarkeit des arbeitsrechtlichen Gleichbehandlungsgrundsatzes, dass zwischen Arbeitgeber und Arbeitnehmer eine feste Rechtsbeziehung bestehen muss, die grundsätzlich erst durch die Begründung des Arbeitsverhältnisses zustande kommt.[1294] Aus diesem Grund besteht weitgehend Einigkeit in Literatur und Rechtsprechung, dass der Gleichbehandlungsgrundsatz weder bei der erstmaligen Einstellung einer Vielzahl von Arbeitnehmern zu beachten ist noch nach Beendigung des Arbeitsverhältnisses seine Wirkung entfaltet bzw. fortsetzt.[1295] In diesem Sinne hat auch der 2. Senat des BAG mit Urteil vom 12.05.1955 entschieden, dass mit Ablauf des befristeten Arbeitsvertrages das zwischen dem Arbeitgeber und dem Arbeitnehmer bestehende rechtliche Band endet.[1296] Das Bestehen eines solchen rechtlichen Bandes sei jedoch Voraussetzung sowohl für die (zeitliche) Anwendung des Gleichheitsbehandlungsgrundsatzes als auch für das Bestehen einer Fürsorgepflicht.[1297] Der arbeitsrechtliche Gleichbehandlungsgrundsatz könne insofern nur bis zum Ablauf der Befristung und damit der Beendigung des Arbeitsverhältnisses seine Wirkung entfalten.[1298]

1290 BAG v. 13.08.2008 - 7 AZR 513/07, NZA 2009, 27.
1291 BAG v. 13.08.2008 - 7 AZR 513/07 Rn. 20, NZA 2009, 27 (28).
1292 BAG v. 13.08.2008 - 7 AZR 513/07 Rn. 22, NZA 2009, 27 (28 f.).
1293 BAG v. 13.08.2008 - 7 AZR 513/07 Rn. 21, NZA 2009, 27 (28).
1294 APS-*Backhaus*, § 15 TzBfG, Rn. 112a.
1295 BAG v. 04.05.1962 - 1 AZR 250/61, NJW 1962, 1459.
1296 BAG v. 12.05.1955 - 2 AZR 23/54, NJW 1955, 1085.
1297 BAG v. 12.05.1955 - 2 AZR 23/54, NJW 1955, 1085.
1298 APS-*Backhaus*, § 15 TzBfG Rn. 112a; ErfK-*Preis*, § 611 BGB Rn. 578.

III. Sachlicher Anwendungsbereich

Innerhalb des sachlichen Anwendungsbereiches des arbeitsrechtlichen Gleichbehandlungsgrundsatzes wird der Arbeitgeber verpflichtet, Mitarbeiter aus willkürlichen oder sachfremden Gründen nicht schlechter zu behandeln als andere in vergleichbarer Lage. Voraussetzung hierfür ist ein kollektiver Bezug, der dann vorliegt, wenn der Arbeitgeber den Kreis der anspruchsberechtigten Arbeitnehmer nach abstrakten Merkmalen festlegen kann.[1299] Ist dies der Fall, hat der Arbeitgeber für eine gleichmäßige Behandlung aller Arbeitnehmer im Betrieb Sorge zu tragen. Der Inhalt des Gleichbehandlungsgrundsatzes geht dementsprechend in Richtung eines Benachteiligungsverbots und nicht in Richtung eines Gleichbehandlungsgebots.[1300] Aus diesem Grund hat der Arbeitnehmer (jedenfalls primär) keinen Anspruch darauf, ebenso gestellt zu werden wie bestimmte einzelne, vom Arbeitgeber herausgestellte Mitarbeiter.[1301]

Vorrangig gilt im Arbeitsrecht, wie auch im gesamten Privatrecht, das Prinzip der Vertragsfreiheit.[1302] Diese müsste nach herrschender Meinung sowohl für die Erstbefristung als auch für jeden weiteren Vertrag Geltung beanspruchen. So sprechen *Grobys/v. Steinau-Steinrück* von einer unzumutbaren Einschränkung der unternehmerischen Freiheit, wenn dem Arbeitgeber über die „Hintertür" des arbeitsrechtlichen Gleichbehandlungsgrundsatzes zusätzliche Hürden über die Voraussetzungen des § 14 Abs. 2 TzBfG hinaus aufgebürdet würden.[1303] Nach *Diller* würde gar ein „Kündigungsschutz zweiter Klasse" begründet werden.[1304] *Tillmanns* ist hingegen der Auffassung, dass es für die sachliche Anwendung des Gleichbehandlungsgrundsatzes gerade typisch sei, dass der Arbeitgeber in seiner Entscheidung, bestimmte Vorzüge zu gewähren, grundsätzlich frei ist und der Gleichbehandlungsgrundsatz dazu dient, zu kontrollieren, dass er diese Freiheit nicht sachwidrig ausnützt.[1305] Der Gesetzeszweck des § 14 Abs. 2 TzBfG sei nicht bereits deswegen gefährdet, weil der Arbeitgeber ggf. Gründe darlegen müsse, warum er einzelne Arbeitnehmer nicht übernommen habe.

Es finden sich in der Literatur allerdings einige Stimmen, die verlangen, dass der Arbeitgeber einen sachlichen Grund angeben müsse, wenn er im Falle einer Sachgrundbefristung einzelne Beschäftigte von der Vertragsverlängerung ausnehmen möchte.[1306] So fragt sich u.a. *Diller*, ob die Arbeitsgerichte für den Fall, dass der Arbeitgeber für ein zeitlich befristetes Projekt mehrere Mitarbeiter nach § 14 Abs. 1 TzBfG befristet eingestellt hat und lediglich einen Teil von Ihnen nach Ablauf eine Weiterbeschäftigung anbietet, eine Darlegung von Gründen zu fordern

---

1299 BAG v. 21.10.2009 - 10 AZR 664/08 Rn.24, NZA-RR 2010, 289 (291).
1300 *Hunold*, DB 1991, 1670; ErfK-*Preis*, § 611 BGB Rn. 575.
1301 *Hunold*, NZA-RR 2006, 561 (564).
1302 BAG v. 16.05.2002 - 2 AZR 292/01, NZA 2003, 147.
1303 *Grobys/v. Steinau-Steinrück*, Anm. zu BAG v. 13.08.2008 - 7 AZR 513/07, NJW-Spezial 2009, 52.
1304 *Diller/Lutz*, Anm. zu BAG v. 13.08.2008 - 7 AZR 513/07, FD-ArbR 2009, 273640.
1305 HK-ArbR-*Tillmanns*, § 15 TzBfG Rn. 16.
1306 KR-*Bader*, § 17 TzBfG Rn. 84; KDZ-*Däubler*, § 15 TzBfG Rn. 23 f.

haben.[1307] Auch *Bader* vertritt die Auffassung, dass der Arbeitgeber für den Fall, dass es mehrere befristete Arbeitsverhältnisse mit demselben Sachgrund gibt und dieser nachträglich (teilweise) entfällt, eine Auswahlentscheidung zwischen den befristet beschäftigten Arbeitnehmer treffen müsse, wenn eine Weiterbeschäftigung aller Beschäftigten nicht möglich ist.[1308] Da dem Befristungsrecht anders als dem Kündigungsrecht eine Sozialauswahl fremd ist, wird man die sozialen Belange zwar nur reduziert berücksichtigen, aber ein gewisses Maß an sozialer Rücksichtnahme nicht ausklammern können.[1309]

Nach *Bader* habe diese Auswahlentscheidung gemäß §§ 242, 315 BGB zu erfolgen.[1310] Der Arbeitgeber müsse die relevanten betrieblichen Belange, wie eine fehlende Beschäftigungsmöglichkeit, darlegen und beweisen, wenn innerhalb eines Jahres bspw. 20 befristet Beschäftigte übernommen und der 21. keinen Fortsetzungsvertrag erhält.[1311]

IV. Stellungnahme

Mit der herrschenden Meinung in der Literatur und der Rechtsauffassung des 7. Senats ist davon auszugehen, dass ein Anspruch auf Vertragsverlängerung im Falle einer sachgrundlosen Befristung „zumindest" an der sachlichen Anwendbarkeit des allgemeinen Gleichbehandlungsgrundsatzes scheitert. Dies wurde in einer vergleichbaren Konstellation, in der der BAG über die Gleichbehandlung bei Abschluss von Aufhebungsverträgen zu entscheiden hatte, überzeugend bestätigt.[1312] So entschied der in dieser Angelegenheit zuständige 6. Senat, dass ein Arbeitnehmer nach dem arbeitsrechtlichen Gleichbehandlungsgrundsatz keinen Anspruch auf Abschluss eines Aufhebungsvertrages und die Zahlung einer Abfindung habe, wenn der Arbeitgeber mit anderen Arbeitnehmern die Aufhebung des Arbeitsverhältnisses individuell vereinbart und ihnen eine Abfindung zahlt, deren Höhe in einer Betriebsvereinbarung geregelt ist.[1313] Der Arbeitgeber sei auch in diesen Fällen nach dem Prinzip der Abschlussfreiheit in seiner Entscheidung frei, welchen Mitarbeitern er die Aufhebung ihrer Arbeitsverhältnisse anbiete.[1314]

Im Ergebnis bekräftigt dies die Auffassung des 7. Senats, dass der arbeitsrechtliche Gleichbehandlungsgrundsatz lediglich dann für sachlich anwendbar zu erklären ist, wenn der Arbeitgeber Leistungen nach einem allgemeinen generalisierenden Prinzip gewährt, indem er bestimmte Voraussetzungen oder Zwecke für die Leistung

---

1307 *Diller/Lutz*, Anm. zu BAG v. 13.08.2008 - 7 AZR 513/07, FD-ArbR 2009, 273640.
1308 KR-*Bader*, § 17 TzBfG Rn. 83.
1309 KR-*Bader*, § 17 TzBfG Rn. 83; so auch KDZ-*Däubler*, § 15 TzBfG Rn. 24.
1310 KR-*Bader*, § 17 TzBfG Rn. 83.
1311 KDZ-*Däubler*, § 15 TzBfG Rn. 23.
1312 BAG v. 17.12.2009 - 6 AZR 242/09, NZA 2010, 273.
1313 BAG v. 17.12.2009 - 6 AZR 242/09 Rn. 29, NZA 2010, 273 (276).
1314 BAG v. 17.12.2009 - 6 AZR 242/09 Rn. 30, NZA 2010, 273 (276).

festlegt.[1315] Unabhängig davon, ob es sich bei dem Abschluss eines Verlängerungsvertrages überhaupt um eine „Leistung“ handelt, wird dieser jedenfalls – wie der Abschluss eines Aufhebungsvertrages – individuell ausgehandelt und ist damit bereits dem Grunde nach nicht mit den typischen freiwilligen Leistungstatbeständen wie z. B. Gratifikationen, Sozialleistungen und Versorgungszusagen zu vergleichen.[1316] Insofern muss man den Senatsmitgliedern zustimmen, wenn sie dem Arbeitgeber die Freiheit zugestehen, selbständig und ohne Zwang entscheiden zu können, ob er einen bestimmten Arbeitnehmer durch den Abschluss eines Verlängerungsvertrages in seiner Belegschaft behalten oder ihn „aussortieren“ möchte. Für die Vertragsverlängerung kann insofern nichts anderes gelten wie für den Neuabschluss eines Arbeitsvertrages. In diesem Sinne hat das BAG bereits in den achtziger Jahren entschieden, dass der arbeitsrechtliche Gleichbehandlungsgrundsatz keinen Einfluss auf die Frage hat, ob ein Arbeitnehmer lediglich befristet eingestellt werden darf, während ein anderer unbefristet eingestellt wird.[1317] In der Entscheidung ging es zwar primär um den Anspruch des befristet Beschäftigten auf gleichwertige Ausgestaltung seines Arbeitsvertrages zu seinem unbefristet eingestellten Kollegen; gleichwohl haben beide Entscheidungen gemein, dass das BAG der vertragsrechtlichen Gestaltungsfreiheit den höheren Stellenwert beimisst.

Letztlich entspricht dieses Ergebnis auch dem Sinn und Zweck des § 14 Abs. 2 TzBfG, der dem Arbeitgeber gerade den Anreiz geben soll, flexible Beschäftigungsmöglichkeiten zu schaffen. Das Instrument der sachgrundlosen Befristung soll dem Arbeitgeber ermöglichen, frei und ohne Bindung an Sachgründe darüber zu entscheiden, ob und mit wem ein befristetes Arbeitsverhältnis eingegangen werden soll und ob nach Ablauf der Befristungsdauer dieses verlängert werden soll.[1318] Schranken werden dem Arbeitgeber damit grds. nicht bezüglich der Auswahl des Beschäftigten, sondern allenfalls in der Dauer und Anzahl der Befristungen gesetzt. Nach Ablauf der Befristung hat er grundsätzlich das Wahlrecht, den Arbeitnehmer unbefristet weiterzubeschäftigen oder ihn durch eine Neueinstellung ersetzen zu lassen. Insofern ist es bereits gesetzgeberische Absicht, dass sich der Arbeitgeber nicht für die Verlängerung des Arbeitsverhältnisses rechtfertigen muss.[1319] Anderenfalls würde man dem Arbeitgeber die Darlegungs- und Beweislast dafür aufbürden, dass er entweder keinen betriebsbedingten Bedarf an der weiteren Beschäftigung des (18.) Arbeitnehmers hat oder seine Leistungen ggf. so gravierend von denen der Kollegen abweichen, dass die Ungleichbehandlung gerechtfertigt ist.[1320] Dies käme einer Konterkarierung des Gesetzeszwecks des § 14 Abs. 2 TzBfG gleich.

1315 Vgl. u.a. BAG v. 05.08.2009 - 10 AZR 666/08, NZA 2009, 1135.

1316 Vgl. zu den Leistungstatbeständen: ErfK-*Preis* § 611 BGB Rn. 593 ff.

1317 BAG v. 20.08.1986 - 4 AZR 272/85, DB 1987, 693.

1318 BT-Drs. 14/4374, S. 14.

1319 KR-*Bader*, § 17 TzBfG Rn. 79.

1320 Vgl. *Diller/Lutz*, Anm. zu BAG v. 13.08.2008 - 7 AZR 513/07, FD-ArbR 2009, 273640.

Der BGH hatte in der eingangs erläuterten Entscheidung vom 13.08.2008 lediglich über den Anspruch einer Arbeitnehmerin auf Verlängerung ihres *sachgrundlos* befristeten Arbeitsvertrages zu urteilen. Im Gegensatz zum vorinstanzlichen Urteil des LAG Hamburg[1321], welches klarstellte, dass auch im Falle des § 14 Abs. 1 TzBfG bei einem über das Befristungsende hinausgehenden Beschäftigungsbedarf keine andere rechtliche Beurteilung geboten sei, trifft das BAG hierzu (mangels Entscheidungsrelevanz) keine Aussage. Vielmehr lässt es ausdrücklich offen, ob in einem derartigen Fall der allgemeine Gleichbehandlungsgrundsatz überhaupt Anspruchsgrundlage sein kann. Hiergegen könnte in zeitlicher Hinsicht vor allem der (zwischenzeitlich) beseitigte Bestand eines „rechtlichen Bandes" zwischen Arbeitgeber und Arbeitnehmer sprechen.

Letztlich kommt es auf diese Diskussion tatsächlich nicht an, wenn in sachlicher Hinsicht bei einem sachgrundbefristeten Arbeitsvertrag die vorbenannten Erwägungen entsprechend heranzuziehen sind. Auf den Streitfall des BAG bezogen müsste man sich bspw. fragen, inwiefern eine andere rechtliche Beurteilung geboten gewesen wäre, wenn der Arbeitgeber lediglich in 18 von 19 Fällen weitergehende sachgrundbefristete Arbeitsverträge wegen eines erneut prognostizierten „vorübergehenden" Mehrbedarfs abgeschlossen hätte und lediglich eine Stelle entweder ersatzlos gestrichen oder aber auch durch einen Neuarbeitnehmer besetzt hätte. Dem Grunde nach kann man hieraus sogar zwei Fragestellungen bilden. Einerseits, ob eine sich während des Arbeitsverhältnisses herausstellende fehlerhafte oder nicht bewahrheitete Prognose zu einem Verlängerungsanspruch des Einzelnen führen kann.[1322] Andererseits, ob der Arbeitgeber im Falle einer Verlängerung mehrerer Beschäftigter eine „Sozialauswahl" oder aber zumindest eine Auswahl nach billigem Ermessen zu treffen hat.

Hinsichtlich der zweiten Frage mag man geneigt sein zu argumentieren, dass das Sachgrunderfordernis und das durch Kettenbefristungen einhergehende schützenswerte Interesse des Arbeitnehmers auf Fortbestand seines Arbeitsverhältnisses einen größeren Einfluss auf den Grundsatz der Gleichbehandlung haben könnte, als bei einem sachgrundlos befristeten Arbeitsverhältnis. Diese Erwägung könnte letztlich dazu führen, dass einer korrekt begründeten Auswahlentscheidung der Vorrang vor der Vertragsfreiheit zu gewähren ist.

Allerdings ist zu berücksichtigen, dass es bei der Sachgrundbefristung häufig an einer Vergleichbarkeit des für die Auswahlentscheidung relevanten Personenkreises fehlen dürfte. So fallen aus dem Sachgrundkatalog des § 14 Abs. 1 S. 2 TzBfG regelmäßig solche Fallgestaltungen heraus, in denen Arbeitnehmer nicht für eine

1321 LAG Hamburg v. 20.06.2007 - 6 Sa 11/07, BeckRS 2009, 54515.

1322 Hierbei handelt es sich dem Grunde nach nicht um ein Problem des arbeitsrechtlichen Gleichbehandlungsgrundsatzes, da sich die Frage nach einem Verlängerungsanspruch/Wiedereinstellungsanspruch bereits im Falle einer fehlerhaften Prognose im echten „Zweipersonenverhältnis" (Arbeitgeber/Arbeitnehmer) stellen kann. Hierauf wird noch auf S. 285 ff. eingegangen.

vergleichbare Tätigkeit und Dauer beschäftigt werden. Insbesondere bei der praxisrelevanten Vertretungsbefristung dürfte ein kollektiver Bezug fehlen, da sich diese auf die Abwesenheit eines bestimmten abwesenden Stammarbeitnehmers bezieht und eine sachliche Affinität damit scheitert.

Darüber hinaus ist zu beachten, dass eine derartige Auswahlentscheidung nicht einmal im Kündigungsrecht vertreten wird. So führte der 2. Senat frühzeitig aus, dass das Gebot der sozialen Auswahl bei einer betriebsbedingten Kündigung i.S.d. § 1 Abs. 3 KSchG nicht entsprechend für solche Fälle gelte, in denen der Arbeitgeber im Anschluss an eine betriebsbedingte Kündigung wegen Arbeitsmangels später wegen verringerten Personalbedarfes nur einen Teil der bisherigen Belegschaft erneut einstellt. Das geltende Arbeitsrecht kenne weder eine "sozialwidrige Einstellung" noch eine "sozial ungerechtfertigte Nichteinstellung".[1323] Anders als bei der Beendigung habe bei der Begründung eines Arbeitsverhältnisses der Grundsatz der Vertragsfreiheit den Vorrang vor der Berücksichtigung sozialer Gesichtspunkte. Das verbiete die modifizierte Anwendung des Kündigungsschutzgesetzes bei einer späteren Neu- oder Wiedereinstellung auch dann, wenn sie in sachlichem Zusammenhang mit einer früheren Beschäftigung und in einem nicht zu langen zeitlichem Abstand nach der Beendigung des Arbeitsverhältnisses begehrt werde.[1324]

Letztlich ist es m.E. sachgerecht, die gegen die sachliche Anwendbarkeit des arbeitsrechtlichen Gleichbehandlungsgrundsatzes bei der Verlängerung sachgrundlos befristeter Arbeitsverhältnisse angeführten Argumente auf diese hiesige Konstellation zu übertragen. Würde man einen Fortsetzungsanspruch für den Fall anerkennen, dass einem Arbeitnehmer im Gegensatz zu seinen gleichberechtigten Mitarbeitern keine Vertragsverlängerung angeboten worden ist, würde dies zu einer unzumutbaren Beschränkung der unternehmerischen Freiheit des Arbeitgebers führen. Der Arbeitgeber würde nicht unerheblich in seiner Entscheidungsfreiheit, ob und durch welche Maßnahmen er den Arbeitsausfall kompensieren will, eingeschränkt werden.[1325] Das Sachgrunderfordernis kann dem Arbeitgeber nicht aufzwingen, darzulegen, dass er nicht nur Mehrbedarf für eine begrenzte Anzahl, sondern auch nur für eine ganz bestimmte Auslese von Arbeitnehmern hat.

C. Übertragung des kündigungsrechtlichen Wiedereinstellungsanspruchs auf sachgrundbefristete Arbeitsverhältnisse

Eingangs wurde bereits verdeutlich, dass es für die Wirksamkeit der Befristung grundsätzlich nur auf das Vorliegen eines Sachgrundes bei Begründung des befristeten Arbeitsverhältnisses ankommt. Ein ähnlicher Ansatz wird auch im Kündigungsrecht vertreten. Das Gesetz knüpft an objektive Gegebenheiten an, die im

1323 BAG v. 15.03.1984 - 2 AZR 24/83, NJW 1985, 342.
1324 BAG v. 15.03.1984 - 2 AZR 24/83, NJW 1985, 342.
1325 *Strecker*, RdA 2009, 381 (384).

Zeitpunkt der Kündigung vorzuliegen haben.[1326] Der nach Ausspruch der Kündigung erteilte und nicht vorhersehbare Großauftrag ist deshalb für die Wirksamkeit der betriebsbedingten Kündigung genauso ohne Einfluss wie im Befristungsrecht die Tatsache, dass sich erst im Laufe des Arbeitsverhältnisses ein Dauerbedarf an der Arbeitskraft herausstellt; die Befristung bleibt wirksam. Ob hieraus zu schlussfolgern ist, dass dem Arbeitnehmer bspw. bei Wegfall der Sachgrundes oder einer fehlerhaften Prognose auch kein Verlängerungs- oder Wiedereinstellungsanspruch erwächst, ist strittig und soll nachfolgend erörtert werden.

Im Kündigungsrecht ist das Bestehen eines Wiedereinstellungsanspruchs seit langem anerkannt. Unabhängig von dessen dogmatischer Einordnung[1327] setzt dieser voraus, dass entgegen der zum Zeitpunkt des Kündigungsausspruchs angestellten Erwartung eine vertragsgemäße Beschäftigungsmöglichkeit erhalten bleibt. Eine solche kann auch auf einem unvorhergesehen frei werdenden oder neu geschaffenen Arbeitsplatz, den der Arbeitgeber dem Arbeitnehmer im Wege des Direktionsrechts zuweisen könnte, basieren.[1328] Die Weiterbeschäftigungsmöglichkeit hätte, sofern sie vor Ausspruch der Kündigung bereits vorhanden oder absehbar gewesen wäre, der Wirksamkeit der Kündigung entgegengestanden. Nach Ausspruch der Kündigung findet der Wiedereinstellungsanspruch nur Anwendung, wenn die Änderung der maßgeblichen Umstände noch vor Ablauf der Kündigungsfrist eingetreten ist.[1329]

Im Befristungsrecht gibt es mangels Kündigungsfrist oder mangels vorzeitiger Nichtverlängerungsmitteilung eine derartige zeitliche Differenzierung nicht. Soweit man jedoch den im Kündigungsrecht vertretenen Ansatz des BAG auch auf den Verlängerungs- bzw. Wiedereinstellungsanspruchs bei befristeten Arbeitsverhältnissen bezieht, würde nach Ablauf der Befristungsdauer der Wiedereinstellungsanspruch grds. scheitern. Die Frage nach der zeitlichen Anwendbarkeit kann allerdings unentschieden bleiben, wenn bereits der Verlängerungsanspruch im laufenden befristeten Arbeitsverhältnis nicht mit dem späteren Wegfall des Befristungsgrundes begründet werden kann.

Regelmäßig liegt dieser Problematik ein Sachverhalt zu Grunde, aus dem sich entgegen der ursprünglich gestellten Prognose des Arbeitgebers aufgrund neuer Umstände eine Möglichkeit zur Weiterbeschäftigung des Arbeitnehmers noch während des Arbeitsverhältnisses ergibt. Die Gründe hierfür können vielfältig sein. So kann u.a. neben einem fortdauernden Mehrbedarf i.S.d. § 14 Abs. 1 S. 2 Nr. 1 TzBfG oder der Änderung der Haushaltslage auch das unerwartete dauerhafte Ausscheiden eines nach § 14 Abs. 1 S. 2 Nr. 3 TzBfG vertretenen Stammarbeitnehmers zu einer ungeahnten Veränderung der Beschäftigungssituation führen.

1326 APS-*Kiel*, § 1 KSchG Rn. 825.

1327 Zur unterschiedlichen dogmatischen Einordnung vgl. APS-*Kiel*, § 1 KSchG Rn. 827.

1328 BAG v. 06.08.1997 - 7 AZR 557/96, NZA 1998, 254; APS-*Kiel*, § 1 KSchG Rn. 825.

1329 BAG v. 06.08.1997 - 7 AZR 557/96, NZA 1998, 254; BAG v. 28.06.2000 - 7 AZR 904/98, AP Nr. 6 zu § 1 KSchG 1969 Wiedereinstellung; BAG v. 27.06.2001 - 7 AZR 662/99, AP Nr. 10 zu § 1 KSchG 1969 Wiedereinstellung.

Über letzteren Fall hatte das BAG letztlich auch am 20.02.2002 zu befinden.[1330] Der Kläger machte neben der Befristungskontrollklage hilfsweise geltend, dass ihm ein Anspruch auf Wiedereinstellung zustehe, wenn sich nachträglich herausstellt, dass ein zunächst zeitweilig ausfallender Mitarbeiter die Arbeit nicht wieder aufnehmen werde.[1331] Das BAG wies die Klage ab und entschied, dass der Arbeitnehmer nach Ablauf eines wirksam befristeten Arbeitsvertrags grundsätzlich auch dann keinen Wiedereinstellungsanspruch habe, wenn sich entgegen der ursprünglichen Prognose auf Grund neuer Umstände eine Möglichkeit zur Weiterbeschäftigung ergebe.[1332] Im Ergebnis haben die Senatsmitglieder die gefestigte Rechtsprechung des BAG, wonach dem Arbeitnehmer im Falle einer betriebsbedingten Kündigung ein Wiedereinstellungsanspruch zustehen kann, soweit dem Arbeitgeber eine unveränderte Weiterbeschäftigung des Arbeitnehmers zumutbar ist, nicht auf befristete Arbeitsverträge übertragen.[1333]

Der Senat erkennt zwar grundsätzliche Parallelen zwischen den beiden Sachverhaltskonstellationen; so setze die betriebsbedingte Kündigung, wie die auf einen sachlichen Grund gestützte Befristungsabrede, eine Prognoseentscheidung des Arbeitgebers voraus. Des Weiteren obliegt dem Staat sowohl im Kündigungsschutz- als auch Befristungsrecht eine Schutzpflicht für den Bestand des Arbeitsverhältnisses.[1334] Dennoch bestehen nach Auffassung des Gerichts insbesondere im Hinblick auf den geringeren arbeitsvertraglichen Bestandsschutz, den ein befristetes Arbeitsverhältnis mit sich bringt, erhebliche Unterschiede. Durch eine Kündigung werde dem unbefristet Beschäftigten dauerhaft der Besitzstand entzogen, während dem befristet Beschäftigten von Anfang an bekannt ist, dass der gesetzliche Bestandsschutz für die Dauer der Befristung zeitlich begrenzt ist.[1335]

Das BAG knüpft mit seiner Entscheidung auch an seine frühzeitig vertretene Auffassung an, dass sich das mit Sachgrund befristet abgeschlossene Aushilfsarbeitsverhältnis nicht automatisch verlängert, wenn bei Ablauf der Vertragszeit entgegen ursprünglich begründet gestellter Prognose noch *Arbeitsbedarf* besteht.[1336] Eine Weiterbeschäftigungsverpflichtung trotz rechtswirksamer Beendigung des

---

1330 BAG v. 20.02.2002 - 7 AZR 600/00, NZA 2002, 896.

1331 Der Wiedereinstellungsanspruch folgt im Klageantrag dem des Verlängerungsanspruchs. Auch hier begehrt der klagende Arbeitnehmer, dass der beklagte Arbeitgeber verurteilt werde, das Angebot auf Abschluss eines Arbeitsvertrages zu den bisherigen Bedingungen anzunehmen, vgl. APS-*Kiel*, § 1 KSchG Rn. 845; *Oberhofer*, RdA 2006, 92 (97).

1332 BAG v. 20.02.2002 - 7 AZR 600/00, NZA 2002, 896.

1333 Vgl. bereits zuvor LAG Düsseldorf v. 15.02.2000 - 3 Sa 1781/99, NZA-RR 2000, 456.

1334 BAG v. 20.02.2002 - 7 AZR 600/00, NZA 2002, 896 (898).

1335 BAG v. 20.02.2002 - 7 AZR 600/00, NZA 2002, 896 (899); LAG Düsseldorf, 15.02.2000 - 3 Sa 1781/99, NZA-RR 2000, 456 (458).

1336 BAG v. 08.03.1962 - 2 AZR 497/61, AP Nr. 22 zu § 620 BGB Befristeter Arbeitsvertrag; BAG v. 31.10.1974 - 2 AZR 483/73, AP Nr. 39 zu § 620 BGB Befristeter Arbeitsvertrag.

Arbeitsverhältnisses würde insofern der gesetzlich anerkannten Vertragsfreiheit nach Art. 2 Abs. 1 GG, § 105 GewO widersprechen.[1337]

Die Entscheidung des BAG ist in der Literatur weitgehend auf Zustimmung gestoßen.[1338] Gleichwohl wurden aber auch – vor allem von *Bader* und *Däubler* – kritische Stimmen laut. *Bader* vertritt die Auffassung, auch im Befristungsrecht könne der nachträgliche Wegfall des Befristungsgrundes zu einem Fortsetzungsanspruch führen. *Däubler* pflichtet dieser Ansicht bei.[1339] Bereits im Hinblick auf den durch Art. 12 Abs. 1 GG verfassungsrechtlich gebotenen Schutz des Arbeitnehmers sei zu verlangen, dass der Sachgrund im Zeitpunkt des Auslaufens des Vertrages weiter vorliegen muss.[1340] Gleichfalls erkennt *Däubler* an, dass der Arbeitgeber bei der Einstellung eines befristet Beschäftigen andere Kriterien als im Rahmen einer Dauertätigkeit anlegen wird.[1341] Um dem zu entgegnen, soll dem Arbeitgeber im Wege der Rechtsfortbildung die Möglichkeit eröffnet werden, sich ohne die Voraussetzungen des Kündigungsschutzgesetzes von dem betroffenen Beschäftigten innerhalb einer Monatsfrist wieder zu trennen.[1342]

Den kritischen Stimmen in der Literatur kann nicht abgesprochen werden, dass aufgrund der Parallelität der Prognoseentscheidungen im Kündigungs- und Befristungsrecht tatsächlich eine nicht von der Hand zu weisende Vergleichbarkeit besteht. So kann es – vor allem nach laienhafter Vorstellung – grds. keinen Unterschied machen, ob die fehlerhafte Prognose auf wirtschaftlichen Faktoren, die den Arbeitgeber zur betriebsbedingten Kündigung veranlasst haben oder aber (im Falle einer Vertretungsbefristung) auf der erwarteten, schließlich aber nicht erfüllten Rückkehr des Vertretenen basiert.

Gleichwohl kann die Kritik in mehrfacher Hinsicht nicht überzeugen. Bei der Auffassung von *Däubler* wird zunächst nicht deutlich, ob er bei Fortfall des Sachgrundes von einer „automatischen" Fortsetzung des befristeten oder gar von einer Übernahme in ein unbefristetes Arbeitsverhältnis ausgeht. Es scheint, als fingiere er ein Arbeitsverhältnis und zwar unabhängig von der Abgabe einer Willenserklärung. Außer in dem Fall des 15 Abs. 5 TzBfG ist eine solche Fiktion jedoch nicht vorgesehen, so dass diese Auffassung bereits an einer greifbaren Grundlage scheitert.

Schließlich hinkt der Vergleich zwischen den Anforderungen an eine wirksame Prognose bei der Kündigungserklärung und der Befristungsabrede in zeitlicher Hinsicht. Die Prognose über das Bestehen eines Sachgrundes wird zu Beginn des Arbeitsverhältnisses getroffen. Zu diesem Zeitpunkt bestehen derartig viele Unwägbarkeiten, dass es vom bloßen Zufall abhängt, ob sich der Bedarf als „vorübergehend" erweisen wird. Die Prognose für eine betriebsbedingte Kündigung

---

1337 BAG v. 12.10.1960 - GS 1/59, NJW 1961, 798 (800).

1338 BeckOK-*Bayreuther*, § 14 TzBfG Rn. 13; MHH-*Meinel*, § 14 TzBfG Rn. 34; vgl. auch bereits zuvor *Meinel/Bauer*, NZA 1999, 575 (577 f.).

1339 KDZ-*Däubler*, § 15 TzBfG Rn. 21a.

1340 KDZ-*Däubler*, § 14 TzBfG Rn. 28.

1341 KDZ-*Däubler*, § 14 TzBfG Rn. 29.

1342 KDZ-*Däubler*, § 14 TzBfG Rn. 29.

anhand vernünftiger betriebswirtschaftlicher Erwägungen, muss sich lediglich darauf beziehen, dass zum Zeitpunkt des Kündigungstermins eine Beschäftigungsmöglichkeit nicht mehr besteht. Insofern ist das Risiko von Prognosefehlern bei Mehrfachbefristungen erheblich größer als bei der Kündigung eines unbefristeten Arbeitsverhältnisses.[1343]

Darüber hinaus würde die Übertragung des Rechtsgedankens des kündigungsrechtlichen Wiedereinstellungsanspruchs zu einem Kontrahierungszwang des Arbeitgebers führen, den er durch seine Wahl für den Abschluss eines befristeten Arbeitsverhältnisses gerade ausschließen wollte. So könnte der Arbeitgeber bei Vertragsschluss bereits in Erwägung gezogen haben, den Arbeitsplatz nach Ablauf einer Überbrückungszeit gänzlich zu streichen. Seine Personalplanungen könnten aber auch dahingehend reichen, dass er die bislang vom Vertreter erledigten Aufgaben auf das sonstige Stammpersonal übertragen will. Insofern wird man ihm nicht ohne weiteres aufzwingen können, den Vertreter im Falle des Wegfalls des Sachgrundes dauerhaft oder für eine weitere Periode zu beschäftigen. Auch wird man dem Arbeitgeber nicht verwehren können, die Position durch einen befristet oder unbefristet eingestellten Neuarbeitnehmer zu besetzen. Dies ergibt sich bereits aus § 18 TzBfG, wonach der Arbeitgeber die befristet beschäftigten Arbeitnehmer lediglich über entsprechende unbefristete Arbeitsplätze zu informieren hat, die besetzt werden sollen.[1344] Dieser Informationspflicht genügt er bereits mit seiner Mitteilung, dass sich befristet beschäftigte Arbeitnehmer im Falle ihrer persönlichen und fachlichen Eignung auf diese Stelle bewerben können.[1345] Die vorherige Befristung schränkt den Arbeitgeber allerdings nicht in seinem Recht ein, qualifiziertes Personal außerhalb seines Betriebes anzuwerben.

Schließlich spricht für dieses Ergebnis auch eine rechtsvergleichende Betrachtung zu der mietrechtlichen Vorschrift des § 575 BGB, der die hier diskutierte Rechtsfolge bei befristeten Mietverträgen ausdrücklich regelt. So gilt gemäß § 575 Abs. 3 S. 2 BGB, dass der Mieter bei Wegfall des Befristungsgrundes eine Verlängerung auf unbestimmte Zeit verlangen kann. Für den Fall, dass der Grund der Befristung erst später eintritt, kann der Mieter nach § 575 Abs. 3 S. 1 BGB eine Verlängerung des Mietverhältnisses um einen entsprechenden Zeitraum verlangen. Insofern regelt die Vorschrift explizit, dass § 575 BGB nicht nur das Vorliegen von Befristungsgründen bei Vertragsschluss, sondern auch zum Zeitpunkt der tatsächlichen Beendigung des Mietverhältnisses durch Fristablauf voraussetzt.[1346] Dabei ist der Normzweck nahezu identisch. § 575 BGB sichert den Bestandsschutz des Wohnraummieters und soll verhindern, dass Kündigungsschutz und Regelungen über Mieterhöhungen

---

1343 So auch LAG Düsseldorf v. 15.02.2000 - 3 Sa 1781/99, NZA-RR 2000, 456.

1344 Ähnliches ergibt sich auch aus § 30 Abs. 2 S. 2, Abs. 3 S. 2 TVöD, der die bevorzugte Berücksichtigung von Arbeitnehmern, die auf Grund eines kalendermäßig befristeten Vertrages mit sachlichem Grund beschäftigt sind, bei der Besetzung von Dauerarbeitsplätzen regelt.

1345 ErfK-*Müller-Glöge*, § 14 TzBfG Rn. 1; KR-*Bader*, § 14 TzBfG Rn. 2.

1346 BeckOK-*Hannappel*, § 575 BGB Rn. 19.

durch Zeitmietvertrag umgangen werden.[1347] Indem der Gesetzgeber davon abgesehen hat, eine vergleichbare Vorschrift in das Teilzeit- und Befristungsgesetz zu integrieren, wird man von einer beabsichtigten unterschiedlichen Behandlung der Rechtsgebiete ausgehen müssen. Eine planwidrige Regelungslücke kann jedenfalls nicht angenommen werden.

Letztlich sei noch einmal hervorgehoben, dass es im Ergebnis auch widersprüchlich wäre, wenn eine fehlerhafte Prognose zwar keine Auswirkung auf die Wirksamkeit der Befristung als solche hätte, der Arbeitnehmer aber über den Umweg des Fortsetzungsanspruchs gleichwohl die „unbefristete" oder „befristete" Beschäftigung geltend machen könnte. So bleibt es dem Arbeitgeber unbenommen, ob er bei einem weiteren Bedarf an „vorübergehender Arbeitsleistung" auf den bereits eingearbeiteten Arbeitnehmer zurückgreifen will oder nicht. Häufig werden hierfür auch ohne rechtliche Verpflichtung gute Argumente sprechen.

D. Ergänzende Vertragsauslegung

Im engen Zusammenhang mit den vorherigen Ausführungen steht der Verlängerungsanspruch des Arbeitnehmers aufgrund ergänzender Vertragsauslegung im Sinne der §§ 133, 157 BGB. In einer Entscheidung des LAG Düsseldorf vom 31.08.2007 heißt es bereits im Leitsatz: Wird im Rahmen eines zeitbefristeten Arbeitsvertrags vereinbart, dass das Arbeitsverhältnis bei Dienstaufnahme der Stelleninhaberin endet und kehrt diese nach Ablauf der Befristung wegen Gewährung von Sonderurlaub nicht an ihren Arbeitsplatz zurück, ist eine nachträgliche Regelungslücke entstanden, die im Wege der ergänzenden Vertragsauslegung zu schließen ist.[1348] Diese führe letztlich dazu, dass die Parteien nach Treu und Glauben das Arbeitsverhältnis über den ursprünglich avisierten Zeitraum hinaus befristet hätten, wenn ihnen zum Zeitpunkt des Vertragsschlusses bekannt gewesen wäre, dass die abwesende Mitarbeiterin ihre Arbeitsleistung nach Ablauf ihrer Elternzeit nicht sofort wieder aufnehmen werde.[1349]

Den Sachverhalt kurz zusammengefasst, ist der klagende Arbeitnehmer für eine in Elternzeit befindliche Arbeitnehmerin zunächst für die Zeit vom 09.03.2004 bis 11.01.2006 befristet eingestellt worden. Nachdem die Vertretene ein weiteres Jahr Elternzeit beantragte, wurde dem Kläger am 12.05.2005 vorzeitig mitgeteilt, dass seine Befristung um ein weiteres Jahr (bis längstens 11.01.2007) verlängert werde. Gleichzeitig wurde in dem Anschreiben erklärt, dass das Beschäftigungsverhältnis endet, ohne dass es einer Kündigung oder einer besonderen schriftlichen Benachrichtigung bedarf, bei Dienstaufnahme der Vertretungskraft X nach Elternzeit. Nachdem die vertretene Stammkraft X noch vor Ablauf der Elternzeit unbezahlten Urlaub für weitere drei Jahre beantragte, legte der Vertreter Befristungskontrollklage ein.

1347 BeckOK-*Hannappel*, § 575 BGB Rn. 3; MüKo-*Häublein*, § 575 BGB Rn. 1.

1348 LAG Düsseldorf v. 31.08.2007 - 9 Sa 685/07, NZA-RR 2008, 64; vgl. auch LAG Schleswig-Holstein v. 12.09.07 - 6 Sa 113/07, NZA-RR 2008, 137.

1349 LAG Düsseldorf v. 31.08.2007 - 9 Sa 685/07, NZA-RR 2008, 64.

Das LAG Düsseldorf kam zu dem bereits im Leitsatz angeführten Ergebnis, dass die streitgegenständliche letzte Befristung nicht zur Beendigung des Arbeitsverhältnisses am 11.01.2007 führe, da eine ergänzende Vertragsauslegung ergebe, dass die Vertragsparteien das Arbeitsverhältnis nach Treu und Glauben nicht (nur) bis zu diesem Datum befristet hätten, wenn ihnen zum Zeitpunkt des Vertragsschlusses bekannt gewesen wäre, dass die Vertretene ihre Arbeitsleistung nach Ablauf der Elternzeit am 11.01.2007 nicht direkt wieder aufnehmen würde.

Das Urteil hielt der Revision allerdings nicht stand.[1350] Der 7. Senat stützte seine Entscheidung maßgeblich darauf, dass das LAG die Vereinbarung einer Doppelbefristung rechtsfehlerhaft abgelehnt habe. Die Auffassung der Düsseldorfer Richter, es handele sich lediglich um eine Zeitbefristung mit einer bloßen Erläuterung des Grundes und der Dauer der Befristung, halte der revisionsrechtlichen Prüfung nicht stand.[1351] Insbesondere konnte der klagende Arbeitnehmer das Anschreiben nicht dahin verstehen, dass die Zeitbefristung zum 11.01.2007 gerade wegen der zu diesem Zeitpunkt erwarteten Rückkehr der Stammkraft an ihren Arbeitsplatz vereinbart werden sollte.

Die Entscheidung des BAG verdient Zustimmung. Die Parteien haben eine Doppelbefristung abgeschlossen. Hierfür spricht bereits der Umstand, dass das Arbeitsverhältnis „längstens" bis zum 11.01.2007 dauern und damit zum Ausdruck gebracht werden sollte, dass eine vorherige Beendigung im Fall der vorzeitigen Rückkehr beabsichtigt war.

Doch auch für den Fall, dass man mit dem LAG Düsseldorf lediglich von einer Zeitbefristung bis zum 11.01.2007 ausgeht, stellt sich die Frage, ob eine Lösung der in diesem Kapitel erörterten Problematik mit einer ergänzenden Vertragsauslegung erzielt werden kann. Hiergegen spricht wiederum, dass es für die Wirksamkeit einer Befristung nach dem zuvor Erörterten allein auf die Prognose des Arbeitgebers bei Vertragsschluss ankommt. Am 12.05.2005 lag der Antrag auf Gewährung unbezahlten Urlaubs noch gar nicht vor. Die Wirksamkeit der zu diesem Zeitpunkt vereinbarten Sachgrundbefristung kann nicht dadurch rückwirkend zu Lasten des Arbeitgebers beeinträchtigt werden, indem man den hypothetischen Parteiwillen ermittelt. Regelmäßig wird man zwar annehmen können, dass die Vertragsparteien eine längere Befristungsdauer gewählt hätten, wenn sie von Anfang an gewusst hätten, dass die Vertretene für einen längeren Zeitraum nicht zur Verfügung stehen wird. Doch wird man diesen Ansatz nicht im Wege der ergänzenden Vertragsauslegung rechtfertigen können. Denn dem Arbeitgeber steht es grds. frei – nachdem er von den veränderten Umständen Kenntnis erlangt hat – hierauf zu reagieren und dem Arbeitnehmer eine Befristungsverlängerung anzubieten. Einer Rückwirkung bedarf es insofern nicht. Auch ist die vom vorinstanzlichen LAG erwogene Rechtsfolge, nämlich die Unwirksamkeit der Befristung vom 12.05./31.05.2005, nicht vertretbar. Dem Arbeitgeber wird insofern ein unbefristetes Arbeitsverhältnis aufgebürdet. Wenn schon eine ergänzende

1350 BAG v. 22.04.2009 - 7 AZR 768/07, AP Nr. 4 zu § 14 TzBfG.

1351 BAG v. 22.04.2009 - 7 AZR 768/07, AP Nr. 4 zu § 14 TzBfG.

Vertragsauslegung nach §§ 133, 157 BGB in Betracht gezogen wird, dann kann diese allenfalls auf eine Weiterbeschäftigung bis zum 11.01.2010 gerichtet sein. Diese wäre aber nicht mit der Befristungskontrollklage, sondern mit einer Leistungsklage auf Abschluss eines Verlängerungsvertrages zum 11.01.2010 geltend zu machen.

E. Unzulässige Rechtsausübung / Rechtsmissbrauch

Die Frage nach der unzulässigen Rechtsausübung bzw. der rechtsmissbräuchlichen Verwendung von befristeten Arbeitsverhältnissen wird bereits seit Anfang der 60er Jahre fortlaufend diskutiert.[1352] Als Streitgegenstand findet sich in diesem Zusammenhang immer wieder eine während der Befristungsdauer eintretende Schwangerschaft und ihre Auswirkungen auf das Befristungsende. So entschied der Große Senat erstmalig, dass die Berufung auf die wirksame Befristung nicht deshalb rechtsmissbräuchlich sei, weil die Arbeitnehmerin bei Ablauf der Vertragszeit schwanger gewesen ist und die Weiterbeschäftigung dem Arbeitgeber möglich und zumutbar gewesen wäre.[1353] Nur in besonderen Fällen, etwa beim Vorliegen der Voraussetzungen des § 226 BGB oder bei einem Verstoß gegen die guten Sitten i.S.d. § 826 BGB, könne eine Berufung auf die Befristung des Arbeitsvertrages unzulässig sein.

Konkretisiert wurde die Entscheidung des Großen Senats durch zwei weitere Urteile des 2. Senats vom 13.12.1962[1354] und 28.11.1963[1355]. Im letzteren Fall wurde eine rechtsmissbräuchlich Verwendungsweise für den Fall angenommen, dass sich der Arbeitgeber nach Kenntnis vom Eintritt der Schwangerschaft auf den Ablauf der Probezeit beruft, obwohl sich die bis dahin befristet beschäftigte Arbeitnehmerin voll bewährt hatte.

In der Literatur war bzw. ist man geneigt der Entscheidung des BAG vom 28.11.1963 – zumindest vom Rechtsempfinden her – im Ergebnis zuzustimmen.[1356] Es fehle jedoch an einer dogmatisch einwandfreien Lösung.[1357] In diesem Sinne gab *Beuthien* bereits frühzeitig zu bedenken, dass der Arbeitgeber durch die Nichtverlängerung oder die verweigerte Übernahme in ein unbefristetes Arbeitsverhältnis kein Gestaltungsrecht verwirkliche, sondern sich nur auf die Rechtsfolge einer Befristung berufe.[1358] Übt der Arbeitgeber jedoch kein Recht aus, dann könne auch

1352 BAG v. 12.10.1960 - GS 1/59, NJW 1961, 798; BAG v. 16.03.1989 - 2 AZR 325/88, NZA 1989, 719.

1353 BAG v. 12.10.1960 - GS 1/59, NJW 1961, 798; BAG v. 05.05.1961 - 1 AZR 65/56, AP Nr. 17 zu § 620 BGB Befristeter Arbeitsvertrag.

1354 BAG v. 13.12.1962 - 2 AZR 38/62, AP Nr. 24 zu § 620 BGB Befristeter Arbeitsvertrag.

1355 BAG v. 28.11.1963 - 2 AZR 140/63, NJW 1964, 567.

1356 Vgl. zeitgenössische Anmerkungen: *Isele* SAE 1964, 65; *Beuthien*, RdA 1964, 207; aktuelle Anmerkungen: APS-*Backhaus*, § 15 TzBfG Rn. 103 (*Backhaus* verweist fälschlicherweise auf eine Entscheidung des BAG vom 23.11.1963); *Dörner*, Rn. 756.

1357 So auch KR-*Bader*, § 17 TzBfG Rn. 63.

1358 *Beuthien*, RdA 1964, 207 (208); vgl. auch *Blomeyer*, RdA 1967, 406 (413); KR-*Bader*, § 17 TzBfG Rn. 63.

keine „unzulässige Rechtsausübung" vorliegen.[1359] *Dörner* kritisierte, dass man insbesondere nicht zu erkennen vermag, auf welchen Tatbestand des § 242 BGB die Rechtsunwirksamkeit gestützt werde.[1360]

In seiner Entscheidung vom 16.03.1989 erkannte der Senat dem Grunde nach an, dass die Handhabung der Rechtsmissbräuchlichkeit in seinen vorherigen Entscheidungen zu extensiv betrieben wurde.[1361] Die Senatsmitglieder brachten selbst zur Sprache, dass brauchbare Ansätze in den Entscheidungen zu finden seien; jedoch könne die im Ergebnis sachgerechte Behandlung derartiger Fälle nicht pauschal auf eine rechtsmissbräuchliche Verwendung der Befristung gestützt werden. Vielmehr müsse darauf abgestellt werden, ob der Arbeitgeber einen Vertrauenstatbestand gesetzt habe, der zu einer über die ursprünglich vereinbarte Befristung hinausgehenden Bindung führt.[1362]

Durch diese Entscheidung dürfte das Anerkennen eines Fortsetzungsanspruchs auf Basis einer rechtsmissbräuchlichen Verwendungsweise endgültig ad acta gelegt worden sein. Heute werden lediglich solche Fälle unter § 242 BGB zu subsumieren sein, bei denen der Arbeitgeber eine an sich rechtlich mögliche Gestaltung in einer mit Treu und Glauben unvereinbaren Weise nur dazu verwendet, sich zum Nachteil des anderen Vertragspartners Vorteile zu verschaffen, die nach dem Zweck der Norm und des Rechtsinstituts nicht vorgesehen sind.[1363] So z.B., wenn der Vertragsarbeitgeber (Zeitarbeitsfirma) den Vertrag in bewusstem und gewolltem Zusammenwirken (hier durch eine Rahmenvereinbarung) mit dem letzten Vertragsarbeitgeber des Arbeitnehmers ausschließlich deshalb vereinbart hat, um das Anschlussverbot des § 14 Abs. 2 S. 2 TzBfG zu umgehen.[1364]

F. Allgemeines Gleichbehandlungsgesetz und Benachteiligungsverbote

I. Einführung

Der 7. Senat des BAG hat in seiner Grundsatzentscheidung vom 13.08.2008 ausdrücklich offengelassen, ob der Arbeitgeber im Zuge seiner Nichtverlängerungsentscheidung die Vorschriften aus dem Allgemeinen Gleichbehandlungsgesetz (kurz AGG) zu berücksichtigen habe. Der Kläger hatte einen Verstoß gegen ein besonderes

---

1359 APS-*Backhaus*, § 15 TzBfG Rn. 103; *Blomeyer*, RdA 1967, 406 (413).

1360 *Dörner*, Rn. 757.

1361 BAG v. 16.03.1989 - 2 AZR 325/88, NZA 1989, 719.

1362 BAG v. 16.03.1989 - 2 AZR 325/88, NZA 1989, 719; zum Fortsetzungsanspruch bei Inanspruchnahme einer besonderen Vertrauensstellung siehe Ausführungen auf S. 306 ff.

1363 BAG v. 25.04.2001 - 7 AZR 376/00, NZA 2001, 1384.

1364 BAG v. 15.05.2013 - 7 AZR 525/11, NZA 2013, 1214.

Diskriminierungsverbot[1365] nicht geltend gemacht, so dass hierüber nicht zu befinden war. Soweit der Arbeitgeber die fehlende Beschäftigungsmöglichkeit, die Eignung des Arbeitnehmers, dessen Qualifikation oder ein anderes leistungsorientiertes Motiv als Grund für die Nichtverlängerung anführt, wird ein Verstoß gegen das Benachteiligungsverbot des § 7 AGG ohnehin nur schwerlich nachweisbar sein. Vielmehr bedarf es der Darlegung eines Sachverhalts, der indiziert, dass die Benachteiligung (sprich die Nichtverlängerung des Arbeitsvertrages) bspw. auf das Geschlecht und/oder das Alter zurückzuführen ist.[1366] Gleiches dürfte für den oben angesprochenen Fall gelten, dass der Arbeitgeber aufgrund einer während der Befristungsdauer eingetretenen Schwangerschaft eine Verlängerung ablehnt oder ein Betriebsratsmitglied aufgrund seines Status nicht weiterbeschäftigen will. Im Nachfolgenden sollen letztere beide besondere Formen der Diskriminierung näher begutachtet und die mögliche Konsequenz eines Verstoßes im Hinblick auf die in § 15 Abs. 6 AGG bzw. § 78 S. 2 BetrVG geregelte Rechtsfolgenfrage diskutiert werden.

II. Verstoß gegen das Allgemeine Gleichbehandlungsgesetz durch Nichtverlängerung des befristeten Arbeitsverhältnisses aufgrund Schwangerschaft

Das am 18.08.2006 in Kraft getretene Allgemeine Gleichbehandlungsgesetz erfasst Benachteiligungen in verschiedenen Lebensbereichen, so z.B. aus Gründen der Rasse, des Geschlechts, einer Behinderung, des Alters oder der sexuellen Identität.[1367] Entgegen seinem Wortlaut verpflichtet es den Arbeitgeber jedoch nicht zur Gleichbehandlung. Es verfolgt sein Ziel vielmehr durch besondere Diskriminierungsverbote.[1368] Insofern unterscheidet sich das Allgemeine Gleichbehandlungsgesetz vom allgemeinen arbeitsrechtlichen Gleichbehandlungsgrundsatz darin, dass keine generelle Pflicht zur Gleichbehandlung aufgegeben, sondern nur das Verbot der Benachteiligung aus bestimmten, ausdrücklich normierten Gründen statuiert wird.[1369] Insofern bedarf es auch keiner Vergleichsbetrachtung zwischen zwei Arbeitnehmern, da eine Vergleichsperson grundsätzlich nicht existieren muss. Es genügt eine hypothetische Betrachtungsweise.[1370] So stellt § 3 Abs. 1 AGG ausdrücklich klar, dass eine Benachteiligung bereits dann vorliegt, wenn eine Person wegen eines in § 1 AGG genannten Grundes eine weniger günstige Behandlung, als eine andere Person in einer vergleichbaren Situation erfährt, erfahren hat oder erfahren würde. Erweiternd

---

1365 Solche Diskriminierungsverbote finden sich neben § 7 i.V.m. § 1 AGG u.a. in § 75 BetrVG, § 78 S. 2 BetrVG, § 612a BGB und Art. 9 Abs. 3 GG.

1366 LAG Rheinland-Pfalz v. 13.08.2010 - 9 Sa 193/10, BeckRS 2010, 75000; LAG Rheinland-Pfalz v. 23.09.2010 - 10 Sa 329/10, BeckRS 2011, 70369.

1367 Vgl. umfassend zum AGG: *Kamanabrou*, RdA 2006, 321.

1368 MüKo-*Thüsing*, § 1 AGG Rn. 4.

1369 MüKo-*Thüsing*, § 1 AGG Rn. 5.

1370 BeckOK-*Roloff*, § 3 AGG Rn. 7.

regelt § 3 Abs. 1 S. 2 AGG, dass auch eine ungünstigere Behandlung einer Frau aufgrund einer Schwangerschaft als unmittelbare Benachteiligung eingestuft wird.[1371] Die Benachteiligung einer Schwangeren im Zusammenhang mit einem befristeten Arbeitsverhältnis ist – wie bereits auf S. 13 und S. 294 ff. ausgeführt – seit jeher Streitgegenstand in der Rechtsprechung. Heute dürfte überwiegend anerkannt sein, dass sich zumindest das Berufen auf das Befristungsende bei Eintritt einer Schwangerschaft nicht als rechtsmissbräuchlich darstellt. Hierdurch wird jedoch keine Aussage darüber getroffen, ob bei Nichtverlängerung eines befristeten Arbeitsvertrages oder die verweigerte Übernahme in ein unbefristetes Arbeitsverhältnis die Geltendmachung des Fortsetzungsanspruchs unter Diskriminierungsgesichtspunkten erfolgversprechend ist. Insofern stellt sich die Frage, ob der Anspruch auf Verlängerung des befristeten Arbeitsverhältnisses mit der Argumentation durchgesetzt werden kann, dass die (befristete oder unbefristete) Weiterbeschäftigung nur aufgrund einer eingetretenen Schwangerschaft unterblieben ist.

Dass die Frage der Beweisbarkeit einer solchen Diskriminierung keinesfalls so aussichtlos erscheint, wie man auf den ersten Blick annehmen möchte, zeigt eine im Prozesskostenhilfeverfahren ergangene Entscheidung des LAG Köln.[1372] Die klagende Arbeitnehmerin trug vor, dass sie im Zuge eines Personalgesprächs über die Verlängerung ihres befristeten Arbeitsvertrages ein Schwangerschaftsattest vorlegte, welches vom Arbeitgeber zum Anlass genommen wurde, ihren Arbeitsvertrag im Gegensatz zu der übrigen befristet beschäftigten Belegschaft nicht zu verlängern. Das LAG Köln sah es als ein hinreichendes Indiz i.S.d. § 22 AGG für einen Verstoß gegen das Diskriminierungsverbot an, dass die Entscheidung über die Nichtverlängerung im unmittelbaren zeitlichen Zusammenhang mit der mitgeteilten Schwangerschaft stehe.[1373] Im Ergebnis legte es dem Arbeitgeber die Beweislast dafür auf, dass kein Verstoß gegen die Bestimmungen zum Schutz vor Benachteiligung vorgelegen habe.

Keinesfalls eindeutig lässt sich hingegen die Frage nach der anzuwendenden Rechtsfolge bei einem Verstoß des Arbeitgebers gegen Antidiskriminierungsvorschriften beantworten. Wenig Aufschluss hierzu gibt eine Entscheidung des LAG Düsseldorf Anfang der 90er Jahre.[1374] Der Arbeitgeber hatte den mit der klagenden Arbeitnehmerin abgeschlossenen befristeten Arbeitsvertrag unter Verstoß gegen das (damalig) in § 611a BGB geregelte geschlechtsbezogene Diskriminierungsverbot nach Ablauf der Befristung nur deshalb nicht fortsetzt, weil sie inzwischen schwanger war. Das LAG entschied, dass die Arbeitnehmerin gegenüber dem Arbeitgeber gleichwohl

1371 Diese Regelung geht auf Art. 2 Abs. 7 S. 3 der Richtlinie 76/207/EWG und die Rechtsprechung des EuGH vom 08.11.1990 - C-177/88, NJW 1991, 628 zurück; vgl. auch EuGH v. 14.07.1994 - C-32/93 (*Webb*), NZA 1994, 783.

1372 LAG Köln v. 06.04.2009 - 5 Ta 89/09, BeckRS 2009, 67772.

1373 LAG Köln v. 06.04.2009 - 5 Ta 89/09, BeckRS 2009, 67772.

1374 LAG Düsseldorf v. 29.06.1992 - 10 Sa 595/92, NZA 1992, 1134.

keinen Anspruch auf Schmerzensgeld aus dem Gesichtspunkt der Verletzung des allgemeinen Persönlichkeitsrechts habe, wenn der Arbeitgeber binnen weniger als einem Monat nach Ablauf des befristeten Arbeitsvertrages die Fortsetzung des Arbeitsverhältnisses anbietet und die Arbeitnehmerin die Arbeit wieder aufnimmt.[1375]

Aus der Entscheidung konnte man nicht zweifelsfrei ableiten, ob das Gericht dem Fortsetzungsanspruch des Arbeitnehmers den Vorrang ggü. dem Schadensersatzanspruch einräumt, da der Arbeitgeber die Wiedereinstellung aus „freien Stücken" angeordnet hatte. Jedenfalls könne nicht „zusätzlich" ein immaterieller Schadensersatzanspruch geltend gemacht werden.

Heute wird die Rechtsfolgenfrage anhand der Vorschriften des Allgemeinen Gleichbehandlungsgesetzes diskutiert. Dort regelt § 15 AGG als zentrale Haftungsvorschrift[1376], dass der Arbeitgeber dem Arbeitnehmer bei einem Verstoß gegen das Benachteiligungsverbot den hierdurch entstandenen Schaden zu ersetzen hat. § 15 Abs. 6 TzBfG stellt ferner klar, dass eine Diskriminierung i.S.d. § 7 AGG keinen Anspruch auf *Begründung* eines Beschäftigungsverhältnisses oder Berufsausbildungsverhältnisses gewährt. Die Vorschrift soll der Wahrung der Vertragsfreiheit dienen und den Kontrahierungszwang als Sanktion einer unerlaubten Diskriminierung vermeiden.[1377]

Offen lässt § 15 Abs. 6 AGG, ob der Anspruch auf Begründung eines Arbeitsverhältnisses auch in anderen Fällen als der Einstellung, wie z.B. bei der diskriminierenden Nichtverlängerung eines Arbeitsverhältnisses, ausgeschlossen sein soll.[1378] *Stoffels* gibt hierzu zu bedenken, dass der Gesetzgeber zwar in erster Linie an eine Diskriminierung bei einer (Erst-)Einstellung gedacht habe;[1379] Sinn und Zweck der Norm, nämlich die Wahrung der grundrechtlich verbürgten Vertragsabschlussfreiheit, geböten jedoch die Erstreckung des Regelungsgehalts auch auf den Fall der benachteiligenden Nichtverlängerung eines befristeten Vertrages.[1380] Ein Verlängerungsanspruch könne sich demnach nicht aus § 15 Abs. 6 AGG herleiten lassen. Diese Auffassung wird von der herrschenden Meinung geteilt.[1381]

In der unterinstanzlichen Rechtsprechung ist die Rechtsfolgenfrage ebenfalls weitgehend einstimmig diskutiert worden. Während das ArbG Mainz die Frage nach dem Fortsetzungsanspruch mangels Klageantrags der Arbeitnehmerin offen

1375 LAG Düsseldorf v. 29.06.1992 - 10 Sa 595/92, NZA 1992, 1134.

1376 Vgl. *Stoffels*, RdA 2009, 204 (205).

1377 LAG Hamm v. 26.02.2009 - 17 Sa 923/08, BeckRS 2010, 72245; HK-ArbR-*Berg*, § 15 AGG Rn. 14.

1378 Vgl. Däubler/Bertzbach-*Däubler*, § 7 AGG Rn. 278a.

1379 *Stoffels* in beck.blog: http://blog.beck.de/2008/09/17/schadensersatz-wegen-diskriminierender-nichtverlangerung-des-arbeitsverhaltnisses (zuletzt abgerufen am 10.07.2014).

1380 *Stoffels*, RdA 2009, 204 (214).

1381 *Strecker*, RdA 2009, 381 (385); Däubler/Bertzbach-*Deinert*, § 15 AGG Rn. 129; MüKo-*Thüsing*, § 15 AGG Rn. 52; *Hanau*, ZIP 2006, 2189 (2201); a.A. wohl ErfK-*Schlachter*, § 15 AGG Rn. 20.

lassen konnte[1382], hat sich das ArbG Ludwigshafen gegen einen Verlängerungsanspruch ausgesprochen.[1383] Auch das LAG Hamm lehnte in seiner Entscheidung vom 26.02.2009 den Verlängerungsanspruch ausdrücklich ab.[1384] Das Gesetz zeige auf, dass die Erwägungen zur Privatautonomie und Vertragsfreiheit des Arbeitgebers nicht nur bei der Einstellung, sondern auch beim beruflichen Aufstieg und bei anderen Vereinbarungen über Arbeitsbedingungen gelten sollen, so dass für die Vertragsverlängerung der Parallelschluss zur Einstellung und Beförderung nahe liege.

Das BAG hat noch nicht abschließend Stellung dazu bezogen, ob § 15 Abs. 6 AGG auch bei der diskriminierenden Nichtverlängerung eines befristeten Arbeitsverhältnisses Anwendung findet. Es hat jedoch in seinem Urteilspruch vom 21.09.2011 Aussagen getätigt, die eine Übertragung hierauf vermuten lassen.[1385] So entschied der 7. Senat für den Fall, dass der Arbeitgeber das Maßregelungsverbot des § 612a BGB verletzt, indem er einem befristet beschäftigten Arbeitnehmer keinen Folgevertrag anbietet, weil der Arbeitnehmer in zulässiger Weise Rechte wahrgenommen hat (Kritik am Personalabbau auf Betriebsversammlung), der Arbeitnehmer keinen Anspruch auf Abschluss eines Folgevertrags habe. Einem Anspruch auf Naturalrestitution durch Abschluss eines Folgevertrags stehe die entsprechende Anwendung von § 15 Abs. 6 AGG entgegen, so dass nur Geldersatz verlangt werden könne.[1386]

III. Verstoß gegen § 78 S. 2 BetrVG durch Nichtverlängerung des befristeten Arbeitsverhältnisses aufgrund Betriebsratszugehörigkeit

Wie bereits auf S. 42 ff. ausgeführt, hat die Aufnahme einer Betriebsratstätigkeit als solche keine Auswirkung auf die Wirksamkeit der Befristung nach § 14 Abs. 2 TzBfG. Gleichwohl ist in der Rechtsprechung weitgehend anerkannt, dass man ein sachgrundlos befristet beschäftigtes Betriebsratsmitglied schutzlos stellen würde, wenn die Beendigung seines Arbeitsvertrags mit seinem Mandat oder mit seiner Amtstätigkeit begründet werden könnte.[1387] In diesem Sinne hat bereits das LAG Berlin-Brandenburg entschieden, dass die Nichtverlängerung eines befristeten Arbeitsverhältnisses eine Benachteiligung wegen des Betriebsratsamtes beinhalte, wenn der befristete Arbeitsvertrag allein deshalb nicht verlängert werde, weil der befristet beschäftigte Arbeitnehmer Mitglied des Betriebsrates ist.[1388] Voraussetzung

---

1382 ArbG Mainz v. 02.09.2008, 3 Ca 1133/08, BeckRS 2008, 56479.

1383 ArbG Ludwigshafen v. 13.11.2008 - 1 Ca 1111/08, NZA-RR 2009, 238.

1384 LAG Hamm v. 26.02.2009 - 17 Sa 923/08, BeckRS 2010, 72245.

1385 BAG v. 21.09.2011 - 7 AZR 150/10, BeckRS 2012, 66626.

1386 BAG v. 21.09.2011 - 7 AZR 150/10, BeckRS 2012, 66626.

1387 BAG v. 05.12.2012 - 7 AZR 698/11, BeckRS 2013, 67448; bestätigend LAG Hamm v. 05.11.2013 - 7 Sa 1007/13, BeckRS 2014, 65473.

1388 LAG Berlin-Brandenburg v. 04.11.2011 - 13 Sa 1549/11, BeckRS 2011, 77573.

für die Annahme einer Diskriminierung sei, dass die Fortsetzung des befristeten Arbeitsverhältnisses *wegen* dessen Betriebsratstätigkeit unterbleibt.[1389]

Voraussetzung für die Anwendbarkeit des § 78 S. 2 BetrVG sei jedoch, dass die Schlechterstellung im Vergleich zu anderen Arbeitnehmern nicht auf sachlichen Gründen, sondern auf der Tätigkeit als Betriebsratsmitglied beruhe.[1390] Eine objektive Schlechterstellung gegenüber Nichtbetriebsratsmitgliedern liege dann nicht vor, wenn sämtlichen Arbeitnehmern zeitgleich kein neues befristetes Arbeitsverhältnis angeboten wird.[1391] Eine Diskriminierung wegen der Betriebsratstätigkeit sei nach Auffassung de LAG Berlin-Brandenburg auch dann nicht festzustellen, wenn der Arbeitgeber andere Betriebsratsmitglieder unbefristet übernommen hat und keine weiteren Umstände vorliegen, die auf eine verbotene Schlechterstellung des klagenden Betriebsratsmitgliedes hindeuten.[1392]

Kann eine Benachteiligung festgestellt werden, habe das Betriebsratsmitglied einen Anspruch auf Abschluss eines unbefristeten Arbeitsverhältnisses zu im Übrigen unveränderten Bedingungen.[1393] § 15 Abs. 6 AGG finde weder direkt noch analog auf die vorliegende Konstellation Anwendung, da es wegen § 78 BetrVG keine Regelungslücke gebe.[1394]

Das BAG hat dieser Rechtsauffassung nunmehr angeschlossen und das vorinstanzliche Urteil des LAG Niedersachsen bestätigt: Benachteiligt ein Arbeitgeber ein befristet beschäftigtes Betriebsratsmitglied, indem er wegen dessen Betriebsratstätigkeit den Abschluss eines Folgevertrags ablehnt, habe das Betriebsrat gemäß § 78 S. 2 BetrVG i.V.m. §§ 280, 823 Abs. 2, 249 BGB Anspruch auf Schadensersatz. Dieser sei im Wege der Naturalrestitution auf den Abschluss des verweigerten Folgevertrags gerichtet.[1395]

Wird das Betriebsratsmitglied von der Verlängerung ausgenommen, hat es Tatsachen vorzutragen und zu beweisen, aus denen folgt, dass der Arbeitgeber das befristete Arbeitsverhältnis allein deswegen nicht fortgesetzt hat, weil es (zwischenzeitlich) Mitglied des Betriebsrats geworden ist.[1396] Die 5. Kammer des LAG München[1397] ist von der Darlegungs- und Beweislastverteilung, welche die 7. Kammer ihrer Entscheidung als Vorinstanz zur BAG-Entscheidung vom 05.12.2012 zugrunde gelegt hat, abgerückt und folgt nunmehr weitgehend der Rechtsauffassung des

---

1389 LAG Berlin-Brandenburg v. 04.11.2011 - 13 Sa 1549/11, BeckRS 2011, 77573.

1390 LAG München v. 18.02.2011 - 7 Sa 896/10, BeckRS 2012, 75537.

1391 Vgl. LAG Berlin-Brandenburg v. 04.11.2011 - 13 Sa 1549/11, BeckRS 2011, 77573.

1392 LAG Berlin-Brandenburg v. 04.11.2011 - 13 Sa 1549/11, BeckRS 2011, 77573.

1393 LAG Berlin-Brandenburg v. 04.11.2011 - 13 Sa 1549/11, BeckRS 2011; LAG Niedersachsen v. 08.08.2012 - 2 Sa 1733/11, BeckRS 2012, 73706.

1394 LAG Berlin-Brandenburg v. 04.11.2011 - 13 Sa 1549/11, BeckRS 2011, 77573.

1395 BAG v. 25.06.2014 - 7 AZR 847/12, NZA 2014, 1209.

1396 LAG München v. 18.02.2011 - 7 Sa 896/10, BeckRS 2012, 75537; LAG Berlin-Brandenburg, 04.11.2011 - 13 Sa 1549/11, BeckRS 2011, 77573.

1397 LAG München v. 02.08.2013 - 5 Sa 1005/12, BeckRS 2014, 65373; LAG Niedersachsen v. 08.08.2012 - 2 Sa 1733/11, BeckRS 2012, 73706.

LAG Niedersachsen. Danach müsse im Hinblick auf die Gewährleistung des durch Art. 7 der Richtlinie 2002/14/EG geforderten effektiven Mindestschutzes von Betriebsratsmitgliedern im Rahmen von § 78 S. 2 BetrVG von einer abgestuften Darlegungs- und Beweislast ausgegangen werden.[1398] Das Betriebsratsmitglied müsse zunächst vortragen, dass die unterbliebene Fortsetzung des Arbeitsverhältnisses wegen seines Betriebsratsamtes bzw. seiner Betriebsratstätigkeit erfolgt sei; hierauf sei es dann Sache des Arbeitgebers im Einzelnen darzulegen, aus welchen Gründen das befristet abgeschlossene Arbeitsverhältnis nicht befristet verlängert oder in ein unbefristetes umgewandelt wurde.[1399] Das LAG Niedersachsen geht noch weiter (über die Auffassung der 5. Kammer des LAG München hinaus), indem nach den Regeln über den Beweis des ersten Anscheins auch eine tatsächliche Vermutung dafür bestehen könne, dass ein Zusammenhang zwischen dem Betriebsratsamt und der benachteiligenden Entscheidung besteht.[1400]

Das BAG hat die Heranziehung der Grundsätze des Anscheinsbeweises abgelehnt. Es gebe keinen Erfahrungssatz, wonach die Entscheidung eines Arbeitgebers, mit einem befristet beschäftigten Betriebsratsmitglied keinen Folgevertrag zu schließen, auf dessen Betriebsratstätigkeit beruht.[1401] Vielmehr sei – wie bereits von der 5. Kammer des LAG München vertretreten – von einer abgestuften Darlegungs-, Einlassungs- und Beweislast auszugehen. Hiedurch könne insbesondere dem Umstand Rechnung getragen werden, dass es sich bei der Frage, ob der Abschluss eines Folgevertrags vom Arbeitgeber wegen der Betriebsratstätigkeit abgelehnt wird, um eine in der Sphäre des Arbeitgebers liegende „innere Tatsache“ handelt, die einer unmittelbaren Wahrnehmung durch den Arbeitnehmer oder Dritte nicht zugänglich ist.[1402]

IV. Stellungnahme

Dass diskriminierende Handlungsweisen im Zusammenhang mit der Verlängerung eines befristeten Arbeitsverhältnisses Konsequenzen haben, dürfte weitgehend unstreitig sein. Bereits der EuGH hat hierzu ausdrücklich Stellung bezogen und die Nichterneuerung eines befristeten Arbeitsvertrages als eine unmittelbare Diskriminierung auf Grund des Geschlechts qualifiziert, soweit nachgewiesen werde, dass sie aus Gründen erfolgt sei, die mit der Schwangerschaft zusammenhingen.[1403] Denn die Nichterneuerung eines solchen Vertrages komme der Weigerung gleich, eine

1398 LAG Niedersachsen v. 08.08.2012 - 2 Sa 1733/11, BeckRS 2012, 73706.

1399 LAG München v. 02.08.2013 - 5 Sa 1005/12, BeckRS 2014, 65373; LAG Niedersachsen v. 08.08.2012 - 2 Sa 1733/11, BeckRS 2012, 73706.

1400 LAG Niedersachsen v. 08.08.2012 - 2 Sa 1733/11, BeckRS 2012, 73706.; vgl. auch *Fitting*, § 78 BetrVG Rn. 19, wonach *in der Regel* von der Benachteiligung wegen der Betriebsratstätigkeit auszugehen ist, wenn die sonst übliche Übernahme in ein unbefristetes Arbeitsverhältnis unterbleibt.

1401 BAG v. 25.06.2014 - 7 AZR 847/12 Rn. 35, NZA 2014, 1209 (1212).

1402 BAG v. 25.06.2014 - 7 AZR 847/12 Rn. 35, NZA 2014, 1209 (1212).

1403 EuGH v. 04.10.2001 - C-438/99, EuZW 2001, 719.

schwangere Frau einzustellen, was eindeutig gegen die Art. 2 und Art. 3 der Richtlinie 76/207/EWG verstoße, wie der EuGH bereits mehrfach entschieden habe.[1404]

Für den Fall der Diskriminierung von Betriebsratsmitgliedern hat der EuGH mit Urteil vom 11.02.2010 ebenfalls festgestellt, dass die Mitgliedstaaten gemäß Art. 7 der Richtlinie 2002/14/EG dafür Sorge zu tragen haben, dass die Arbeitnehmervertreter bei der Ausübung ihrer Funktion ausreichenden Schutz und ausreichende Sicherheiten genießen müssen, die es ihnen ermöglichen, die ihnen übertragenen Aufgaben in angemessener Weise wahrzunehmen.[1405]

Allerdings überlässt es der EuGH den Mitgliedstaaten die Rechtsfolgen für den Fall einer Diskriminierung festzulegen. Nach der gegenwärtigen Rechtslage zeichnet sich im nationalen Recht ab, dass eine differenzierte Behandlung der beiden Diskriminierungstatbestände hinsichtlich der Rechtsfolgenseite vorgenommen wird: Während die überwiegende Rechtsprechung im Falle der diskriminierenden Nichtverlängerung eines befristeten Arbeitsverhältnisses mit einer Schwangeren lediglich einen Schadensersatzanspruch nach § 15 Abs. 1 AGG anerkennt, spricht es dem Betriebsratsmitglied einen Fortsetzungsanspruch gemäß § 78 S. 2 BetrVG i.V.m. § 823 Abs. 2 und/ oder §§ 280, 249 Abs. 1 BGB zu.

- Fortsetzungsanspruch gemäß § 15 Abs. 6 AGG

Doch wie rechtfertigt sich diese unterschiedliche Behandlung? Kann man im Falle der Diskriminierung einer schwangeren Arbeitnehmerin den Fortsetzungsanspruch allein mit der Argumentation ablehnen, dass § 15 Abs. 6 AGG bei einem Verstoß des Arbeitgebers gegen Diskriminierungsverbote des § 7 Abs. 1 AGG einen Anspruch auf Begründung eines Beschäftigungsverhältnisses ausschließt?

Der Wortlaut der Vorschrift lässt diesen Schluss auf den ersten Blick nicht zwingend zu. Es heißt lediglich, dass im Falle eines Verstoßes gegen Benachteiligungsvorschriften kein Anspruch auf *Begründung* eines Beschäftigungsverhältnisses besteht. Soweit man die Verlängerung eines nach § 14 Abs. 2 TzBfG befristeten Vertrages nicht als Begründung, sondern als Fortführung des bereits begründeten befristeten Arbeitsverhältnisses anerkennt, wirft zumindest die direkte Anwendbarkeit des § 15 Abs. 6 AGG auf „Verlängerungen" Zweifel auf. Andererseits wird vom BAG auch die Übernahme in ein unbefristetes Arbeitsverhältnis im Anschluss an ein befristetes Arbeitsverhältnis als Begründung anerkannt.[1406] Zudem wurde bereits verdeutlicht, dass jede Verlängerung eine eigenständige Befristung darstellt, die selbst in betriebsverfassungsrechtlicher Hinsicht als Einstellung i.S.d. § 99 BetrVG zu qualifizieren ist. In diesem Sinne hat auch der EuGH eine abgelehnte Vertragsfortführung als Einstellungsverweigerung bewertet.[1407] Im Umkehrschluss

1404 EuGH v. 08.11.1990 - C-177/88, NJW 1991, 628; EuGH v. 03.02.2000 - C-207/98, NJW 1991, 628.

1405 EuGH v. 11.02.2010 - C-J04/08, BeckEuRS 2010, 507647.

1406 BAG v. 21.09.2011 - 7 AZR 150/10, NZA 2012, 317.

1407 EuGH v. 04.10.2001 - C-438/99 Rn. 46, EuZW 2001, 719.

wäre es daher vertretbar, den Begriff der Fortsetzung als (Weiter-)Begründung eines Arbeitsverhältnisses zu verstehen.

Der Telos des § 15 Abs. 6 AGG könnte als weiteres Indiz herangezogen werden, ob dessen Rechtsfolge auf die Verlängerung befristeter Arbeitsverhältnisse (entsprechend) Anwendung finden soll. Dieser fußt bei einer Neueinstellung (Begründung des Arbeitsverhältnisses im engeren Sinn) maßgeblich darin, dass das für ein Arbeitsverhältnis vorausgesetzte Vertrauensverhältnis bei einem Verstoß gegen die Diskriminierungsvorschriften erst gar nicht entstehen und damit ein Arbeitsverhältnis nicht begründet werden könne.[1408] So steht z.B. § 15 Abs. 6 AGG in einem ersichtlichen Sinnzusammenhang zu § 6 Abs. 1 S. 2 und § 2 Abs. 1 Nr. 1 AGG.[1409] Wird im Rahmen eines Bewerbungs- und Einstellungsverfahrens gegen Benachteiligungsverbote des § 1 AGG verstoßen, folgt daraus wegen § 15 Abs. 6 AGG noch kein Anspruch auf Begründung eines Beschäftigungsverhältnisses. Bei einer Vertragsverlängerung wird man diesen Aspekt m.E. nicht ohne weiteres heranziehen können. Bis zur Verweigerung der Vertragsfortführung hat das Vertrauensverhältnis grundsätzlich Bestand. Zwar wird es durch die diskriminierende Nichtverlängerungsentscheidung nicht unerheblich gestört; doch kann dies keine ausreichenden Argumente für eine fehlende Fortführung des Arbeitsverhältnisses liefern, da man anderenfalls bei jeder erfolgreichen Befristungskontrollklage zu dem Ergebnis kommen müsste, dass das gerichtlich eingeklagte unbefristete Arbeitsverhältnis nicht mit Vertrauensgesichtspunkten zu vereinbaren sei.

Auch die Entscheidung des BAG vom 06.04.2011[1410] wirft Fragen bezüglich des dort verwendeten Argumentationsmusters auf: Geklagt hatte ein befristet angestellter Arbeitnehmer, der aufgrund seines Alters einen Arbeitsvertrag mit kürzerer Befristungsdauer erhalten hatte als ein vergleichbarer jüngerer Arbeitnehmer. Als diskriminierend ist vom BAG die Befristungsabrede als solche erachtet und damit als unwirksam eingestuft worden.[1411] Über die Frage nach der Begründetheit des hilfsweise beantragten Verlängerungsanspruchs brauchte nicht entschieden werden. Denn ist die Befristungsabrede bereits diskriminierend (und nicht bloß die Nichtverlängerung), ergebe sich als Rechtsfolge im Falle eines Verstoßes gegen Diskriminierungsvorschriften, dass gemäß §§ 7 Abs. 2 AGG und 16 TzBfG ein unbefristetes Arbeitsverhältnis entstehe. Der diskriminierte Arbeitnehmer sei in diesem Fall nicht auf den Abschluss eines weiteren befristeten Arbeitsvertrages oder auf Schadensersatz nach § 15 Abs. 1, 2 AGG verwiesen.[1412]

Zu Recht könnte man an dieser Stelle hinterfragen, ob eine unterschiedliche Sachbehandlung der beiden Konstellationen gerechtfertigt ist. Kann es für die Rechtsfolge

1408 Däubler/Bertzbach-*Deinert*, § 15 AGG Rn. 129.

1409 LAG Köln v. 12.02.2009 - 7 Sa 1132/08, BeckRS 2009, 68222.

1410 BAG v. 06.04.2011 - 7 AZR 524/09, NZA 2011, 970.

1411 Über den Hilfsantrag, gerichtet auf Abschluss eines neuen befristeten Arbeitsvertrags, hatte der Senat damit nicht mehr zu entscheiden.

1412 BAG v. 06.04.2011 - 7 AZR 524/09, NZA 2011, 970 (973); vgl. auch ArbG Arnsberg v. 29.04.2008 - 3 Ca 78/08, BeckRS 2009, 73769.

einen Unterschied machen, ob der Arbeitgeber bei Vertragsabschluss/ Vertragsverlängerung eine diskriminierende Vertragsgestaltung wählt oder aber im Laufe des Arbeitsverhältnisses eine Vertragsverlängerung aufgrund diskriminierender Gründe ablehnt? Diskriminierungen bei Vertragsschluss (kurze Befristungsdauer wegen Schwangerschaft) dürften zur Unwirksamkeit der Befristung und damit zur Fiktion eines unbefristeten Arbeitsverhältnisses führen. Diskriminierungen die zum Nichtabschluss des Vertrages oder der Nichtverlängerung des befristeten Arbeitsverhältnisses führen, sollen hingegen nur Schadensersatzansprüche begründen. Im Ergebnis würde dies dazu führen, dass die aufgrund einer Schwangerschaft für nur kurze Zeit befristete Arbeitnehmerin besser gestellt werden würde, als die aufgrund einer Schwangerschaft gar nicht oder nicht weiter beschäftigte Arbeitnehmerin.

Der Senat ist gleichwohl der Auffassung, dass es wertungsmäßig einen Unterschied ausmache, ob ein Arbeitgeber verpflichtet sei, einen von ihm abgelehnten Arbeitnehmer einzustellen oder aber einen Arbeitnehmer, den er aus eigener Willensentscheidung auf einer bestimmten Position eingestellt hat, weiter zu beschäftigen.[1413]

Auch wenn die Ausführungen des Senats in den Entscheidungsgründen wenig überzeugend sind, ergibt sich die Richtigkeit der unterschiedlichen Handhabung der beiden Konstellationen im Hinblick auf die allgemeinen Wertungen des Befristungsrechts. Vergleichbar ist die Konstellation m.E. mit der Unwirksamkeit einer Sachgrundbefristung aufgrund einer fehlerhaften Prognose. Diese führt, soweit sie zu Beginn des Arbeitsverhältnisses entweder gar nicht oder unrichtig vorgenommen wurde, zur Unwirksamkeit der Befristungsabrede und damit zum Entstehen eines unbefristeten Arbeitsverhältnisses. Der Arbeitgeber hat sich durch den Vertragsschluss aktiv für eine Befristungsform entschieden, die gegen das Prognoseprinzip des § 14 Abs. 1 TzBfG verstößt und dementsprechend „hart" sanktioniert wird.

Die diskriminierende Nichtverlängerung aufgrund einer eingetretenen Schwangerschaft ist hingegen mit der Konstellation vergleichbar, dass sich im Laufe des Arbeitsverhältnisses herausstellt, dass entgegen der ursprünglichen Prognose der Sachgrund entfallen ist oder aber über die vereinbarte Befristungsdauer hinaus wirkt. Einen Verlängerungsanspruch lehnt die herrschende Auffassung unter Verweis auf die Privatautonomie auch bei einem tatsächlichen Bedarf an der Arbeitskraft ab. In beiden Fällen handelt der Arbeitgeber somit passiv, wobei eine diskriminierende Untätigkeit im Gegensatz zur bloßen Prognoseänderung aufgrund der „moralischen Verwerflichkeit" sanktioniert werden muss. Als „Minus" zur aktiven diskriminierenden Befristung stellt die Schadensersatzpflicht damit ein verhältnismäßiges Mittel dar. Insofern ist das Verhalten des Arbeitgebers sehr wohl gleichzusetzen mit der Nichteinstellung bei einem Bewerbungsgespräch, wobei die Höhe des Schadensersatzes nicht auf drei Monatsgehälter beschränkt ist. Vielmehr wird der Arbeitgeber als Schadensersatz den Lohn für die Dauer der Unkündbarkeit nach dem Mutterschutzgesetz zu zahlen haben.[1414]

1413 BAG v. 06.04.2011 - 7 AZR 524/09, NZA 2011, 970 (973).

1414 Vgl. ArbG Bochum v. 12.07.1991 - 2 Ca 2552/90, BB 1992, 68.

Die Anwendbarkeit der Rechtsfolge des § 15 Abs. 6 AGG auf die Fortsetzung befristeter Arbeitsverhältnisse steht auch mit den einschlägigen EU-Richtlinien im Einklang. So war bereits hinsichtlich der § 611a BGB a.F. zugrundeliegenden EG-Richtlinie Nr. 76/207 anerkannt, dass eine Geschlechtsdiskriminierung nicht zur Begründung eines Arbeitsverhältnisses führt.[1415] Die Richtlinie überlässt es den Mitgliedstaaten, die Sanktionen für einen Verstoß gegen das Diskriminierungsverbot unter den verschiedenen Möglichkeiten auszuwählen, die zur Verwirklichung des Ziels der Richtlinie geeignet sind. Verlangt werden nur effektive und abschreckende Sanktionsmaßnahmen, so dass den Mitgliedstaaten ein weiter Anwendungsspielraum überlassen wird.[1416] Nichts anderes ergibt sich aus Art. 10 der Richtlinie 92/85/EWG, der ein Kündigungsverbot schwangerer Arbeitnehmerinnen sowohl für befristete als auch für unbefristete Arbeitsverträge enthält. Die Nichterneuerung eines Arbeitsvertrages zum Zeitpunkt seiner regulären Beendigung kann jedoch nicht als eine nach dieser Vorschrift verbotene Kündigung angesehen werden, so dass Art. 10 der Richtlinie 92/85/EWG gar nicht einschlägig ist.[1417]

- Fortsetzungsanspruch gemäß § 78 S. 2 BetrVG

Unterstellt man im Ergebnis die Richtigkeit der Rechtsprechung des BAG zu § 15 Abs. 6 AGG, rückt die Frage in den Fokus, ob und aus welchen Gründen bei der Diskriminierung eines Betriebsratsmitgliedes eine hiervon abweichende Rechtsauffassung zu vertreten ist. Im Ergebnis besteht erst einmal eine identische Interessenlage. Aus Sicht eines objektiven Empfängerhorizonts kann es keinen Unterschied machen, ob der Arbeitgeber die Fortsetzung mit der Begründung verweigert, dass die Arbeitnehmerin zwischenzeitlich schwanger geworden ist und er deshalb mit einer nicht unerheblichen Ausfallzeit rechnen muss oder ein Betriebsratsmitglied, bei dem er eine konträre Rechtsauffassung im Hinblick auf den Arbeitnehmerschutz befürchtet, nicht weiter beschäftigen möchte.

Der Unterschied liegt offensichtlich in der Rechtsfolgenregelung. Eine mit § 15 Abs. 6 AGG vergleichbare Vorschrift findet sich im Betriebsverfassungsgesetz nicht. Dementsprechend argumentiert das LAG Berlin-Brandenburg recht schlicht, dass im Falle der Nichtverlängerung eines befristeten Arbeitsverhältnisses § 15 Abs. 6 AGG weder direkt noch analog Anwendung findet könne, da es wegen § 78 S. 2 BetrVG keine Regelungslücke gebe.[1418]

Hierauf ist jedoch zu erwidern, dass § 78 S. 2 BetrVG zur Konsequenz eines Verstoßes vollkommen schweigt. Die Vorschrift besagt allein, dass Betriebsratsmitglieder wegen ihrer Tätigkeit nicht benachteiligt oder begünstigt werden dürfen. Es ist zwar allgemein anerkannt, dass Satz 2, soweit er eine Benachteiligung verbietet,

---

1415 EuGH v. 10.04.1984 - C-J001/83, BeckEuRS 1984, 111848.

1416 LAG Hamm v. 26.02.2009 - 17 Sa 923/08, BeckRS 2010, 72245.

1417 EuGH v. 04.10.2001 - C-438/99 (Rn. 45), EuZW 2001, 719; *Schulte Westenberg*, NJW 2003, 490 (492).

1418 LAG Berlin-Brandenburg v. 04.11.2011- 13 Sa 1549/11, BeckRS 2011, 77573.

ein Schutzgesetz i.S.d. § 823 Abs. 2 BGB darstellt und die Verletzung – soweit sie schuldhaft erfolgt – schadensersatzpflichtig macht.[1419] Dem Grunde nach kann Schadensersatz auch in Form der Naturalrestitution geleistet werden. Ob dies im Falle des § 78 S. 2 BetrVG vom Gesetzgeber gewollt war, ist jedoch fraglich. Hiergegen könnte zunächst sprechen, dass § 78a Abs. 2 BetrVG die Begründung eines unbefristeten Arbeitsverhältnisses nur für den Fall vorsieht, dass ein Auszubildender, der Mitglied des Betriebsrates ist, schriftlich einen Weiterbeschäftigungsanspruch innerhalb der letzten drei Monate vor Beendigung des Berufsausbildungsverhältnisses geltend gemacht hat.

Eine analoge Anwendung des § 78a Abs. 2 BetrVG auf den vorliegenden Fall wurde vom BAG jedoch ausdrücklich abgelehnt.[1420] Grund dafür sei, dass es an der erforderlichen planwidrigen Regelungslücke fehle.[1421] Dem ist zuzustimmen. Eine mit § 78a BetrVG vergleichbare Schutzvorschrift gegenüber der Beendigung ihres nur auf Zeit eingegangenen Arbeitsverhältnisses hat der Gesetzgeber bewusst nicht geschaffen, obwohl er hierzu das am 28.07.2001 in Kraft getretene Gesetz zur Reform des Betriebsverfassungsgesetzes und auch die späteren Änderungsgesetze hätte zum Anlass nehmen können.[1422] Der Gesetzgeber scheint insofern davon auszugehen, dass der befristet beschäftigte Amtsträger vor den nachteiligen Folgen seiner Amtsführung durch die in § 15 KSchG enthaltenen Kündigungsbeschränkungen und durch das Zustimmungsverfahren nach § 103 BetrVG vor der einseitigen Beendigung des Arbeitsverhältnisses durch den Arbeitgeber ausreichend geschützt ist.[1423]

Das BAG hatte sich hinsichtlich der Rechtsfolgenfrage zunächst sehr zurückhaltend geäußert. So hat der 7. Senat des BAG mit Urteil vom 05.12.2012 die Rechtsauffassungen der Landesarbeitsgerichte München, Niedersachsen und Berlin-Brandenburg lediglich insofern bestätigt, als dass aus § 78 S. 2 BetrVG der unionsrechtlich gebotene Schutz eines Betriebsratsmitglieds vor einer im Zusammenhang mit einer Befristung stehenden Benachteiligung abgeleitet werden könne.[1424] So findet sich in Randziffer 47 folgende Formulierung: „Ist ein Arbeitnehmer bereits bei Abschluss der Befristungsabrede Betriebsratsmitglied – das wird regelmäßig nur bei Vertragsverlängerungen in Betracht kommen – kann auch die Befristungsabrede als solche unwirksam sein. Dies kann insbesondere dann der Fall sein, wenn der Arbeitgeber dem Arbeitnehmer nur wegen seiner Betriebsratsmitgliedschaft lediglich ein befristetes statt eines unbefristeten Arbeitsverhältnisses anbietet.“[1425]

Der Senat bestätigte hiermit allein, dass er unter Bezugnahme auf seine Entscheidung vom 06.04.2011, die Unwirksamkeit einer Befristung für den Fall anerkennt, dass ein Betriebsratsmitglied im Vergleich zu einem (hypothetisch vorhandenen)

1419 APS-*Künzl*, § 78 BetrVG Rn. 18 f; ErfK-*Kania*, § 78 BetrVG Rn. 8.
1420 BAG v. 05.12.2012 - 7 AZR 698/11 Rn. 44, NZA 2013, 515 (520).
1421 BAG v. 05.12.2012 - 7 AZR 698/11 Rn. 45, NZA 2013, 515 (520).
1422 BAG v. 05.12.2012 - 7 AZR 698/11 Rn. 45, NZA 2013, 515 (520).
1423 BAG v. 05.12.2012 - 7 AZR 698/11 Rn. 45, NZA 2013, 515 (520).
1424 BAG v. 05.12.2012 - 7 AZR 698/11, NZA 2013, 515.
1425 BAG v. 05.12.2012 - 7 AZR 698/11 Rn. 47, NZA 2013, 515 (521).

Nichtbetriebsratsmitglied lediglich ein weiteres befristetes Arbeitsverhältnis erhält, anstatt dieses zu entfristen. Über die Frage nach einem Fortsetzungsanspruch im Laufe eines befristeten Arbeitsverhältnisses hatte das BAG nicht zu urteilen.

Dies hat das BAG nunmehr mit Urteil vom 25.06.2014 nachgeholt, indem es dem Betriebsratsmitglied, dessen Abschluss eines Folgevertrages aufgrund seiner Betriebsratstätigkeit abgelehnt wird, einen Schadensersatzanspruch in Form der Naturalrestitution zuspricht.[1426]

Im Ergebnis überrascht die Entscheidung. Im Hinblick auf die obigen Ausführungen zur Diskriminierung von Schwangeren war vielmehr zu erwarten, dass der Senat auch im Anwendungsbereich des § 78 S. 2 BetrVG differenzieren wird, ob der Arbeitgeber bei Einstellung / Fortsetzung des befristeten Arbeitsverhältnisses gegen Diskriminierungsvorschriften verstößt (dann resultiert die Rechtsfolge aus §§ 7 Abs. 2 AGG, 16 TzBfG) oder ob er während eines laufenden Beschäftigungsverhältnisses in passiver Art und Weise lediglich keine Verlängerung vornimmt. Das Urteil führt nunmehr dazu, dass man eine schwangere befristet Beschäftigte oder einen diskriminierten Arbeitnehmer i.S.d § 612a BGB schlechter stellt als ein Betriebsratsmitglied. Diese unterschiedliche Behandlung rechtfertigt sich jedenfalls nicht aus dem Wortlaut des § 78 S. 2 BetrVG. In teleologischer Hinsicht haben beide Fallvarianten gemeinsam, dass der grundrechtlich geschützten Auswahlfreiheit des Arbeitgebers Rechnung zu tragen ist. Für § 15 Abs. 6 AGG hat dies der Senat sogar ausdrücklich anerkannt.[1427] Das BAG rechtfertigt die unterschiedliche Behandlung damit, dass das Allgemeine Gleichbehandlungsgesetz als auch § 612a BGB im Wesentlichen einen personenbezogenen Schutzzweck verfolgen.[1428] Dagegen schütze § 78 S. 2 BetrVG neben den Betriebsratsmitgliedern als Personen auch den Betriebsrat als Organ und die sachliche und personelle Kontinuität seiner Arbeit.[1429]

M.E. kann dieses Argument nicht überzeugen. Es ist dem Befristungsrecht gerade immanent, dass der Abschluss eines befristeten Arbeitsverhältnisses und dessen Verlängerung nur über einen begrenzten Zeitraum erfolgen. Sowohl dem betroffenen Betriebsratsmitglied als auch dem Vertretungsorgan ist dies aufgrund des Beteiligungsrechts i.S.d. § 99 Abs. 1 BetrVG bei der Einstellung bekannt. Insofern besteht mangels Vertrauen in den dauerhaften Bestand einer bestimmten Betriebsratszusammensetzung keine besondere Schutzbedürftigkeit. § 78 S. 2 BetrVG darf nicht zu einem „Freifahrtschein“ auf Abschluss eines weiteren befristeten oder unbefristeten Arbeitsvertrag verkommen.

Das diskriminierte Betriebsratsmitglied ist daher gemäß § 78 S. 2 BetrVG i.V.m. § 280 Abs. 1 BGB in Geld zu entschädigen. Letztlich ist dieses Ergebnis auch europarechtskonform, denn ein Kontrahierungszwang ist als effektive Sanktionierung einer unerlaubten Diskriminierung nicht erforderlich. So heißt es in Art. 7 der bereits

---

1426 BAG v. 25.06.2014 - 7 AZR 847/12 NZA 2014, 1209.
1427 BAG v. 06.04.2011 - 7 AZR 524/09 Rn. 34, NZA 2011, 970 (973).
1428 BAG v. 25.06.2014 - 7 AZR 847/12 Rn. 32, NZA 2014, 1209 (1211).
1429 BAG v. 25.06.2014 - 7 AZR 847/12 Rn. 33, NZA 2014, 1209 (1212).

oben zitierten Richtlinie 2002/14/EG: „Die Mitgliedstaaten tragen dafür Sorge, dass die Arbeitnehmervertreter bei der Ausübung ihrer Funktion einen ausreichenden Schutz und ausreichende Sicherheiten genießen, die es ihnen ermöglichen, die ihnen übertragenen Aufgaben in angemessener Weise wahrzunehmen." Dementsprechend folgt aus Art. 7 der Richtlinie 2002/14/EG höchstens derselbe Schutz wie aus § 78 S. 2 BetrVG. Der Schutzzweck des § 78 S. 2 BetrVG endet mit Ablauf des befristeten Arbeitsverhältnisses und kann dem Betriebsratsmitglied letztlich keinen Anspruch auf Fortsetzung seiner Tätigkeit gewähren.

G. Vertrauensschutz und rechtsverbindliche Zusage

Ein weiterer Aspekt, unter dem ein Fortsetzungsanspruch zu diskutieren ist, kann sich aus der Inanspruchnahme einer besonderen Vertrauensstellung ergeben. Dies hatte das BAG im Wandel seiner Rechtsprechung zur Rechtsmissbräuchlichkeit Ende der 80er Jahre vertreten, sofern der Arbeitnehmer aufgrund von Erklärungen oder Verhaltensweisen des Arbeitgebers mit einer Weiterbeschäftigung rechnen durfte.[1430] Unter diesen Umständen konnte der Arbeitgeber verpflichtet sein, einen an sich wirksam befristeten Arbeitsvertrag auf unbestimmte Zeit fortzusetzen, wenn er bei einem Arbeitnehmer die Erwartung geweckt und bestätigt hat, er werde bei Eignung und Bewährung unbefristet weiterbeschäftigt und wenn der Arbeitgeber sich mit einer Ablehnung in einen Widerspruch zu seinem früheren Verhalten und dem von ihm geschaffenen Vertrauenstatbestand setzt.[1431]

Neben dem (unbefristeten) Fortsetzungsanspruch hatte der Senat bereits zwei Jahre zuvor unter dem Gesichtspunkt des Vertrauensschutzes über einen Wiedereinstellungsanspruch im Zusammenhang mit einem sachgrundbefristeten Arbeitsvertrag i.S.d. § 620 BGB a.F. zu entscheiden. Der Senat nahm ein schutzwürdiges Vertrauen auf befristete Wiedereinstellung für den Fall an, dass der Saisonarbeitgeber den Beginn der (neuen) Saison ohne Vorbehalt am „Schwarzen Brett" bekannt gegeben hat und er für deren Durchführung Jahr für Jahr alle (bewerbenden) Arbeitnehmer wiedereinstellt bzw. sogar neue Arbeitnehmer beschäftigt.[1432] Für den Arbeitnehmer entstehe nach einer zehnmaligen befristeten Beschäftigung ein Vertrauenstatbestand, der – soweit ließ der 2. Senat die dogmatische Herleitung offen – entweder direkt aus § 242 BGB oder bei regelmäßiger Wiederholung eines gleichförmigen Verhaltens aus der betrieblichen Übung hergeleitet werde.[1433]

Mit der Entscheidung vom 26.04.2006[1434] erfolgte nach eigenen Angaben des BAG eine „Präzision" der vom 2. Senat ergangenen Rechtsprechung: Hat ein Arbeitgeber

---

1430 BAG v. 16.03.1989 - 2 AZR 325/88, NZA 1989, 719.

1431 BAG v. 16.03.1989 - 2 AZR 325/88, NZA 1989, 719.

1432 BAG v. 29.01.1987 - 2 AZR 109/86, NZA 1987, 627; BAG v. 26.04.1995 - 7 AZR 936/94, NZA 1996, 87.

1433 BAG v. 29.01.1987 - 2 AZR 109/86, NZA 1987, 627.

1434 BAG v. 26.04.2006 - 7 AZR 190/05, BeckRS 2006, 42078.

des Baugewerbes in der Vergangenheit die Arbeitnehmer wegen vorübergehenden Auftragsmangels zum Jahresende entlassen und im Frühjahr wieder neu eingestellt, begründe allein das Vertrauen eines Arbeitnehmers in die Beibehaltung dieser Praxis keinen Anspruch auf Wiedereinstellung.[1435] Von einer Präzision oder Fortführung zu sprechen scheint auf den ersten Blick irritierend. Immerhin kehrte der 7. Senat dem Wiedereinstellungsanspruch aus Vertrauensgesichtspunkten den Rücken zu und sprach dem „enttäuschten" Arbeitnehmer in diesen Fällen lediglich einen Schadensersatzanspruch zu. Die Erläuterung seiner neuen Rechtsauffassung erfolgt jedoch in den Entscheidungsgründen. Dort heißt es, dass etwas anderes auch nicht aus der bisherigen Rechtsprechung des BAG folge, da der 2. Senat zu dieser Thematik nicht abschließend Stellung bezogen habe.[1436] Aus den Entscheidungen ergebe sich vielmehr, dass ein auf die Inanspruchnahme von Vertrauen gestützter Wiedereinstellungsanspruch auf einer entsprechenden Erklärung des Arbeitgebers gegenüber den begünstigten Arbeitnehmern beruhen müsse, deren Inhalt durch Auslegung zu ermitteln sei.[1437]

Insofern unterscheidet sich der aktuellere Fall von dem Sachverhalt aus dem Jahre 1987 darin, dass eine (Willens-)Erklärung am „Schwarzen Brett" nicht erfolgte. Die Besonderheit der damaligen Entscheidung bestand zudem darin, dass der Arbeitgeber das Vertrauen noch dadurch bekräftigte, dass er in einem Begleitschreiben mit der Zahlung des Weihnachtsgeldes die Hoffnung auf eine gute und erfreuliche Zusammenarbeit im kommenden Jahr zum Ausdruck brachte.[1438]

Bestätigt wurde diese „Konkretisierung" letztlich auch in der oben angeführten Entscheidung des BAG vom 13.08.2008. Ein vertraglicher Anspruch des Arbeitnehmers auf Abschluss eines weiteren Arbeitsvertrages bestehe nur dann, wenn die Erklärungen oder Verhaltensweisen des Arbeitgebers als Zusage auf Fortsetzung des Arbeitsverhältnisses auszulegen seien.[1439] Eine umfangreiche Auseinandersetzung mit der Frage, wann eine Willenserklärung nach dem objektiven Empfängerhorizont als rechtsverbindliche Zusage zu verstehen ist, konnte unterbleiben, weil der Arbeitgeber mangels Erklärungstatbestands bereits keine Basis für einen Vertrauenstatbestand geschaffen hatte.

Dieser Weg, den das BAG spätestens seit 2006 im Hinblick auf den „Vertrauensschutz" eingeschlagen hat, scheint m.E. der richtige zu sein. Nur positives bzw. aktives Verhalten des Arbeitgebers kann einen Verlängerungsanspruch erzeugen. Insofern dürfte kein Verlängerungsanspruch bestehen, wenn der befristet Beschäftigte immer wieder nachfragt, ob der zum Ende des Jahres auslaufende Vertrag verlängert werde und der Arbeitgeber ihn immer wieder ohne nähere Auskünfte hinhält. In diesen Fällen kann der Arbeitnehmer allenfalls hoffen, dass der Arbeitgeber ihn

1435 BAG v. 26.04.2006 - 7 AZR 190/05, BeckRS 2006, 42078.
1436 BAG v. 26.04.2006 - 7 AZR 190/05, BeckRS 2006, 42078.
1437 BAG v. 26.04.2006 - 7 AZR 190/05, BeckRS 2006, 42078.
1438 BAG v. 29.01.1987 - 2 AZR 109/86, NZA 1987, 627 (628).
1439 BAG v. 13.08.2008 - 7 AZR 513/07, NZA 2009, 27 (28).

nach Fristablauf schon weiterbeschäftigen werde. Der Arbeitnehmer wird durch das Schweigen oder Vertrösten des Arbeitgebers hingegen nicht in seiner Erwartungshaltung bestärkt.

Ob die Entscheidung zum Aushang am "Schwarzen Brett" in dieser Form noch einmal ergehen würde, ist m.E. fragwürdig. Der Wunsch des Arbeitgebers auf eine gute Zusammenarbeit im kommenden Jahr erzeugt keine schützenswerte Rechtsposition. Eine rechtsgeschäftliche Qualität kann einer solchen Aussage auch nicht entnommen werden. Vielmehr stellt der Aushang eine rein informative Erklärung dar, wann mit dem Beginn der neuen Saison zu rechnen ist.

Hervorzuheben bleibt, dass die Abgrenzung "rechtsverbindliche Zusage" und "enttäuschte Erwartungen" fließend sein kann. Bei Äußerungen des Arbeitgebers, die Befristung sei „nur Formsache" ist bereits fraglich, ob dies eine Zusage oder ein bloßes in Aussicht stellen der befristeten Fortsetzung ohne konkreten Inhalt ist. Letzterer Fall ist unzweifelhaft nicht ausreichend.[1440] Letztlich wird man auf den Einzelfall abstellen müssen. Insbesondere bei langjährigen sachgrundbefristeten Arbeitsverträgen wird man den Äußerungen des Arbeitgebers eine höhere Gewichtung beimessen müssen. Vertrauen wird häufig durch langjährige Beziehungen aufgebaut. Es kann reifen, in dem der befristet Beschäftigte in Form von Kettenarbeitsverträgen über einen längeren Zeitraum aufgrund mehrmaliger Verträge wie ein unbefristet beschäftigter Arbeitnehmer behandelt wird. Insofern ist derartigen „Zusagen" auf erneute Befristungen ein besonderer Stellenwert zuzuschreiben.

H. Prozessuale Besonderheiten bei der Durchsetzung des Fortsetzungsanspruchs

Die vorherigen Ausführungen haben aufgezeigt, dass der Arbeitgeber bei seiner Entscheidung über eine Befristungsverlängerung weniger weitreichenderen Schranken unterliegt, als man im Hinblick auf die sonstigen doch eher strengen Befristungsregeln des § 14 TzBfG erwarten dürfte.

Die wohl aussichtsreichste Konstellation, den Leistungsantrag auf Fortsetzung des befristeten Arbeitsverhältnisses erfolgreich durchzusetzen, dürfte das Berufen auf eine rechtsverbindliche Zusage sein. Dabei kann dahingestellt bleiben, ob eine solche dem Arbeitnehmer einen schuldrechtlichen Anspruch auf Abschluss eines weiteren Vertrages gibt[1441] oder eine Art Vorvertrag[1442] darstellt. In prozessualer Hinsicht ist bei der Formulierung des Leistungsantrages zu differenzieren, ob dem Arbeitnehmer ein unbefristeter Arbeitsvertrag oder die Verlängerung des befristeten Arbeitsvertrages in Aussicht gestellt wurde. So heißt es in der Entscheidung vom 16.03.1989, dass der Arbeitgeber verpflichtet sein kann, einen an sich wirksam

1440 Vgl. BAG v. 21.09.2011 - 7 AZR 150/10, NZA 2012, 317.
1441 BAG v. 22.06.2005 - 7 AZR 363/04, BeckRS 2005, 30358404; so auch *Dörner*, Rn. 764.
1442 KDZ-*Däubler*, § 15 TzBfG Rn. 28.

befristeten Arbeitsvertrag auf unbestimmte Zeit fortzusetzen, wenn er bei einem Arbeitnehmer die Erwartung geweckt und bestätigt hat, er werde bei Eignung und Bewährung unbefristet weiterbeschäftigt.[1443] Für den Fall, dass sich die Zusage auf eine befristete Fortsetzung bezieht, dürfte der Anspruch auch allein auf Abschluss eines weiteren befristeten Arbeitsverhältnisses gerichtet sein. Im Einzelfall könnten allerdings Probleme bestehen, in welchen zeitlichen Dimensionen sich dieser Verlängerungsanspruch bewegt, wenn hierüber nicht ausdrücklich gesprochen wurde. Bei einem befristeten Arbeitsvertrag nach § 14 Abs. 2 TzBfG dürfte der Anspruch auf Verlängerung jedenfalls nicht die zweijährige Maximalgrenze überschreiten. Im Zweifel wird man davon ausgehen müssen, dass der Arbeitgeber beabsichtigt, zumindest bis zu dieser Höchstgrenze einen weiteren befristeten Vertrag abzuschließen. Bei einer vorherigen einjährigen Befristung wird man daher vermuten können, dass sich ein weiteres Jahr anschließen wird, wenn objektive Anhaltspunkte keinen anderen Schluss zulassen.

Im Hinblick auf die prozessuale Geltendmachung des Verlängerungsanspruchs und der restriktiven Rechtsprechung zum Vorbeschäftigungsverbot, darf ein weiteres Problemfeld allerdings nicht aus den Augen gelassen werden. Wie bereits erläutert, ist nach der Rechtsprechung des BAG zwingende Voraussetzung, dass ein nach § 14 Abs. 2 TzBfG befristetes Arbeitsverhältnis vor Ablauf der Befristungsdauer verlängert wird. Das bedeutet, die Willenserklärungen, die auf den Abschluss einer Verlängerungsabrede gerichtet sind, müssen vor Ablauf der Befristungsdauer abgegeben worden sein. Wird das Arbeitsverhältnis erst nach Ablauf der ursprünglich vereinbarten Dauer verlängert, liegt grundsätzlich ein Verstoß gegen das in § 14 Abs. 2 S. 2 TzBfG verankerte Anschlussverbot vor. In dem Urteil des BAG vom 13.08.2008 war der Antrag darauf gerichtet, eine Änderungsvereinbarung des Inhalts, dass die Klägerin von der Beklagten mit Wirkung ab 01.10.2006 als „Vollbeschäftigte" nach Maßgabe des Arbeitsvertrags vom 23.01.2006 bis zum 22.01.2008 weiterbeschäftigt wird, abzuschließen.[1444]

Dieser Leistungsantrag wurde vom Senat dergestalt ausgelegt, dass die Beklagte verurteilt werden soll, das in der Klage liegende Angebot der Klägers auf Abschluss der begehrten Änderungsvereinbarung (Verlängerungsvertrag) anzunehmen. Unproblematisch war dabei, dass die Klageschrift bereits vor Ablauf der vereinbarten Befristungsdauer eingereicht wurde und damit das Angebot auf Abschluss eines Verlängerungsvertrages vor Beendigung des Arbeitsverhältnisses abgegeben wurde. Soweit man der Klage allerdings stattgegeben hätte, gilt nach § 894 ZPO, dass die Annahme dieses Angebots erst mit Rechtskraft des Urteils als abgegeben gilt. Dies wird in den häufigsten Fällen nach Beendigung des befristeten Arbeitsverhältnisses sein. Zu welchem Zeitpunkt die fingierte Abgabe wirkt, beurteilt sich nach materiellem Recht.[1445] Nach früherer Gesetzeslage konnte der Arbeitgeber nicht zu einem

1443 BAG v. 16.03.1989 - 2 AZR 325/88, NZA 1989, 719.
1444 BAG v. 13.08.2008 - 7 AZR 513/07, NZA 2009, 27.
1445 BAG v. 21.09.2011 - 7 AZR 150/10 Rn. 17, NZA 2012, 317 (319).

rückwirkenden Abschluss eines neuen Arbeitsvertrages verurteilt werden. Grund dafür war, dass nach § 306 BGB a.F. die Verurteilung zur Eingehung eines rückwirkenden Vertragsverhältnisses ausgeschlossen war. Im Zuge der Schuldrechtsreform steht mit Einführung des § 311a BGB einer Rückwirkung nunmehr grundsätzlich nichts im Wege; so entschied das BAG für den Wiedereinstellungsanspruch nach betriebsbedingter Kündigung, dass dieser zu dem Zeitpunkt, zu dem der Arbeitnehmer berechtigt war, den Abschluss eines neuen Arbeitsvertrags vom Arbeitgeber zu verlangen, zurückwirkt.[1446]

Mit Spannung dürfte zu erwarten sein, ob der Senat für einen Verstoß gegen das Anschlussverbot auf den Zeitpunkt der Fiktion der Annahmeerklärung gemäß § 894 ZPO oder auf die materielle (Rück-)Wirkung der Annahmeerklärung abstellt. Diese Frage könnte bspw. relevant werden, wenn der Arbeitnehmer beabsichtigt, im Nachgang zur gerichtlichen Entscheidung über den Verlängerungsanspruch, eine Befristungskontrollklage auf unbefristete Beschäftigung zu erheben. Dass eine derartige Konstellation nicht ganz abwegig ist, hat bereits die Entscheidung des LAG Schleswig-Holstein gezeigt.[1447] Hintergrund war, dass sich die Parteien im Lauf einer vorherigen Arbeitsgerichtsprozesses darauf geeinigt hatten, dass das Arbeitsverhältnis aufgrund eines gerichtlich protokollierten Vergleichs gemäß 14 Abs. 1 S. 2 Nr. 8 TzBfG befristet bis zum 31.03.2012 zu den bislang geltenden Konditionen fortbestehen sollte.[1448] Da dieser Vergleich erst nach Ablauf des vorherigen befristeten Arbeitsverhältnisses (31.12.2011) geschlossen wurde, nahm das LAG Schleswig-Holstein einen Verstoß gegen das Anschlussverbot an und gab der Entfristungsklage statt.

Dass der Vergleich in materieller Hinsicht rückwirkende Kraft zum Ablauf des vorherigen befristeten Arbeitsvertrag erlangen sollte, wurde für die Frage nach einem Verstoß gegen das Vorbeschäftigungsverbot als scheinbar unerheblich abgetan. Dies ist dem Grunde nach auch konsequent, da es das BAG als unbeachtlich einstuft, wenn die Parteien sich erst nach Ablauf der Befristung auf eine Verlängerung einigen und dieser ausdrücklich Rückwirkung beimessen.

Sofern das BAG diesen Gedanken auf eine gerichtlich fingierte Annahmeerklärung übertragen sollte, müssen die bereits auf S. 60 f. geäußerten Bedenken Geltung beanspruchen. Wie beim Abschluss eines gerichtlich protokollierten Vergleiches im Zuge einer Befristungskontrollklage, kann auch die durch Urteil „ersetzte“ Annahmeerklärung des Verlängerungsanspruchs nicht befristungsschädlich sein. Anderenfalls würde die Geltendmachung des Fortsetzungsanspruchs dazu führen, dass durch die gerichtlich fingierte Annahmeerklärung der Weg für eine weitere Befristungskontrollklage aufgrund eines Verstoßes gegen das Anschlussverbotes

---

1446 BAG v. 21.09.2011 - 7 AZR 150/10 Rn. 17, NZA 2012, 317 (319); BAG v. 21.08.2008 - 8 AZR 201/07 Rn. 61, NZA 2009, 29 (34); BAG v. 25.10.2007 - 8 AZR 989/06, NZA 2008, 357 (359).

1447 LAG Schleswig-Holstein v. 06.03.2013 - 6 Sa 346/12, BeckRS 2013, 68228.

1448 Vgl. Ausführungen auf S. 60 f.

geebnet wäre. Ein solches Ergebnis kann nicht billigenswert sein. Insbesondere muss eine gerichtliche Entscheidung, bei der es in der Natur der Sache liegt, dass sie nach Ablauf der Befristung ergeht, Vorrang vor dem in § 14 Abs. 2 S. 2 TzBfG verankerten Anschlussverbot haben. Dieses ist insofern teleologisch zu reduzieren.

8. Kapitel – Wesentliche Thesen

1. Die Verlängerung eines sachgrundlos befristeten Arbeitsverhältnisses verstößt gegen das in § 14 Abs. 2 S. 2 TzBfG verankerte Anschlussverbot, wenn sie erst nach Ablauf der Befristung vereinbart wird und/oder sich nicht unmittelbar an den vorherigen Vertrag anschließt. Dies gilt selbst für den Fall, dass der Verlängerung nach dem übereinstimmenden Parteiwillen Rückwirkung beigemessen werden soll.
2. Eine Ausnahme von Ziffer 1 gilt für den Fall, dass die Verlängerung des befristeten Arbeitsverhältnisses nach dessen Beendigung durch einen gerichtlich protokollierten Vergleich i.S.d. § 278 Abs. 6 S. 1 Alt. 1 ZPO vereinbart wird oder dem Verlängerungsanspruch des Arbeitnehmers durch gerichtliche Entscheidung stattgegeben wird. Das Anschlussverbot des § 14 Abs. 2 S. 2 TzBfG ist in diesen Fällen teleologisch zu reduzieren.
3. Beschließen die Vertragsparteien im Zusammenhang mit der Verlängerung eines sachgrundlos befristeten Arbeitsverhältnisses die Änderung von materiellen Arbeitsbedingungen, sind die auf den Vertragsschluss gerichteten Erklärungen der Vertragsparteien unter Berücksichtigung der §§ 133, 157 BGB anhand eines objektiven Empfängerhorizonts dahingehend auszulegen, ob hiermit ein Neuabschluss oder die Verlängerung eines befristeten Arbeitsverhältnisses beabsichtigt ist.
4. Aus dem bloßen Übersenden des schriftlichen Arbeitsvertrages kann ohne zusätzlichen Erklärungsgehalt weder nach § 154 Abs. 2 BGB (analog) noch anhand der Auslegung von Willenserklärungen gemäß §§ 133, 157 BGB abgeleitet werden, dass der Arbeitgeber die Vertragsverlängerung von der Einhaltung der Schriftform i.S.d. § 14 Abs. 4 TzBfG abhängig machen will. Im öffentlichen Dienst gibt es keine allgemeine "Auslegungsregel", dass Einstellungen stets an den obligatorischen Abschluss eines schriftlichen Arbeitsvertrags geknüpft sind.
5. Vereinbaren die Vertragsparten den Abschluss eines befristeten Arbeitsverhältnisses unter dem Vorbehalt seiner schriftlichen Niederlegung gemäß § 154 Abs. 2 BGB (analog), so stellt das durch Arbeitsaufnahme entstandene faktische Arbeitsverhältnis keine unzulässige Vorbeschäftigung i.S.d. § 14 Abs. 2 S. 2 TzBfG dar.
6. Vereinbaren die Vertragsparten die Verlängerung eines sachgrundlos befristeten Arbeitsverhältnisses unter dem Vorbehalt seiner schriftlichen Niederlegung gemäß § 154 Abs. 2 BGB (analog), so ist das Anschlussverbot i.S.d. § 14 Abs. 2 S. 2 TzBfG dahingehend (teleologisch) zu reduzieren, dass die verlängerte Befristungsabrede nicht wegen eines Verstoßes gegen These 1 nichtig ist.
7. Das Schriftformerfordernis i.S.d § 14 Abs. 4 TzBfG ist gewahrt, wenn die schriftliche Niederlegung im engen zeitlichen und sachlichen Zusammenhang mit der rechtsverbindlich vereinbarten mündlichen Befristungsabrede erfolgt und sich

damit der Abschluss bzw. die Verlängerung des befristeten Arbeitsverhältnisses nach dessen Gesamtschau als einheitliches Rechtsgeschäft darstellt. Dies ist der Fall, wenn die schriftliche Niederlegung innerhalb von vier Wochen nach Arbeitsaufnahme erfolgt und keine sonstigen objektiven Anhaltspunkte auf den Abschluss einer nachträglichen Befristung hindeuten.

8. Sofern die Voraussetzungen zur Nachholung der Schriftform vorliegen, hat der Arbeitgeber gleichwohl keinen Rechtsanspruch auf Unterzeichnung der nachträglich fixierten Befristungsabrede durch den Arbeitnehmer. Die Vereinbarung eines Schriftformvorbehaltes i.S.d. § 154 Abs. 2 BGB (analog) bleibt von These 7 unberührt.
9. Die Rechtsunwirksamkeit einer Befristung kann innerhalb von drei Wochen nach dem vereinbarten Ende des befristeten Arbeitsvertrages ohne Rücksicht darauf, ob die Vertragsparteien zwischenzeitlich vorbehaltslos eine neue Befristungsabrede getroffen haben, durch Erhebung einer Befristungskontrollklage geltend gemacht werden.
10. Die rechtsmissbräuchliche Verwendungsweise einer Sachgrundbefristung ist indiziert, wenn in einem besonders gravierenden Ausmaß die Grenzen des § 14 Abs. 2 TzBfG (Gesamtdauer von zwei Jahren, dreimalige Verlängerung) kumulativ überschritten sind. Dies ist gemäß der Faktor-4-Formel der Fall, wenn eine Befristungsdauer von acht Jahren unter Abschluss von zwölf befristeten Arbeitsverträgen überschritten ist. Die Faktor-4-Formel ist keinesfalls starr zu verstehen und kann dahingehend modifiziert werden, dass das Ansteigen der Gesamtbefristungsdauer bei gleichzeitigem Absinken der Anzahl der zulässigen Befristungen, gleichwohl zu einem indizierten Rechtsmissbrauch führen kann.
11. Die Gesamtbefristungsdauer i.S.d. These 10 unterliegt der Neuberechnung, wenn zwischen den befristeten Arbeitsverhältnissen ein Zeitraum von mehr als vier Monaten liegt.
12. Im Anwendungsbereich des § 14 Abs. 1 S. 2 Nr. 3 TzBfG hat der betriebliche Dauerbedarf an Vertretungskräften auf die Wirksamkeit der Sachgrundbefristung keinen Einfluss. Das Bedürfnis an einer Vertretungskraft bleibt auch dann vorübergehend, wenn die Größe des betroffenen Unternehmens und die Zusammensetzung des Personals bei kollektiver Betrachtung darauf schließen lassen, dass der Arbeitgeber mit einem wiederholten oder ständigen Bedarf an Vertretungskräften im Betrieb oder in der Einrichtung konfrontiert ist. Der Arbeitgeber ist nicht gehalten, eine Personalreserve für Vertretungsfälle bereitzustellen.
13. Ist es dem Arbeitgeber rechtlich möglich und tatsächlich zumutbar, einen Arbeitnehmer unbefristet als Vertretungskraft für regelmäßig ausfallende Stammkräfte, welche die gleichen oder vergleichbare Aufgaben verrichten, einzustellen, begründet dies keinen gegen Unionsrecht verstoßenden ständigen Vertretungsbedarf. Gleichwohl kann dieser Umstand bei mehrfach befristeten Arbeitsverhältnissen innerhalb der Rechtsmissbrauchskontrolle der Vertretungsbefristung als besondere Komponente zu berücksichtigten sein.

14. Die Rechtsprechung des BAG zur „Unzulässigkeit der Dauervertretung" ist aufzugeben. Sofern der Arbeitgeber bei Vertragsschluss seine Absicht ggü. dem Arbeitnehmer erklärt, dass er ihn für eine noch nicht absehbare Vielzahl von Vertretungsfällen auf Dauer beschäftigten werde, hat dies keinen Einfluss auf die Wirksamkeit des Sachgrundes der Vertretung. Derartige Äußerungen können dem Arbeitnehmer – je nach Erklärungsgehalt – allerdings einen Anspruch auf Fortsetzung des befristeten Arbeitsverhältnisses oder gar auf Übernahme in ein unbefristetes Arbeitsverhältnis geben (vgl. These 20).
15. § 5 Nr. 1a) der am 18.03.1999 geschlossenen Rahmenvereinbarung über befristete Arbeitsverhältnisse im Anhang der Richtlinie 1999/70/EG des Rates vom 28.06.1999 zu der EGB-UNICE-CEEP-Rahmenvereinbarung über befristete Arbeitsverträge ist dahin auszulegen ist, dass ein sachlicher Grund i. S. dieser Rahmenvereinbarung auch dann gegeben sein kann, wenn dem befristet Beschäftigten – ohne tatsächliche Umorganisation der im Betrieb anfallenden Tätigkeiten – Aufgaben übertragen werden, die der Vertretene bislang nicht verrichtet hat, die ihm aber aufgrund des Direktionsrechts des Arbeitgebers hätten zugewiesen werden können. Voraussetzung hierfür ist, dass der Arbeitgeber zur Feststellung des Kausalzusammenhangs zwischen der zeitweiligen Arbeitsverhinderung der Stammkraft und der Einstellung der Vertretungskraft, lückenlos darlegen und beweisen kann, dass die vom Vertreter übernommenen Aufgaben, dem Vertretenen nach seiner Rückkehr tatsächlich und rechtlich zugewiesen werden könnten. Entgegen der Auffassung des BAG beschränkt sich die Prüfung des fiktiven Umsetzungsprozesses keineswegs nur auf generalisierende Umstände. Vielmehr bedarf es einer umfassenden (Inzident-)Kontrolle durch die Gerichte, ob der hypothetischen Ausübung des Direktionsrechts die individuellen Belange und Verhältnisse der Vertretenen entgegenstehen.
16. Die befristete Fortsetzung des Arbeitsverhältnisses nach Eintritt in das Rentenalter kann auf § 14 Abs. 1 S. 2 Nr. 6 TzBfG gestützt werden, wenn ein wechselseitiges Interesse der Arbeitsvertragsparteien an der befristeten Fortsetzung des Arbeitsverhältnisses gegeben ist. In die Gesamtabwägung können im Wege eines Erst-Recht-Schlusses (argumentum e fortiori) grds. diejenigen Argumente einfließen, welche vom BAG zur Begründung der Wirksamkeit sog. Rentenaltersklauseln angeführt werden.
    Die abstrakte Betrachtungsweise, die das BAG aufgrund des zeitlichen Auseinanderfallens von Befristungsabrede und Rentenbezug zur Legitimation von Altersgrenzen heranzieht, wird im Falle der befristeten Fortsetzung des befristeten Arbeitsverhältnisses nach Eintritt in das Rentenalter dadurch ersetzt, dass neben dem Bezug einer nicht völlig unangemessenen Grundsicherung des befristet Beschäftigten, alle bekannten Umstände des Einzelfalls konkret zu berücksichtigen sind.
17. § 41 S. 3 SGB VI stellt eine von Gesetzes wegen anerkannte Form der sachgrundlosen Verlängerung eines zuvor sachgrundbefristeten Arbeitsverhältnisses dar. Die Vorschrift ist als lex specialis ggü. § 14 TzBfG zu verstehen. Systematische und teleologische Aspekte sprechen dafür, die zu § 14 Abs. 2 S. 1 Hs. 2 TzBfG

ergangene restriktive Rechtsprechung des BAG zum Verlängerungsbegriff bei sachgrundlos befristeten Arbeitsverhältnissen nicht auf § 41 S. 3 SGB VI zu übertragen. § 41 S. 3 SGB VI verstößt in seiner gegenwärtigen Fassung, welche in unbegrenzter Anzahl und Dauer das mehrfache Herausschieben des Beendigungszeitraumes nach Erreichen des Renteneintrittsalters zulässt, gegen § 5 Nr. 1 der Rahmenvereinbarung über befristete Arbeitsverhältnisse.

18. Im Gegensatz zu §§ 1 Abs. 1 S. 2, 14 Abs. 3 S. 1 AÜG, die ein Zustimmungsverweigerungsrecht des Betriebsrates begründen, wenn die Überlassung des Leiharbeitnehmers an den Entleiher nicht nur „vorübergehend" erfolgt, handelt es sich bei § 242 BGB i.V.m. § 5 Nr. 1 der EGB-UNICE-CEEP-Rahmenvereinbarung über befristete Arbeitsverträge nicht um ein Verbotsgesetz i.S.d. § 99 Abs. 2 Nr. 1 BetrVG. Der Betriebsrat kann die Zustimmung zur Verlängerung des befristeten Arbeitsverhältnisses bzw. zum Abschluss eines weiteren sachgrundbefristeten Arbeitsverhältnisses nicht mit der Begründung verweigern, dass durch die Anzahl und Gesamtdauer vorheriger Befristungen eine rechtsmissbräuchliche Verwendungsweise indiziert sei.
19. Im Anwendungsbereich des § 14 Abs. 2 S. 3 TzBfG ist in entsprechender Anlehnung an die Sonderbestimmung des § 30 Abs. 2 und 3 TVöD und unter Berücksichtigung der Rechtsprechung des BAG zur rechtsmissbräuchlichen Verwendungsweise von Kettenbefristungen, eine tarifvertragliche Festlegung der zulässigen Gesamthöchstdauer sachgrundloser Befristungen auf bis zu fünf Jahre bei einer Anzahl von acht befristeten Arbeitsverträgen als verfassungsgemäß und europarechtskonform anzusehen.
20. Dem begründeten Anspruch des befristet beschäftigten Arbeitnehmers auf Fortsetzung des befristeten Arbeitsverhältnisses nach Eintritt des kalendermäßig bestimmten Endtermins oder nach Zweckerreichung sind enge Grenzen gesetzt. Ein solcher lässt sich weder aus dem Allgemeinen Gleichbehandlungsgrundsatz noch aus einer ergänzenden Vertragsauslegung im Falle einer fehlerhaften Prognose zur Rückkehr des Vertretenen ableiten. Eine entsprechende Anwendbarkeit des kündigungsrechtlichen Wiedereinstellungsanspruchs ist ebenfalls abzulehnen. Ein Fortsetzungsanspruch kann allerdings bestehen, wenn der Arbeitnehmer die Erklärungen und/oder Verhaltensweisen des Arbeitgebers als rechtsverbindliche Zusage verstehen durfte.
21. Die diskriminierende Nichtverlängerung eines befristeten Arbeitsverhältnisses aufgrund einer vor Ablauf der Befristung eingetretenen Schwangerschaft führt gemäß § 15 Abs. 6 AGG lediglich zu einem in Geld zu entschädigenden Schadensersatzanspruch und nicht zu einem Anspruch auf (befristete oder unbefristete) Fortsetzung des Arbeitsverhältnisses. Ein Anspruch auf Begründung eines unbefristeten Arbeitsverhältnisses besteht gemäß §§ 7 Abs. 2, 16 AGG nur dann, wenn die Befristungsabrede bei ihrem Abschluss als solche diskriminierend ist. Auch Betriebsratsmitgliedern steht im Falle der diskriminierenden Nichtverlängerung des befristeten Arbeitsverhältnisses oder der verweigerten Übernahme in ein unbefristetes Arbeitsverhältnis grds. nur ein Schadensersatzanspruch zu, der nicht im Wege der Naturalrestitution zu gewähren ist. § 78 S. 2 BetrVG

eröffnet nur dann einen Anspruch auf Übernahme in ein unbefristetes Arbeitsverhältnis, wenn die Befristungsabrede als solche aus diskriminierenden Gründen unwirksam ist. Dies kann insbesondere dann der Fall sein, wenn der Arbeitgeber dem Arbeitnehmer allein wegen seiner Betriebsratsmitgliedschaft lediglich die Verlängerung seines befristeten Arbeitsvertrages anstelle der Übernahme in ein unbefristetes Arbeitsverhältnis anbietet.

Literaturverzeichnis

Andritzky. E. Michael: Beschäftigungsförderungsgesetz 1985: Eine Zwischenbilanz, in: NZA 1986, S. 385–388.

Annuß, Georg/Thüsing, Gregor: Kommentar zum Teilzeit- und Befristungsgesetz, 3. Auflage, Frankfurt am Main 2012. (zitiert: AT-*Bearbeiter*)

Ascheid, Reiner/Preis, Ulrich/Schmidt, Ingrid: Großkommentar zum gesamten Recht der Beendigung von Arbeits-verhältnissen, 4. Auflage, München 2012. (zitiert: APS-*Bearbeiter*)

Bader, Peter: Arbeitsrechtliche Altersgrenzen weiter flexibilisiert, in: NZA 2014, S. 749–753.

Baeck, Ulrich/Winzer, Thomas: BAG: Nachträgliche Zulassung einer Befristungskontrollklage, in: NZG 2011, S. 579.

Bahnsen, Volker: Schriftform nach § 14 IV TzBfG – die neue Befristungsfalle für Arbeitnehmer, in NZA 2005, S. 676–678.

Bamberger, Heinz Georg/Roth, Herbert: Kommentar zum Bürgerlichen Gesetzbuch, Band 1 (§§ 1–610 BGB), 3. Auflage, München 2012. (zitiert: Bamberger/Roth-*Bearbeiter*)

Bauer, Jobst-Hubertus: Neue Spielregeln für Teilzeitarbeit und befristete Arbeitsverträge, in: NZA 2000, S. 1039–1043.

Bauer, Jobst-Hubertus: Befristete Arbeitsverträge unter neuen Vorzeichen, BB 2001, S. 2473–2477.

Bauer, Jobst-Hubertus: Befristete Arbeitsverträge unter neuen Vorzeichen, in: BB 2001, S. 2526–2530.

Bauer, Jobst-Hubertus: Anm. zu BAG v. 23.08.2006 - 7 AZR 12/06, in: NZA 2007, S. 204–209.

Bauer, Jobst-Hubertus: Befristete Verträge mit älteren Arbeitnehmern ab 1.5.2007 - oder der neue § § 14 III TzBfG, in: NZA 2007, S. 544–545.

Bauer, Jobst-Hubertus: Tückisches Befristungsrecht, in: NZA 2011, S. 241–249.

Bauer, Jobst-Hubertus: Arbeitsrechtliche Baustellen des Gesetzgebers – insbesondere im Befristungsrecht, in: NZA 2014, S. 889–891.

Bauer, Jobst-Hubertus: Anm. zu BAG, Urteil vom 16.04.2008 - 7 AZR 1048/06, in: FD-ArbR 2008, 266041.

Bauer, Jobst-Hubertus: Sachgrundlose Befristung und „Zuvor-Beschäftigung“, in: ArbRAktuell 2011, S. 218.

Bauer, Jobst-Hubertus/Krieger, Steffen: Anm. zu BAG v. 01.12.2004 - 7 AZR 198/04, in: AP Nr. 15 zu § 14 TzBfG.

Bauer, Jobst-Hubertus/ Preis, Ulrich/Schunder, Achim: Das Gesetz zu Reformen am Arbeitsmarkt - Reform oder nur Reförmchen? in: NZA 2004, S. 195–199.

Bauer, Jobst-Hubertus/von Medem, Andreas: Altersgrenzen zur Beendigung von Arbeitsverhältnissen – Was geht, was geht nicht? in NZA 2012, S. 945–953.

Bartl, Ewald/Romanowski, Roman: Keine Leiharbeit auf Dauerarbeitsplätzen! in: NZA 2012, S. 845–847.

Bayreuther, Frank: Die Neufassung des § 14 Abs. 3 TzBfG - diesmal europarechtskonform? in: BB 2007, S. 1113–1115.

Bayreuther, Frank: Altersgrenzen, Altersgruppenbildung und der Ausschluss rentennaher Arbeitnehmer aus Sozialplänen - Konsequenzen der Urteile des EuGH in Sachen Rosenbladt, Andersen, Georgiev und Kleist, in: NJW 2011, S. 19–23.

Bayreuther, Frank: Kettenbefristung zur Vertretung von Arbeitnehmern, in: NZA 2013, S. 23–26.

Beck´scher Online Kommentar Arbeitsrecht: Rolfs, Christian/Giesen, Richard/ Kreikebohm, Ralf/Udsching Peter, (Hrsg.), 32. Edition, München 2014. (zitiert: BeckOK-*Bearbeiter*)

Beck´scher Online Kommentar BGB: Bamberger, Heinz Georg/Roth, Herbert (Hrsg.), 32. Edition, München 2014. (zitiert: BeckOK-*Bearbeiter*)

Beise, Marc: Sicherheit ist nicht mehr normal, in: Süddeutsche Zeitung, Ausgabe Nr. 63, 17.03.2010, S. 4.

Beuthien, Volker: Abschlußzwang durch Mutterschutz? in: RdA 1964, S. 207–212.

Bissels, Alexander/Haag, Gregor: Das Anschlussverbot nach § 14 II 2 TzBfG, in: ArbRAktuell 2011, S. 261–264.

Blank, Hubert/Börstinghaus, Ulf P.: Miete, Kommentar, 4. Auflage, München 2014. (zitiert Blank/Börstinghaus-*Bearbeiter*)

Blanke, Thomas: Der Gesetzentwurf der Bundesregierung über Teilzeitarbeit und befristete Arbeitsverträge, in: AiB 2000, 729–736.

Blomeyer, Wolfgang: Der befristete Arbeitsvertrag als Problem der Gesetzesinterpretation, in: RdA 1967, S. 406–415.

Boecken, Winfried/Joussen, Jacob: Teilzeit- und Befristungsgesetz, Handkommentar, 3. Auflage, Baden-Baden 2012. (zitiert: Boecken/Joussen-*Bearbeiter*)

Bredemeier, Jörg/Neffke, Reinhard: Kommentar zum TVöD/TV-L, 4. Auflage, München 2013.

Brors, Christiane,: „Vorübergehend", in: AuR 2013, S. 108–113.

Brose, Wiebke: Die BAG-Rechtsprechung zu § 14 I 2 Nr. 3 TzBfG - Ein Fall für den EuGH, in: NZA 2009, S. 706–712.

Brose, Wiebke/Sagan, Adam: Kettenbefristung wegen Vertretungsbedarfs im Zwielicht des Unionsrechts, in: NZA 2012, S. 308–311.

Brugger, Helen: Personelle Einzelmaßnahmen – des einen Freud, des anderen Leid, in: NJW-Spezial 2012, S. 370–371.

Bruns, Patrick: Institutioneller Missbrauch als Kontrollparameter im arbeitsrechtlichen Befristungsrecht, in: NZA 2013, S. 769–772.

Däubler, Wolfgang: Das geplante Teilzeit- und Befristungsgesetz, in: ZIP 2000, S. 1961–1969.

Däubler, Wolfgang: Das neue Teilzeit- und Befristungsgesetz, in: ZIP 2001, S. 217–225.

Däubler, Wolfgang/Bertzbach, Martin: Allgemeines Gleichbehandlungsgesetz, Handkommentar, 3. Auflage, Baden-Baden 2013.

Däubler, Wolfgang/Hjort Jens Peter/Schubert, Michael/Wolmerath, Martin (Hrsg.): Handkommentar Arbeitsrecht, Individualarbeitsrecht mit kollektivrechtlichen Bezügen, 3. Auflage 2013, Baden-Baden. (zitiert: HK-ArbR-*Bearbeiter*)

Deeg, Oliver: Entfristungsanspruch von Betriebsratsmitgliedern, in: ArbRAktuell 2011, 103.

Diller, Martin/Lutz, Gleiss: Anm. zu BAG, Urteil vom 13.08.2008 - 7 AZR 513/07, in: FD-ArbR 2009, 273640.

Dörner, Hans-Jürgen: Die Befristung von Arbeitsverträgen nach § 620 BGB und § 1 BeschFG 1996 – Rückblick und Ausblick, in: ZTR 2001, S. 485–491.

Dörner, Hans-Jürgen: Neues aus dem Befristungsrecht, in: NZA 2007, S. 57–63.

Dörner, Hans-Jürgen: Der befristete Arbeitsvertrag, 2. Auflage, München 2011. (zitiert: *Dörner*)

Drosdeck, Thomas/Bitsch, Christian: Die rechtsmissbräuchliche Vertretungsbefristung, in: NJW 2013, S. 1345–1348.

Düwell, Franz Josef: Die vorübergehende Überlassung im Ersten AÜG-Änderungsgesetz, in: ZESAR 2011, S. 449–455.

Eisemann, Hans Friedrich: Befristung und virtuelle Dauervertretung, in: NZA 2009, S. 1113–1117.

Emmerich, Volker/Sonnenschein, Jürgen: Miete, Handkommentar, §§ 535 bis 580a des Bürgerlichen Gesetzbuches, 11. Auflage, Berlin 2014. (zitiert: Emmerich-*Bearbeiter*)

Erfurter Kommentar zum Arbeitsrecht: Dieterich, Thomas/Müller-Glöge, Rudi/Preis, Ulrich (Hrsg.), 14. Auflage, München 2014. (zitiert: ErfK-*Bearbeiter*)

Fiebig, Andreas: Die gerichtliche Überprüfung des Sachgrundes der vorletzten Befristung, NZA 1999, S. 1086–1088.

Fitting, Karl: Betriebsverfassungsgesetz, Handkommentar, 27. Auflage, München 2014.

Francken, Johannes Peter: Die Tarifdispositivität des § 14 II 3 TzBfG als win/win-Regelung in der Beschäftigungskrise, in: NZA 2010, S. 305–306.

Friedhofen, Peter/Weber, Ulrich: Rechtsprobleme des befristeten Arbeitsvertrages nach Art. 1 § 1 des Beschäftigungsförderungsgesetzes, in: NZA 1985, S. 337–341.

Frohner, Siegfried/Pieper, Rainer: Befristete Arbeitsverhältnisse, ArbuR 1992, S. 97–110.

Fuhlrott, Michael: Kein genereller Entfristungsanspruch für Betriebsräte, ArbRAktuell 2011, S. 619–620.

Gaenslen, Rüdiger/Heilemann, Tina: Neue Grundsätze für Befristungen in der kommunalen Verwaltung, in: KommJur 2012, S. 81–87.

Gaumann, Ralf: „Verspätete" Wahrung des Schriftformerfordernisses nach § 14 Abs. 4 TzBfG, in: FA 2002, S. 40–44.

Gemeinschaftskommentar zum Kündigungsschutzgesetz und zu sonstigen kündigungsrechtlichen Vorschriften: Etzel, Gerhard/Bader, Peter/Fischermeier, Ernst/Friedrich, Hans-Wolf, u.a., 5. Auflage, Neuwied 1998. (zitiert: KR-*Bearbeiter*[5])

Gemeinschaftskommentar zum Kündigungsschutzgesetz und zu sonstigen kündigungsrechtlichen Vorschriften: Etzel, Gerhard/Bader, Peter/Fischermeier, Ernst/Friedrich, Hans-Wolf, u.a., 10. Auflage, Köln 2013. (zitiert: KR-*Bearbeiter*[10])

Gooren, Paul: Vertretungsbedingte Kettenbefristungen nach dem Kücük-Urteil des EuGH, in: ZESAR 2012, S. 225–230.

Greiner, Stefan: Nachträgliche Schriftformwahrung in befristeten Arbeitsverhältnissen zwischen Privatautonomie, Positivismus und Rechtsfortbildung, in: RdA 2009, S. 82–92.

Greiner, Stefan: Methodenfragen des Befristungsrechts, in: NZA-Beil. 2011, S. 117–121.

Grolms, Maike: Kettenbefristung und Rechtsmissbrauch, in: AiB 2013, S. 68.

Hanau, Peter: Das Allgemeine Gleichbehandlungsgesetz (arbeitsrechtlicher Teil) zwischen Bagatellisierung und Dramatisierung, in: ZIP 2006, S. 2189–2201.

Hartmann, Christian: Befristung von Arbeitsverträgen mit Studenten, in: SAE 1995, S. 335–339.

Hauck-Scholz, Peter: Befristete Arbeitsverhältnisse und Fragen der Mitbestimmung, in: öAT 2013, S. 221–224.

Heidl, Wolfgang: Probleme der sachgrundlosen Befristung von Arbeitsverhältnissen nach § 14 Abs. 2 Satz 1, 2 TzBfG, in: RdA 2009, S. 297–306.

Heise, Dagmar/Lessenich, Holger M./Merten, Philip W.: Erleichterte Zulassung befristeter Arbeitsverträge, in: Arbeitgeber 1997, S. 94–96.

Heise, Dagmar/Lessenich, Holger M./Merten, Philip W.: Das neue Arbeitsrecht auf einen Blick: Änderungen durch das arbeitsrechtliche Beschäftigungsförderungsgesetz 1996, Freiburg 1997. (zitiert: Das neue Arbeitsrecht)

Helm, Rüdiger/Bell, Regina/Huber, Michael: Ohne Regeln geht es nicht – das europarechtliche Absicherungsgebot für (befristet beschäftigte) Arbeitnehmervertreter, in: ArbRAktuell 2012, S. 579–582.

Helm, Rüdiger/ Hjort, Jens Peter/Hummel, Dieter: Entfristungsanspruch für Betriebsratsmitglieder, in: ArbRAktuell 2011, S. 397–400.

Henssler, Martin/Willemsen, Heinz Josef/Kalb, Heinz-Jürgen: Arbeitsrecht Kommentar, 6. Auflage, Köln 2014. (zitiert: HWK-*Bearbeiter*)

Hess, Harald/Worzalla, Michael/Glock, Dirk/Nicolai, Andrea/Rose, Franz-Josef/Huke, Kristina: BetrVG, Kommentar, 9. Auflage, Köln 2014. (zitiert: HWGNRH-*Bearbeiter*)

Hexel, Christoph/Lüders, Holger: Mitbestimmung bei personellen Einzelmaßnahmen BAG weist die Betriebsparteien in ihre Schranken bei Vertragsstrafenvereinbarungen, in: NZA 2010, S. 613–617.

Hirsch, Günter: Zwischenruf - Der Richter wird's schon richten, in: ZRP 2006, S. 161.

Höpfner, Clemens: Die Reform der sachgrundlosen Befristung durch das BAG – Arbeitsmarktpolitische Vernunft contra Gesetzestreue, in: NZA 2011, S. 893–899.

Hromadka, Wolfgang: Befristete und bedingte Arbeitsverhältnisse neu geregelt, in: BB 2001, S. 674–677.

Hromodka, Wolfgang: Das neue Teilzeit- und Befristungsgesetz, in: NJW 2001, S. 400–405.

Hunold, Wolf: Gleichbehandlung im Betrieb, in: DB 1991, S. 1670–1678.

Hunold, Wolf: Mehrfachbefristungen heute, in: NZA 1997, S. 741–745.

Hunold, Wolf: Die Rechtsprechung zur Befristung von Arbeitsverträgen, in: NZA-RR 2000, S. 505–514.

Hunold, Wolf: Ausgewählte Rechtsprechung zur Gleichbehandlung im Betrieb - 1. Teil Personalgewinnung, laufendes Arbeitsentgelt, Zulagen, in: NZA-RR 2006, S. 561–568.

Ilbertz, Wilhelm/Wildmaier, Ulrich/Sommer, Stefan: Kommentar zum Bundespersonalvertretungsgesetz, 12. Auflage, Stuttgart 2012. (zitiert: Ilbertz/Wildmaier/Sommer-*Bearbeiter*)

Isele, Hellmut Georg: Anmerkung zu BAG v. 28.11.1963 - 2 AZR 140/63, in SAE 1964, S. 63–65.

Jakoby, Florian: Die gesetzliche Schriftform bei Abschluss und Änderung von Gewerbe-raummietverträgen - Oder: Zurück zu den Wurzeln des Vertretungsrechts und der Bestätigung (§ 141 BGB), in: NZM 2011, S. 1–7.

Janko, Markus: Unwirksamkeit der Befristung bei fehlender Schriftform, in: SAE 2005, S. 340–345.

Jauernig, Othmar: Kommentar zum Bürgerlichen Gesetzbuch, 15. Auflage, München 2014. (zitiert: Jauernig-*Bearbeiter*)

Jud, Brigitta: Formfragen bei Abschluss befristeter Mietverträge, in: NZM 2006, S. 913–917.

Kamanabrou, Sudabeh: Die arbeitsrechtlichen Vorschriften des Allgemeinen Gleichbehand-lungsgesetzes, in: RdA 2006, S. 321–339.

Kasseler Kommentar zum Sozialversicherungsrecht: Körner, Anne/Leitherer, Stephan/Mutschler, Bernd (Hrsg.), 85. Auflage, München 2015. (zitiert: Kass-Komm-*Bearbeiter*)

Kast, Matthias/Herrmann, Rajko,: Altersdiskriminierung und erleichterte Befristung gemäß § 14 Abs. 3 TzBfG: ein Praxistest, in: BB 2007, S. 1841–1846.

Kittner, Michael/Däubler, Wolfgang/Zwanziger, Bertram: Kündigungsschutzrecht, 8. Auflage, Frankfurt am Main 2011. (zitiert: KDZ-*Bearbeiter*)

Kleinebrink, Wolfgang: Die Vereinbarung von Altersgrenzen zur Beendigung von Arbeitsverhältnissen, in: ArbRB 2003, S. 154–156.

Klevemann, Joachim/Ziemann, Werner: Die Reichweite der Befristungskontrolle bei mehrfach befristeten Arbeitsverhältnissen, in: DB 1989, S. 2608–2615.

Kliemt, Michael: Das neue Befristungsrecht, in: NZA 2001, S. 296–307.

Klösel, Daniel/Reitz, Henning: „Flexi-Rente" und Europarecht – Zur befristungs- und kündigungs-rechtlichen Behandlung von Rentnerarbeitsverhältnissen, in: NZA 2014, S. 1366–1372.

Koppenfels, Katharina von: Verlängerungsvereinbarung i.S.d. 14 Abs. 2 Satz 1 TzBfG bzw. § 1 Abs. 1 Satz 2 BeschFG – Zeitpunkt des Abschlusses und Formanforderungen, in: AuR 2002, 241–243.

Kossens, Michael: Aktuelle Rechtsprechung zum Befristungsrecht nach dem TzBfG, in: NZA-RR 2009, S. 233–238.

Kuchenbuch, Ralf: Zur Problematik der Mehrfachbefristung von Arbeitsverhältnissen, Göttingen 2011. (zitiert: Zur Problematik der Mehrfachbefristung)

Lakies, Thomas: Der neue Trend im Befristungsrecht: Rechtsprechung ohne Gesetzes-bindung, in: ArbRAktuell 2011, S. 447–450.

Lakies, Thomas: Neue Rechtsprechung zu "Kettenbefristungen", in: PersR 2013, S. 54–58.

Larenz, Karl: Methodenlehre der Rechtswissenschaft, 6. Auflage, Berlin 1991. (zitiert: *Larenz*, Methodenlehre)

Laux, Helga/Schlachter, Monika: Teilzeit- und Befristungsgesetz, 2. Auflage 2011. (zitiert: LS-*Bearbeiter*)

Lembke, Mark: Befristung von Arbeitsverträgen mit Leiharbeitnehmern nach "Hartz I", in: DB 2003, S. 2702–2706.

Lembke, Mark: Die sachgrundlose Befristung von Arbeitsverträgen in der Praxis, in: NJW 2006, S. 325–332.

Leo, Ulrich: Locker bleiben?! – Kritische Anmerkungen zur Schriftform-Rechtsprechung des BGH, in: NZM 2005, S. 688–691.

Lindner-Figura, Jan: Die Einhaltung des mietvertraglichen Schriftformgebots bei Nachträgen, in: NJW 2009, S. 1861–1862.

Lindner-Figura, Jan/Oprée, Frank/Stellmann, Frank: Kommentar zur Geschäftsraummiete, 3. Auflage, München 2012. (zitiert: Lindner-Figuera/Oprée/Stellmann-*Bearbeiter*)

Linsenmaier, Wolfgang: Befristung und Bedingung - Ein Überblick über die aktuelle Recht-sprechung des Siebten Senats des BAG unter besonderer Berücksichtigung des Unionsrechts und des nationalen Verfassungsrechts, in: RdA 2012, S. 193–210.

Lipke, Gert-Albert: Die Zukunft der (sachgrundlosen) Befristung von Arbeitsverhältnissen - Regel oder Ausnahme? Vortrag Deutscher Juristentag 2010, abgedruckt in Tagungsband des Deutschen Anwaltsinstitut (DAI), S. 35–52.

Löwisch, Manfred: Das Beschäftigungsförderungsgesetz 1985, in: BB 1985, S. 1200–1207.

Löwisch, Manfred: Das Arbeitsrechtliche Beschäftigungsförderungsgesetz, NZA 1996, S. 1009–1017.

Löwisch, Manfred: "Zuvor" bedeutet nicht: "In aller Vergangenheit", in: BB 2001, S. 254–255.

Löwisch, Manfred/Kaiser, Dagmar: Betriebsverfassungsgesetz, Kommentar, 6. Auflage, Frankfurt am Main 2010. (zitiert: LK-*Bearbeiter*)

Maaß, Kirstin: Die Befristung des Arbeitsvertrages aufgrund „gedanklicher" Vertretung, in: ArbRAktuell 2010, S. 187–190.

Meinel, Gernod/Bauer, Thomas: Der Wiedereinstellungsanspruch, in: NZA 1999, S. 575–581.

Meinel, Gernod/Heyn, Judith/Herms, Sascha: Teilzeit- und Befristungsgesetz, Kommentar, 4. Auflage, München 2012. (zitiert: MHH-*Bearbeiter*)

Mennemeyer, Siegfried/Keysers, Dagmar: Befristungen im öffentlichen Dienst– Die Klassiker, in: NZA 2008, S. 670–674.

Menssen, Tjark: Befristungsrecht contra Bestandsschutz, in: AuR 2014, S. 452 - 455.

Müller-Glöge, Rudi/von Senden, Ulrike: Gesetzliche Schriftform für Kündigung, Auflösungsvertrag und Befristung, in: AuA 2000, 199–203.

Münchener Handbuch zum Arbeitsrecht: Richardi, Reinhard/Wißmann, Hellmut/Wlotzke, Otfried/Oetker, Hartmut (Hrsg.), 3. Auflage 2009, München. (zitiert: MünchArbR-*Bearbeiter*)

Münchener Kommentar zum Bürgerlichen Gesetzbuch: Säcker, Franz Jürgen/Rixecker, Roland (Hrsg.) - Band 1, Allgemeiner Teil, §§ 1–240 BGB, ProstG, AGG - Band 2, Schuldrecht Allgemeiner Teil, §§ 241–432 BGB - Band 3, Schuldrecht Besonderer Teil, §§ 433–610 BGB - Band 4, Schuldrecht Besonderer Teil II, §§ 611–704 BGB 6. Auflage, München 2012. (zitiert: MüKo-*Bearbeiter*)

Nadler, Andreas/von Medem, Andreas: Formnichtigkeit einer Befristungsabrede im Arbeitsvertrag – ein nicht zu korrigierender Fehler? in: NZA 2005, S. 1214–1218.

Nehls, Albrecht: Die Fortsetzung des beendeten Dienst- oder Arbeitsverhältnisses nach §§ 625 BGB / 15 Abs. 5 TzBfG, in: DB 2001, S. 2718–2722.

Oberhofer, Hermann: Der Wiedereinstellungsanspruch, in: RdA 2006, S. 92–98.

Öchsner, Thomas: Unsichere Arbeitsplätze werden zur Regel. in: Süddeutsche Zeitung, 17.03.2010, Ausgabe Nr. 63, S. 1.

Oelkers, Felix: Unterrichtung des Betriebsrats vor Einstellungen nach § 99 BetrVG, in: NJW-Spezial 2007, S. 450–451.

Osnabrügge, Stephan: Die sachgrundlose Befristung von Arbeitsverhältnissen nach § 14 II TzBfG, in: NZA 2003, S. 639–644.

Otto, Hansjörg: Erleichterte Zulassung befristeter Arbeitsverträge, in: NJW 1985, S. 1807–1813.

Palandt, Otto: Kommentar zum Bürgerlichen Gesetzbuch, 73. Auflage, München 2014. (zitiert: Palandt-*Bearbeiter*)

Pallasch, Ulrich: Anm. zu BAG v. 16.03.2005 - 7 AZR 289/04, in: EzA Nr. 17 zu § 14 TzBfG, S. 13–23.

Pallasch, Ulrich: Anm. zu BAG v. 16.04.2008 - 7 AZR 1048/06, in: AP Nr. 46 zu § 14 TzBfG.

Persch, Sven: Kernfragen des Befristungsrechts, Dissertation, Hamburg 2010.

Persch, Sven: Der Prüfungsgegenstand der Entfristungskontrolle im Lichte der Befristungsrichtlinie 1999/70/EG, in: NZA 2011, S. 1068–1071.

Persch, Sven: Missbrauchskontrolle bei Kettenarbeitsverträgen: Die Kücük-Entschei-dung des EuGH zur Vertretungsbefristung nach § 14 Abs. 1 S. 2 Nr. 3 TzBfG, in: ZTR 2012, S. 268–273.

Persch, Sven: Die Befristung des unbefristeten Arbeitsverhältnisses durch Altersgrenzen, in: NZA 2010, S. 77–80.

Plander, Harro: Zeitverträge – Wende in der Judikatur zum Zeitvertrag durch den 7. Senat des BAG, in: AiB 1987, S. 104–109.

Poguntke, David: Neue Gestaltungsmöglichkeiten bei der Beschäftigung älterer Arbeitnehmer, NZA 2014, S. 1372–1377.

Preis, Ulrich: Das arbeitsrechtliche Beschäftigungsförderungsgesetz 1996, in: NJW 1996, S. 3369–3378.

Preis, Ulrich: Flexibilität und Rigorismus im Befristungsrecht, in: NZA 2005, S. 714–718.

Preis, Ulrich/Gotthardt, Michael: Schriftformerfordernis für Kündigungen, Aufhebungsverträge und Befristungen nach § 623 BGB, in: NZA 2000, S. 348–361.

Preis, Ulrich/Gotthardt, Michael: Neuregelung der Teilzeitarbeit und befristeten Arbeitsverhältnisse, in: DB 2000, S. 2065–2072.

Preis, Ulrich/Gotthardt, Michael: Das Teilzeit- und Befristungsgesetz, in: DB 2001, S. 145–152.

Preis, Ulrich/Greiner, Stefan: Befristungsrecht - Quo vadis? in: RdA 2010, S. 148–162.

Preis, Ulrich/Loth, Katharina: Anm. zu EzA Nr. 80 zu § 14 TzBfG, S. 17–40.

Preis, Ulrich/Sagan, Adam: Europäisches Arbeitsrecht, Köln 2015.

Prölss, Jürgen/Martin, Anton: Kommentar zum Versicherungsvertragsrecht, 28. Auflage, München 2010. (zitiert: Prölss/Marin-*Bearbeiter*)

Rauhaus, Alexander: Die Reform des Befristungsrechts durch das Teilzeit- und Befristungs-gesetz, Dissertation, Bielefeld 2005. (zitiert: Die Reform des Befristungsrechts)

Reinhard, Alexander: Befristete Arbeitsverträge nach russischem und deutschem Recht, Dissertation, Lohmar 2010. (zitiert: Befristete Arbeitsverträge)

Reinicke, Dietrich/Tiedtke, Klaus: Heilung eines formnichtigen Vorvertrages und ihre Auswirkung auf die Vertragsstrafe, in: NJW 1982, S. 1430–1436.

Reuter, Wolf: An die sachgrundlose Befristung nach dem TzBfG muss man nicht einmal denken, um sich später darauf zu berufen...sagt jedenfalls das BAG, Internetbeitrag, abrufbar unter: http://www.reuter-arbeitsrecht.de/grundsatzliches/an-die-sachgrundlose-befristung-nach-dem-tzbfg-muss-man-nicht-einmal-denken-um-sich-spater-darauf-zu-berufensagt-jedenfalls-das-bag.html. (zuletzt abgerufen am 10.07.2014)

Reus, Andreas/Mühlhausen, Peter: Nochmals: Verlängerung im Sinne des § 14 Abs. 2 Satz 1 TzBfG bei gleichzeitiger Lohnerhöhung? – mit systematisierter Übersicht der Rechtsprechung und Literatur, in: RdA 2013, S. 226–236.

Richardi, Reinhard: Betriebsverfassungsgesetz mit Wahlordnung, Kommentar, 14. Auflage, München 2014. (zitiert: Richardi-*Bearbeiter*)

Richardi, Reinhard/Annuß, Georg: Gesetzliche Neuregelung von Teilzeitarbeit und Befristung, in: BB 2000, S. 2201–2205.

Richardi, Reinhard/Dörner, Hans-Jürgen/Weber, Christoph: Kommentar zum Personalvertretungsrecht, 4. Auflage, München 2012. (zitiert: RDW-*Bearbeiter*)

Richter, Marcus/Wilke, Frank: Die Veränderung von Vertragsinhalten bei der Verlängerung sachgrundlos befristeter Arbeitsverträge, RdA 2011, S. 305–310.

Ricken, Oliver: Verlängerung einer Befristung nach dem TzBfG, Anmerkung zu BAG 15.01.2003 - 7 AZR 346/02, in: SAE 2004, S. 87–92.

Riesenhuber, Karl: Keine Rettung der formnichtigen Befristungsabrede im Arbeitsvertrag? in: NJW 2005, S. 2268–2270.

Rolfs, Christian: Erweiterte Zulässigkeit befristeter Arbeitsverträge durch das arbeits-rechtliche Beschäftigungsförderungsgesetz, NZA 1996, S. 1134–1141.

Römer, Wolfgang/Langheid, Theo: Kommentar zum Versicherungsvertragsrecht, 4. Auflage, München 2014. (zitiert: Römer/Langheid-*Bearbeiter*)

Röthel, Anne: Europäische Rechtsetzung im sozialen Dialog – Zur Richtlinie 1999/70/EG über befristete Arbeitsverhältnisse, in: NZA 2000, S. 65–69.

Säcker, Franz-Jürgen: Die vorzeitige Beendigung der Arbeitsverträge mit leitenden Angestellten, RdA 1976, S. 91–100.

Saenger, Ingo: Zivilprozessordnung, Handkommentar, 5. Auflage, Baden-Baden 2013. (zitiert: Saenger-*Bearbeiter*)

Schiefer, Bernd: Gesetzentwurf über Teilzeitarbeit und befristete Arbeitsverhältnisse, in: DB 2000, S. 2118–2113.

Schmidt-Futterer, Wolfgang: Mietrecht, Großkommentar des Wohn- und Gewerberaummietrechts, 11. Auflage, München 2013. (zitiert: Schmidt-Futter-*Bearbeiter*)

Schulte Westenberg, Michael: Aktuelles vom EuGH zur Kündigung wegen Schwangerschaft, in: NJW 2003, S. 490–492.

Schwedes, Rolf: Das Arbeitsrechtliche Beschäftigungsförderungsgesetz, in: BB Beil. 1996, Nr. 17, S. 2–8.

Sediq, Mariam Caroline: Rentnerbeschäftigung im Lichte des demografischen Wandels – Arbeitsrechtliche Gestaltungsmöglichkeiten, in: NZA 2009, S. 524–530.

Seifert, Achim: Sachgrundlos befristeter Arbeitsvertrag – Verlängerung, Besprechung des Urteils BAG v. 23.8.2006 - 7 AZR 12/06, in: RdA 2007, S. 304–307.

Sievers, Jochen: Befristungsrecht, in: RdA 2004, S. 291–303.

Soergel, Hans-Theodor: Kommentar zum Bürgerlichen Gesetzbuch, Band 2 Allgemeiner Teil 2, §§ 104–240 BGB, 13. Auflage, Stuttgart 1999. (zitiert: Soergel-*Bearbeiter*)

Sowka, Hans-Harald: Verlängerung eines befristeten Vertrages ohne Sachgrund – über-mäßige Anforderungen durch das BAG, in: SAE 2007, S. 172–176.

Sowka, Hans-Harald: Befristete Arbeitsverhältnisse, in: BB 1994, S. 1001–1009.

Sowka, Hans-Harald: Befristete Arbeitsverträge nach dem Beschäftigungsförderungsgesetz, in: BB 1997, S. 677–679.

Sowka, Hans-Harald: Befristung nach Beschäftigungsförderungsgesetz – keine einfache Sache! in: DB 2000, S. 1916–1918.

Staudinger, Julius von: Kommentar zum Bürgerlichen Gesetzbuch mit Einführungsgesetz und Nebengesetzen, - Buch 1, Allgemeiner Teil 4b, §§ 139–163 BGB, Neubearbeitung 2010 - Buch 2, Recht der Schuldverhältnisse, §§ 535–555 f. BGB (Mietrecht 1 - Allgemeine Vorschriften; Wohnraummiete), Neubearbeitung 2014 - Buch 2, Recht der Schuldverhältnisse, §§ 620–630 BGB (Dienstvertragsrecht 3), Neubearbeitung 2011. (zitiert: Staudinger-*Bearbeiter*)

Stege, Dieter/Weinspach, Friedrich K.: Betriebsverfassungsgesetz, Handkommentar für die betriebliche Praxis, 9. Auflage, Köln 2002. (zitiert: Stege/Weinspach-*Bearbeiter*)

Stein, Jürgen vom: Missbrauchskontrolle bei befristeten Arbeitsverträgen, in: NJW 2015, S. 369–374.

Stoffels, Markus: Grundprobleme der Schadensersatzverpflichtung nach § 15 Abs. 1 AGG, in: RdA 2009, S. 204–215.

Stoffels, Markus: Befristung und Kündigungsschutz jenseits der Altersgrenze, in: Arbeiten im Alter, ZAAR-Schriftenreihe Bd. 31, Rieble, Volker/Junker, Abbo/ Giesen, Richard (Hrsg.), 2013, S. 55–73.

Stoye, Katrin: Rechtsdogmatische und rechtspolitische Probleme des § 14 Abs. 2 Teilzeit- und Befristungsgesetz, Dissertation, Frankfurt am Main 2007. (zitiert: Rechtsdogmatische und rechtspolitische Probleme)

Straub, Dieter: Erste Erfahrungen mit dem Teilzeit- und Befristungsgesetz, in: NZA 2001, S. 919–927.

Strecker, Robert K.: Der arbeitsrechtsrechtliche Gleichbehandlungsgrundsatz als Anspruchsgrundlage für die Verlängerung eines befristeten Arbeitsver-hältnisses – Zugleich Besprechung zum Urteil BAG v. 13.8.2008 - 7 AZR 513/07, in: RdA 2009, S. 381–386.

Stückmann, Roland/Kohlepp, Christina: Verhältnismäßigkeitsgrundsatz und „ultima-ratio-Prinzip" im Kündi-gungsrecht – Richterliche Praxis ohne dogmatische Begründung, in: RdA 2000, S. 331–341.

Temming, Felipe: Der Fall Palacios: Kehrtwende im Recht der Altersdiskriminierung? In: NZA 2007, S. 1193–1200.

Temming, Felipe: Richtlinie 1999/70/EG: Zur missbräuchlichen Kettenbefristung beim sachlichen Grund der Vertretung, in: ELR 2012, S. 43–51.

Teusch, Jan/Verstege, Sebastian: Vorübergehend unklar – Zustimmungsverweigerungsrecht des Betriebs-rats bei Einstellung von Leiharbeitnehmern? in: NZA 2012, S. 1326–1331.

Thüsing, Gregor: Europäisches Arbeitsrecht, 2. Auflage, München 2011.

Thüsing, Gregor/Lambrich, Thomas: Umsetzungsdefizite in § 14 TzBfG? in: BB 2002, S. 829–832.

Timme, Michaek/Hülk, Fabian: Schriftform bei langfristigen Mietverträgen – ein Dauerproblem, in: NJW 2007, S. 3313–3317.

Tschöpe, Ulrich: Befristung von Arbeitsverhältnissen nach dem Beschäftigungsförderungsgesetz 1985 und arbeitsgerichtliche Befristungskontrolle, in: DStR 1995, S. 59–65.

Ulrici, Bernhard: Bestandsschutz für Betriebsratsmitglied im befristeten Arbeitsverhältnis, Anm. zu ArbG München vom 08.10.2010, 24 Ca 861/10, in: jurisPR-ArbR 31/2011 Anm. 4.

Ulrici, Bernhard/Uhlig, Nadine: Europarechtliche Zulässigkeit sachgrundloser Befristungen bei Betriebsratsmitgliedern, in: jurisPR-ArbR 11/2012 Anm. 1.

Ulrici, Bernhard/Uhlig, Nadine: Mindestschutz für Arbeitnehmervertreter und sachgrundlose Befristung, in: jurisPR-ArbR 49/2012 Anm. 6.

Vossen, Reinhard: Die Befristungsklage nach § 1 V 1 BeschFG, NZA 2000, S. 704–711.

Wank, Rolf: Der Buchstabe des Gesetzes und der einheitliche Lebenssachverhalt – Schriftliche Befristungsabrede, Vertragsverlängerung und Vorbeschäftigungsverbot –, in: Festschrift für Adomeit 2008, S. 789–808. (zitiert: Festschrift Adomeit)

Wank, Rolf: Sachgrundlose Befristung – „Zuvor-Beschäftigung", Besprechung des Urteils BAG v. 6.4.2011 - 7 AZR 716/09, in: RdA 2012. S. 361–365.

Weller, Bernd: Verbot der Vorbeschäftigung bei sachgrundloser Befristung gilt nur für die drei vorangegangenen Jahre, in: GWR 2011, S. 396–397.

Wendeling-Schröder, Ulrike: Neue Elemente im Befristungsrecht, in: AuR 2012, S. 92–96.

Wisskirchen, Gerlind: Erleichterte Zulassung befristeter Arbeitsverträge nach dem Beschäf-tigungsförderungsgesetz 1996, in: DB 1998, S. 722–728.

Wlotzke, Otfried/Preis, Ulrich/Kreft, Burghard: Kommentar zum Betriebsverfassungsgesetz, 4. Auflage, München 2009. (zitiert: WPK-*Bearbeiter*)

Wohlleben, Linda: Die Verlängerung befristeter Arbeitsverhältnisse nach dem neuen Beschäftigungsförderungsgesetz, in: RdA 1998, S. 277–281.

www.ingramcontent.com/pod-product-compliance
Ingram Content Group UK Ltd.
Pitfield, Milton Keynes, MK11 3LW, UK
UKHW021917290926
8980IPUK00015B/1308

9 783631 669341